# 周易图像汇编

第三册

陈居渊 刘舫 编撰

复旦大学出版社

# 茅元仪(1594—1640)

字止生,号石民,别号东海书生、东海波臣、梦阁主人、肆言戍老等,明浙江归安(今浙江湖州)人。晚明文学家茅坤(鹿门先生)孙,幼孤,英杰异常,好谈兵,但先后四次参加科考不中。以《武备志》进呈朝廷,名动两都,京师大臣交相举荐,历任翰林院待诏,副总兵等职。著有《武备志》二百四十卷,二百万余言,是中国古代最大的兵学著作。还著有《督师纪略》十三卷、《复辽砭语》六卷、《石民四十集》九十八卷等。现存有《周易》图像二十幅。

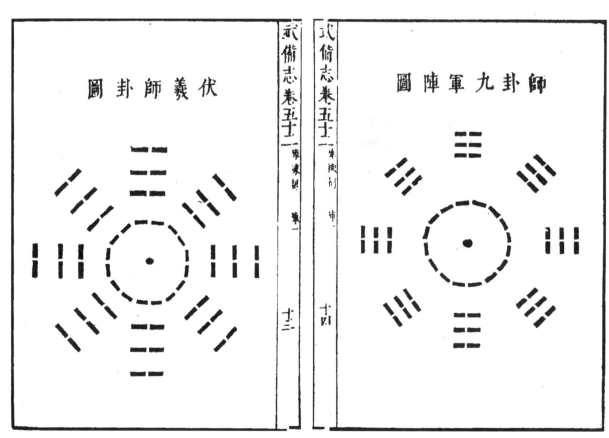

图 1　伏羲师卦图　　　　　　　图 2　师卦九军阵图
（茅元仪《武备志》）　　　　　（茅元仪《武备志》）

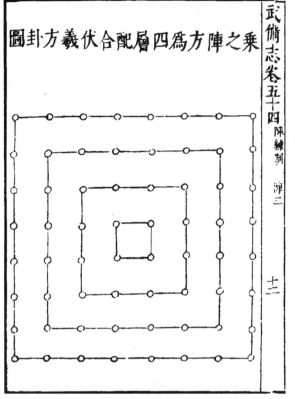

图3 乘之阵方为四层配合伏羲方卦图
（茅元仪《武备志》）

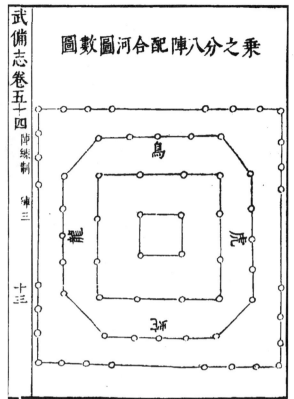

图4 乘之分八阵配合河图数图
（茅元仪《武备志》）

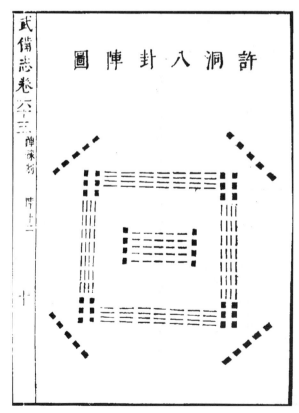

图5 许洞八卦阵图
（茅元仪《武备志》）

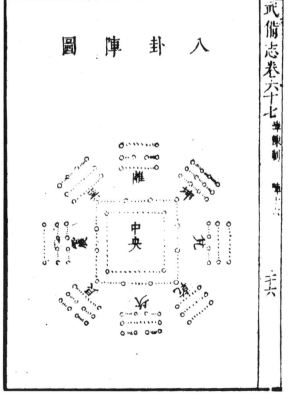

图6 八卦阵图
（茅元仪《武备志》）

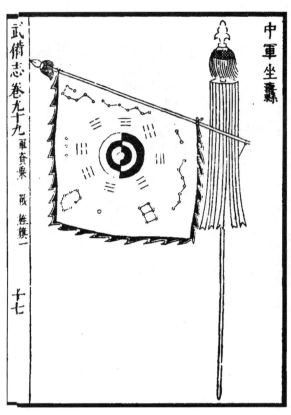

图7　中军坐纛图
（茅元仪《武备志》）

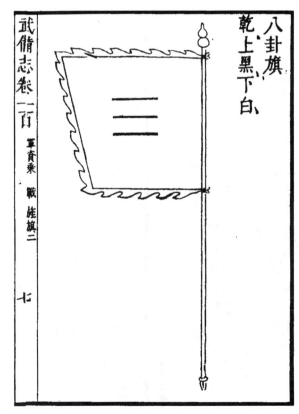

图8-1　八卦旗图
（茅元仪《武备志》）

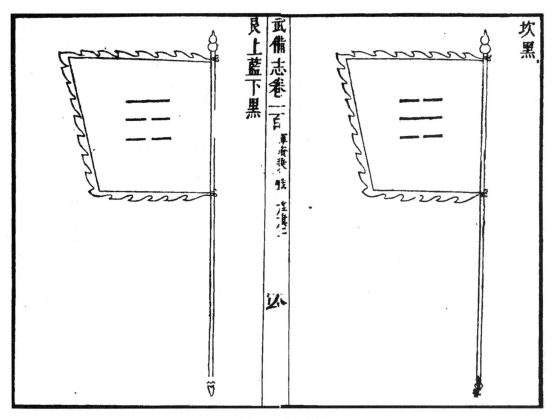

图 8-2 八卦旗图
（茅元仪《武备志》）

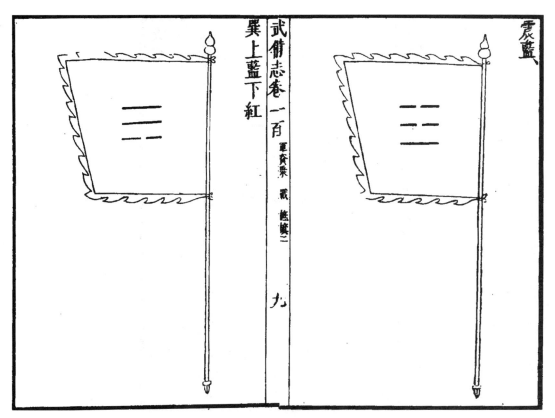

图 8-3 八卦旗图
（茅元仪《武备志》）

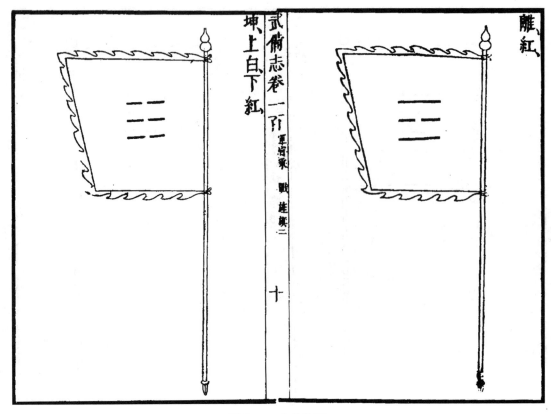

图 8-4 八卦旗图
（茅元仪《武备志》）

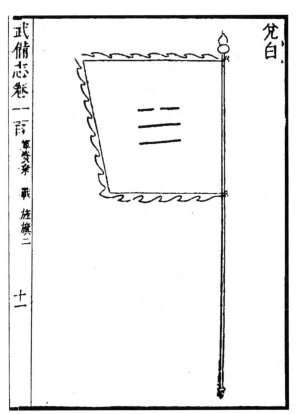

图 8-5 八卦旗图
（茅元仪《武备志》）

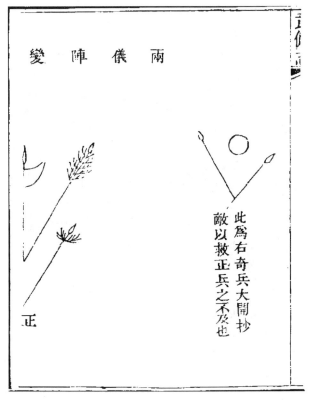

图10 阴阳局顺逆图
（茅元仪《武备志》）

## 八节三奇例

| 八节 | 坤二 立秋 | 兑七 秋分 | 乾六 立冬 |
| --- | --- | --- | --- |
| | 离九 夏至 | 五 | 坎一 冬至 |
| | 巽四 立夏 | 震三 春分 | 艮八 立春 |

三奇

图

诗曰：冬夏二至逆顺飞，八节须寻甲子推，当年岁下五虎遁便知方位，有三奇辰戌丑未皆为殺，可否甲间事可施

图9 八节三奇图
（茅元仪《武备志》）

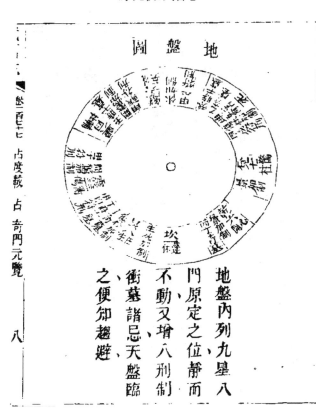

地盘内列九星八门原定之位，静而不动，又增八刑制衝墓诸忌，天盘临之便知趋避。

图11 地盘图
（茅元仪《武备志》）

两仪阵变

此为右奇兵大开抄敌以救正兵之不及也

图12 两仪阵变图
（茅元仪《武备志》）

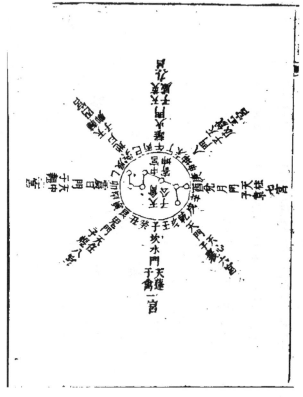

图 13 八宫图
（茅元仪《武备志》）

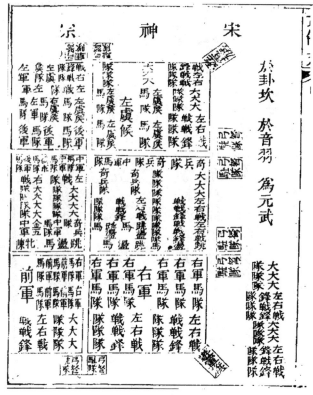

图 14 宋神宗一图
（茅元仪《武备志》）

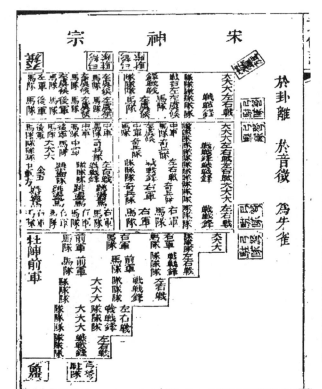

图 15 宋神宗二图
（茅元仪《武备志》）

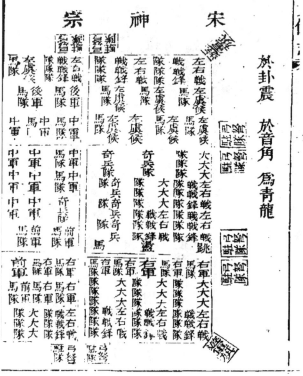

图 16 宋神宗三图
（茅元仪《武备志》）

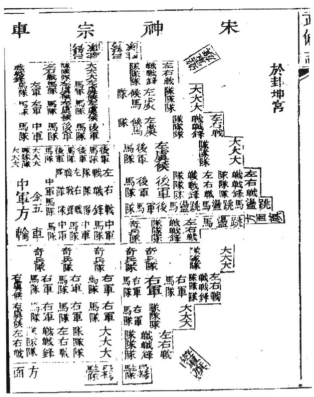

图 17　宋神宗车图
（茅元仪《武备志》）

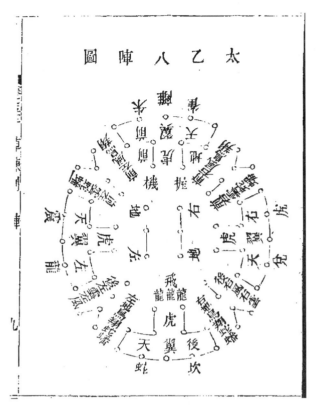

图 18　太乙八阵图
（茅元仪《武备志》）

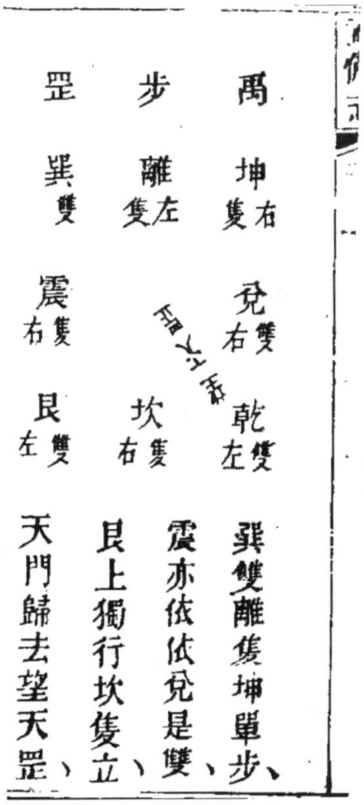

图 19　禹步罡图
（茅元仪《武备志》）

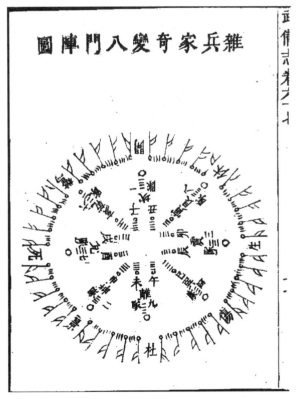

图 20　杂兵家奇变八门阵图
（茅元仪《武备志》）

# 文翔凤（？—1642）

字天瑞，号太青，又号西极，明陕西三水人。万历三十八年（1610）进士，历莱阳令，迁南京吏部主事，以副使提学山西，入为光禄少卿，不赴，卒于家。著有《太微经》二十卷、《东极篇》四卷、《文太清文集》二卷等。现存有《周易》图像四十一幅。

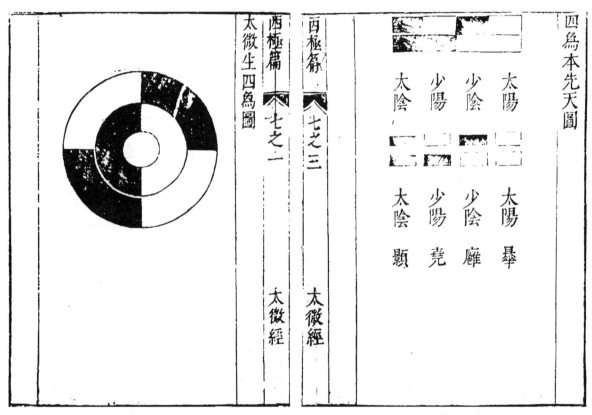

图1　太微生四为图
（文翔凤《太微经》）

图2　四为本先天图
（文翔凤《太微经》）

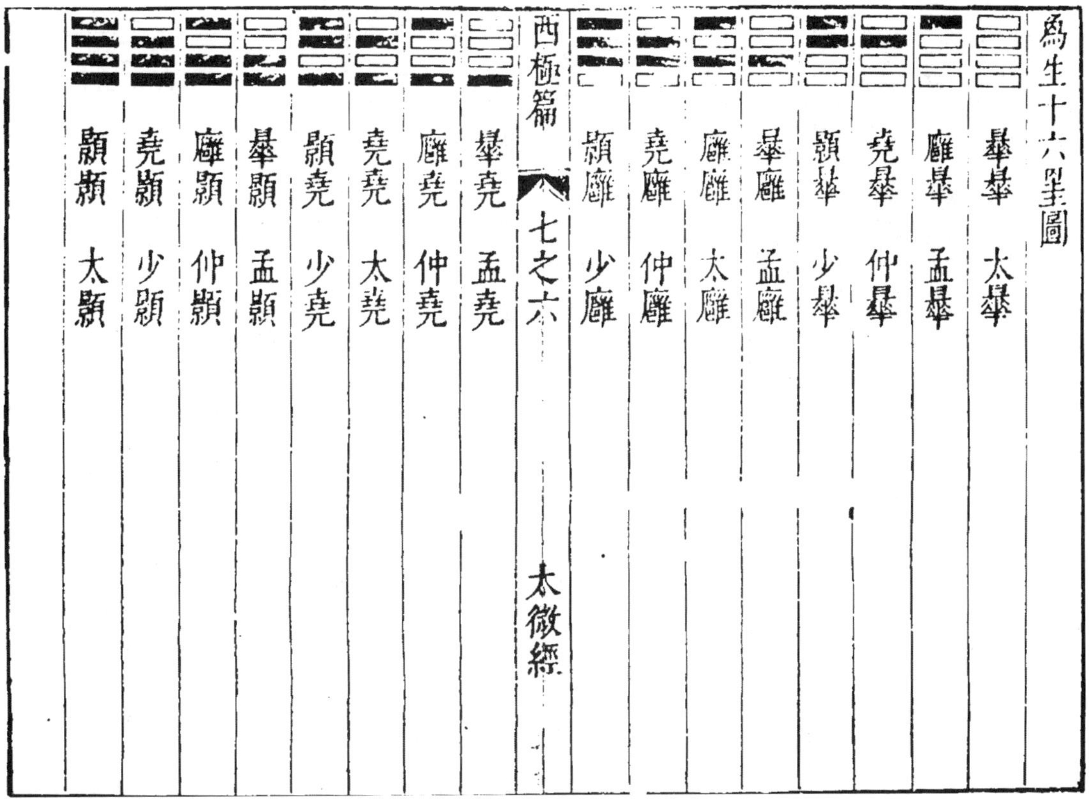

图 3　为生十六罡图
（文翔凤《太微经》）

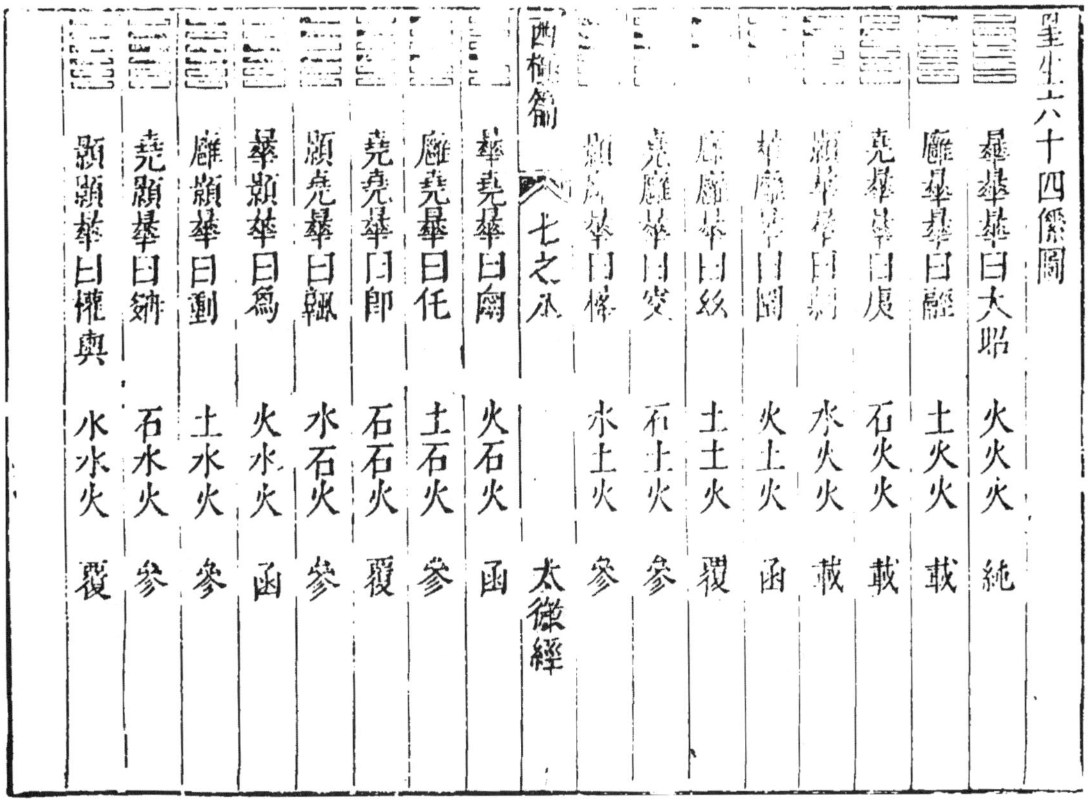

图 4-1　罡生六十四傑图
（文翔凤《太微经》）

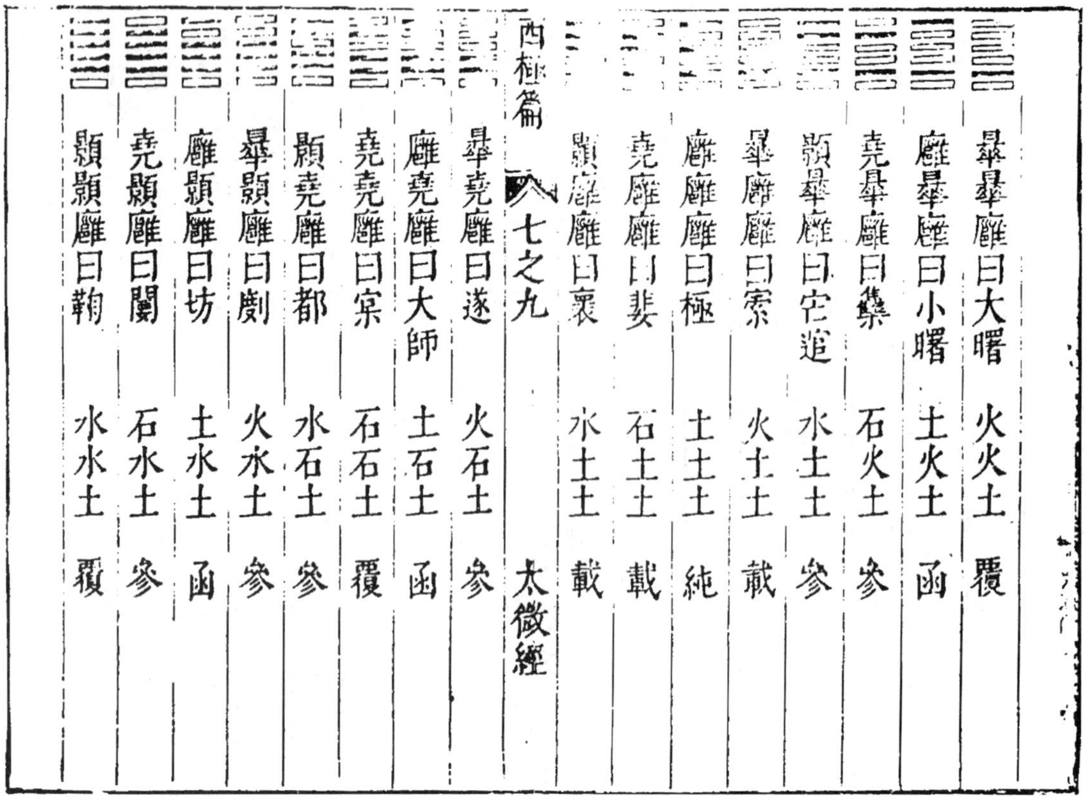

图 4-2　罣生六十四□图
（文翔凤《太微经》）

图 4-3　罣生六十四□图
（文翔凤《太微经》）

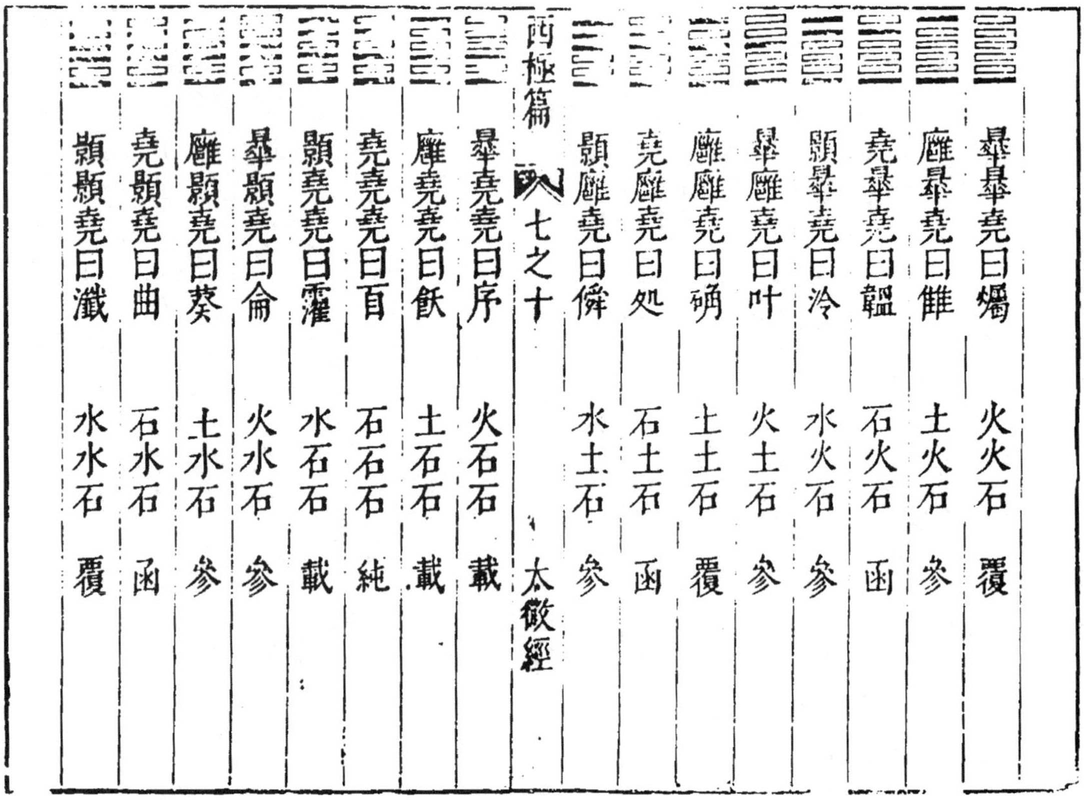

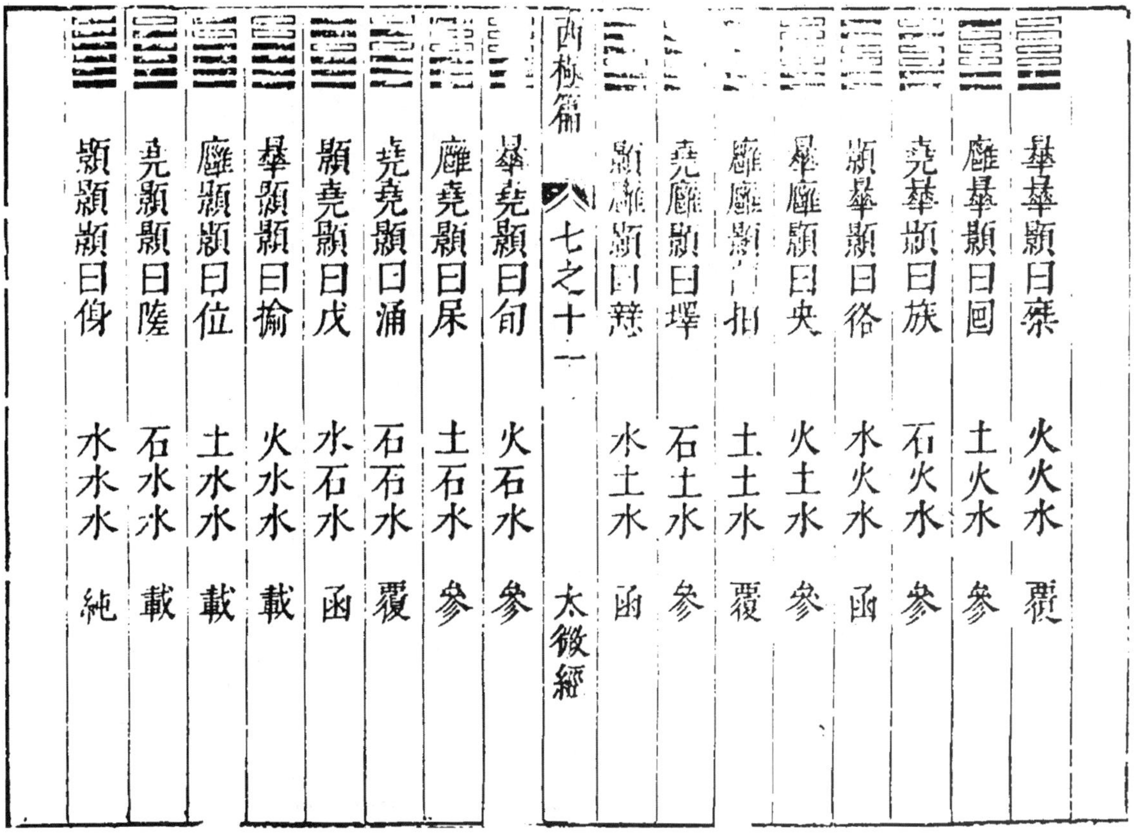

图 4-4 罡生六十四□图
(文翔凤《太微经》)

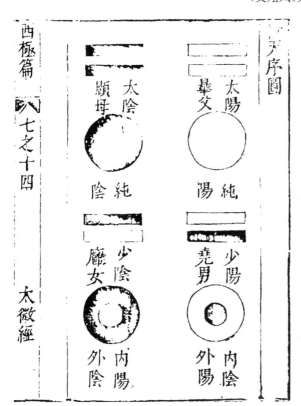

图 5 役天序图
(文翔凤《太微经》)

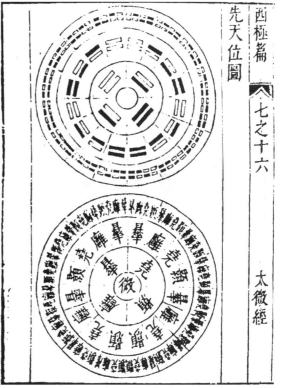

图 6 先天位图
(文翔凤《太微经》)

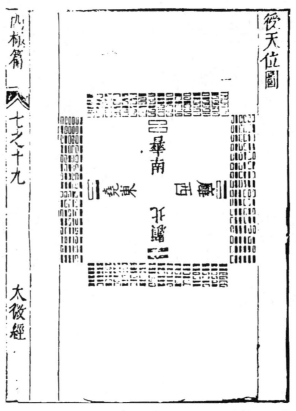

图 7　后天位图
（文翔凤《太微经》）

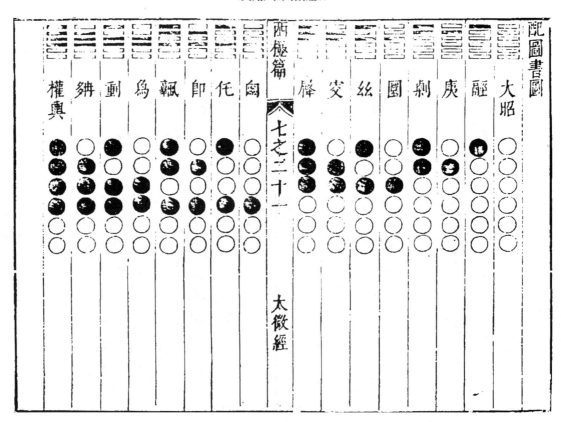

图 8-1　配图书图
（文翔凤《太微经》）

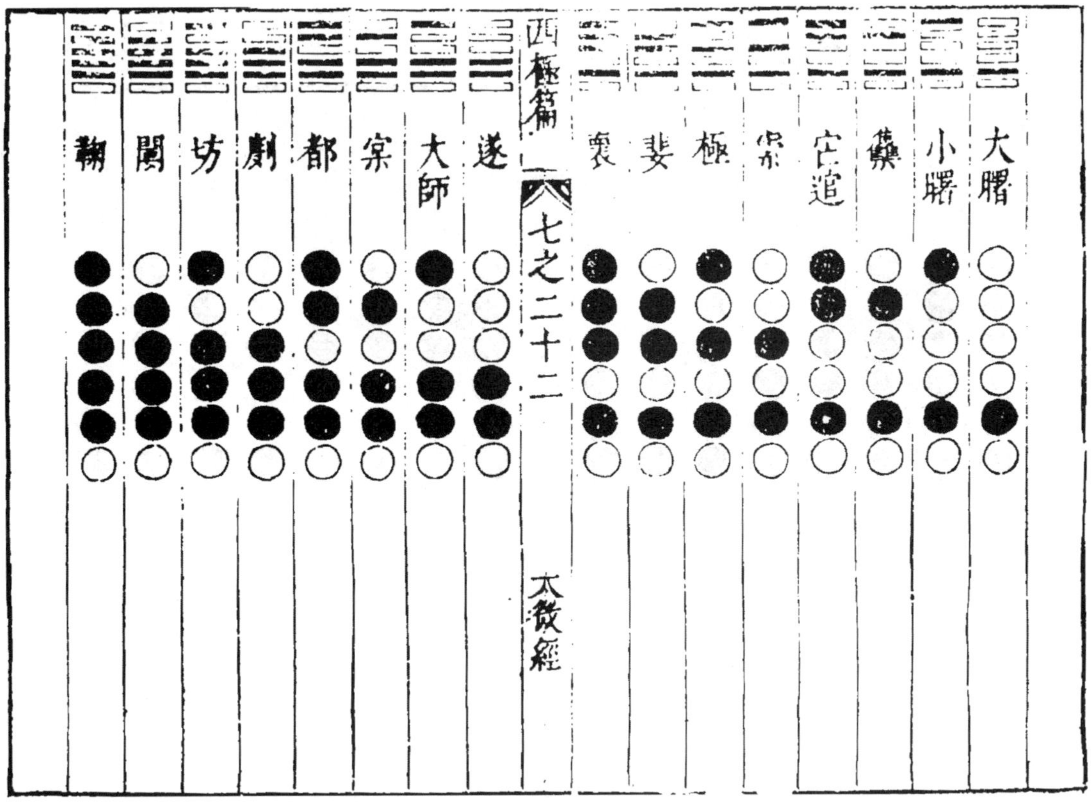

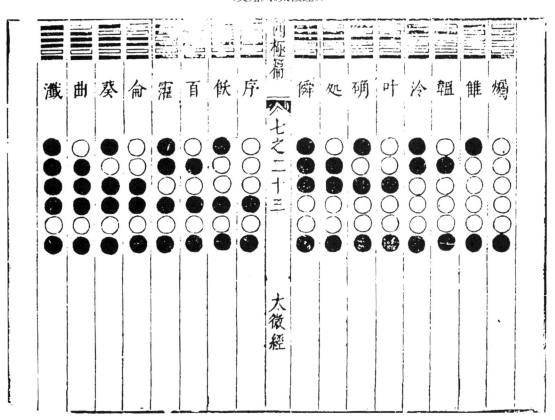

图 8-2　配图书图
（文翔凤《太微经》）

图 8-3　配图书图
（文翔凤《太微经》）

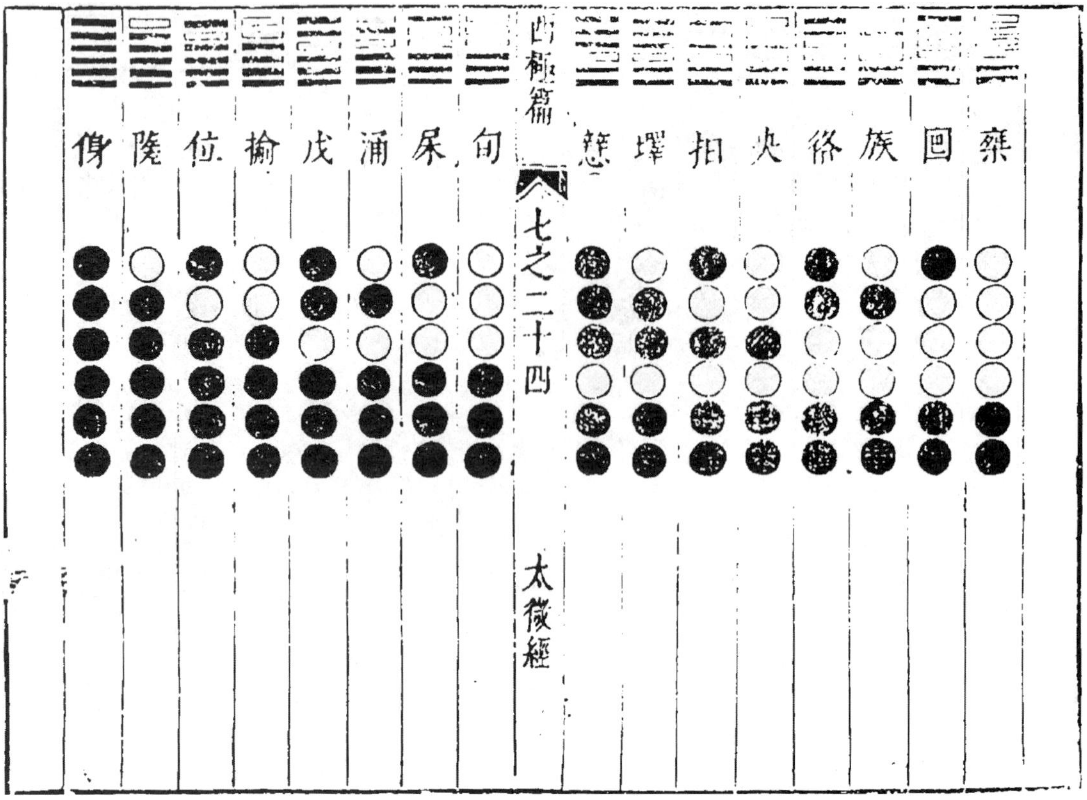

图 8-4　配图书图
（文翔凤《太微经》）

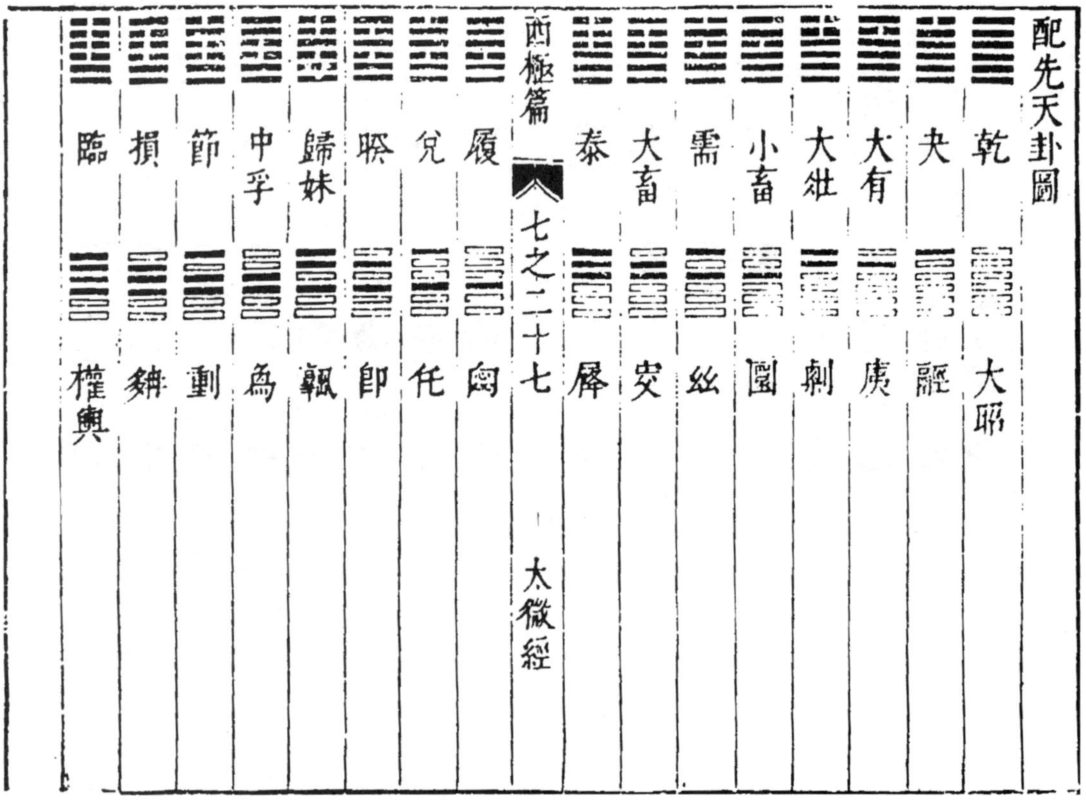

图 9-1　配先天卦图
（文翔凤《太微经》）

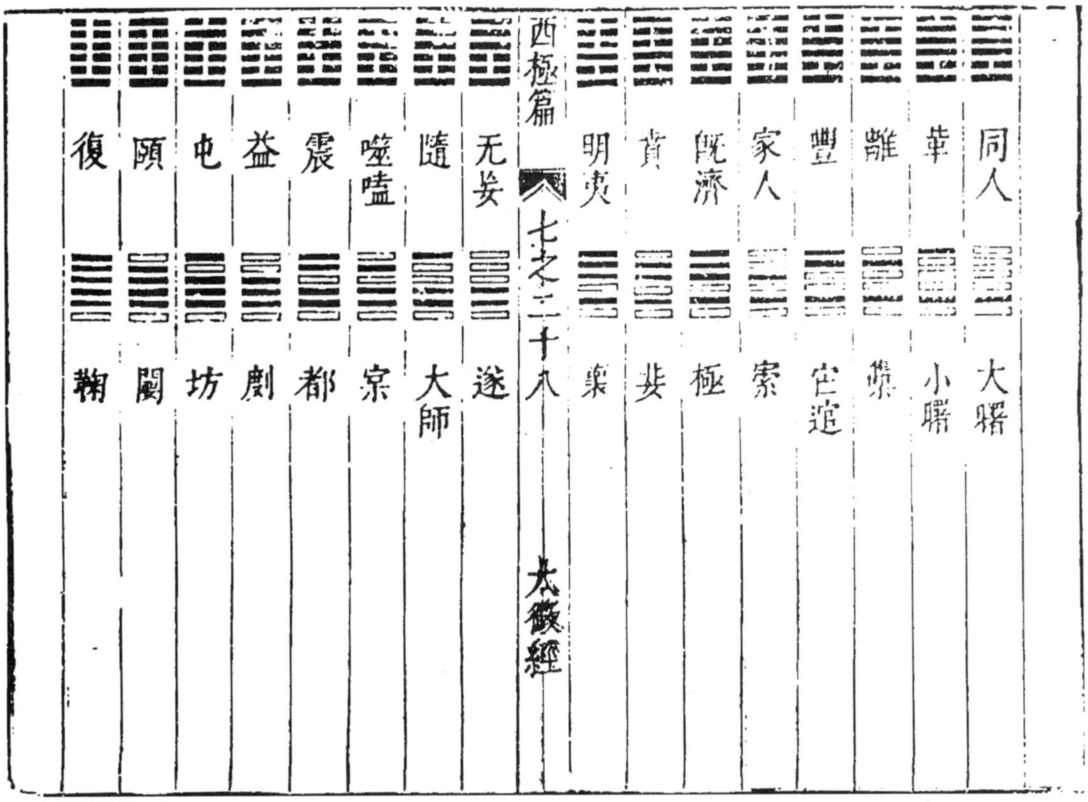

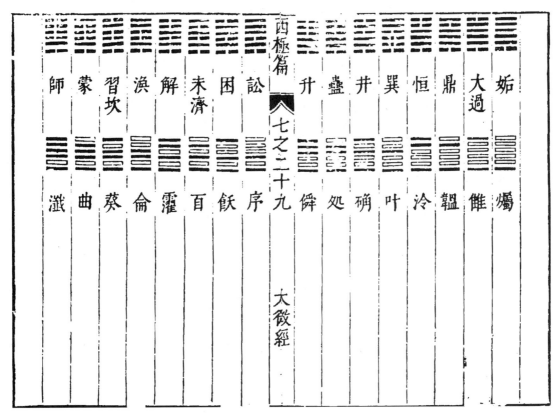

图 9-2 配先天卦图
（文翔凤《太微经》）

图 9-3 配先天卦图
（文翔凤《太微经》）

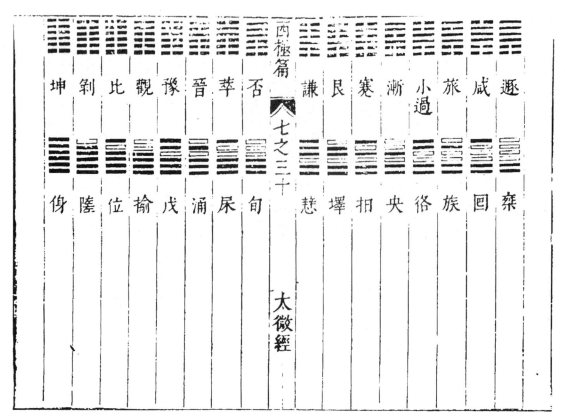

图 9-4　配先天卦图
（文翔凤《太微经》）

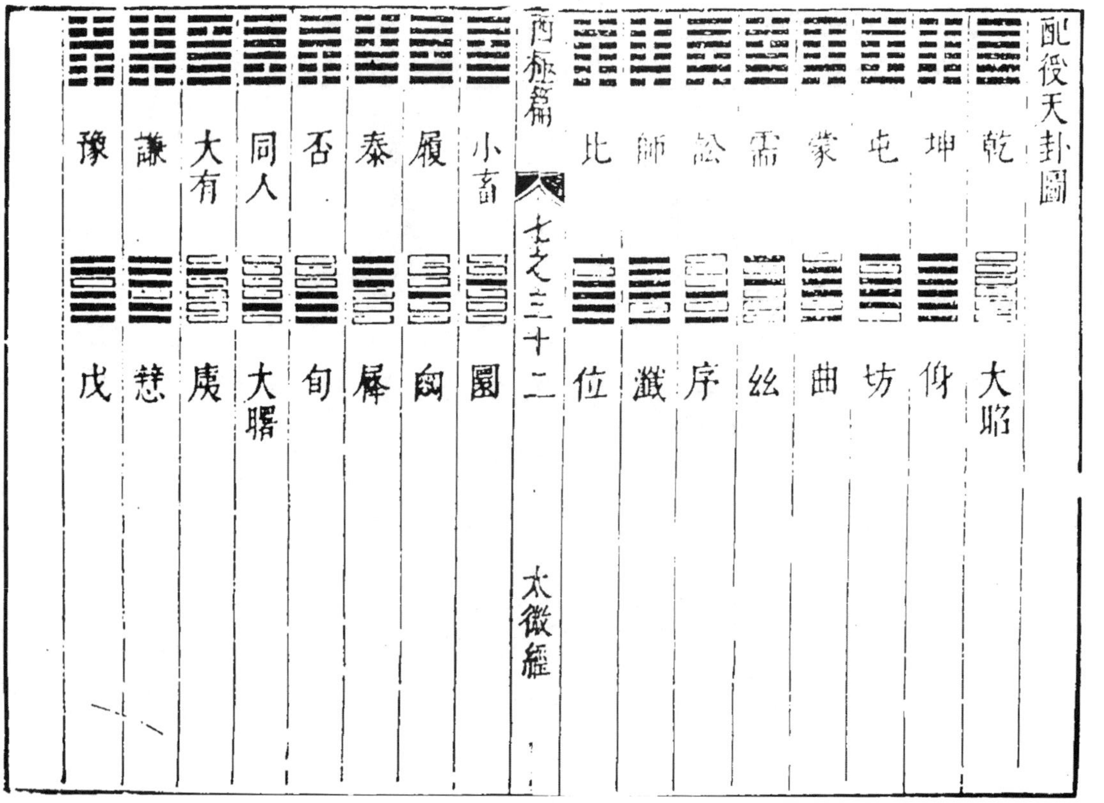

图 10-1　配后天卦图
（文翔凤《太微经》）

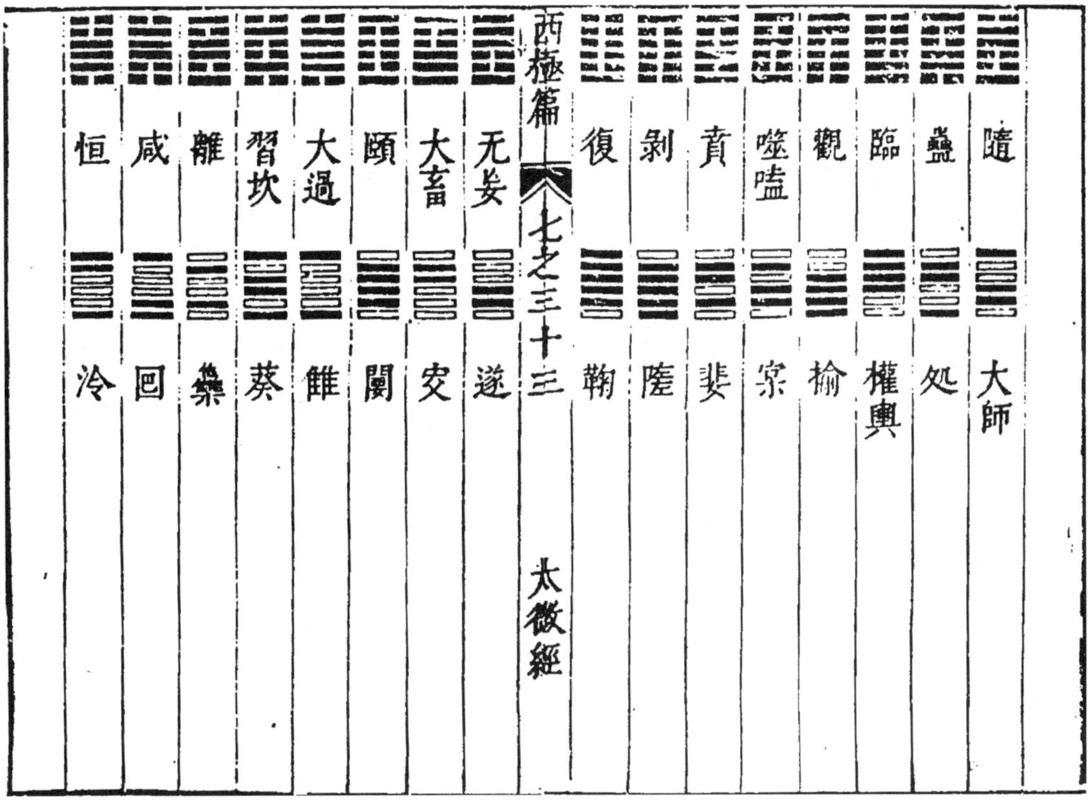

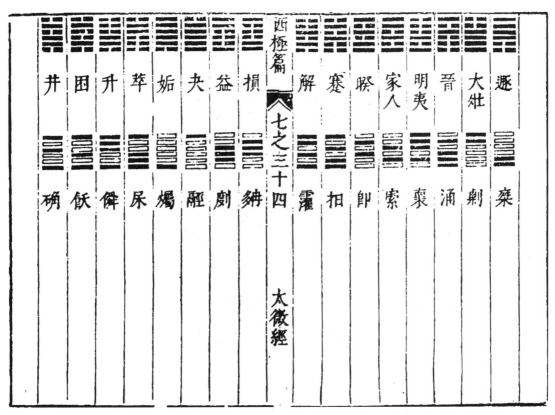

图 10-2　配后天卦图
（文翔凤《太微经》）

图 10-3　配后天卦图
（文翔凤《太微经》）

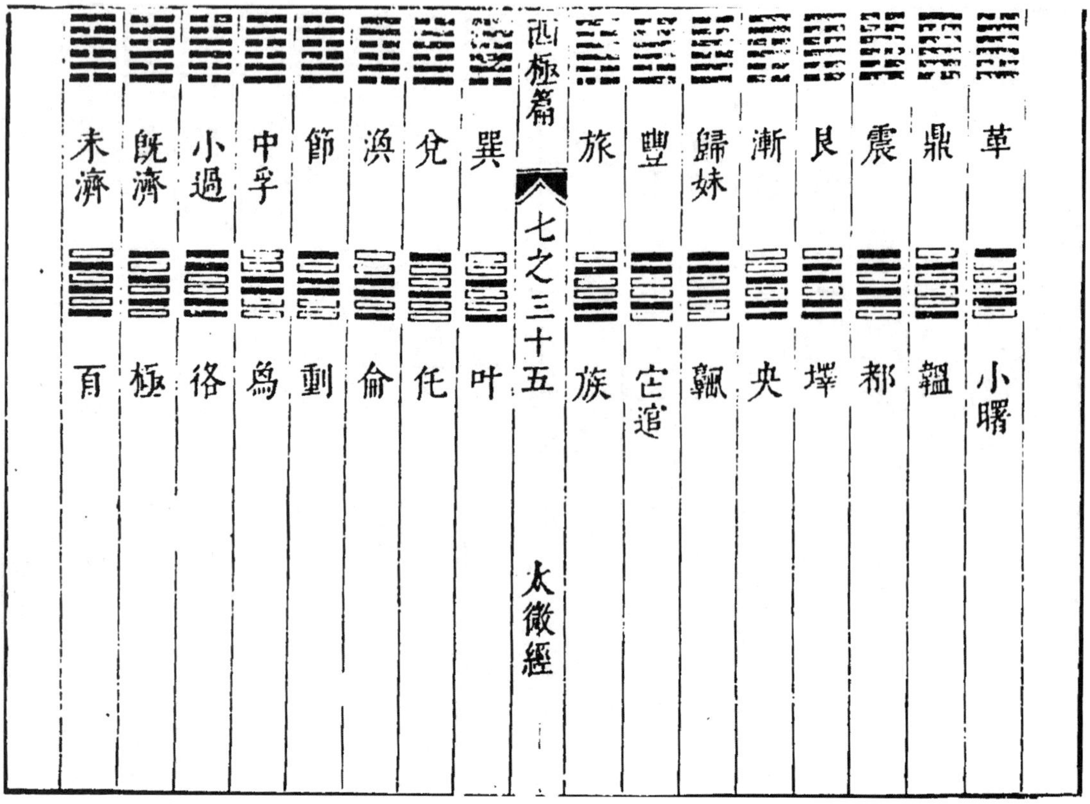

图 10-4　配后天卦图
（文翔凤《太微经》）

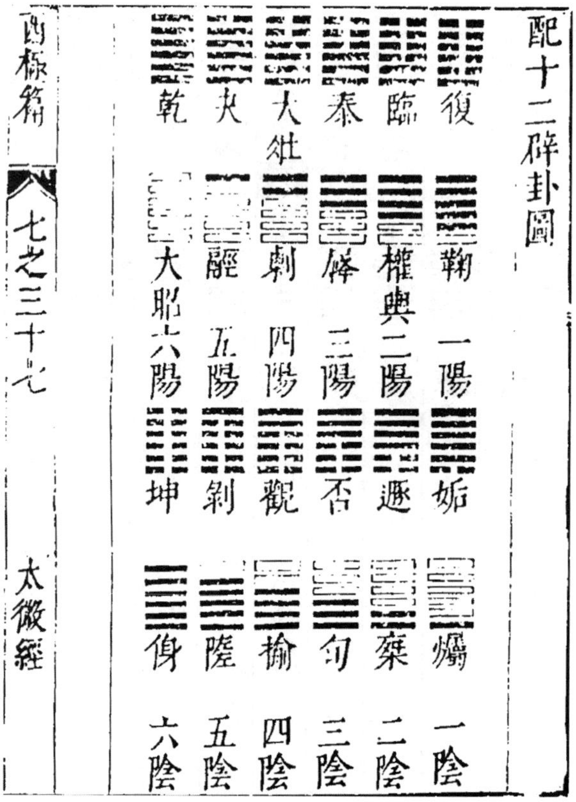

图 11　配十二辟卦图
（文翔凤《太微经》）

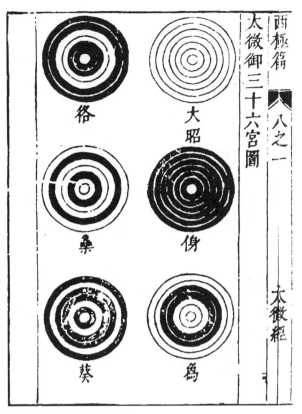

图 12-1 太微御三十六宫图
（文翔凤《太微经》）

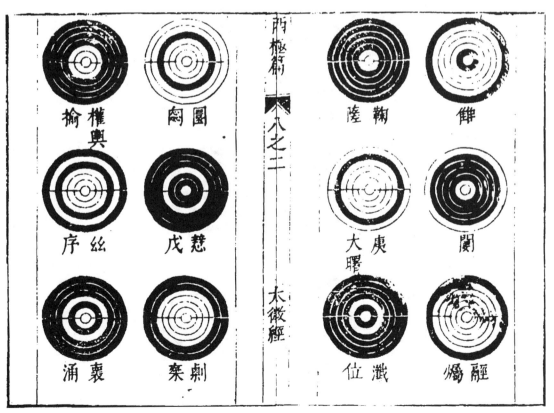

图 12-2 太微御三十六宫图
（文翔凤《太微经》）

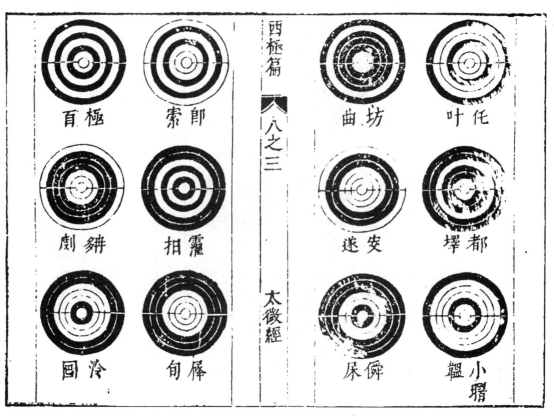

图 12-3　太微御三十六宫图
（文翔凤《太微经》）

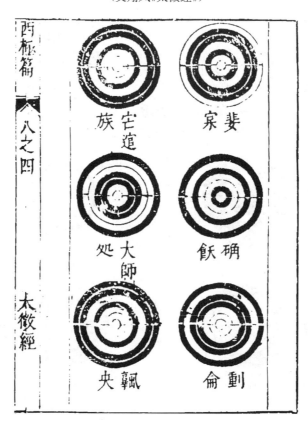

图 12-4　太微御三十六宫图
（文翔凤《太微经》）

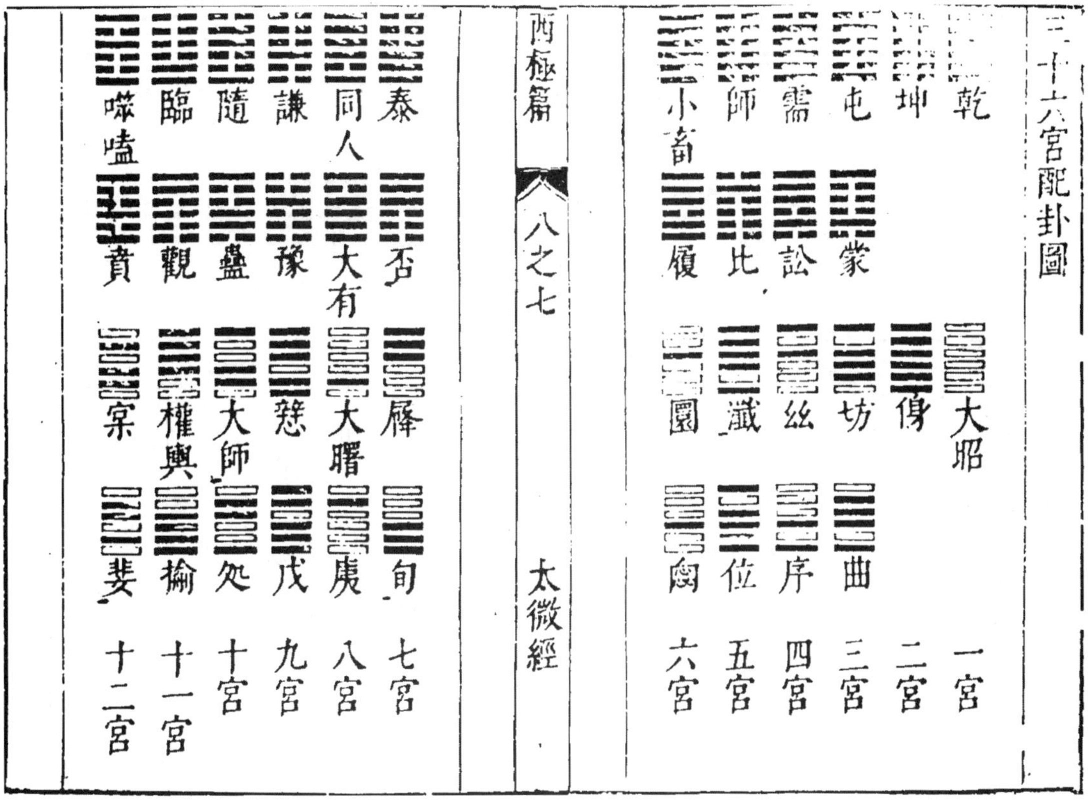

图 13-1　三十六宫配卦图
（文翔凤《太微经》）

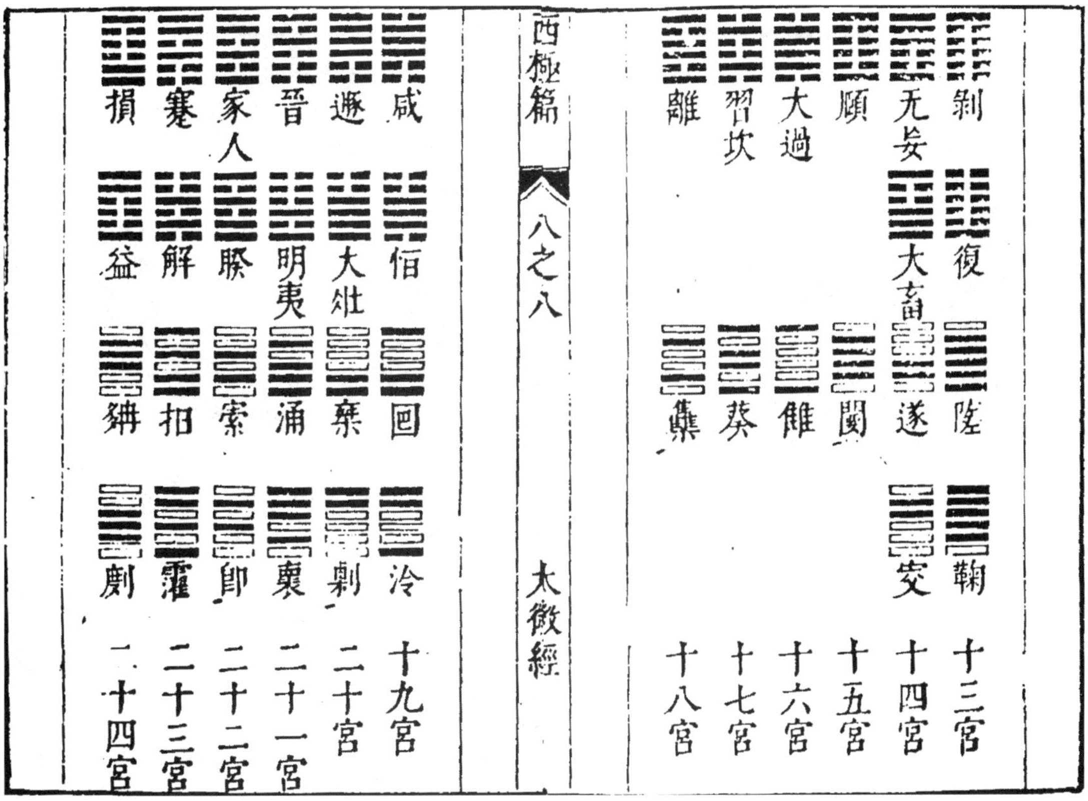

图 13-2　三十六宫配卦图
（文翔凤《太微经》）

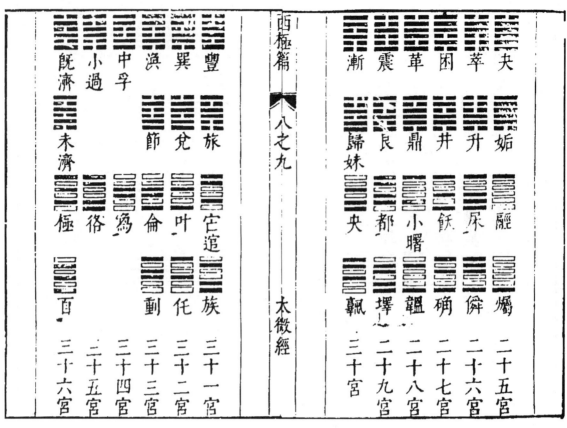

图 13-3 三十六宫配卦图
（文翔凤《太微经》）

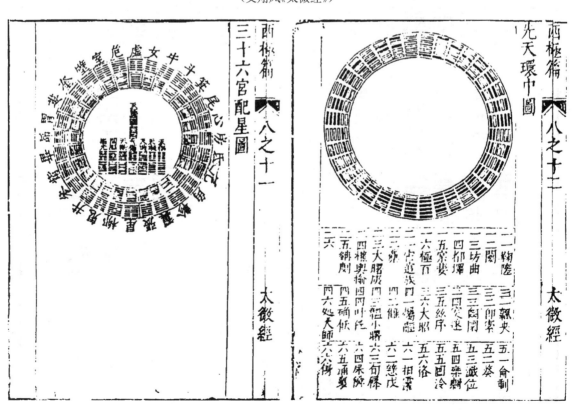

图 14 三十六宫配星图　　　　图 15 先天环中图
（文翔凤《太微经》）　　　　（文翔凤《太微经》）

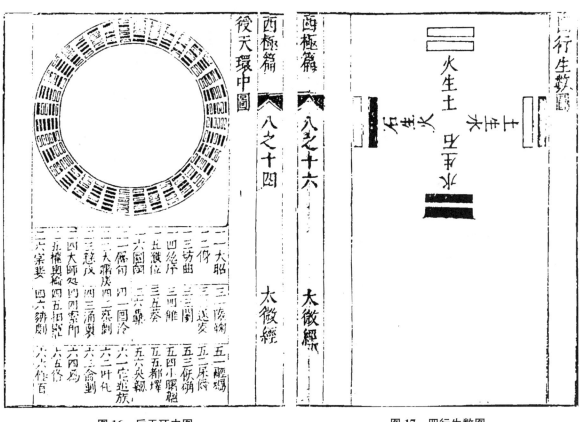

图 16　后天环中图
（文翔凤《太微经》）

图 17　四行生数图
（文翔凤《太微经》）

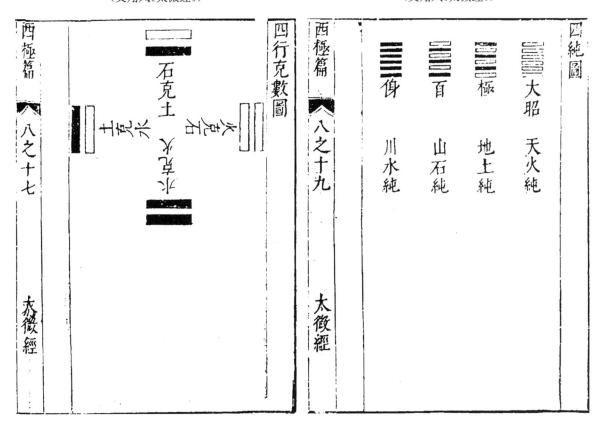

图 18　四行克数图
（文翔凤《太微经》）

图 19　四纯图
（文翔凤《太微经》）

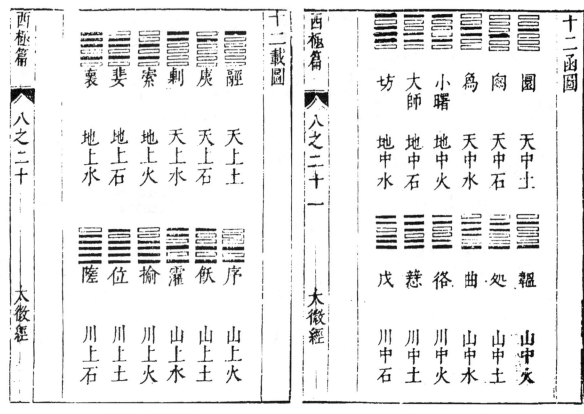

图 20　十二载图
（文翔凤《太微经》）

图 21　十二函图
（文翔凤《太微经》）

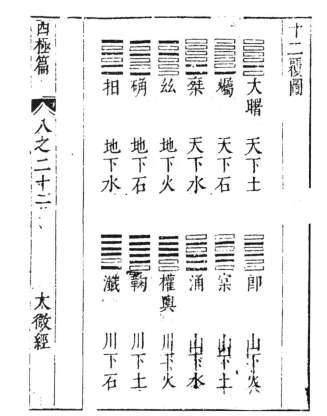

图 22　十二覆图
（文翔凤《太微经》）

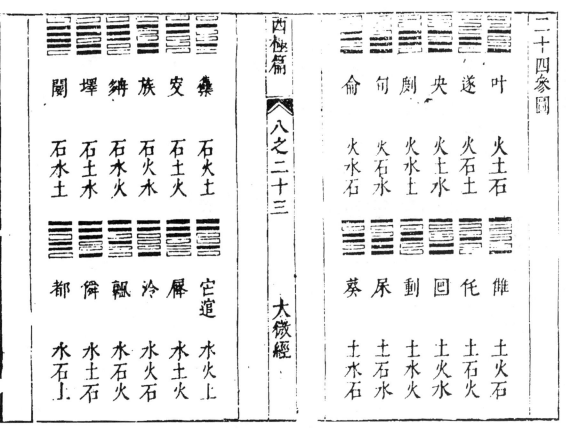

图 23　二十四参图
（文翔凤《太微经》）

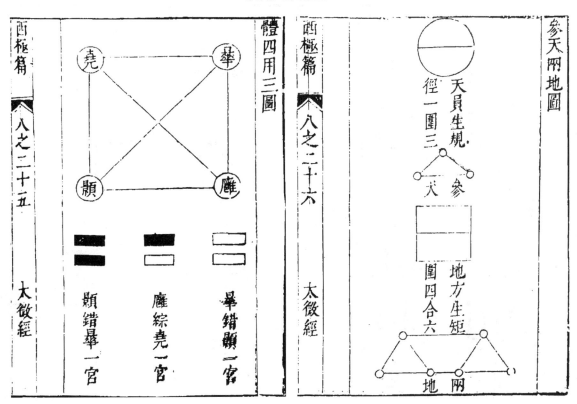

图 24　体四用三图
（文翔凤《太微经》）

图 25　参天两地图
（文翔凤《太微经》）

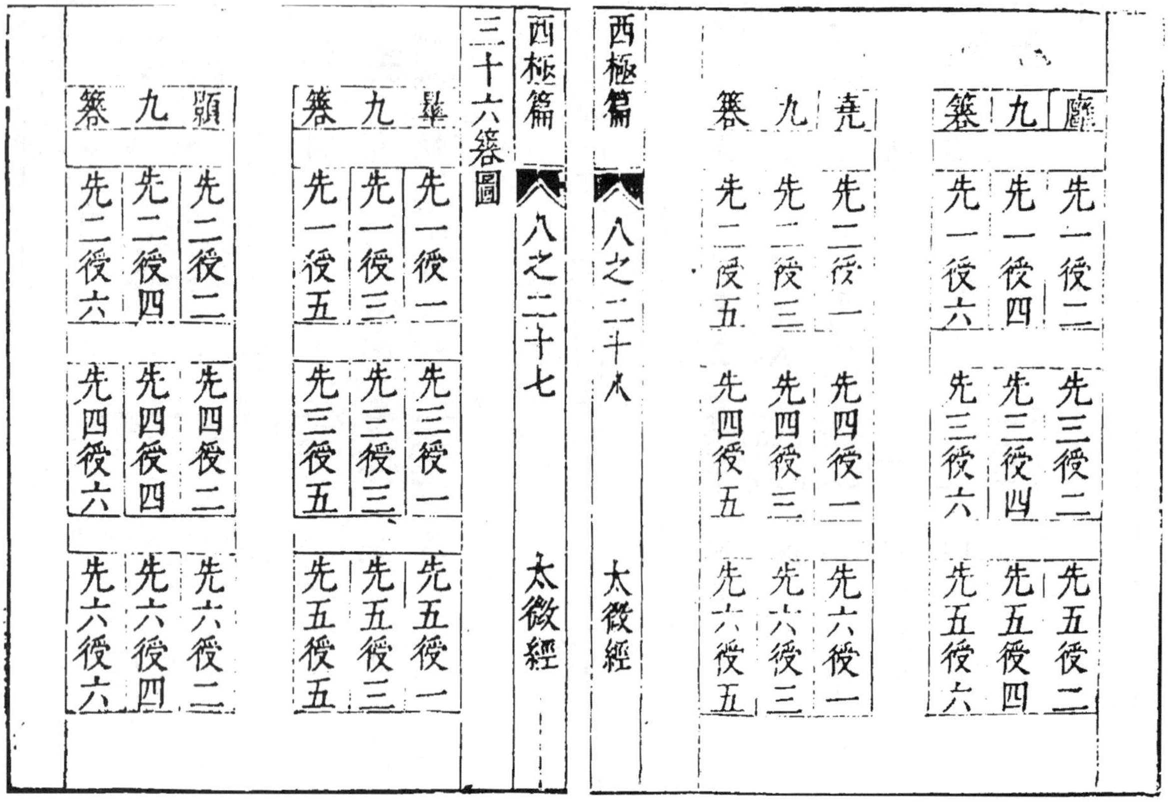

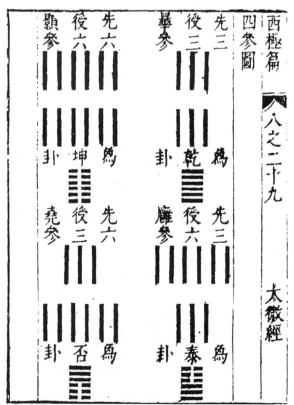

图 26　三十六籥图
（文翔凤《太微经》）

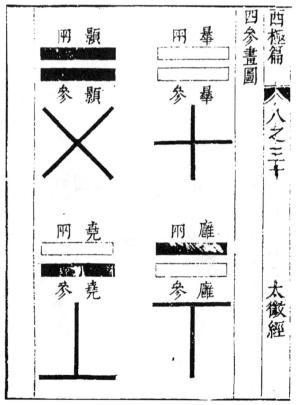

图 27　四参图
（文翔凤《太微经》）

图 28　四参画图
（文翔凤《太微经》）

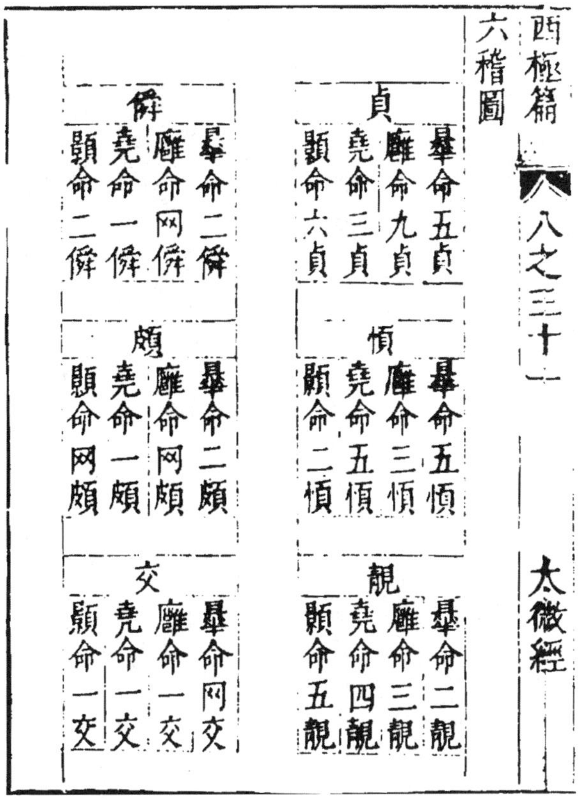

西極篇　八之三十一　太微經

六稽圖

| 貞 | 倂 |
|---|---|
| 羣命五貞 | 羣命二倂 |
| 靡命九貞 | 靡命罔倂 |
| 堯命三貞 | 堯命一倂 |
| 顥命六貞 | 顥命二倂 |

| 愼 | 頫 |
|---|---|
| 羣命五愼 | 羣命二頫 |
| 靡命三愼 | 靡命罔頫 |
| 堯命五愼 | 堯命一頫 |
| 顥命二愼 | 顥命罔頫 |

| 靚 | 交 |
|---|---|
| 羣命二靚 | 羣命罔交 |
| 靡命三靚 | 靡命一交 |
| 堯命四靚 | 堯命一交 |
| 顥命五靚 | 顥命一交 |

**图 29　六稽图**

（文翔凤《太微经》）

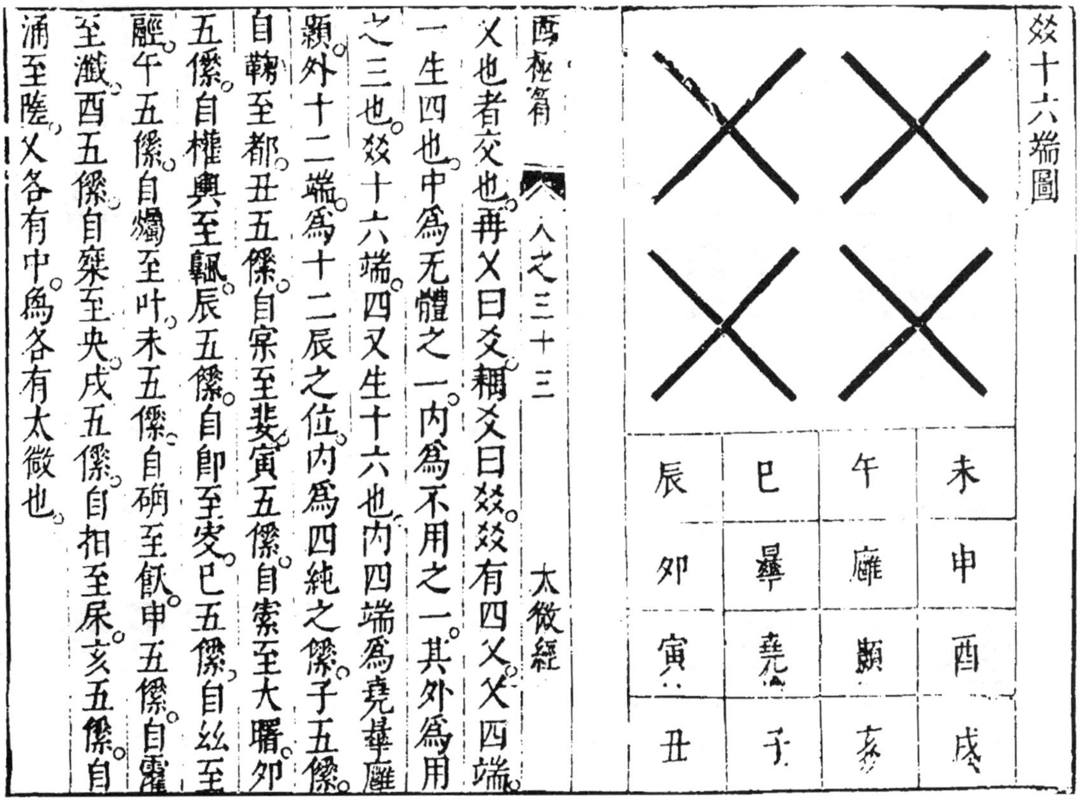

㸚十六端圖

| | | | |
|---|---|---|---|
| 辰 | 巳 | 午 | 未 |
| 夘 | 羣 | 靡 | 申 |
| 寅 | 堯 | 顥 | 酉 |
| 丑 | 子 | 亥 | 戌 |

西極篇　八之三十三　太微經

乂也者交也。再乂曰爻。耦爻曰㸚。㸚有四乂。乂四端。一生四也。中爲无體之一。內爲不用之一。其外爲用之三也。㸚十六端。四乂生十六也。內四端爲堯羣靡顥。外十二端爲十二辰之位。內爲四純之傃。子五傃。自鞹至都。丑五傃。自宗至斐。寅五傃。自索至大曙。夘五傃。自權輿至䶌。辰五傃。自即至叜。巳五傃。自丝至歷。午五傃。自燭至叶。未五傃。自确至飫。申五傃。自靁至澂。酉五傃。自棄至央。戌五傃。自相至屎。亥五傃。自湧至隆。乂各有中。爲各有太微也。

**图 30　㸚十六端图**

（文翔凤《太微经》）

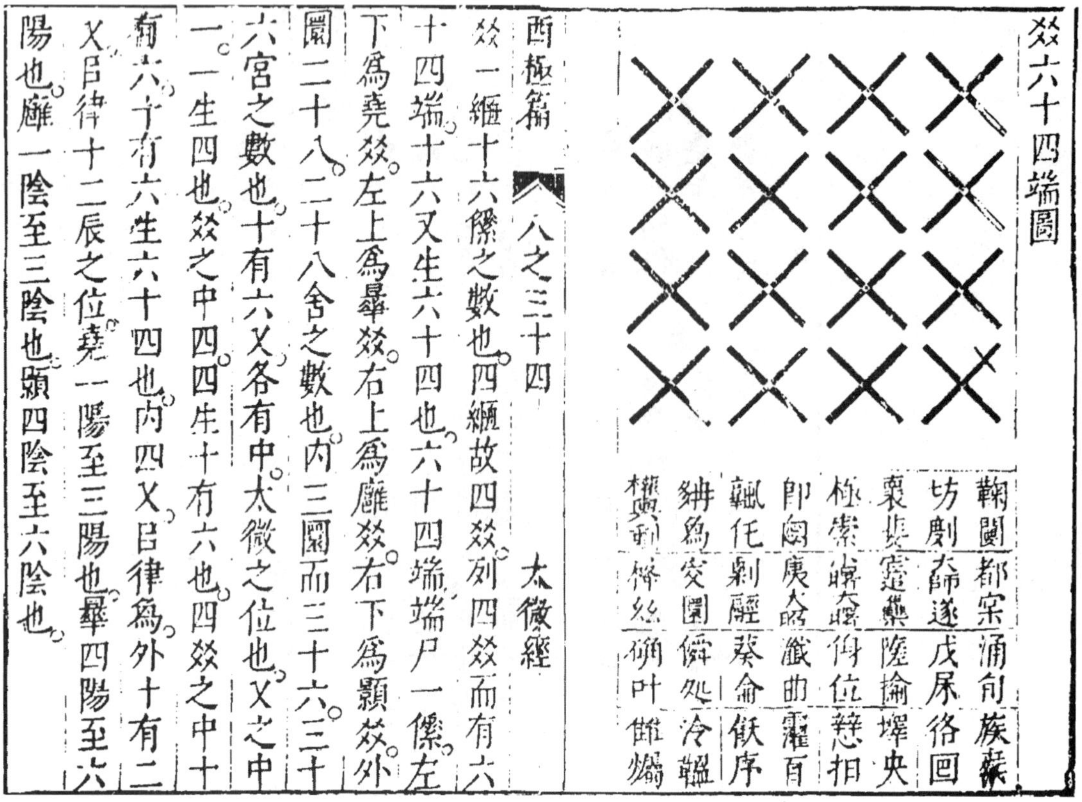

图 31　爻六十四端图
（文翔凤《太微经》）

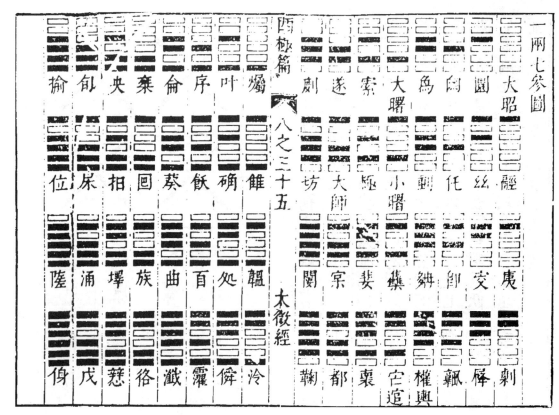

图 32-1　一两七参图
（文翔凤《太微经》）

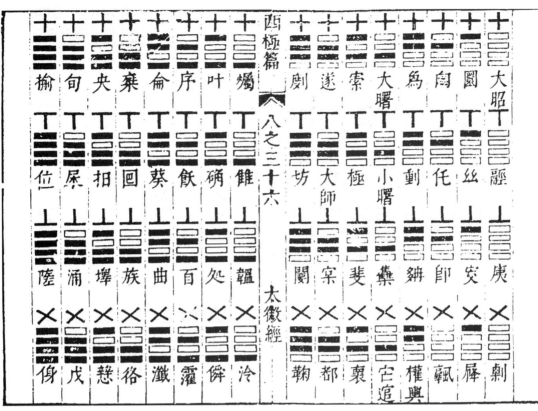

图 32-2 一两七参图
（文翔凤《太微经》）

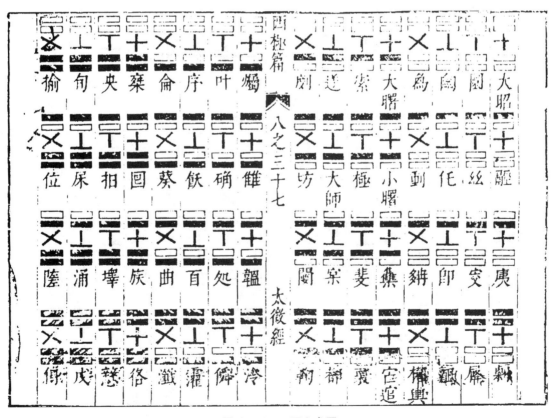

图 32-3 一两七参图
（文翔凤《太微经》）

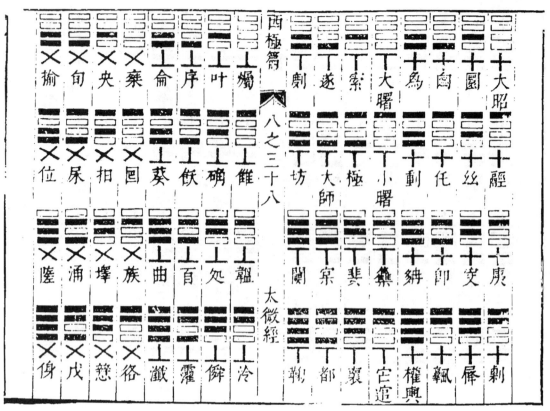

图 32-4　一两七参图
（文翔凤《太微经》）

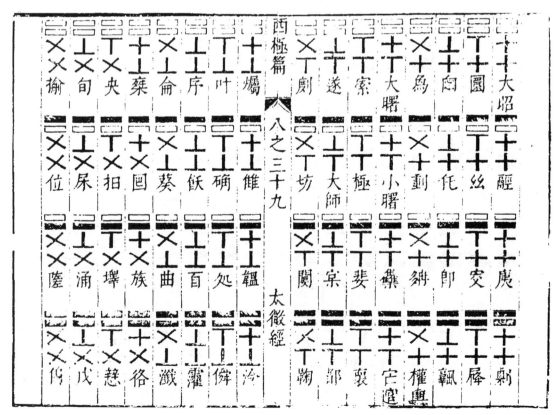

图 32-5　一两七参图
（文翔凤《太微经》）

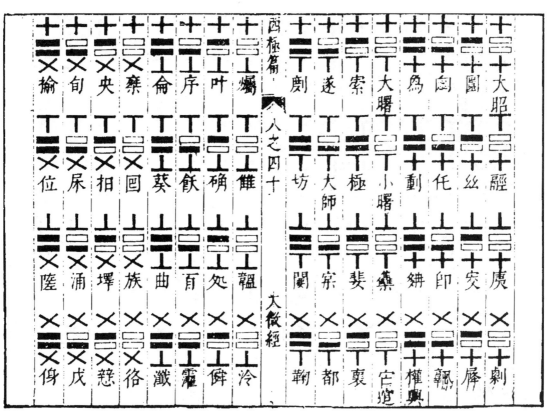

图 32-6 一两七参图
（文翔凤《太微经》）

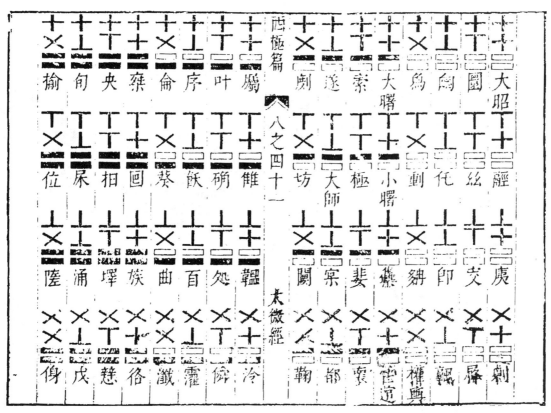

图 32-7 一两七参图
（文翔凤《太微经》）

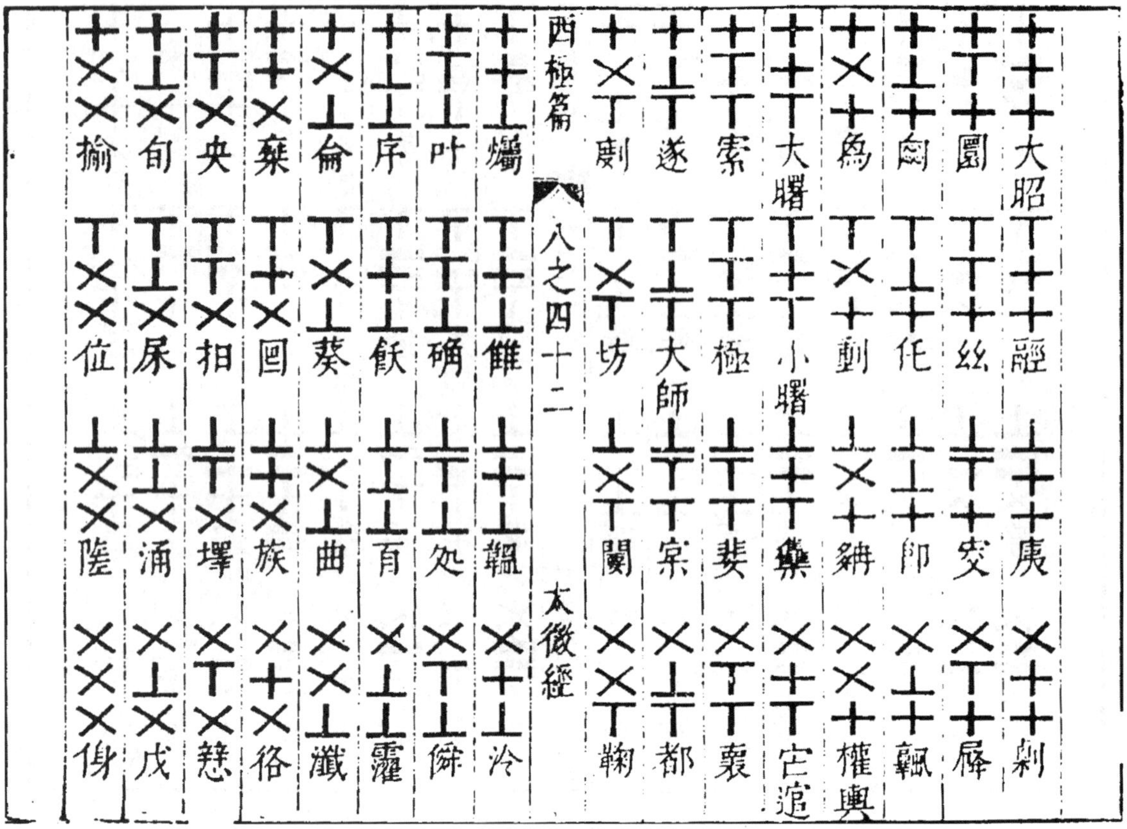

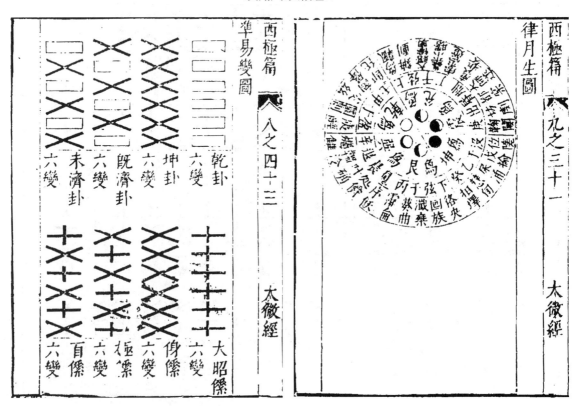

图 32-8　一两七参图
（文翔凤《太微经》）

图 33　准易变图
（文翔凤《太微经》）

图 34　律月生图
（文翔凤《太微经》）

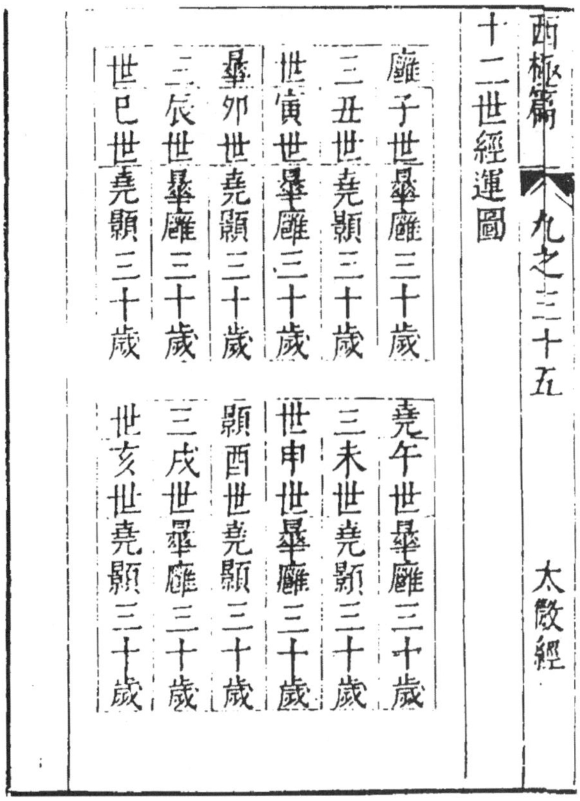

| 西極篇 九之三十五 十二世經運圖 | | | 西極篇 九之三十六 三十運經會圖 | |
|---|---|---|---|---|
| 廡子世羿廡三十歲 | 堯午世羿顓三十歲 | 華前十運 | 始星甲甲子寅 | 終星癸癸酉卯 |
| 三丑世堯顓三十歲 | 三未世羿顓三十歲 | 廡中十運 | 始星甲甲戌辰 | 終星癸癸未巳 |
| 羿寅世堯顓三十歲 | 會申世羿顓三十歲 | 會後十運 | 始星甲甲申午 | 終星癸癸巳未 |
| 三卯世堯顓三十歲 | 顓酉世羿顓三十歲 | 堯前十運 | 始星甲甲午申 | 終星癸癸卯酉 |
| 羿辰世堯顓三十歲 | 三戌世羿顓三十歲 | 顓中十運 | 始星甲甲辰戌 | 終星癸癸丑亥 |
| 三巳世堯顓三十歲 | 世亥世堯顓三十歲 | 會後十運 | 始星甲甲寅 | 終星癸癸亥 |
| | | 太微經 | | 太微經 |

图35　十二世经运图
（文翔凤《太微经》）

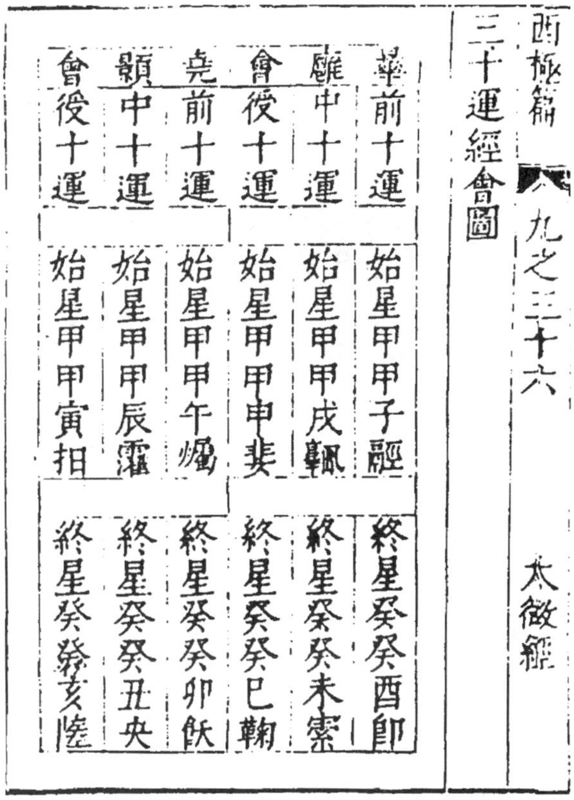

图36　三十运经会图
（文翔凤《太微经》）

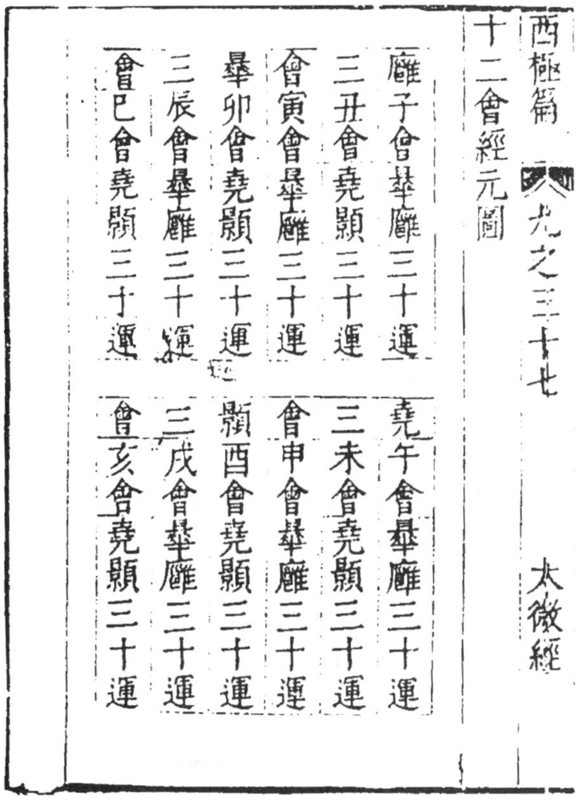

| 西極篇 九之三十七 十二會經元圖 | | | 西極篇 九之三十八 五億元圖 | |
|---|---|---|---|---|
| 廡子會羿廡三十運 | 堯午會羿顓三十運 | 元之元太廡一元 | 辰之元太廡三百六十元 | |
| 三丑會堯顓三十運 | 三未會堯顓三十運 | 會之元少羿十二元 | 日之元太廡四千三百二十元 | |
| 羿寅會堯顓三十運 | 會申會堯顓三十運 | 運之元太廡三百六十元 | 月之元少堯一十二萬九千六百元 | |
| 三卯會堯顓三十運 | 顓酉會堯顓三十運 | 世之元少廡四千三百二十元 | 歲之元少顓一百五十五萬五千二百元 | |
| 會辰會羿廡三十運 | 三戌會堯顓三十運 | 歲之元少堯一十二萬九千六百元 | 五億九千八百七十七萬二千元 | |
| 會巳會堯顓三十運 | 會亥會堯顓三十運 | | | |
| | | 太微經 | | 太微經 |

图37　十二会经元图
（文翔凤《太微经》）

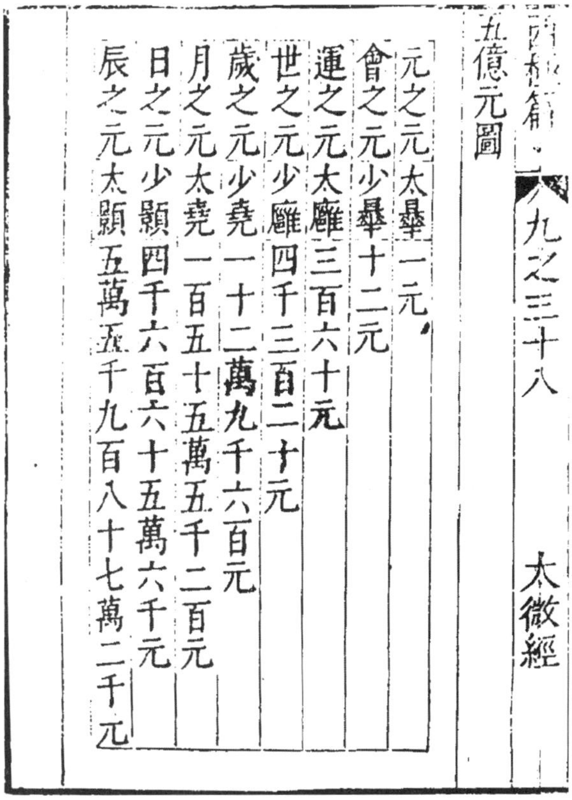

图38　五亿元图
（文翔凤《太微经》）

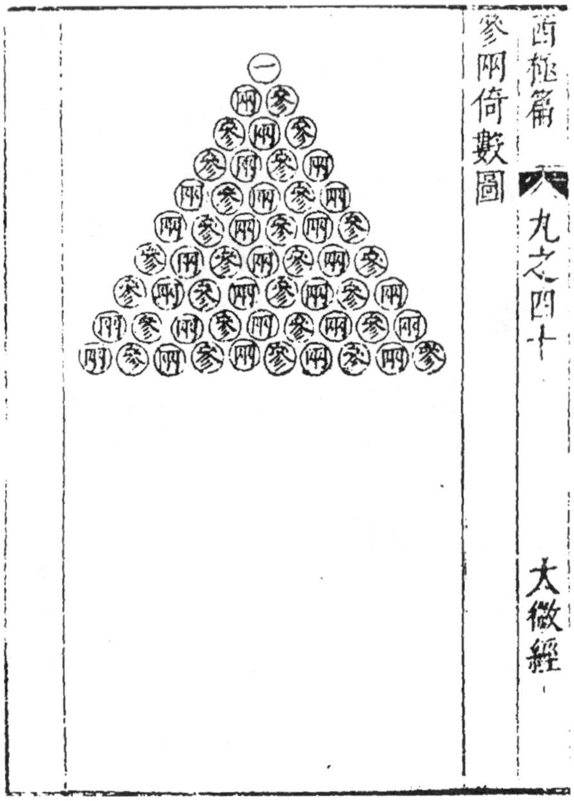

图 39 参两倚数图
（文翔凤《太微经》）

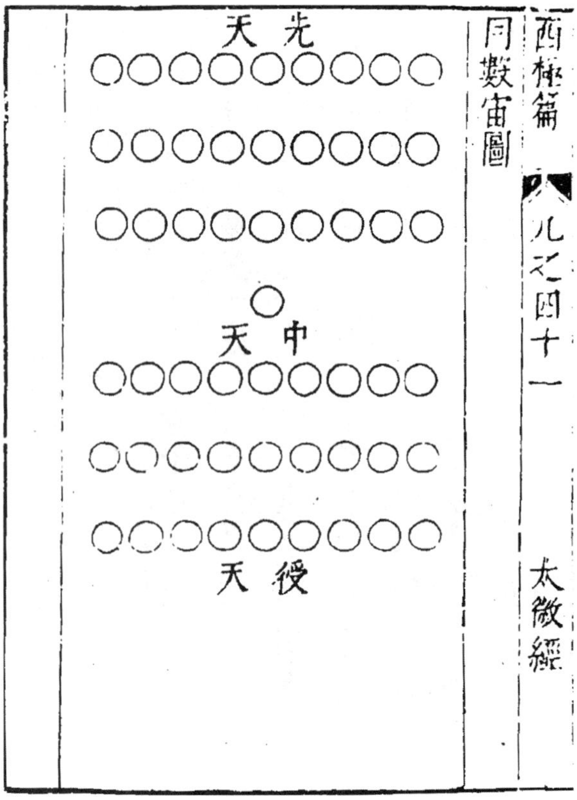

图 40 囗数宙图
（文翔凤《太微经》）

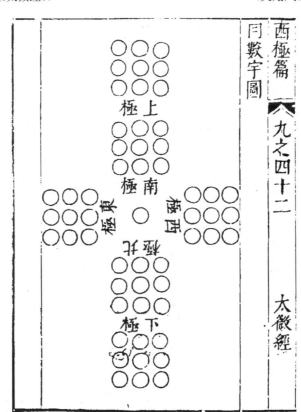

图 41 囗数宇图
（文翔凤《太微经》）

# 郑敷教(1596—1675)

字汝敬,明南直隶苏州(今属江苏)人。崇祯三年(1630)举人,出熊开元门下,能文章,尚气节,国变后隐居广生庵,精研《易》经,从熊开元出家,私谥贞献先生。著有《易经图考》十二卷、《周易广义》十卷、《学庸大义》、《乡党考》、《桐庵存稿》等。现存有《周易》图像七幅。

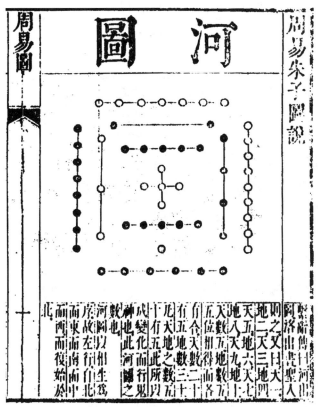

**图1 河图**
(郑敷教《周易广义》)

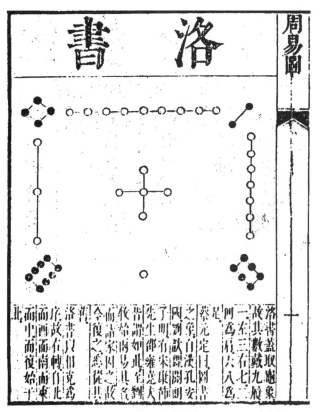

**图2 洛书**
(郑敷教《周易广义》)

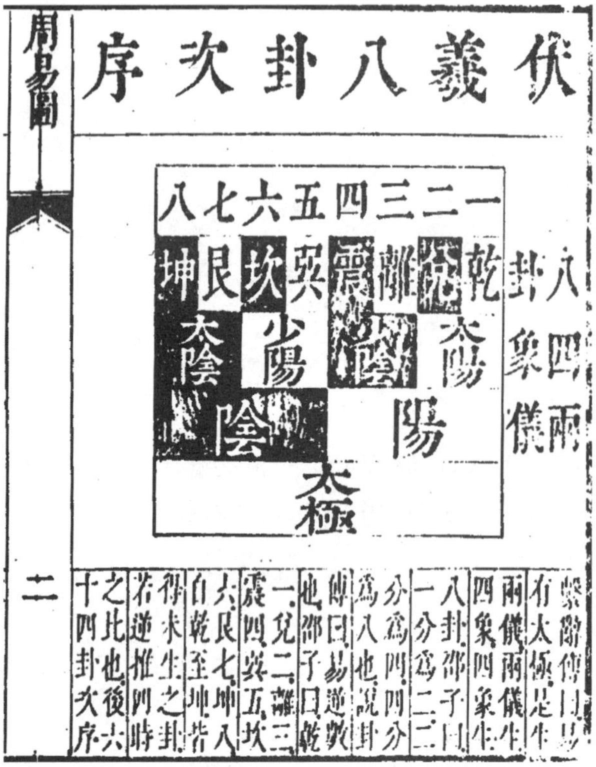

图3 伏羲八卦次序图
（郑敷教《周易广义》）

图4 伏羲八卦方位图
（郑敷教《周易广义》）

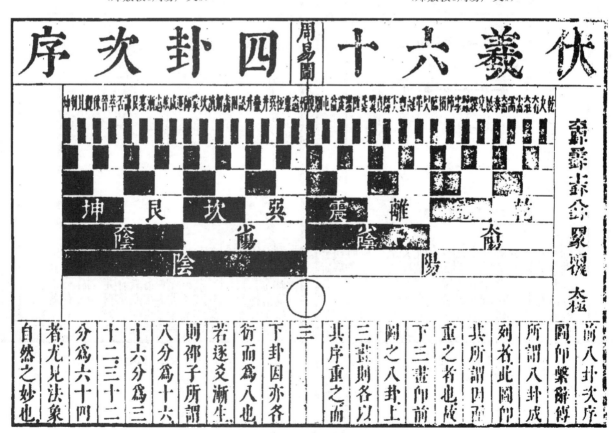

图5 伏羲六十四卦次序图
（郑敷教《周易广义》）

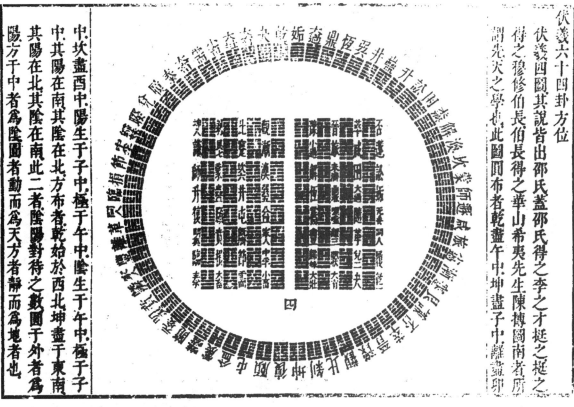

图6　伏羲六十四卦方位图
（郑敷教《周易广义》）

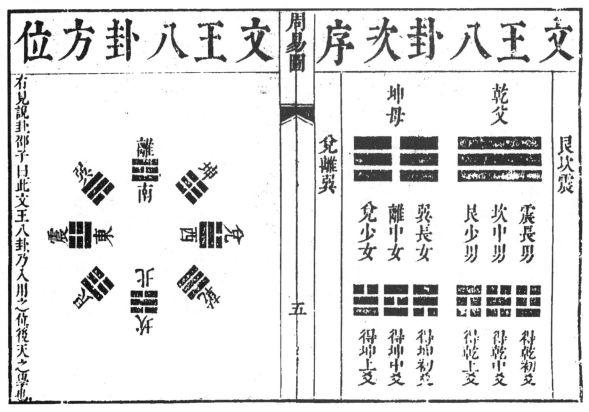

图7　文王八卦次序、文王八卦方位图
（郑敷教《周易广义》）

# 沈泓(1598—1648)

字临秋,一作邻秋,号悔庵,明南直隶华亭人。崇祯十六年(1643)进士。幼孤,事母至孝,遭国变,投云门惟岑禅师,法名弘坚,遍历名胜,不废著述,邃于易学。著有《易宪》四卷、《东山遗草》二卷、《怀谢轩诗文集》等。现存有《周易》图像八幅。

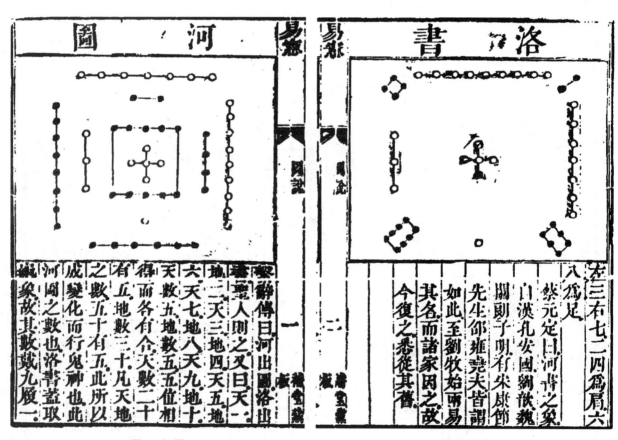

图1 河图
(沈泓《易宪》)

图2 洛书
(沈泓《易宪》)

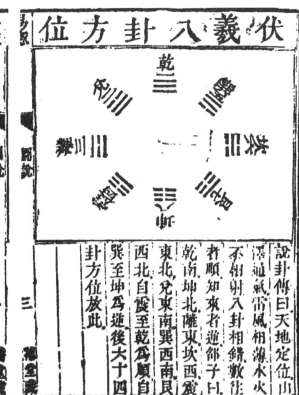

图4 伏羲八卦方位图
（沈泓《易宪》）

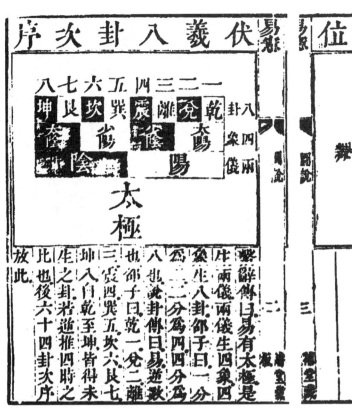

图3 伏羲八卦次序图
（沈泓《易宪》）

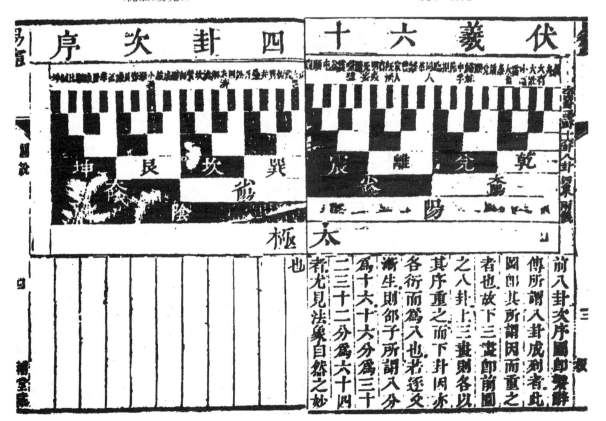

图5 伏羲六十四卦次序图
（沈泓《易宪》）

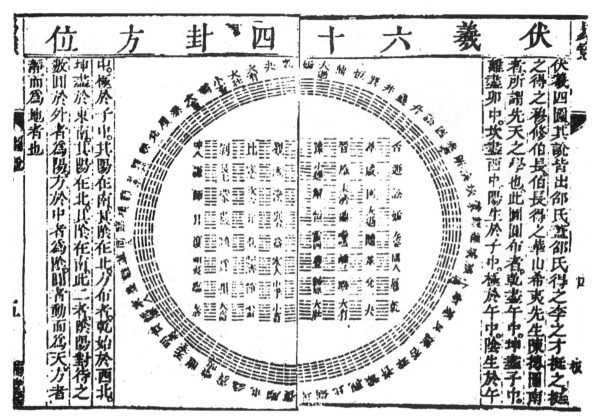

图6　伏羲六十四卦方位图
（沈泓《易宪》）

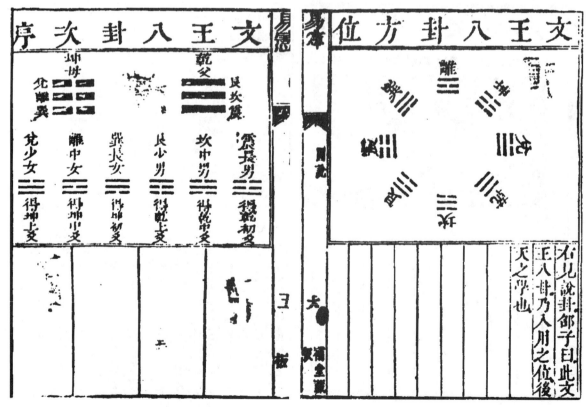

图7　文王八卦次序图
（沈泓《易宪》）

图8　文王八卦方位图
（沈泓《易宪》）

# 罗明祖(1600—1643)

字宣明,号纹山,明福建永安人。崇祯四年(1631)进士,任华亭县令等。家传易学,宋儒罗从彦后人。后人编有《罗纹山全集》。现存有《周易》图像八幅。

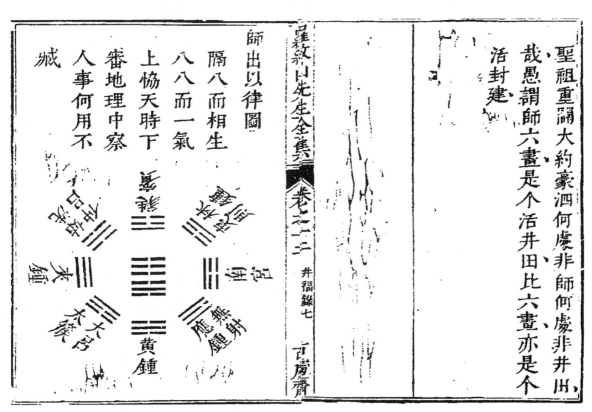

图1 师出以律图
(罗纹山《罗纹山全集》)

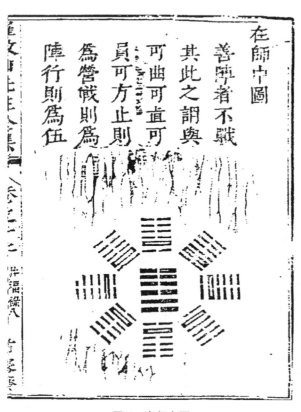

图 2　在师中图
（罗纹山《罗纹山全集》）

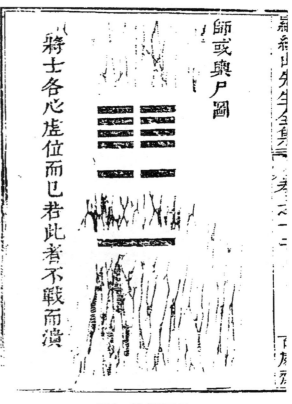

图 3　师或舆尸图
（罗纹山《罗纹山全集》）

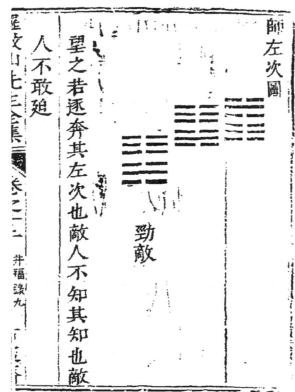

图 4　师左次图
（罗纹山《罗纹山全集》）

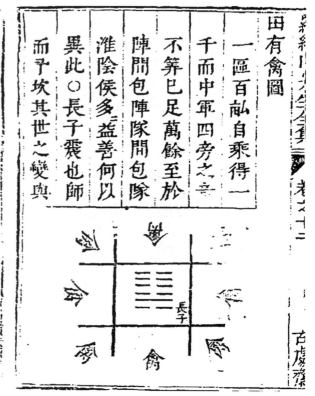

图 5　田有禽图
（罗纹山《罗纹山全集》）

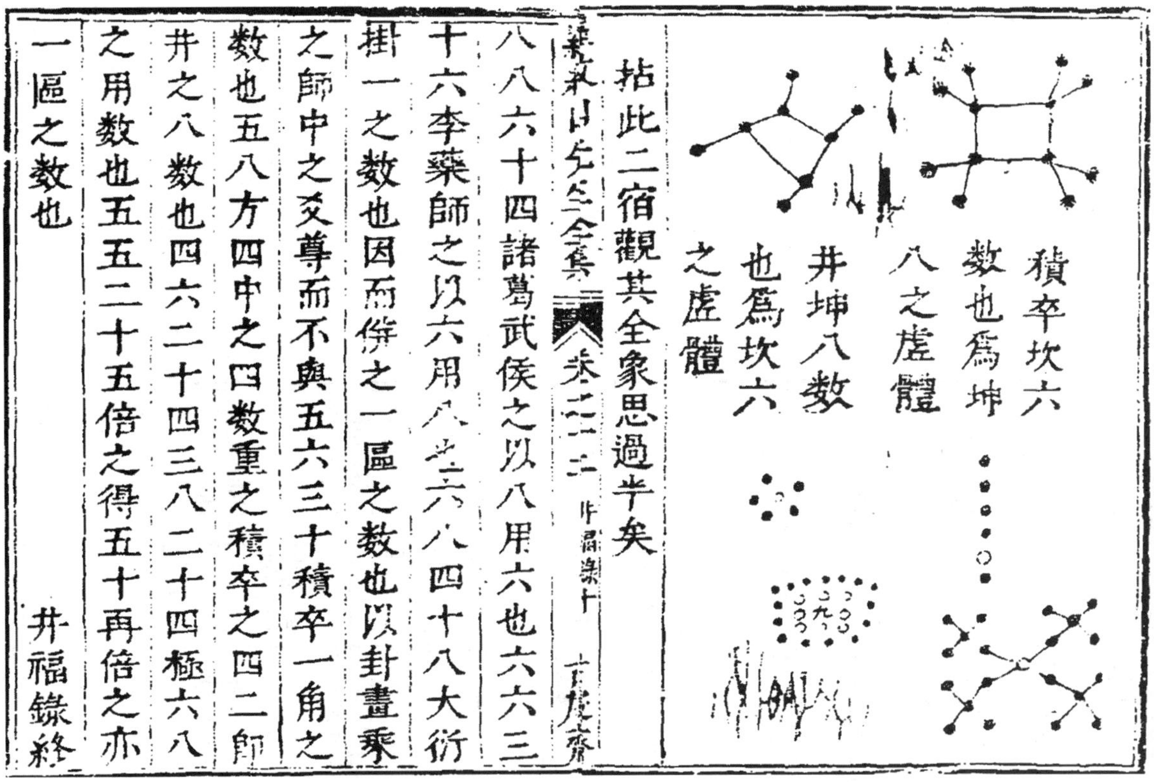

图6　二宿图
（罗纹山《罗纹山全集》）

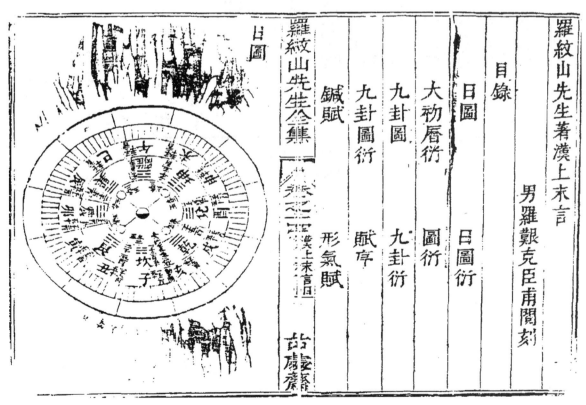

图7　日圆图
（罗纹山《汉上末言》）

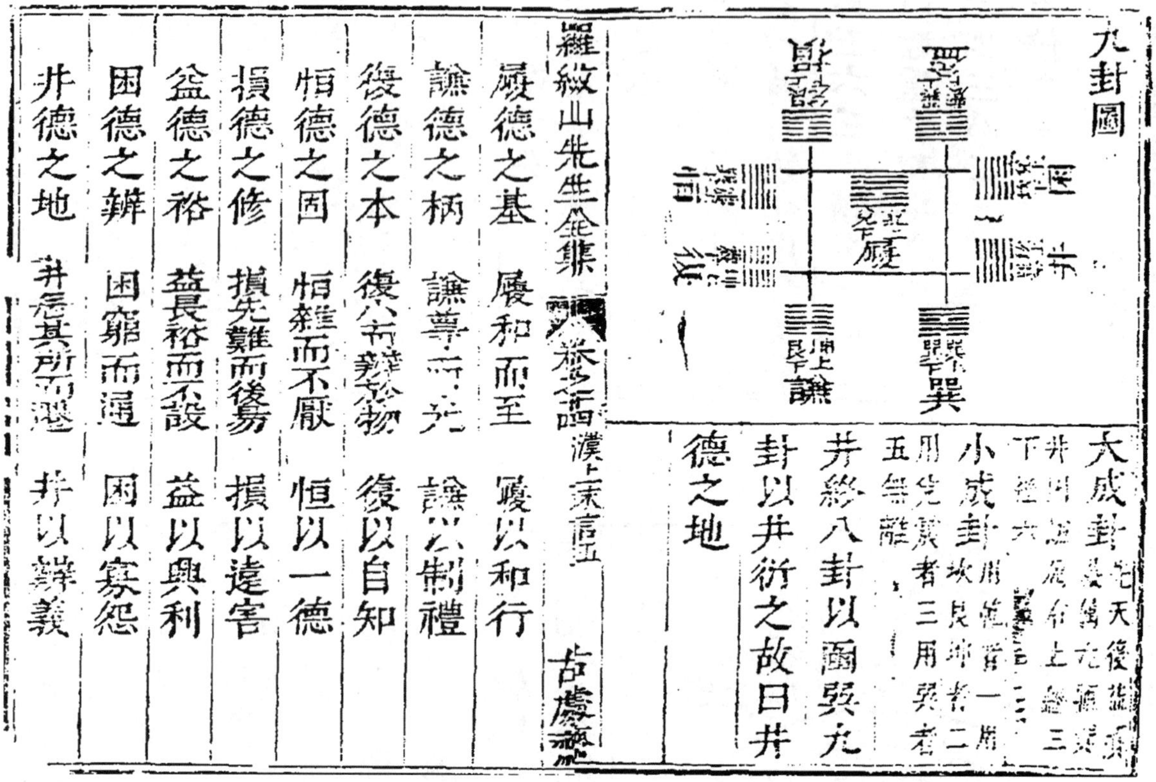

九卦圖

大成卦

小成卦

井終八卦以函巽九卦以井衍之故曰井德之地

羅紋山先生全集 卷之 漢上末言 五

履德之基 履和而至 履以和行

謙德之柄 謙尊而光 謙以制禮

復德之本 復小而辨於物 復以自知

恒德之固 恒雜而不厭 恒以一德

損德之修 損先難而後易 損以遠害

益德之裕 益長裕而不設 益以興利

困德之辨 困窮而通 困以寡怨

井德之地 井居其所而遷 井以辨義

**图8 九卦图**

（罗纹山《汉上末言》）

# 傅仁宇

生卒年不详,字允科,明南直隶休宁(今属安徽)人。祖传眼科医术。承家学,亦擅治眼疾。行医三十余年,采集有关文献,结合家传与个人临证经验,著有《审视瑶函》(又名《眼科大全》),为当时医家所重视。现存有《周易》图像一幅。

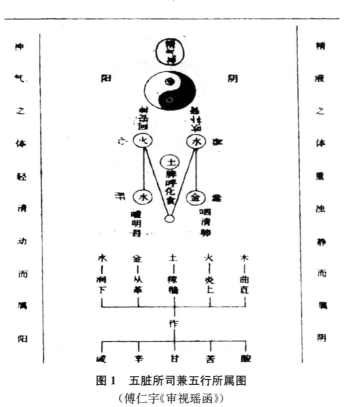

图1 五脏所司兼五行所属图
(傅仁宇《审视瑶函》)

# 刁包（1603—1669）

字蒙吉，晚号用六居士，清直隶祁州（今河北安国）人。明天启丁卯（1627）举人。入清不仕，归隐筑"潜室亭""肥遁"两斋，潜心学术研究，弟子及乡人私谥"文孝先生"。著有《易酌》十四卷、《四书翊注》、《辨道录》、《斯文正统》、《潜室札记》、《用六集》等多种。现存有《周易》图像九幅。

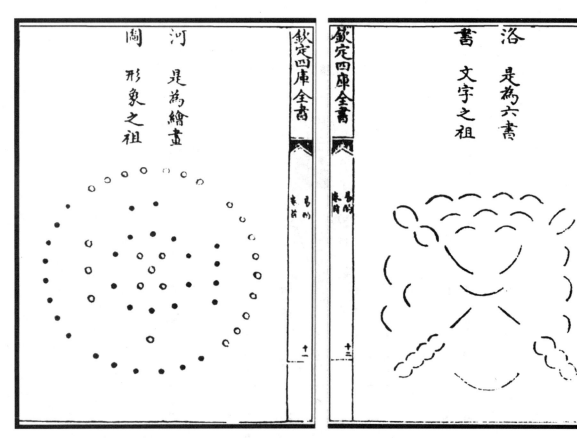

图1　河图
（刁包《易酌》）

图2　洛书
（刁包《易酌》）

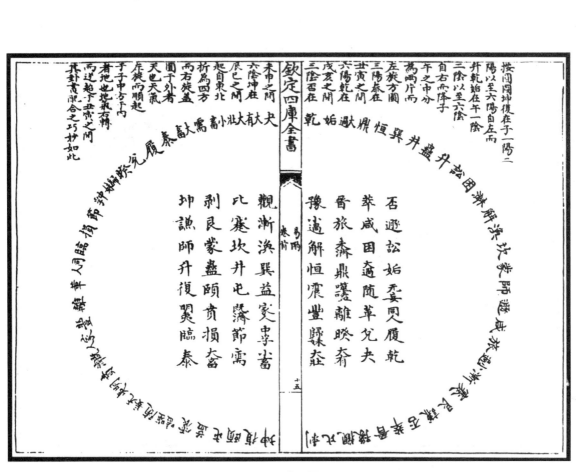

图3 先天圆图
（刁包《易酌》）

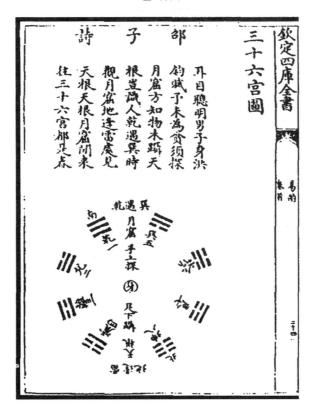

图4 三十六宫图
（刁包《易酌》）

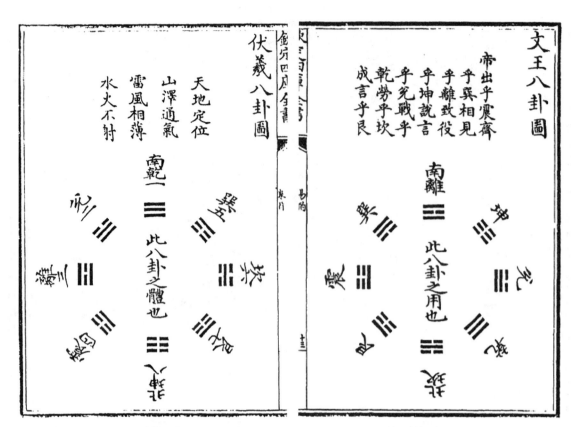

图 5　伏羲八卦图
（刁包《易酌》）

图 6　文王八卦图
（刁包《易酌》）

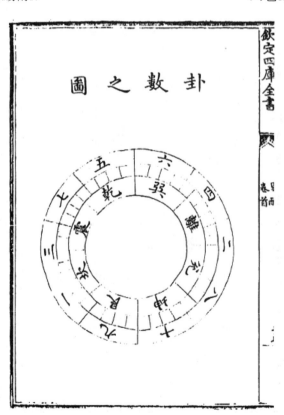

图 7　卦数之图
（刁包《易酌》）

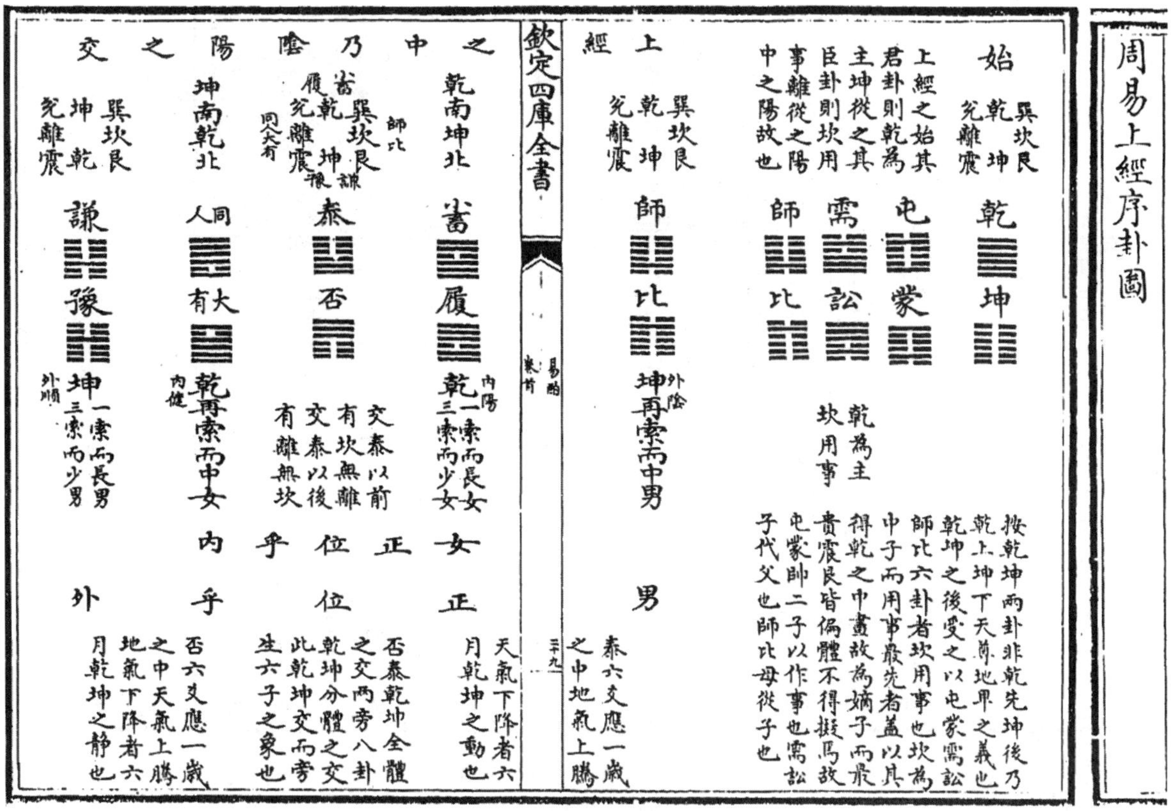


图 8－1　周易上经序卦图

（刁包《易酌》）

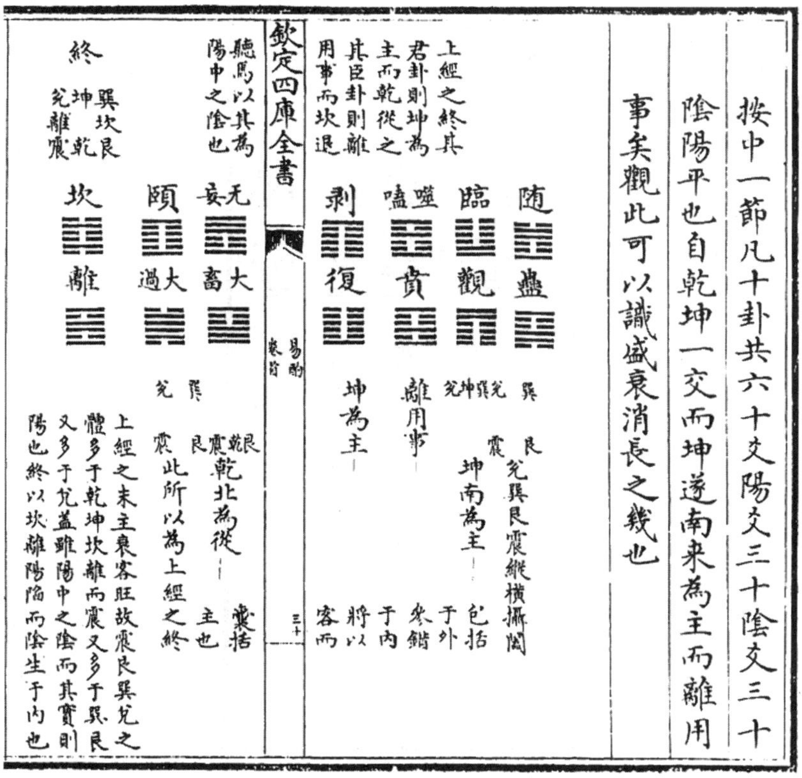


图 8－2　周易上经序卦图

（刁包《易酌》）

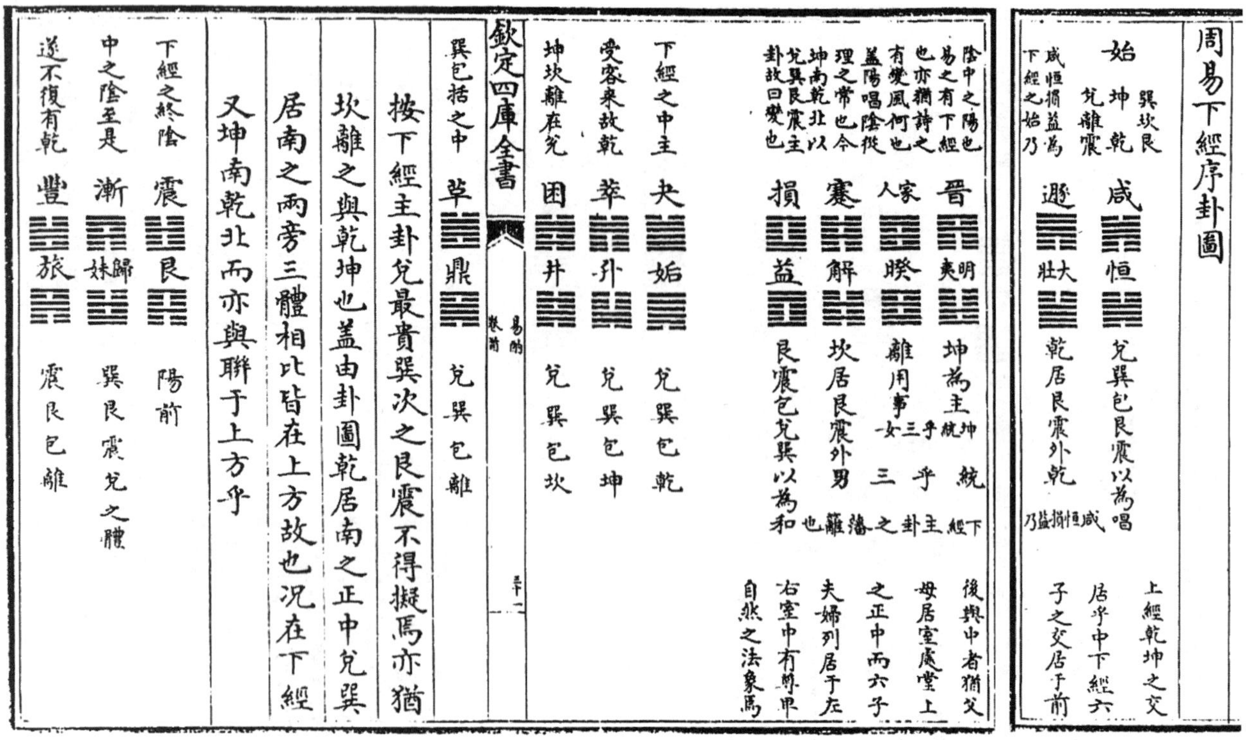

## 周易下經序卦圖

巽坎艮
坤乾
兌離震

咸恆損益焉
下經之始乃

始

咸 兌巽包艮震以為唱
恆 乾居艮震外乾
遯
大壯

上經乾坤之交
居乎中下經六
子之交居于前

---

欽定四庫全書　易酌

陰中之陽也易之有下經
也亦猶詩之有變風變雅
蓋陽倡陰從
理之常也今
坤南乾北以
兌巽包艮震
卦故曰變也

晉 夷明　坤為主統坤統經下
　　　　母居室震堂上乎三
　　　　人家　離用事女三
睽 　　　之正中而六子
家人　　坎居艮震外男
　　　　夫婦列居于左
蹇 坎震包兌巽以為和
解　　右室中有尊甲
　　　　自北之法象焉
損
益　艮震包兌巽以為

下經之中主

夬 兌巽包乾
姤 兌巽包坤
萃 兌巽包坤
升 兌巽包乾
困 兌巽包坎
井 兌巽包坎

巽包括之中

革
鼎

按下經主卦兌最貴巽次之艮震不得擬焉亦猶
坎離之與乾坤也蓋由卦圖乾居南之正中兌巽
居南之兩旁三體相比皆在上方故也況在下經
又坤南乾北而亦與聯于上方乎

下經之終陰

震 艮
漸 歸妹　巽艮震兌之體
豐 旅　　震艮包離

中之陰至是
遂不復有乾

图 9-1　周易下经序卦图
（刁包《易酌》）

---

坤矣

終

巽坎艮
坤乾
兌離震

巽 兌　陰後
渙 節　巽兌包坎
中孚 小過　巽兌震艮之體
既濟 未濟　坎離交而坎在下
　　　　　一陽生于中也

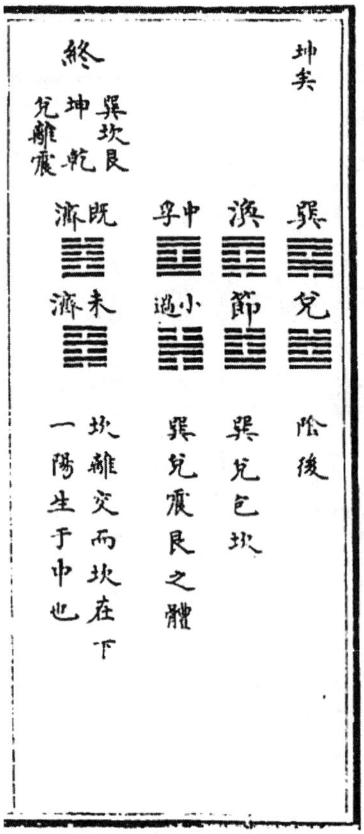

图 9-2　周易下经序卦图
（刁包《易酌》）

# 贺贻孙（1603—1685）

字子翼，自号水田居士，明末江西永新人。九岁能文，称神童。后赴豫章读书，与友人结社，推为领袖。两次应试都仅中副榜，仍潜心读书，泛滥经史，诸子百家、农林医律无所不窥。入清不仕，致力于著述。著有《激书》二卷、《易触》七卷、《诗触》六卷、《诗筏》六卷、《骚筏》、《水田居诗文集》五卷、《水田居诗存》三卷等。现存有《周易》图像四幅。

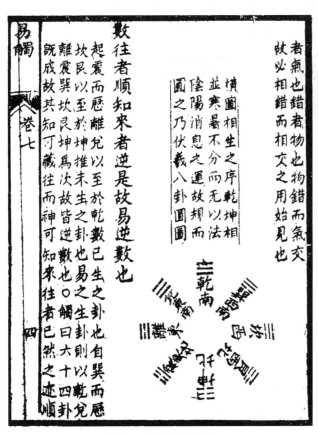

**图1** 伏羲八卦圆图
（贺贻孙《易触》）

**图2** 伏羲八卦中起生卦圆图
（贺贻孙《易触》）

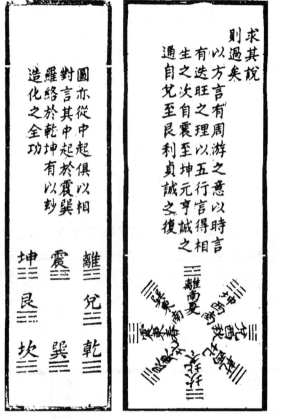

图3　卦位相对图
（贺贻孙《易触》）

图4　后天圆图
（贺贻孙《易触》）

# 来集之（1604—1682）

初名伟才，后更名镕，字元成，号倘湖，学者称其"倘湖先生"，明浙江萧山人。崇祯十二年（1639）南京国子监贡生，次年中进士。曾任安庆府推官、兵科左给事中、太常寺少卿等职。入清不仕，潜心著述。康熙七年（1668），被推荐应博学鸿儒科，以年老而婉辞。著有《读易偶通》二卷、《易图亲见》一卷、《卦义一得》、《倘湖樵书》、《倘湖文案》等。现存有《周易》图像三十五幅。

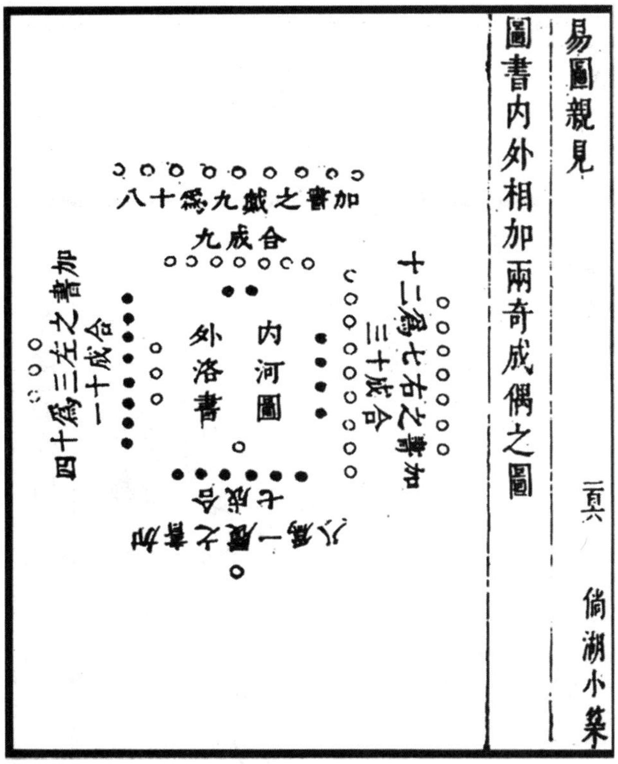

图1　图书内外相加两奇成偶之图
（来集之《易图亲见》）

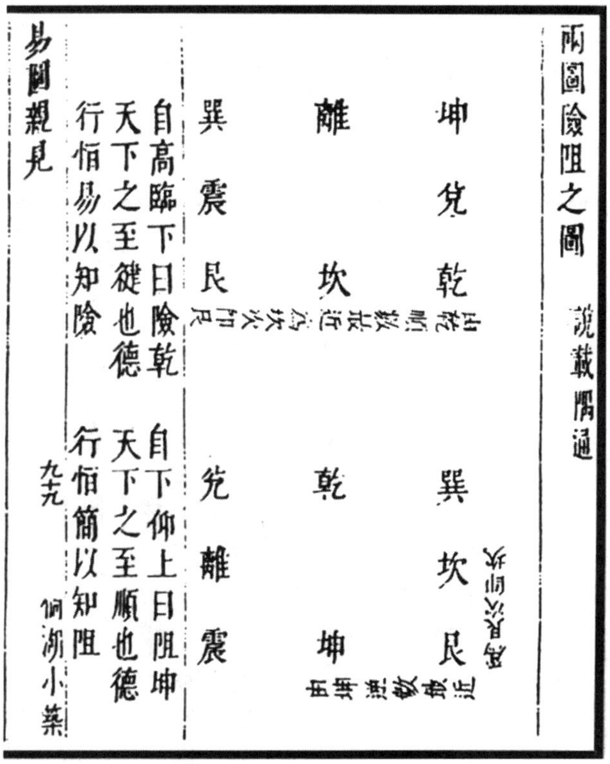

图2　两图险阻图
（来集之《易图亲见》）

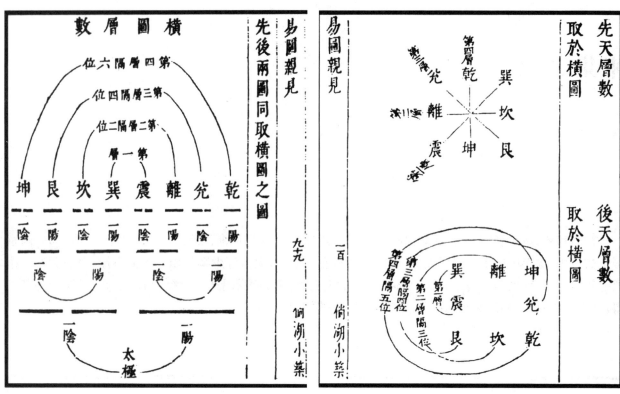

图 3　先后两图同取横图之图
（来集之《易图亲见》）

图 4　先天层数取于横图图
图 5　后天层数取于横图图
（来集之《易图亲见》）

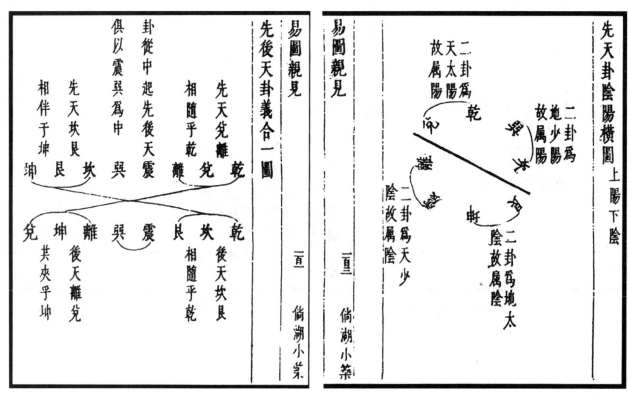

图 6　先后天卦义合一图
（来集之《易图亲见》）

图 7　先天卦阴阳横图
（来集之《易图亲见》）

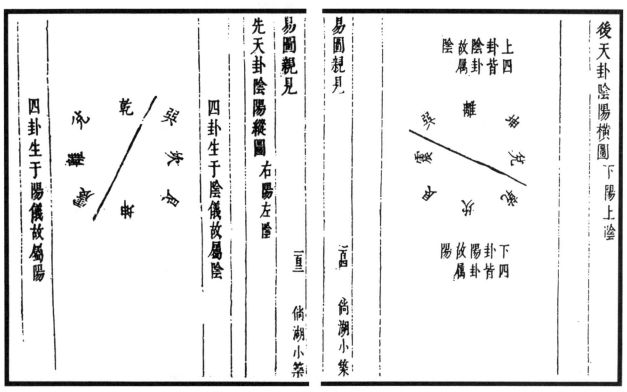

图 8　先天卦阴阳纵图
（来集之《易图亲见》）

图 9　后天卦阴阳横图
（来集之《易图亲见》）

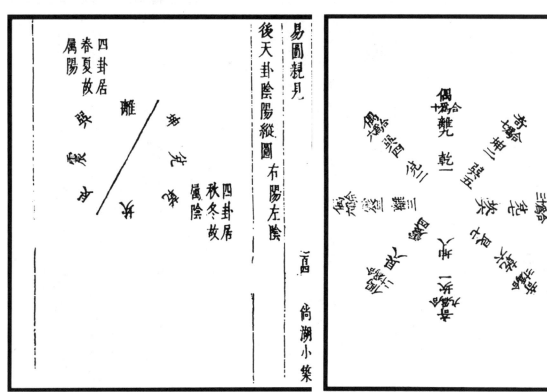

图 10　后天卦阴阳纵图
（来集之《易图亲见》）

图 11　先后天卦数相加东南皆阴西北皆阳之图
（来集之《易图亲见》）

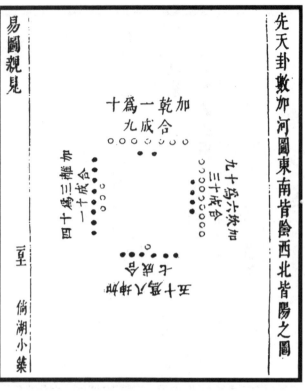

图 12　先天卦数加河图东南皆阴西北皆阳之图
（来集之《易图亲见》）

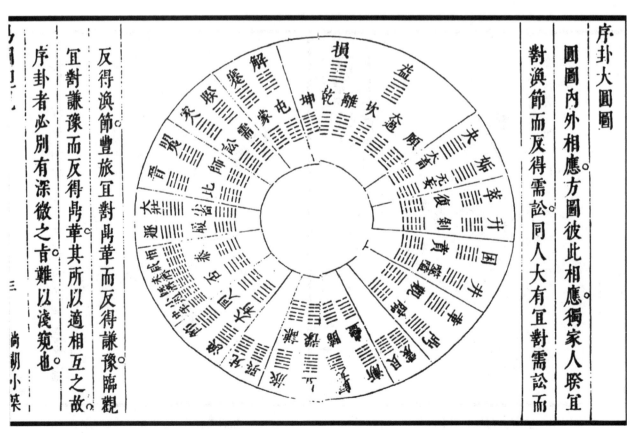

图 13　序卦大圆图
（来集之《易图亲见》）

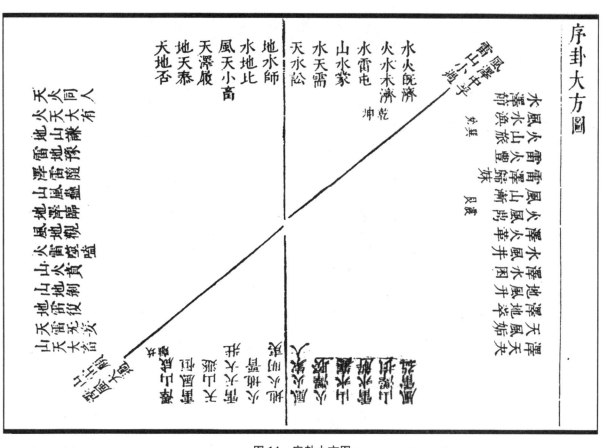

图 14　序卦大方图
（来集之《易图亲见》）

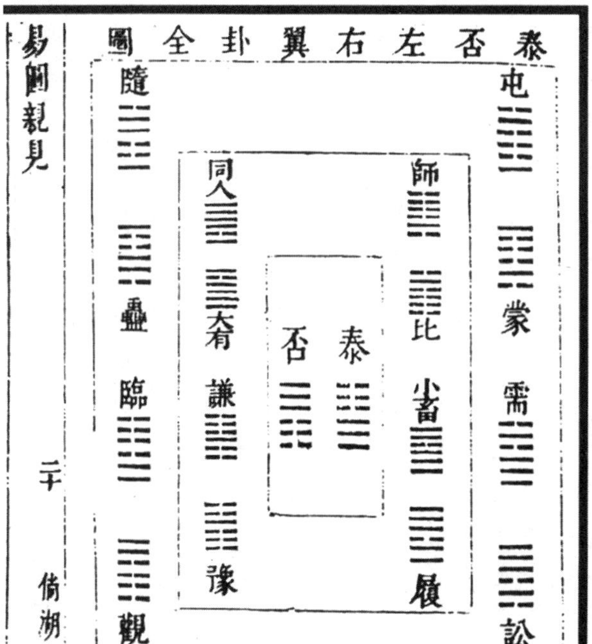

图 15　泰否左右翼卦全图
（来集之《易图亲见》）

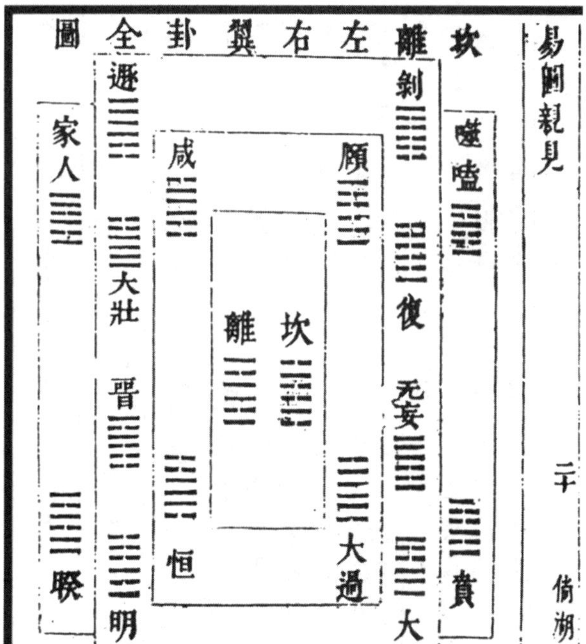

图 16　坎离左右翼卦全图
（来集之《易图亲见》）

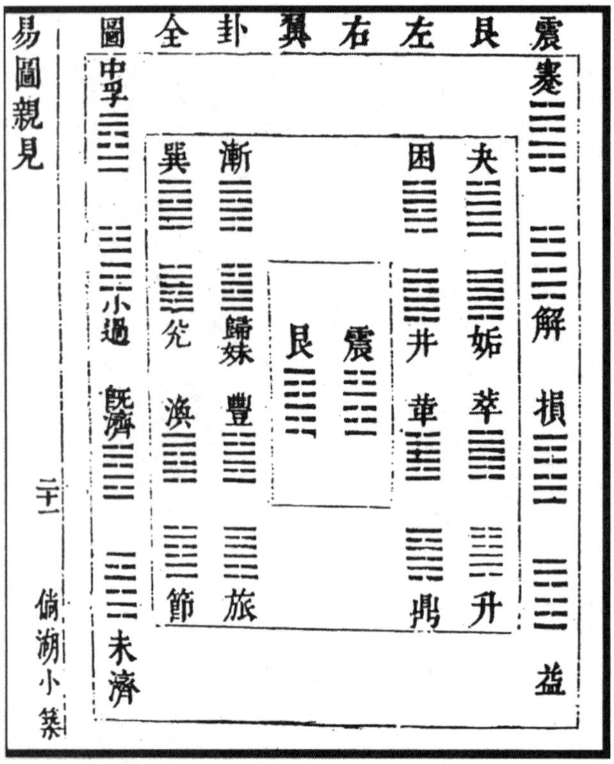

图 17　震艮左右翼卦全图
（来集之《易图亲见》）

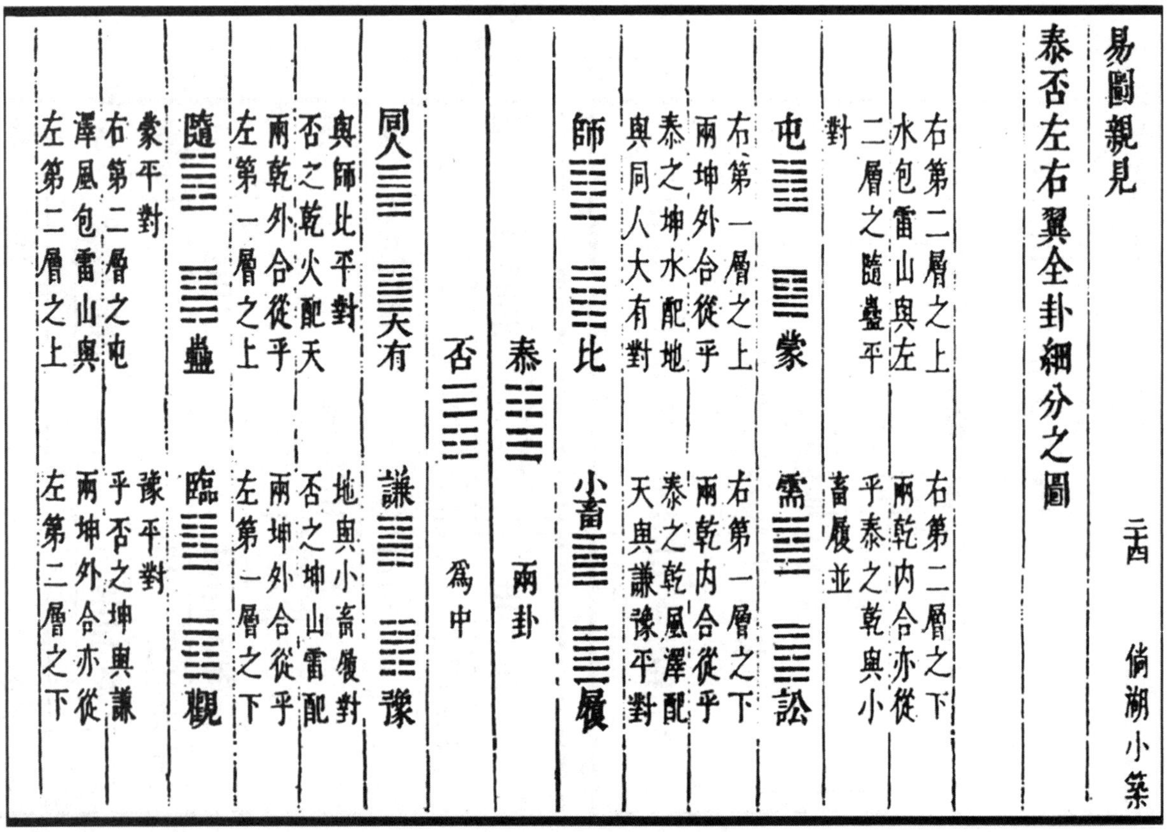

图 18　泰否左右翼全卦细分图
（来集之《易图亲见》）

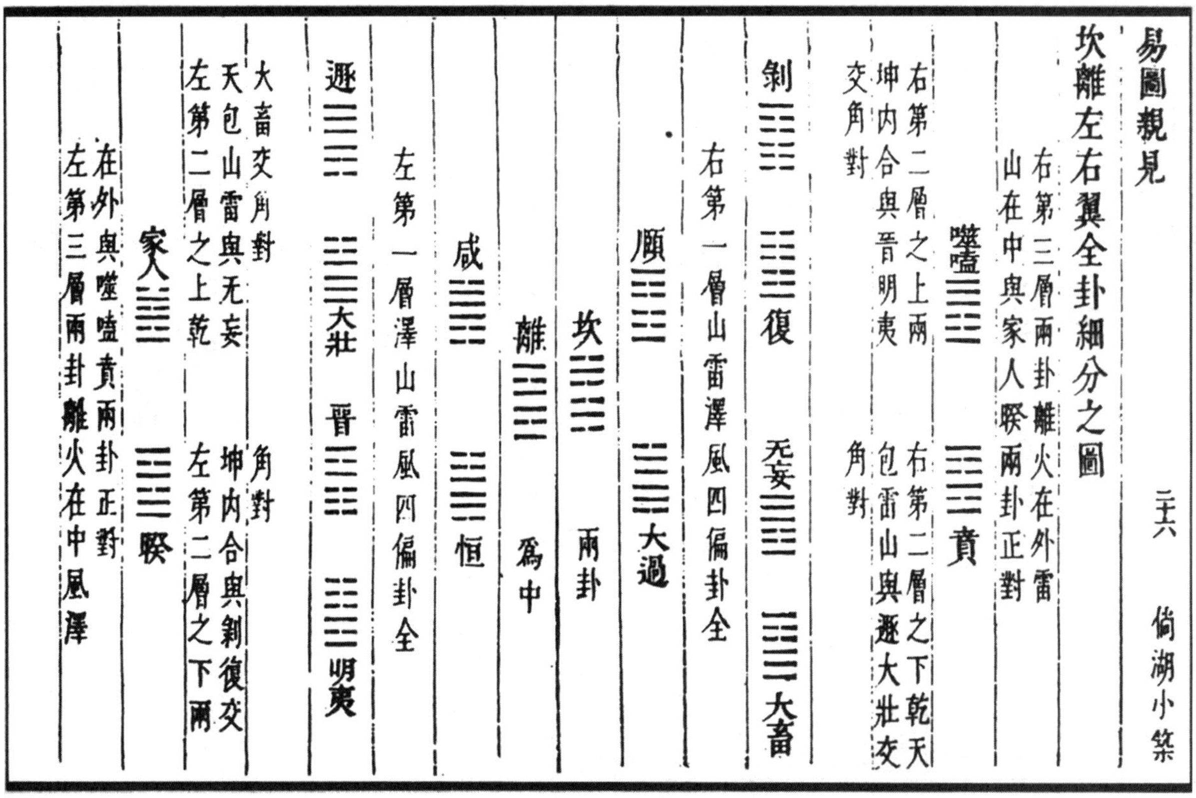

## 易圖親見

### 坎離左右翼全卦細分之圖

二六　偶湖小築

右第二層之上兩坤內合與晉明夷交角對

噬嗑 ䷔　賁 ䷕

山在中與家人睽兩卦正對

右第一層兩卦離火在外雷

剝 ䷖　復 ䷗

交角對

右第一層山雷澤風四偏卦全

頤 ䷚　大過 ䷛

右第二層之下乾天包雷山與遯大壯交角對

坎 ䷜　離 ䷝　兩卦為中

左第一層澤山雷風四偏卦全

咸 ䷞　恆 ䷟

角對

遯 ䷠　大壯 ䷡　晉 ䷢　明夷 ䷣

天包山雷與无妄左第二層之上乾

大畜 ䷙　无妄 ䷘　萃 ䷬　剝復交

坤內合與剝復交左第二層之下兩

家人 ䷤　睽 ䷥

在外與噬嗑賁兩卦正對

左第三層兩卦離火在中風澤

图 19　坎离左右翼全卦细分之图
（来集之《易图亲见》）

### 易圖親見

### 震艮左右翼全卦細分之圖

二九　偶湖小築

右第三層上坎水包雷山與既未交角對

蹇 ䷦　解 ䷧

澤風包地此直截外四卦澤風包水華與既濟未交角對也

損 ䷨　益 ䷩

右第三層下四偏卦全與中孚小過交角對

夬 ䷪　姤 ䷫　萃 ䷬　升 ䷭

直截內四卦為一對者也

困 ䷮　井 ䷯　革 ䷰　鼎 ䷱

震 ䷲　艮 ䷳　兩卦為中

漸 ䷴　歸妹 ䷵　豐 ䷶　旅 ䷷

一對者也豐旅雷山包火渙節澤風包水此橫截下四卦夬姤澤風包天萃升

巽 ䷸　兌 ䷹　渙 ䷺　節 ䷻

強兌澤風包澤風兩層共八卦漸歸妹澤風包雷山左兩層共八卦

中孚 ䷼　小過 ䷽　既濟 ䷾　未濟 ䷿

全與損益交角對左第三層上四偏卦

離火與蹇解交角對左第三層下坎水包

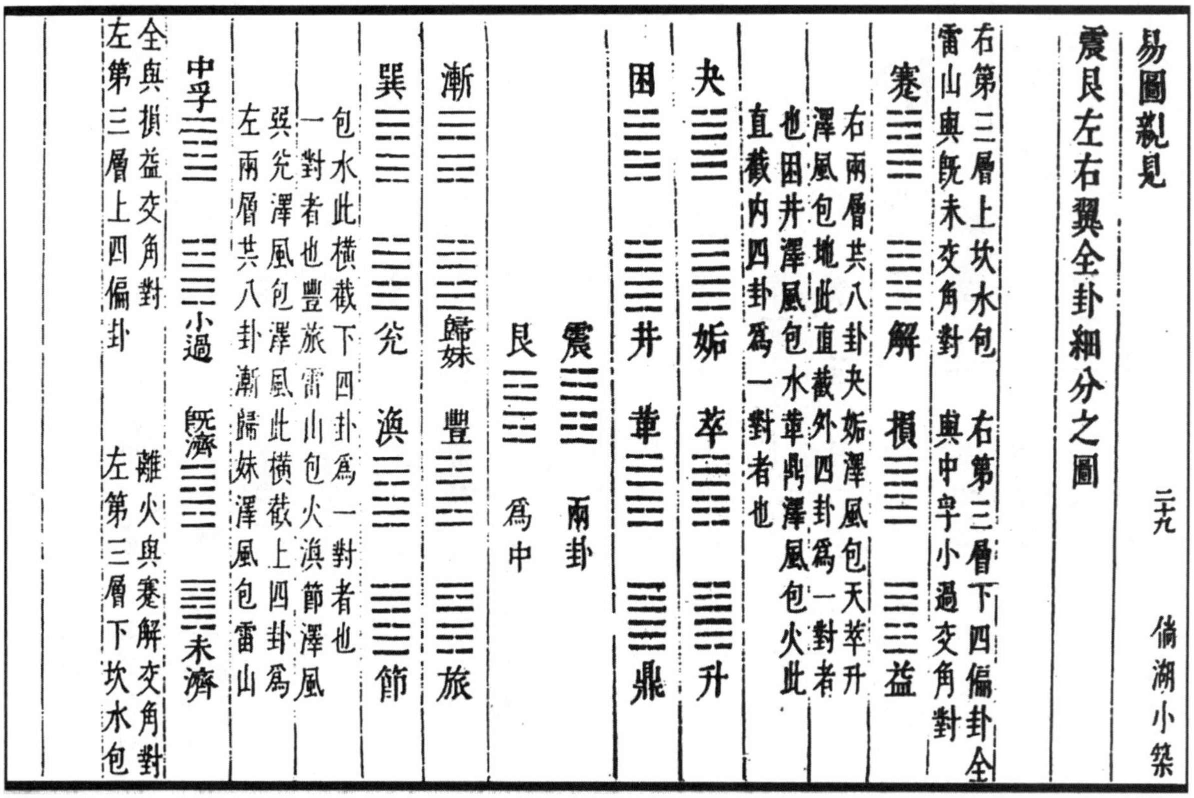

图 20　震艮左右翼全卦细分之图
（来集之《易图亲见》）

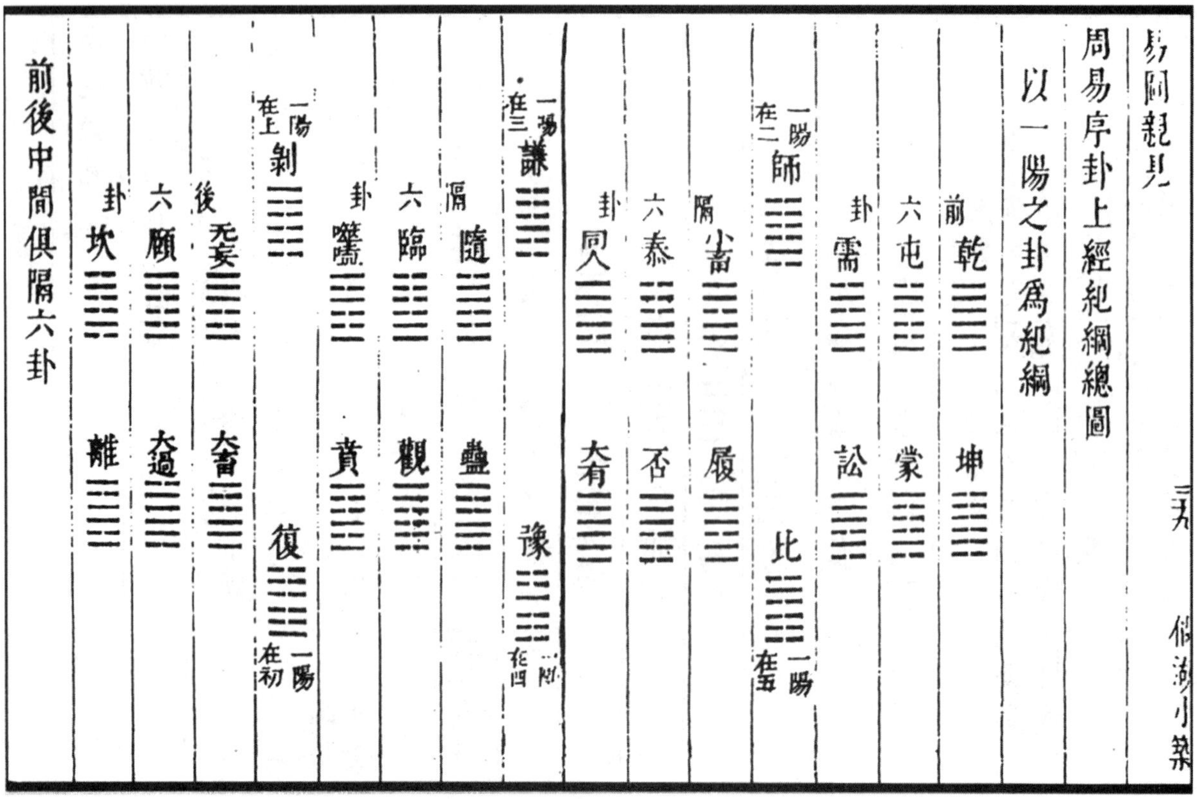


图 21－1　周易序卦上下经纪纲总图

（来集之《易图亲见》）

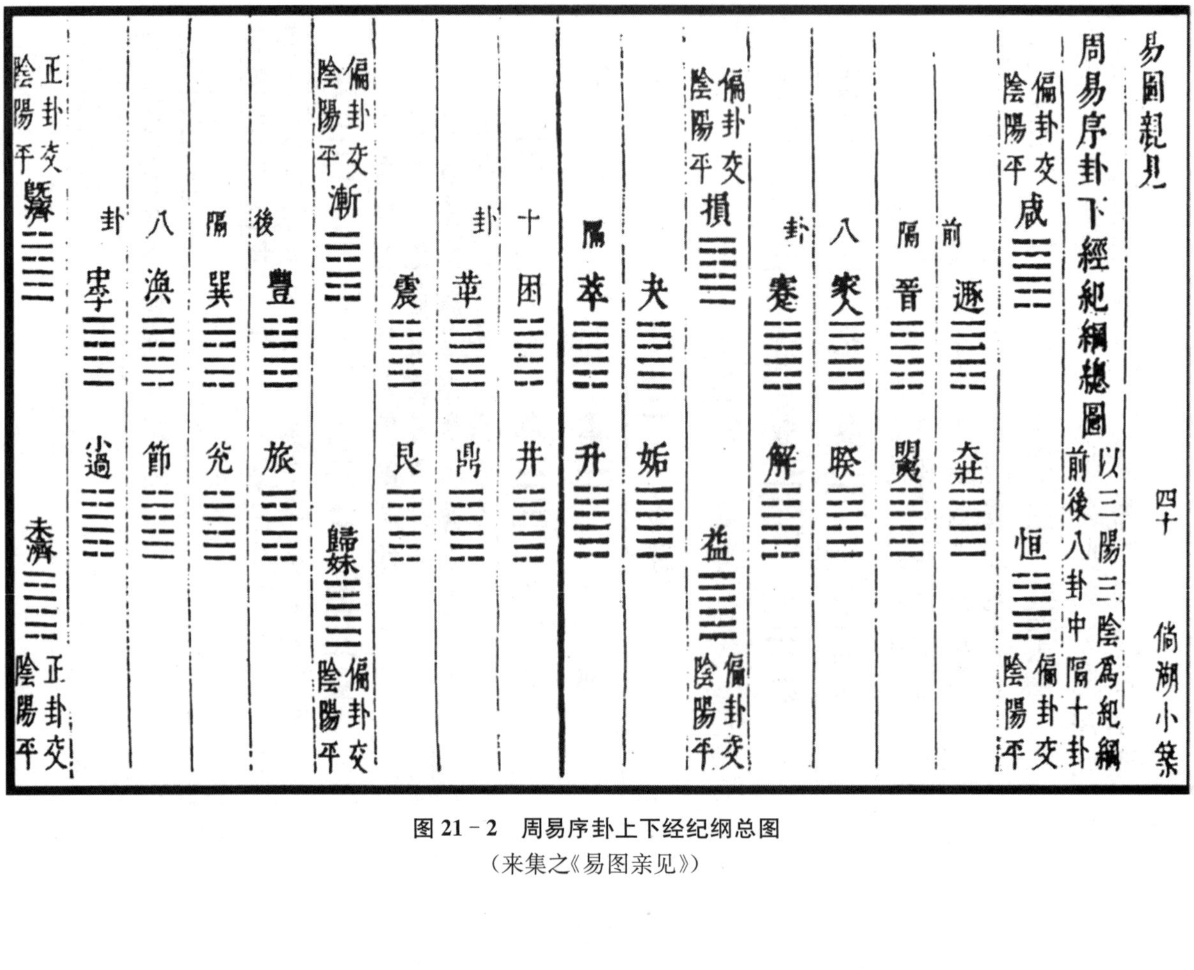


图 21－2　周易序卦上下经纪纲总图

（来集之《易图亲见》）

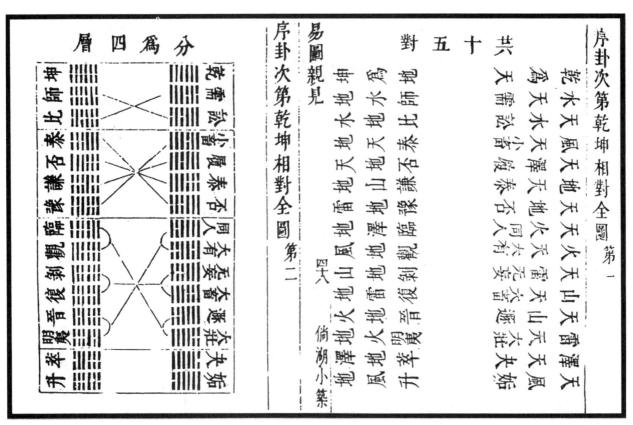

图 22　序卦次第乾坤相对全图
（来集之《易图亲见》）

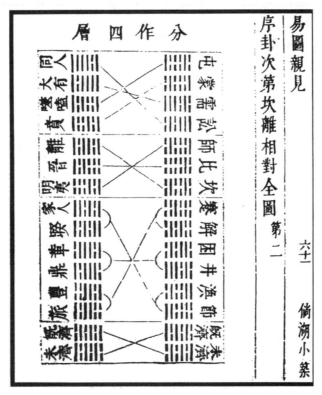

图 23　序卦次第坎离相对全图
（来集之《易图亲见》）

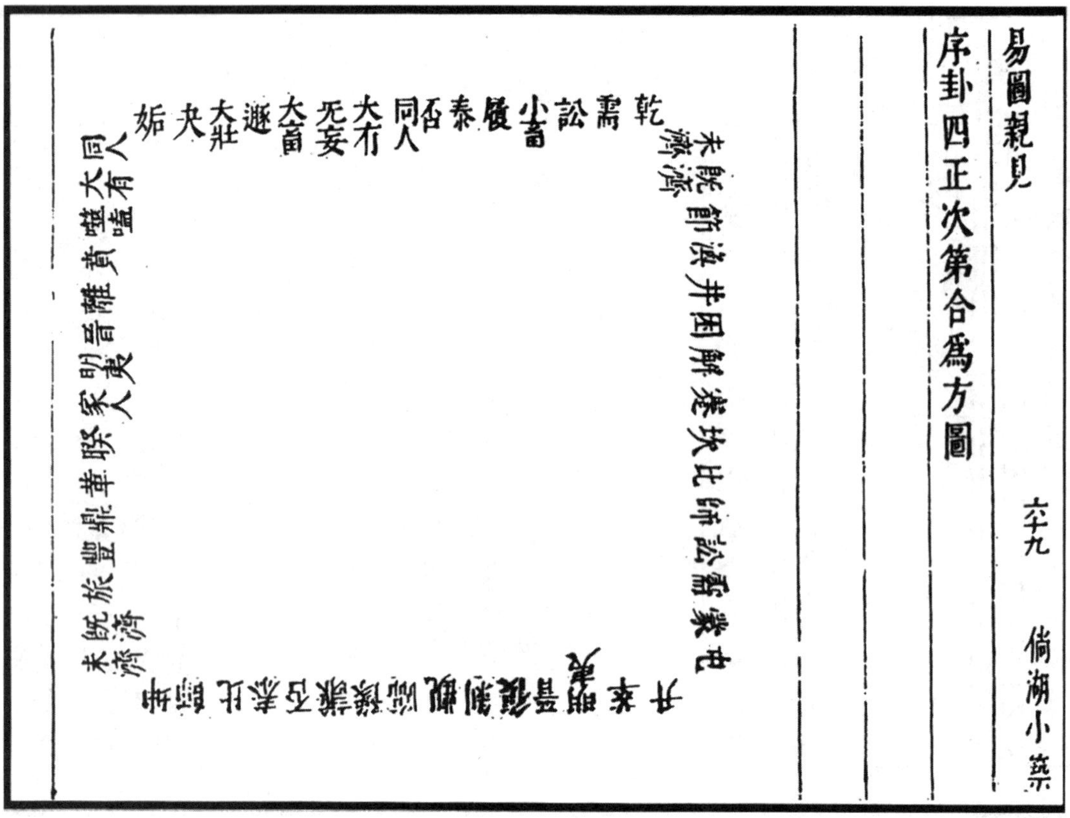

图 24　序卦四正次第合为方图
（来集之《易图亲见》）

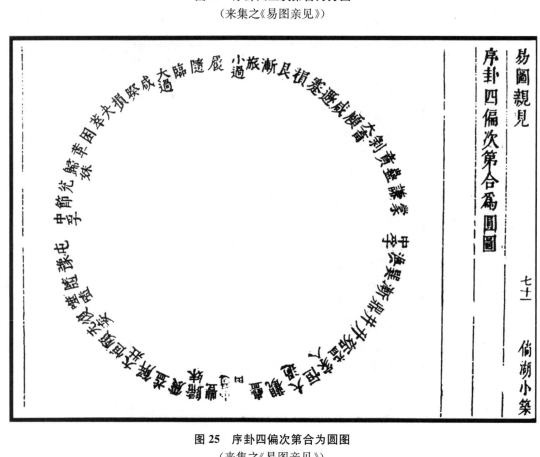

图 25　序卦四偏次第合为圆图
（来集之《易图亲见》）

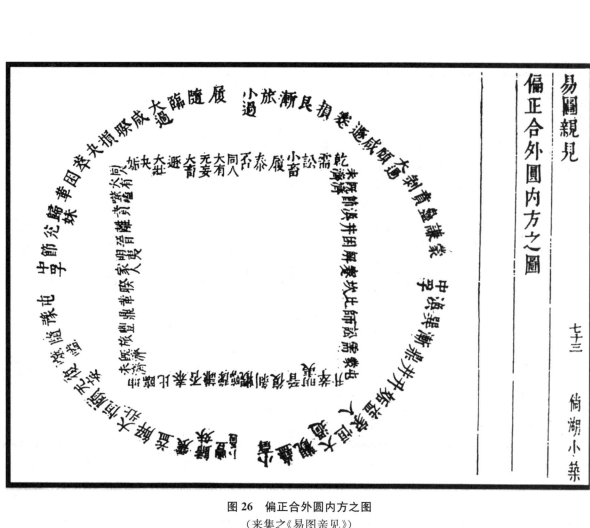

图 26　偏正合外圆内方之图
（来集之《易图亲见》）

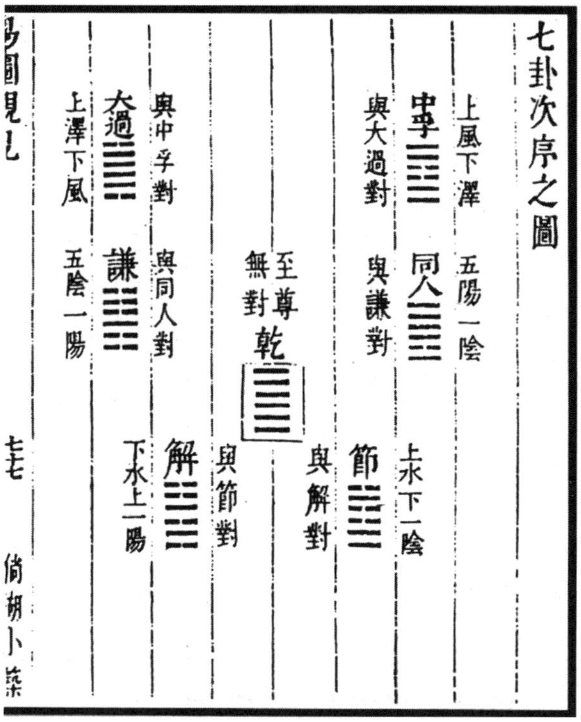

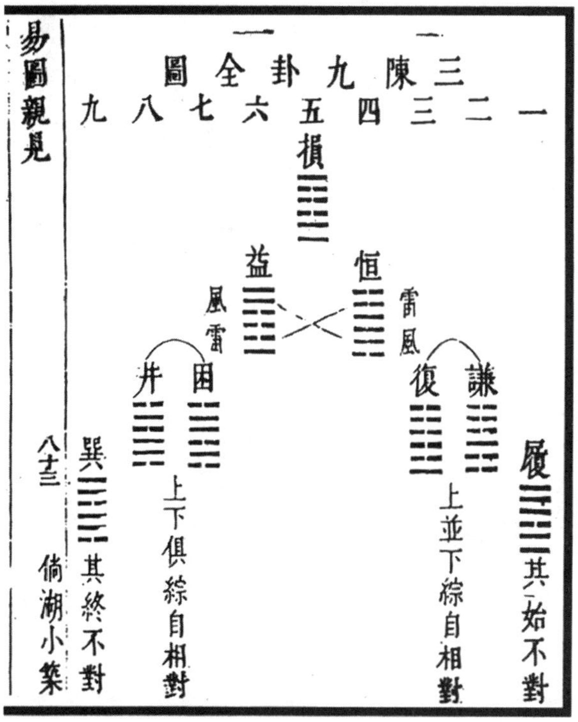

图 27　七卦次序之图
（来集之《易图亲见》）

图 28　三陈九卦全图
（来集之《易图亲见》）

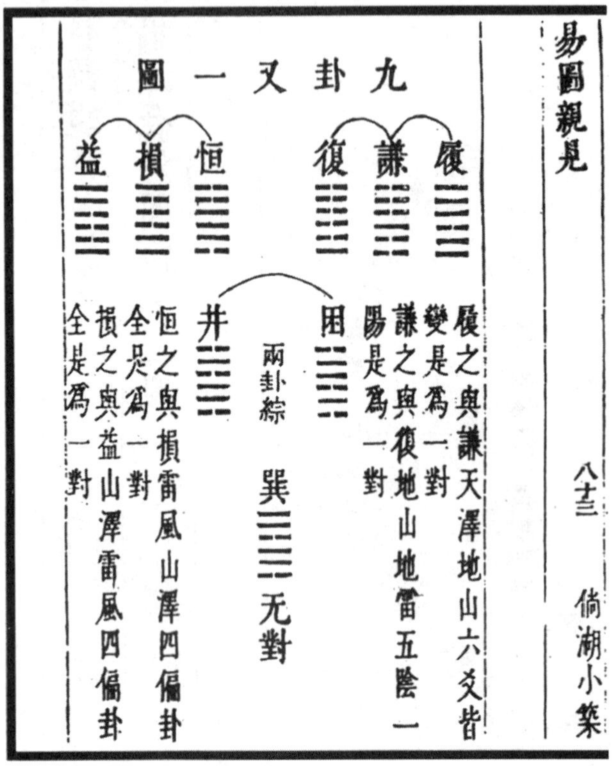

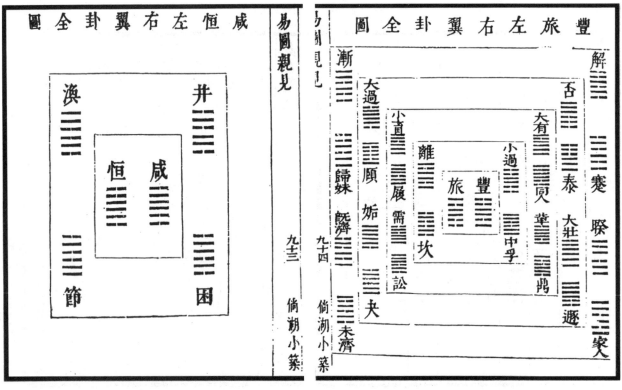

图 29　九卦又一图
（来集之《易图亲见》）

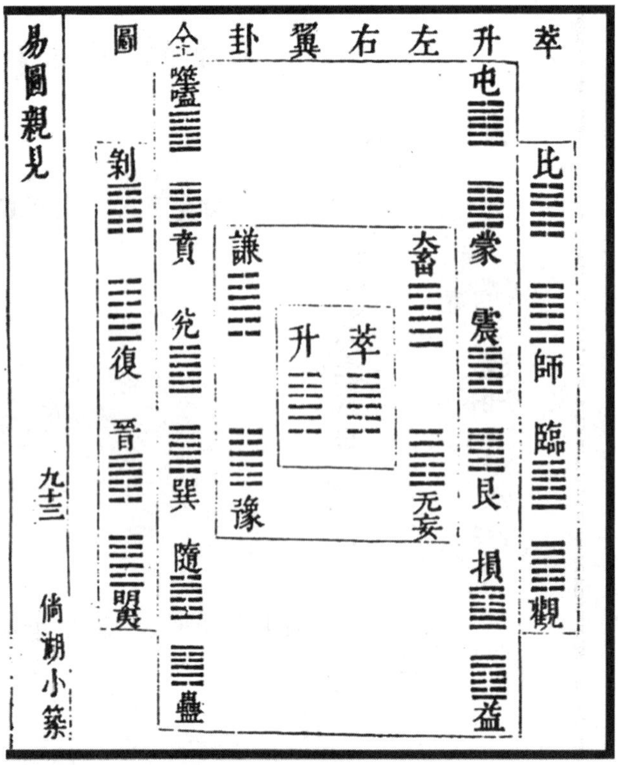

图 30　萃升左右翼卦全图
（来集之《易图亲见》）

图 31　咸恒左右翼卦全图
（来集之《易图亲见》）

图 32　丰旅左右翼卦全图
（来集之《易图亲见》）

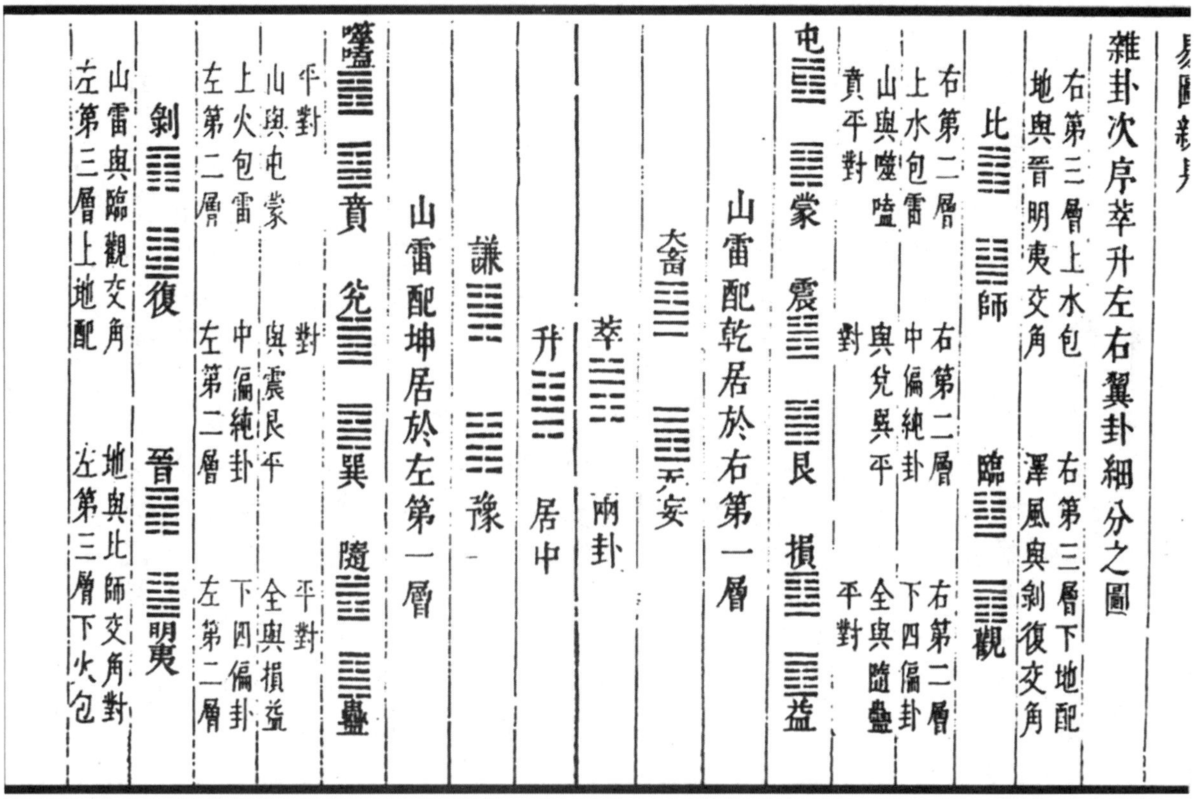

## 图33　杂卦次序萃升左右翼卦细分之图
（来集之《易图亲见》）

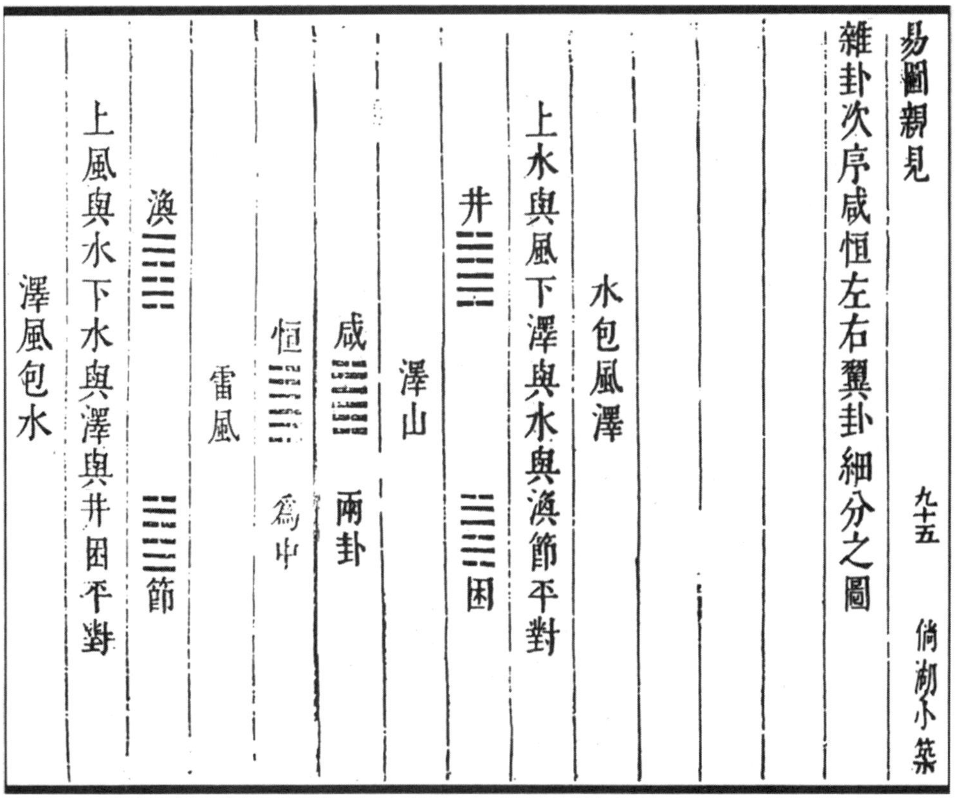

## 图34　杂卦次序咸恒左右翼卦细分之图
（来集之《易图亲见》）

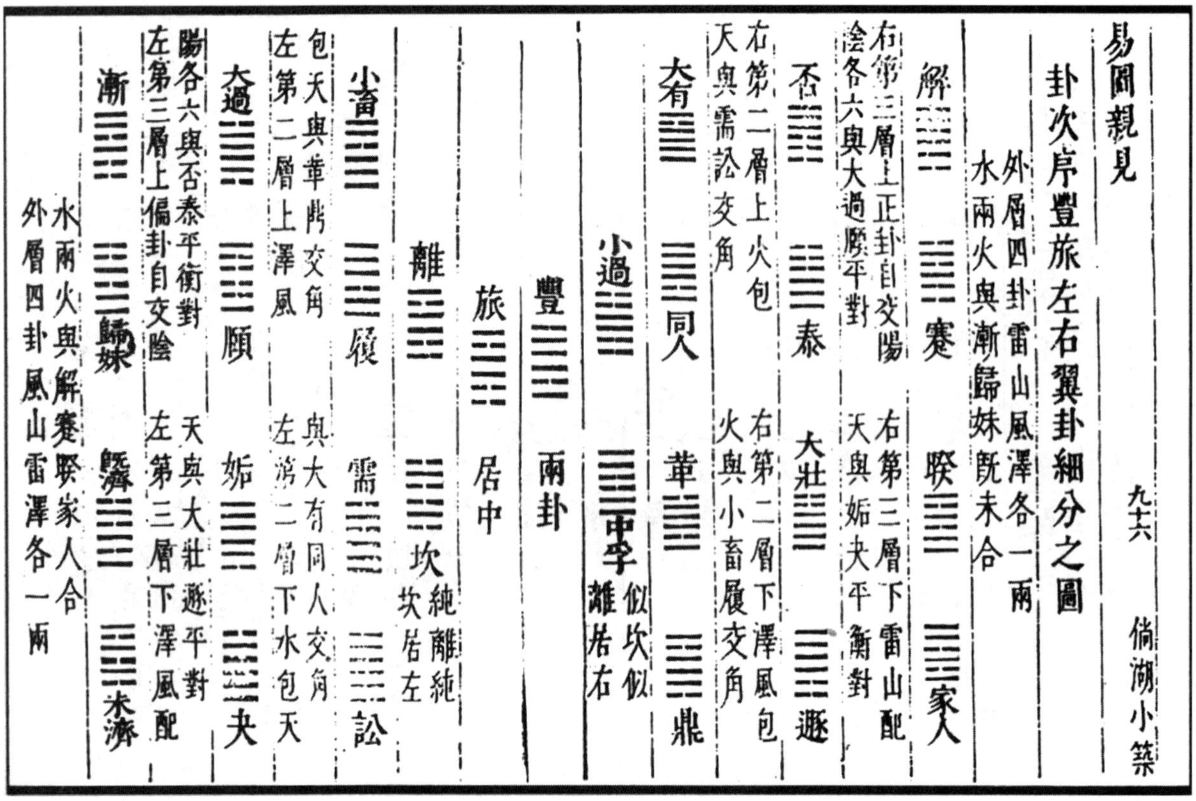

易圖親見

## 卦次序豐旅左右翼卦細分之圖

外層四卦雷山風澤各一兩
水兩火與漸歸妹既未合

解䷧ 睽䷥
右第三層上正卦自爻陽
爻各六與大過睽平對

否䷋ 泰䷊
右第三層下雷山配
天與姤夬平衡對

大有䷌ 同人䷌
右第二層上火包
天與需訟交角

小過䷽ 中孚䷼ 似離居右
似坎居左

豐䷶ 旅䷷ 兩卦
離䷝ 坎䷜ 純離純
　　　　 坎居左

小畜䷈ 履䷉
包天與華岜交角
左澤與大有同人交角
　　　　下水包天

大過䷛ 頤䷚
　　　　姤䷫
左第二層上澤風
　　　　夬䷪

漸䷴ 歸妹䷵ 未濟䷿
陽各六與否泰平衡對
左第三層上偏卦自交陰　天與大壯遯平對
　　　　　　　　　　　左第三層下澤風配
外層四卦風山雷澤各一兩
水兩火與解蹇睽家人合

九六　倚湖小築

图 35　杂卦次序丰旅左右翼卦细分之图
（来集之《易图亲见》）

# 朱朝瑛(1605—1670)

字美之,号康流,又号罍庵,明浙江海宁人。崇祯十三年(1640)进士,官旌德县知县。入清不仕,从黄道周问学。著有《五经略记》、《罍庵杂述》二卷、《金陵游草》一卷等。现存有《周易》图像七幅。

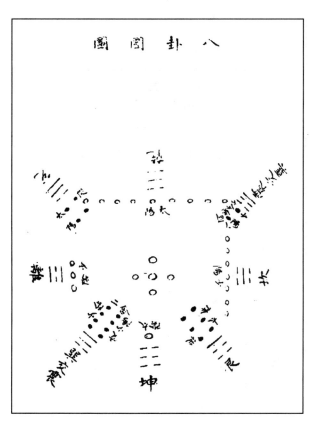

图1 八卦圆图
(朱朝瑛《读易略记》)

图2 先天八卦图
(朱朝瑛《读易略记》)

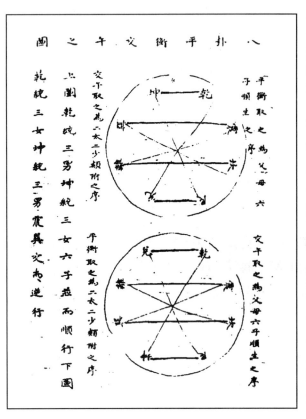

图 3　八卦平衡交午之图
（朱朝瑛《读易略记》）

图 4　后天八卦图
（朱朝瑛《读易略记》）

图 5　先天八卦□化成后天八卦图
（朱朝瑛《读易略记》）

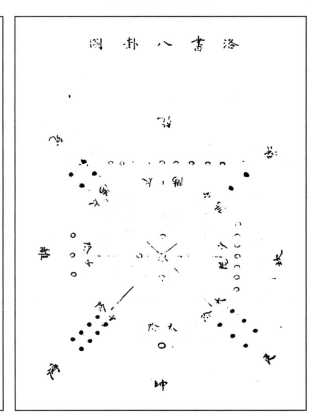

图 6　洛书八卦图
（朱朝瑛《读易略记》）

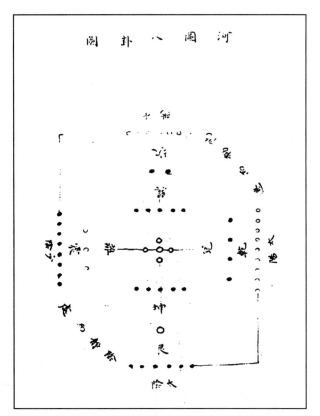

**图7 河图八卦图**
（朱朝瑛《读易略记》）

# 吴脉鬯（1606—?）

字灌先，号俞堂，别号生洲，明山东蓬莱人。崇祯九年（1636）副贡，入清隐居不仕，放情诗酒，殚究经史，尤精于理数，修府志，祀忠孝祠。著有《增辑易象图说》二卷、《四书拈笑》、《昱青堂词》一卷、《昱青堂诗集》等。现存有《周易》图像十八幅。

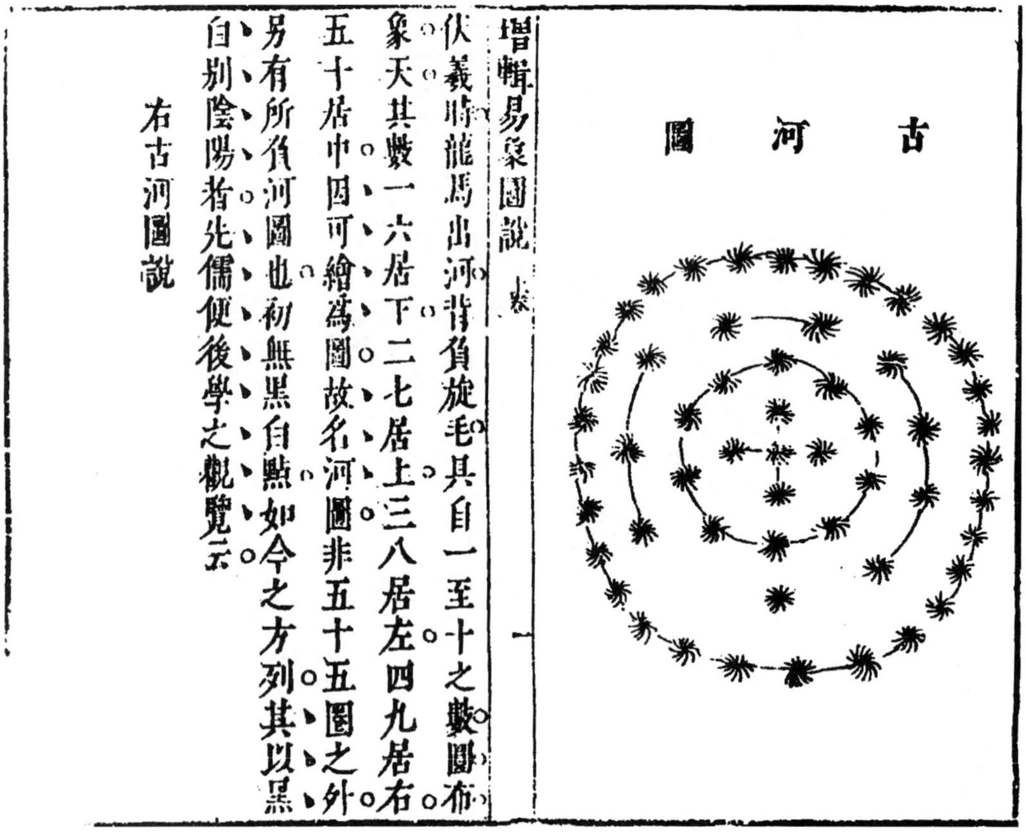

伏羲时龙马出河背负旋毛其自一至十之数卦布象天其数一六居下二七居上三八居左四九居右五十居中因可绘为图故名河图非五十五图之外另有所负河图也初无黑白点如今之方列其以黑白别阴阳者先儒便后学之观览云。

右古河图说

图1　古河图
（吴脉鬯《增辑易象图说》）

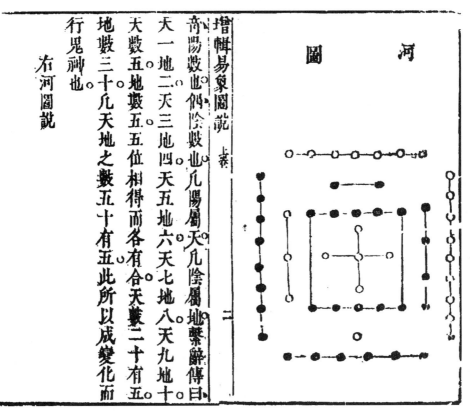

图2 河图
（吴脉邕《增辑易象图说》）

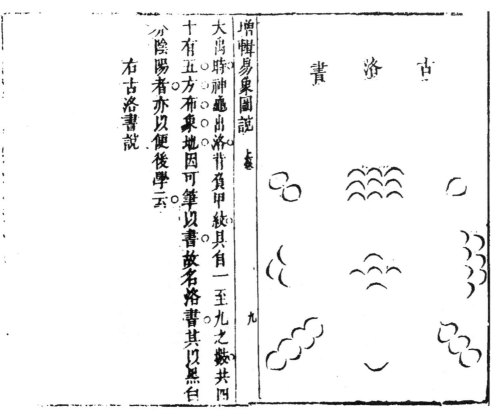

图3 古洛书
（吴脉邕《增辑易象图说》）

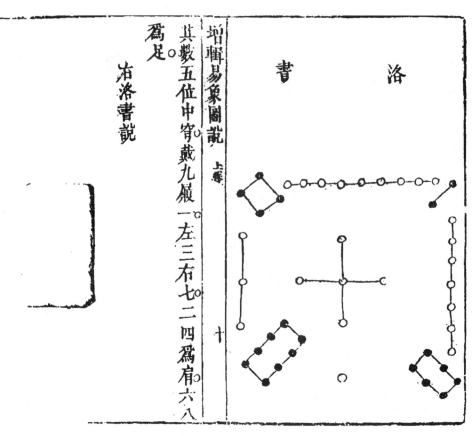

图 4 洛书
（吴脉鬯《增辑易象图说》）

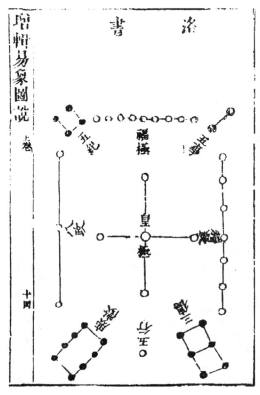

图 5 洛书
（吴脉鬯《增辑易象图说》）

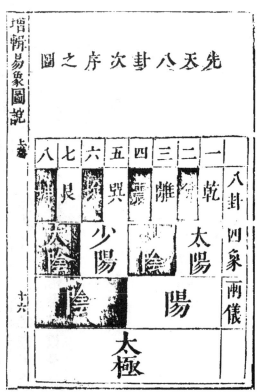

图 6 先天八卦次序之图
（吴脉鬯《增辑易象图说》）

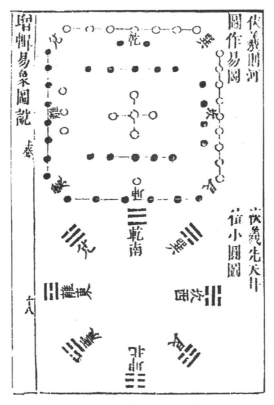

图 7　伏羲则河图作易图
图 8　伏羲先天卦值小圆图
（吴脉鬯《增辑易象图说》）

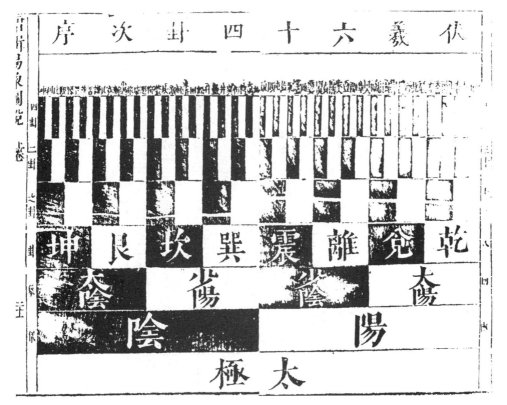

图 9　伏羲六十四卦次序图
（吴脉鬯《增辑易象图说》）

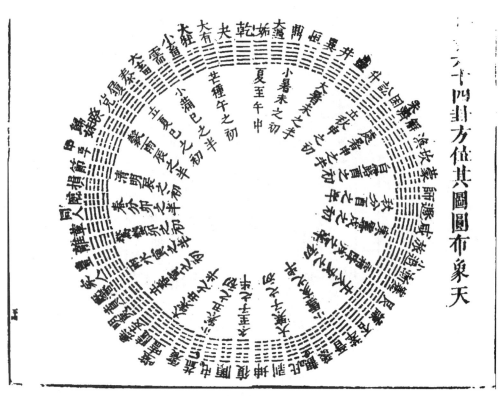

图 10　伏羲六十四卦方位其圆图布象天图
（吴脉鬯《增辑易象图说》）

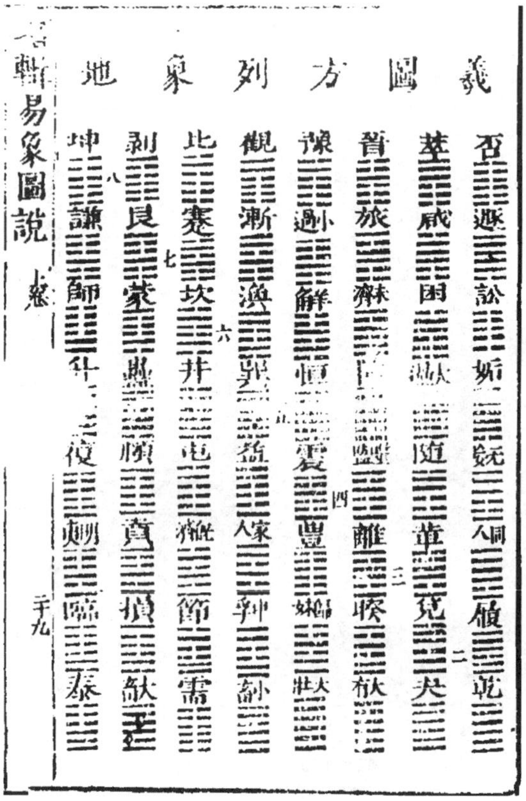

图 11　羲图方列象地图
（吴脉鬯《增辑易象图说》）

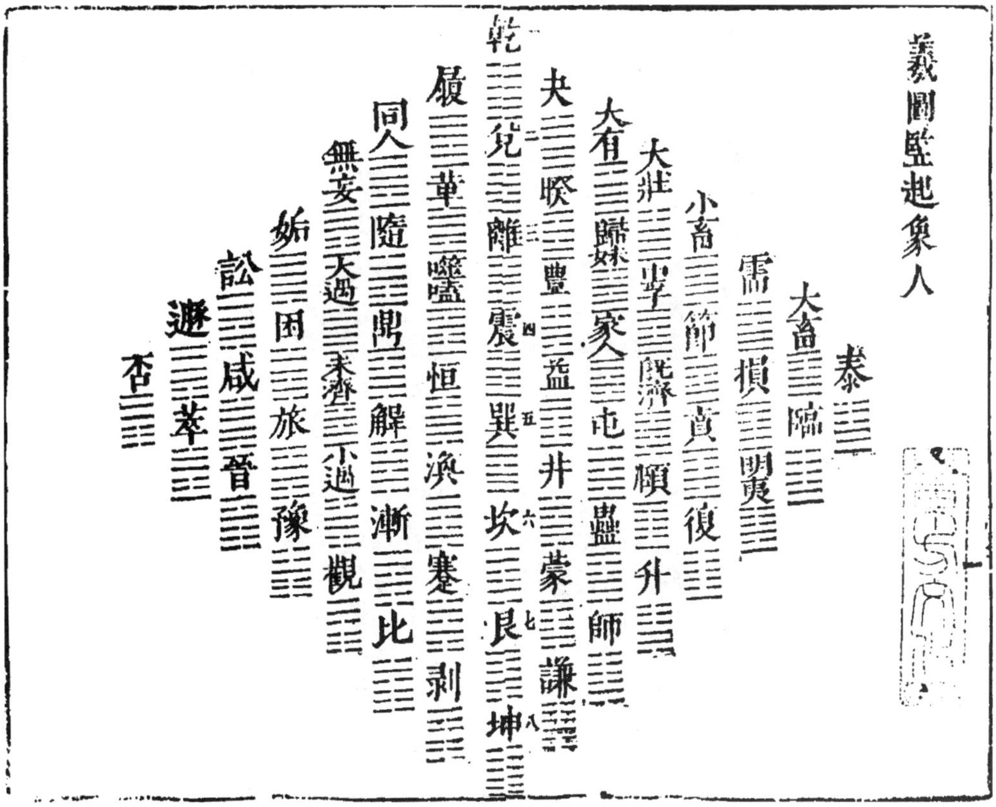

图 12　羲图竖起象人图
（吴脉鬯《增辑易象图说》）

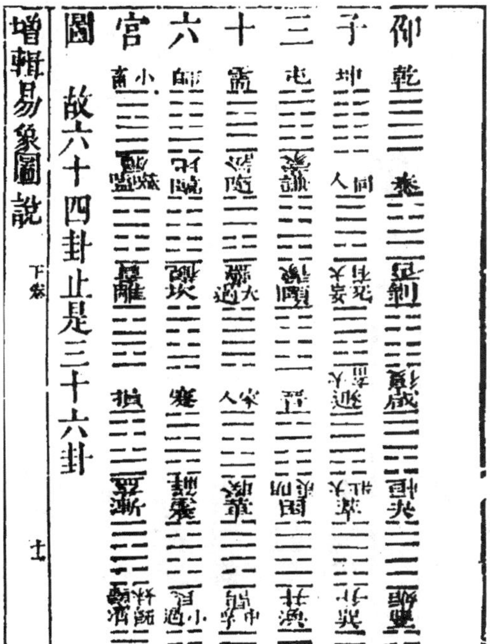

图 13　邵子三十六宫图
（吴脉鬯《增辑易象图说》）

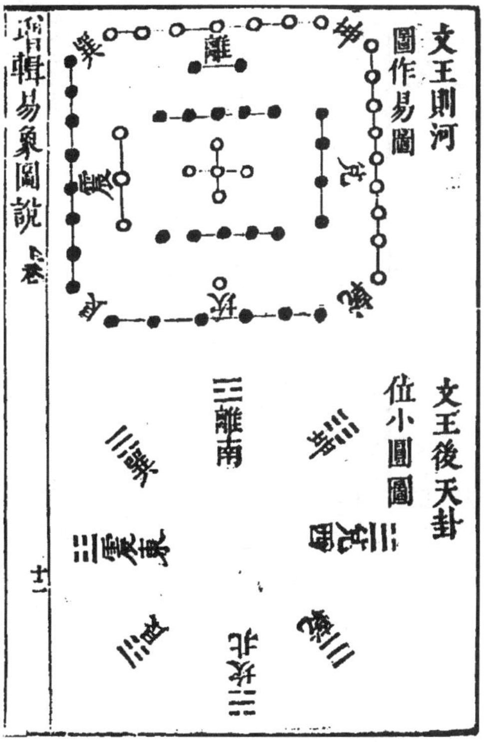

图 14　文王则河图作易图
图 15　文王后天卦位小圆图
（吴脉鬯《增辑易象图说》）

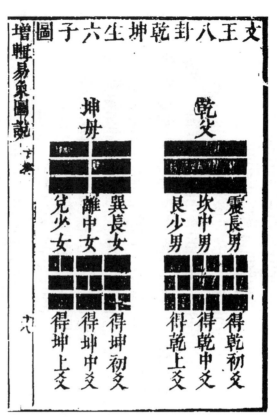

图 16　文王八卦乾坤生六子图
（吴脉鬯《增辑易象图说》）

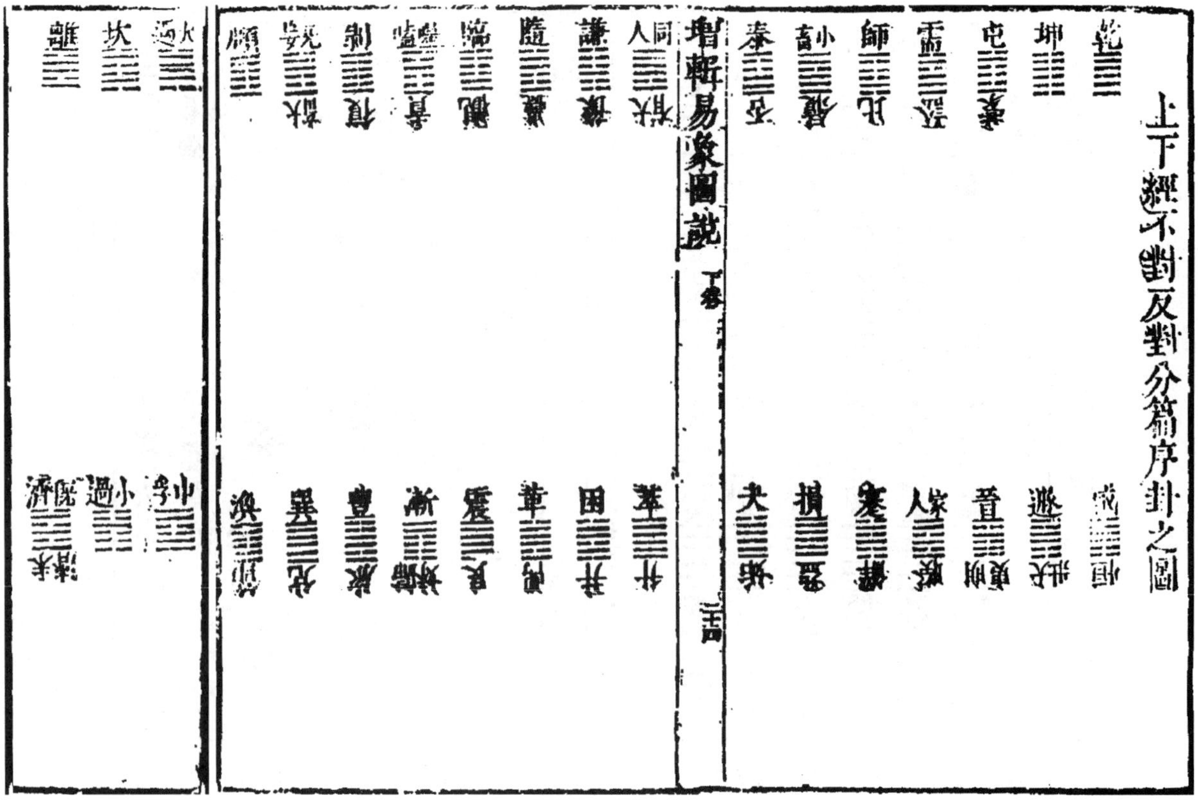

图 17　上下经不对反对分篇序卦之图
（吴脉鬯《增辑易象图说》）

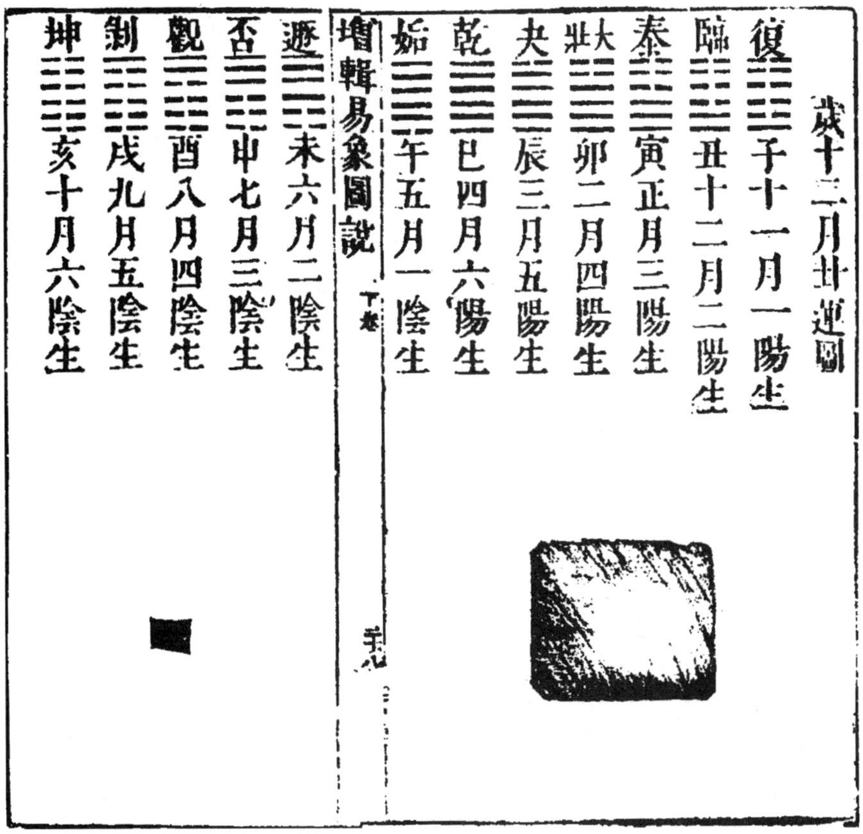

## 增輯易象圖說

歲十二月卦運圖

復☷☳ 子十一月一陽生
臨☷☱ 丑十二月二陽生
泰☷☰ 寅正月三陽生
大壯☳☰ 卯二月四陽生
夬☱☰ 辰三月五陽生
乾☰☰ 巳四月六陽生
姤☰☴ 午五月一陰生
遯☰☶ 未六月二陰生
否☰☷ 申七月三陰生
觀☴☷ 酉八月四陰生
剝☶☷ 戌九月五陰生
坤☷☷ 亥十月六陰生

图 18　岁十二月卦运图
（吴脉鬯《增辑易象图说》）

# 方芬(？—1690)

字舒林，明南直隶歙县(今属安徽)人。康熙间(1662—1722)贡生。著有《易经补义》四卷、《涛浣亭诗集》等。现存有《周易》图像八幅。

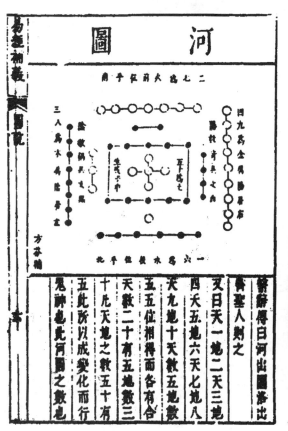

图 1 河图
（方芬《易经补义》）

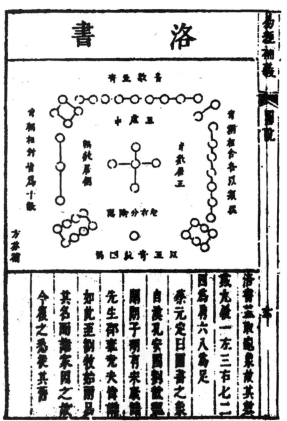

图 2 洛书
（方芬《易经补义》）

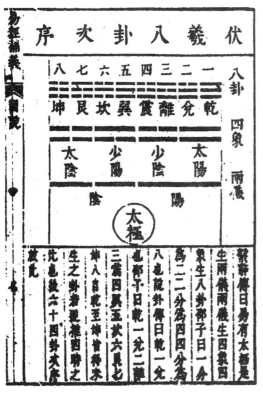

图3 伏羲八卦次序图
（方芬《易经补义》）

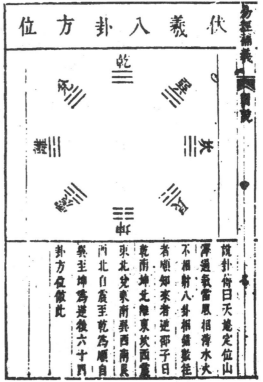

图4 伏羲八卦方位图
（方芬《易经补义》）

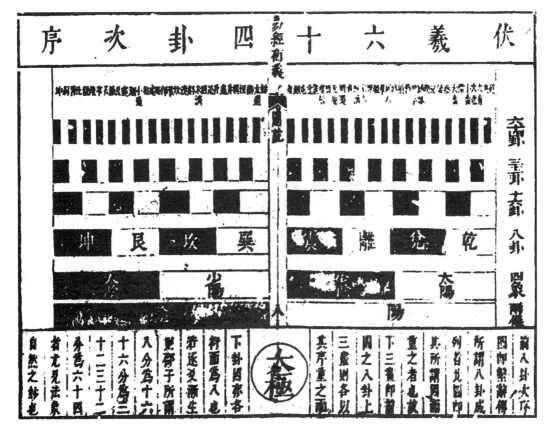

图5 伏羲六十四卦次序图
（方芬《易经补义》）

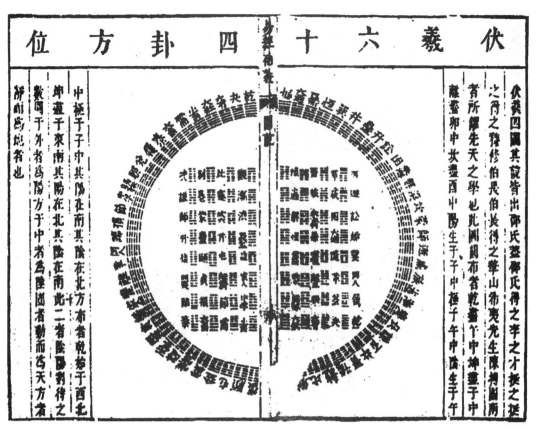

图 6　伏羲六十四卦方位图
（方芬《易经补义》）

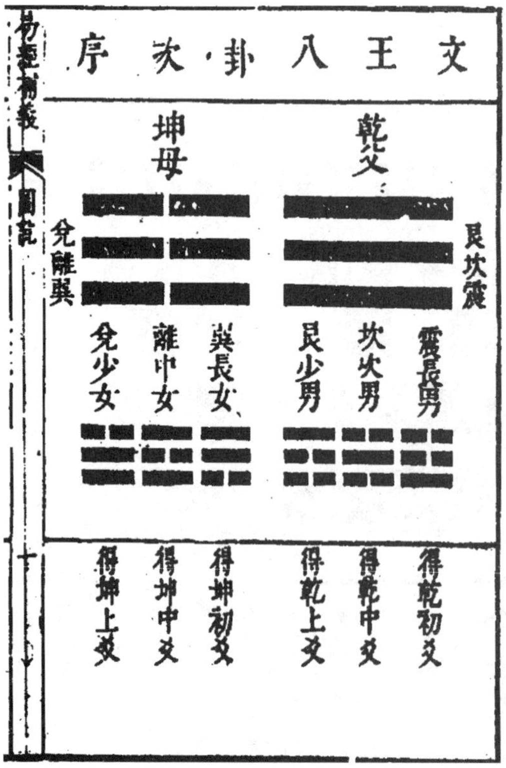

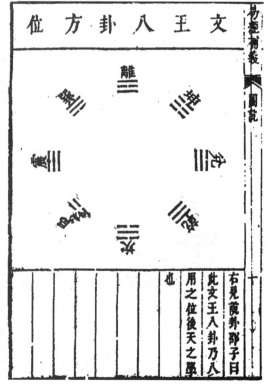

图 7　文王八卦次序图
（方芬《易经补义》）

图 8　文王八卦方位图
（方芬《易经补义》）

# 王命岳(1610—1668)



字伯咨,清福建晋江人。清顺治十二年(1655)进士,改庶吉士。历官工科给事中,兵科给事中,刑科都给事中。著有《耻躬堂文集》二十卷。现存有《周易》图像一幅。

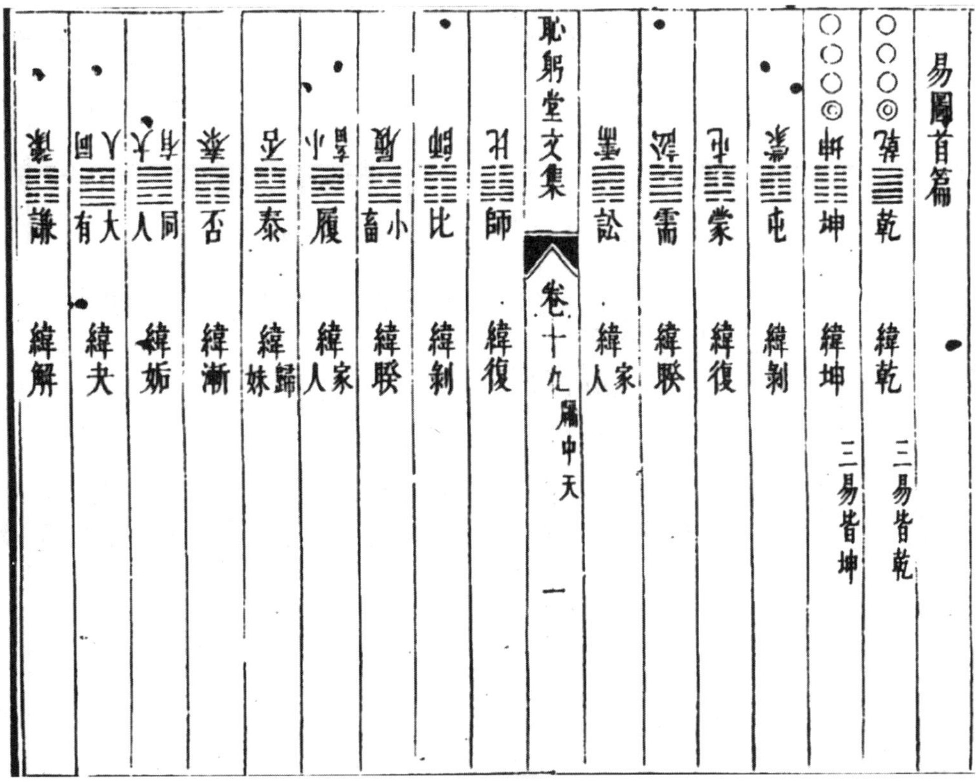

易圖首篇
○○○◎乾 乾 緯乾 三易皆乾
○○○◎坤 坤 緯坤 三易皆坤
屯 緯剝
蒙 緯復
需 緯睽
訟 緯人家
耻躬堂文集 卷十九 䐗中天 一
師 緯復
比 緯剝
小畜 緯睽
履 緯人家
泰 緯妹歸
否 緯漸
同人 緯姤
大有 緯夬
謙 緯解

图 1-1 杂卦牖中天易图
(王命岳《耻躬堂文集》)

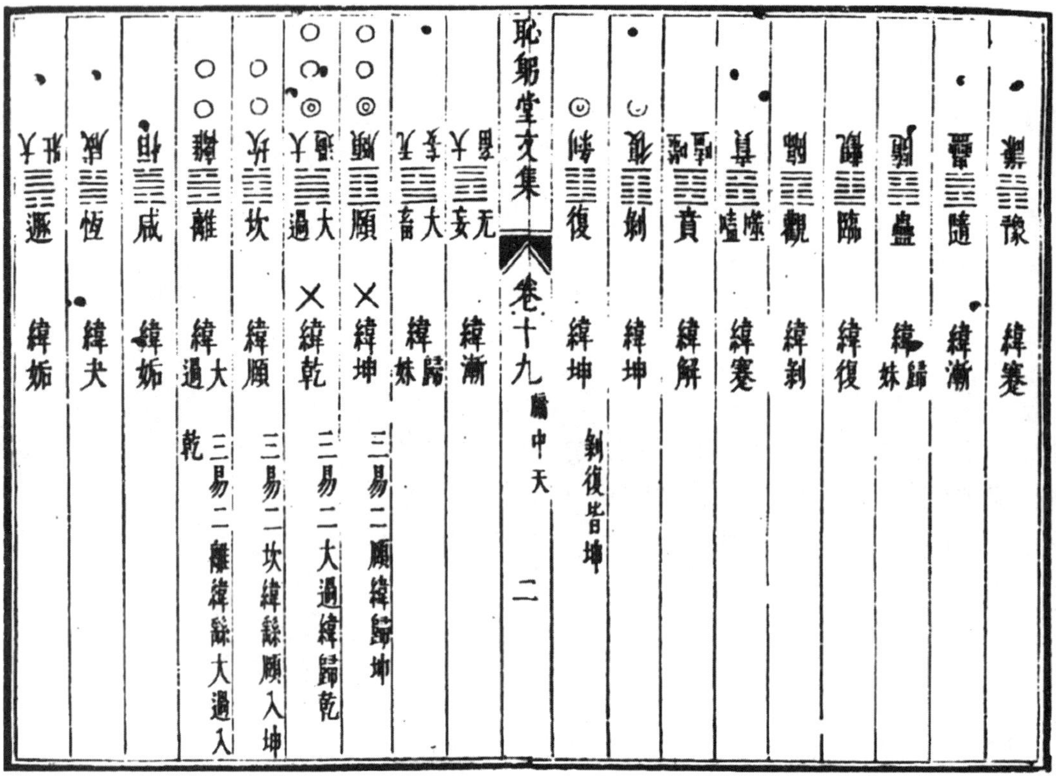

图1-2 杂卦牖中天易图
（王命岳《耻躬堂文集》）

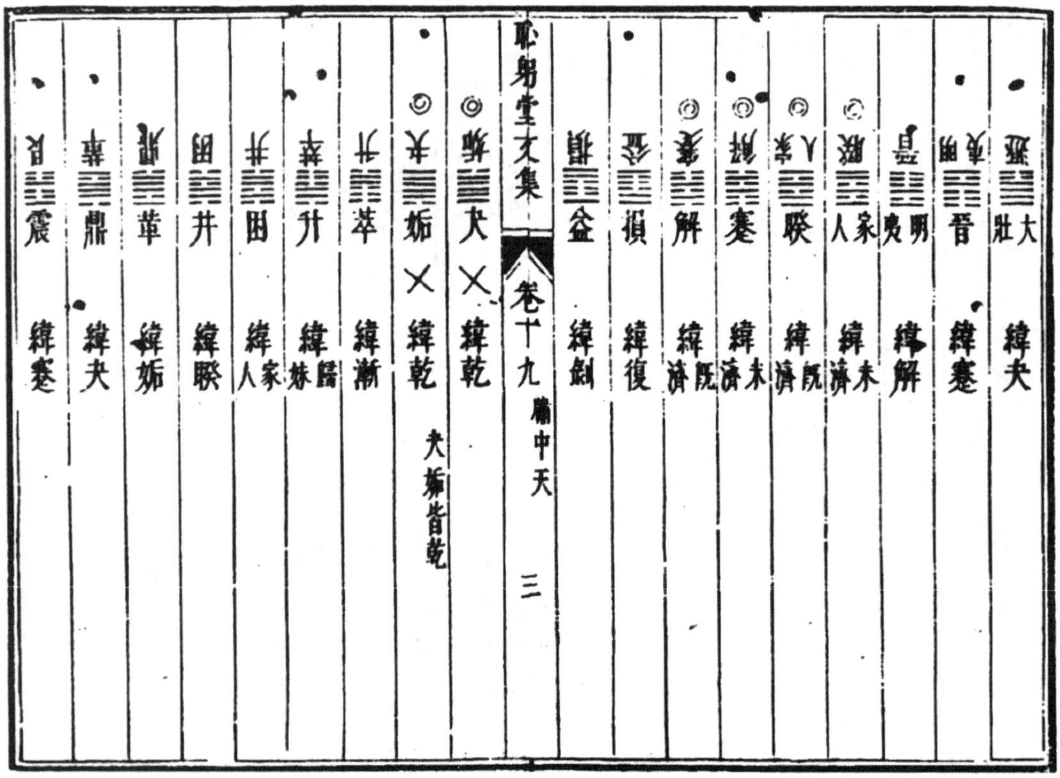

图1-3 杂卦牖中天易图
（王命岳《耻躬堂文集》）

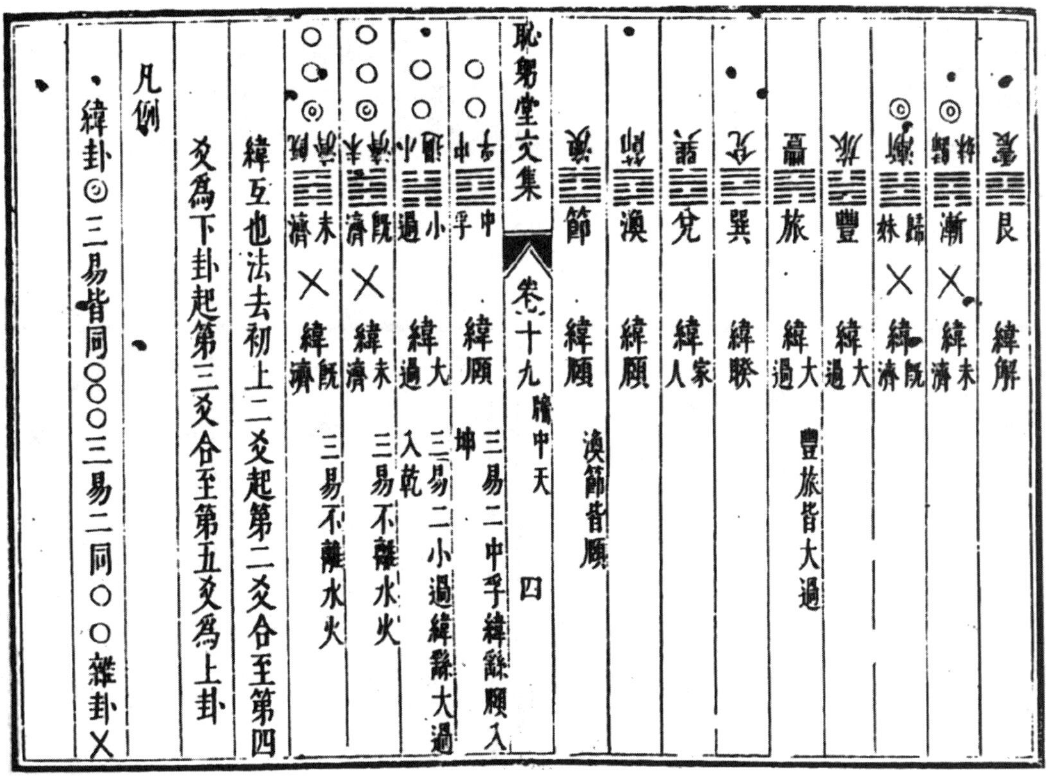

图 1-4 杂卦牖中天易图
（王命岳《耻躬堂文集》）

# 黄宗羲(1610—1695)

字太冲,号南雷,又号梨洲,学者称其"南雷先生""梨洲先生",明浙江余姚人。黄遵素之子。明末,任监察御史、左金都御史。师从绍兴学者刘宗周。南明亡后,隐居著述。清康熙初(1682)举博学鸿词,荐修《明史》,屡征召,均以老病力辞。著有《易学象数论》六卷、《宋元学案》一百卷、《明儒学案》六十二卷、《明夷待访录》等。现存有《周易》图像三十九幅。

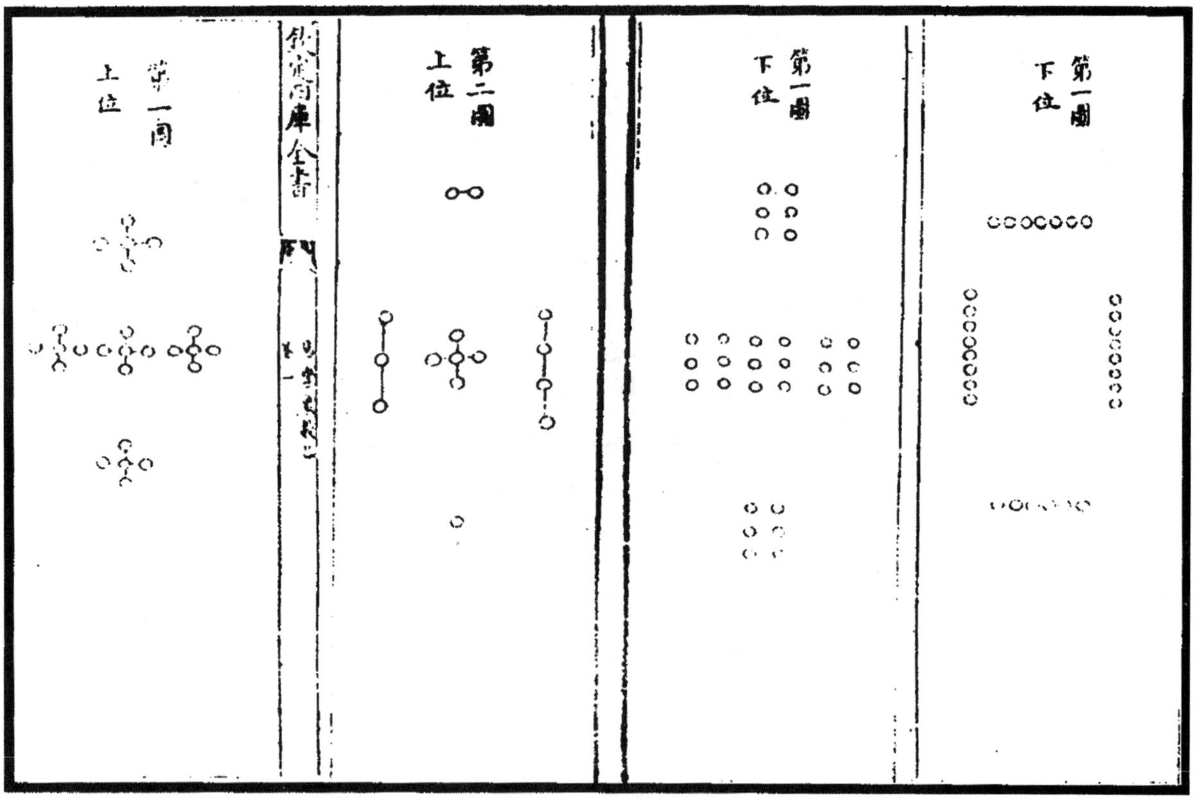

图1 龙图上下位四图
(黄宗羲《易学象数论》)

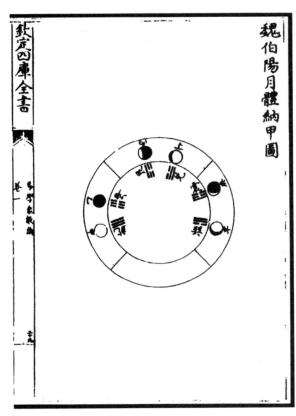

图 2　魏伯阳月体纳甲图
（黄宗羲《易学象数论》）

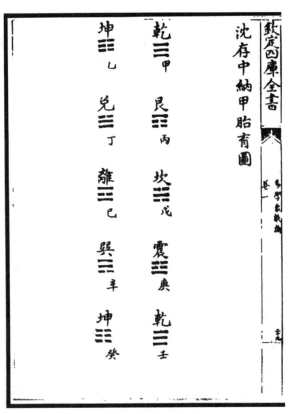

图 3　沈存中纳甲胎育图
（黄宗羲《易学象数论》）

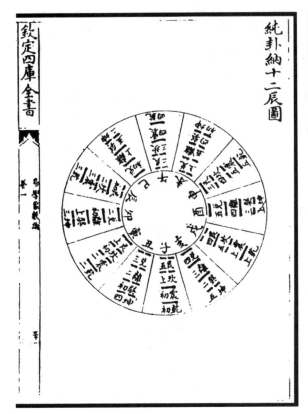

图 4　纯卦纳十二辰图
（黄宗羲《易学象数论》）

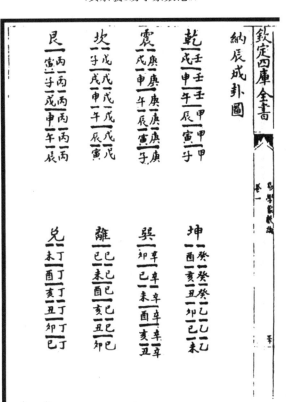

图 5　纳辰成卦图
（黄宗羲《易学象数论》）

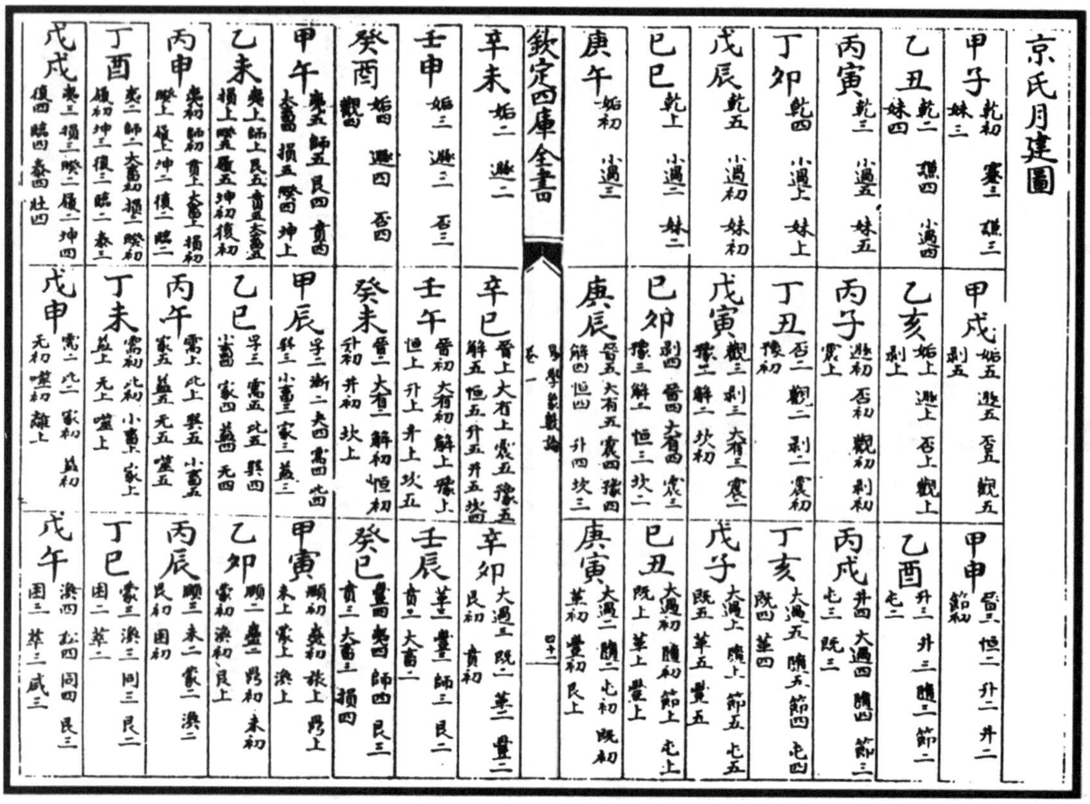


图 6 - 1　京氏月建图

（黄宗羲《易学象数论》）

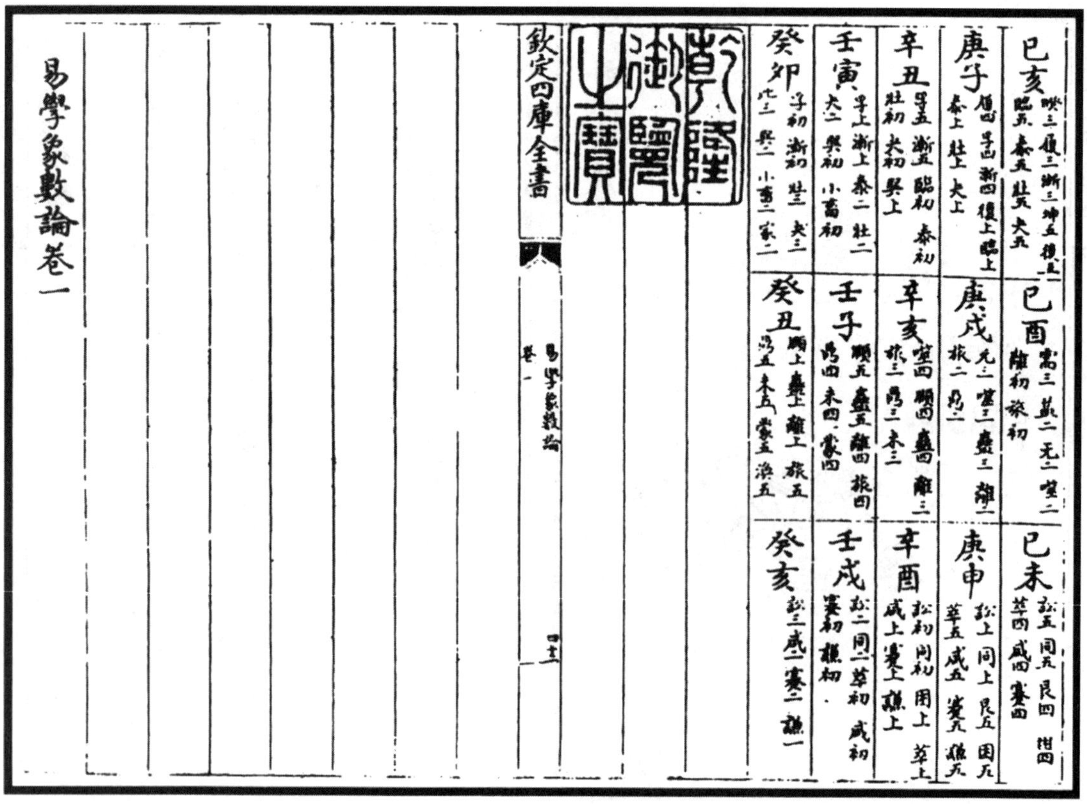


图 6 - 2　京氏月建图

（黄宗羲《易学象数论》）

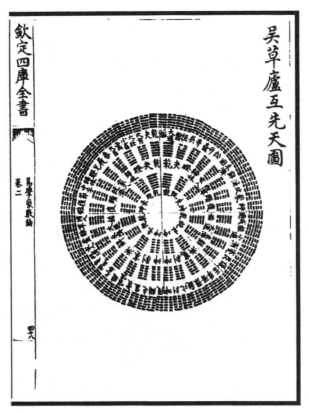

图 7 吴草庐互先天图
（黄宗羲《易学象数论》）

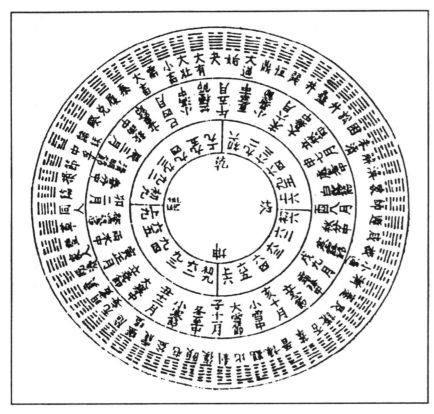

图 8 先天卦气图
（黄宗羲《宋元学案》）

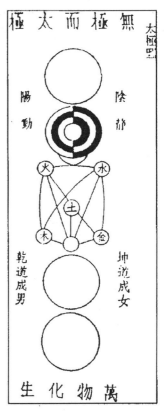

图 9 周敦颐太极图
（黄宗羲《宋元学案》）

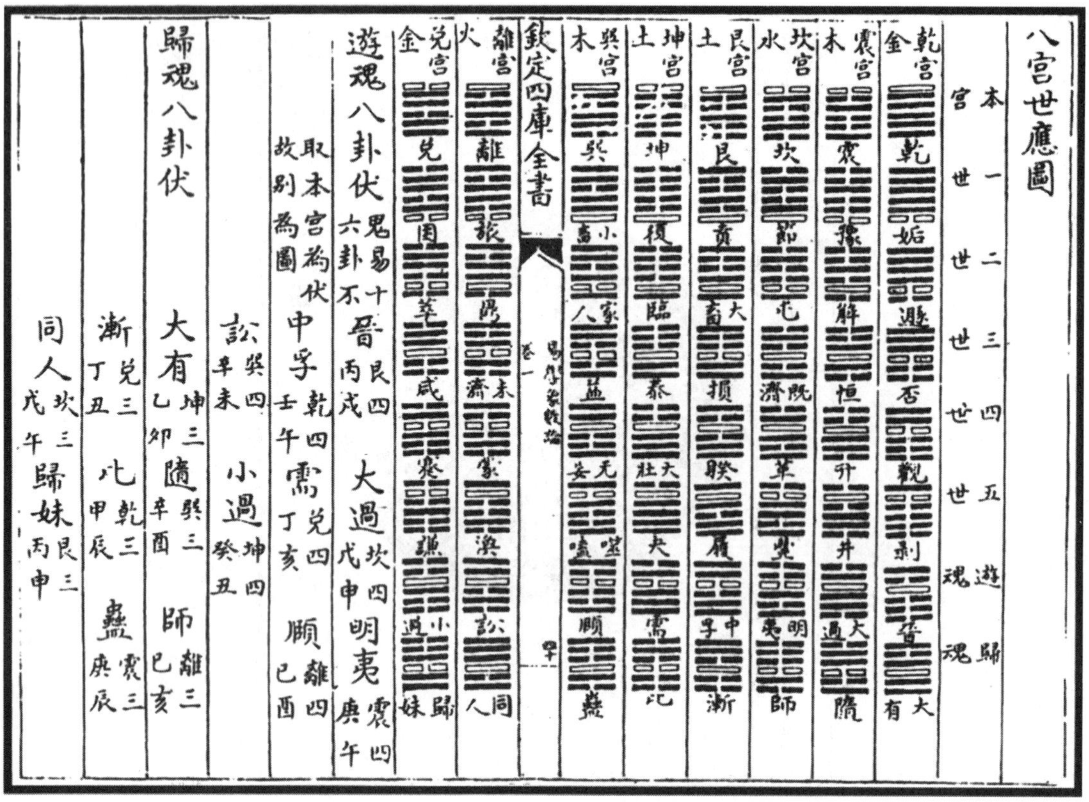

图 10 八宫世应图
（黄宗羲《易学象数论》）

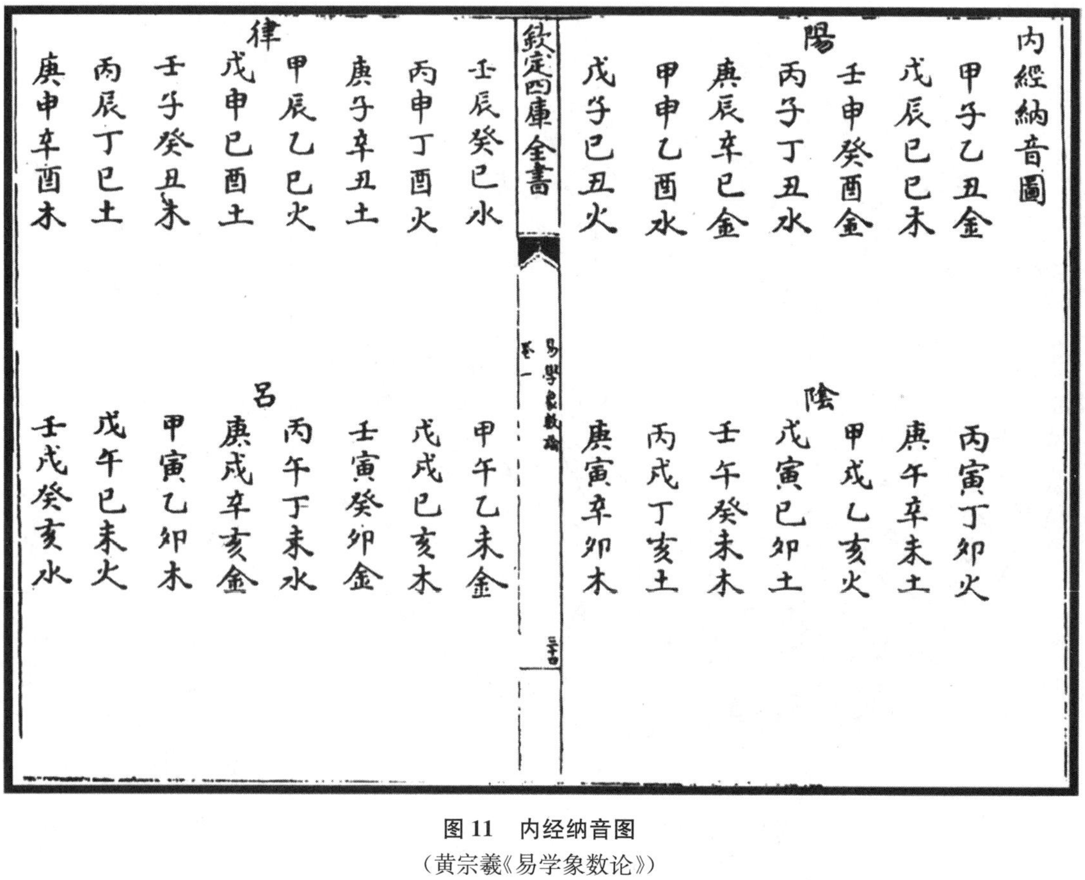

图 11 内经纳音图
（黄宗羲《易学象数论》）

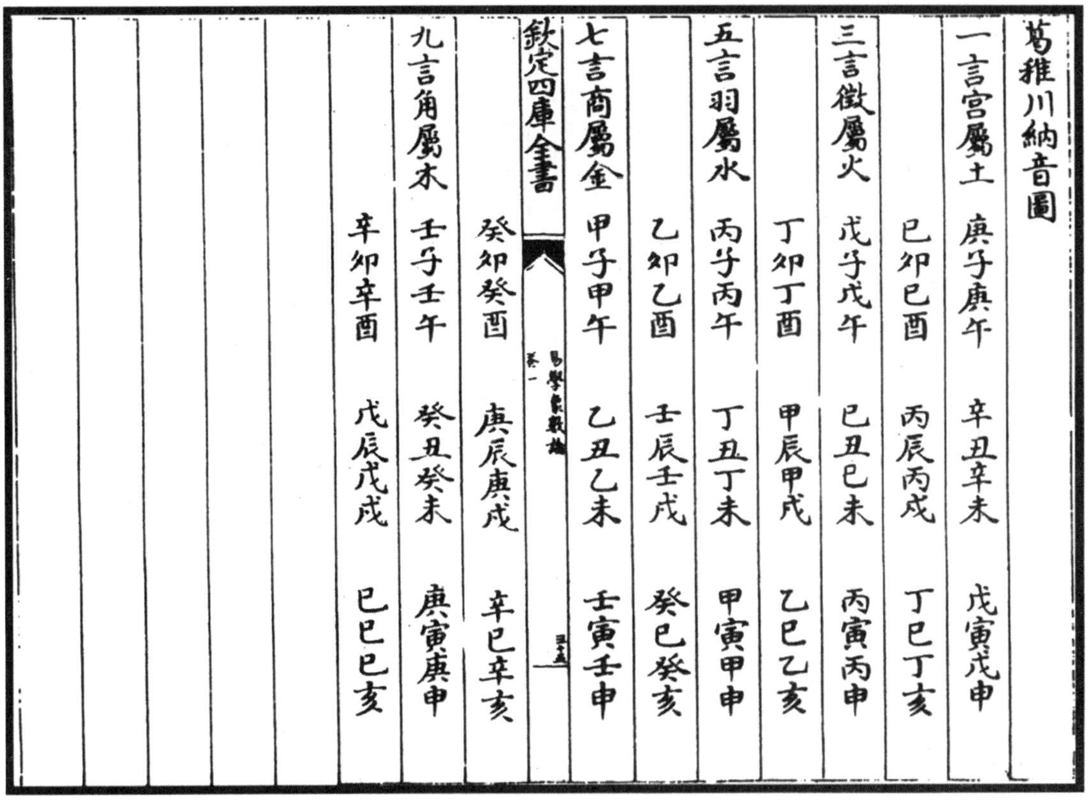

葛稚川納音圖

一言宮屬土　庚子庚午　辛丑辛未　戊寅戊申
　　　　　　己卯己酉　丙辰丙戌　丁巳丁亥

三言徵屬火　戊子戊午　己丑己未　丁巳丁亥
　　　　　　丁卯丁酉　甲辰甲戌　乙巳乙亥
　　　　　　　　　　　　　　　　丙寅甲申

五言羽屬水　丙子丙午　丁丑丁未　甲寅甲申
　　　　　　乙卯乙酉　壬辰壬戌　癸巳癸亥

七言商屬金　甲子甲午　乙丑乙未　壬寅壬申
　　　　　　癸卯癸酉　庚辰庚戌　辛巳辛亥

九言角屬木　壬子壬午　癸丑癸未　庚寅庚申
　　　　　　辛卯辛酉　戊辰戊戌　己巳己亥

图 12　葛洪纳音图
（黄宗羲《易学象数论》）

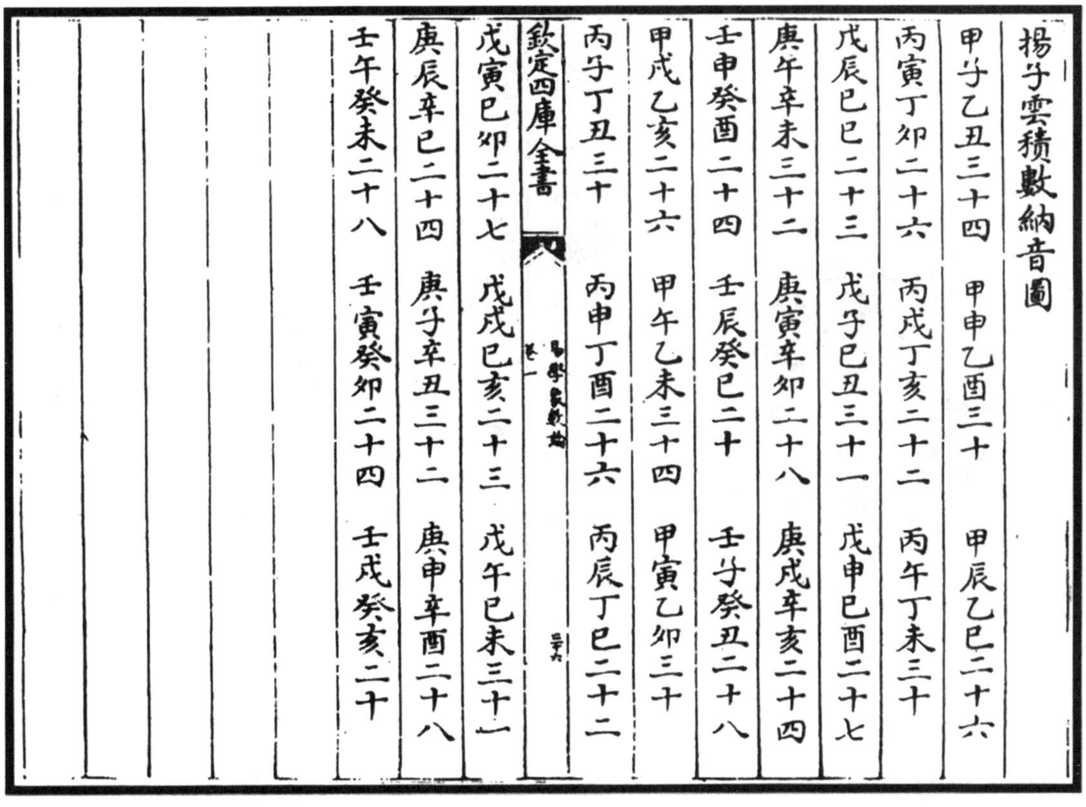

揚子雲積數納音圖

甲子乙丑三十四　甲申乙酉三十　甲辰乙巳二十六
丙寅丁卯二十六　丙戌丁亥三十　丙午丁未三十
戊辰己巳二十三　戊子己丑三十一　戊申己酉二十七
庚午辛未三十二　庚寅辛卯二十八　庚戌辛亥二十四
壬申癸酉二十四　壬辰癸巳二十　壬子癸丑三十
甲戌乙亥二十六　甲午乙未三十四　甲寅乙卯三十
丙子丁丑三十　丙申丁酉二十六　丙辰丁巳二十二
戊寅己卯二十七　戊戌己亥三十一　戊午己未三十一
庚辰辛巳二十四　庚子辛丑三十二　庚申辛酉二十八
壬午癸未二十八　壬寅癸卯二十四　壬戌癸亥二十

图 13　扬雄积数纳音图
（黄宗羲《易学象数论》）

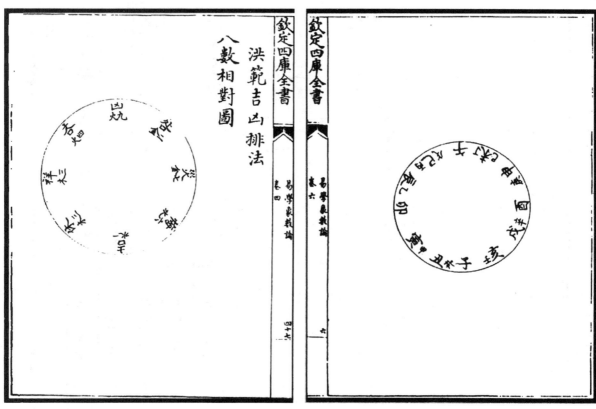

图 14　洪范吉凶排法八数相对图
（黄宗羲《易学象数论》）

图 15　六壬地盘图
（黄宗羲《易学象数论》）

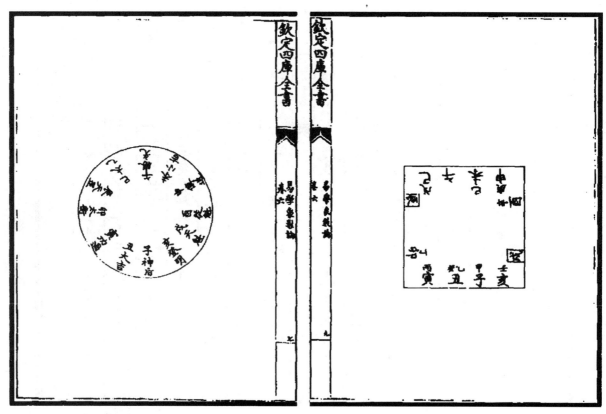

图 16　六壬天盘图
（黄宗羲《易学象数论》）

图 17　六壬贵人一图
（黄宗羲《易学象数论》）

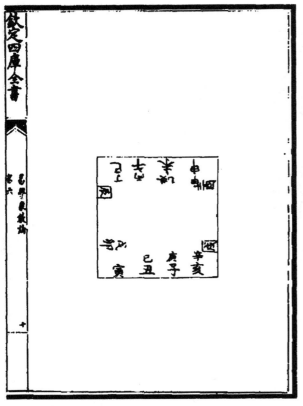

图 18　六壬贵人二图
（黄宗羲《易学象数论》）

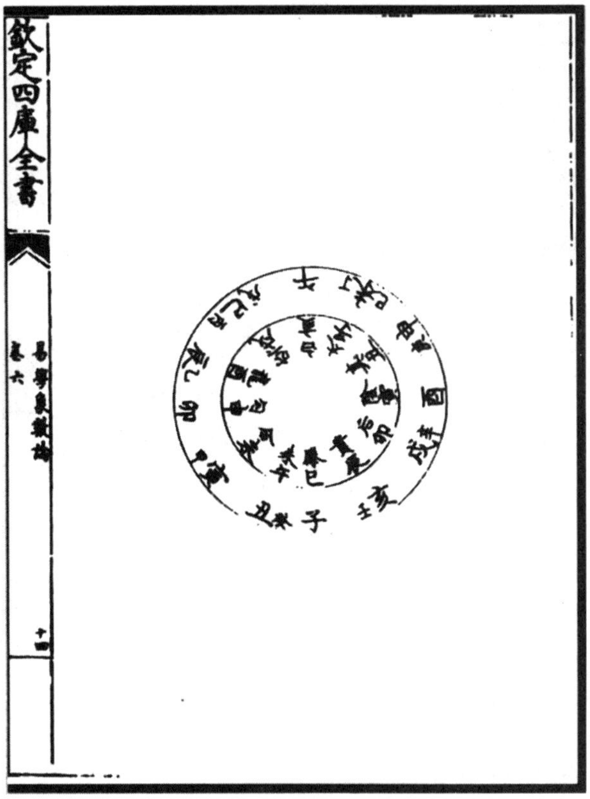

图 19　六壬占诸一图
（黄宗羲《易学象数论》）

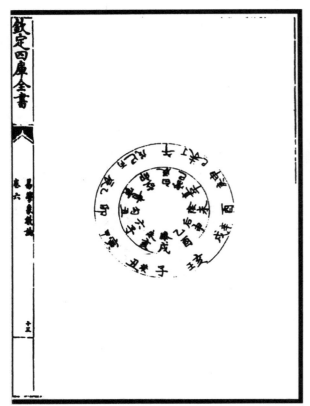

图 20　六壬占诸二图
（黄宗羲《易学象数论》）

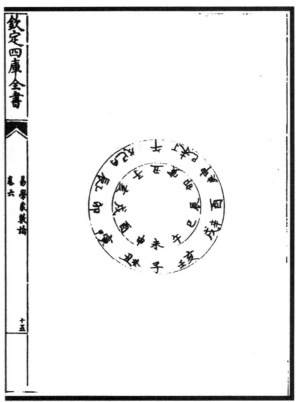

图 21　六壬占诸三图
（黄宗羲《易学象数论》）

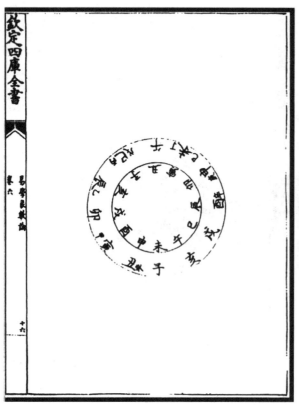

图 22　六壬占诸四图
（黄宗羲《易学象数论》）

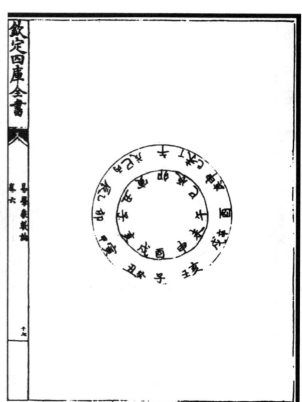

图 23　六壬占诸五图
（黄宗羲《易学象数论》）

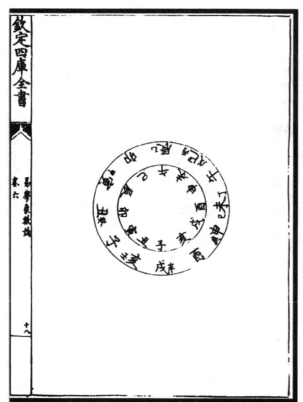

图 24　六壬占诸六图
（黄宗羲《易学象数论》）

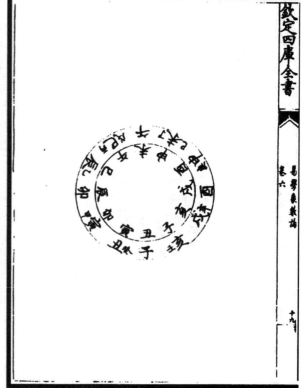

图 25　六壬占诸七图
（黄宗羲《易学象数论》）

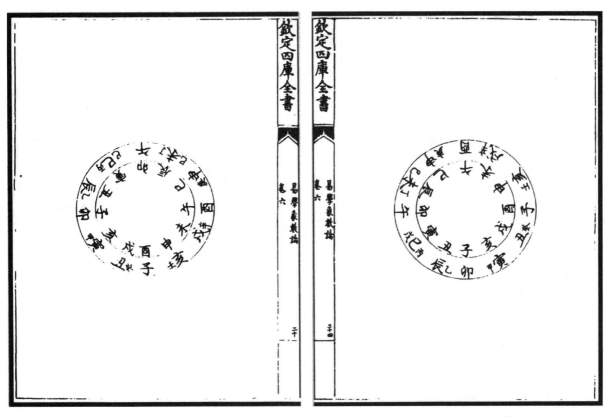

图 26　六壬占诸八图
（黄宗羲《易学象数论》）

图 27　六壬占诸九图
（黄宗羲《易学象数论》）

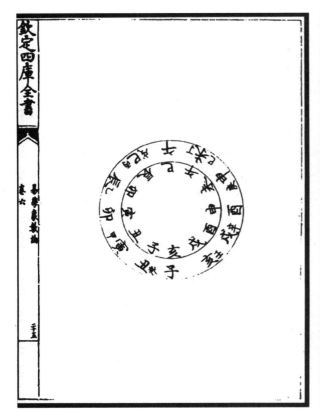

图 28　六壬占诸十图
（黄宗羲《易学象数论》）

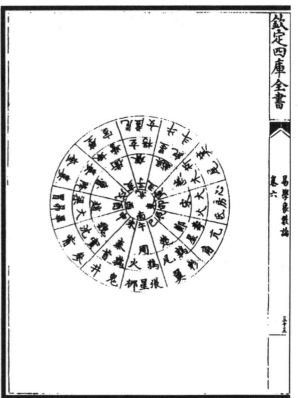

图 29　六壬占诸十一图
（黄宗羲《易学象数论》）

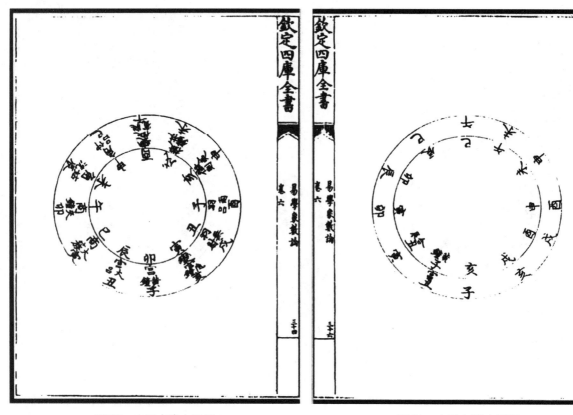

图 30　六壬占诸十二图
（黄宗羲《易学象数论》）

图 31　六壬占诸十三图
（黄宗羲《易学象数论》）

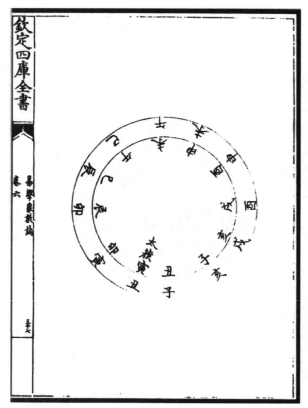

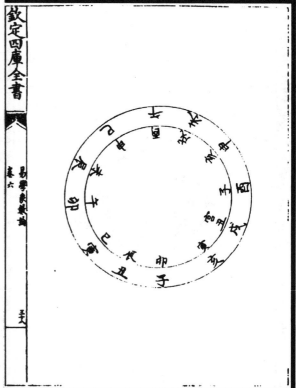

图 32　六壬占诸十四图
（黄宗羲《易学象数论》）

图 33　六壬占诸十五图
（黄宗羲《易学象数论》）

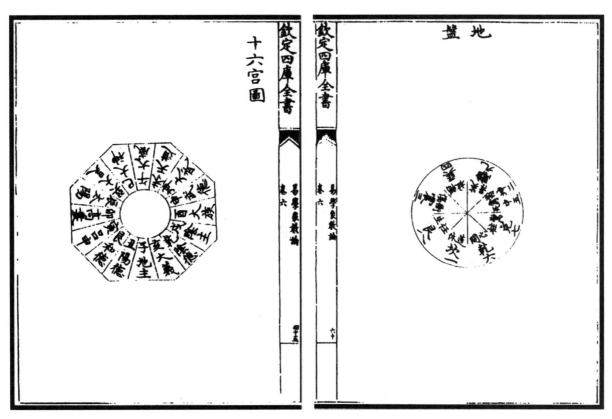

图 34　六壬占诸十六图
（黄宗羲《易学象数论》）

图 35　遁甲占地盘图
（黄宗羲《易学象数论》）

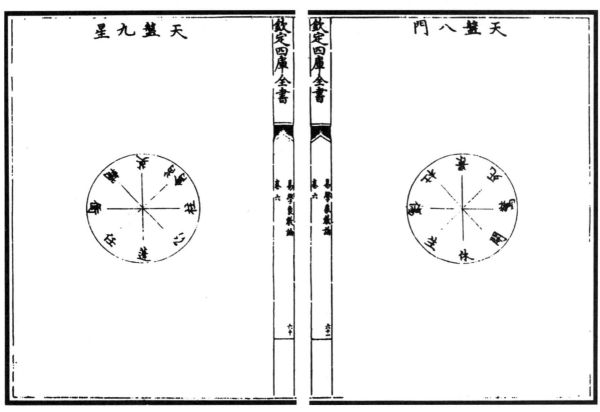

图 36　遁甲占天盘九星图
（黄宗羲《易学象数论》）

图 37　遁甲占天盘八门图
（黄宗羲《易学象数论》）

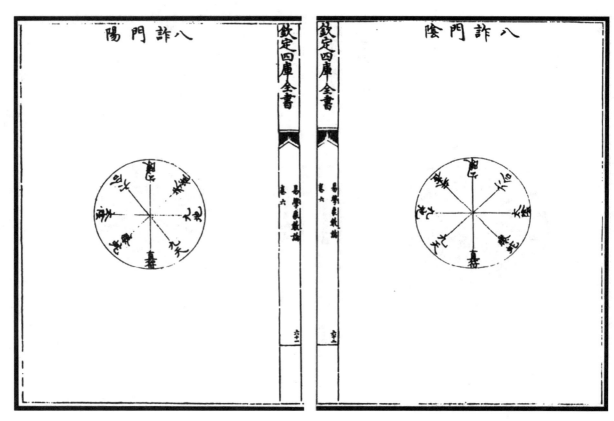

图 38　遁甲占八诈门阳图　　　　　　　　图 39　遁甲占八诈门阴图
（黄宗羲《易学象数论》）　　　　　　　　（黄宗羲《易学象数论》）

# 方以智(1611—1671)

字密之,号曼公,自号龙眠愚者、浮山愚者、宓出愚者、泽园主人等,明南直隶桐城(今属安徽)人。与陈贞慧、吴应箕、侯方域合称"明季四公子"。崇祯十三年(1640)进士,任工部主事、翰林院检讨。入清不仕,皈依佛教,潜心研究《周易》。著有《周易图像几表》八卷、《周易时论合编》十五卷、《易余》、《易学纲宗》、《通雅》五十五卷、《物理小识》十二卷等多种。现存有《周易》图像七十七幅。

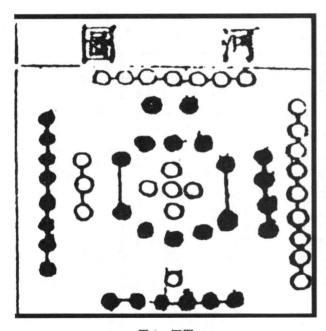

图1 河图
(方以智《周易时论合编》)

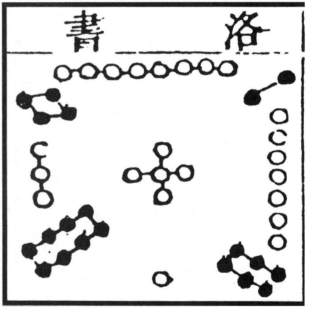

图2 洛书
(方以智《周易时论合编》)

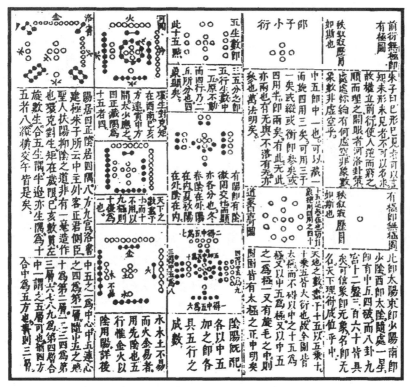
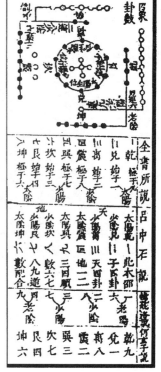

图3 密行河图洛书十一图
（方以智《周易时论合编》）

图4 四象卦数图
（方以智《周易时论合编》）

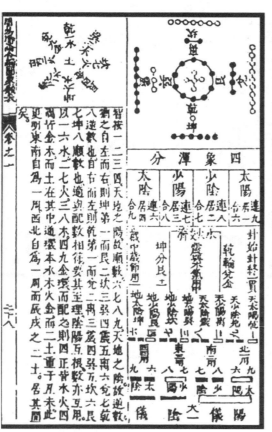

图5 四象浑分图
（方以智《周易时论合编》）

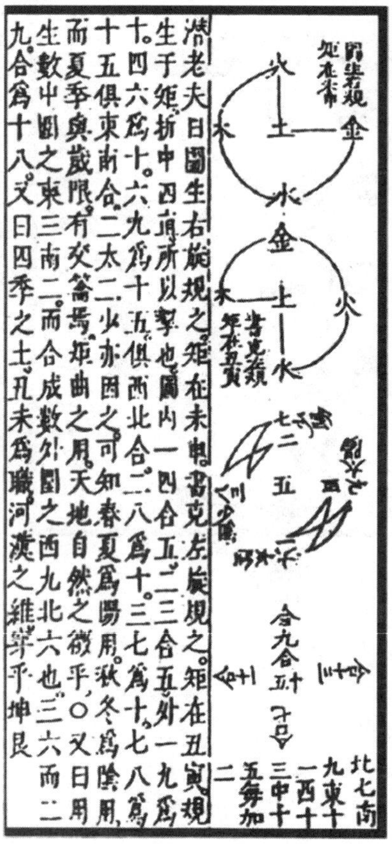

图6 图书生左右旋规之图
（方以智《周易时论合编》）

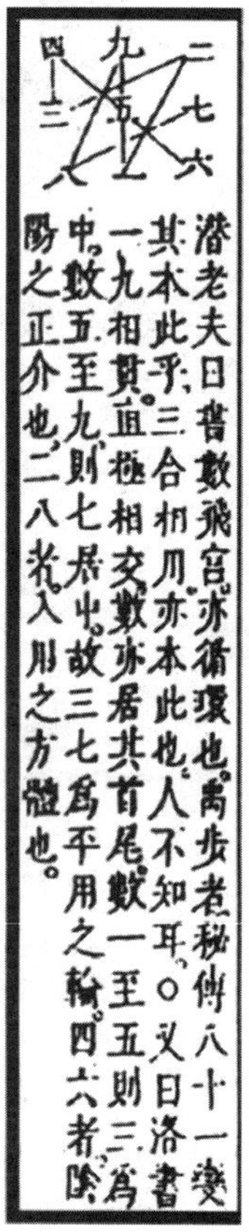

图7 书数飞宫图
（方以智《周易时论合编》）

图 8　方分图
（方以智《周易时论合编》）

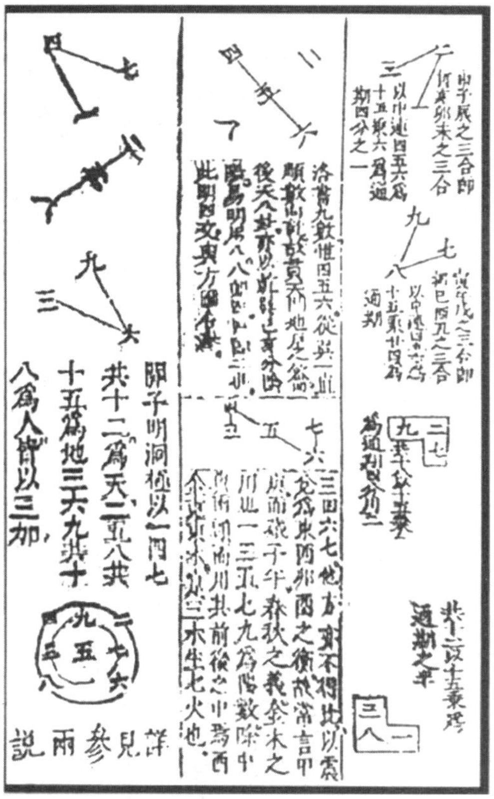

图 9　洛书数变八图
（方以智《周易时论合编》）

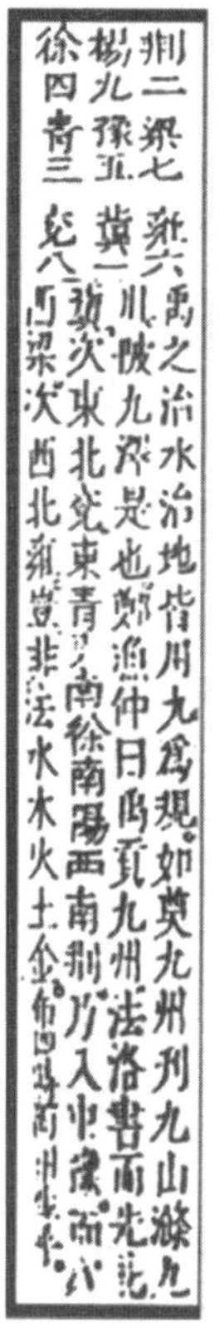

图 10　洛书九州图
（方以智《周易时论合编》）

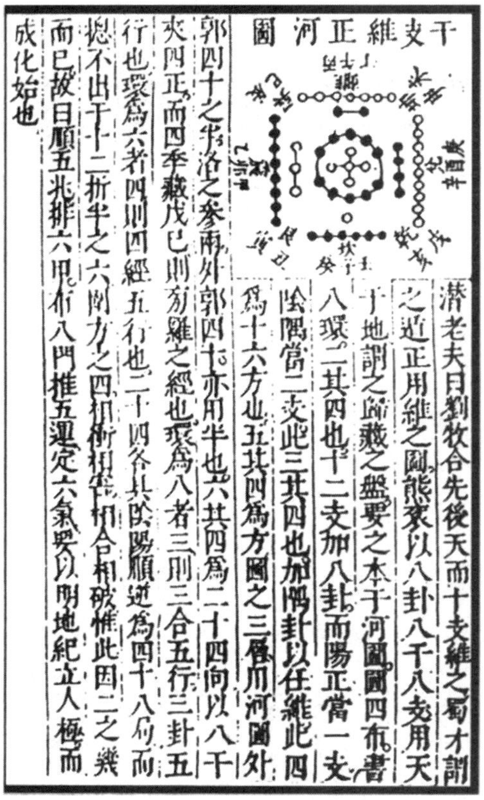

图 11　干支维正河图图
（方以智《周易时论合编》）

图 12　阴符遁甲洛书图
图 13　皇极老人图
（方以智《周易时论合编》）

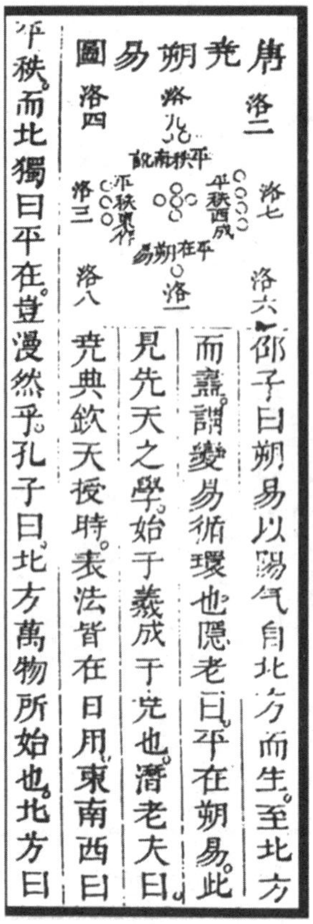

图14　唐尧朔易图
（方以智《周易时论合编》）

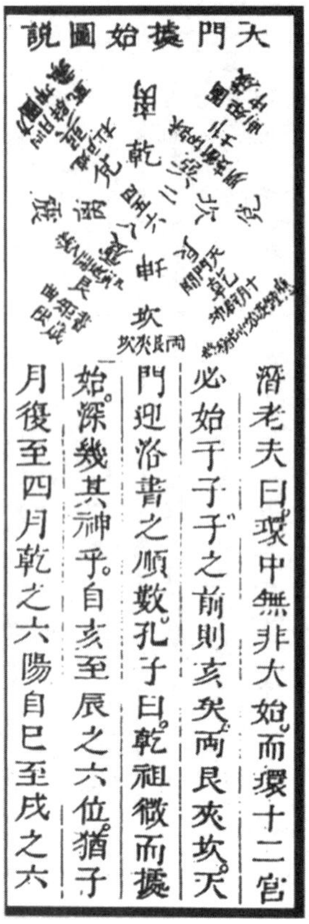

图15　天门摅始图
（方以智《周易时论合编》）

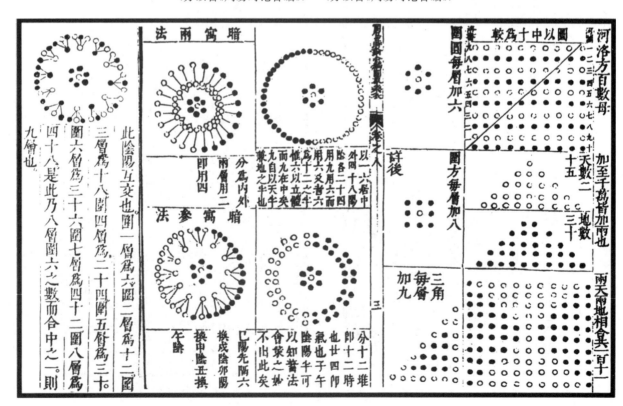

图16　河洛数合变十二图
（方以智《周易时论合编》）

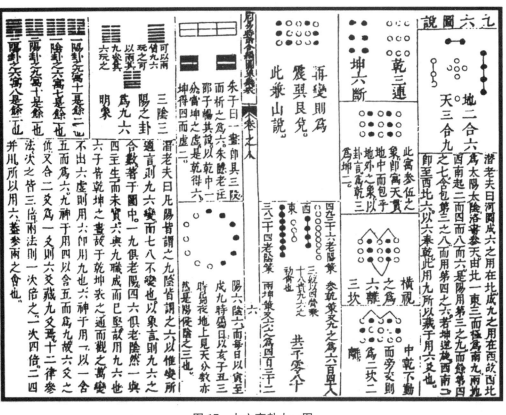

图 17　九六变卦十一图
（方以智《周易时论合编》）

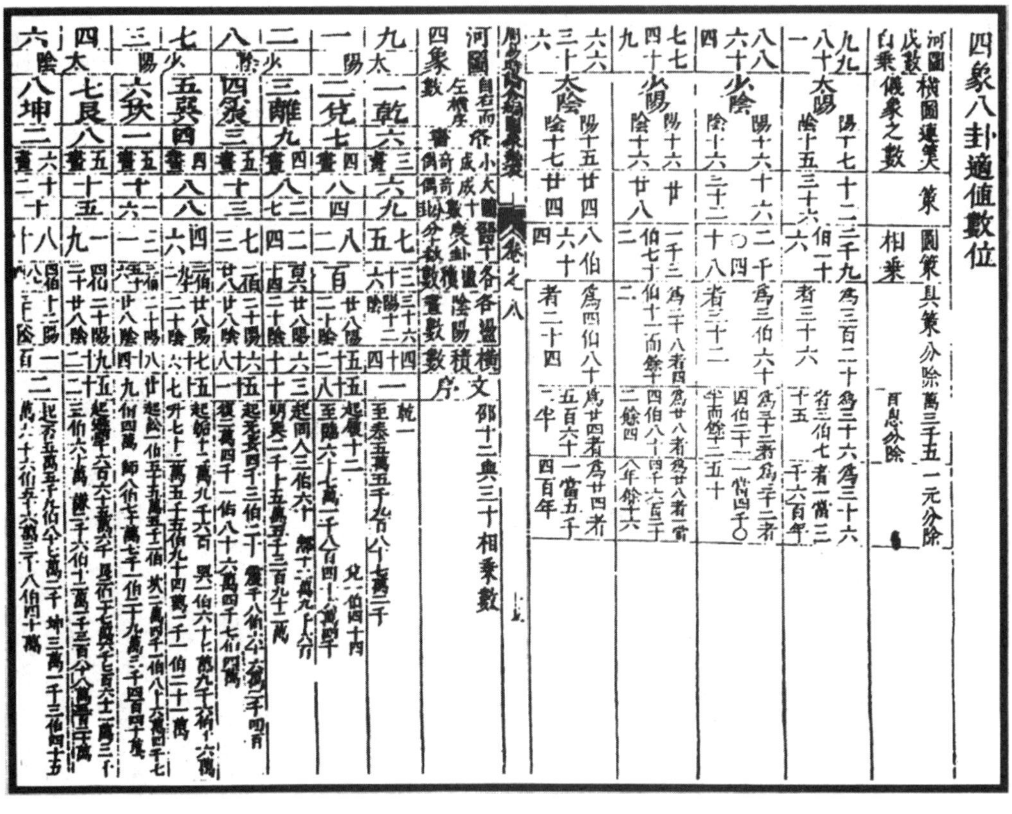

图 18　四象八卦适值数位图
（方以智《周易时论合编》）

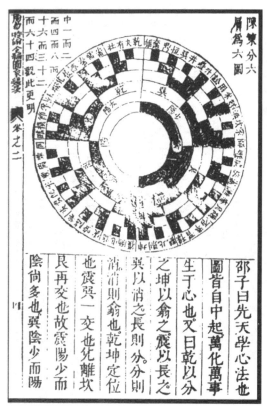

图 19 陈策分六层为六图
（方以智《周易时论合编》）

图 20 八际峙望中分互取图
（方以智《周易时论合编》）

图 21 邵子本图
（方以智《周易时论合编》）

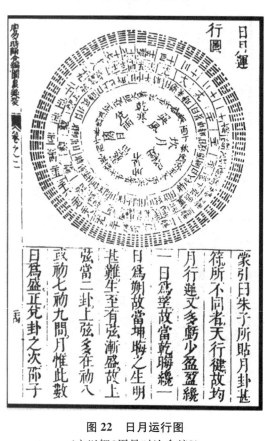

图 22 日月运行图
（方以智《周易时论合编》）

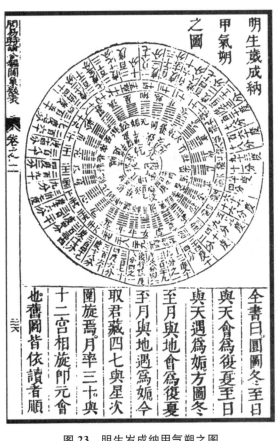

图 23　明生岁成纳甲气朔之图
（方以智《周易时论合编》）

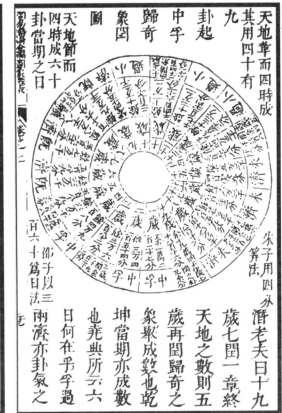

图 24　卦起中孚归奇象闰图
（方以智《周易时论合编》）

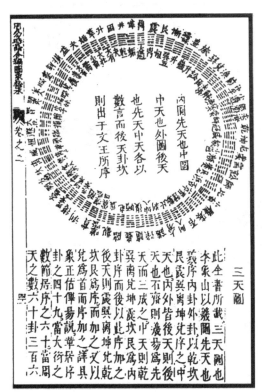

图 25　三天图
（方以智《周易时论合编》）

图 26　先天八卦图
（方以智《周易时论合编》）

图 27　后天方位图
（方以智《周易时论合编》）

旁注曰卦畫之對乾三陽與坤三陰一對也坎中陽與離中陰一對也震初陽與兑末陰一對也艮末陽與巽初陰一對也先天後天所同也先天八卦乾坤坎離以純氣中氣居四正外其四隅卦必兩縱相對不特陰陽對亦且長少對然後二卦合而爲純氣中氣而造化進退升降自然交互之法象著焉若以交午射角取對則陰陽對而長少不對可合爲純氣不可合爲中氣若以六子横對則長少對而陰陽不對可合爲中氣不可合爲純氣也潛老夫曰先天定體後天交用邵子縱横舉槩耳俱不相礙也

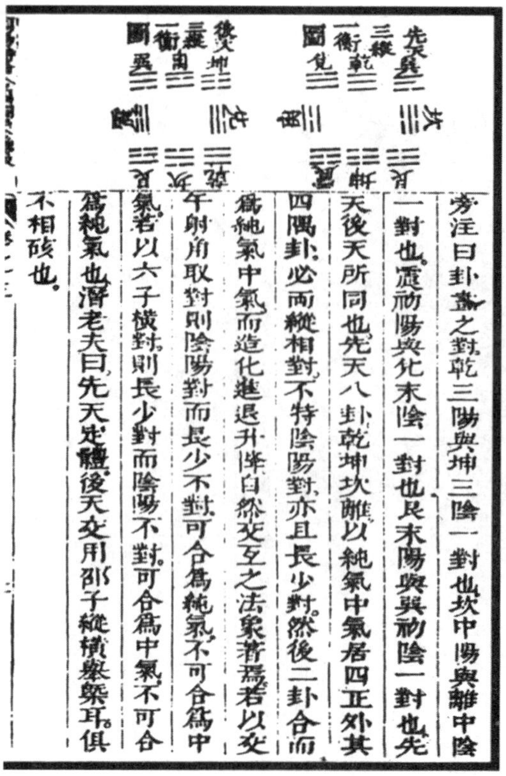

图 28　先天三纵一衡图

图 29　后天三纵一衡图

（方以智《周易时论合编》）

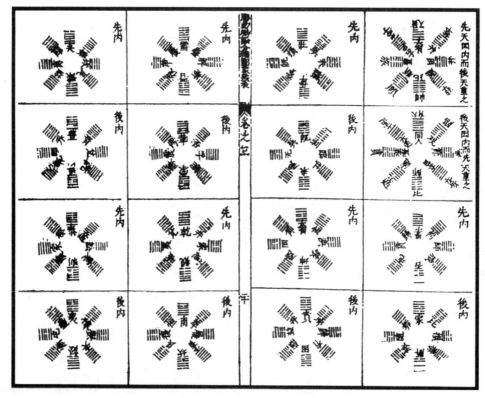

图 30　先后天内卦十六图

（方以智《周易时论合编》）

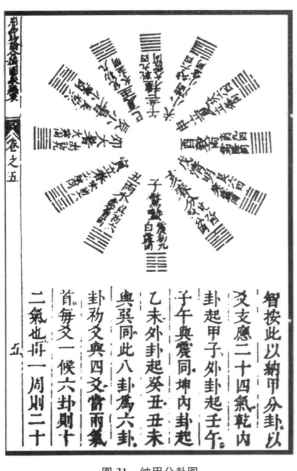

图 31　纳甲分卦图
（方以智《周易时论合编》）

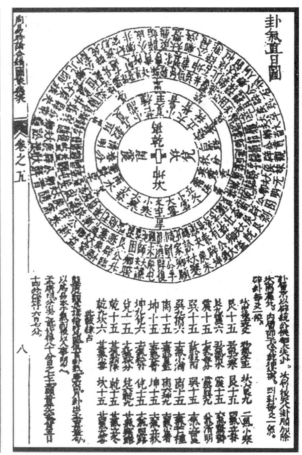

图 32　卦气直日图
（方以智《周易时论合编》）

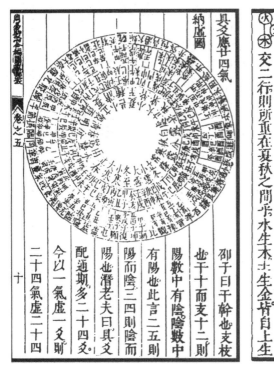

图 33　纳虚图
（方以智《周易时论合编》）

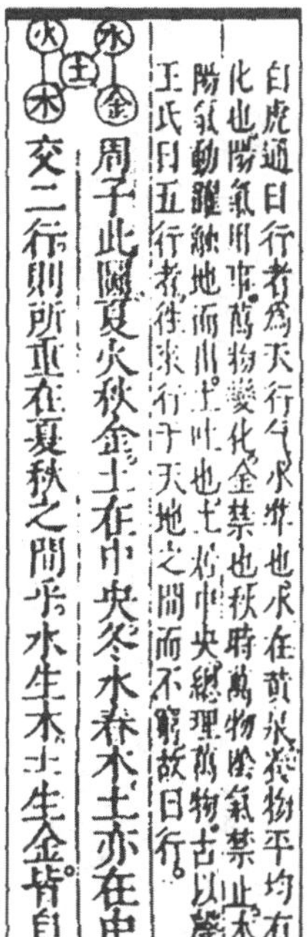

图 34　周氏五行图
（方以智《周易时论合编》）

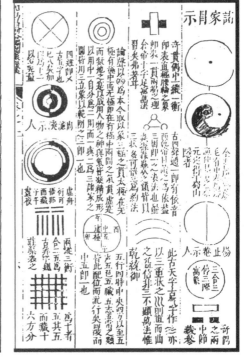

图 35　诸家易示十四图
（方以智《周易时论合编》）

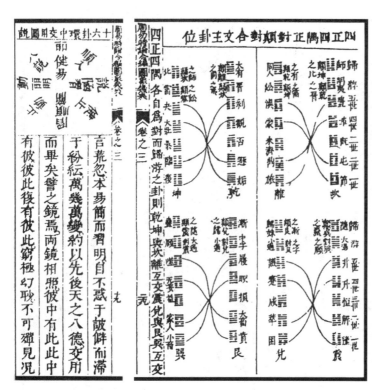

图 36　十六卦环中交用图
（方以智《周易时论合编》）

图 37　四正四隅正对颠对合文王卦位图
（方以智《周易时论合编》）

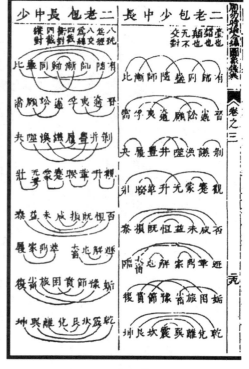

图 38　二老包少中长图
（方以智《周易时论合编》）

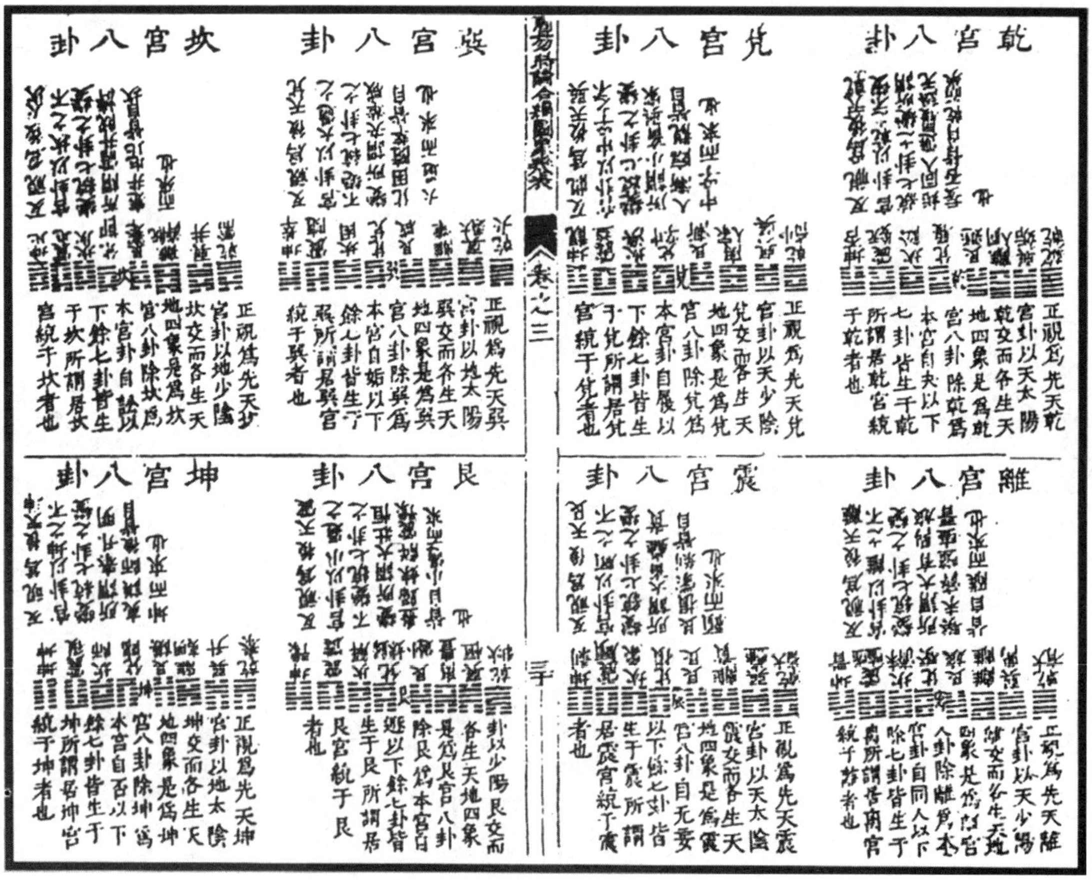

图 39　八卦八宫八图
（方以智《周易时论合编》）

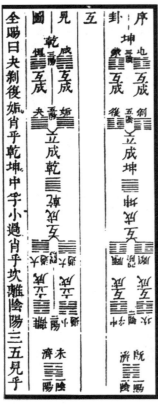

图 40　序卦互见图
（方以智《周易时论合编》）

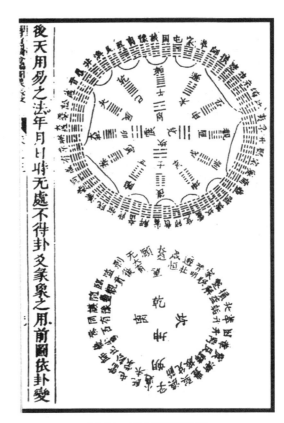

图 41　后天卦变序衍图
（方以智《周易时论合编》）

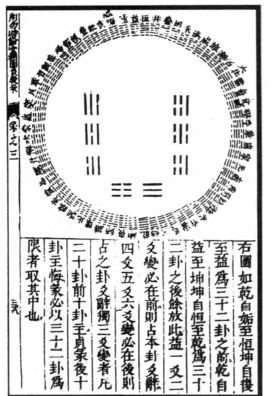

图 42　三十二卦前后圆图
（方以智《周易时论合编》）

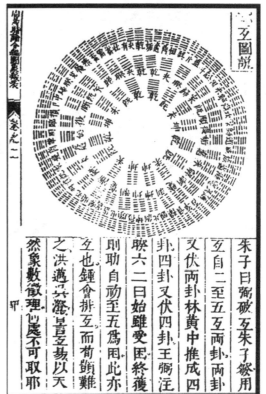

图 43　三互图
（方以智《周易时论合编》）

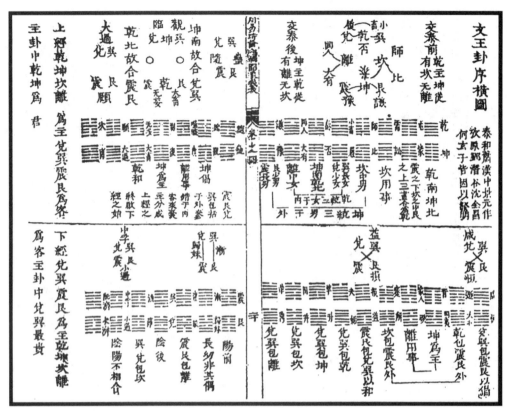

图 44 文王卦序横图
（方以智《周易时论合编》）

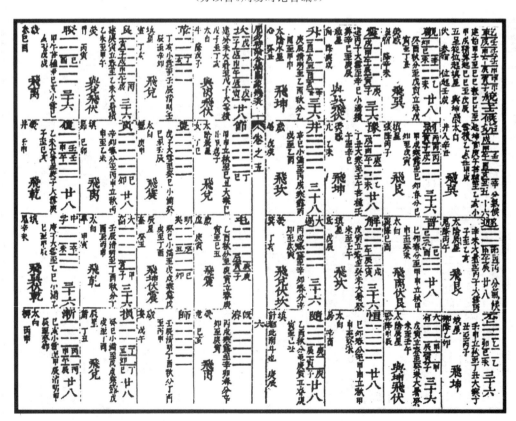

图 45-1 易卦飞伏图
（方以智《周易时论合编》）

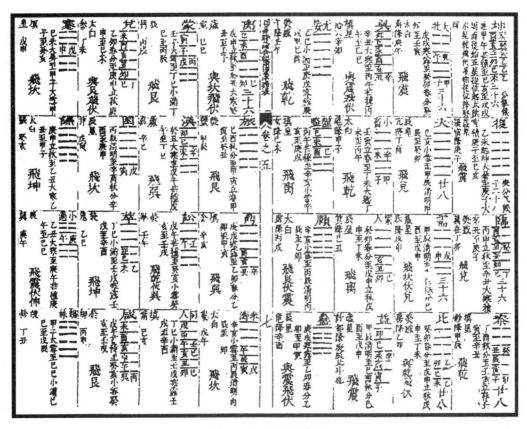

图 45-2　易卦飞伏图
（方以智《周易时论合编》）

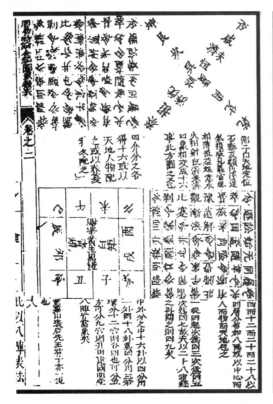

图 46　四分四层图
（方以智《周易时论合编》）

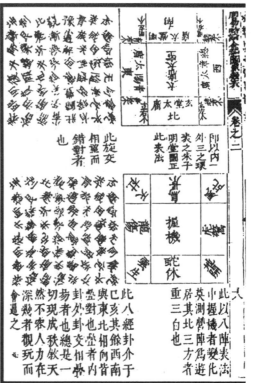

图 47　明堂方图
（方以智《周易时论合编》）

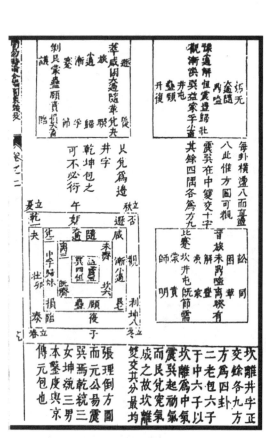

图 48 震巽居中方图
（方以智《周易时论合编》）

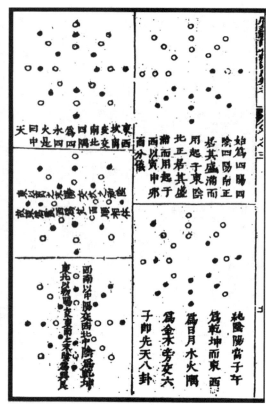

图 49 四阳四阴变五图
（方以智《周易时论合编》）

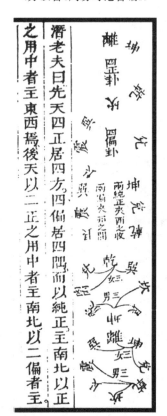

图 50 四正四偏图
（方以智《周易时论合编》）

图 51 八卦九道图
（方以智《周易时论合编》）

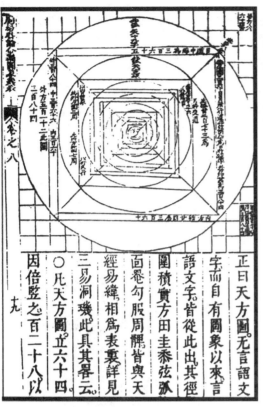

图 52 天方图
（方以智《周易时论合编》）

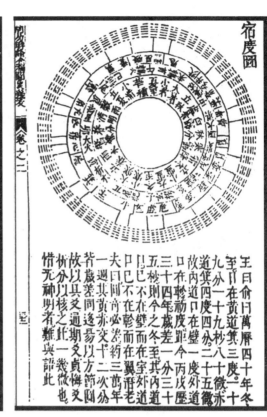

图 53 宿度图
（方以智《周易时论合编》）

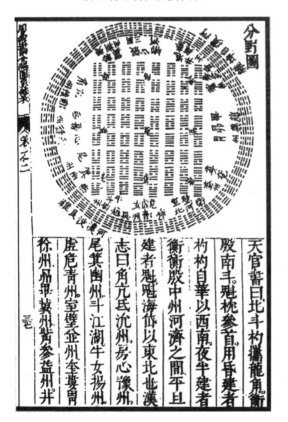

图 54 分野图
（方以智《周易时论合编》）

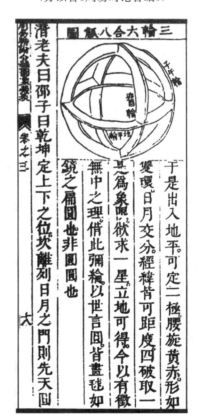

图 55 三轮六合八觚图
（方以智《周易时论合编》）

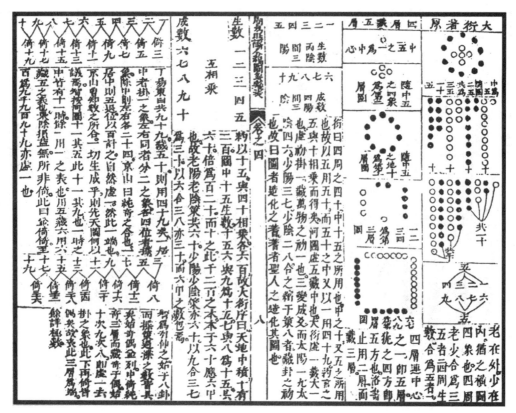

图 56　大衍天地数十五图
（方以智《周易时论合编》）

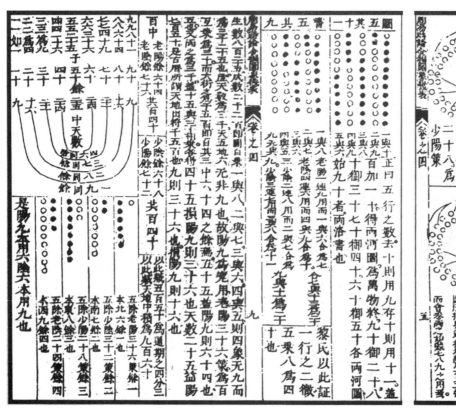

图 57　河图洛书数用图
（方以智《周易时论合编》）

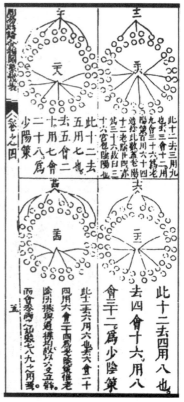

图 58　十二会图
（方以智《周易时论合编》）

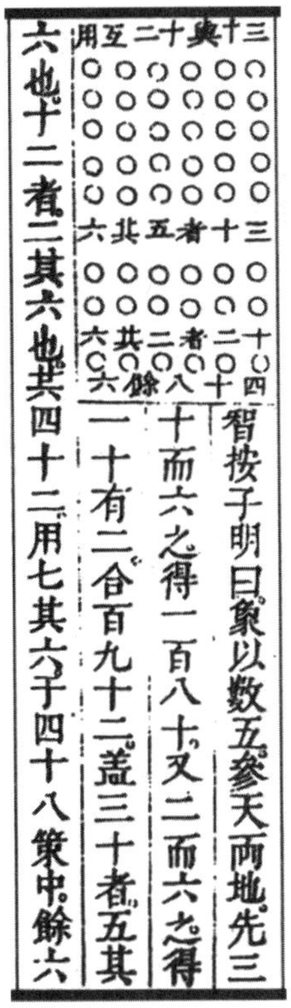

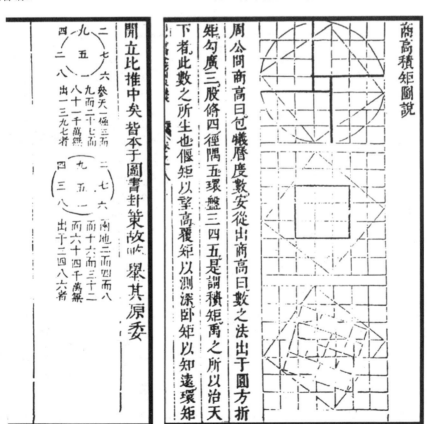

图 59　四十八数图
（方以智《周易时论合编》）

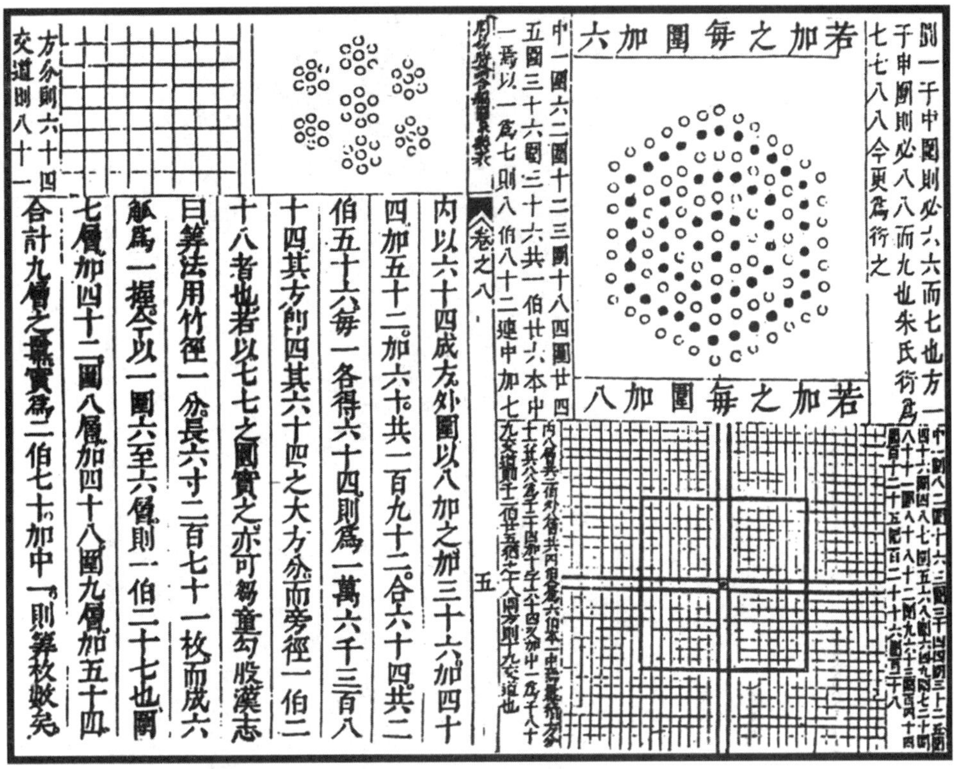

图 60　方圆围加图
（方以智《周易时论合编》）

图 61　参天两地数图
（方以智《周易时论合编》）

图 62　商高积矩图
（方以智《周易时论合编》）

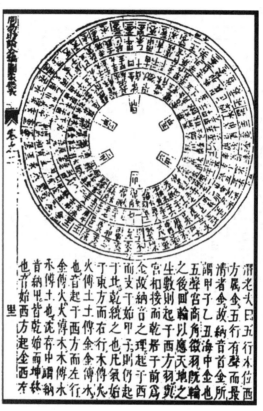

图 63　六甲六子纳音图
（方以智《周易时论合编》）

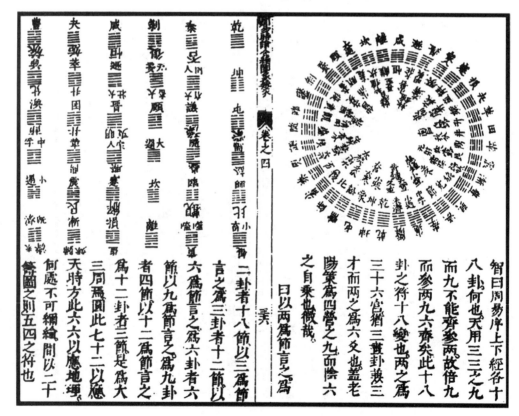

图 64　卦序方圆律气图
（方以智《周易时论合编》）

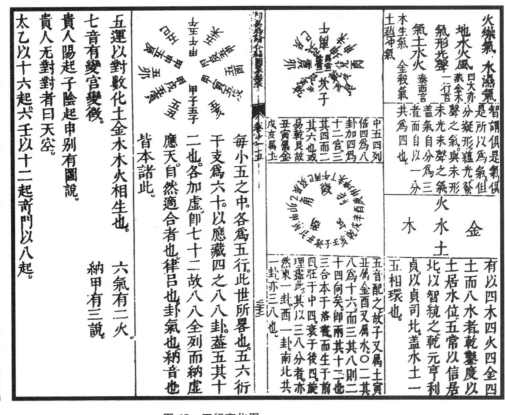

图 65　五行变化图
（方以智《周易时论合编》）

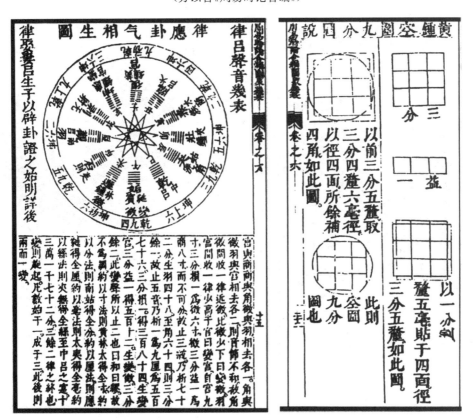

图 66　律应卦气相生图
（方以智《周易时论合编》）

图 67　黄钟空围九分图
（方以智《周易时论合编》）

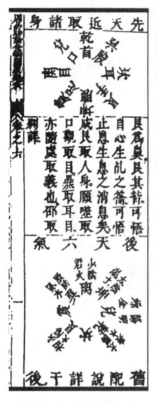

图 68　先天近取诸身图
图 69　后天六气图
（方以智《周易时论合编》）

图 70　五运约图
（方以智《周易时论合编》）

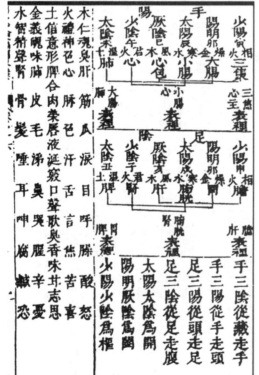

图 71　十二经脉图
（方以智《周易时论合编》）

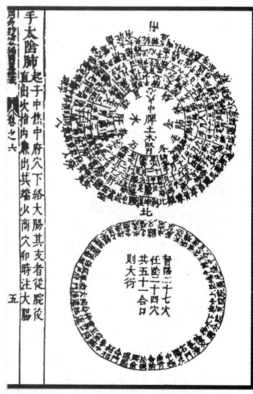

图 72　十二经脉配六十四卦圆图
（方以智《周易时论合编》）

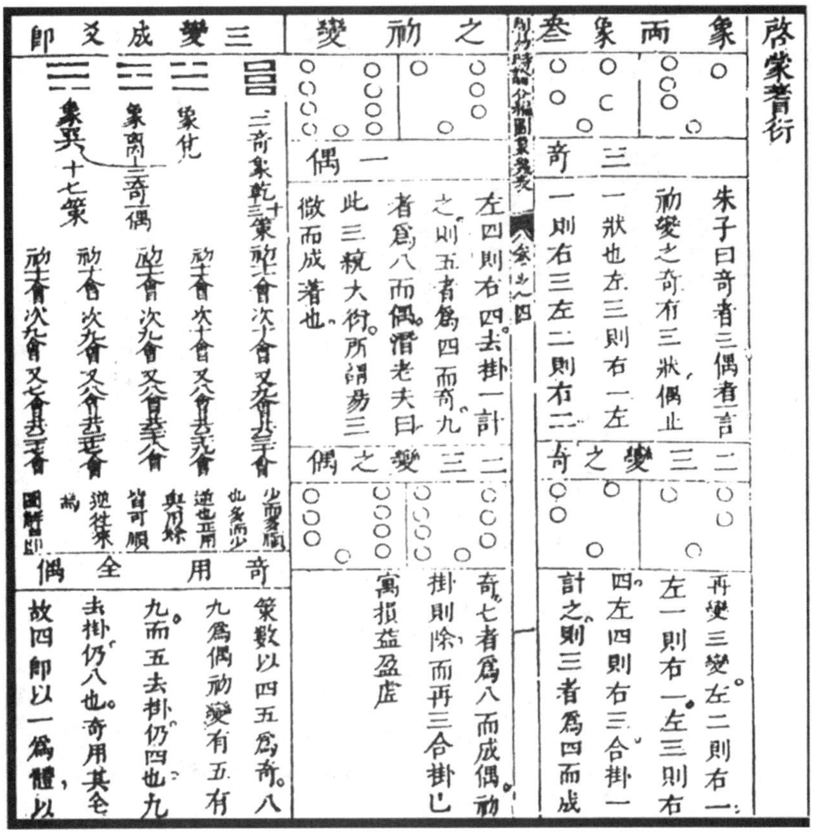


图 73－1　启蒙蓍衍图
（方以智《周易时论合编》）

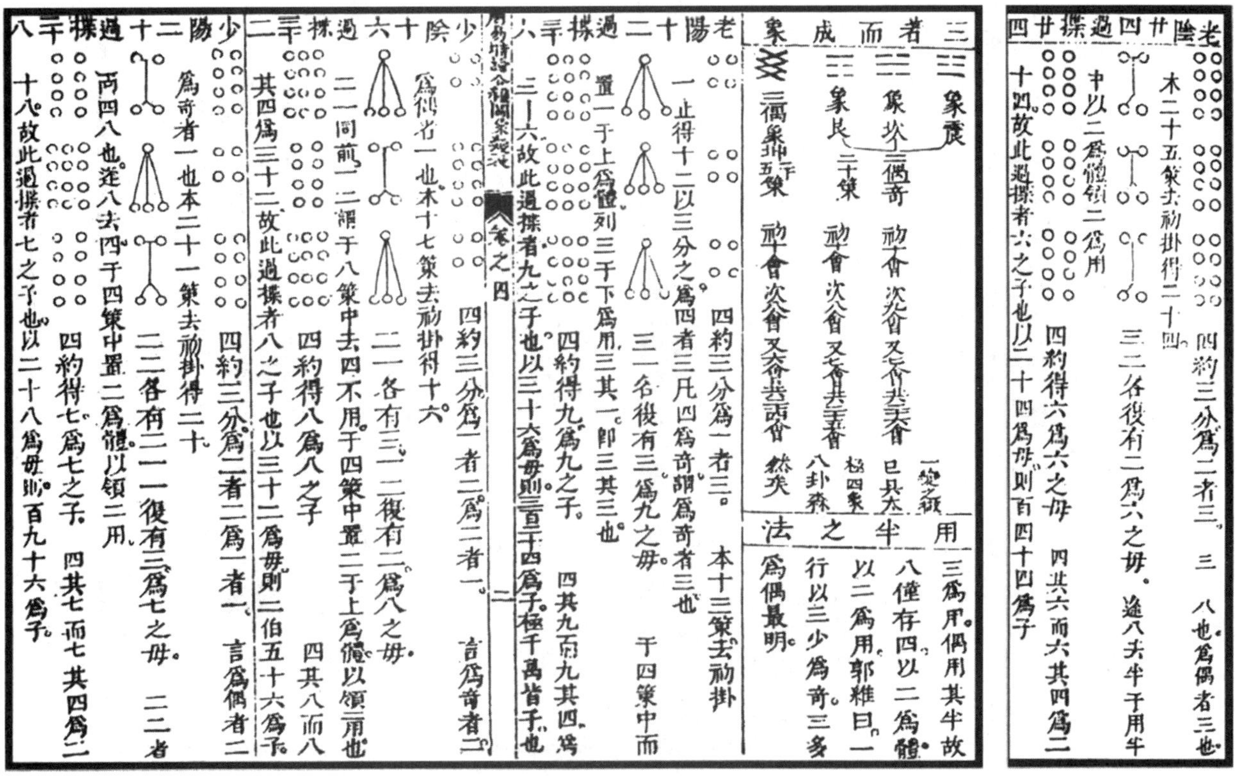

图 73－2　启蒙蓍衍图
（方以智《周易时论合编》）

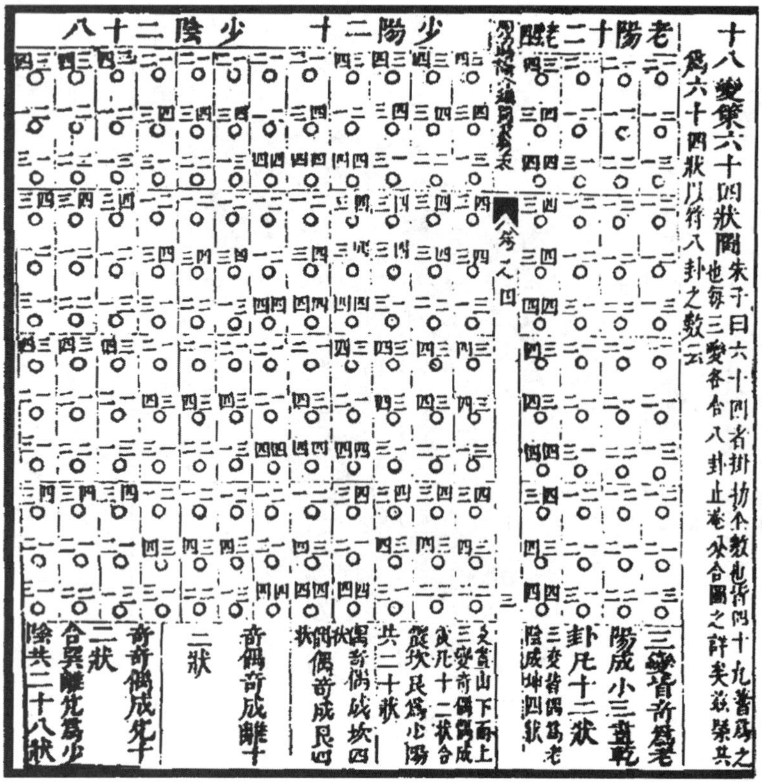

图 74　十八变策六十四状图
（方以智《周易时论合编》）

金精鰲極五行
皇極數序云。五于居庚故鰲極四方。以金爲主。次木次火終土中水金正穿水火也。未言其甲。先言其庚乾金主剛祖徵據始故大地无非金也金輪即地輪即天輪也
西七火
北五土
一中水
南三木
東九金
道家曰金丹言其陰凝陽氣也故堪輿取之孫淇澳著論明之

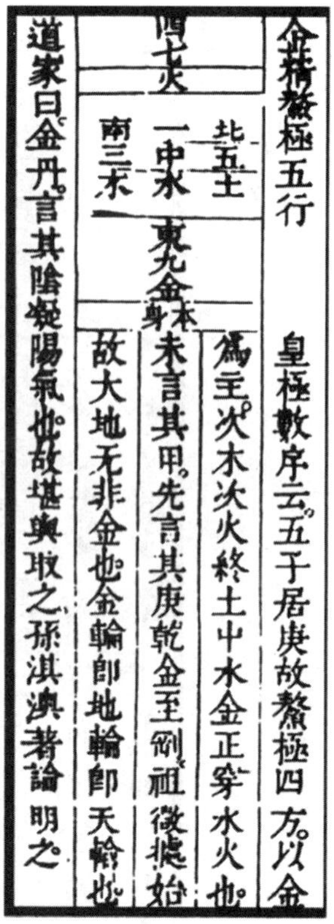

图 75　金精鳌极五行图
（方以智《周易时论合编》）

八卦變曜五行貪巨祿文廉武破左輔右弼爲九星輔弼爲一。亦八也起北斗加杓外二星蓬任衝輔英芮柱心禽亦此故也。
兌　坤　巽　离
震　坎　艮　乾
乾與兌對。离與震對。艮與坤對。巽與坎對。以乾一變末爻爲兌兌二變中爻爲震震三變初爻爲坤。坤四變中爻爲坎坎五變末爻爲巽巽六變中爻爲艮艮七變初爻爲离离八變中爻爲乾潛老夫曰此以一二三四居兩頭而以五六七八居其中耑四陽居下。四陰居上。四正與隅相間非无故也
都利聿斯經十一曜命五行。人生之時加太陽所臨宮。順數遇卯安命以帝出乎震也蘇子由有詩在

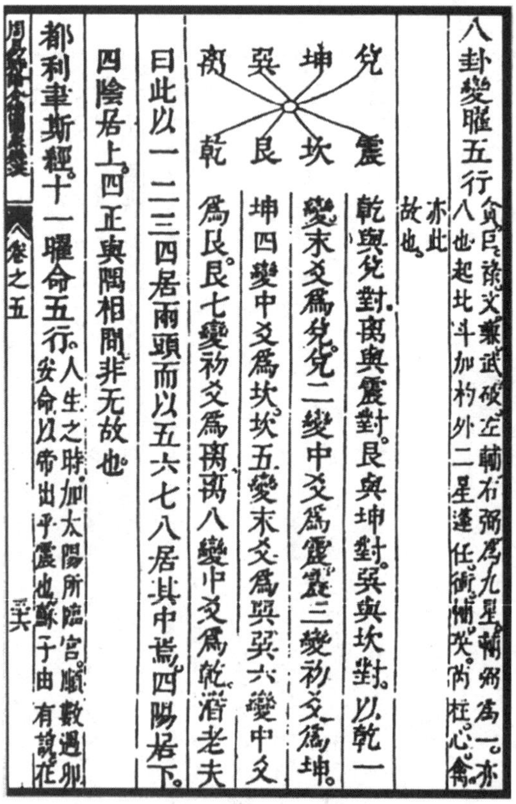

图 76　八卦变曜五行图
（方以智《周易时论合编》）

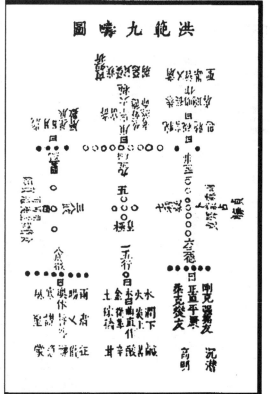

图 77　洪范九畴图
（方以智《周易时论合编》）

# 孙宗彝(1612—1683)

字孝则,号虞桥,清江苏高邮人。顺治四年(1647)进士,六年授内府中书舍人,十年擢吏部考功司主事,迁员外郎发、郎中。曾典试河南乡试,外任蓟州分巡道副使。著有《易宗集注》十二卷、《图说》一卷、《历数》四卷、《爱日堂文集》十二卷、《治水要义》一卷等。现存有《周易》图像九幅。

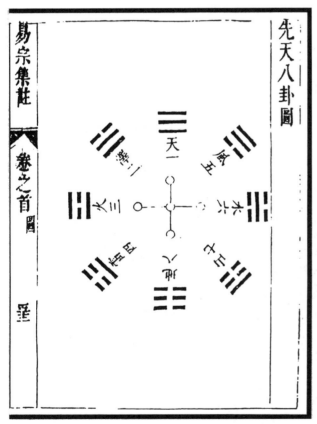

图1　先天八卦图
（孙宗彝《易宗集注》）

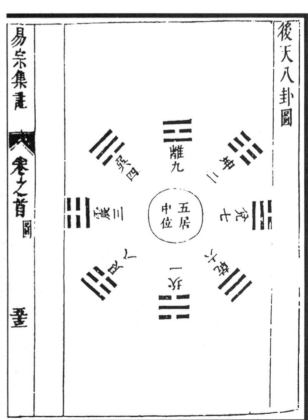

图2　后天八卦图
（孙宗彝《易宗集注》）

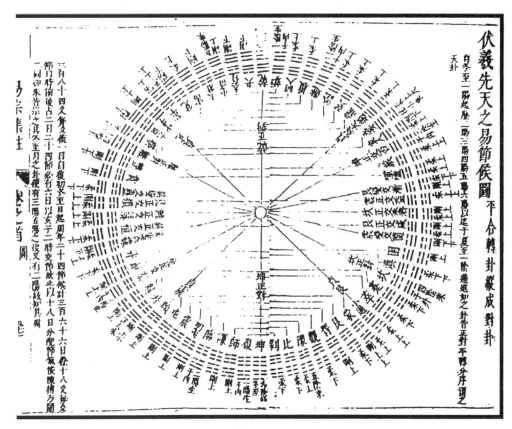

图 3　伏羲先天之易节候图
（孙宗彝《易宗集注》）

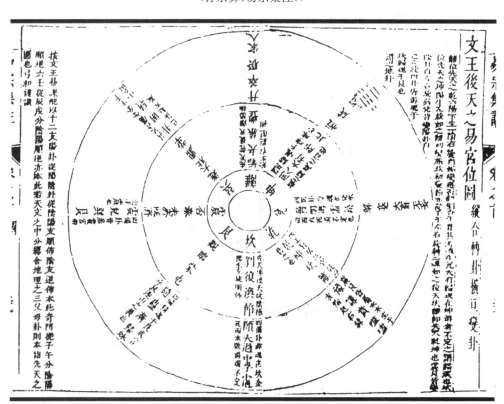

图 4　文王后天之易宫位图
（孙宗彝《易宗集注》）

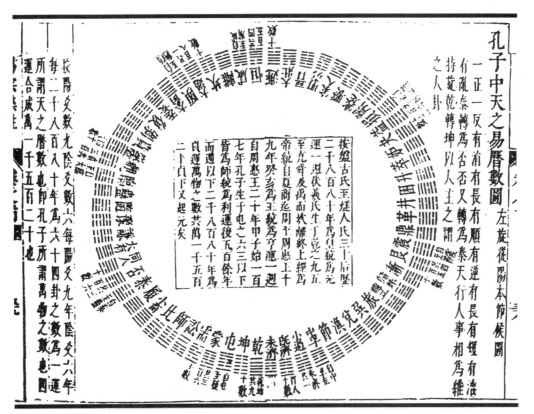

图 5　孔子中天之易历数图
（孙宗彝《易宗集注》）

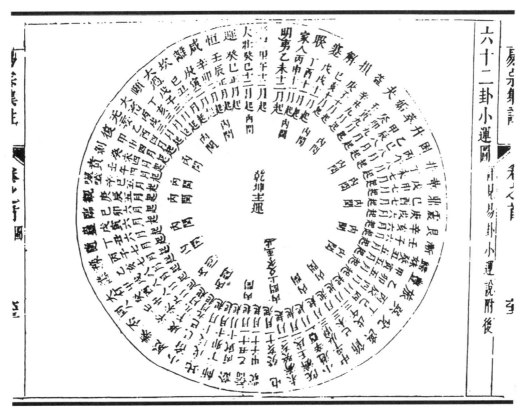

图 6　六十二卦小运图
（孙宗彝《易宗集注》）

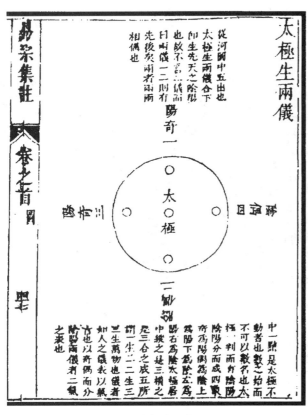

图 7　太极生两仪图
（孙宗彝《易宗集注》）

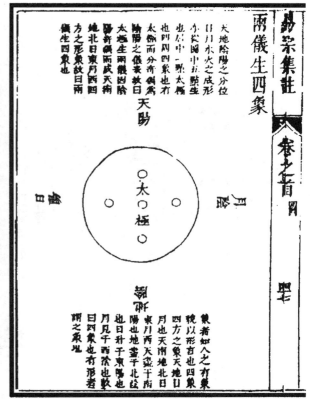

图 8　两仪生四象图
（孙宗彝《易宗集注》）

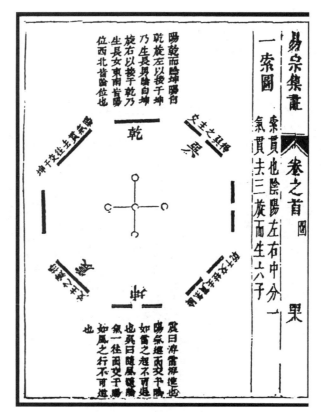

图 9-1　一索二索三索图
（孙宗彝《易宗集注》）

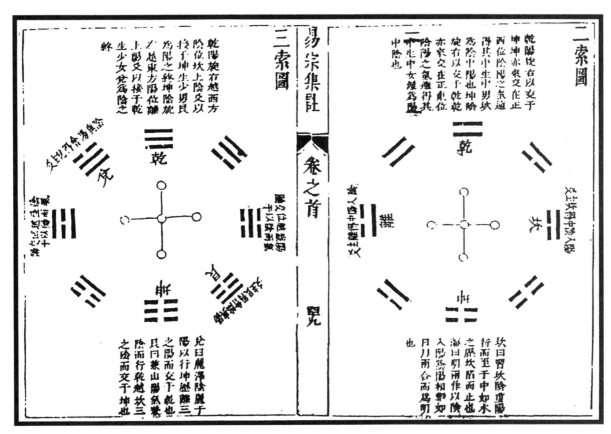

图 9-2 一索二索三索图
（孙宗彝《易宗集注》）

# 钱澄之（1612—1694）

初名秉镫，字饮光，一字幼光，自号田间老人、西顽道人，清安徽桐城人。明末诸生。崇祯时，中秀才。南明桂王时，任翰林院庶吉士。著有《田间易学》十二卷、《田间诗学》十二卷等。现存有《周易》图像二十八幅。

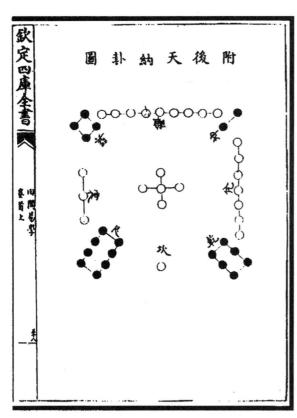

图1　后天纳卦图
（钱澄之《田间易学》）

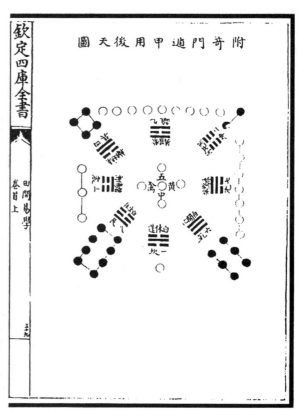

图2　奇门遁甲用后天图
（钱澄之《田间易学》）

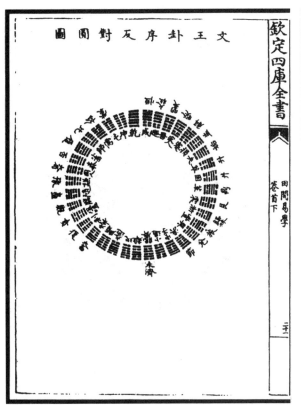

图 3　文王卦序反对圆图
（钱澄之《田间易学》）

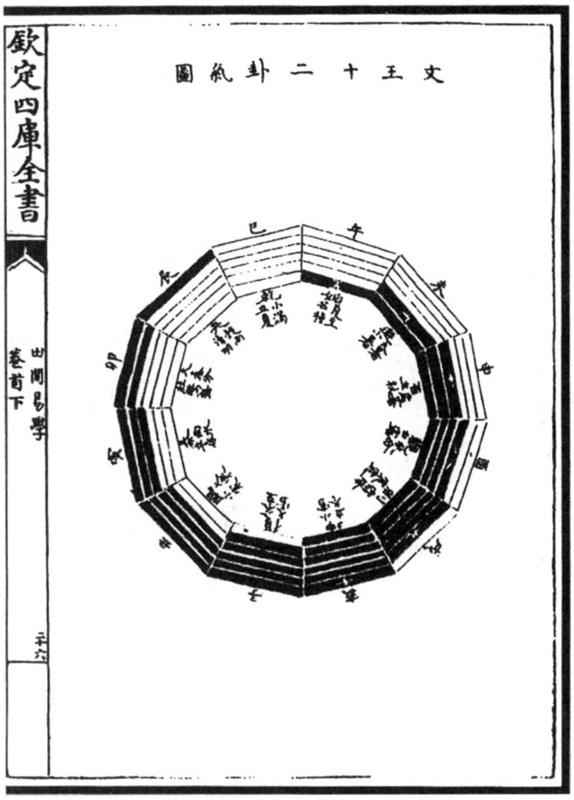

图 4　文王十二卦气图
（钱澄之《田间易学》）

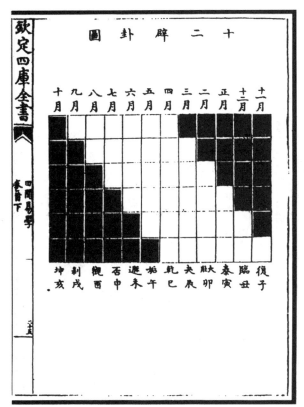

图 5　十二辟卦图
（钱澄之《田间易学》）

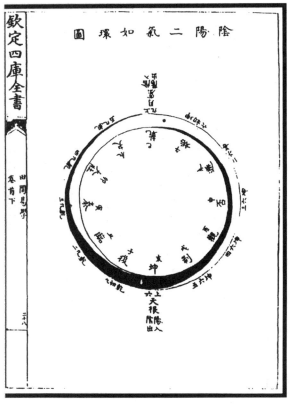

图 6　阴阳二气如环图
（钱澄之《田间易学》）

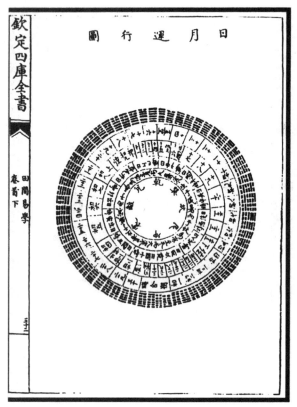

图 7　日月运行图
（钱澄之《田间易学》）

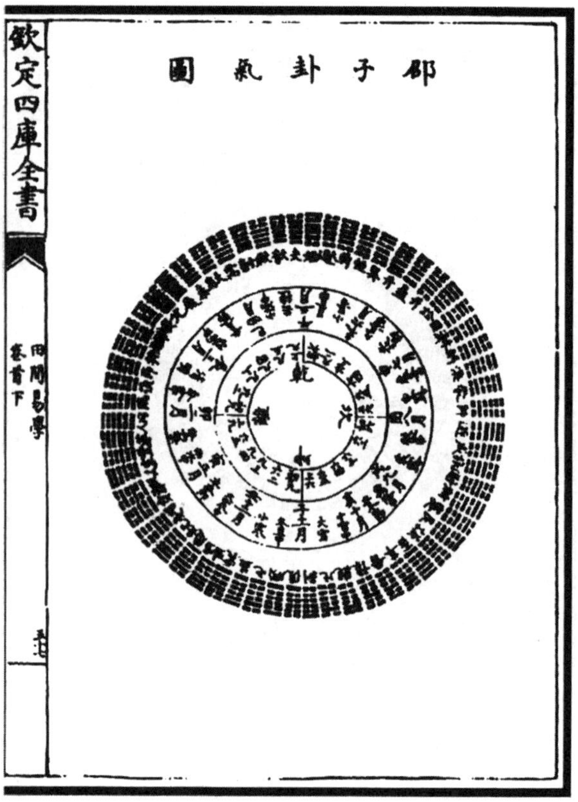

图 8　邵子卦气图
（钱澄之《田间易学》）

欽定四庫全書

附納甲法

乾
土戌壬
金申壬
火午壬
土辰甲
木寅甲
木子甲

震
土戌庚
金申庚
火午庚
土辰庚
木寅庚
水子庚

坎
水子戊
土戌戊
金申戊
火午戊
土辰戊
木寅戊

艮
木寅丙
水子丙
土戌丙
金申丙
火午丙
土辰丙

坤
金酉癸
水亥癸
土丑癸
木卯乙
火巳乙
土未乙

巽
木卯辛
火巳辛
土未辛
金酉辛
水亥辛
土丑辛

離
火巳己
土未己
金酉己
水亥己
土丑己
木卯己

兌
土未丁
金酉丁
水亥丁
土丑丁
木卯丁
火巳丁

田間易學
卷首下

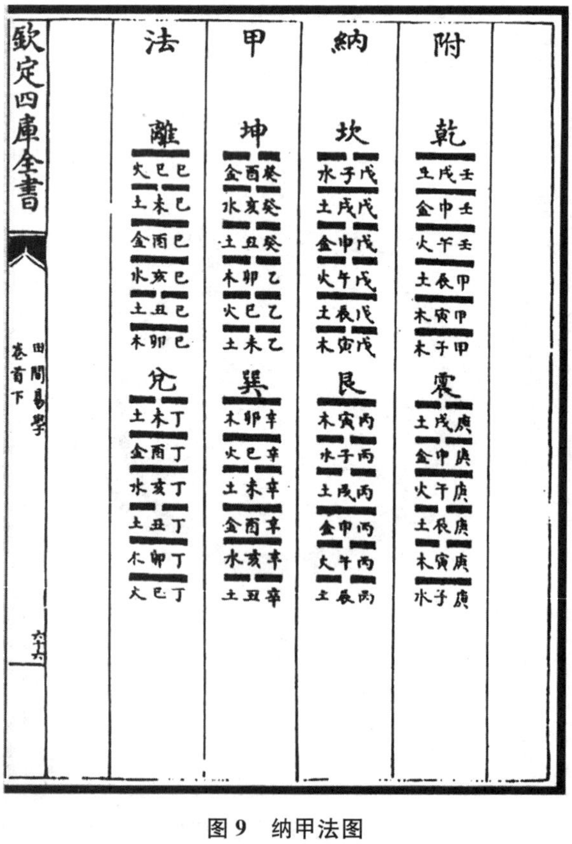

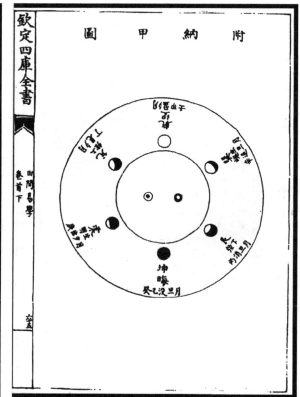

图 9　纳甲法图
（钱澄之《田间易学》）

图 10　纳甲图
（钱澄之《田间易学》）

互體例

觀　否

左傳莊公二十二年陳侯筮遇觀之否風為天於土上山也

杜氏註謂此互體正卦三四五互為艮變卦二三四為艮全

易六十四卦唯乾坤二卦不可互體餘六十二卦皆有互體

此古占法故以觀之否正變二卦發例餘可例推。按互體之用未詳

何時庖羲之時易雖有占象示而已辭且未有烏

有互體此殆周公繫爻以後孔子十翼以前之事

欽定四庫全書

田間易學 卷首下 二十三

三互圖

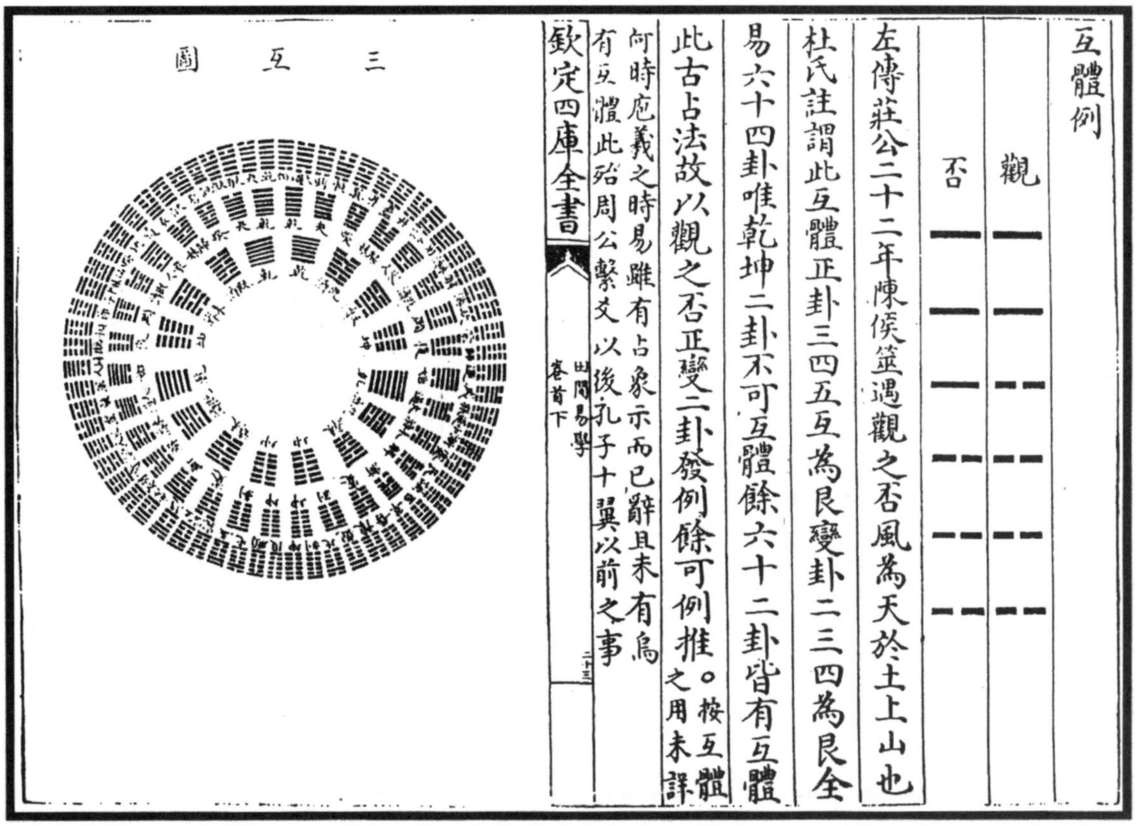

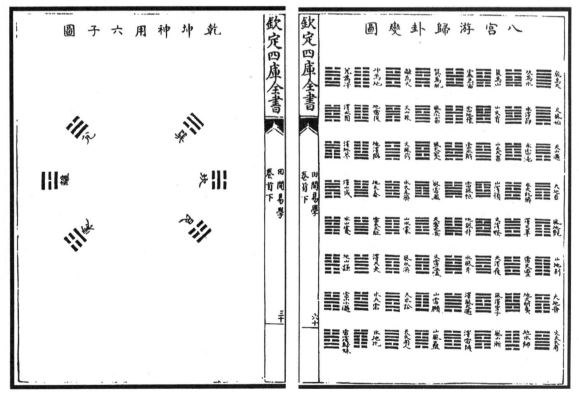

图 11　三互图

（钱澄之《田间易学》）

图 12　乾坤神用六子图

（钱澄之《田间易学》）

图 13　八宫游归卦变图

（钱澄之《田间易学》）

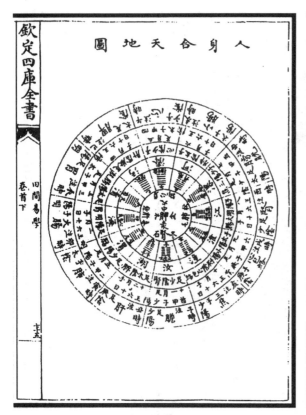

图 14　人身合天地图
（钱澄之《田间易学》）

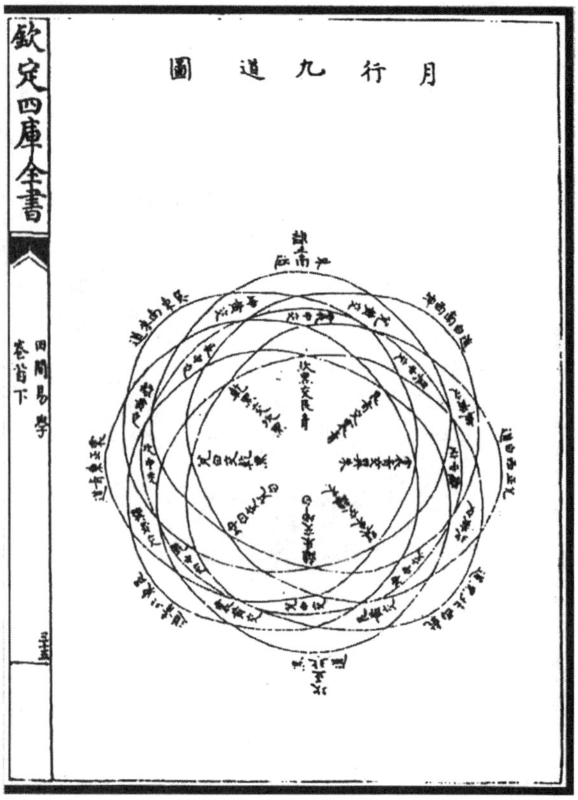

图 15　月行九道图
（钱澄之《田间易学》）

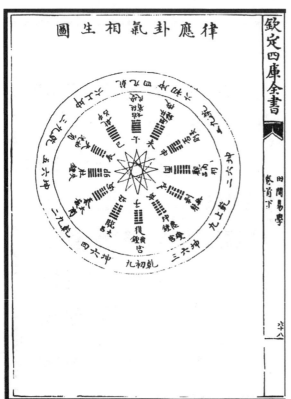

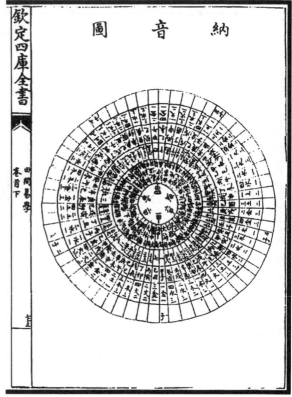

图 16　律应卦气相生图
（钱澄之《田间易学》）

图 17　纳音图
（钱澄之《田间易学》）

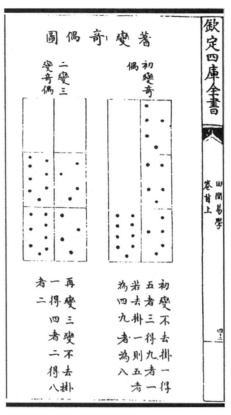

图 18　蓍变奇偶图
（钱澄之《田间易学》）

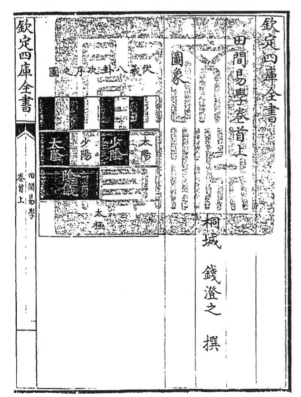

图 19　伏羲八卦次序之图
（钱澄之《田间易学》）

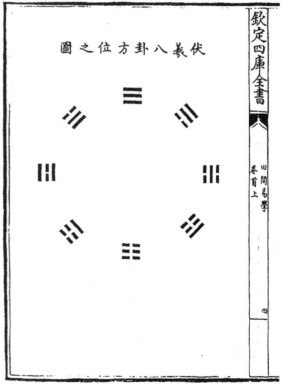

图 20　伏羲八卦方位之图
（钱澄之《田间易学》）

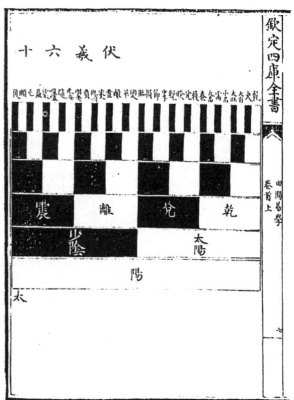
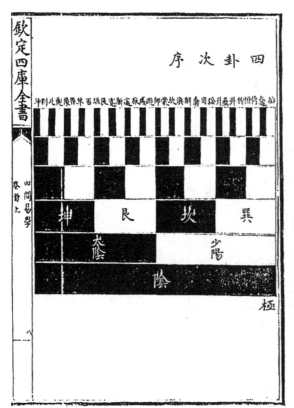

图 21　伏羲六十四卦次序图
（钱澄之《田间易学》）

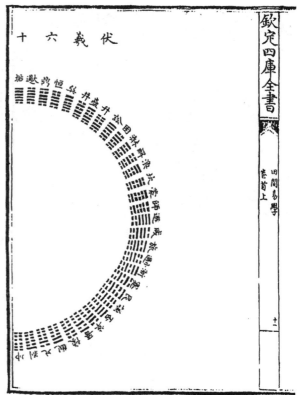
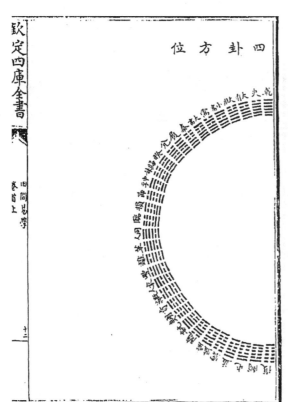

图 22　伏羲六十四卦方位图
（钱澄之《田间易学》）

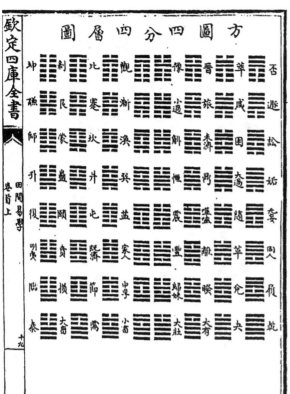

图 23 方圆四分四层图
（钱澄之《田间易学》）

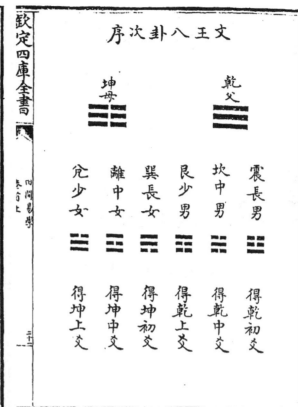

图 24 文王八卦次序图
（钱澄之《田间易学》）

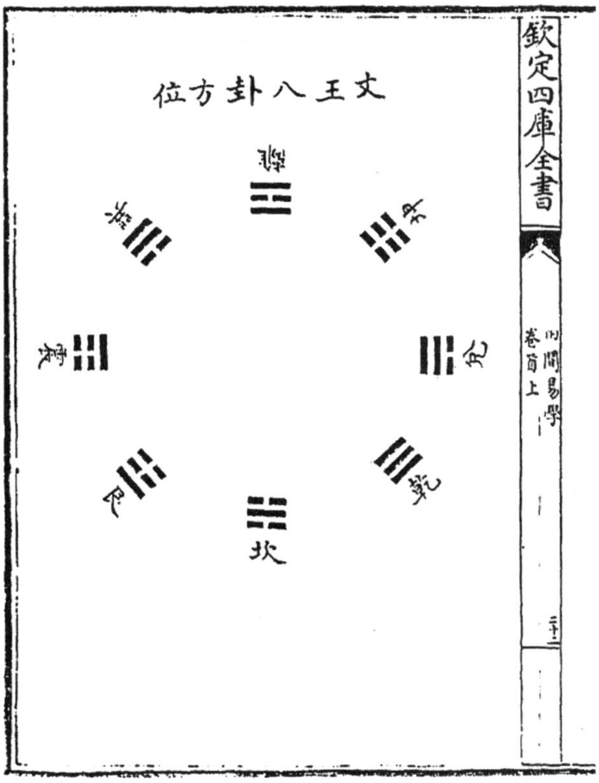

图 25 文王八卦方位图
（钱澄之《田间易学》）

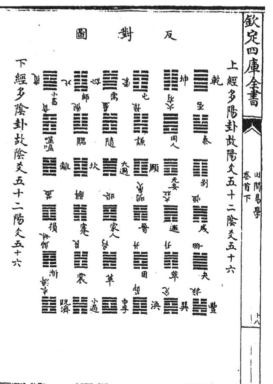

图 26 反对图
（钱澄之《田间易学》）

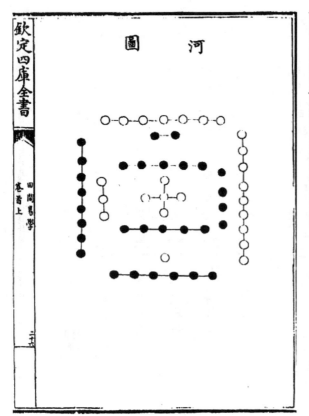

**图 27　河图**
（钱澄之《田间易学》）

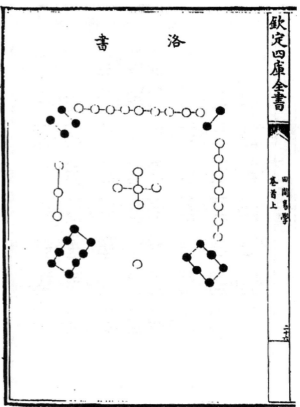

**图 28　洛书**
（钱澄之《田间易学》）

# 邱维屏(1614—1679)

字邦士,号慢庖,明江西宁都人。诸生,"易堂九子"之一。年二十三,补弟子员第一。入清,弃诸生服,隐居翠微山课徒。为文绝去前人章句蹊径,被推为清初大家。著有《周易勘说》(未竟)、《邱邦士文集》十八卷等。现存有《周易》图像二十六幅。

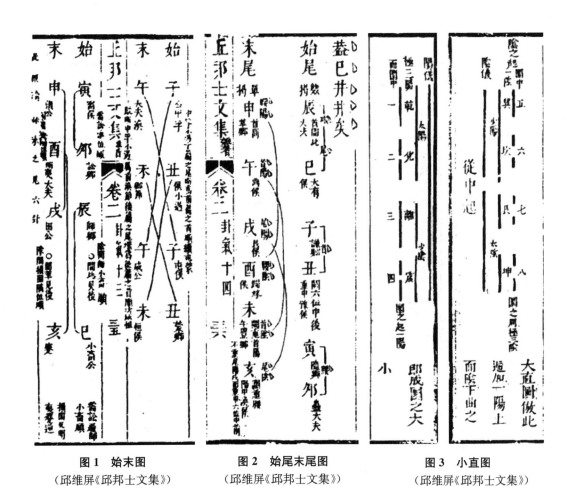

图1 始末图
(邱维屏《邱邦士文集》)

图2 始尾末尾图
(邱维屏《邱邦士文集》)

图3 小直图
(邱维屏《邱邦士文集》)

图4 帝出两仪图
(邱维屏《邱邦士文集》)

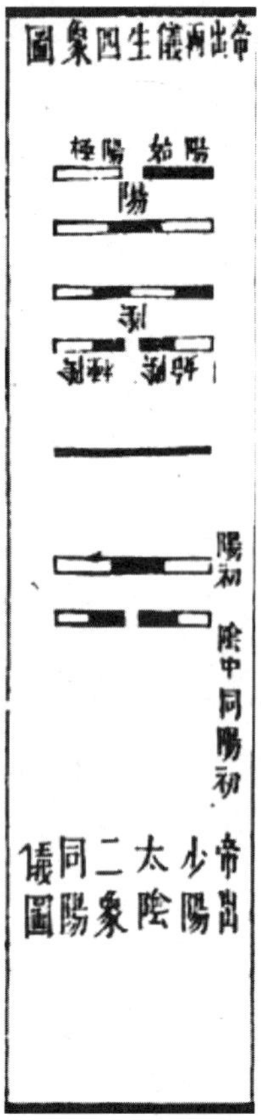

图5 帝出两仪生四象图
(邱维屏《邱邦士文集》)

图6 帝出两仪生四象生八卦图
(邱维屏《邱邦士文集》)

图7 偏正、监辟图
(邱维屏《邱邦士文集》)

图8 七三六四合十图
(邱维屏《邱邦士文集》)

图9 巳后三次、寅前三次图
(邱维屏《邱邦士文集》)

图10 丑、午、未重首图
(邱维屏《邱邦士文集》)

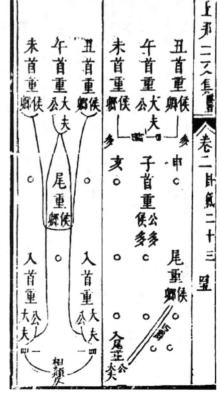

图11 丑、午、未首重图
(邱维屏《邱邦士文集》)

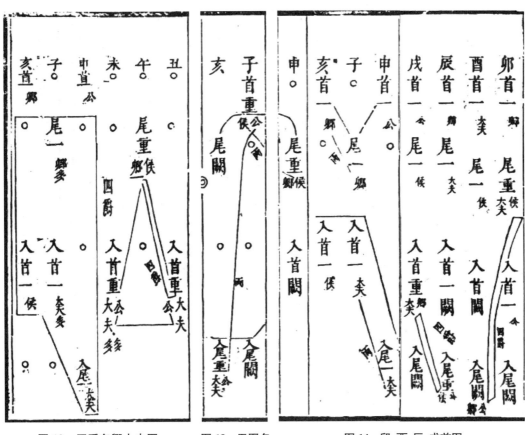

图12　四爵多卿大夫图　　图13　无图名　　图14　卯、酉、辰、戌首图
（邱维屏《邱邦士文集》）　（邱维屏《邱邦士文集》）　（邱维屏《邱邦士文集》）

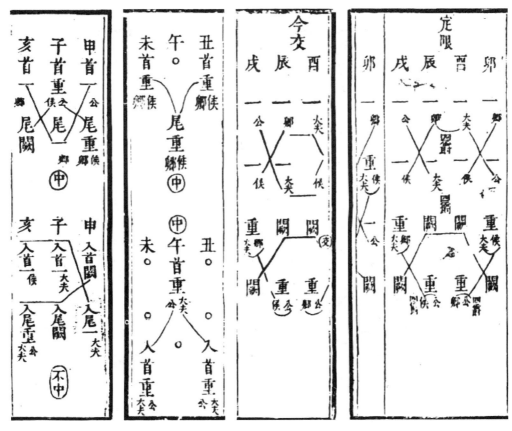

图15　无图名　　　　　　　　　图16　定限今交图
（邱维屏《邱邦士文集》）　　　（邱维屏《邱邦士文集》）

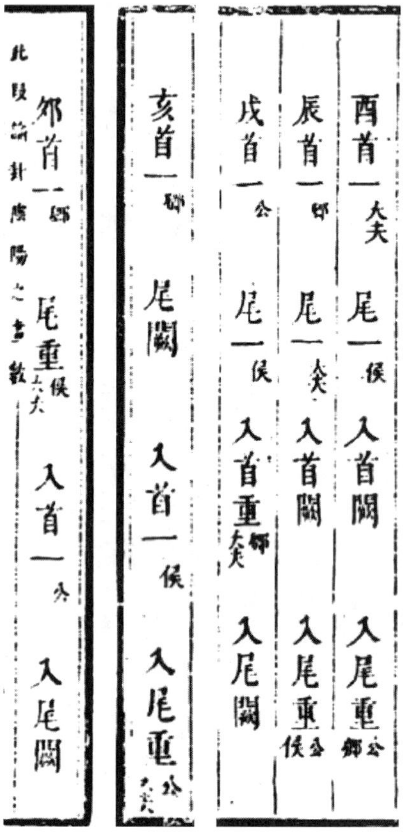

图 17　无图名
（邱维屏《邱邦士文集》）

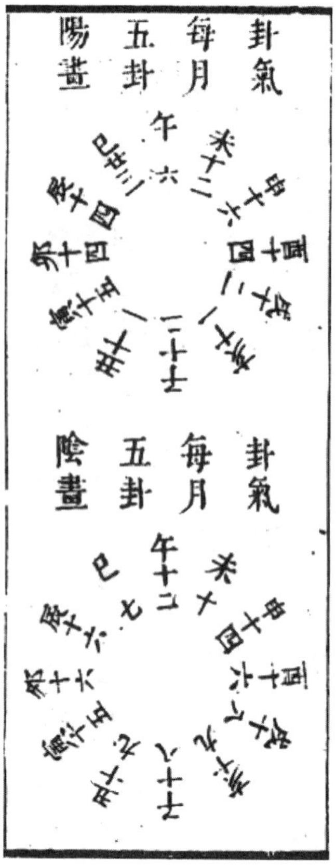

图 18　卦气每月五卦阳画图
图 19　卦气每月五卦阴画图
（邱维屏《邱邦士文集》）

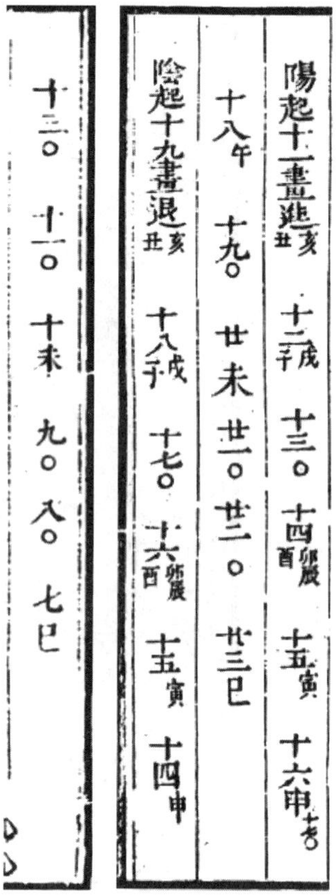

图 20　阳起阴起图
（邱维屏《邱邦士文集》）

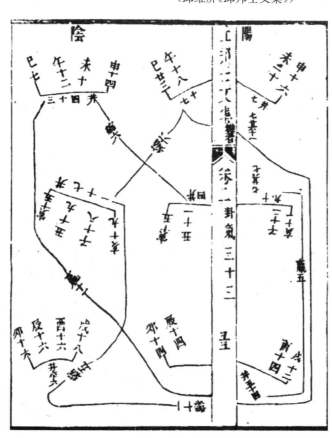

图 21　阳、阴图
（邱维屏《邱邦士文集》）

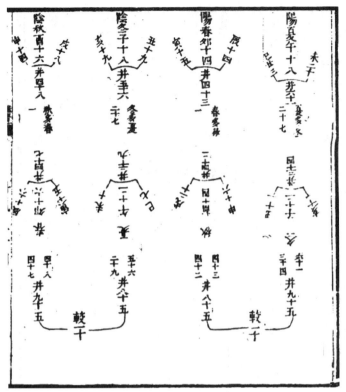

图 22 阳夏、阳春、阴冬、阴秋图
（邱维屏《邱邦士文集》）

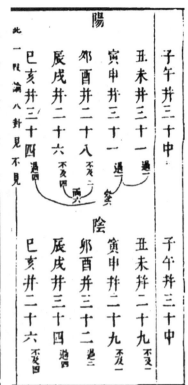

图 23 阳、阴图
（邱维屏《邱邦士文集》）

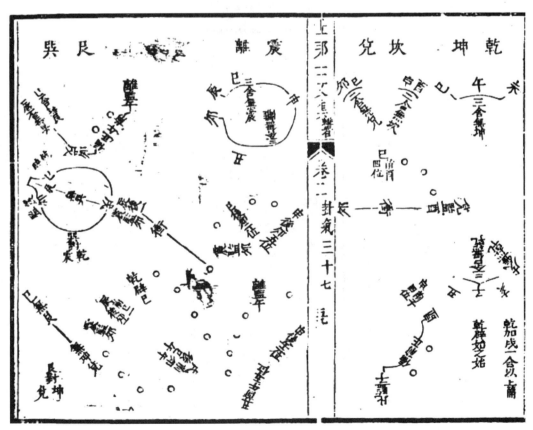

图 24 乾坤、坎兑、震离、艮巽图
（邱维屏《邱邦士文集》）

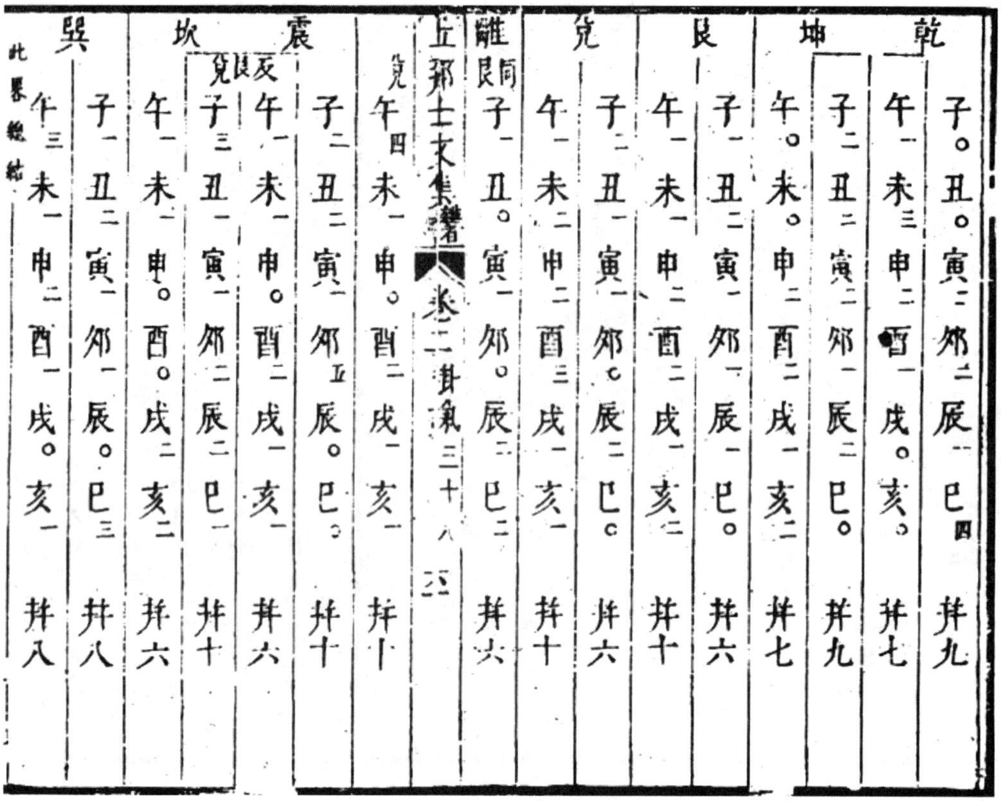

| 乾 | 坤 | 艮 | 兌 | 離同人 | 震 | 坎 | 巽 |
|---|---|---|---|---|---|---|---|
| | | | | 艮同 | 亥艮 | | 此畏乾純 |
| 子〇 | 午一 子二 | 午一 子一 | 午一 子一 | 子一 | 兌午一 子二 | 午一 子一 | 午一 子一 |
| 丑〇 | 未三 丑二 | 未一 丑一 | 未一 丑一 | 午一 未四 | 未一 丑二 | 未一 丑一 | 未一 丑二 |
| 寅二 | 申二 寅一 | 申二 寅一 | 申一 寅二 | 丑〇 寅一 | 申一 寅一 | 申一 寅一 | 申二 寅〇 |
| 卯二 | 酉一 卯〇 | 酉二 卯〇 | 酉三 卯〇 | 申〇 卯五 | 酉二 卯一 | 酉一 卯二 | 酉一 卯一 |
| 辰一 | 戌〇 辰二 | 戌一 辰二 | 戌一 辰二 | 酉二 辰〇 | 戌一 辰〇 | 戌二 辰〇 | 戌〇 辰〇 |
| 巳〇 | 亥〇 巳〇 | 亥二 巳〇 | 亥一 巳〇 | 戌一 巳二 | 亥一 巳二 | 亥一 巳三 | 亥一 巳一 |
| 井九 | 井七 | 井九 | 井七 | 亥一 井七 | 井十 | 井六 | 井六 |
| | | | | 井十 | | | 井八 |

图 25　乾、坤、艮、兌、離、震、坎、巽图
（邱维屏《邱邦士文集》）

图 26　无图名
（邱维屏《邱邦士文集》）

# 王建常（1615—1701）

字仲夏，号复斋，明陕西大荔人。终身不仕，隐居河渭之间，专意著述。著有《律吕图说》九卷、《小学句读记》六卷、《大学直解》二卷、《论语辑说》四卷、《诗经会编》五卷、《尚书要义》六卷、《春秋要义》五卷、《太极图集解》、《复斋录》六卷等。现存有《周易》图像一幅。

图1　五声八音图
（王建常《律吕图说》）

# 董养性(1616—1672)

字迈公,号毓初,元中书省乐陵(今属山东)人。康熙年间官居宁国府通判,又被荐代太平县令。性情古朴,家贫嗜学。著有《易经订疑》十五卷、《易学启蒙订疑》四卷、《周易本义原本》十二卷、《高闲云集》等。现存有《周易》图像一幅。

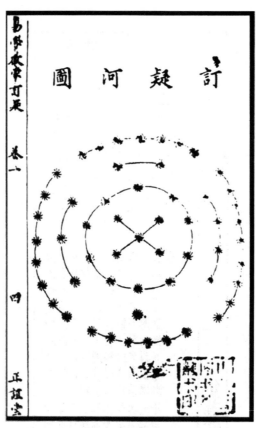

图 1　订疑河图
(董养性《易学启蒙订疑》)

# 黄宗炎(1616—1686)

字晦木，一字立溪，又称“鹧鸪先生”，清浙江余姚人。黄遵素之子，与其兄黄宗羲、弟黄宗会合称“浙东三黄”，师从绍兴学者刘宗周。初以明经贡于太学，明亡后潜心《易》学。著有《周易象辞》二十四卷、《周易寻门余论》二卷、《图学辩惑》一卷等。现存有《周易》图像八幅。

欽定四庫全書
圖學辯惑
二
河圖
洛書
辯曰大傳曰天一地二天三地四天五地六天七地
八天九地十不過言奇耦之數未嘗有上下左右中
之位置也曰天數五地數五不過言一三五七九於

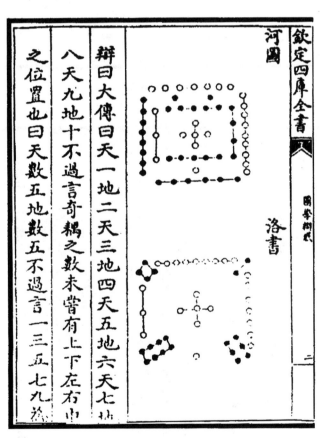

**图 1　河图**

**图 2　洛书**

（黄宗炎《图学辩惑》）

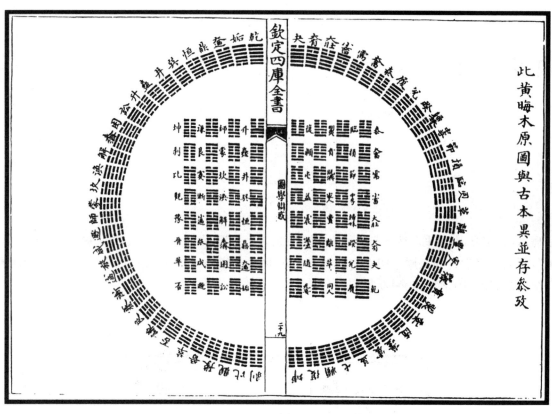

图3 先天图
(黄宗炎《图学辩惑》)

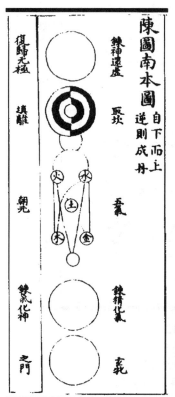

图4 陈图南本图
(黄宗炎《图学辩惑》)

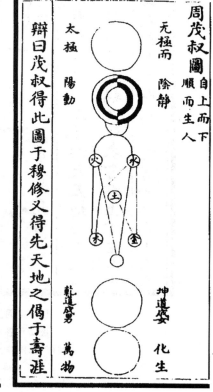

图5 周茂叔图
(黄宗炎《图学辩惑》)

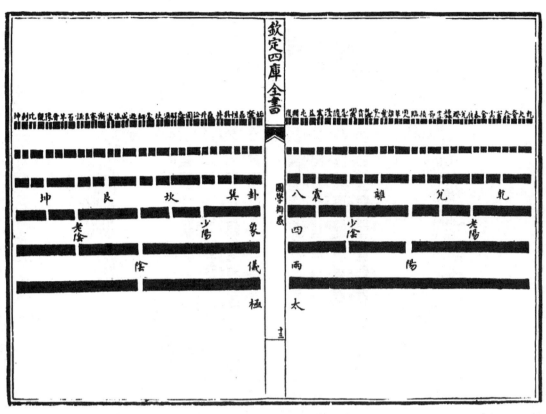

图6 八卦既立图
（黄宗炎《图学辩惑》）

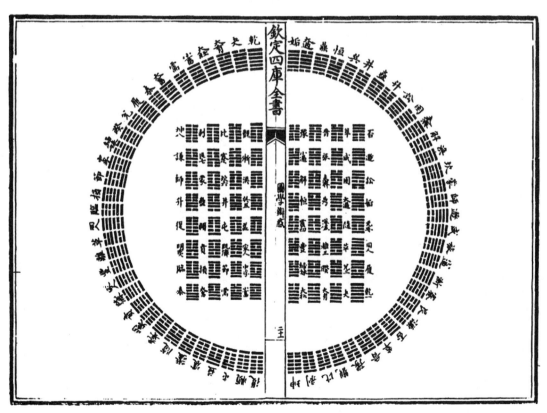

图7 六十四卦方圆图
（黄宗炎《图学辩惑》）

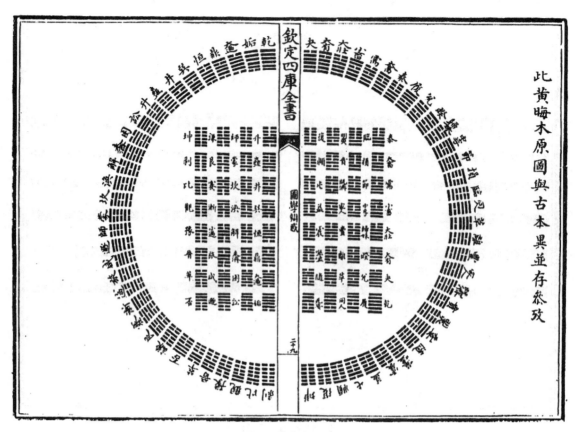

图8 黄晦木原图
（黄宗炎《图学辩惑》）

# 董说(1620—1686)

字若雨,一作雨若,号西庵,明浙江乌程(今浙江湖州)人。明末诸生,复社成员。明亡后为僧,号月函(涵),又自号漏霜,法名南潜,字宝云。师从黄道周学《易》。著有《易发》八卷、《易运图略》一卷、《河图卦版》一卷等。现存有《周易》图像二十八幅。

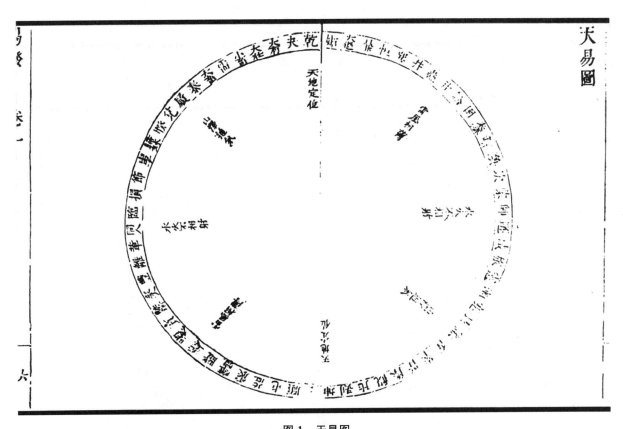

**图1　天易图**
(董说《易发》)

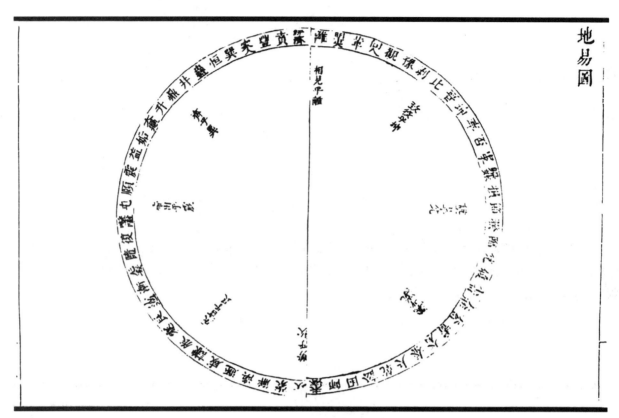

**图 2　地易图**
（董说《易发》）

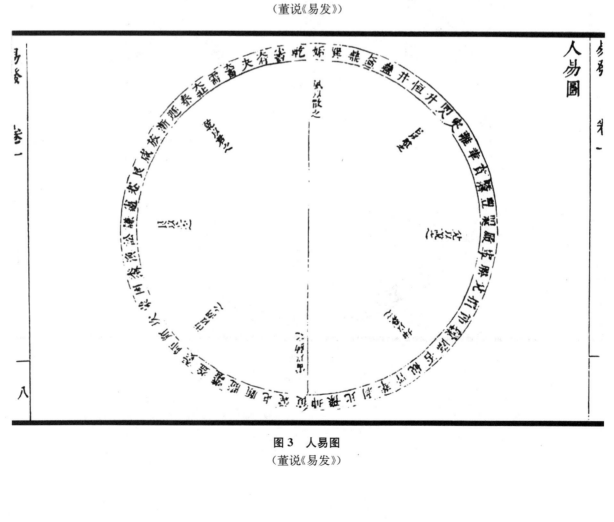

**图 3　人易图**
（董说《易发》）

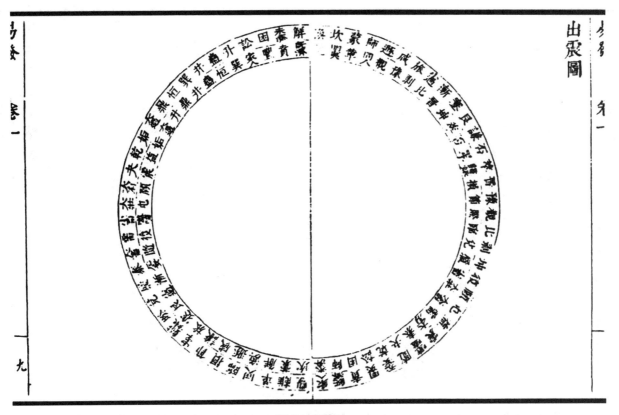

**图 4　出震图**
（董说《易发》）

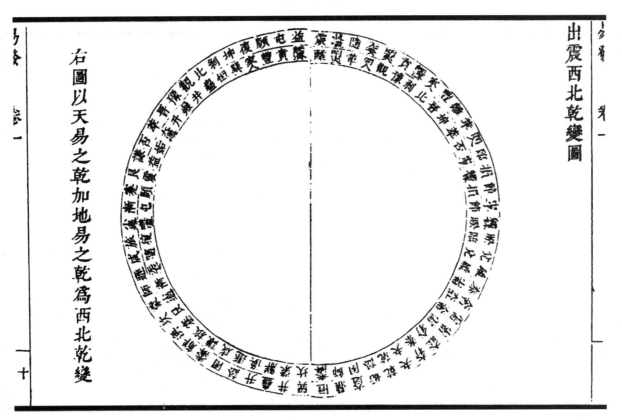

**图 5　出震西北乾变图**
（董说《易发》）

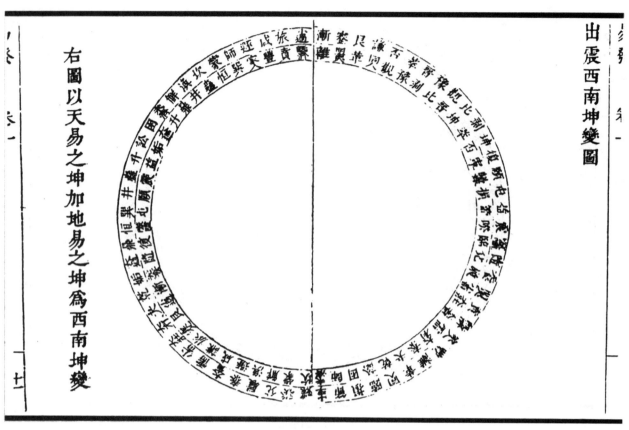

图 6　出震西南坤变图
（董说《易发》）

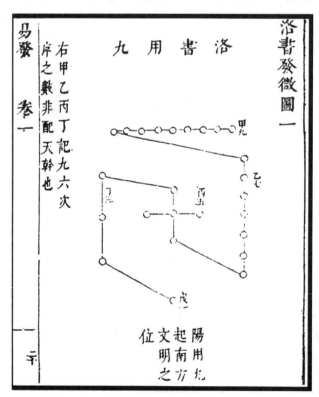

图 7　洛书用九图
（董说《易发》）

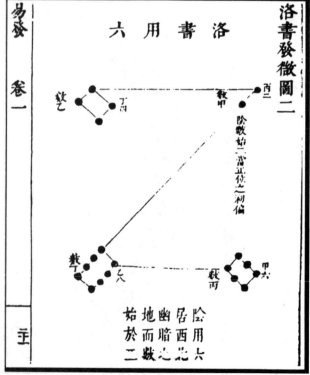

图 8　洛书用六图
（董说《易发》）

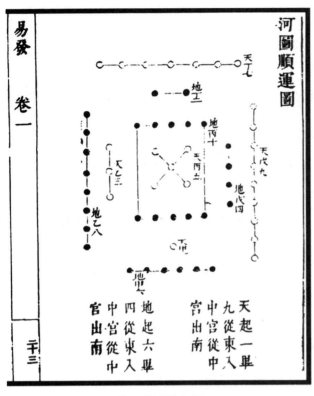

图 9　河图顺运图
（董说《易发》）

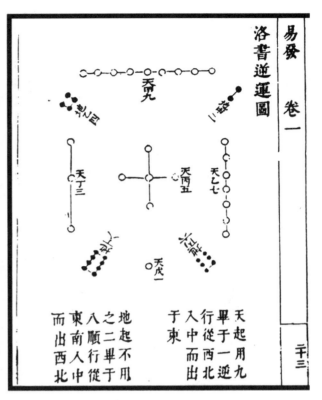

图 10　洛书逆运图
（董说《易发》）

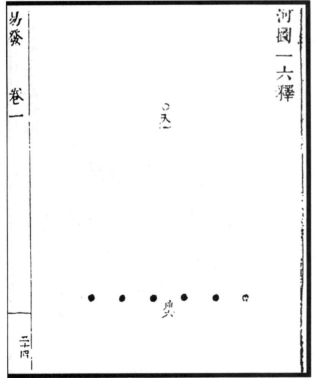

图 11　河图一六释图
（董说《易发》）

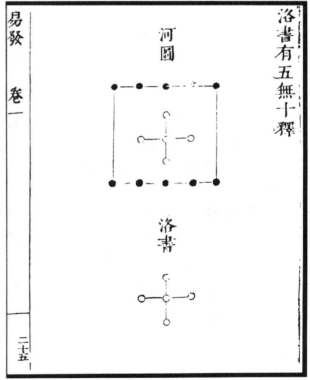

图 12　洛书有五无十释图
（董说《易发》）

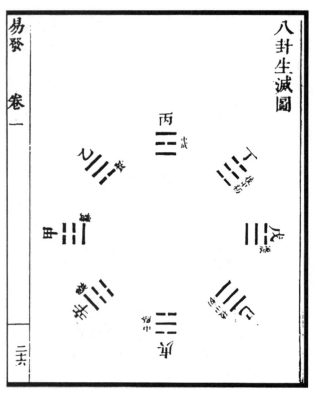

图 13　八卦生灭图
（董说《易发》）

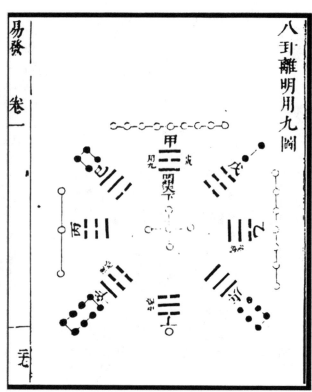

图 14　八卦离明用九图
（董说《易发》）

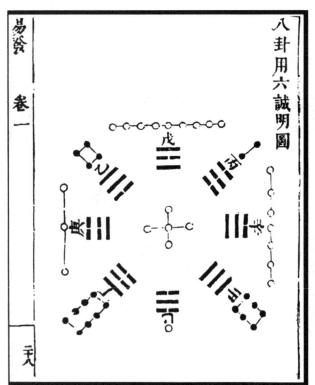

图 15　八卦用六诚明图
（董说《易发》）

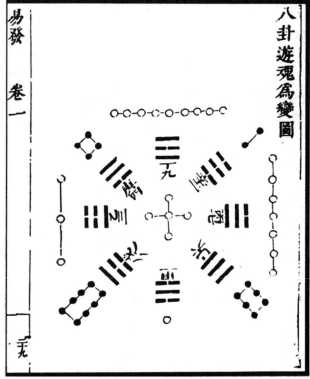

图 16　八卦游魂为变图
（董说《易发》）

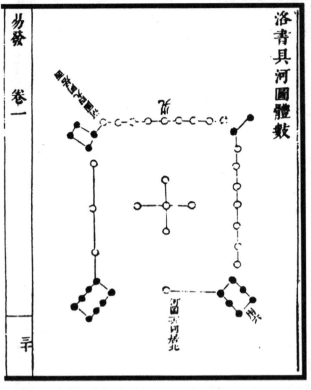

图 17　洛书具河图体数图
（董说《易发》）

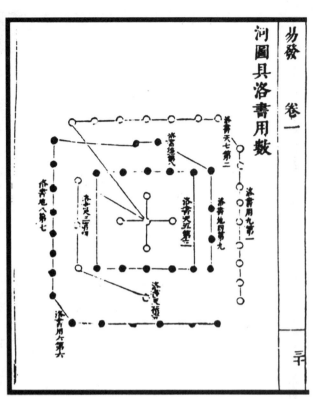

图 18　河图具洛书用数图
（董说《易发》）

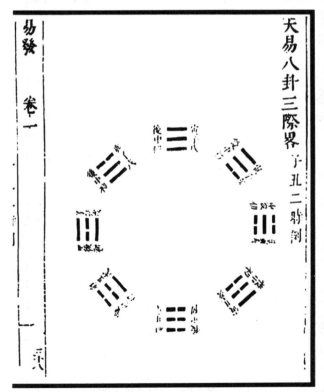

图 19　天易八卦三际略图
（董说《易发》）

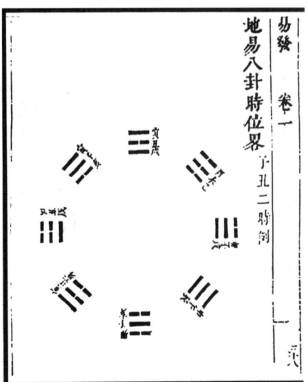

图 20　地易八卦时位略图
（董说《易发》）

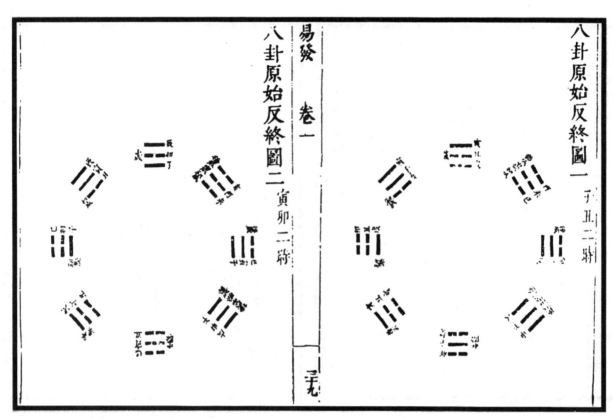

图 21-1 八卦原始反终图
（董说《易发》）

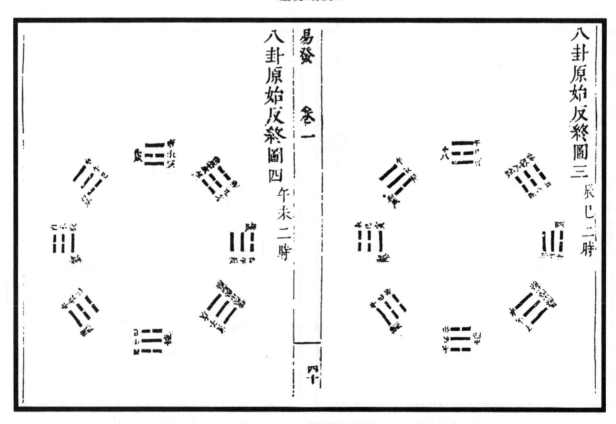

图 21-2 八卦原始反终图
（董说《易发》）

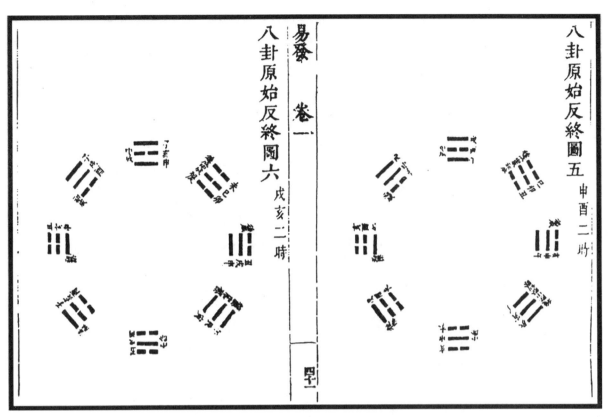

图 21-3 八卦原始反终图
（董说《易发》）

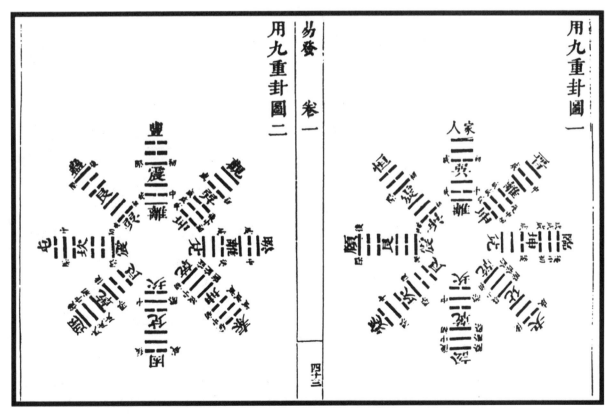

图 22-1 用九重卦八图
（董说《易发》）

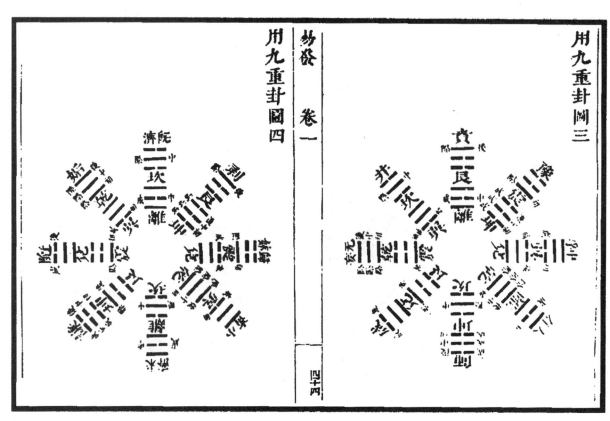

图 22-2 用九重卦八图
（董说《易发》）

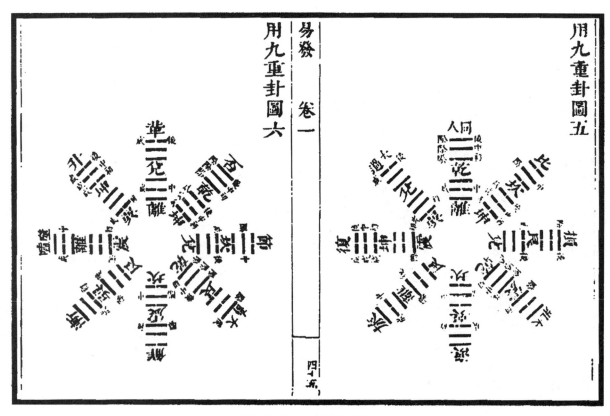

图 22-3 用九重卦八图
（董说《易发》）

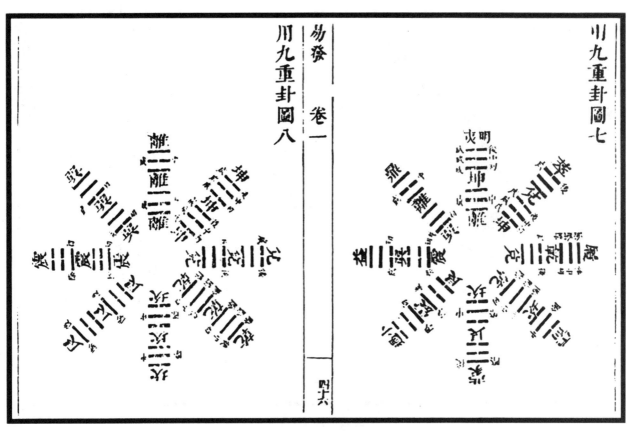

图 22-4　用九重卦八图
（董说《易发》）

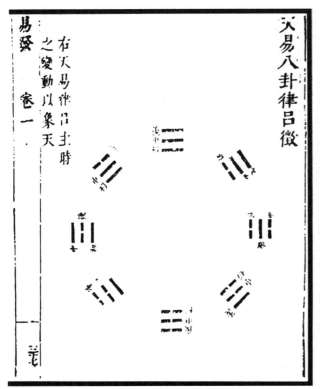

图 23　天易八卦律吕微图
（董说《易发》）

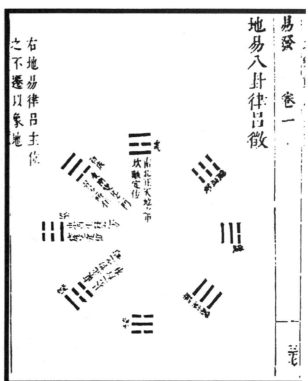

图 24　地易八卦律吕微图
（董说《易发》）

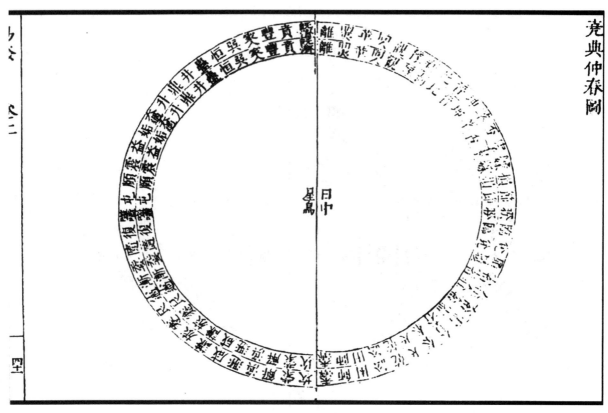

图 25 尧典仲春图
(董说《易发》)

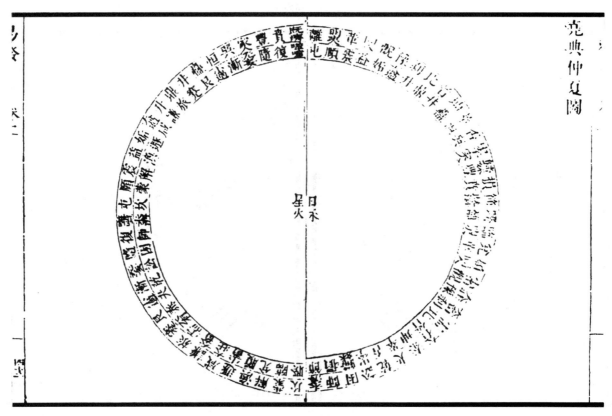

图 26 尧典仲夏图
(董说《易发》)

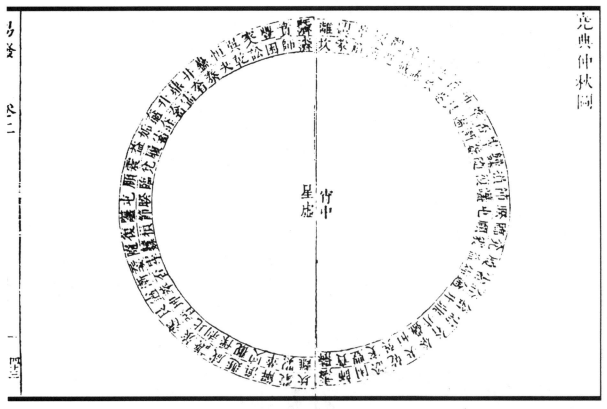

图 27　尧典仲秋图
（董说《易发》）

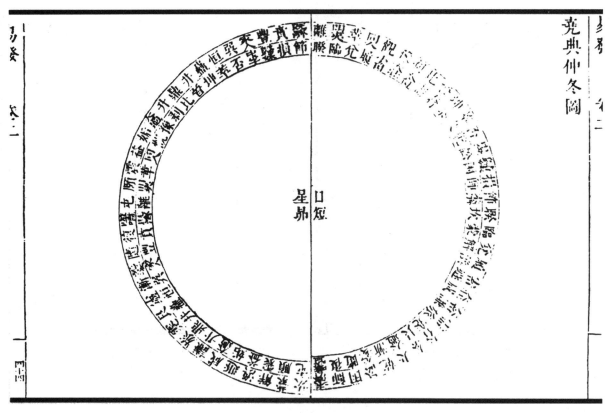

图 28　尧典仲冬图
（董说《易发》）

# 王弘撰(1622—1702)

字文修,一字无异,号太华山史,又署鹿马山人,晚号山翁,明陕西华阴人。明诸生。明亡后,四游江南,与顾炎武及关中三李(李颙、李柏、李因笃)交往甚密。平生能文善书,通濂洛关闽之学,尤精《周易》图像之学。著有《周易图说述》《周易筮说》《砥斋集》《正学偶见述》等。现存有《周易》图像七十四幅。

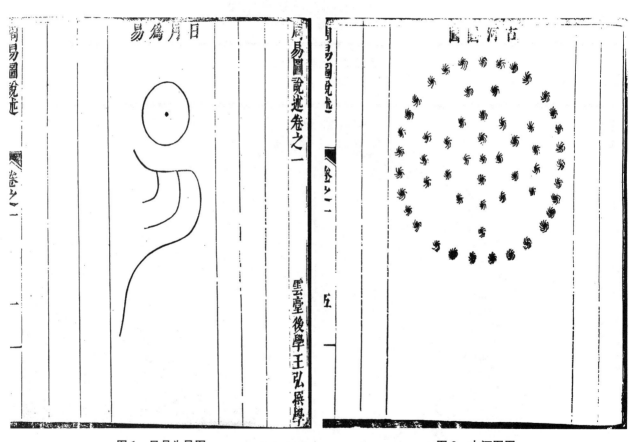

图1 日月为易图
(王弘撰《周易图说述》)

图2 古河图图
(王弘撰《周易图说述》)

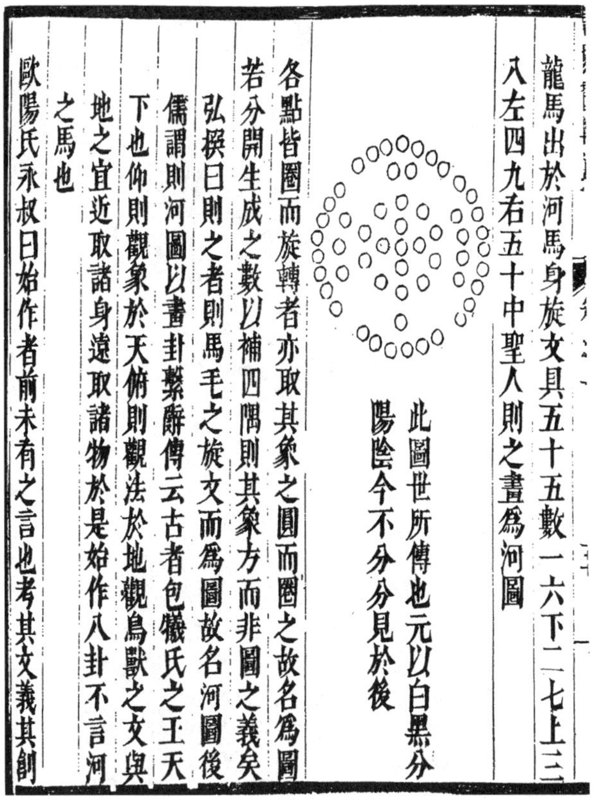

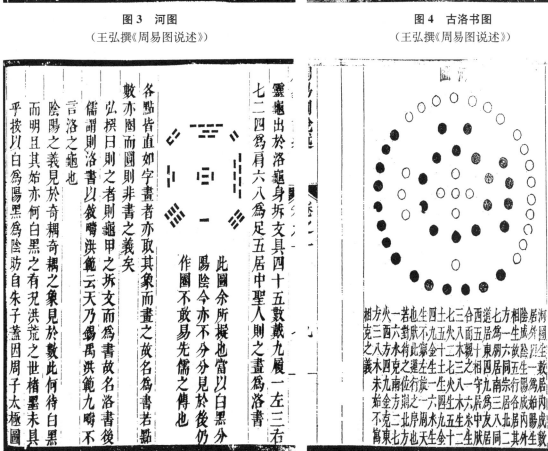

龍馬出於河馬身旋文具五十五數一六下二七上三八左四九右五十中聖人則之畫爲河圖

此圖世所傳也元以白黑分陽陰今不分分見於後

各點皆圈而旋轉者亦取其象之圓而圈之故名爲圖若分開生成之數以補四隅則其象方而非圖之義矣

弘撰曰則之者則馬毛之旋文而爲圖故名河圖後儒謂則河圖以畫卦繫辭傳云古者包犧氏之王天下也仰則觀象於天俯則觀法於地觀鳥獸之文與地之宜近取諸身遠取諸物於是始作八卦不言河之馬也

歐陽氏永叔曰始作者前未有之言也考其文義其創

图 3　河图

（王弘撰《周易图说述》）

古洛書圖

图 4　古洛书图

（王弘撰《周易图说述》）

靈龜出於洛龜身坼文具四十五數戴九履一左三右七二四爲肩六八爲足五居中聖人則之畫爲洛書

此圖余所擬也當以白黑分陽陰今亦不分分見於後仍作圈不敢易先儒之傳也

各點皆直如字畫者亦取其象而畫之故名爲書若點數亦圈而圓則非書之義矣

弘撰曰則之者則龜甲之坼文而爲書故名洛書後儒謂則洛書以敘疇洪範云天乃錫禹洪範九疇不言洛之龜也

陰陽之義見於奇耦奇耦之象見於數此何待白黑而明且其始亦何白黑之有況洪荒之世楮墨未具乎按以白爲陽黑爲陰昉自朱子蓋因周子太極圖

图 5　洛书

（王弘撰《周易图说述》）

圖書之象自漢孔安國劉歆魏關朗至宋邵雍皆謂如此劉牧乃兩易其名蔡元定正之本義從之

河圖

河圖生數居內成數居外以一爲始陽生陰成陰生陽成內外相生故五行各居其方一六同宗居北二七爲朋居南三八同道居東四九爲友居西五十相守居中肰合兩觀之一六水生三八木三八木生二七火二七火生五十土五十土生四九金四九金生一六水生生不窮左旋一周天也肰此運行之序也若對待之位則北方一六水克南方二七火西方四九金克東方三八木未始不寓相克之義

图 6　河图

（王弘撰《周易图说述》）

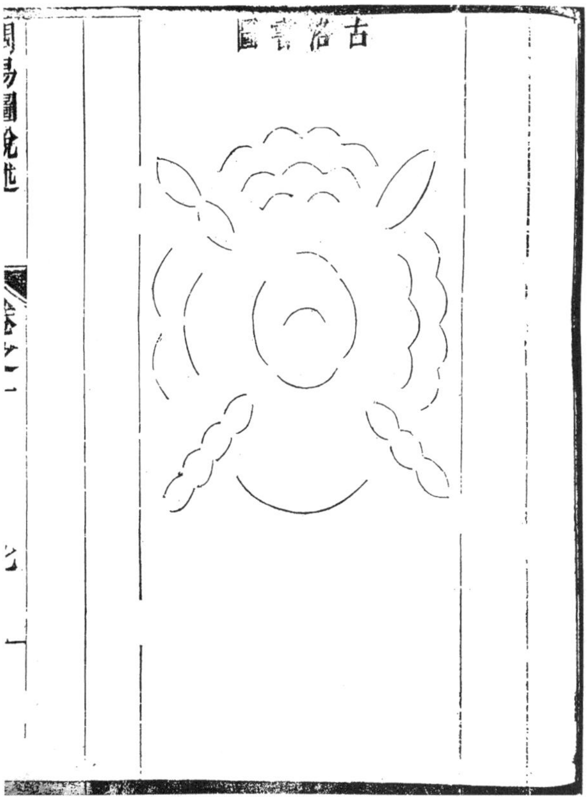

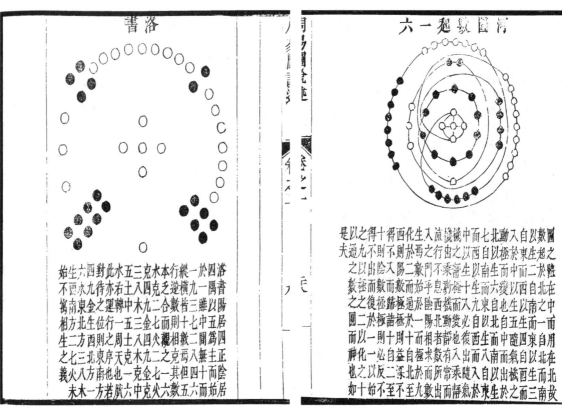

图7 洛书
（王弘撰《周易图说述》）

图8 河图数起一六图
（王弘撰《周易图说述》）

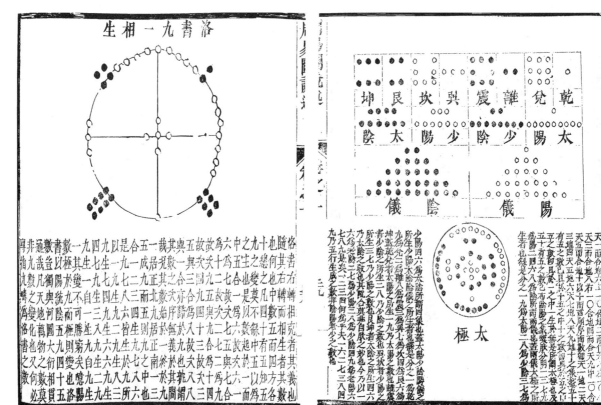

图9 洛书九一相生图
（王弘撰《周易图说述》）

图10 太极两仪四象八卦图
（王弘撰《周易图说述》）

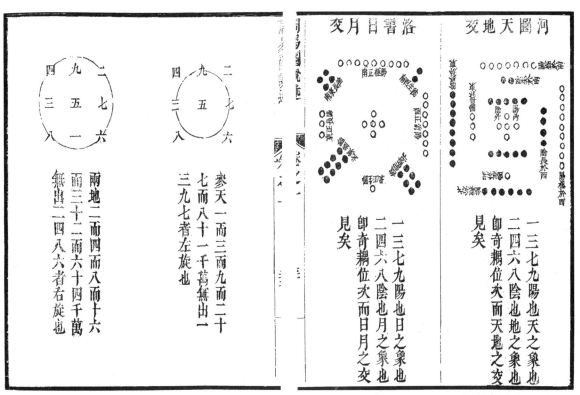

图 11　参天两地图
（王弘撰《周易图说述》）

图 12　河图天地交图
图 13　洛书日月交图
（王弘撰《周易图说述》）

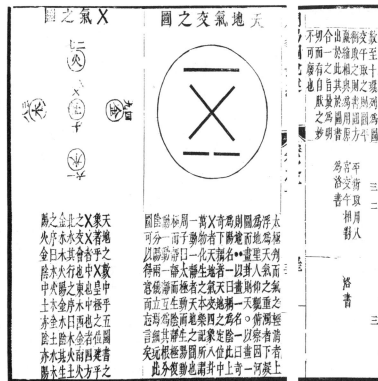

图 14　天地气交之图
图 15　五气之图
（王弘撰《周易图说述》）

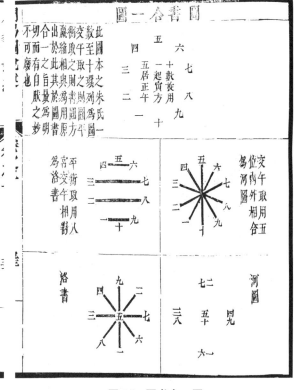

图 16　图书合一图
（王弘撰《周易图说述》）

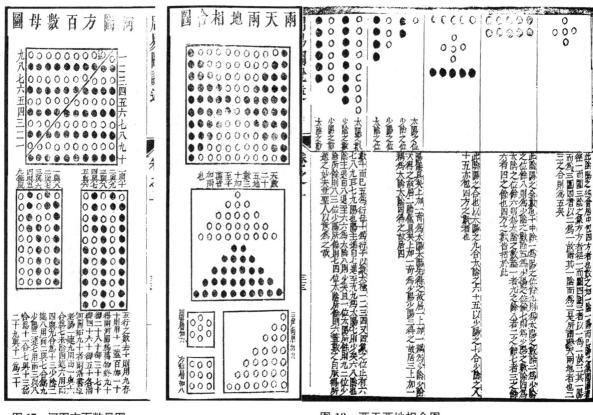

图 17　河图方百数母图
（王弘撰《周易图说述》）

图 18　两天两地相合图
（王弘撰《周易图说述》）

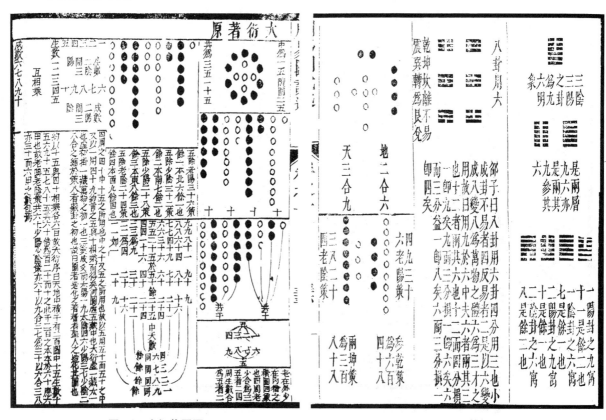

图 19　太衍著原图
（王弘撰《周易图说述》）

图 20-1　八卦用六图
（王弘撰《周易图说述》）

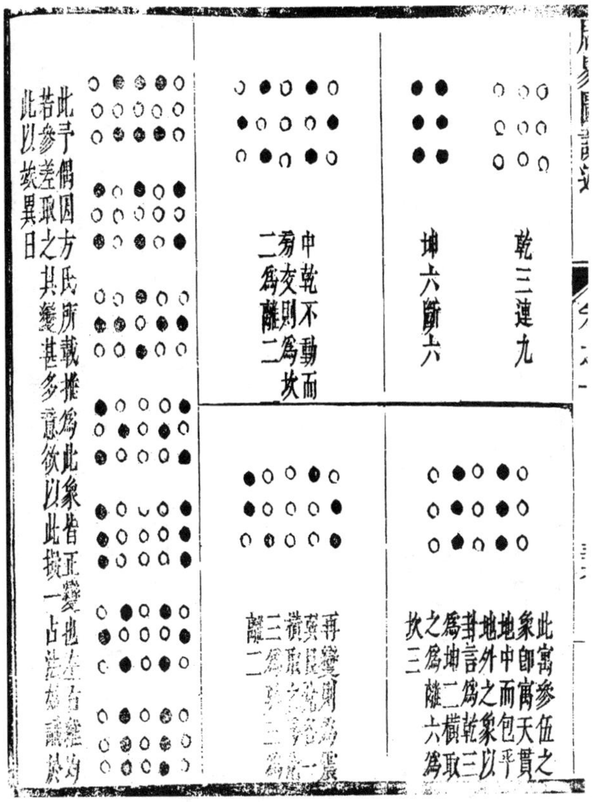

图 20-2　八卦用六图
（王弘撰《周易图说述》）

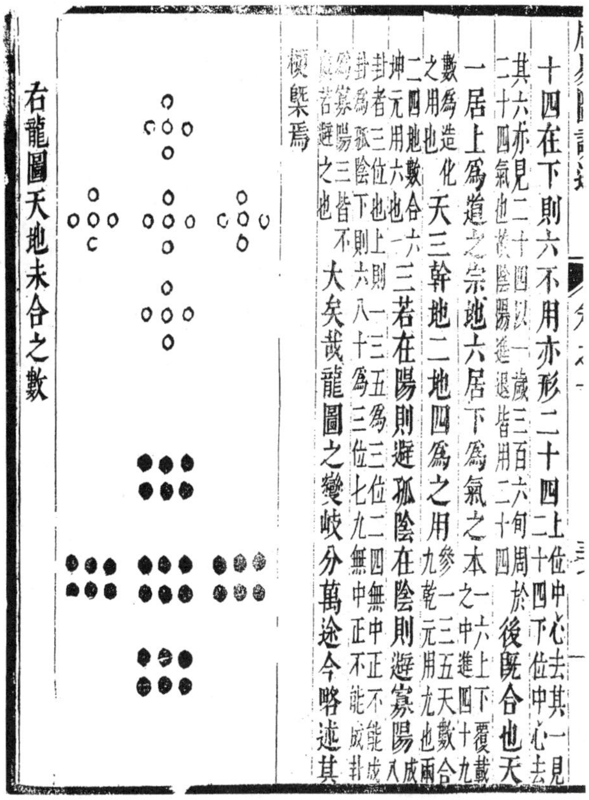

图 21　龙图天地未合之数图
（王弘撰《周易图说述》）

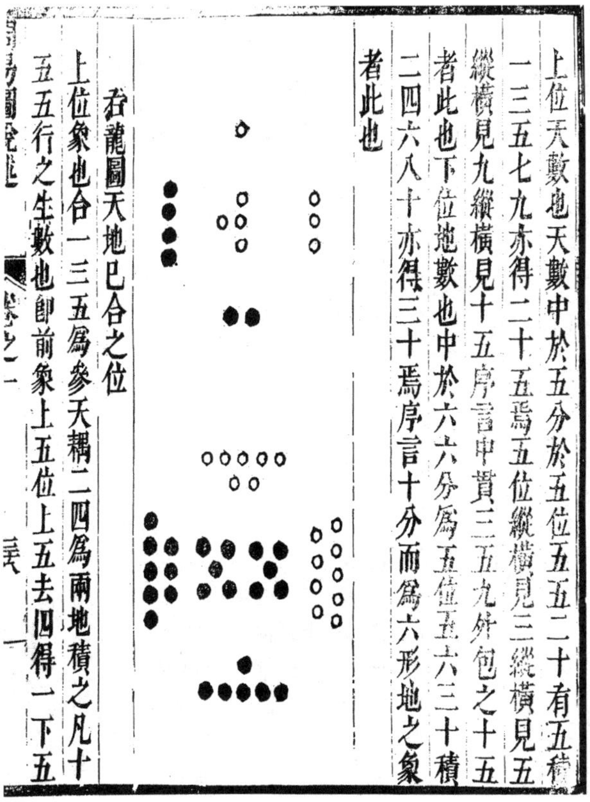

图 22　龙图天地已合之位图
（王弘撰《周易图说述》）

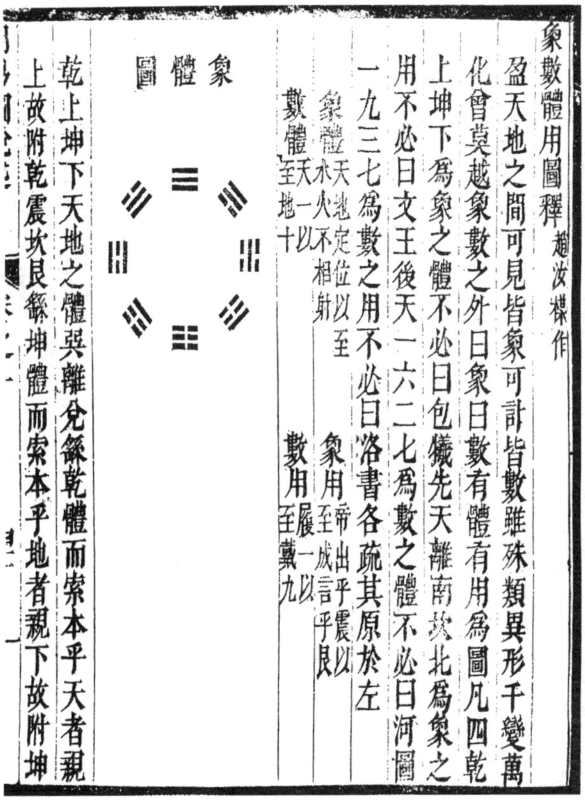

图 23　象体图
（王弘撰《周易图说述》）

## 图24 象用图
（王弘撰《周易图说述》）

象用图

此象之體也乾坤定位六子分行坎離自肸當東西之中而八象對立亦合自肸

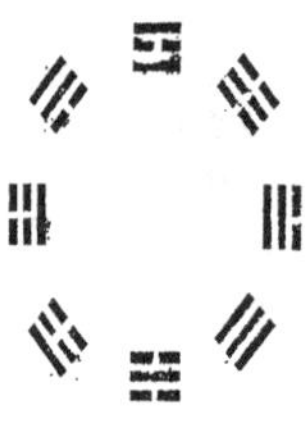

天地位二氣分分必合合必交乾坤交而為坎離之外具乾之體致其用坎之外具坤之體致其用然乾坤之體未嘗變其中則乾之用莫妙於水火離也乾坤也既交而其用藏於坎離居其體而其用著因乾坤之用而見乾坤之體乃見如是震艮從乾父而後下者皆坤上皆從母而聚於西南而陰陽之擧以分聚於東北巽兌從坤布

## 图25 数体图
（王弘撰《周易图说述》）

數體圖

乾坤用交餘卦布列自有出震成艮之序此乃聖人因類辨方隨方命辭非私出意見以符會其說也體圖辨天地之體而人居中當立以觀故言方所之用以利斯世當偃以觀故言上下用圖合天地

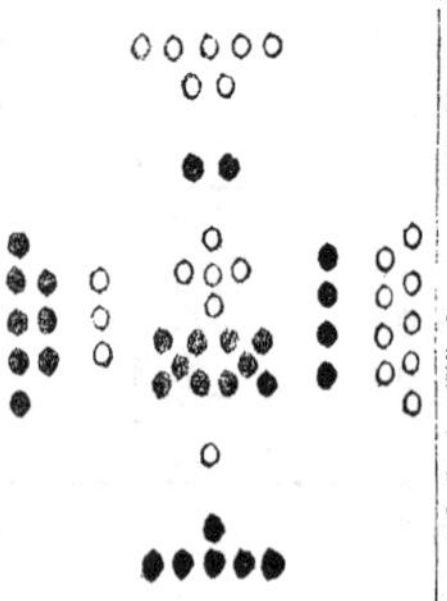

天地既交數體以立故天交於下一居之平視則北地交於上二居之平視則南三居東為陽四居西為陰五乃居中自是六合二七合三八合四九合五一二三四五為自肸之位六七八九十為自肸之合自至十而數體備矣是而億兆皆十而積也

## 图26 数用图
（王弘撰《周易图说述》）

數用圖

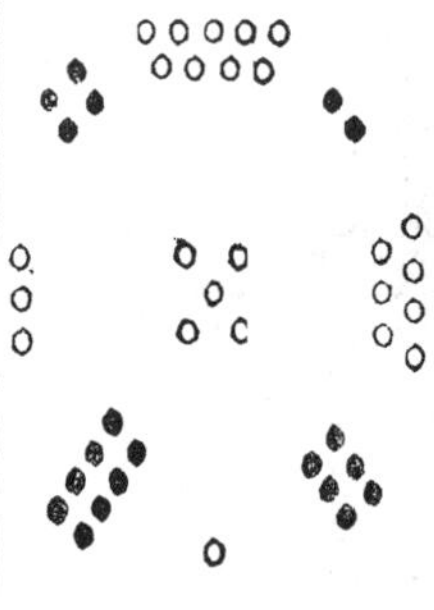

體十而用九理之自肸九可變十不可變今之因乘法可見也其數一北而二南陽三而左旋陰二陽右轉一在北而二南三而七在東一復其本二在西南八而三之七在東一復其本二在西南八而三之八在東南四而二六在西北二之六在西南四而二之復居四維循坎離居中而乾坤居其用數居四方故陰陽數交自肸定位不可易置其一而妙用無窮或曰一北二南今之何為在西南曰是亦陰陽數居四方也識者當以理觀八數析位因巽八方五

## 图27 河图四象图
（王弘撰《周易图说述》）

宜守朱蔡改定十為圖九為書證於大戴禮明堂篇經注驅交方位可無疑矣今錄劉牧河圖四象圖如左方

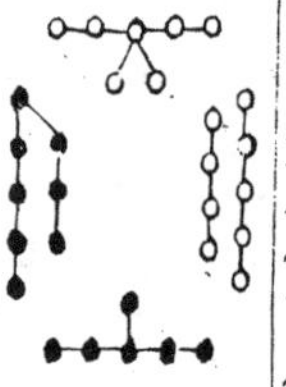

洛書即是河圖中天數二十有五圖所以顧命但言河圖論語但言河不出圖禮運但言河圖在河圖中也近年虛齋趙氏嘗以河圖衍為十圖書者洛書在河圖中也九抽添而求之爾五六天地之中二圖不知天數圖即地數三十圖而東西南北其第五圖即洛書上官氏嘗以陰陽家三圖位以仰承五圖陽順轉陰逆轉也彼蓋以地心之例布十於九抽添而求之爾五六天地之中白為天心縱橫八面皆三五之數其餘八圖則不能縱橫八數五為天心縱橫八面皆三五之數其餘八圖則不能縱橫八面皆三六之數其餘八圖皆合不若

五居中宮而為十者金與火易位也

五合十言之也

成八居東而木成三也

居南而火成四也

居北而水成六也

居西而金成七也

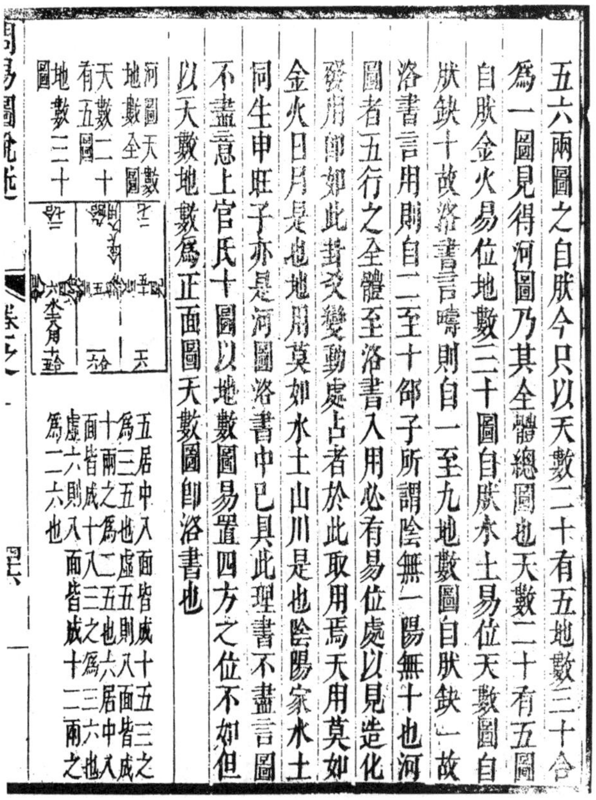

图 28　河图天数地数全图
（王弘撰《周易图说述》）

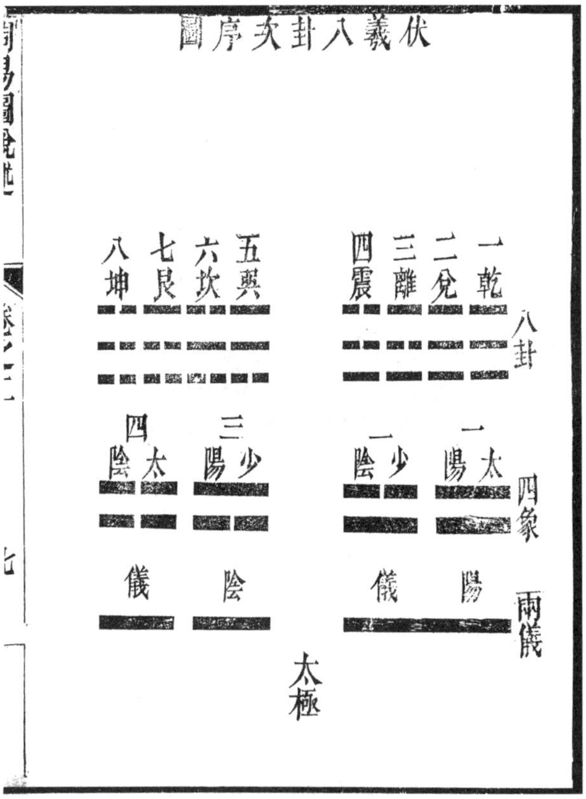

图 29　伏羲八卦次序图
（王弘撰《周易图说述》）

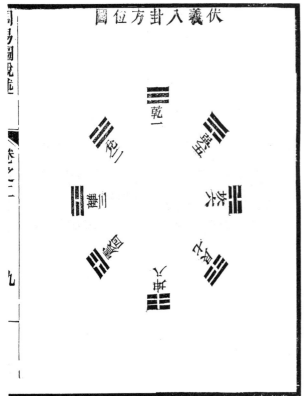

图 30　伏羲八卦方位图
（王弘撰《周易图说述》）

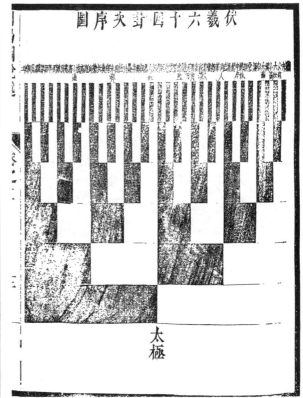

图 31　伏羲六十四卦次序图
（王弘撰《周易图说述》）

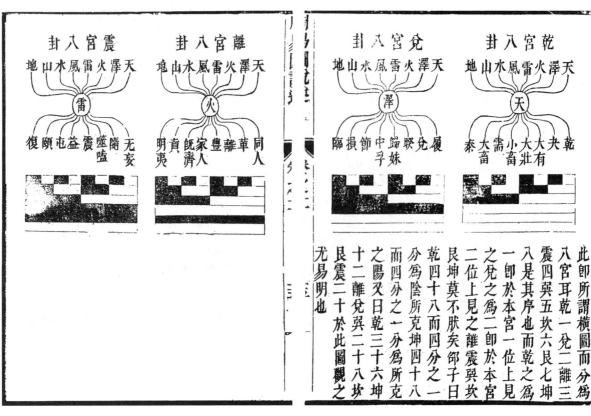

图 32-1 八宫卦图
（王弘撰《周易图说述》）

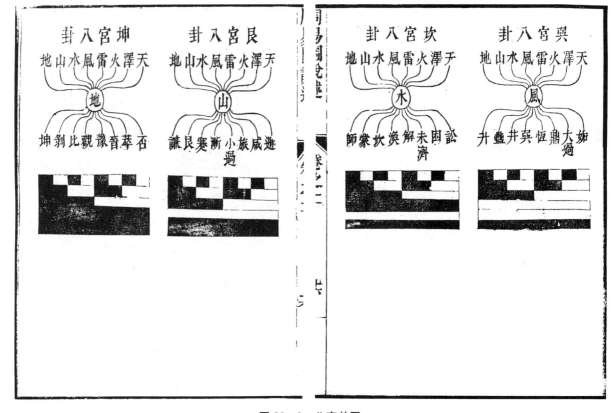

图 32-2 八宫卦图
（王弘撰《周易图说述》）

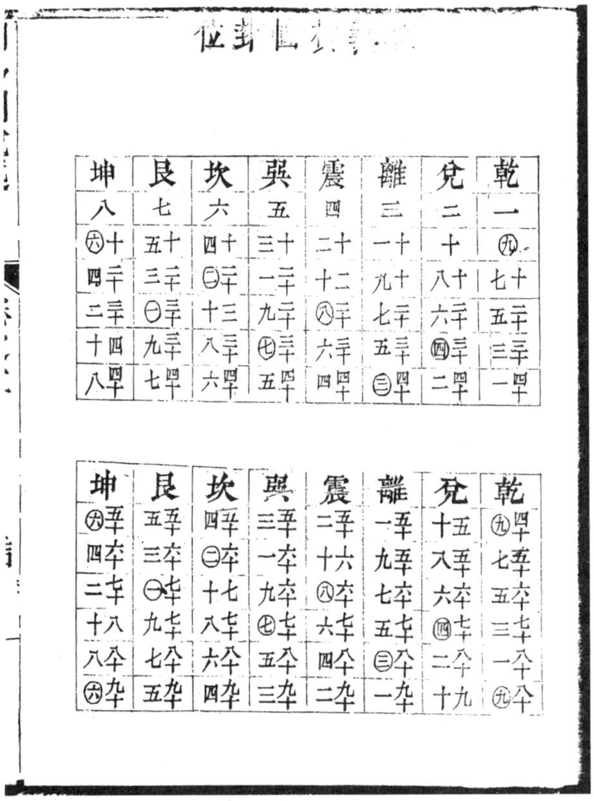

图 33 伏羲横图卦位图
（王弘撰《周易图说述》）

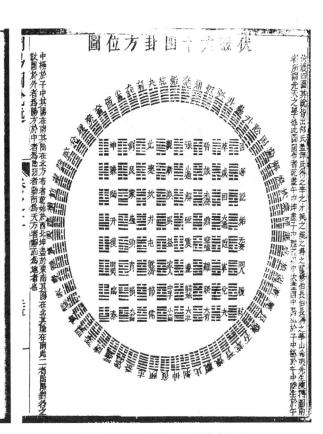

图 34-1 伏羲六十四卦方位图
（王弘撰《周易图说述》）

图 34-2 伏羲六十四卦方位图
（王弘撰《周易图说述》）

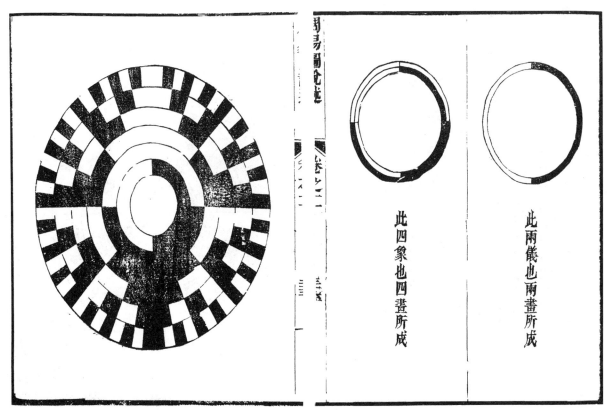

图 35 两仪四象图
（王弘撰《周易图说述》）

此八卦也八畫所成小成也

此十六卦也十六畫所成除去兩儀爲十六小成之卦春秋傳所謂互卦也

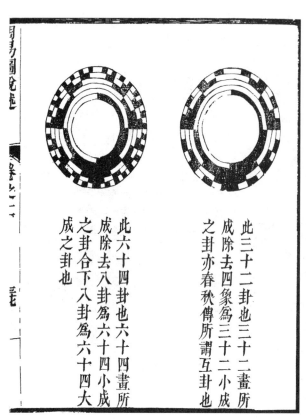

此三十二卦也三十二畫所成除去四象爲三十二小成之卦亦春秋傳所謂互卦也

此六十四卦也六十四畫所成除去八卦爲六十四小成之卦合下八卦爲六十四大成之卦也

图36 互卦图
（王弘撰《周易图说述》）

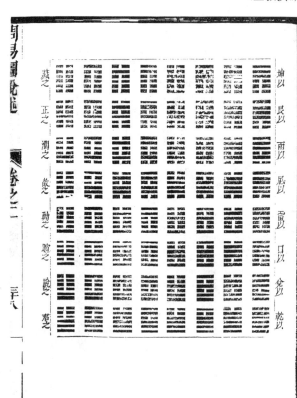

图37 六十四卦方图
（王弘撰《周易图说述》）

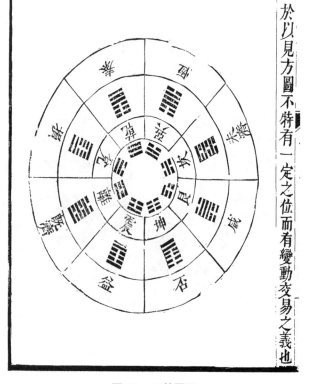

图38 八卦圆图
（王弘撰《周易图说述》）

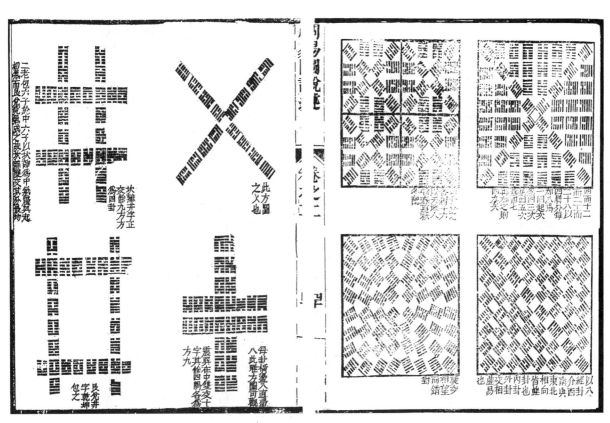

图 39 六十四卦方图
（王弘撰《周易图说述》）

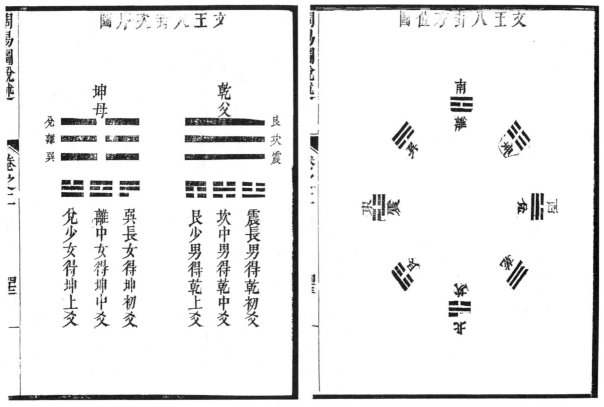

图 40 文王八卦次序图
（王弘撰《周易图说述》）

图 41 文王八卦方位图
（王弘撰《周易图说述》）

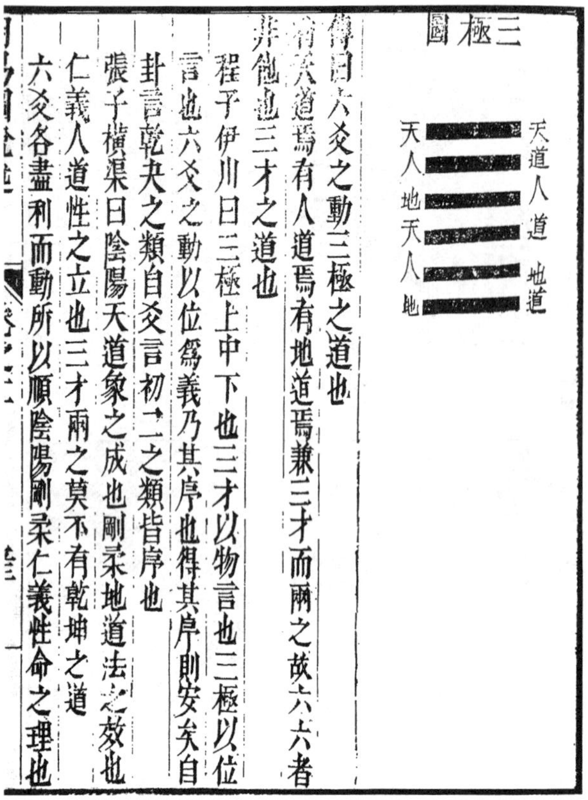

## 图42 三极图（王弘撰《周易图说述》）

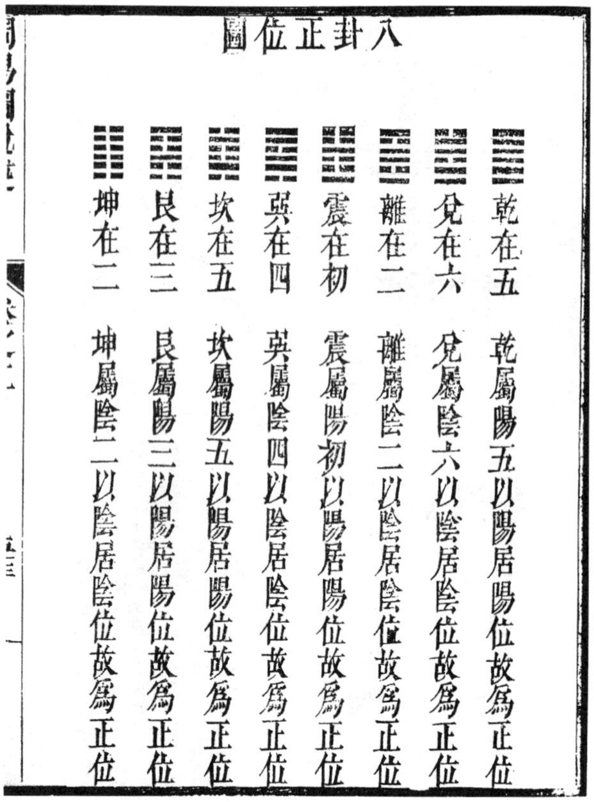

傳曰六爻之動三極之道也

有天道焉有人道焉有地道焉兼三才而兩之故六六者非它也三極之道也

程子伊川曰三極之道也言乾夬之類自交言也三才各以位為義乃其序也得其序則安矣

卦言乾夬之類自交言也三才皆以位為義乃其序也

張子橫渠曰陰陽天道象之成也剛柔地道法之效也仁義人道性命之理也

六爻各盡人性利而動所以順陰陽剛柔仁義性命之理也

## 图43 八卦正位图（王弘撰《周易图说述》）

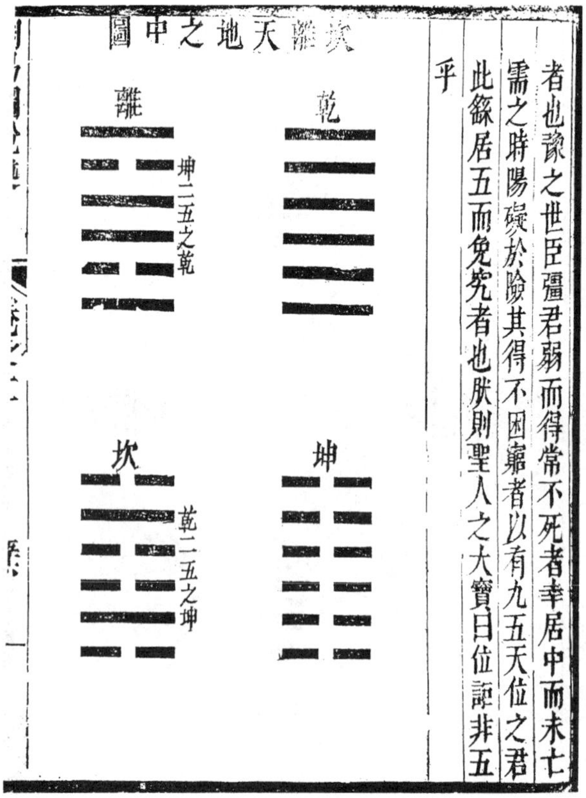

乾在五　乾屬陽五以陽居陽位故為正位
兌在六　兌屬陰六以陰居陰位故為正位
離在二　離屬陰二以陰居陰位故為正位
震在初　震屬陽初以陽居陽位故為正位
巽在四　巽屬陰四以陰居陰位故為正位
坎在五　坎屬陽五以陽居陽位故為正位
艮在三　艮屬陽三以陽居陽位故為正位
坤在二　坤屬陰二以陰居陰位故為正位

## 图44 坎离天地之中图（王弘撰《周易图说述》）

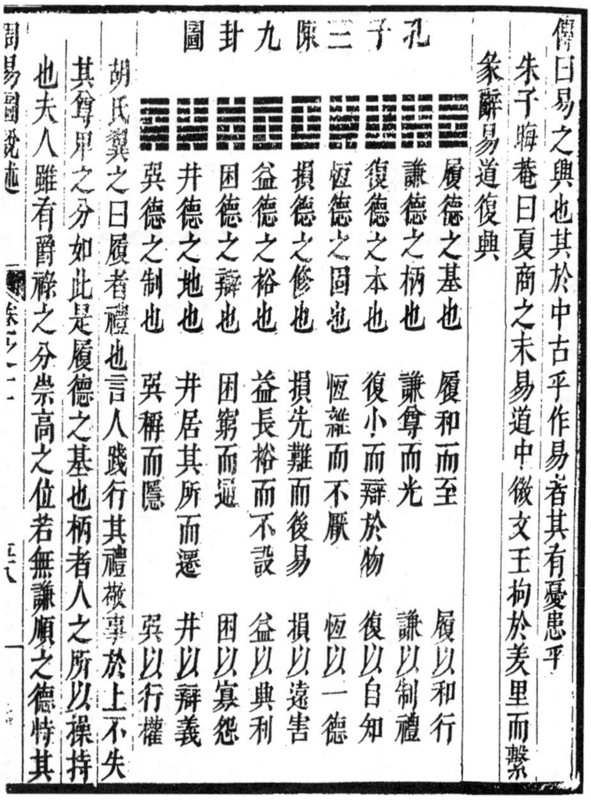

離　　乾
坤二五之乾

坎　　坤
乾二五之坤

者也諭之世臣疆君弱而得常不死者幸居中而未亡也需之時陽磎於險其得不困窮者以有九五天位之君此豫居五而免凶者也朕則聖人之大寶曰位謂非五乎

## 图45 孔子三陈九卦图（王弘撰《周易图说述》）

傳曰易之興也其於中古乎作易者其有憂患乎
朱子晦菴曰夏商之末易道中微文王拘於羑里而繫象辭易道復興

履德之基也　　履和而至
謙德之柄也　　謙尊而光
復德之本也　　復小而辨於物
恆德之固也　　恆雜而不厭
損德之修也　　損先難而後易
益德之裕也　　益長裕而不設
困德之辨也　　困窮而通
井德之地也　　井居其所而遷
巽德之制也　　巽稱而隱

履以和行
謙以制禮
復以自知
恆以一德
損以遠害
益以興利
困以寡怨
井以辨義
巽以行權

胡氏翼之曰履者禮也言人踐行其禮被事於其躬卑之分如此是履德之柄者人之所以持其身夫人雖有爵祿之崇高之位若無謙順之德以裸持之

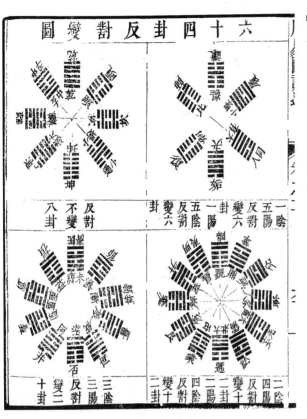

图46 六十四卦反对变图
（王弘撰《周易图说述》）

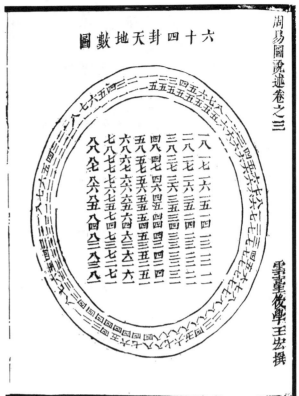

图47 六十四卦天地数图
（王弘撰《周易图说述》）

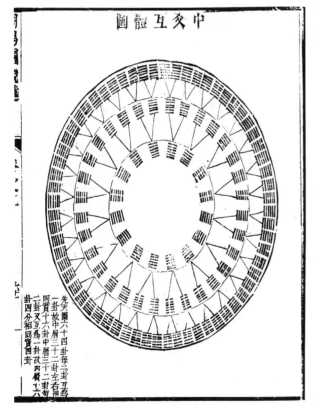

图48 中爻互体图
（王弘撰《周易图说述》）

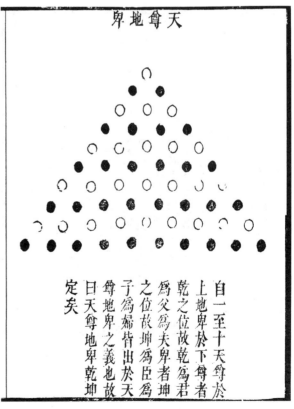

图49 天尊地卑图
（王弘撰《周易图说述》）

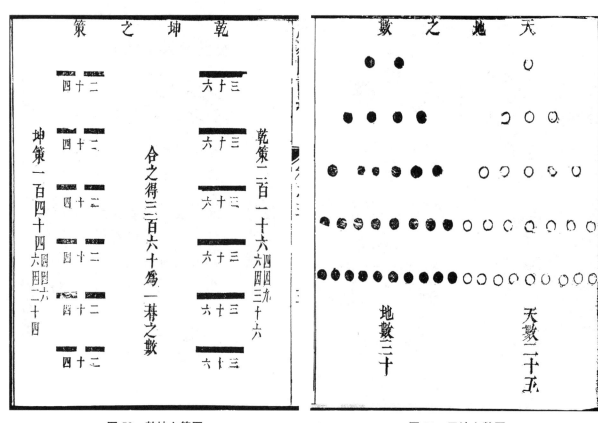

图 50　乾坤之策图
（王弘撰《周易图说述》）

图 51　天地之数图
（王弘撰《周易图说述》）

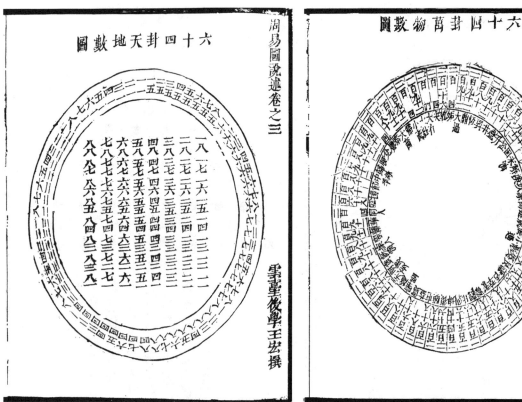

图 52　六十四卦天地数图
（王弘撰《周易图说述》）

图 53　六十四卦万物数图
（王弘撰《周易图说述》）

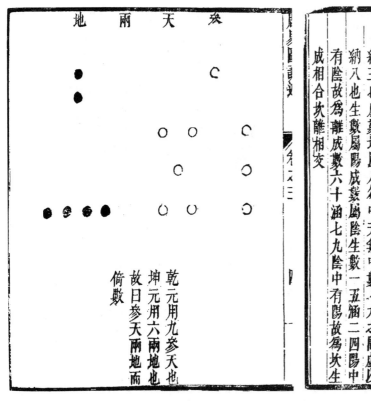

图 54　参天两地图
（王弘撰《周易图说述》）

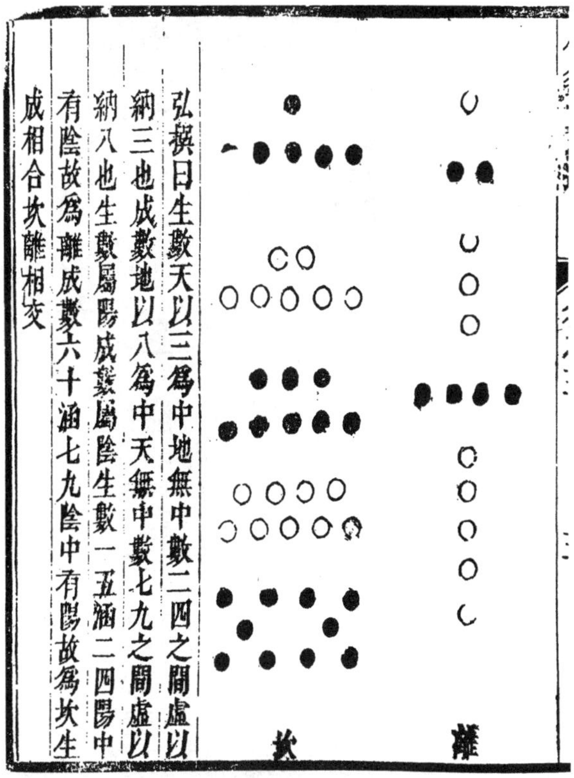

图 55　坎离相交图
（王弘撰《周易图说述》）

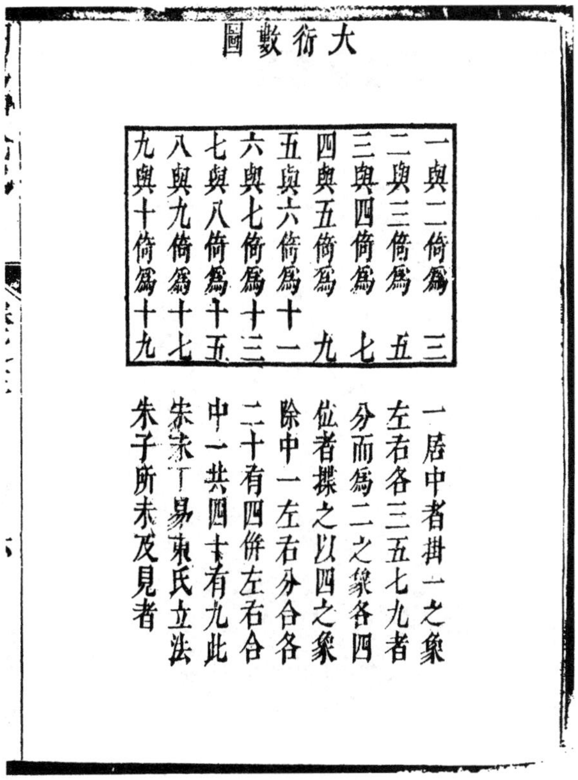

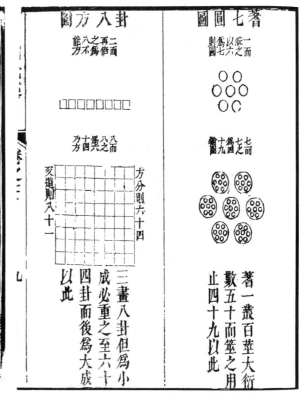

图 56　大衍数图
（王弘撰《周易图说述》）

图 57　卦八方图
图 58　蓍七圆图
（王弘撰《周易图说述》）

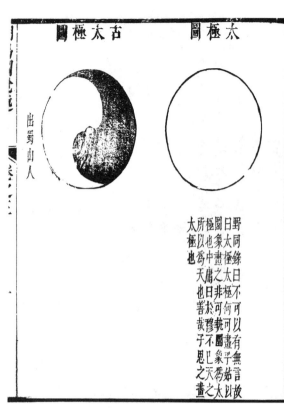

图59 古太极图
图60 太极图
（王弘撰《周易图说述》）

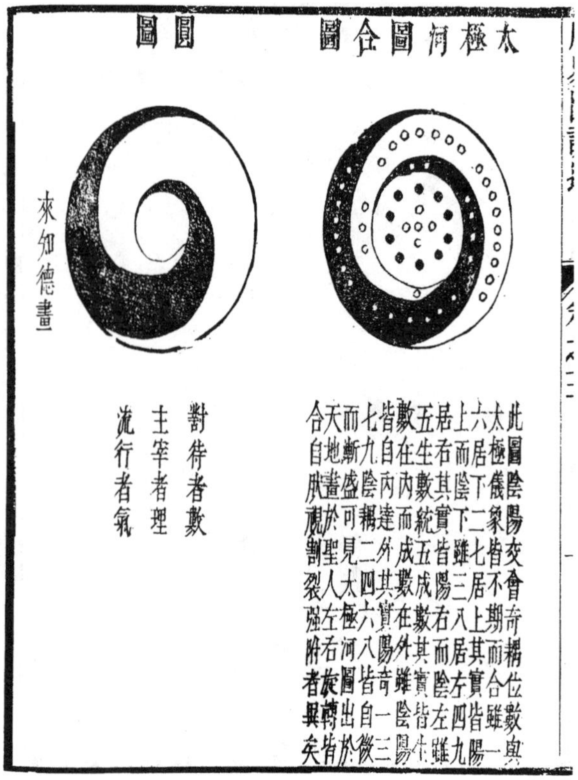

图61 太极河图合图
图62 圆图
（王弘撰《周易图说述》）

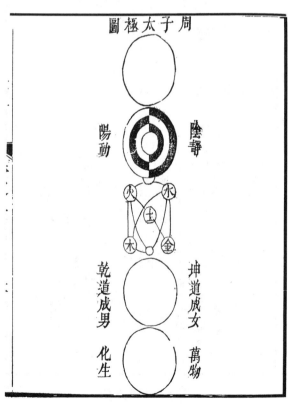

图63 周子太极图
（王弘撰《周易图说述》）

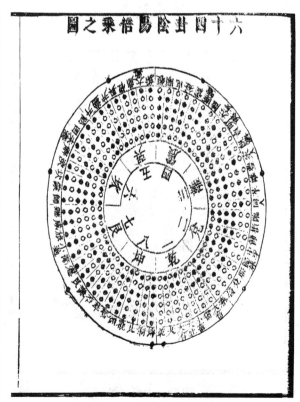

图64 六十四卦阴阳倍乘之图
（王弘撰《周易图说述》）

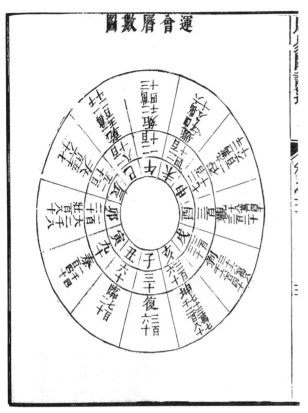

图 65　运会历数图
（王弘撰《周易图说述》）

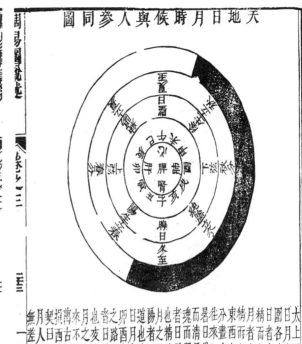

图 66　天地日月时候与人参同图
（王弘撰《周易图说述》）

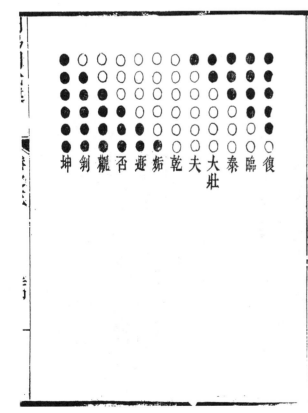

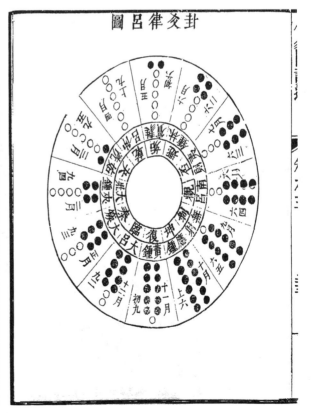

图 67-1　卦爻律吕图
（王弘撰《周易图说述》）

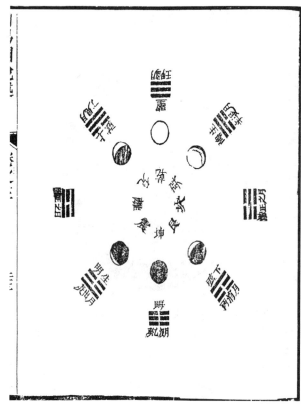

图 67-2　卦爻律吕图
（王弘撰《周易图说述》）

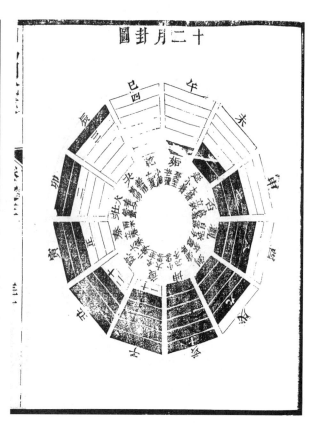

图 68　十二月卦图
（王弘撰《周易图说述》）

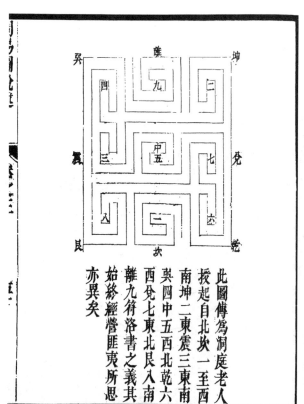

图 69　八卦符洛书图
（王弘撰《周易图说述》）

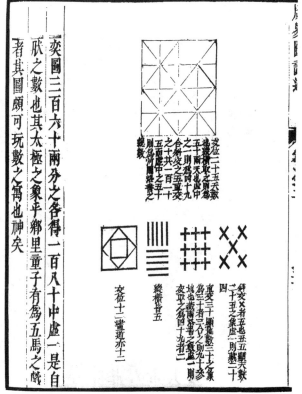

图 70　奕图
（王弘撰《周易图说述》）

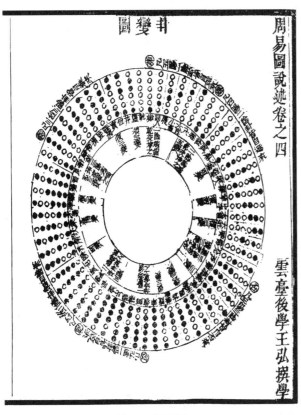

图71　卦变图
（王弘撰《周易图说述》）

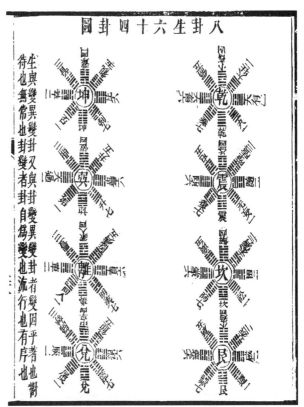

图72　八卦生六十四卦图
（王弘撰《周易图说述》）

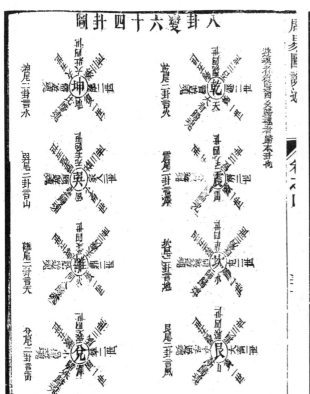

图73　八卦变六十四卦图
（王弘撰《周易图说述》）

图74　浑天六位图
（王弘撰《周易图说述》）

# 毛奇龄(1623—1713)

又名甡,字大可,一字齐于,号初晴、秋晴,又以郡望称西河,学者称其"西河先生",清浙江萧山人。明崇祯十年(1637),诸生。明亡后避兵城南山中。顺治年间,参加浙地的文社活动。康熙十八年(1679)荐举博学鸿儒科,授翰林院检讨,充明史馆纂修官。康熙二十四年充任会试同考官。著有《仲氏易》三十卷、《推易始末》四卷、《易小帖》八卷、《河图洛书原舛编》一卷、《易韵》四卷、《春秋占筮书》三卷、《太极图说遗议》一卷等。现存有《周易》图像十一幅。

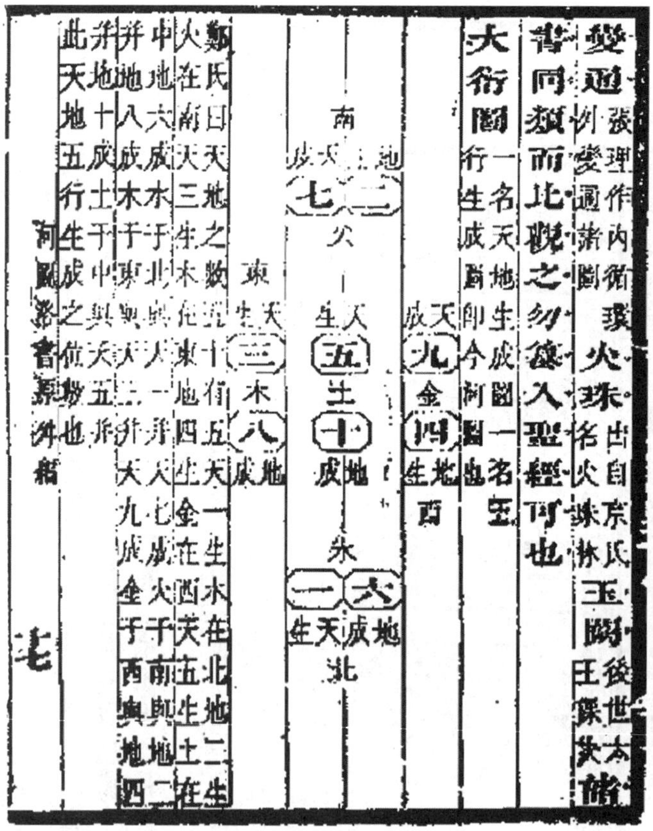

**图1 大衍图**
(毛奇龄《河图洛书原舛图》)

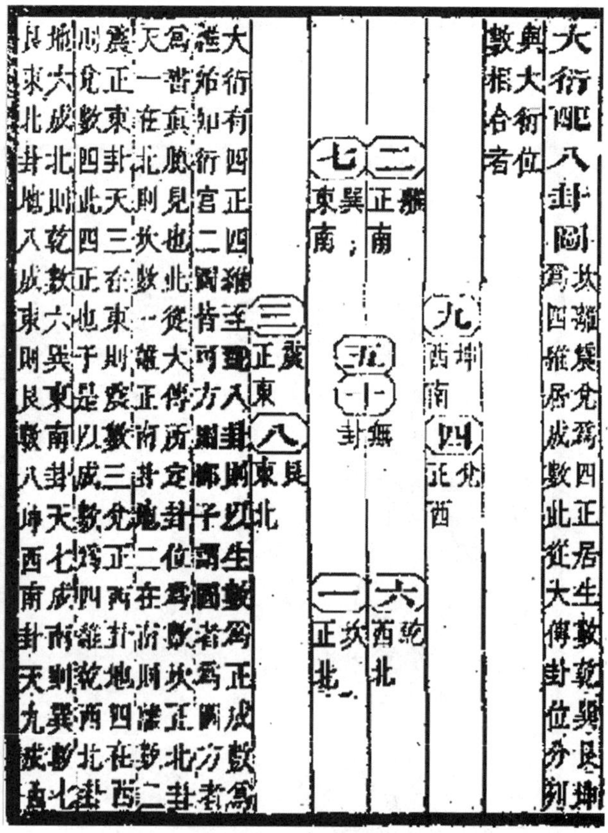

**图2 大衍配八卦图**
(毛奇龄《河图洛书原舛图》)

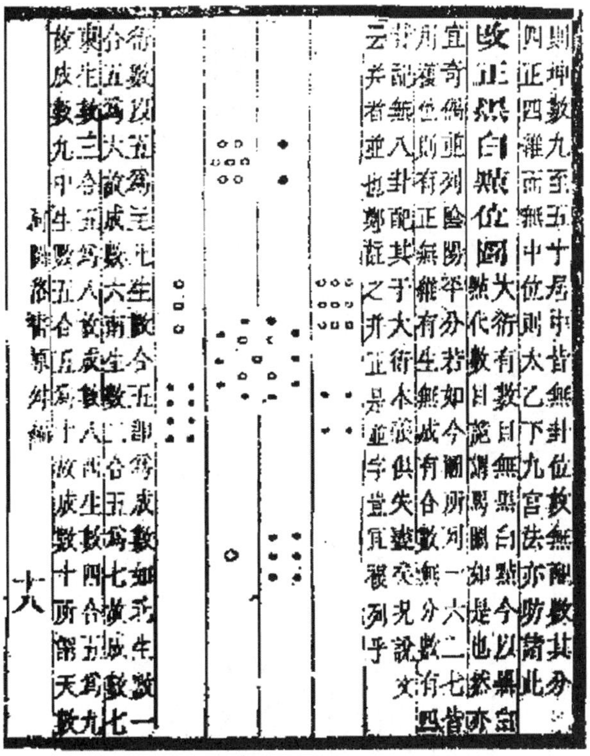

图3 改正黑白点位图
（毛奇龄《河图洛书原舛图》）

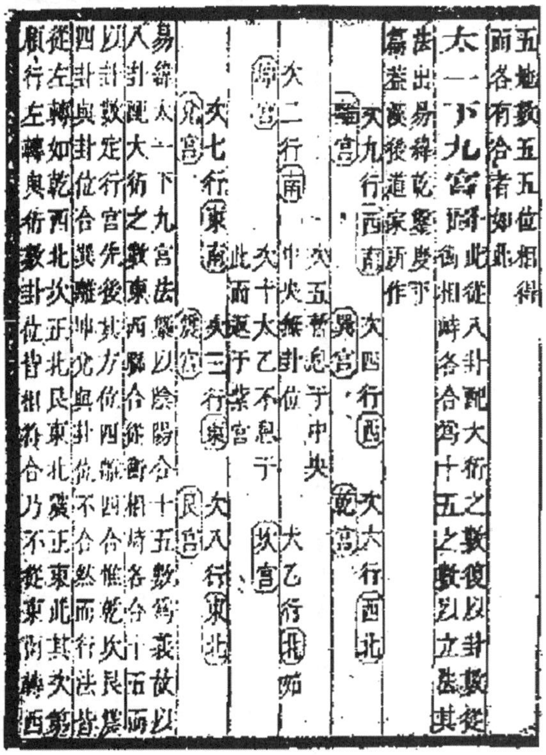

图4 太一下九宫图
（毛奇龄《河图洛书原舛图》）

图5 九宫配卦数图
（毛奇龄《河图洛书原舛图》）

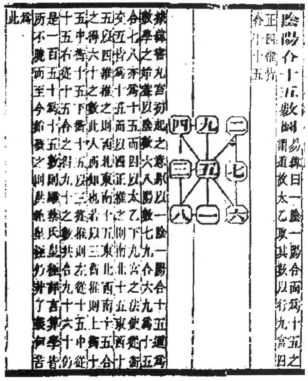

图6 阴阳合十五数图
（毛奇龄《河图洛书原舛图》）

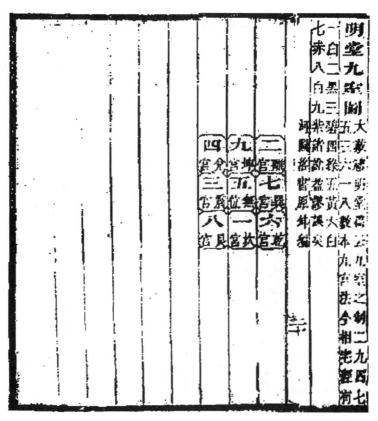

图7 明堂九室图
（毛奇龄《河图洛书原舛图》）

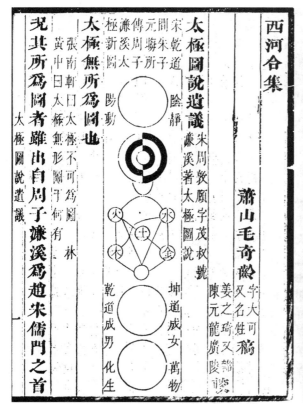

图8 朱熹所传周敦颐太极新图
（毛奇龄《太极图说遗议》）

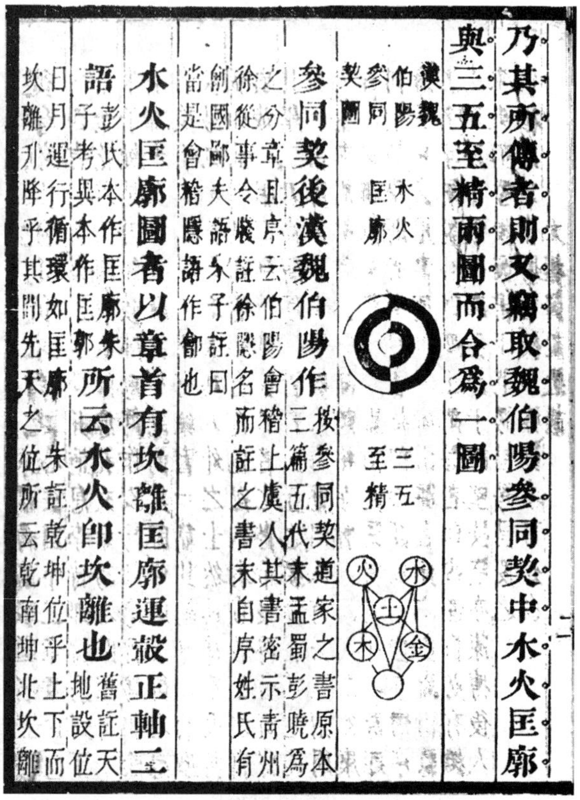

图9 汉魏伯阳《参同契》图
（毛奇龄《太极图说遗议》）

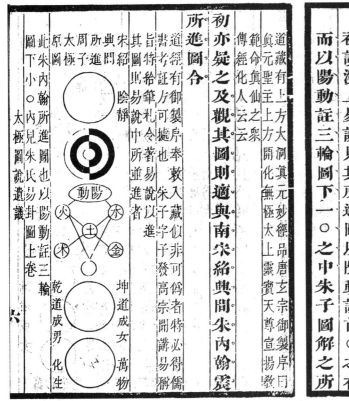

图 10　宋绍兴间所进周子太极原图
（毛奇龄《太极图说遗议》）

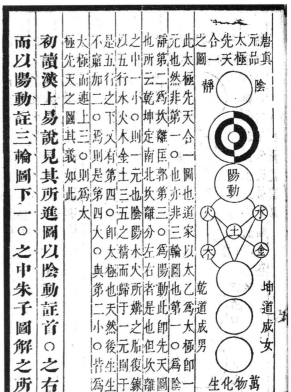

图 11　唐真元品太极先天合一之图
（毛奇龄《太极图说遗议》）

# 汪琬(1624—1691)

字苕文,小字液仙,号钝庵,初号玉遮山樵,晚号尧峰,学者称其"尧峰先生"。清江苏长洲(今江苏苏州)人。顺治十二年(1655)进士,曾任户部主事、刑部郎中等。康熙十八年(1679)举博学鸿词科,授翰林院编修,预修《明史》。后乞病归,晚年隐居太湖尧峰山,闭户撰述。著有《尧峰诗文钞》五十卷、《钝翁前后类稿、续稿》六十二卷等。现存有《周易》图像五幅。

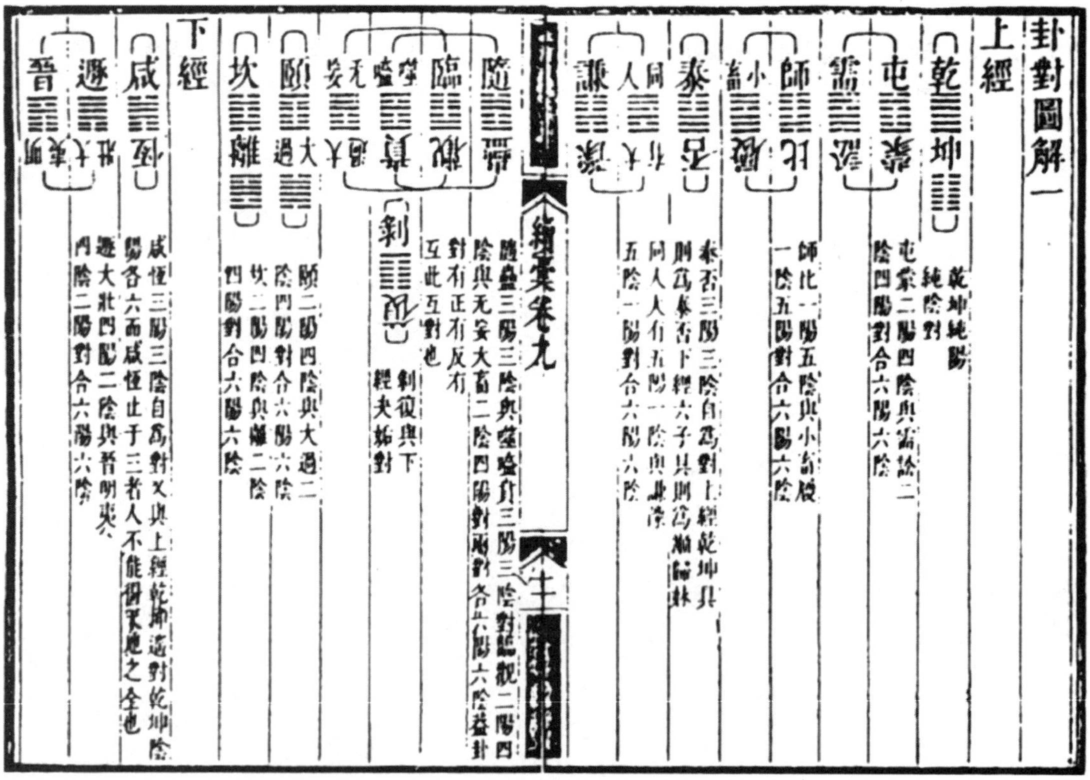

图 1-1 卦对图解一图
(汪琬《钝翁续稿》)

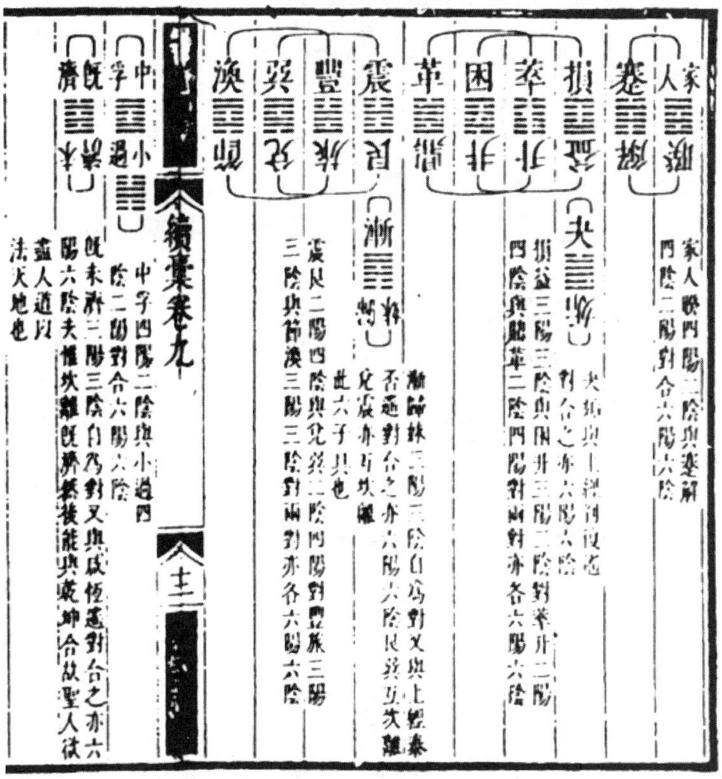

图 1-2 卦对图解一图
（汪琬《钝翁续稿》）

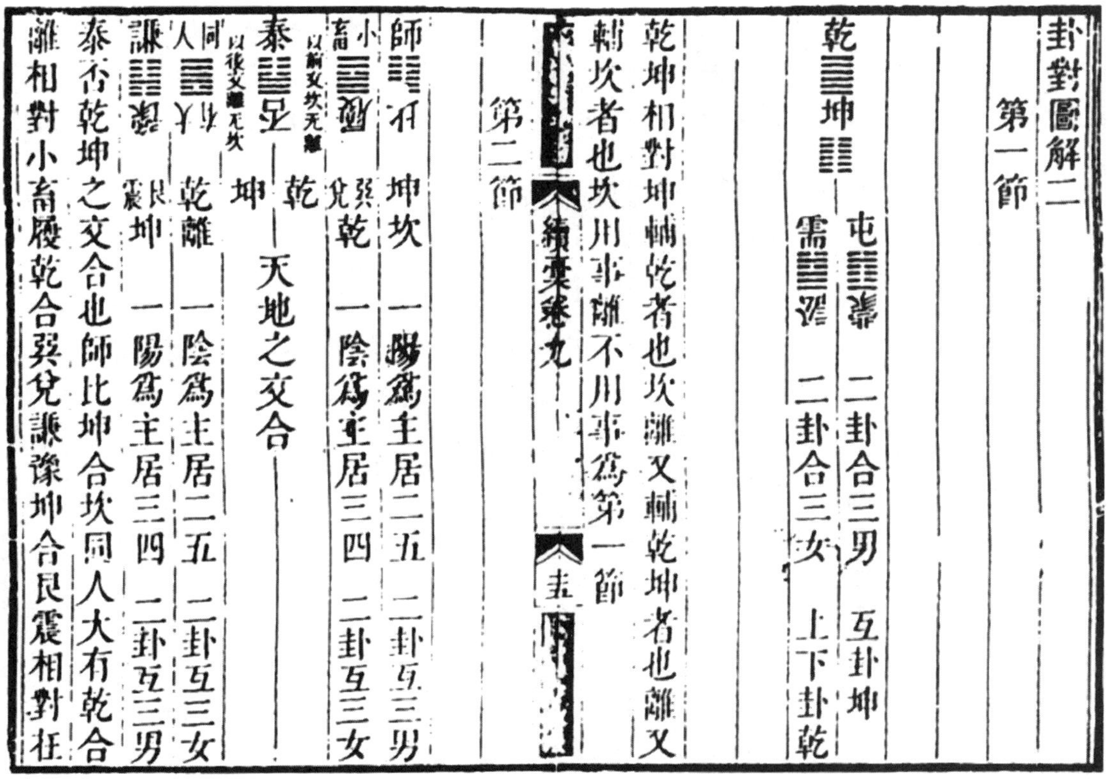

图 2-1 卦对图解二图
（汪琬《钝翁续稿》）

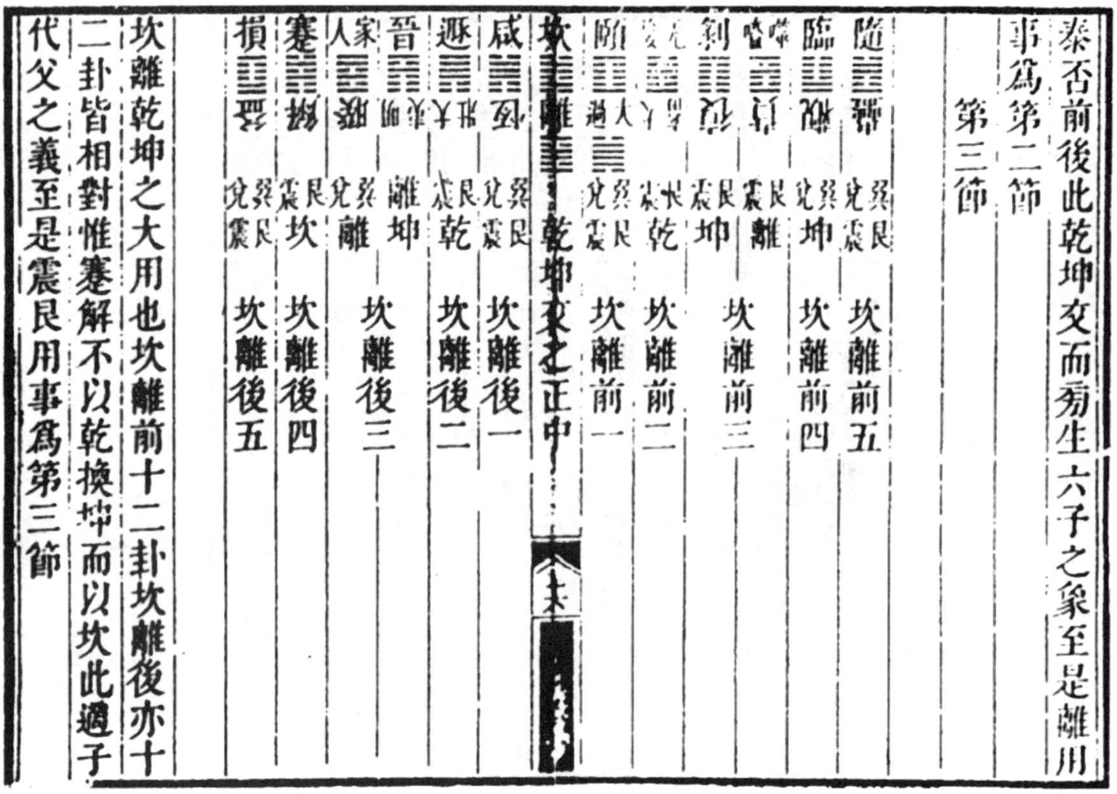

泰否前後此乾坤交而爻生六子之象至是離用事爲第二節

第三節

|  |  |
|---|---|
| 隨 巽艮 震兌 | 坎離前六 |
| 蠱 兌震 艮巽 | 坎離前五 |
| 臨 兌巽 艮震 | 坎離前四 |
| 觀 巽艮 震兌 | 坎離前三 |
| 噬嗑 震兌 艮巽 | 坎離前二 |
| 賁 艮巽 震兌 | 坎離前一 |
| 剝 艮兌 巽震 | 坎離前 |
| 復 震艮 兌巽 | 坎離前 |
| 無妄 震巽 艮兌 | 坎離前二 |
| 大畜 艮兌 巽震 | 坎離前三 |
| 頤 艮震 巽兌 | 坎離前 |
| 大過 兌巽 震艮 | 坎離前 |
| 坎離 | 乾坤交之正中 |
| 咸 兌艮 巽震 | 坎離後一 |
| 遯 乾艮 巽兌 | 坎離後二 |
| 晉 離坤 震艮 | 坎離後三 |
| 家人 巽離 震兌 | 坎離後四 |
| 蹇 艮坎 巽兌 | 坎離後五 |
| 損 艮兌 震巽 | 坎離後 |

坎離乾坤之大用也坎離前十二卦坎離後亦十二卦皆相對惟蹇解不以乾換坤而以坎此過子代父之義至是震艮用事爲第三節

图2-2 卦对图解二图
（汪琬《钝翁续稿》）

第四節

| 夬 兌乾 巽離 | |
| 萃 兌坤 巽艮 | |
| 困 兌坎 巽震 | |
| 革 兌離 巽坎 | |
| 乾坤坎離合巽兌至是巽兌用事爲第四節 | |

第五節

| 震 震艮 兌巽 | |
| 豐 震離 兌巽 | |
| 歸妹 震兌 離坎 | |
| 渙 巽坎 震艮 | |
| 中孚 巽兌 震艮 | |
| 小過 震艮 兌巽 | |
| 旣濟 離坎 | |
| 未濟 坎離 | 水火之交合 |

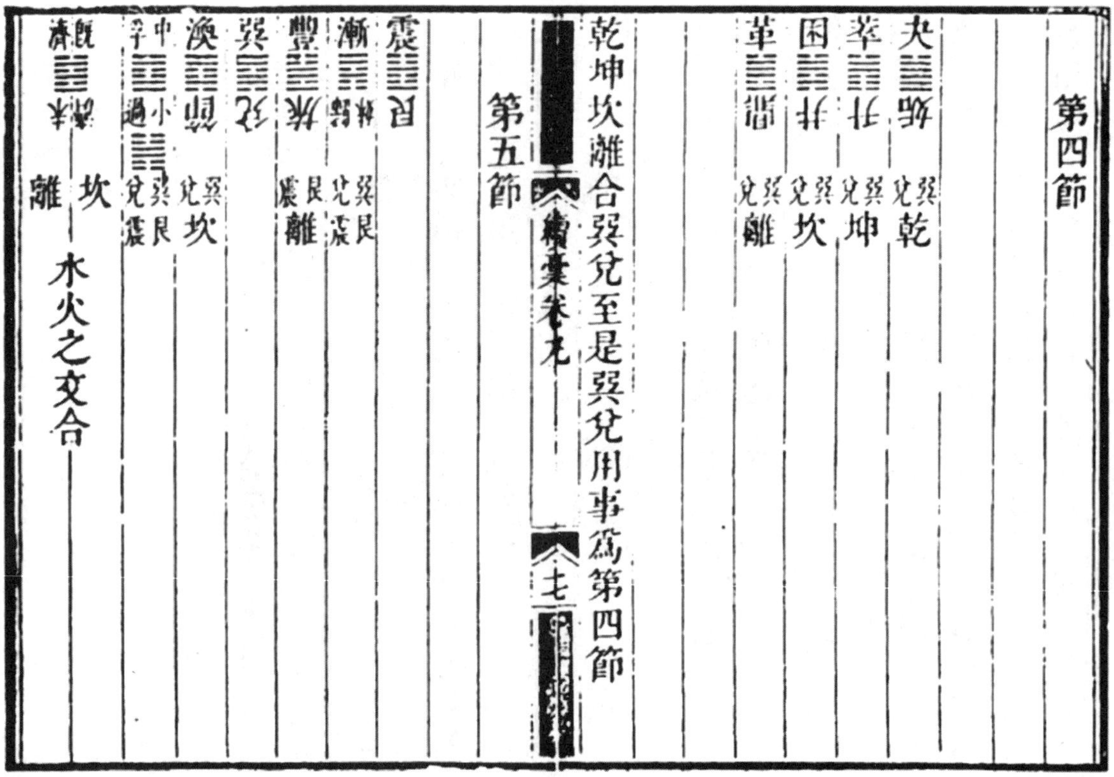

图2-3 卦对图解二图
（汪琬《钝翁续稿》）

震艮巽兑爲主震艮之後繼之以漸歸妹豐旅四卦巽兑之後繼之以渙節中孚小過四卦漸歸妹與中孚小過對豐旅與渙節對坎離乾坤之大用則以終焉爲第五節

堯峰汪氏曰此錢氏彖鈔元圖視諸家最勝予爲分五節而標取先儒之說以發明之學者詳翫此圖則聖人序卦之意无遺藴矣錢氏又謂乾坤相綜爲變化而泰否居中坎離相綜爲變化而既未濟居終艮巽相綜爲變化而損益居中震兑相綜爲變化而咸恆居中皆可由此圖推之也

鈍翁續稾卷十

卦對横圖三

陽爻十八 陽爻十七 陽爻十七 陽爻十八 陽爻十九 陽爻十九

乾 泰 否 剥 復 咸 恆 夬 姤 豐 旅

坤 同人 大有 无妄 大畜 遯 大壯 萃 升 巽 兑

屯 蒙 謙 豫 頤 晉 明夷 困 井 渙 節

需 訟 隨 蠱 大過 家人 睽 革 鼎 中孚

師 比 臨 觀 坎 蹇 解 震 艮 小過

小畜 履 噬嗑 賁 離 損 益 漸 歸妹 既濟 未濟

陰爻十八 陰爻十九 陰爻十九 陰爻十八 陰爻十七 陰爻十七

图 3 卦对横图

（汪琬《钝翁续稿》）

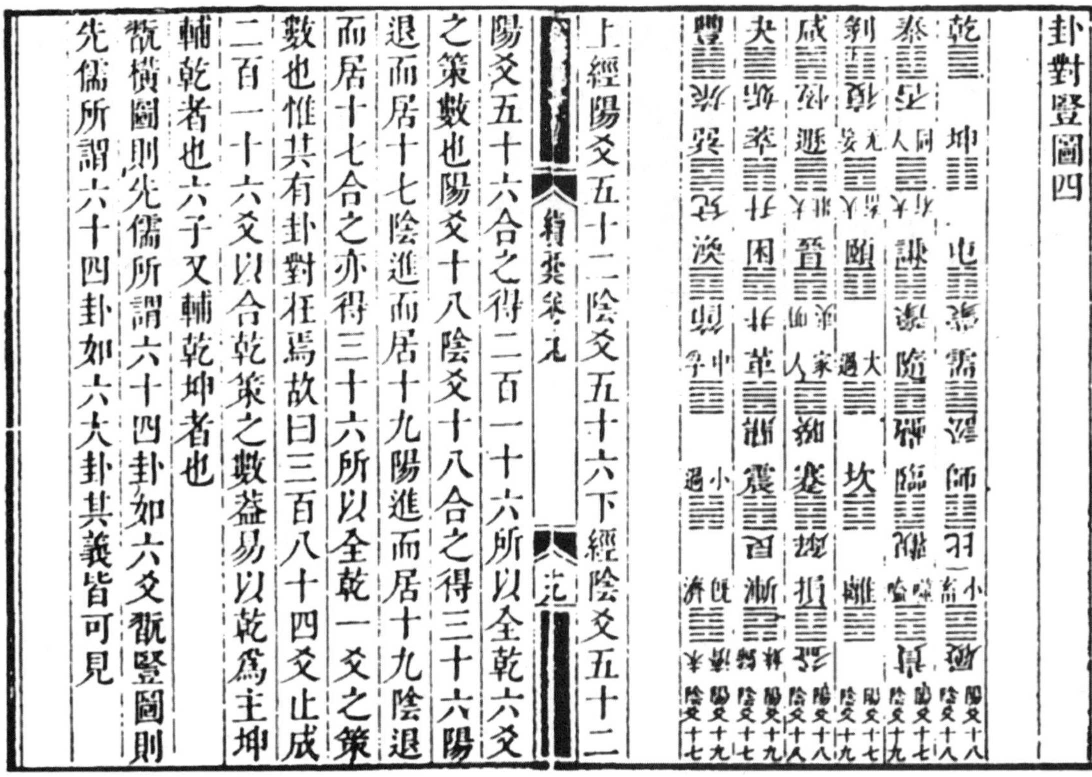

卦對豎圖四

乾 坤 屯 蒙 需 訟 師 比 小畜 履 陽爻十八 陰爻十八

泰 否 同人 大有 謙 豫 隨 蠱 臨 觀 噬嗑 賁 陽爻十七 陰爻十九

剥 復 无妄 大畜 頤 大過 坎 離 陽爻十七 陰爻十九

咸 恆 遯 大壯 晉 明夷 家人 睽 蹇 解 損 益 陽爻十八 陰爻十八

夬 姤 萃 升 困 井 革 鼎 震 艮 漸 歸妹 陽爻十九 陰爻十七

豐 旅 巽 兑 渙 節 中孚 小過 既濟 未濟 陽爻十九 陰爻十七

上經陽爻五十二陰爻五十六下經陰爻五十二陽爻五十六合之得二百一十六所以全乾六爻之策數也陽爻十八陰爻十八合之得三十六陽退而居十七陰進而居十九陽進而居十九陰退而居十七合之亦得三十六所以全乾一爻之策數也惟其有卦對在焉故曰三百八十四爻止成二百一十六爻以合乾策之數盖易以乾爲主坤輔乾者也六子又輔乾坤者也

翫横圖則先儒所謂六十四卦如六爻翫豎圖則先儒所謂六十四卦如六大卦其義皆可見

續稾卷十

图 4 卦对竖图

（汪琬《钝翁续稿》）

| 十二辟卦陰陽進退圖 | | | | | | | | | | | | |
|---|---|---|---|---|---|---|---|---|---|---|---|---|
| 復子十一月 | 臨丑十二月 | 泰寅正月 | 大壯卯二月 | 夬辰三月 | 乾巳四月 | 姤午五月 | 遯未六月 | 否申七月 | 觀酉八月 | 剝戌九月 | 坤亥十月 |
| 少陽 | 老陰 | 少陽 | 老陽 | 老陽 | | 少陰 | 老陽 | 少陰 | 老陰 | 少陰 | |
| 一陽二八 五陰五十 | 二陽二八 四陰四十 | 三陽二八 三陰三十 | 四陽三十六 二陰二十 | 五陽四十四 一陰八 | 六陽二百十六策 | 一陰二八 五陽五十四 | 二陰十六 四陽三十六 | 三陰二十四 三陽二十七 | 四陰三十二 二陽十八 | 五陰四十 一陽九 | 六陰一百四十四策 |
| 共一百四十八策 | 共一百五十二策 | 共二百五十六策 | 共二百零八策 | 共二百十二策 | | 共二百十六策 | 共二百零四策 | 共二百零八策 | 共二百十二策 | 共一百五十二策 | 共一百四十八策 |

图 5　十二辟卦阴阳进退图
（汪琬《钝翁续稿》）

# 汤秀琦(1625—1699)

字小岑,号弓庵,清江西临川(今江西抚州)人。汤显祖从子,明诸生。清顺治中以岁贡生官番阳县教谕。著有《读易近解》二卷。现存有《周易》图像十四幅。

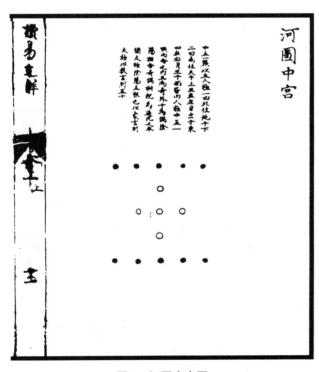

图1 河图中宫图
(汤秀琦《读易近解》)

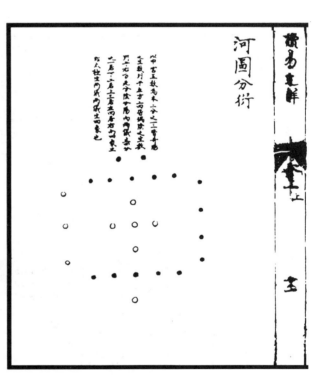

图2 河图分衍图
(汤秀琦《读易近解》)

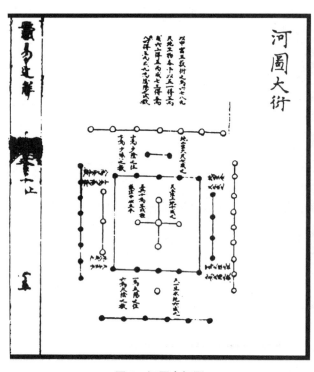

图 3　河图大衍图
（汤秀琦《读易近解》）

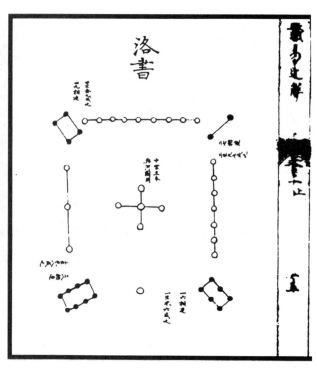

图 4　洛书
（汤秀琦《读易近解》）

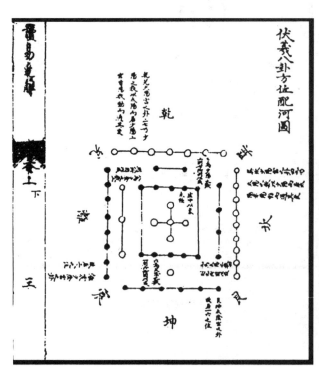

图 5　伏羲八卦方位配河图
（汤秀琦《读易近解》）

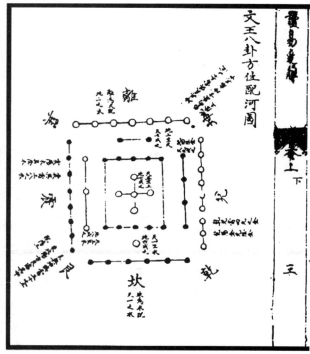

图 6　文王八卦方位配河图
（汤秀琦《读易近解》）

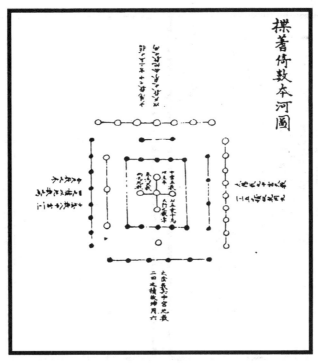

图7 揲蓍倚数本河图
（汤秀琦《读易近解》）

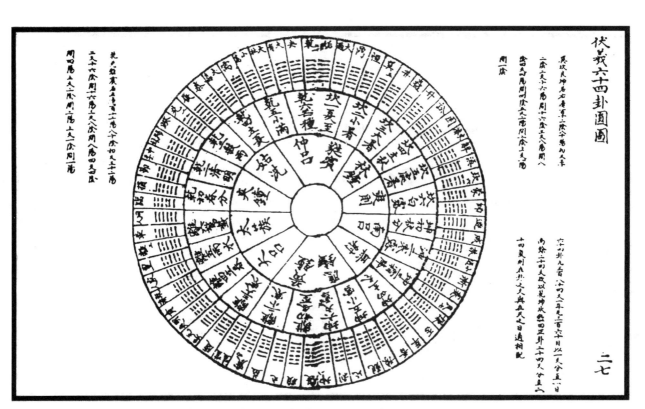

图8 伏羲六十四卦圆图
（汤秀琦《读易近解》）

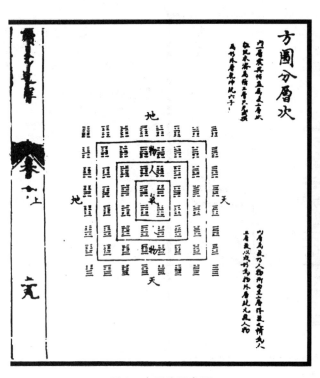

图9 方图分层次图
（汤秀琦《读易近解》）

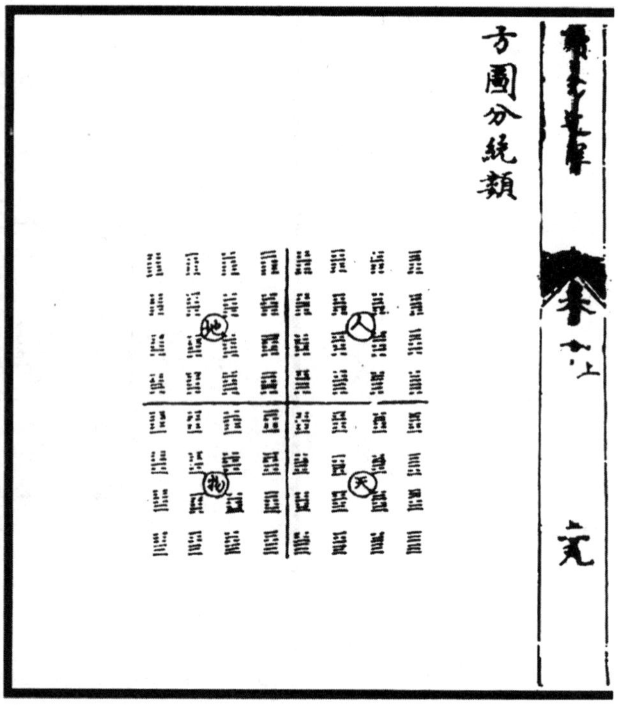

图10 方图分统类图
（汤秀琦《读易近解》）

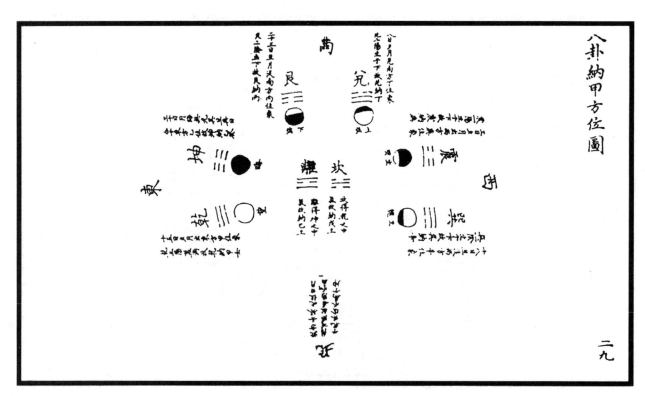

图11 八卦纳甲方位图
（汤秀琦《读易近解》）

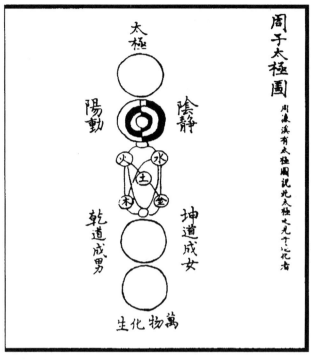

图12 周子太极图
（汤秀琦《读易近解》）

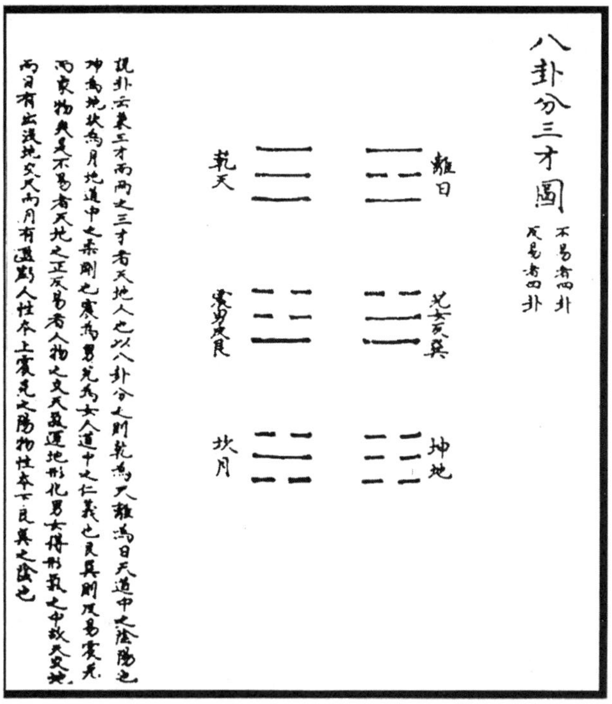

图13 八卦分三才图
（汤秀琦《读易近解》）

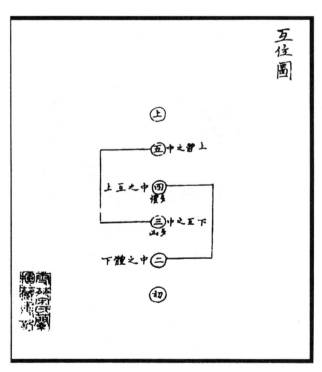

图14 互位图
（汤秀琦《读易近解》）

# 王艮(1626—?)

本名炜、缨，字雄右、无闷，号不庵、鹿田、栎塘、葛中子。清安徽歙县人。顺治十五年(1658)改名王艮。著有《易赘》二卷、《鸿逸堂稿》六卷、《九谛解疏》一卷、《葛中子内外集》、《汉皋小草》四卷、《四甚集》四卷、《嗒史》一卷等。现存有《周易》图像一幅。

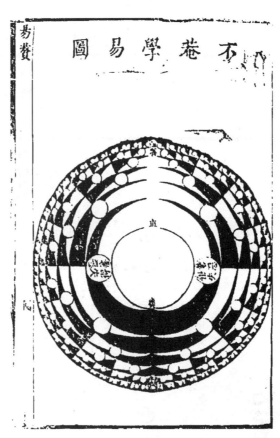

**图1　不庵学易图**
(王艮《易赘》)

# 杨履泰（1627—1703）

字子安，号耕心老人，清江苏丹徒（今江苏镇江）人。道光二十年（1840）举人。著有《周易倚数录》二卷附《图》一卷、《耕心书屋丛稿》等。现存有《周易》图像二幅。

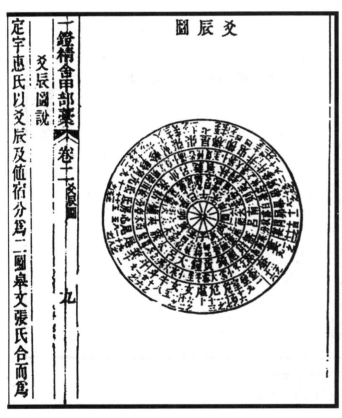

图1 爻辰图
（杨履泰《周易倚数录》）

图2 积数叠法图
（杨履泰《周易倚数录》）

# 释行策(1628—1682)

法字截流,俗姓蒋,名梦憨,清江苏宜兴人。其父与憨山德清为友,憨山去世后三年梦晤,生子取名梦憨,二十三岁出家,净土宗第十祖。著有《金刚经疏记会编》十卷、《劝发真信文》、《宝镜三昧本义》、《楞严经势至圆通章》等。现存有《周易》图像六幅。

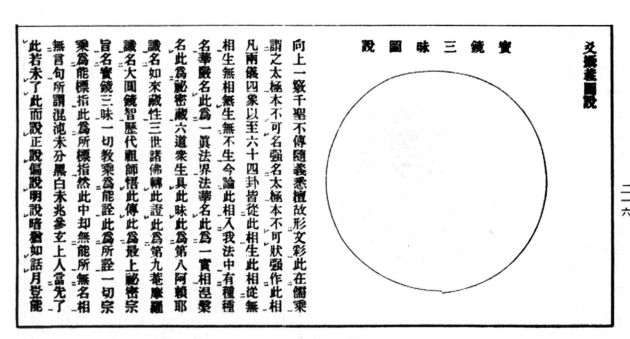

**图1　宝镜三昧图**
（行策《宝镜三昧本义》）

## 正偏回互圖說

照境故知乖明淨之體缺鑒照之用雖終日寶鏡中而三昧豈得也雖然作此相時已屬染污況復婆和姑置勿論

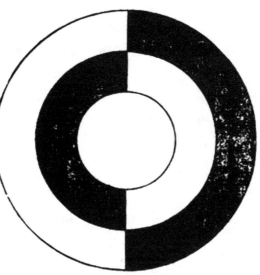

此圖兩儀既判黑白已分以白表正以黑表偏所謂正中有偏偏中有正回互之義本此中間仍有一虛相者表向上事今亦際於黑白間也黑白是奇偶二數即前太極際所生為卦畫爻象之本然論所表之法不惟偏正今略配名義使不迷宗所謂黑者於位表正於相表暗於時分表夜於界魔表內於人倫表君父於二家表主於法界表理於法門表體於二智表實於二門表本於四十二位表果所謂白者為明相為晝分為外界

图2　正偏回互图
（行策《宝镜三昧本义》）

## 三疊分卦圖說

為臣子為賓家為事法界為用門為修德為功勳為權智為迹門為因位此諸二法雖各依位住而飛伏隱顯互相涉入此三昧法如是故此回互之義為一家之要旨洞宗學者尤宜詳之

亂此非藐識之境入此三昧法而又各住本位未嘗混

| 解脫 | 三疊 | 復中到 |
| 法身 | 二疊 | 止中來 |
|  | 初疊 | 正中偏 偏中正 |

（他受用三昧　自受用三昧）

此圖已略見大意卦有六爻統惟奇偶二數先聖取其回互之象以立宗旨但其旨既幽祕而彰諸文者復引而不發意欲學者於入道後深思而自得之耳乃從上諸師異說紛紜於三疊五變之言向本卦外別變五卦支離配釋大非旨也不知本文直云離六爻是取正偏回互之象非取離為心火之卦義也而本卦中自其三疊五變天成妙之趣學者苟不向外求縈於此义象諦觀熟玩思之又重思之則鬼神將為冥通而祖意無餘蘊矣今不攻異端直出本義先將本卦六爻分為初疊即初二兩爻為初疊洞上之宗貴乎疊而為三者也即三四兩爻為二疊以象三德所謂

图3　三叠分卦图
（行策《宝镜三昧本义》）

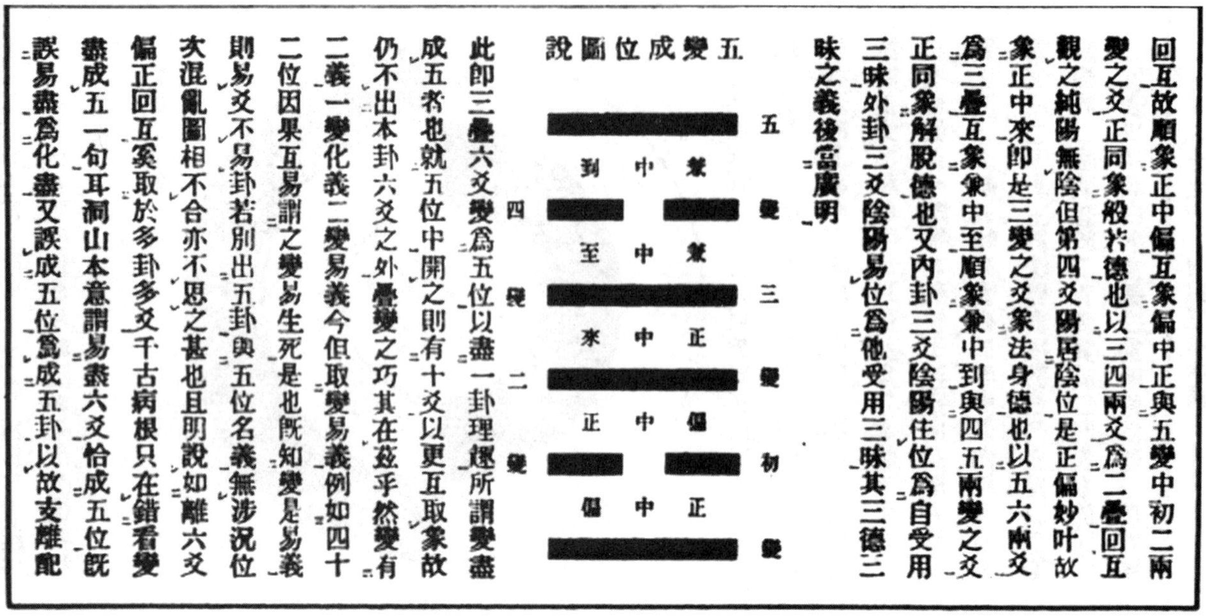

回互故順象正中偏互象偏中正與五變中初二兩
變之爻正中同象般若德也以三四兩爻二疊回互
觀之純陽無陰但第四爻陽居陰位是正偏妙叶故
象正中來即是三變之爻象法身德也以五六兩爻
爲三疊互象象中至順象象中到與四五兩變之爻
正同象解脫德也又內卦三爻陰陽住位爲自受用
三昧外卦三爻陰陽易位爲他受用三昧其三德三
昧之義後當廣明

五變成位圖說

五變　四變　三變　二變　初變
兼中到　兼中至　正中來　偏中正　正中偏

此即三疊六爻變爲五位以盡一卦理趣所謂變盡
成五者也就五位中開之則有十爻以更互取象故
仍不出本卦六爻之外疊變之巧其在茲乎然有
二義一變化義二變易義今但取變易生死是也有
二位因果五易爻不易謂之變易名義例如四十
則易爻不易位若別出五卦則與易無涉況位
大混亂圖相不合亦不思甚也且明說如離六爻
偏正回互取於多卦千古病根只在錯看變
盡成五一句耳洞山本意謂易盡六爻恰成五位既
誤易盡爲化盡又誤成五位爲成五卦以故支離配

图 4　五变成位图
（行策《宝镜三昧本义》）

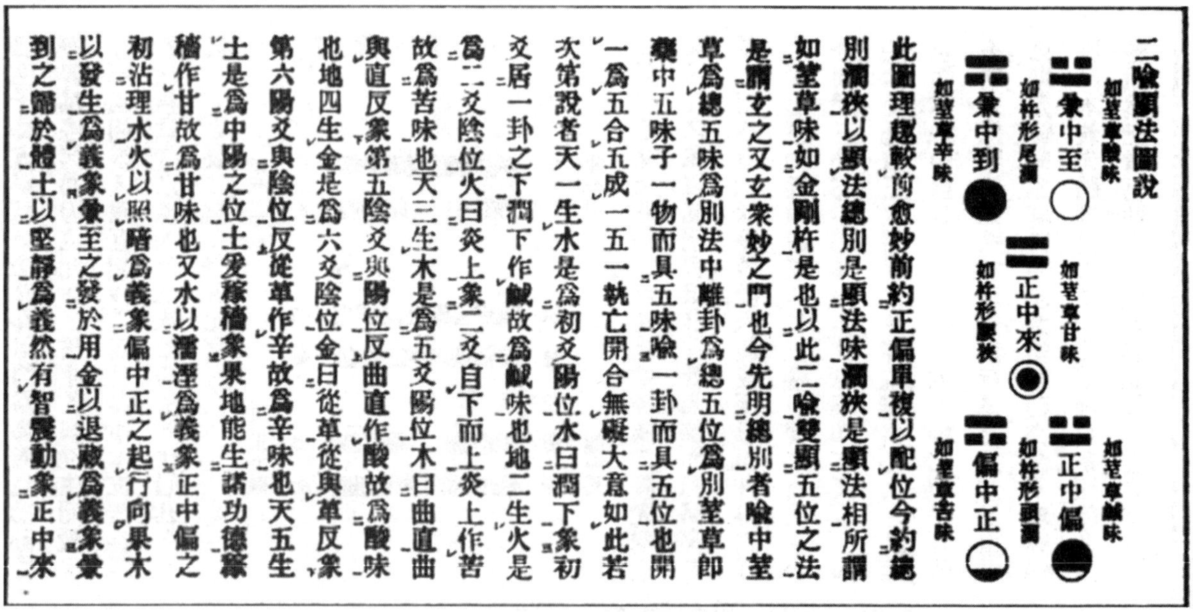

二喻顯法圖說

如莖草鹹味
如杵形尾潤
兼中至
如杵形尾潤
正中來
如杵形頭潤
正中偏
兼中到
如莖草甘味
如莖草苦味
偏中正

此圖理趣較前愈妙前約正偏單複以配位今約德
別潤狹以顯法總別是顯法味潤狹是顯法相所謂
如莖草味如金剛杵是也以此二喻變顯總別者
草爲總五味爲別法中離卦一卦而具五味喻一卦
爲五位玄之又玄衆妙之門也今先明總別若初爻
一爲五合五成一一執亡開合無礙大意如此若
次第說者天一生水故爲鹹味地二生火是
爲二爻陰位火日炎上作苦二爻自下而上炎上作
苦故爲苦味也天三生木是爲五爻陽位木日曲直
與直反象第五陰爻與陽位反從革作酸故爲酸味
也地四生金是爲六爻陰位金日從革與革反象
土是爲中陽爻之位土爰稼穡象果地能生諸功德
穡作甘故爲甘味也又水以潤濕爲義象偏中正之
初沽理水火以照暗象至之發於用金以退藏爲義木
以發生爲義象至之發於體土以堅靜爲義然有智震動象正中來

图 5　二喻显法图
（行策《宝镜三昧本义》）

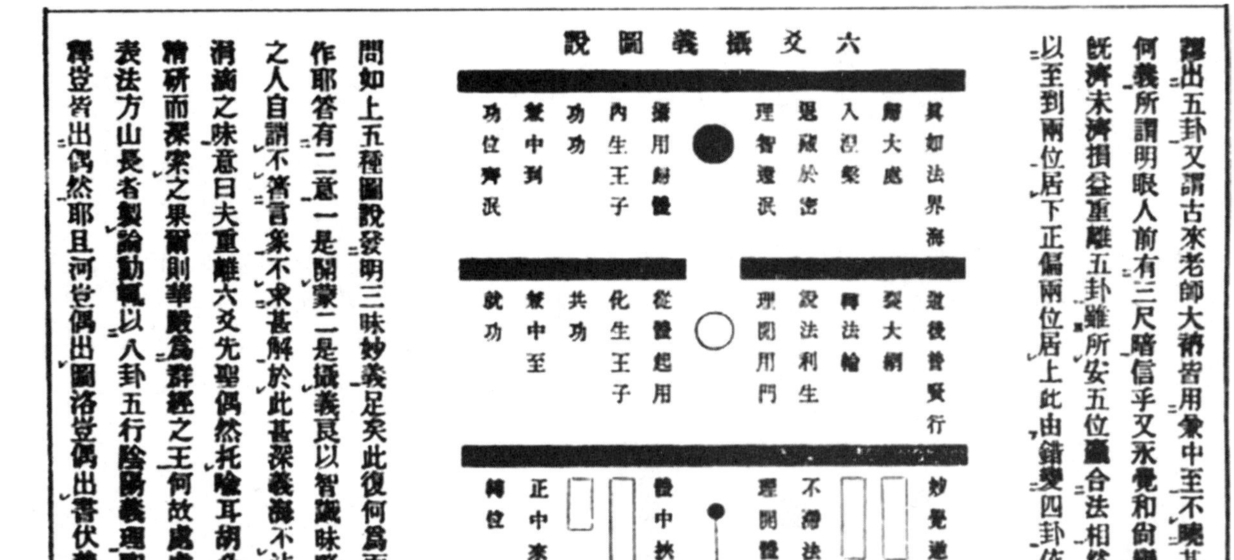

譯出五卦又謂古來老師大都皆用象中至不瞑其
何義所謂明眼人前有三尺暗信乎又永覺和尚變
既濟未濟損益重離五卦雖所安五位蓋合法相然
以至到兩位居下正偏兩位居上此由錯變四卦依

卦定位此頭尾倒置雖似是而實大老非瞑乎二老者
所謂大老也而於疊變之巧二喻之妙亦有所未知
為自餘申誡劣解無足論矣

## 六爻攝義圖說

| | | |
|---|---|---|
| 其如法界海 | | 邀後諸賢行 |
| 歸大處 | | 契大綱 |
| 入涅槃 | | 釋法輪 |
| 退藏於密 | | 設法利生 |
| 理智邊泯 | | 理圓用門 |
| 攝用歸體 | 內生王子 | 從體起用 |
| 功位齊泯 | 蒙中到 | 蒙中至 |
| 功功 | 化生王子 | 共功 |
| | | 就功 |

| | 妙覺遞流眼 |
| 兼中來 | 理開體門 |
| 正中來 | 不滯法身 |
| 體位 | 透末皈句 |
| 體中挾用 | 成正覺 |
| | 證大果 |
| | 等覺後得智 |

| 純功 | 理事一如 |
| 末生王子 | 智開果門 |
| 功 | 透指入作 |
| 純功就位 | 發明大事 |

| 偏中正 | 全事即理 |
| 朝生王子 | 行大行 |
| 事 | 修苦行 |
| 用位立 | 遊諸因門 |
| | 降王宮 |

| 正中偏 | 全理即事 |
| 覩生王子 | 發大心 |
| 向 | 發明大事 |
| 破一切位 | 理智初開 |
| | 文殊根本智 |

釋登者出偶然耶且河登偶出圖洛登偶出書伏羲
問如上五種圖說發明三昧妙義足矣此復何為而
作耶答有二意一是開蒙二是攝義艮以智識昧略
之人自謂不藉言象不求甚解於此甚深義海不沾
洞徹之昧意曰夫重離六爻先聖偶然托喻耳胡必
情研而深索之果爾則華嚴為群經之王何故處處
表法方山長者製論勋氣以八卦五行陰陽義理配
位若參合教乘象首創文殊根本智如善財以童子
先取內卦三爻為自受用三昧者蓋初爻是純陽之
攝大綱令未解者稍知六爻義理分齊若神而明之
廣攝義類則諸佛教網列祖綱宗略無不盡今但略
非偶然即此意離一卦中圓具世出世間一切法者
氏登偶畫卦而數聖人者妄著言象而玩索之耶既

图6 六爻摄义图
（行策《宝镜三昧本义》）

# 李国木

生卒年不详,字乔伯,明湖北汉阳人。诸生。博通经史,旁涉九流,于堪舆之学尤精。辑有《地理大全》五十五卷,著有《理气秘旨》七卷、《地理形势真诀》三十卷等。现存有《周易》图像二十三幅。

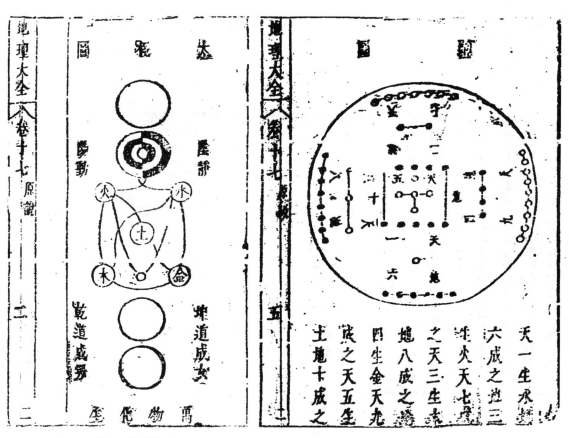

图1　太极图
（李国木《地理大全》）

图2　河图
（李国木《地理大全》）

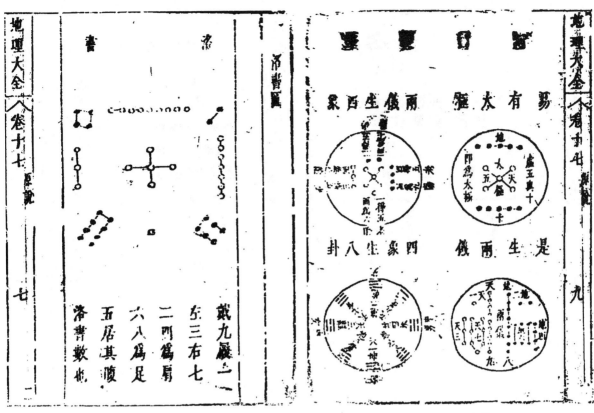

图 3　洛书
(李国木《地理大全》)

图 4　太极变卦
(李国木《地理大全》)

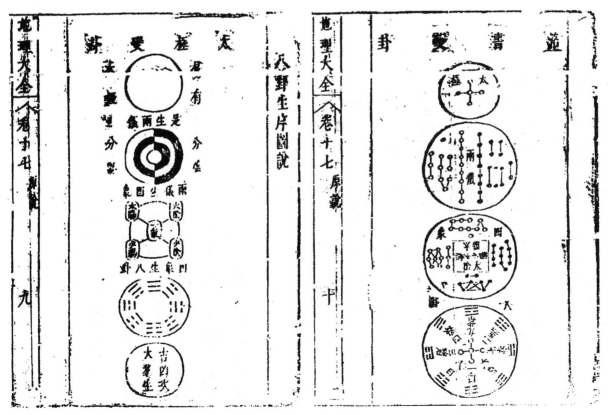

图 5　□□□□
(李国木《地理大全》)

图 6　□书变卦图
(李国木《地理大全》)

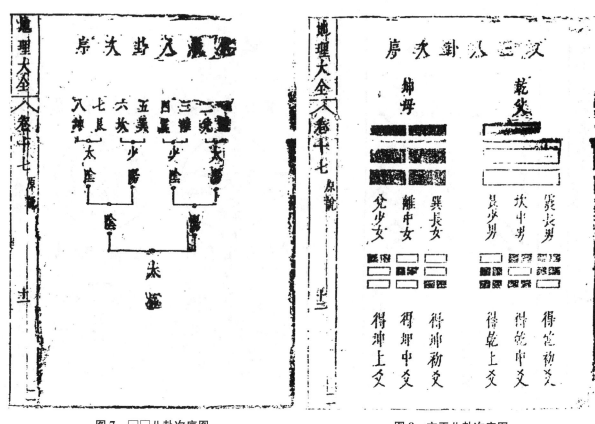

图7　□□八卦次序图
（李国木《地理大全》）

图8　文王八卦次序图
（李国木《地理大全》）

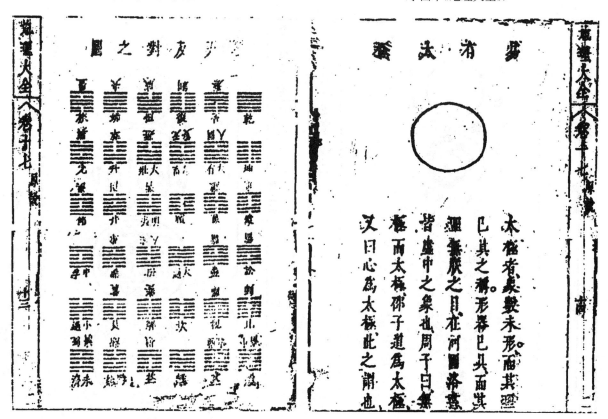

图9　□□反对之图
（李国木《地理大全》）

图10　易有太极图
（李国木《地理大全》）

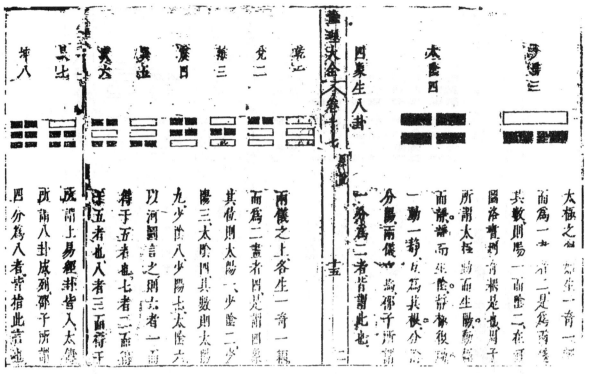

图 11　四象生八卦图
（李国木《地理大全》）

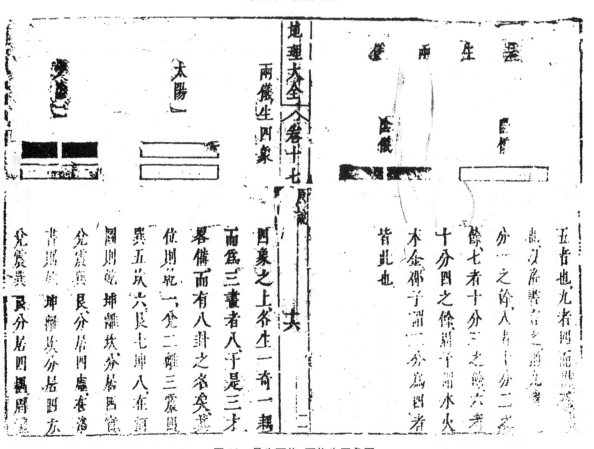

图 12　是生两仪、两仪生四象图
（李国木《地理大全》）

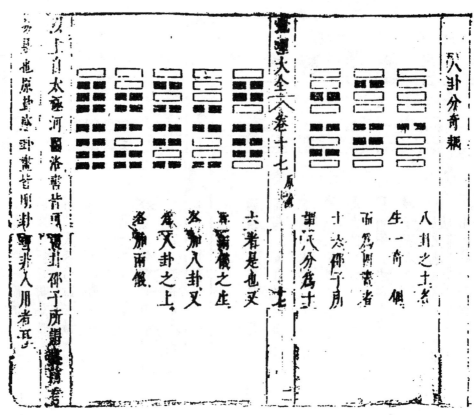

图 13　八卦分奇耦图
（李国木《地理大全》）

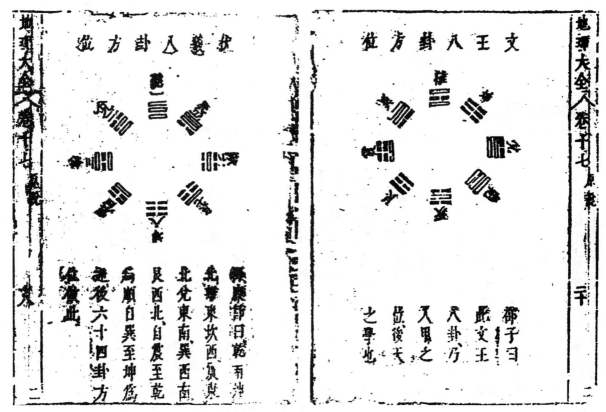

图 14　伏羲八卦方位图
（李国木《地理大全》）

图 15　文王八卦方位图
（李国木《地理大全》）

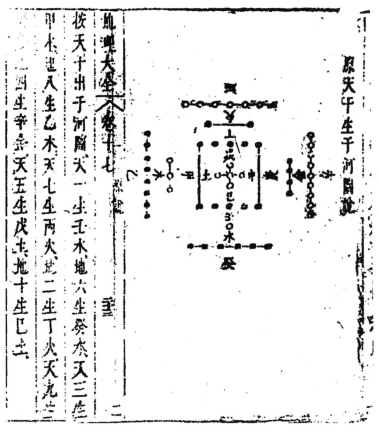

图 16　原天干生于河图图
（李国木《地理大全》）

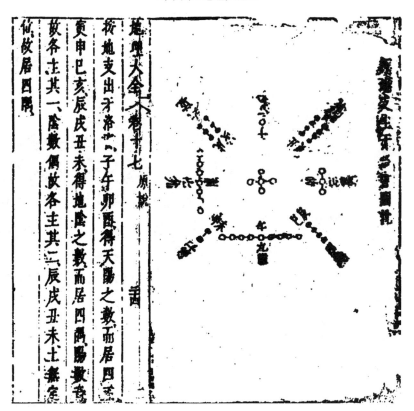

图 17　原地支生于洛书图
（李国木《地理大全》）

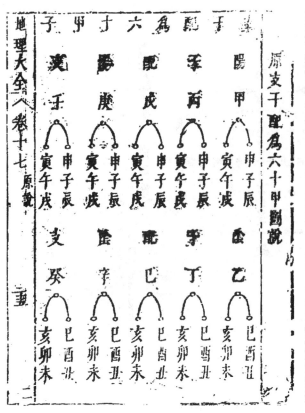

图 18　原支干配为六十甲图
（李国木《地理大全》）

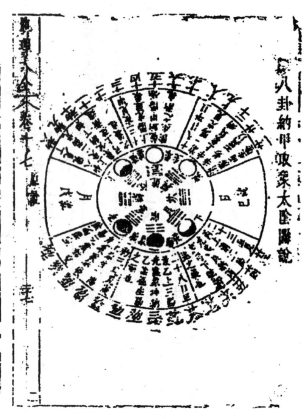

图 19　原八卦纳甲取象太阴图
（李国木《地理大全》）

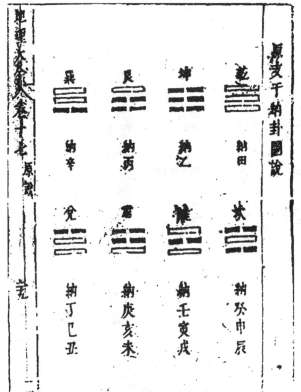

图 20　原支干纳卦图
（李国木《地理大全》）

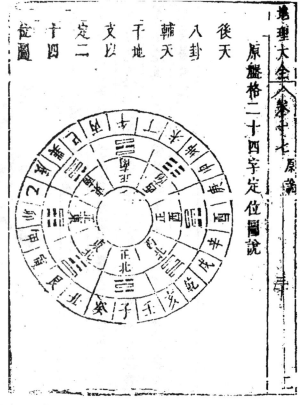

图 21　后天八卦辅天干地支以定二十四位图
（李国木《地理大全》）

**图 22　洛书配先天卦位以定净阴净阳图**
（李国木《地理大全》）

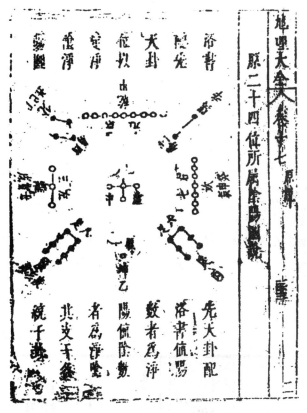

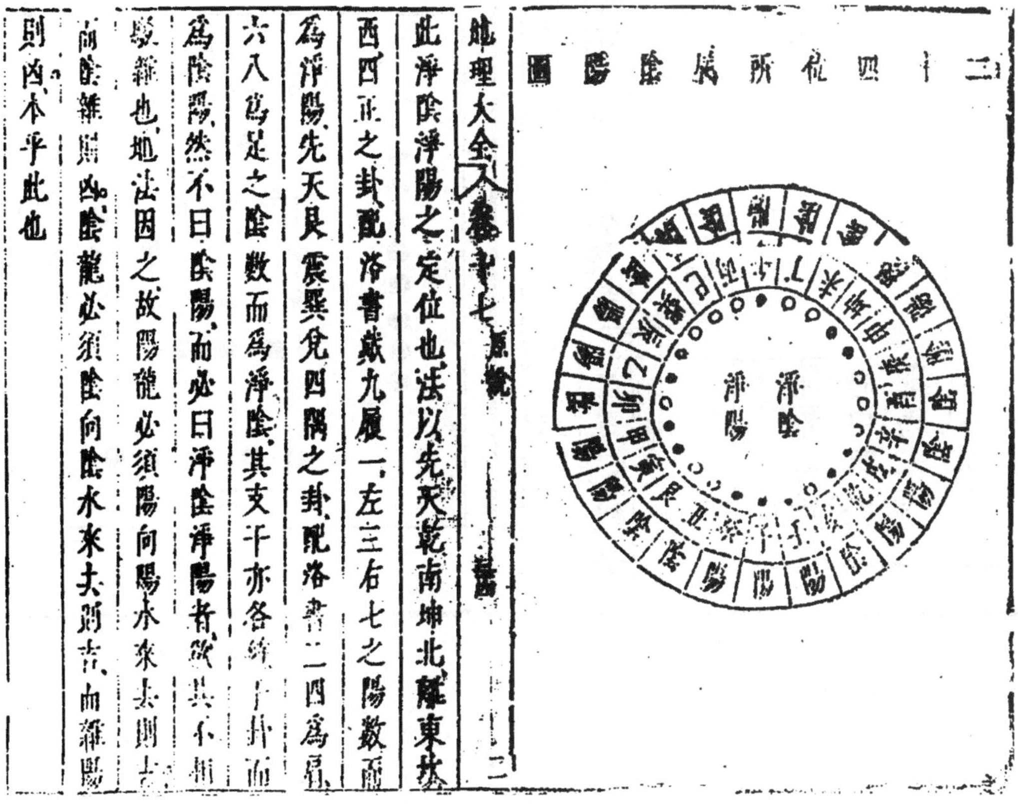

**图 23　二十四位所属阴阳图**
（李国木《地理大全》）

# 郑旐

生卒年不详,字承衮,明广东顺德人。崇祯三年(1630)贡生。童年即有易癖,篝灯面壁研易四十年。著有《易谱》十二卷、《易髓》、《诗文草》、《太平中兴略》等。现存有《周易》图像一百三十二幅。

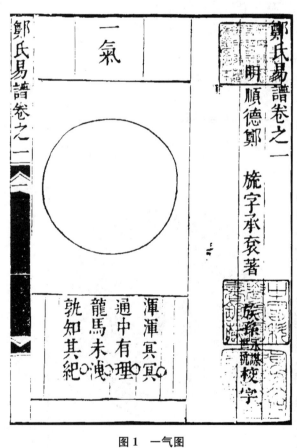

图1　一气图
（郑旐《郑氏易谱》）

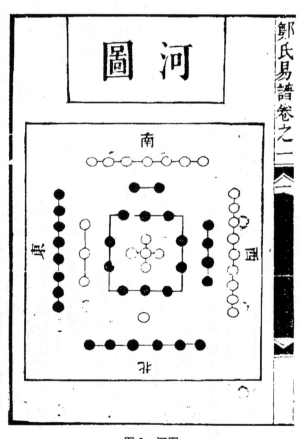

图2　河图
（郑旐《郑氏易谱》）

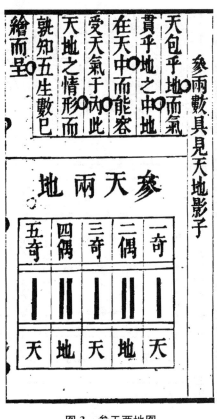

图3 参天两地图
（郑旒《郑氏易谱》）

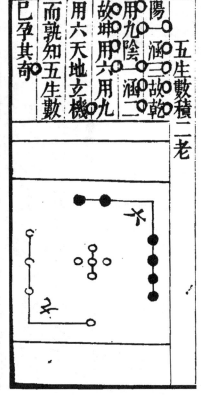

图4 五生数积二老图
（郑旒《郑氏易谱》）

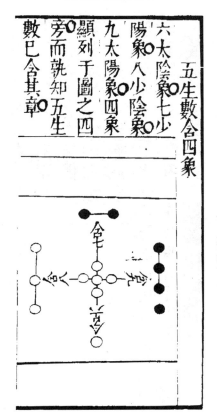

图5 五生数含四象图
（郑旒《郑氏易谱》）

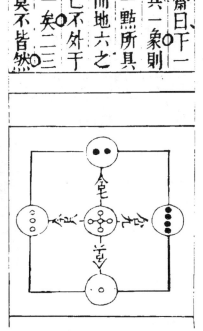

图6 中五胞孕河图全体图
（郑旒《郑氏易谱》）

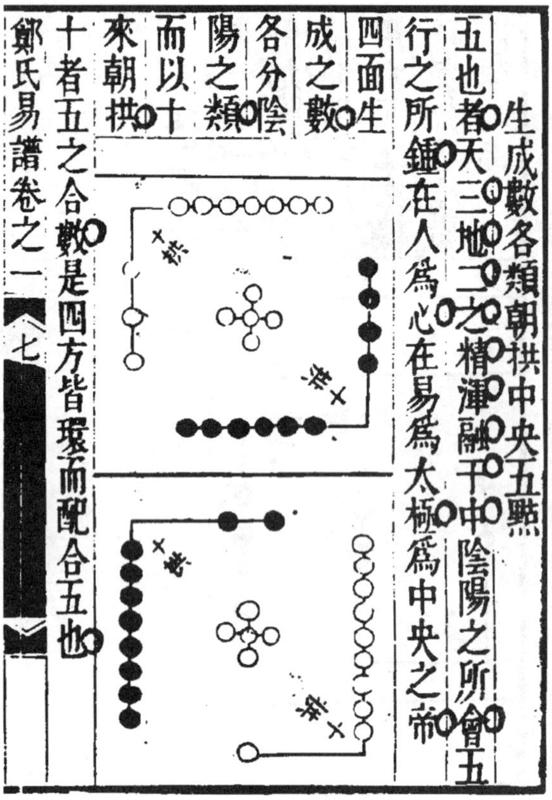

生成數各類朝拱中央五點
五也者天三地二之精渾融于中陰陽之所會五
行之所鍾在人爲心在易爲太極爲中央之帝
四面生
成之數
各分陰
陽之類
而以十
來朝拱
十者五之合數是四方皆環而配合五也
鄭氏易譜卷之一 七

图 7　生成数各类朝拱中央五点图

（郑旒《郑氏易谱》）

鄭氏易譜卷之一 七
四面環拱中央五點
五十者數之全妙在五十之後又餘五數所謂終
則有始碩果
方實新種已
含貞下起元
生生不息成
變化行鬼神
皆五也是以
三重五箇十
環向而拱之

图 8　四面环拱中央五点图

（郑旒《郑氏易谱》）

鄭氏易譜卷之二 八
一二三四含五與十
水一火二木三金四耳而土之五併十已積于其
中易分四象乾言四德
歲序四時位正四方豈
无五哉寓其內矣故曰
言仁義禮智冒天下之
道矣不必言信而信在
其中矣水火木金冒造
化之行矣不必言土而土在其中矣是以龍馬之
圖揭五與十位于中央言无不在也

图 9　一二三四含五与十图

（郑旒《郑氏易谱》）

五行一陰陽
虛齋子曰要言之猶是二而已非二之外更有三
四也天一生水地二生
火一陰一陽道在是矣
天地之間只陰陽兩片
伏羲見透只畫奇偶二
畫盡易之蘊其天三生
木不過天一之所凝地
四生金亦是地二之漸堅耳故一與三連自北而
行東圓所運也二與四連自西而行北方所周也
鄭氏易譜卷之二 九


图 10　五行一阴阳图

（郑旒《郑氏易谱》）

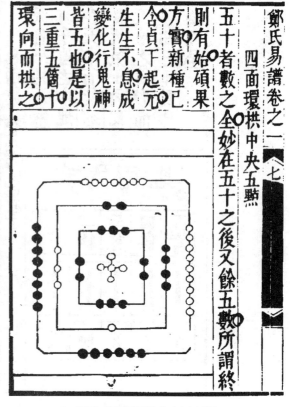

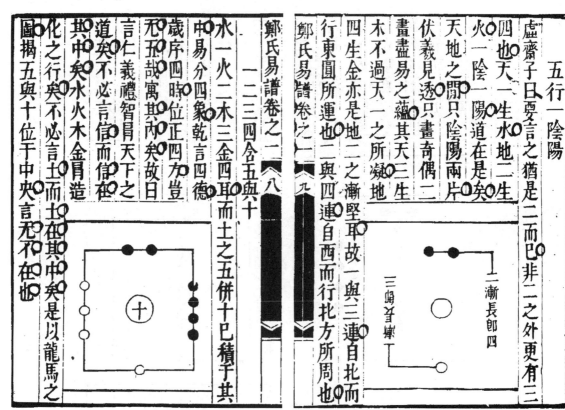

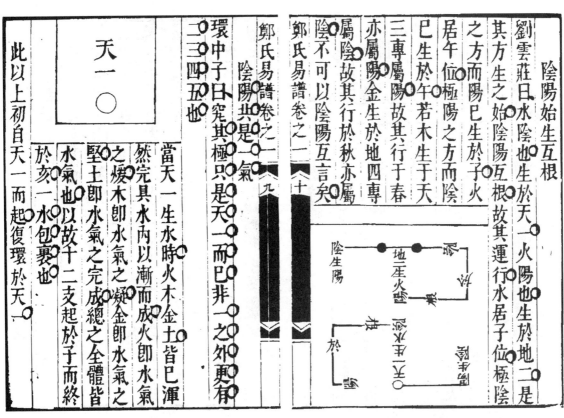

图 11　天一图
（郑旒《郑氏易谱》）

图 12　阴阳始生互根图
（郑旒《郑氏易谱》）

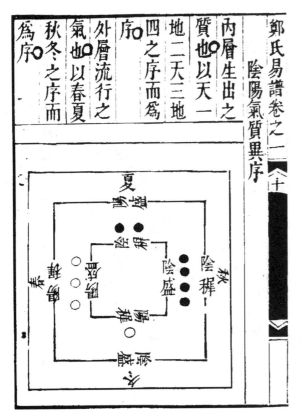

图 13　阴阳气质异序图
（郑旒《郑氏易谱》）

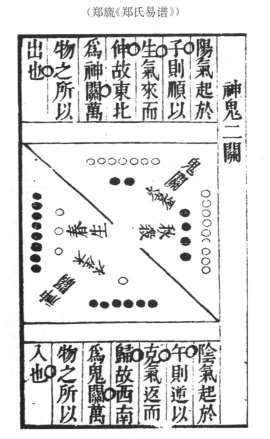

图 14　神鬼二关图
（郑旒《郑氏易谱》）

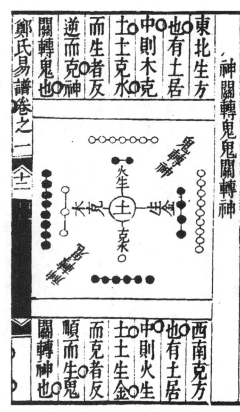

图 15　神关转鬼鬼关转神图
（郑旟《郑氏易谱》）

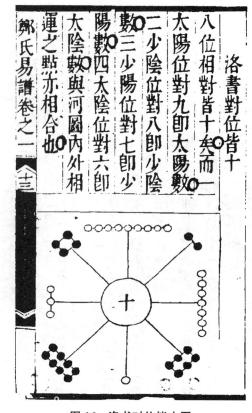

图 16　洛书对位皆十图
（郑旟《郑氏易谱》）

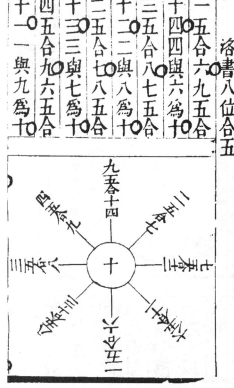

图 17　洛书八位合五图
（郑旟《郑氏易谱》）

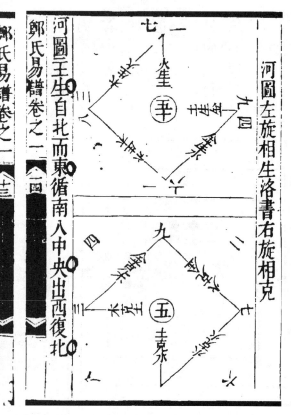

图 18　河图左旋相生洛书右旋相克图
（郑旟《郑氏易谱》）

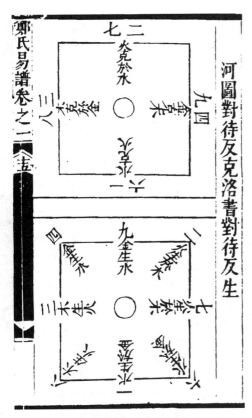

图 19 河图对待反克洛书对待反生图
（郑旒《郑氏易谱》）

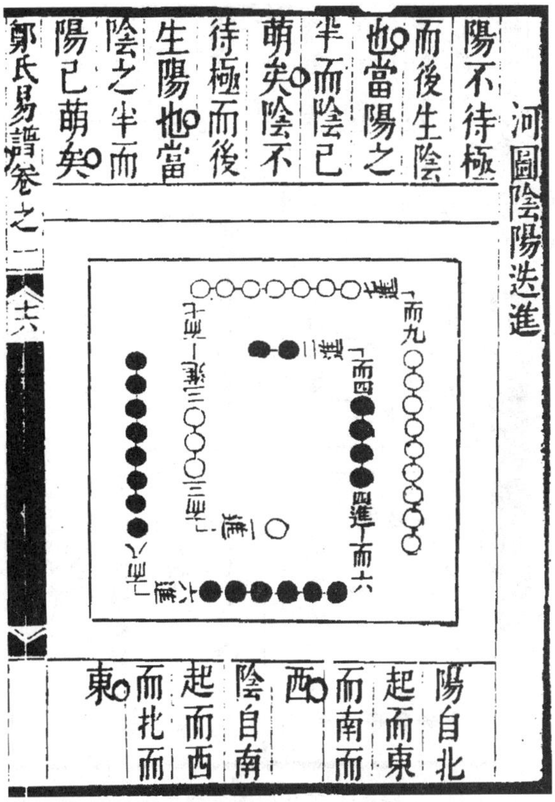

图 20 河图阴阳迭进图
（郑旒《郑氏易谱》）

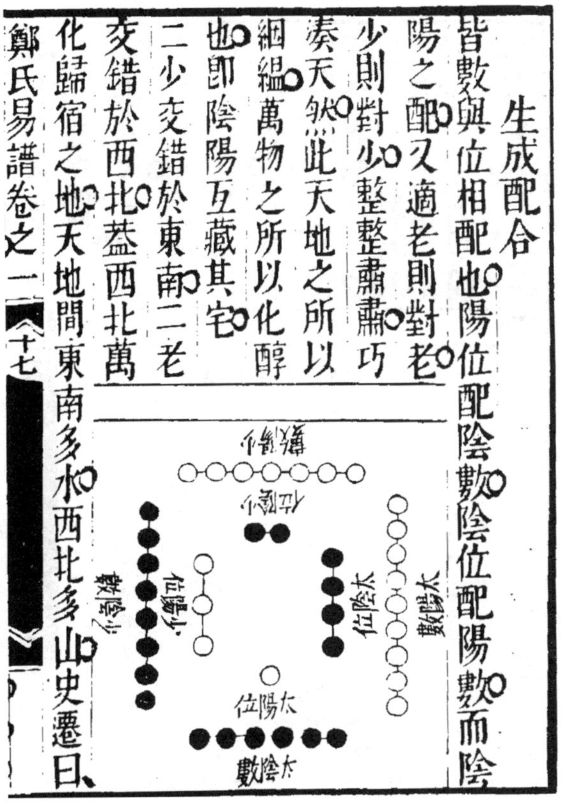

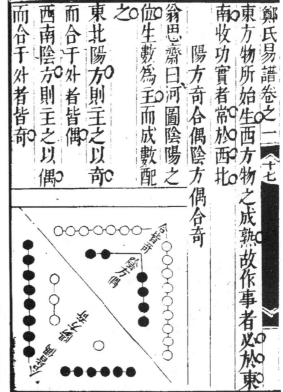

图 21 生成配合图
（郑旒《郑氏易谱》）

图 22 阳方奇合偶阴方偶合奇图
（郑旒《郑氏易谱》）

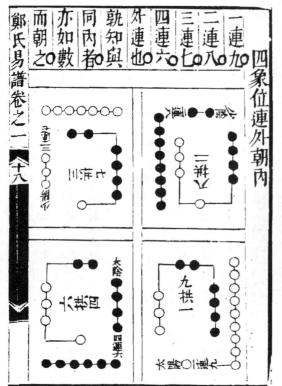

图 23　四象位连外朝内图
（郑旒《郑氏易谱》）

鄭氏易譜卷之一　十八

天干五分數

天一甲己連九其數九　地二乙庚連八其數八
天三丙辛連七其數七　地四丁壬連六其數六
天五戊癸連五其數五

地支六分數

天一子午連九其數九　地二丑未連八其數八
天三寅申連七其數七　地四卯酉連六其數六
天五辰戌連五其數五　地六巳亥連四其數四

右世傳康節範圍數從此起也蔡虛齋北京祭酒時乃訪得此數云不知天地何巧往往湊合

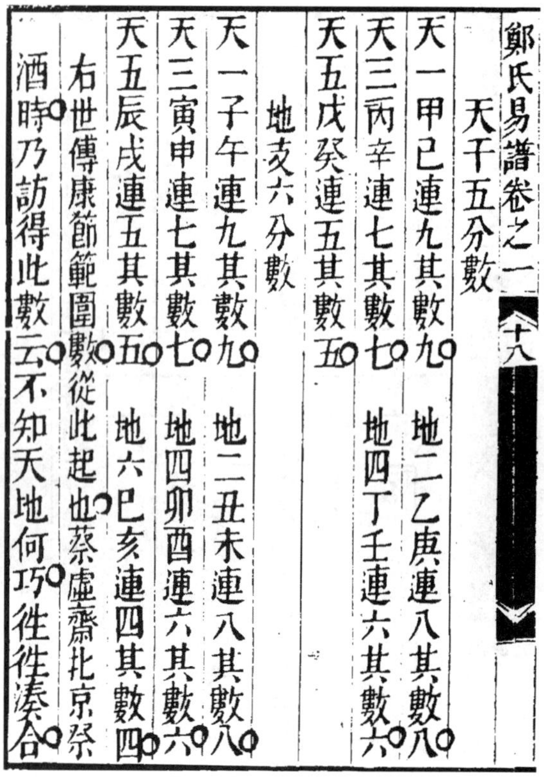

图 24　天干五分数图
图 25　地支六分数图
（郑旒《郑氏易谱》）

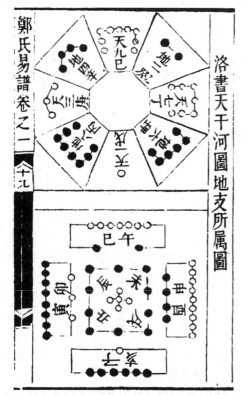

图 26　洛书天干河图地支所属图
（郑旒《郑氏易谱》）

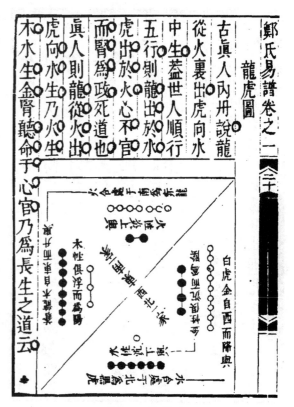

图 27　龙虎图
（郑旒《郑氏易谱》）

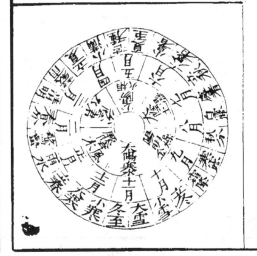

图29 六气图
（郑旒《郑氏易谱》）

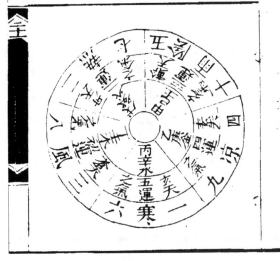

图28 五运图
（郑旒《郑氏易谱》）

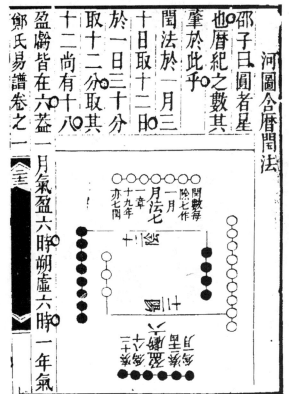

图30 河图含历闰法图
（郑旒《郑氏易谱》）

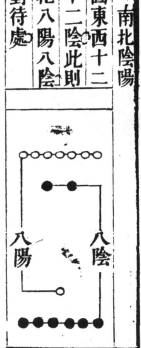

图31 南北阴阳图
（郑旒《郑氏易谱》）

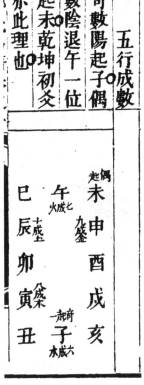

图32 五行成数图
（郑旒《郑氏易谱》）

图35 贞元会馆图
（郑旒《郑氏易谱》）

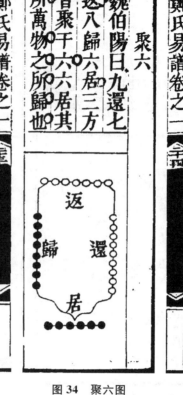

图34 聚六图
（郑旒《郑氏易谱》）

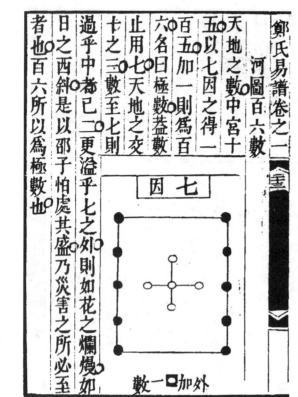

图33 河图百六数图
（郑旒《郑氏易谱》）

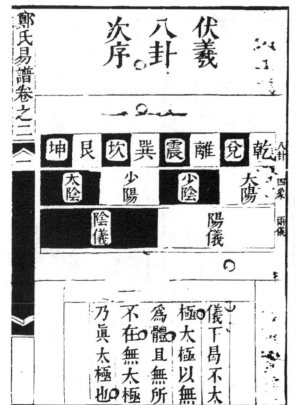

图36 伏羲八卦次序图
（郑旒《郑氏易谱》）

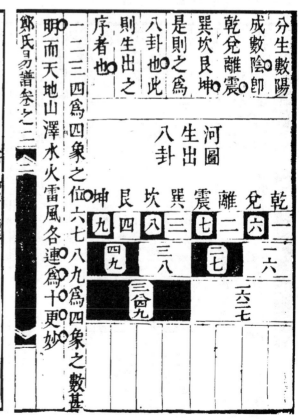

图37 河图生出八卦图
（郑旒《郑氏易谱》）

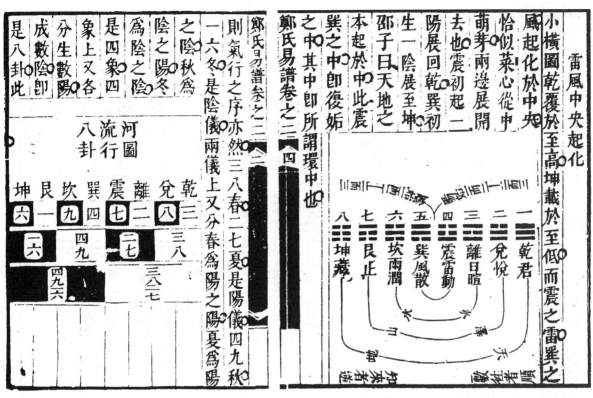

图38 河图流行八卦图
（郑旒《郑氏易谱》）

图39 雷风中央起化图
（郑旒《郑氏易谱》）

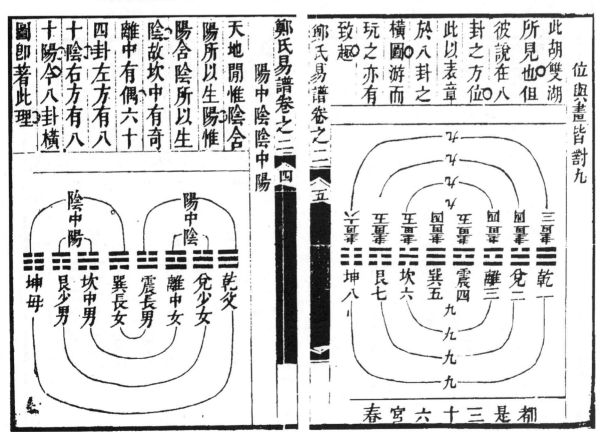

图40 阳中阴阴中阳图
（郑旒《郑氏易谱》）

图41 位与画皆对九图
（郑旒《郑氏易谱》）

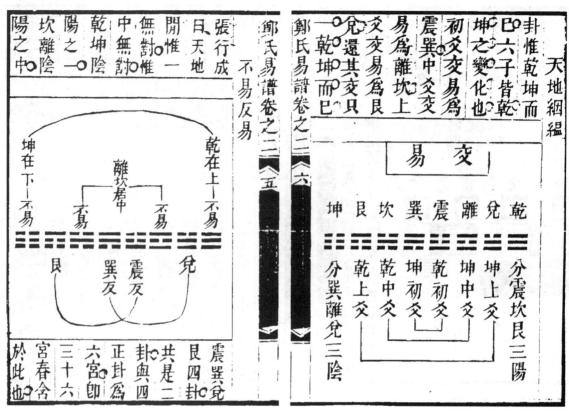

图 42 不易反易图
（郑旒《郑氏易谱》）

图 43 天地絪缊图
（郑旒《郑氏易谱》）

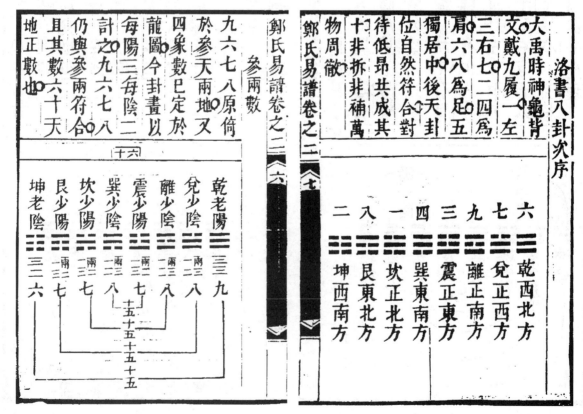

图 44 参两数图
（郑旒《郑氏易谱》）

图 45 洛书八卦次序图
（郑旒《郑氏易谱》）

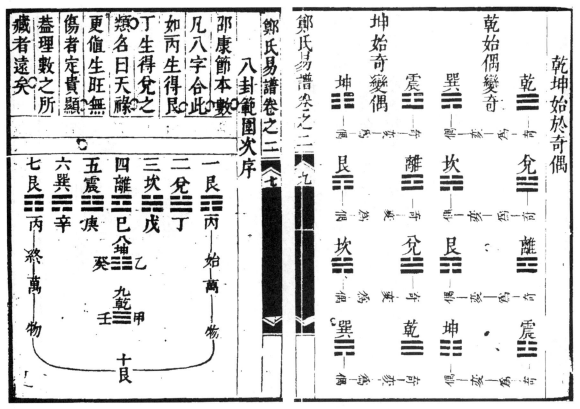

图46　八卦范围次序图
（郑旒《郑氏易谱》）

图47　乾坤始于奇偶图
（郑旒《郑氏易谱》）

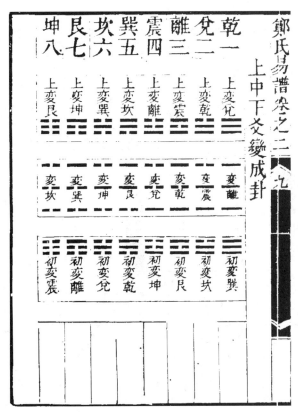

图48　上中下爻变成卦图
（郑旒《郑氏易谱》）

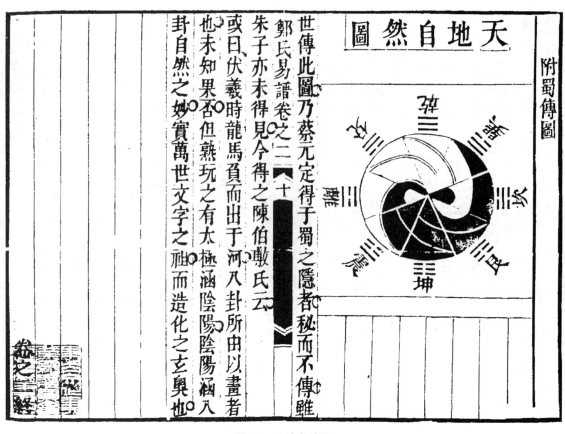

图 49　天地自然图
（郑旒《郑氏易谱》）

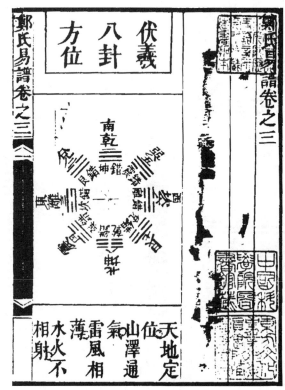

图 50　伏羲八卦方位图
（郑旒《郑氏易谱》）

图 51　顺逆图
（郑旒《郑氏易谱》）

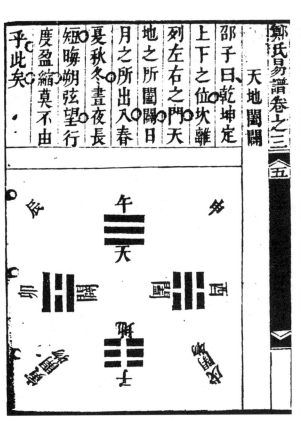

图 52　天地阖辟图
（郑旒《郑氏易谱》）

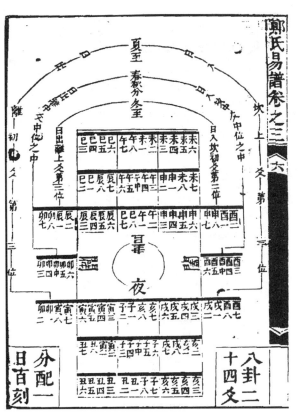

图 53　一日百刻八卦图
（郑旒《郑氏易谱》）

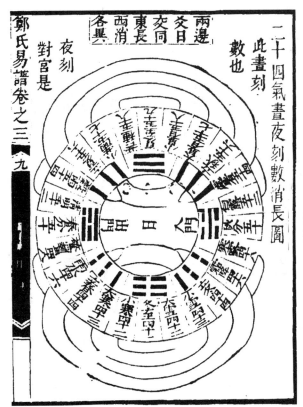

图 54　二十四气昼夜刻数消长图
（郑旒《郑氏易谱》）

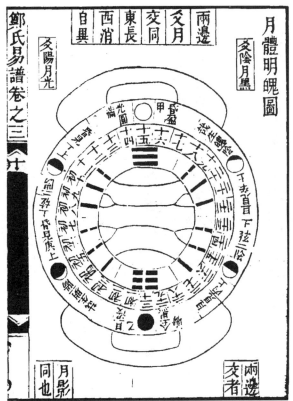

图 55　月体明魄图
（郑旒《郑氏易谱》）

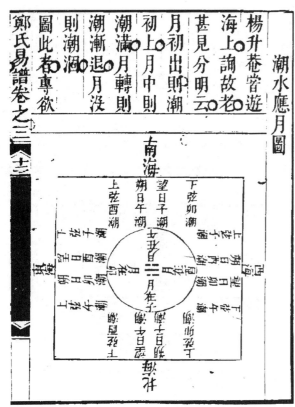

图 56　潮水应月图
（郑旐《郑氏易谱》）

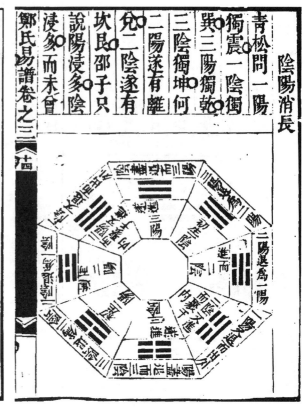

图 57　阴阳消长图
（郑旐《郑氏易谱》）

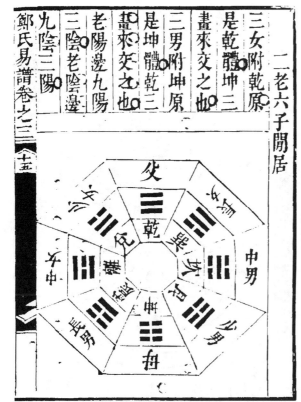

图 58　二老六子闲居图
（郑旐《郑氏易谱》）

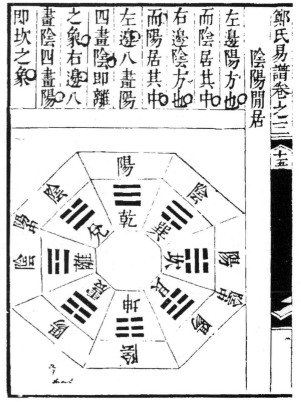

图 59　阴阳闲居图
（郑旐《郑氏易谱》）

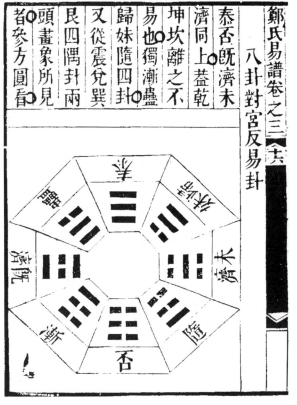

图 61　八卦对宫反易卦图
（郑旎《郑氏易谱》）

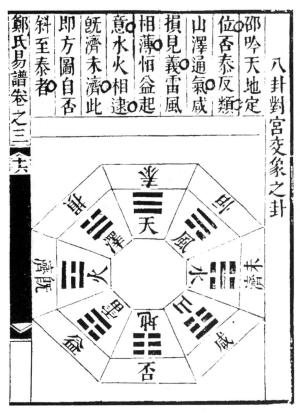

图 60　八卦对宫交象之卦图
（郑旎《郑氏易谱》）

图 63　四隅卦交泰尊卑图
（郑旎《郑氏易谱》）

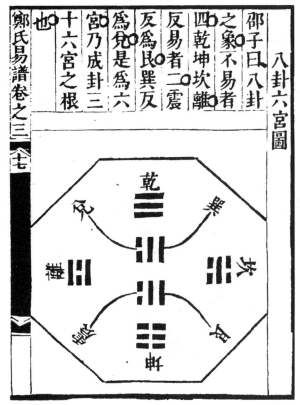

图 62　八卦六宫图
（郑旎《郑氏易谱》）

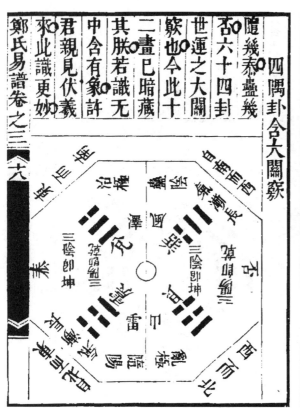

图 64　四隅卦含大关窍图
（郑旃《郑氏易谱》）

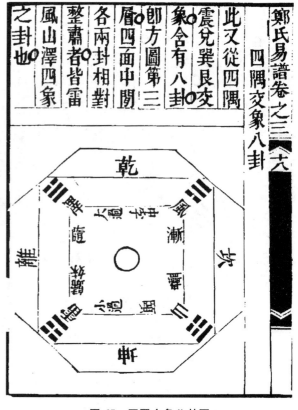

图 65　四隅交象八卦图
（郑旃《郑氏易谱》）

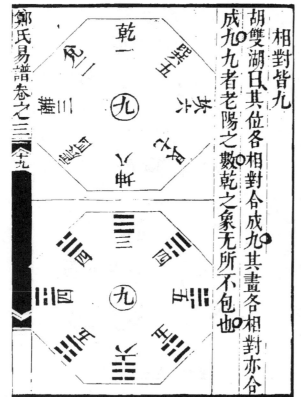

图 66　相对皆九图
（郑旃《郑氏易谱》）

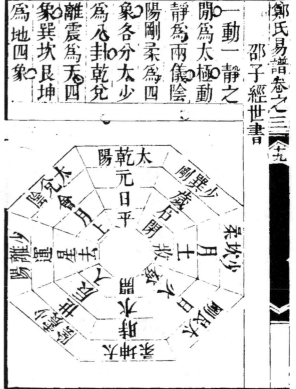

图 67　邵子经世书图
（郑旃《郑氏易谱》）

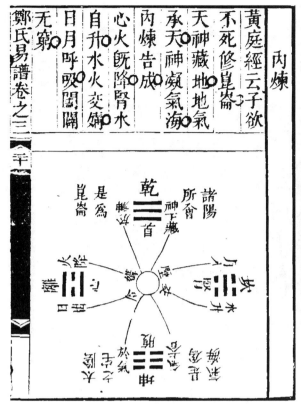

图 68 内炼图
（郑旒《郑氏易谱》）

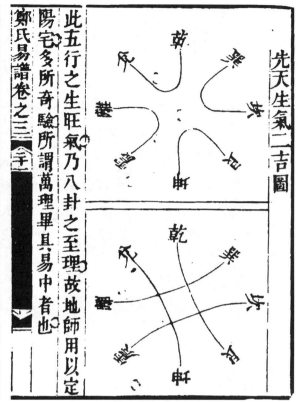

图 69 先天生气二吉图
（郑旒《郑氏易谱》）

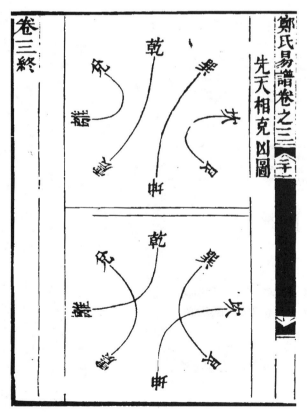

图 70 先天相克凶图
（郑旒《郑氏易谱》）

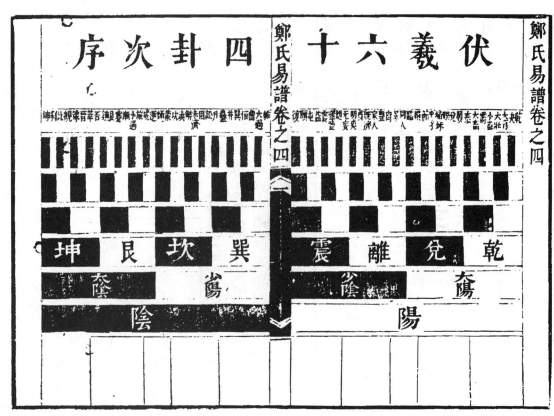

图 71 伏羲六十四卦次序图
（郑旒《郑氏易谱》）

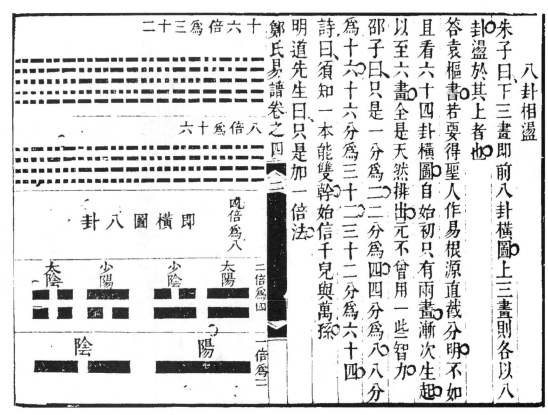

图 72 八卦相荡图
（郑旒《郑氏易谱》）

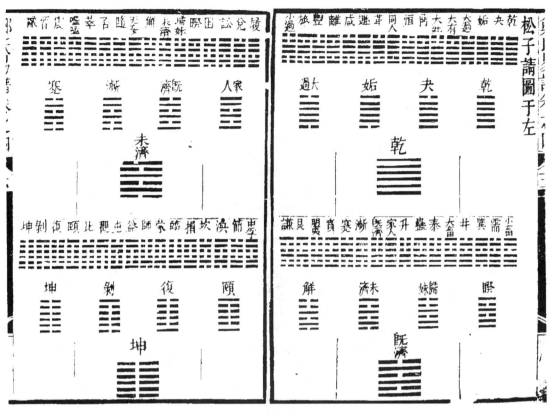

图73　互卦归根图
（郑旐《郑氏易谱》）

图74　天根月窟图
（郑旐《郑氏易谱》）

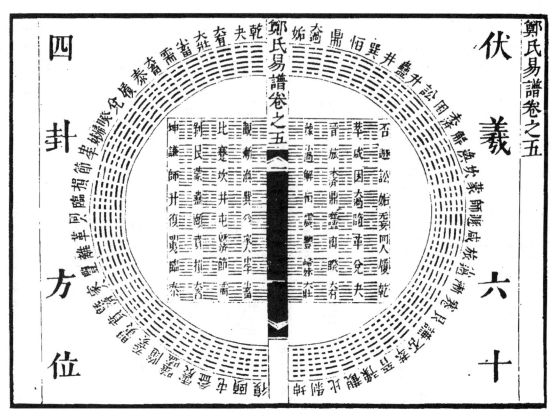

图 75　伏羲六十四卦方位图
（郑旐《郑氏易谱》）

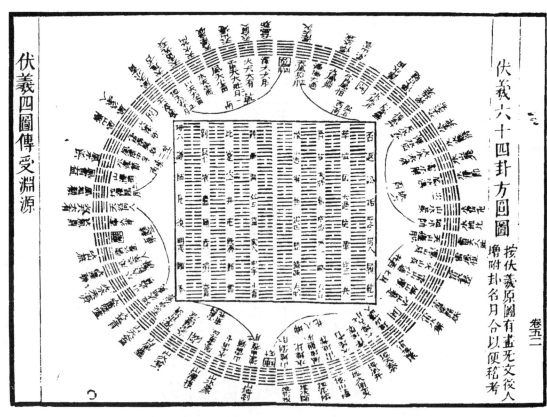

图 76　伏羲六十四卦方圆图
（郑旐《郑氏易谱》）

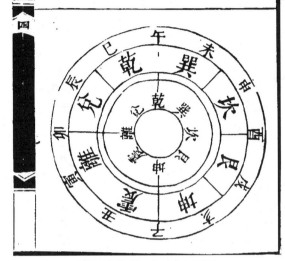

图 77 大圆图子午走半位图
（郑旒《郑氏易谱》）

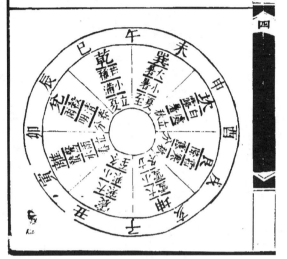

图 78 节气分爻图
（郑旒《郑氏易谱》）

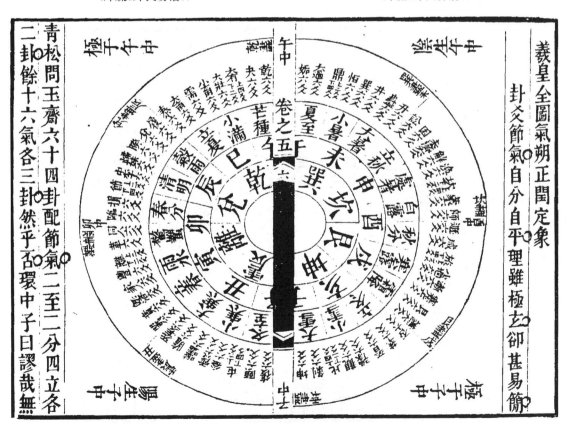

图 79 羲皇全图气朔正闰定象图
（郑旒《郑氏易谱》）

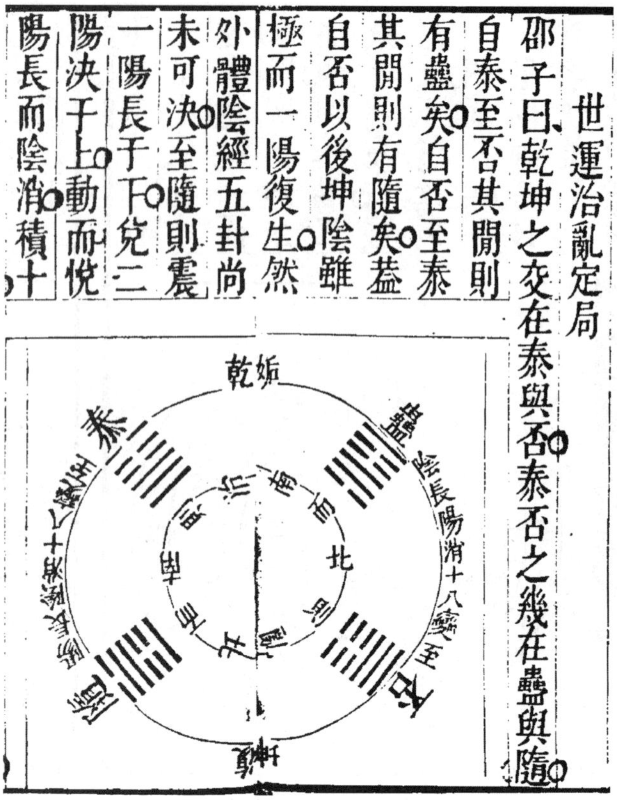

## 世運治亂定局

邵子曰、乾坤之交在泰與否泰否之幾在蠱與隨自泰至否其間則有蠱矣○自否至泰其間則有隨矣○自姤以後坤陰雖極而一陽復生然外體陰經五卦尚未可決至下兌二陽長于下震一陽長于上動而悅○陽決于上陰消積十

姤至坤陰也而孕長男為復是謂陰含陽而為陽復也○乾陽也而復至乾之父也復日月窟乾之父也姤分陰分陽而生初陽陰日天根一陰初生六變為坤而生復日

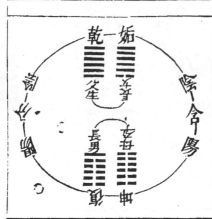

图 80 复姤图
（郑旒《郑氏易谱》）

图 81 世运治乱定局图
（郑旒《郑氏易谱》）

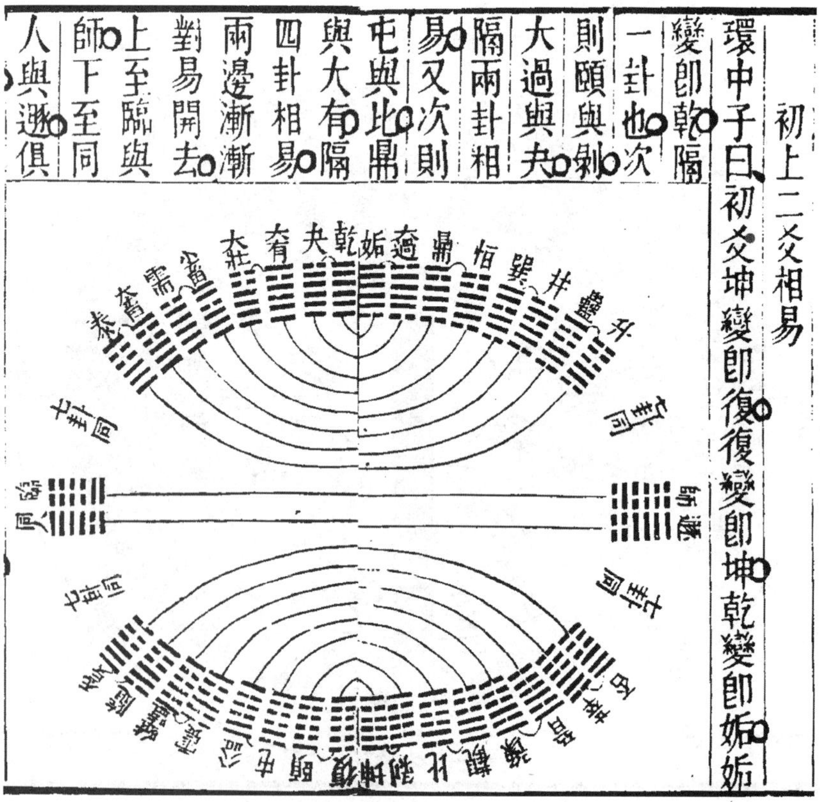

## 初上二爻相易

環中子曰初上二爻坤變即復復變即坤乾變即姤姤變即乾○一卦即次則頤與剝大過與夬易又次則屯與鼎隔兩卦相易兩邊漸漸對易開去○四卦相隔則井與大有隔兩卦相易上至臨與師下至同人與遯俱

图 82 初上二爻相易图
（郑旒《郑氏易谱》）

鄭氏易譜卷之五 〔卅二〕

雷風在中央第一
重水火環繞第二
重山澤環繞第三
重天地環繞

風第一重水火左
右夾風雷第二重
山澤左右夾水火
水火左右夾雷風

又分觀三重各四
面共十二面之雷

鄭氏易譜卷之五 〔卅二〕

六第四為內層雷
風相薄恆益起意
也○四卦震四巽
五一動一散起化
於中央○邵子曰先
天之學心法也○圖
皆從中起萬事萬
化都在者裏流出
環中子曰其泰否

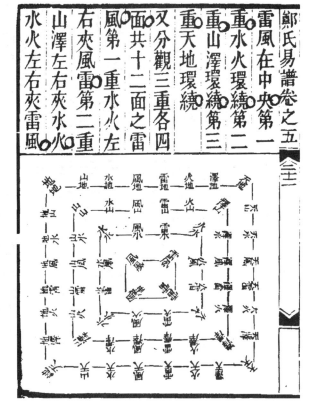

图84 四层包裹图
（郑旒《郑氏易谱》）

图83 方圆分四层图
（郑旒《郑氏易谱》）

鄭氏易譜卷之五 〔卅三〕

四角圖

邵子大易吟天地
定位否泰反類等
語正謂此也否泰
即乾坤之交咸損
即艮兌之交未濟
即民離之交
恆益即震巽之交
朱子曰不知怎生
恁地巧

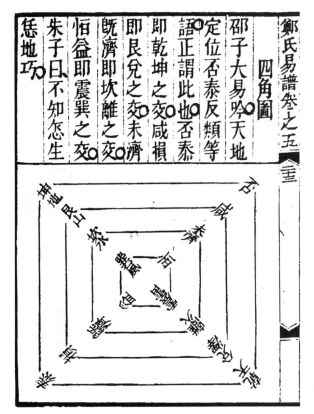

图85 四角图
（郑旒《郑氏易谱》）

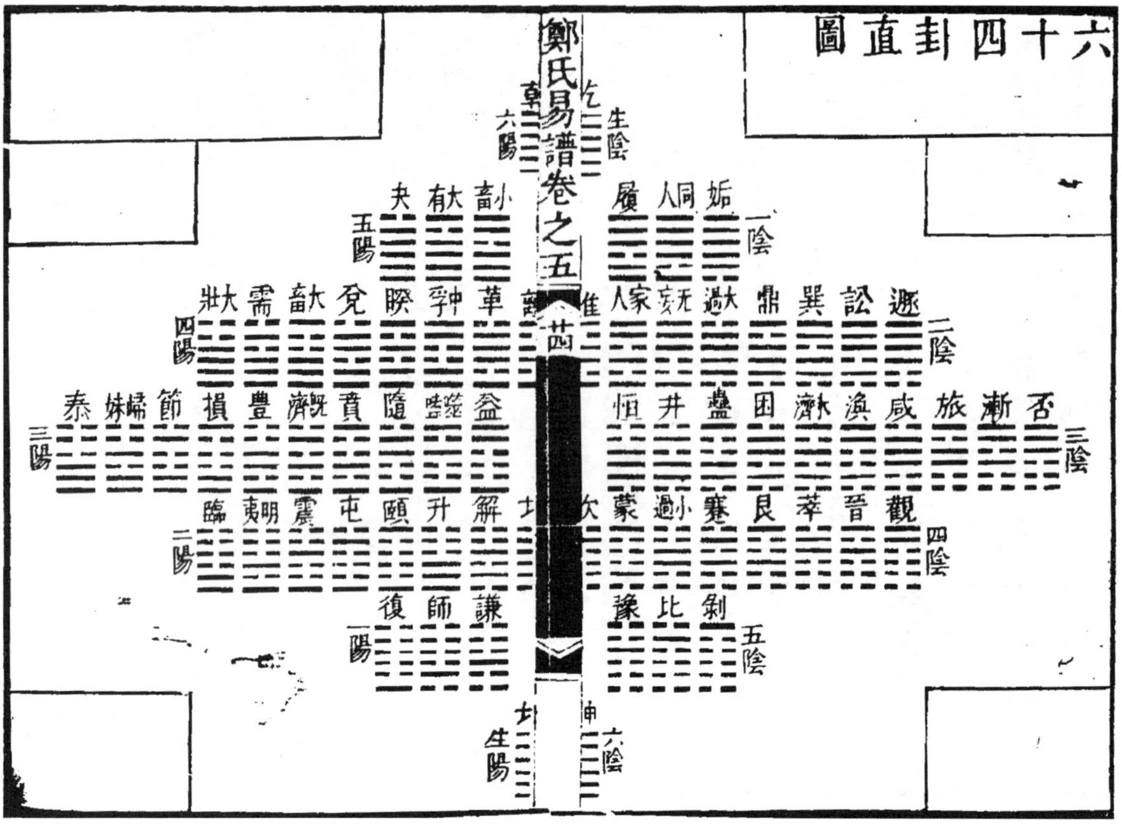

图86　六十四卦直图
（郑旒《郑氏易谱》）

图87　文王八卦次序图
（郑旒《郑氏易谱》）

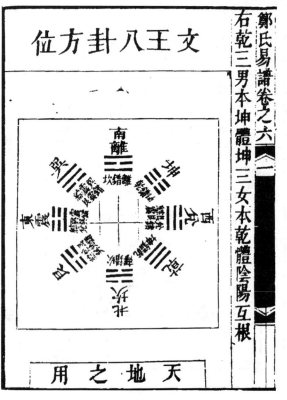

图88　文王八卦方位图
（郑旒《郑氏易谱》）

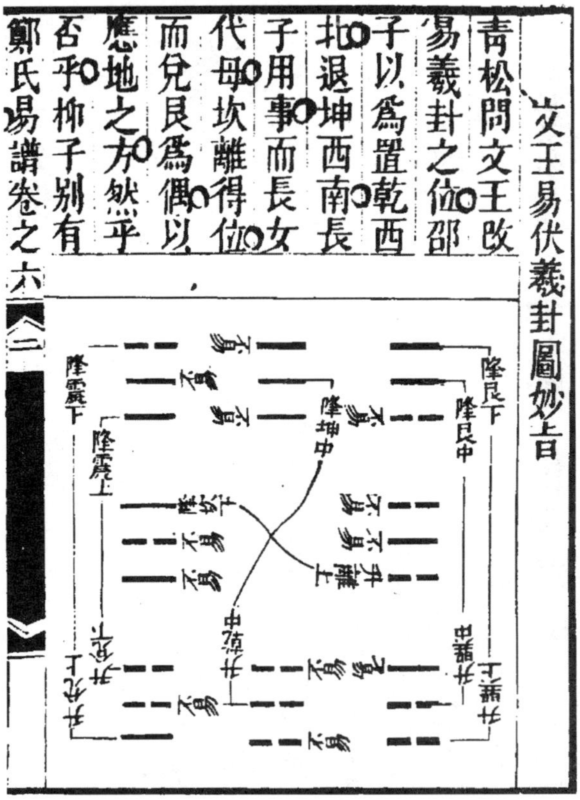

图 89　文王易伏羲卦图妙旨图
（郑旗《郑氏易谱》）

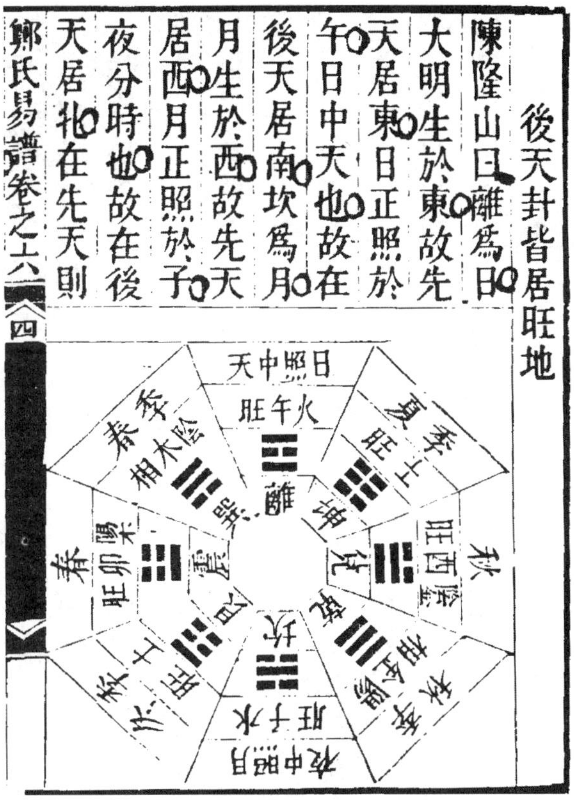

图 90　后天卦皆居旺地图
（郑旗《郑氏易谱》）

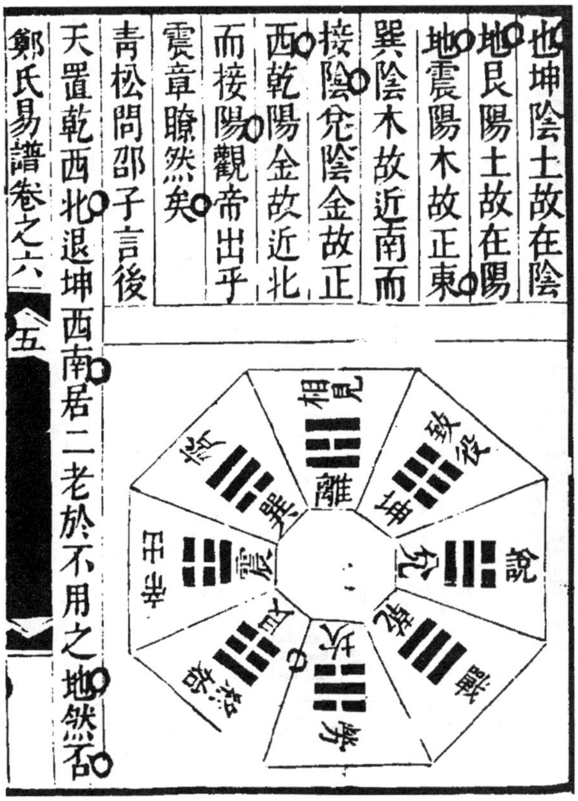

图 91　后天八卦图
（郑旗《郑氏易谱》）

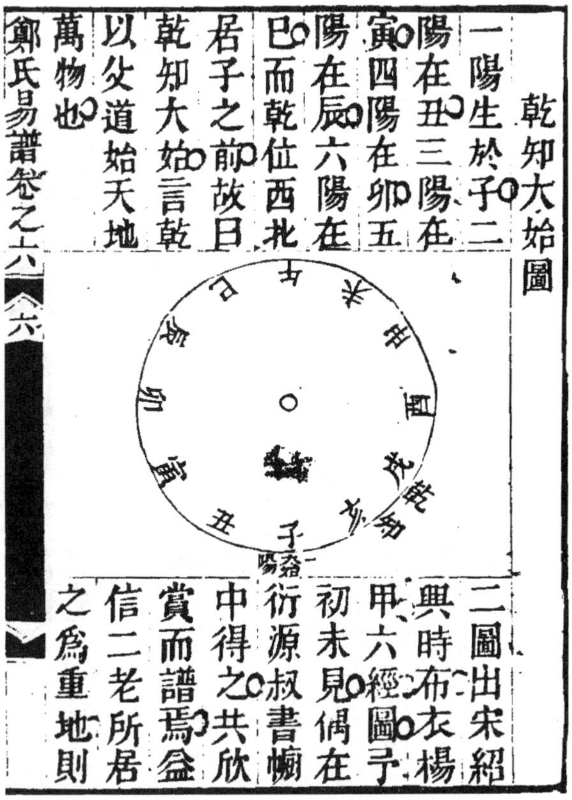

图 92　乾知大始图
（郑旗《郑氏易谱》）

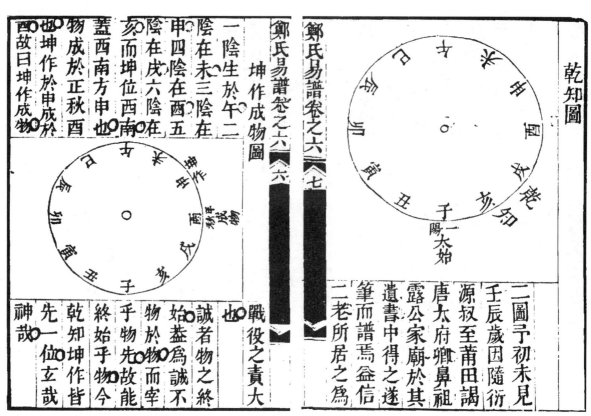

图 93　坤作成物图
（郑旎《郑氏易谱》）

图 94　乾知图
（郑旎《郑氏易谱》）

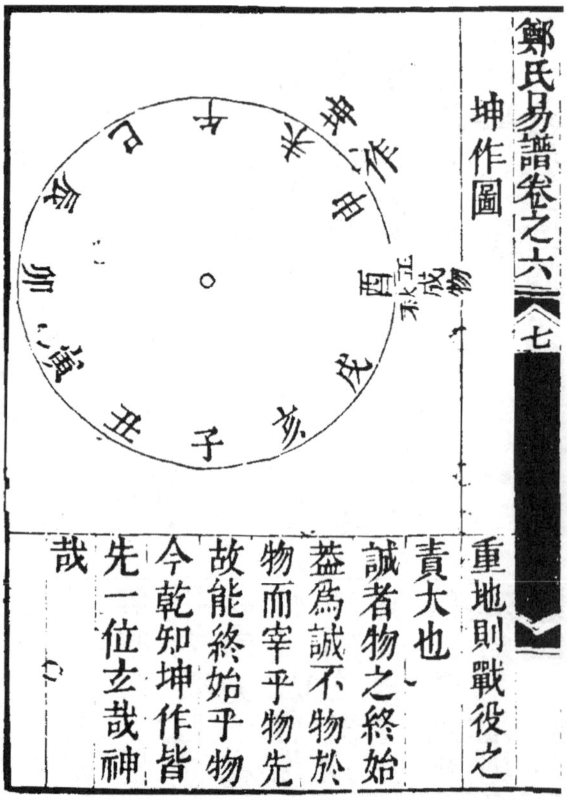

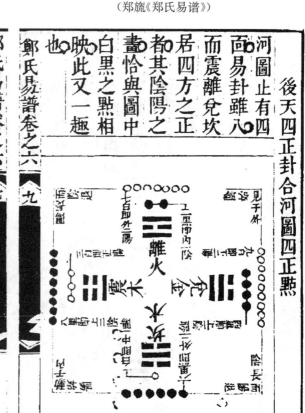

图 95　坤作图
（郑旎《郑氏易谱》）

图 96　后天四正卦合河图四正点图
（郑旎《郑氏易谱》）

鄭氏易譜卷之六
後天卦合河圖生成
本玉齋說
乾得九坤得十〇
陰陽之結果數
也〇一妙〇
六卦分取生成
獨離坎一卦專
生成〇又妙
艮成終成始〇當
中宮五〇尤妙〇
離火
坤陰土
兌陰金
乾陽金
坎水
艮陽土
震陽木
巽陰木

图 97　后天卦合河图生成图
（郑旒《郑氏易谱》）

後天八卦合洛書
先天八卦方位
天地之體也〇此
文王八卦方位
乃天地之用〇與
洛書同居八方〇
故依洛書爲序〇
四九二七右轉〇
三八一六則左
轉〇
鄭氏易譜卷之六
離
坤
兌
乾
坎
艮
震
巽

图 98　后天八卦合洛书图
（郑旒《郑氏易谱》）

鄭氏易譜卷之六
後天八卦月令
內層八卦位也〇
外層入卦氣也〇
如大雪已入坎
子之界〇而水未
旺氣未滿〇必待
冬至乃結坎之
局〇而成子之質〇
故大雪爲壬而
冬至乃爲子也〇

图 99　后天八卦月令图
（郑旒《郑氏易谱》）

八卦分洛書九疇
衍法用五色六
寸靈龜〇以其腹
甲爲九箇圓子〇
陽面鋟自一至
九以當龜拆〇陰
面空白信手爲
豹以當火炙〇視
其現幾數以當
龜兆〇
鄭氏易譜卷之六
五行
土金木火水

图 100　八卦分洛书九畴图
（郑旒《郑氏易谱》）

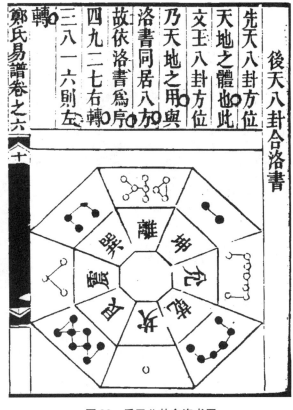

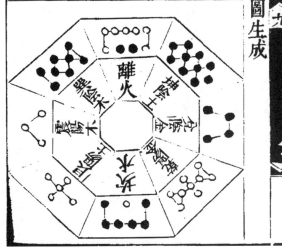

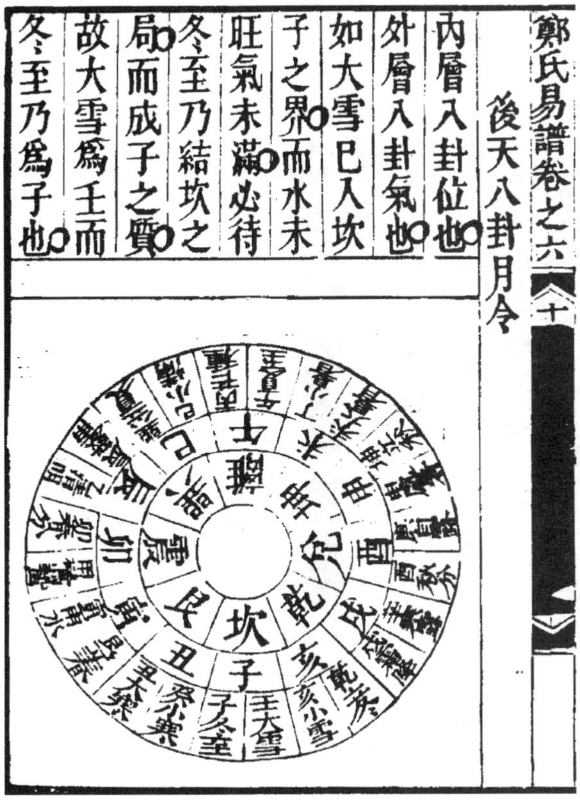

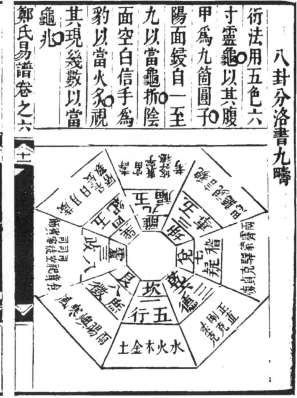

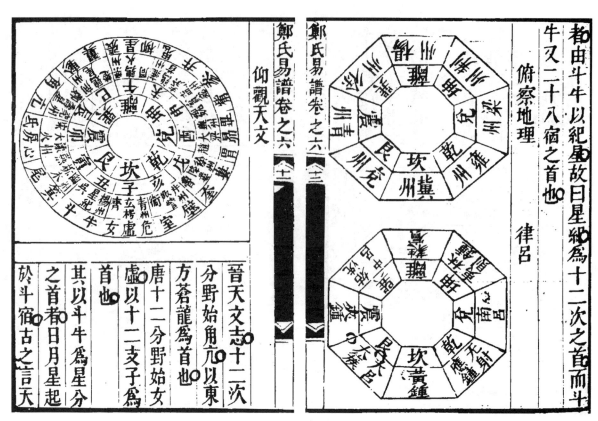

图 101　仰观天文图
（郑旟《郑氏易谱》）

图 102　俯察地理、律吕图
（郑旟《郑氏易谱》）

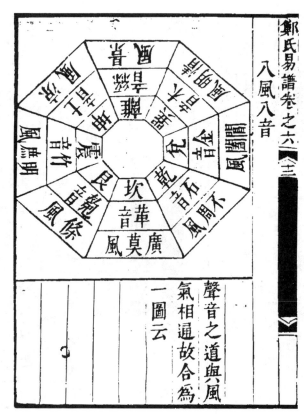

图 103　八风八音图
（郑旟《郑氏易谱》）

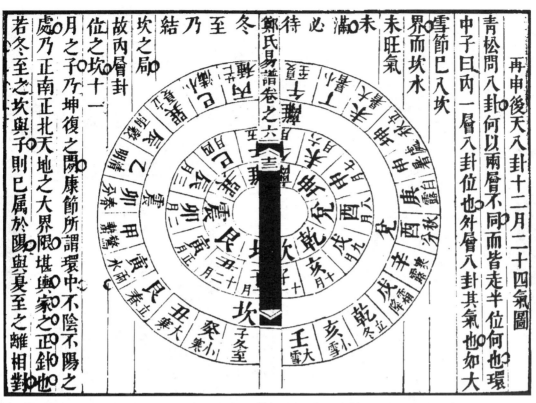

图 104　后天八卦十二月二十四气图
（郑旐《郑氏易谱》）

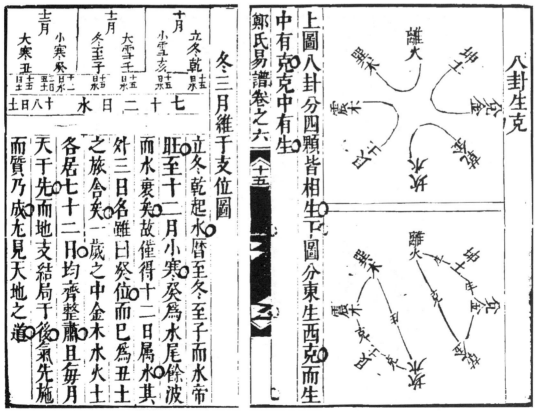

图 105　冬三月维干支位图
（郑旐《郑氏易谱》）

图 106　八卦生克图
（郑旐《郑氏易谱》）

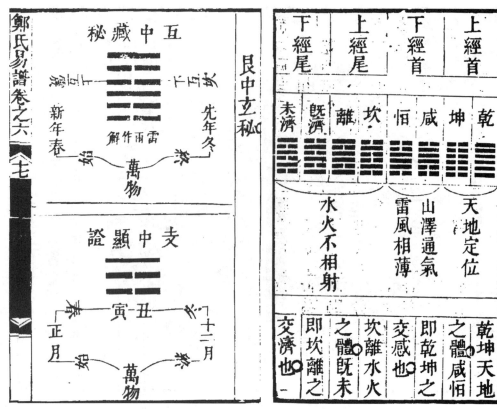

图 107 艮中玄秘图
（郑旉《郑氏易谱》）

图 108 上下经首尾图
（郑旉《郑氏易谱》）

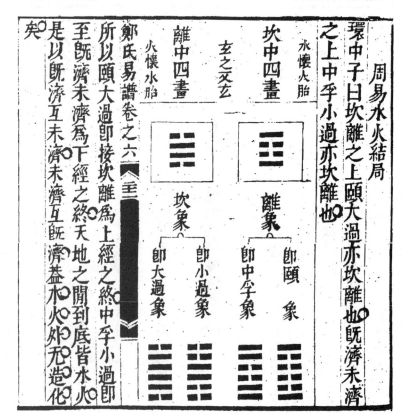

图 109 周易水火结局图
（郑旉《郑氏易谱》）

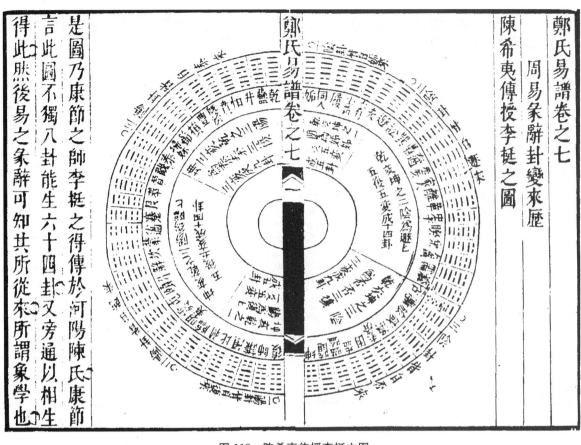

图 110　陈希夷传授李挺之图
（郑旒《郑氏易谱》）

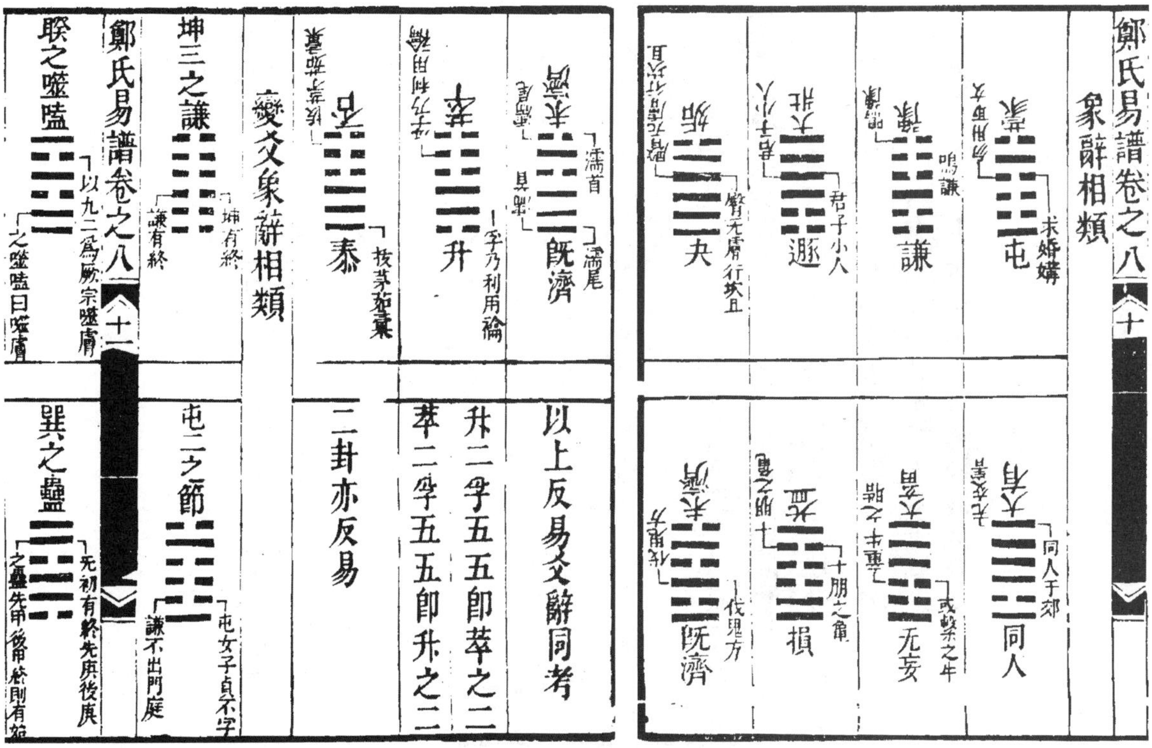

图 111　象辞相类图
（郑旒《郑氏易谱》）

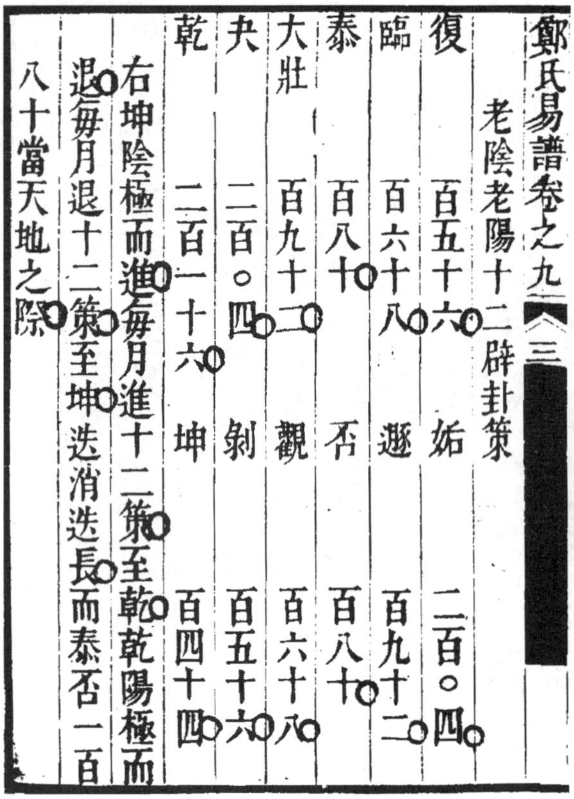

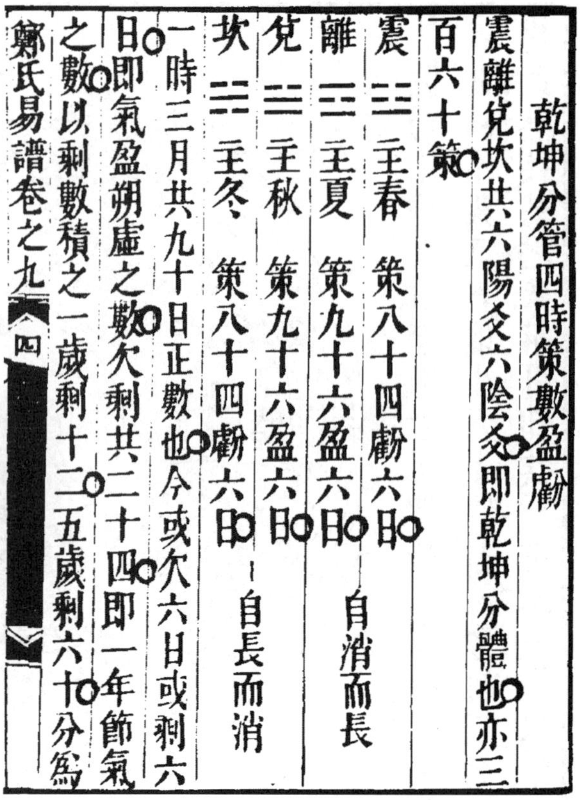

## 图113 乾坤分管四时策数盈亏图

乾坤分管四时策数盈亏

震离兑坎共六阳爻六阴爻即乾坤分体也亦三百六十策

震 ☳ 主春 策八十四亏六日
离 ☲ 主夏 策九十六盈六日 自消而长
兑 ☱ 主秋 策九十六盈六日
坎 ☵ 主冬 策八十四亏六日 自长而消

一时三月共九十日正数也今或亏六日或剩六日即气盈朔虚之数欠剩共二十四即一岁剩十二五岁剩六十分为之数以剩数积之一岁剩十二日

郑氏易谱卷之九 《四》

## 图112 老阴老阳十二辟卦策图

郑氏易谱卷之九 老阴老阳十二辟卦策

复 ䷗ 百五十六
临 ䷒ 百六十八
泰 ䷊ 百八十
大壮 ䷡ 百九十二
夬 ䷪ 二百○四
乾 ䷀ 二百一十六

姤 ䷫ 二百○四
遯 ䷠ 百九十二
否 ䷋ 百八十
观 ䷓ 百六十八
剥 ䷖ 百五十六
坤 ䷁ 百四十四

右坤阴极而进每月进十二策至乾乾阳极而退每月退十二策至坤迭消迭长而泰否一百八十当天地之际

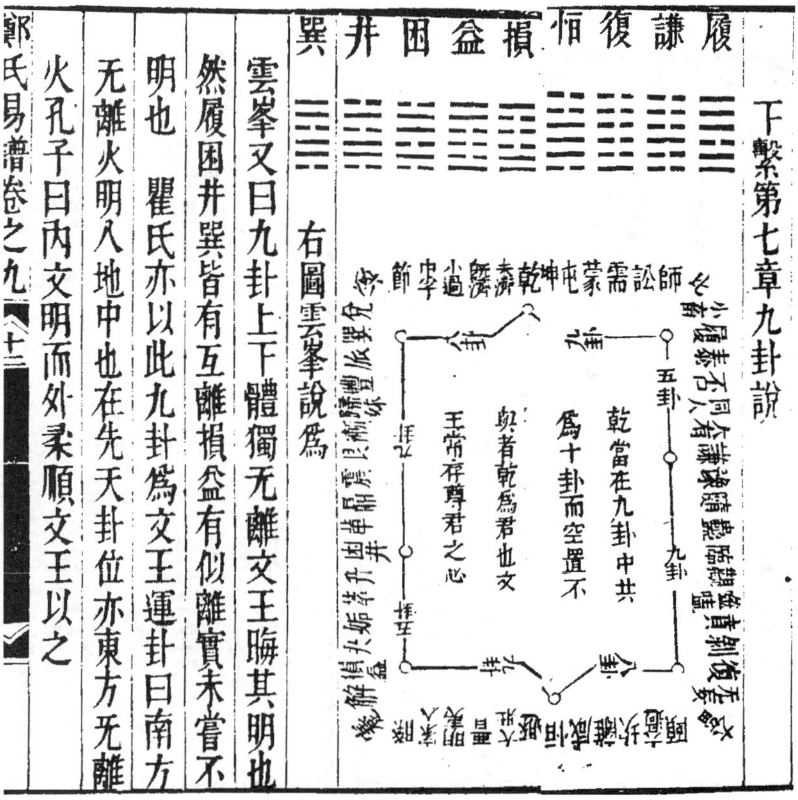

## 图114 九卦说图

下系第七章 九卦说

履 ䷉
谦 ䷎
复 ䷗
恒 ䷟
损 ䷨
益 ䷩
困 ䷮
井 ䷯
巽 ䷸

右图云峯说为

云峯又曰九卦上下体独无离交王晦其明也然履困井巽皆有互离损益有似离实未尝明也瞿氏亦以此九卦为文王运卦曰南方无离火孔子曰内文明而外柔顺文王以之火孔离火明入地中也在先天卦位亦东方无离

郑氏易谱卷之九 《十二》

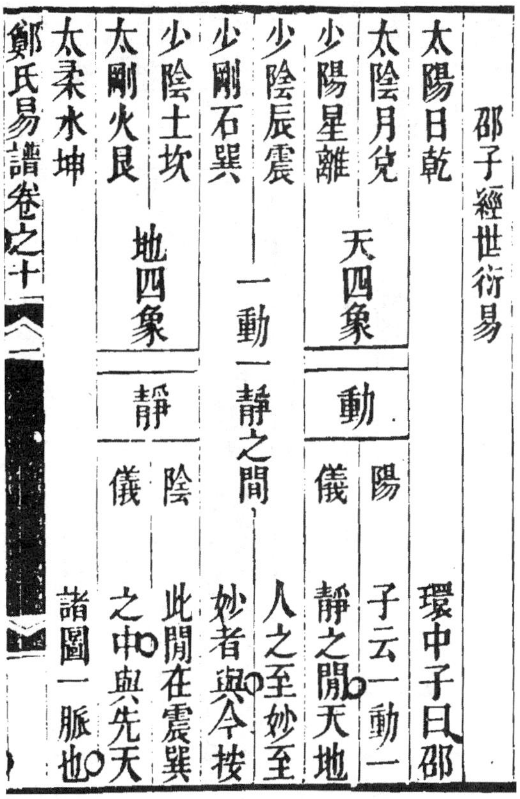

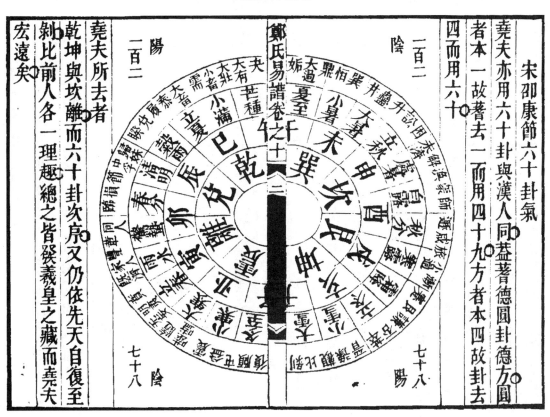

图 115　邵子经世衍易图
（郑旒《郑氏易谱》）

图 116　宋邵康节六十卦气图
（郑旒《郑氏易谱》）

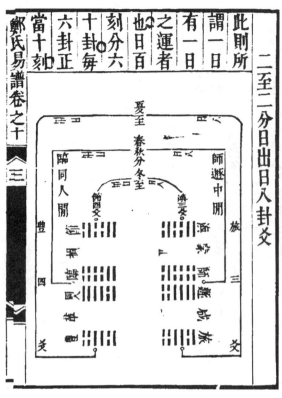

图 117　二至二分日出日入卦爻图
（郑旟《郑氏易谱》）

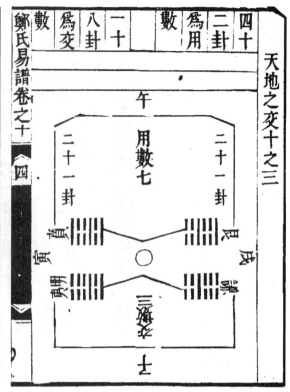

图 118　天地之交十之三图
（郑旟《郑氏易谱》）

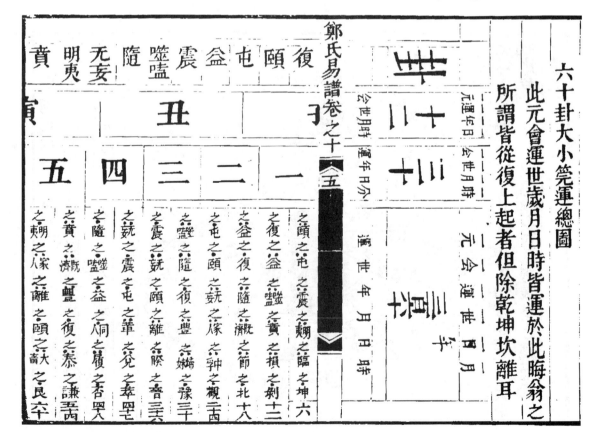

图 119－1　六十卦大小筮运总图
（郑旟《郑氏易谱》）

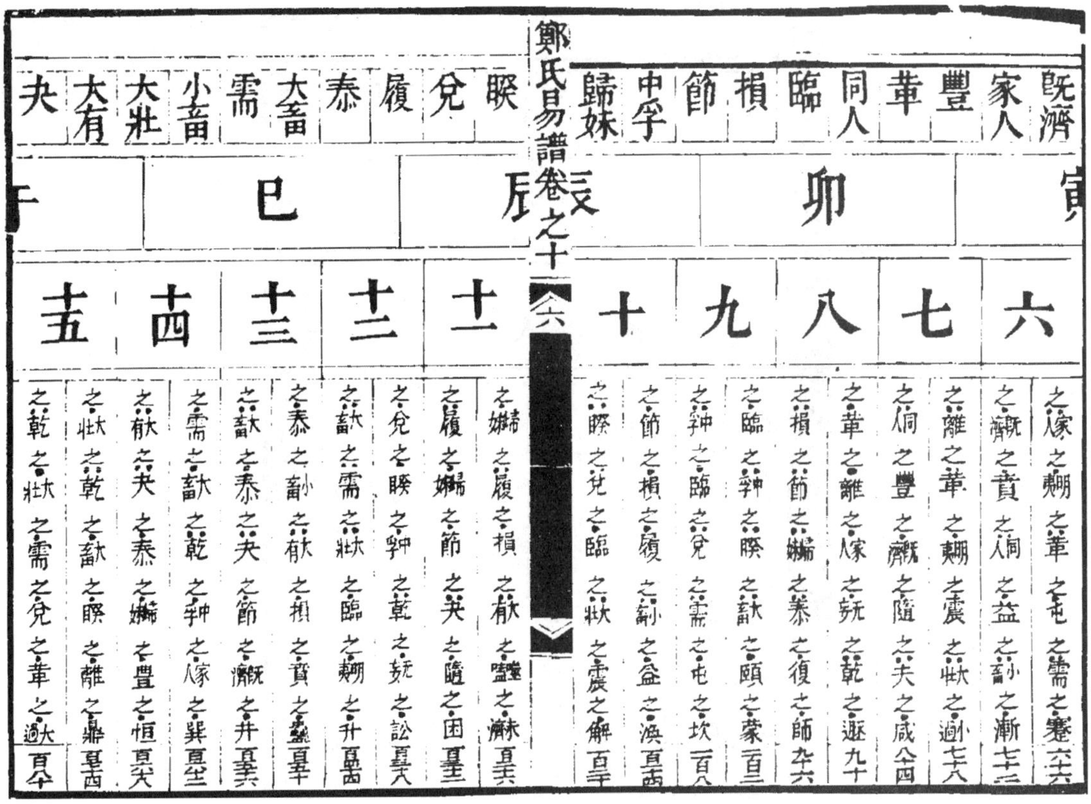


图 119 - 2　六十卦大小筭运总图

(郑旒《郑氏易谱》)

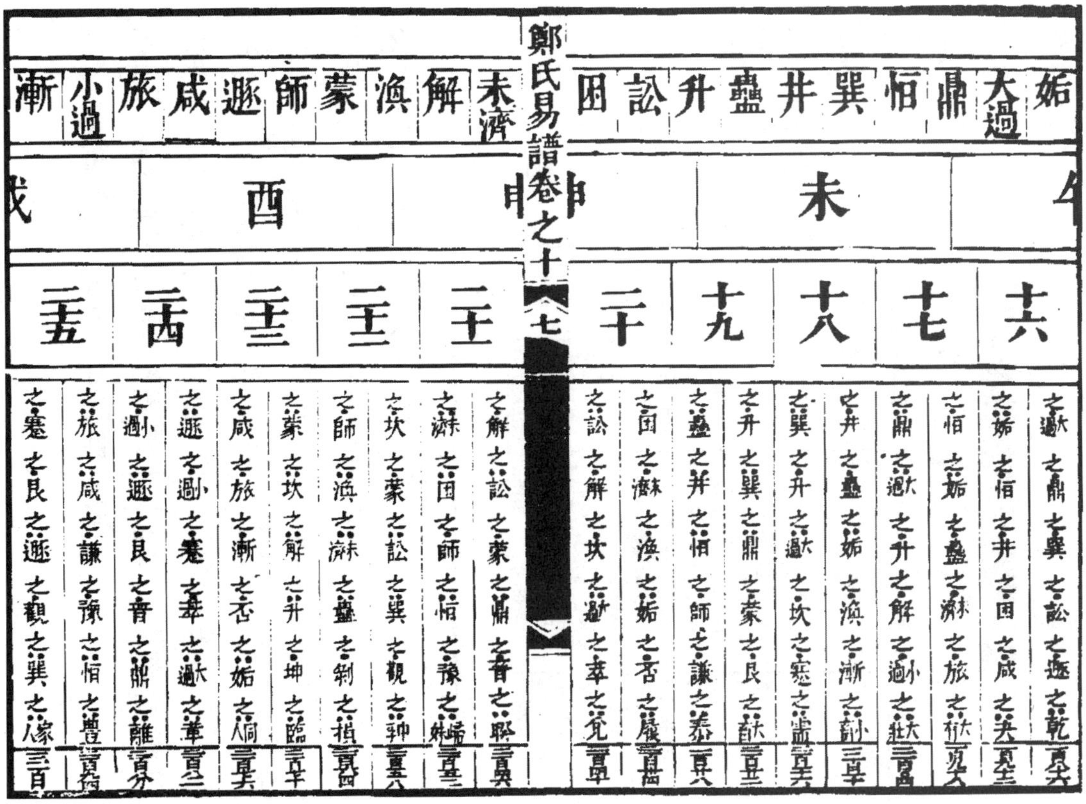


图 119 - 3　六十卦大小筭运总图

(郑旒《郑氏易谱》)

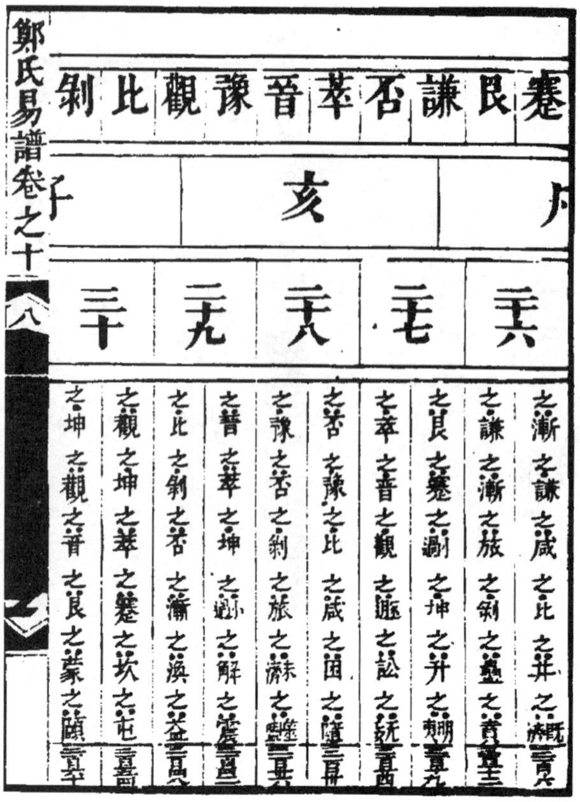
鄭氏易譜卷之十 八

蹇 艮 謙 否 萃 晉 豫 觀 比 剝

戌 亥 子

图 119－4　六十卦大小筭运总图

（郑旒《郑氏易谱》）

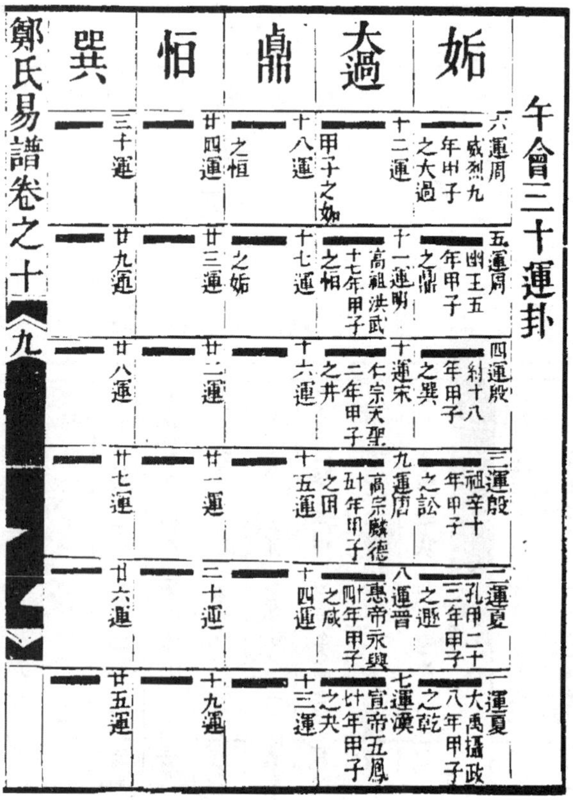
鄭氏易譜卷之十 九

午會三十運卦

姤 大過 鼎 恒 巽

图 120　午会三十运卦图

（郑旒《郑氏易谱》）

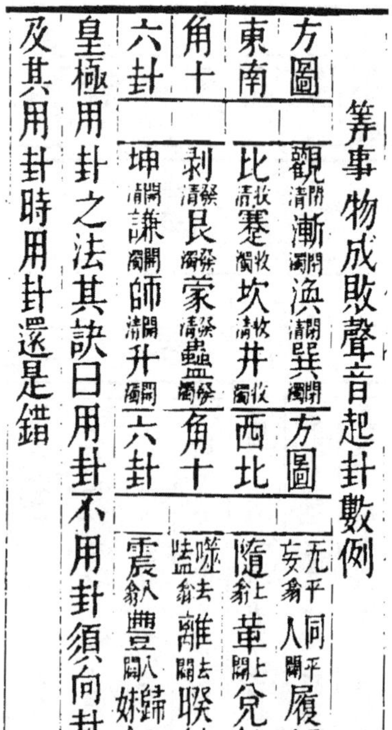
筭事物成敗聲音起卦數例

方圓 東南 角十 六卦

觀 漸 渙 巽

比 蹇 坎 井

剝 艮 蒙 蠱

坤 謙 師 升

方圓 西北 角十 六卦

无妄 同人 履 乾

隨 革 兌 夬

噬嗑 離 睽 大有

震 豐 歸妹 大壯

皇極用卦之法其訣曰用卦不用卦須向卦中作

及其用卦時用卦還是錯

图 121　算事物成败声音起卦数例图

（郑旒《郑氏易谱》）

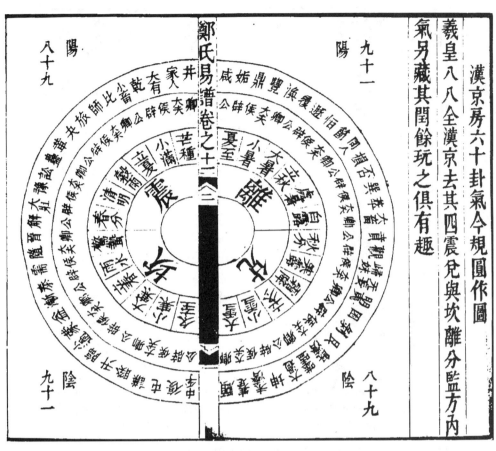

图 122　汉京房六十卦气今规圆作图
（郑旒《郑氏易谱》）

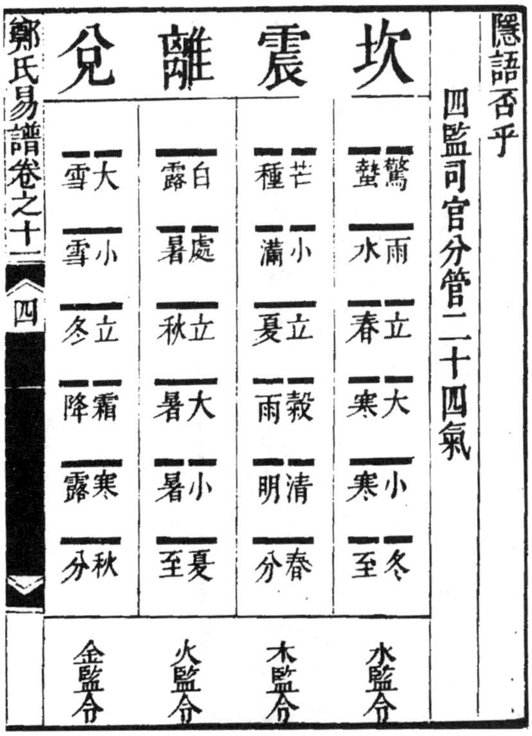

图 123　四监司官分管二十四气图
（郑旒《郑氏易谱》）

图 124　十二月辟卦图
（郑旒《郑氏易谱》）

## 纳甲于合数亦合

乾☰甲―――一―――坤☷乙
艮☶丙―――二―――兑☱丁
离☲己―――三
坎☵戊
震☳庚―――七
巽☴辛―――八
乾☰壬―――九―――坤☷癸
　　　　　　　十

右八卦纳甲亦多所致趣堪供游玩

## 八卦纳甲皆由乾坤来

郑氏易谱卷之十二 《八

| 乾甲 | 坤乙 |
| 艮丙 | 兑丁 |
| 坎戊 | 离己 |
| 震庚 | 巽辛 |
| 乾壬 | 坤癸 |

六子得诸乾坤而戊己适居中位见坎离无往非中也盖巳著象于月影矣

图125　八卦纳甲皆由乾坤来图
（郑旗《郑氏易谱》）

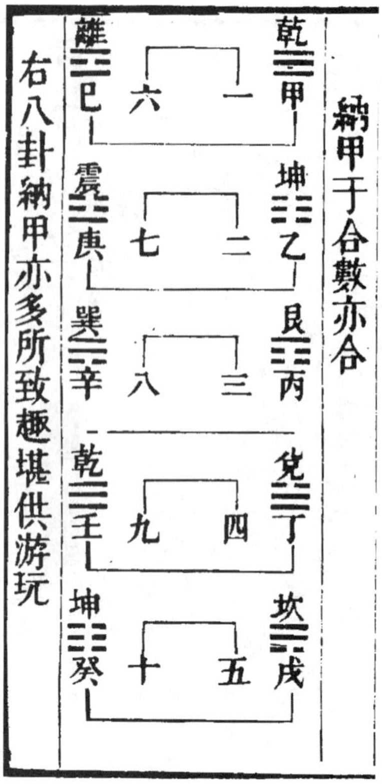

图126　纳甲于合数亦合图
（郑旗《郑氏易谱》）

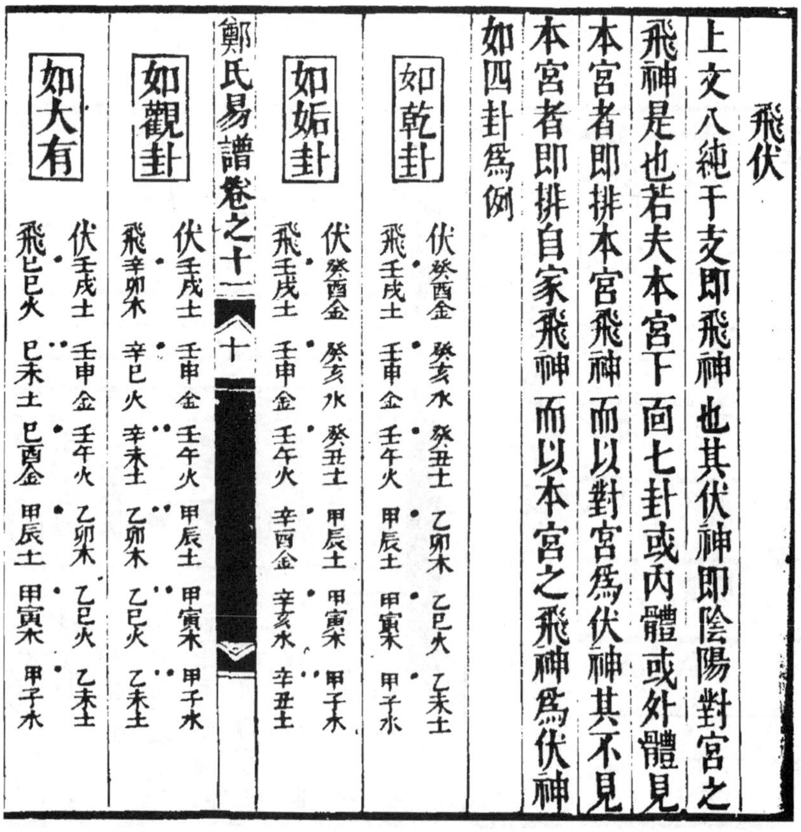

## 飞伏

上文八纯干支即飞神也其伏神即阴阳对宫之飞神是也若夫本宫下面七卦或内体或外体见本宫者即排本宫飞神而以对宫为伏神其不见本宫者即排自家飞神而以本宫之飞神为伏神如四卦为例

郑氏易谱卷之十一 《十

**如乾卦**
伏癸酉金　癸亥水　癸丑土　乙卯木　乙巳火　乙未土
飞壬戌土　壬申金　壬午火　甲辰土　甲寅木　甲子水

**如姤卦**
伏壬戌土　壬申金　壬午火　辛酉金　辛亥水　辛丑土
飞辛丑土　辛亥水　辛酉金　甲辰土　甲寅木　甲子水

**如观卦**
伏壬戌土　壬申金　壬午火　乙卯木　乙巳火　乙未土
飞辛卯木　辛巳火　辛未土　乙卯木　乙巳火　乙未土

**如大有**
伏壬戌土　壬申金　壬午火　甲辰土　甲寅木　甲子水
飞巳火　巳未土　巳酉金　甲辰土　甲寅木　甲子水

图127　飞伏图
（郑旗《郑氏易谱》）

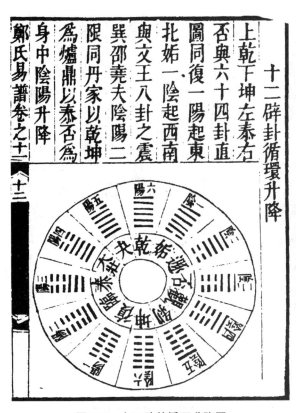

图 128 十二辟卦循环升降图
（郑旐《郑氏易谱》）

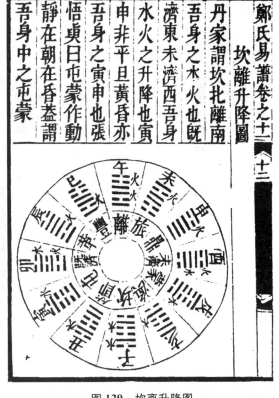

图 129 坎离升降图
（郑旐《郑氏易谱》）

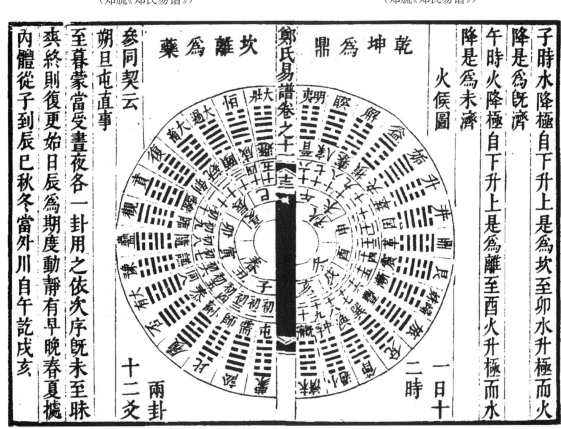

图 130 火候图
（郑旐《郑氏易谱》）

楊雄太玄八十一家應六十四卦

中孚中　冬至牛一度丙子起斗指子黃鍾用事

復周　牛五度

屯礥　女二度　閑　女六度次四入小寒

謙少　女十一度

睽戾　虛四度

升上　虛八度

干　危三度大寒節斗指丑太呂用事

臨狩　危七度　羨　危十二度

小過差　危十六度

鄭氏易譜卷之十二　十四

蒙童　室四度立春節

益增　室八度

漸銳　室十三度次雨水節斗指寅太簇用事

泰達　壁一度　交　壁六度

需耎　奎一度次八驚蟄節　傒　奎六度

隨從　奎十度

晉進　奎十五度

解釋　婁三度次三春分斗指卯夾鍾用事

大壯格　婁八度　夷　婁十三度

豫樂　胃五度次五清明節

图 131－1　杨雄太玄八十一家应六十四卦图

（郑旒《郑氏易谱》）

訟爭　胃九度

蠱務　胃十四度　事　昴四度　以上天玄

革更　昴九度次九穀雨斗指辰姑洗用事

夬斷　畢三度　毅　入畢七度

旅裝　畢十一度立夏節

師衆　畢十五度

比密　參三度

親　參七度次七小滿節斗指巳中呂用事

小畜斂　井三度

乾强　井七度　睟　入井十一度

鄭氏易譜卷之十二　十三

大有盛　井十六度次二芒種節

家人居　井二十一度

井法　井二十五度

離應　井二十九度次五夏至節斗指午蕤賓

用事

咸迎　鬼一度

姤遇　柳一度

鼎竈　柳六度次八小暑節

豐大　柳十度　廓　柳十五度

渙文　星四度

图 131－2　杨雄太玄八十一家应六十四卦图

（郑旒《郑氏易谱》）

**图131-3 杨雄太玄八十一家应六十四卦图**
（郑旒《郑氏易谱》）

郑氏易谱卷之廿 《十六》

- 履 禮 張二度次三大暑斗指未林鐘用事
- 遯 逃 張六度 唐 入張十一度
- 恒 常 張十五度次六立秋節
- 節 度 翼二度
- 永 翼二度
- 同人昆 翼十一度 以上地玄
- 損 减 翼十五度初一處暑其首乃立秋之所終也夷則用事
- 否 瑩 軫三度 守 入軫六度
- 巽 翕 軫十一度次三白露節
- 萃 聚 軫十五度
- 大畜 積 角三度
- 賁 餙 角七度次六秋分斗指酉南呂用事
- 震 疑 角十二度
- 觀 視 亢四度
- 兌 沈 亢七度
- 歸妹內 氐四度次三寒露節
- 无妄去 氐九度
- 明夷晦 氏十三度
- 賁 房二度次五霈降无射用事

**图131-4 杨雄太玄八十一家应六十四卦图**
（郑旒《郑氏易谱》）

郑氏易谱卷之十二 《十七》

- 困 窮 心二度
- 剝 割 尾二度去冬至四十九日
- 艮 山 尾六度上九立冬節
- 堅 尾十度
- 既濟成 尾十五度
- 噬嗑闞 箕二度
- 大過失 箕六度次小雪節斗指亥應鍾用事
- 劇 箕十一度
- 坤 馴 斗三度
- 未濟將 斗九度 以上人玄
- 蹇 難 斗二十三度大雪節
- 勤 斗二十八度
- 坎 斗二十二度
- 頤 養 斗二十九度
- 右八十一家每家九贊共七百二十九贊外有踦嬴二贊均其數於一元之閒
- 一贊爲六年三月二十六日九贊爲一家
- 一家爲五十六年三月二十四日三家爲一部
- 一部爲一百六十七年八月一十二日三部爲一州
- 一州爲五百一十二年一月六日管九家二十七章爲一會得日月交會之數三州爲一方

一方至一千五百三十六年三月一十八日管二十七家八十一章爲一統得朔分盡之數三方爲一元

一元總四千六百八十四年十月二十四日加踦贊六年三月二十晷贏贊一年九月一十日共四千六百一十七年是爲一元之年數管三方九州二十七部八十一家二百四十三章而得六甲盡之數與易數符合

前篇連山一元亦四千六百一十七年

司馬潛虛一虛亦四千六百一十七年

鄭氏易譜卷之十一 〈六〉

康節論太玄

日楊雄作太玄可謂見天地之心者也又日洛下閎鄧穎帝曆爲太初曆子雲準太初而作太玄凡八十一首氣起於中心故首中卦以象中孚也

又曰今之作曆者但知曆法不知曆理能布算者又曰閎也能推步者甘公石公也洛下閎但知曆法楊雄知曆法又知曆理

按八十一卦每卦四日半共得三百六十四日又贊足之恰一年三百六十五日又矣外以踦贏二贊足之恰一年三百六十五日又四分日之一也

图131-5 杨雄太玄八十一家应六十四卦图
（郑旂《郑氏易谱》）

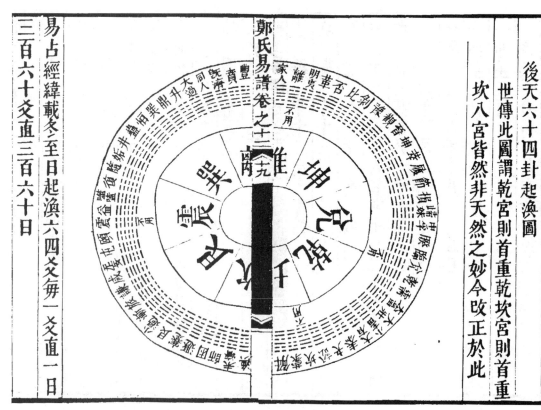

後天六十四卦起澦圖

世傳此圖謂乾宮則首重乾坎宮則首重坎八宮皆然非天然之妙今改正於此

鄭氏易譜卷之十二 〈九〉

易占經緯載冬至日起澦六四爻毋一爻直一日三百六十爻直三百六十日

图132 后天六十四卦起澦图
（郑旂《郑氏易谱》）

# 顾懋樊

生卒年不详,字霖调,明浙江仁和(今浙江杭州)人。崇祯间副榜贡生。著有《桂林点易丹》十六卷、《春秋义》三十卷、《桂林诗正》八卷、《桂林书响》十卷、《桂林史咏》等。现存有《周易》图像十四幅。

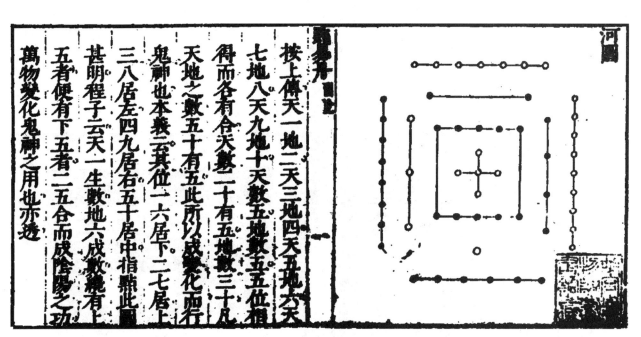

**图1 河图**
(顾懋樊《桂林点易丹》)

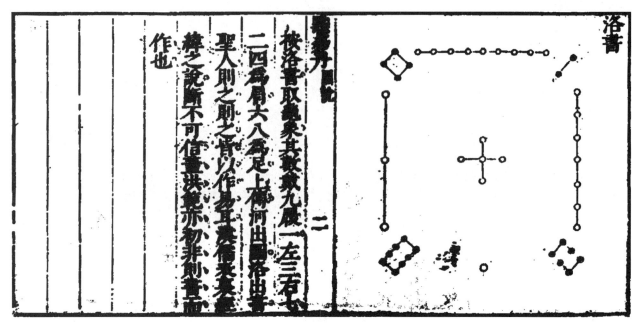

图 2　洛书
（顾懋樊《桂林点易丹》）

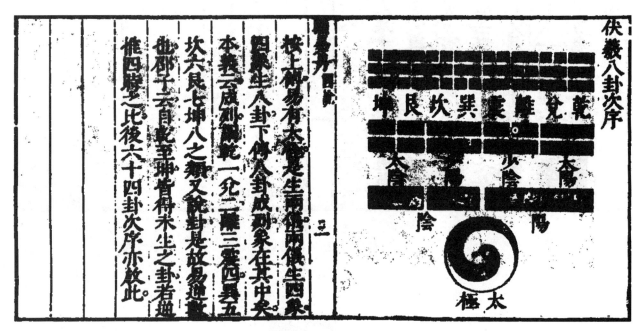

图 3　伏羲八卦次序图
（顾懋樊《桂林点易丹》）

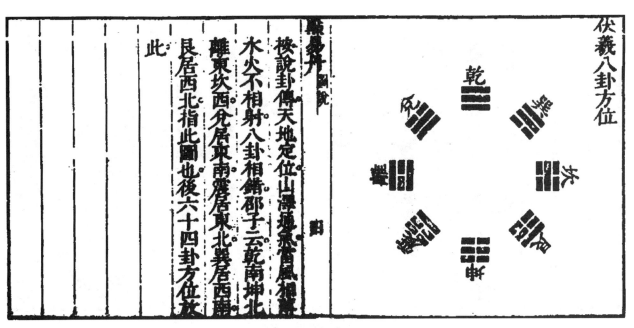

图4 伏羲八卦方位图
（顾懋樊《桂林点易丹》）

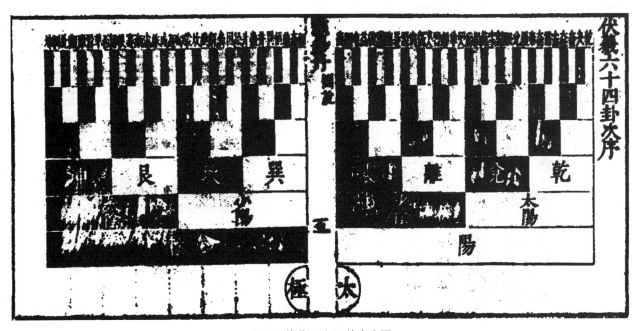

图5 伏羲六十四卦次序图
（顾懋樊《桂林点易丹》）

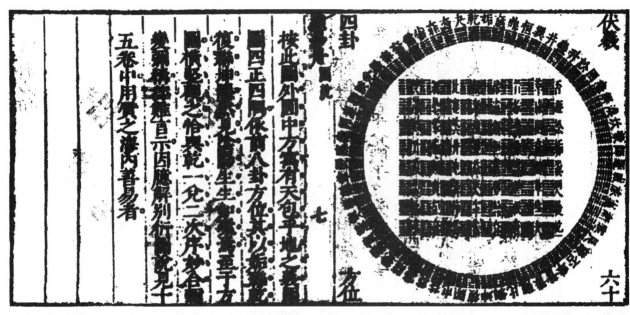

图6　伏羲六十四卦方位图
（顾悬樊《桂林点易丹》）

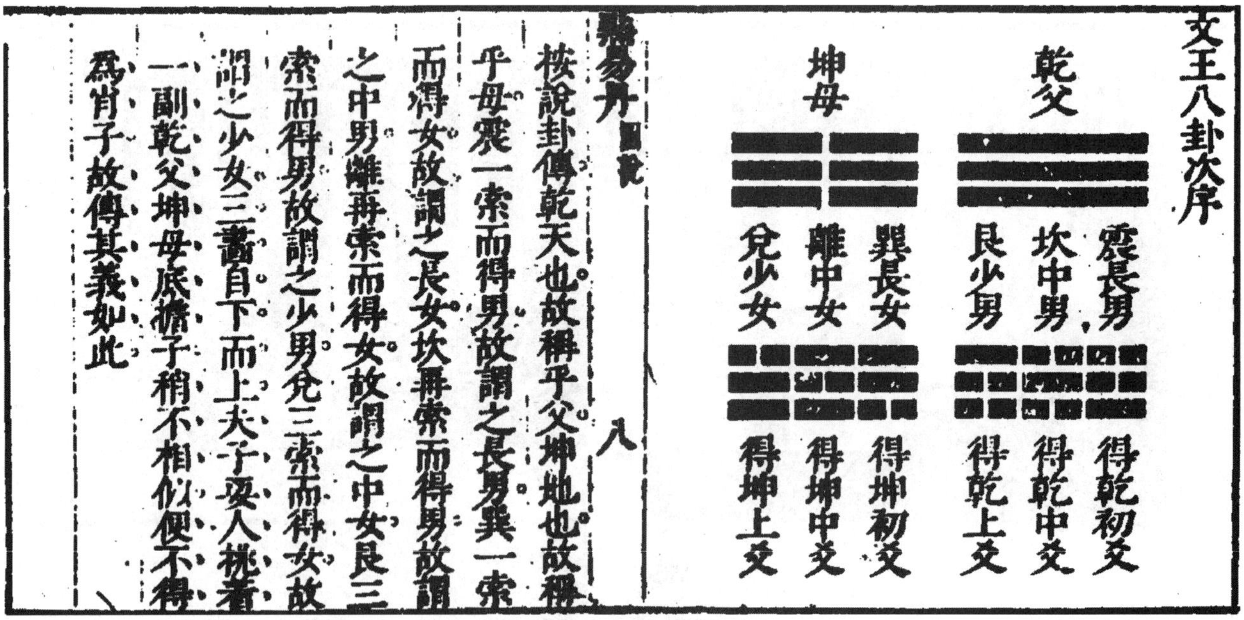

图7　文王八卦次序图
（顾悬樊《桂林点易丹》）

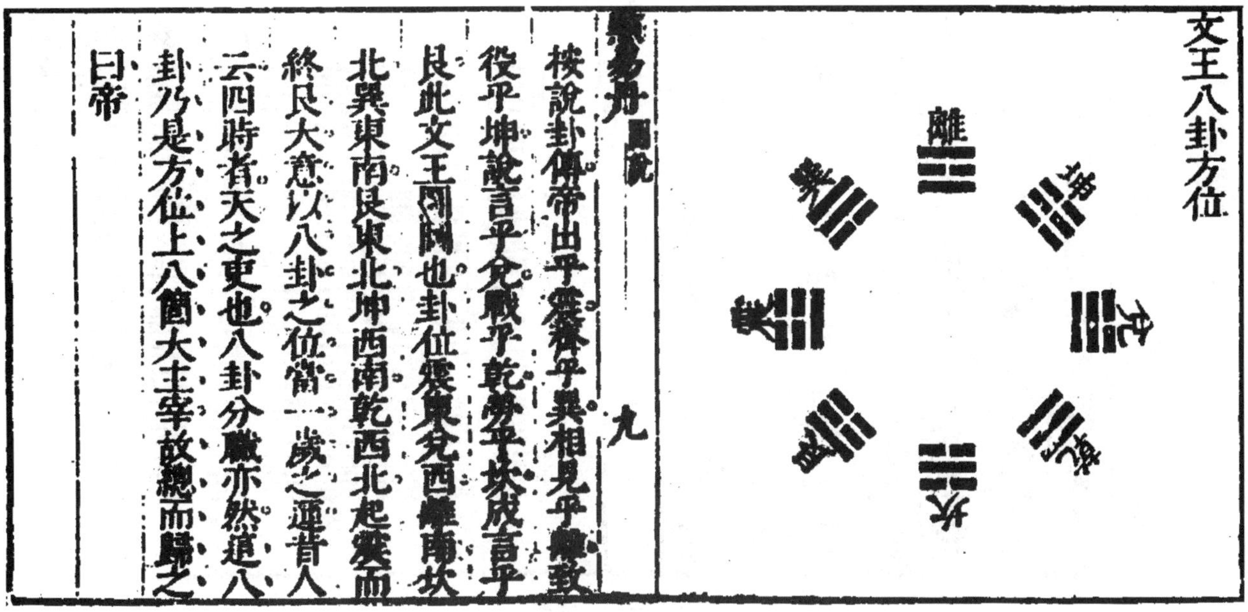

图 8 文王八卦方位图
（顾懋樊《桂林点易丹》）

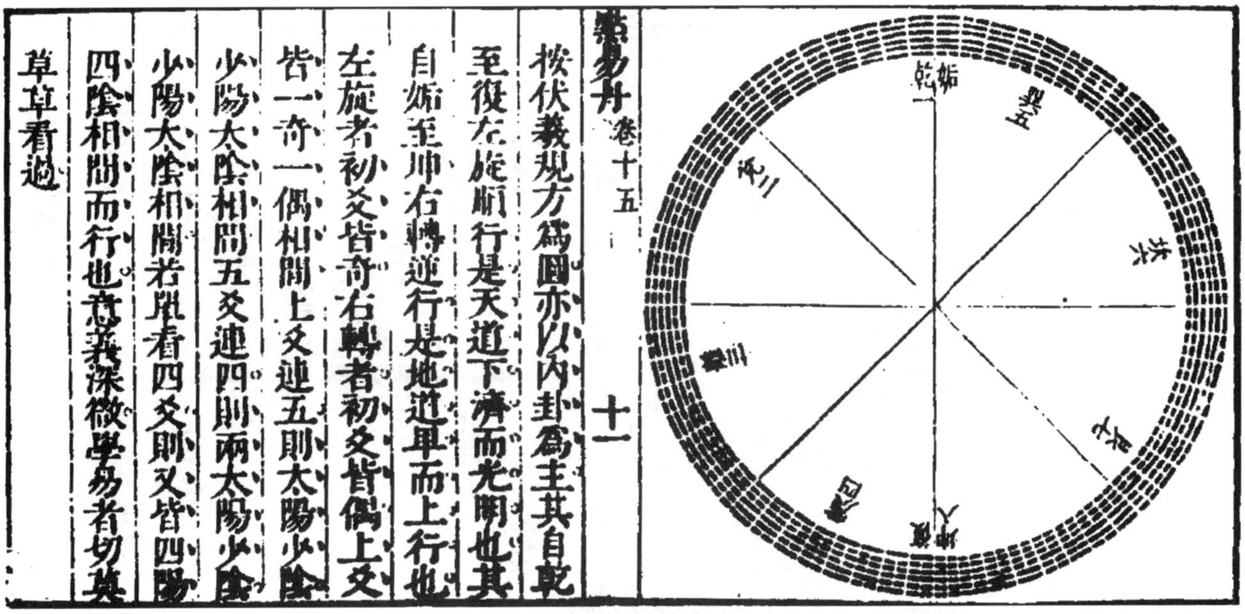

图 9 伏羲规方为圆图
（顾懋樊《桂林点易丹》）

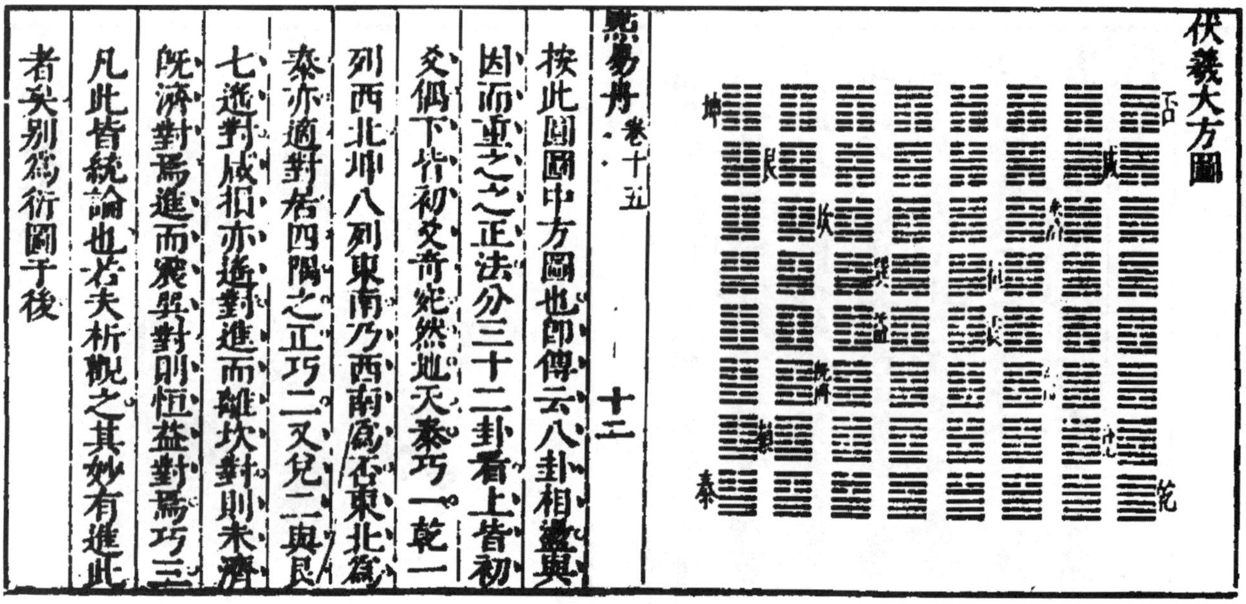

## 伏羲大方圖

按此圖圓中方圖也即傳云八卦相盪與因而重之之正法分三十二卦看上省初爻偶下皆初爻奇炳然地天泰巧一乾一列西北坤八列東南乃西南為艮泰亦適對右四隅之正巧二又兌二與艮七遙對咸損對焉進而坎對則未濟既濟對焉進而震巽對則恆益對焉凡此皆統論也若夫析觀之其妙有進此者矣別為衍圖于後

图 10　伏羲大方圖
（顾懋樊《桂林点易丹》）

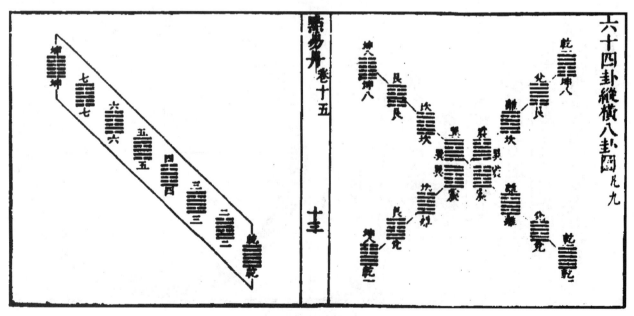

图 11-1　六十四卦纵横八卦图
（顾懋樊《桂林点易丹》）

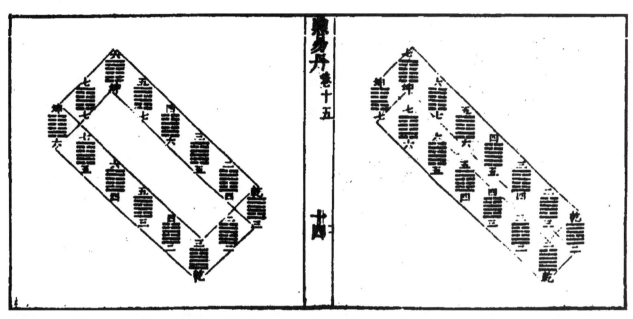

图 11-2 六十四卦纵横八卦图
（顾懋樊《桂林点易丹》）

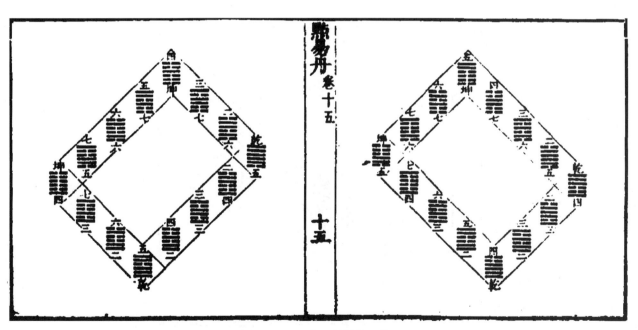

图 11-3 六十四卦纵横八卦图
（顾懋樊《桂林点易丹》）

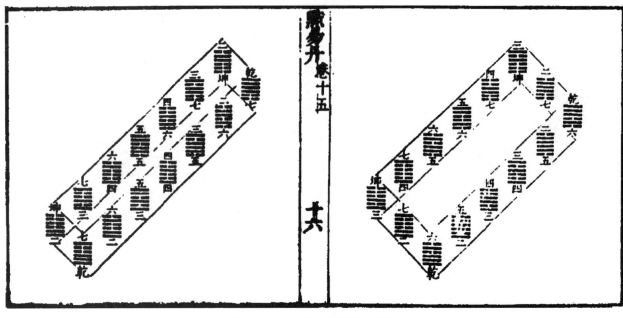

图 11-4 六十四卦纵横八卦图
（顾懋樊《桂林点易丹》）

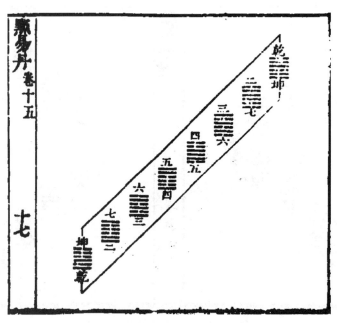

图 11-5 六十四卦纵横八卦图
（顾懋樊《桂林点易丹》）

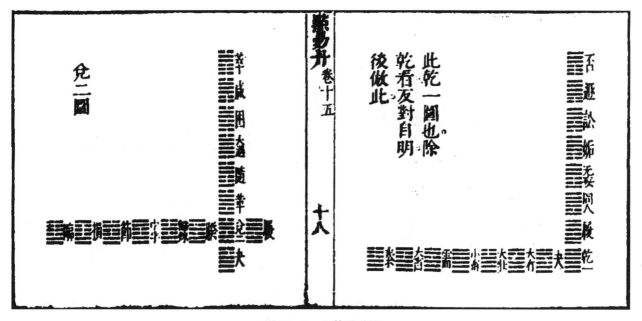

图 12-1 八卦承乘图
（顾懋樊《桂林点易丹》）

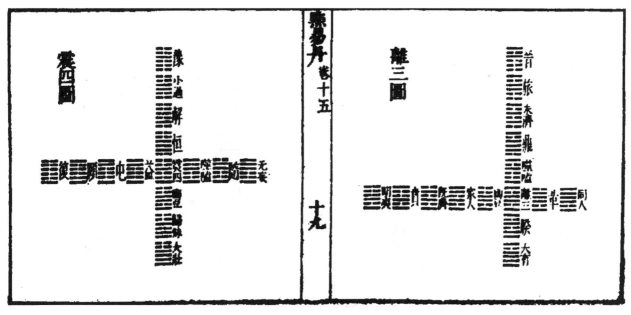

图 12-2 八卦承乘图
（顾懋樊《桂林点易丹》）

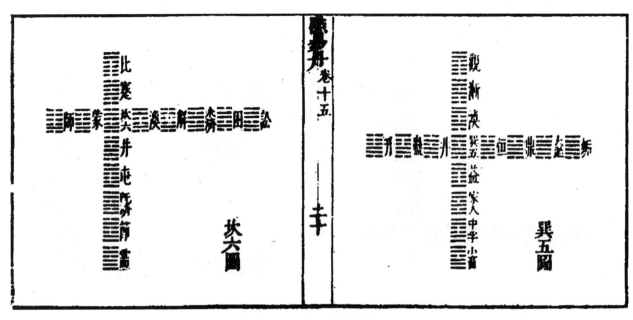

图 12-3　八卦承乘图
（顾懋樊《桂林点易丹》）

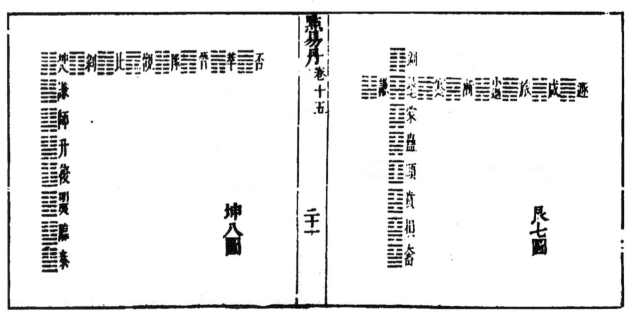

图 12-4　八卦承乘图
（顾懋樊《桂林点易丹》）

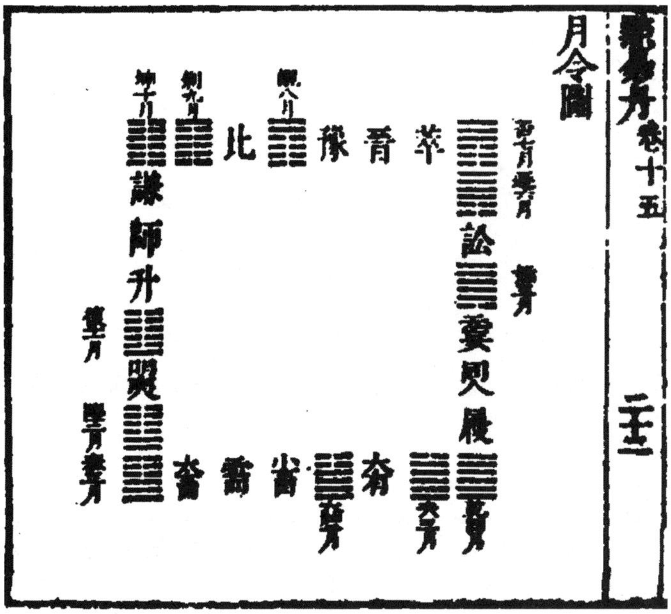

图 13　月令图
（顾懋樊《桂林点易丹》）

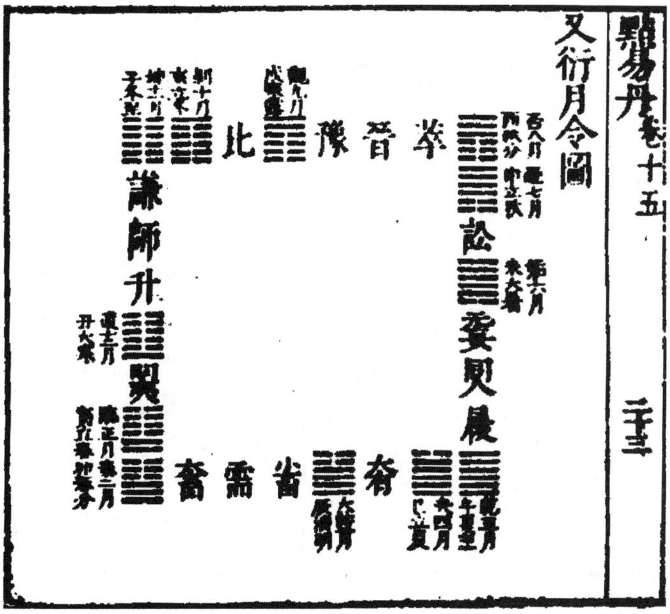

图 14　又衍月令图
（顾懋樊《桂林点易丹》）

# 秦镛

生卒年不详,字大音,号弱水,明南直隶无锡(今属江苏)人。崇祯十年(1637)进士,历清江县、蓬莱县知县。著有《易序图说》二卷、《周子通书解》、《皇极内篇小衍》、《参同阁集》等,晚年编修《锡山秦氏宗谱》。现存有《周易》图像二十五幅。

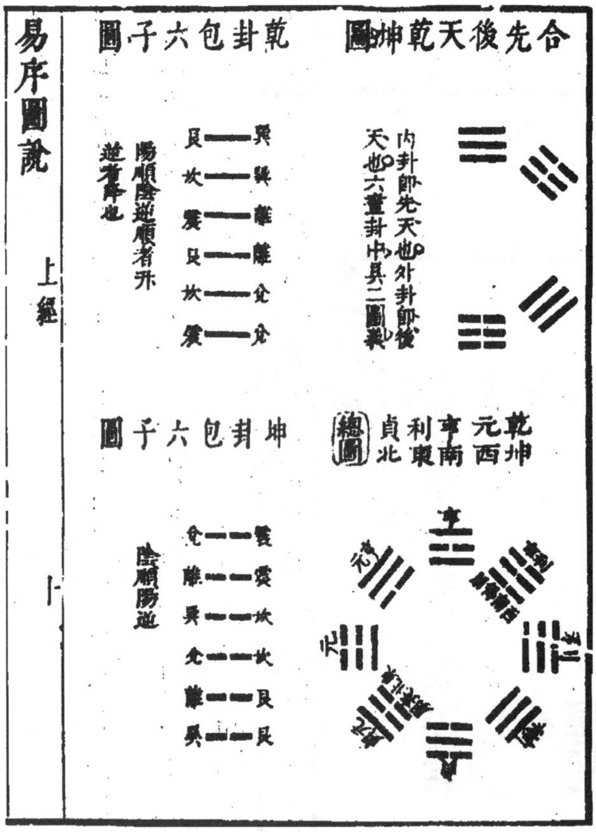

图1 合先后天乾坤图
图2 乾坤元西亨南利东贞北总图
图3 乾坤包六子图
图4 坤卦包六子图
(秦镛《易序图说》)

图5 乾坤配天干图
图6 乾坤配地支二图
(秦镛《易序图说》)

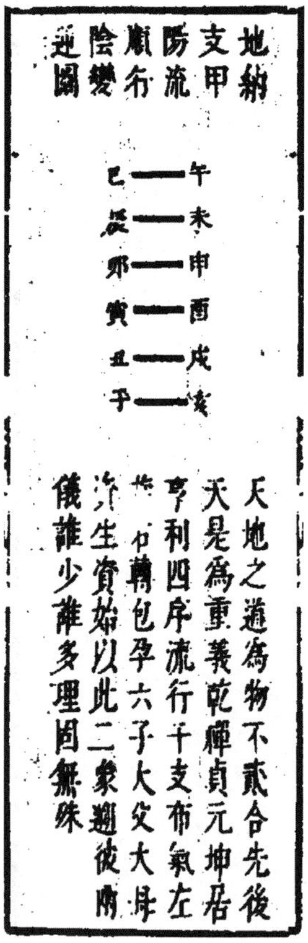

图7 地支阳顺阴运纳甲流行变图
(秦镛《易序图说》)

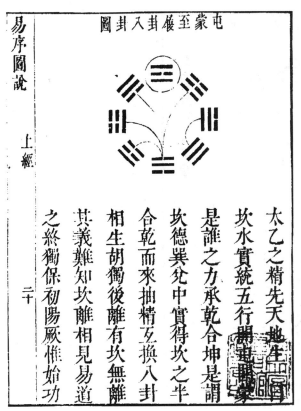

图8 屯蒙至履卦八卦图
（秦镛《易序图说》）

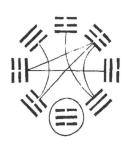

图9 泰否至随蛊八卦图
（秦镛《易序图说》）

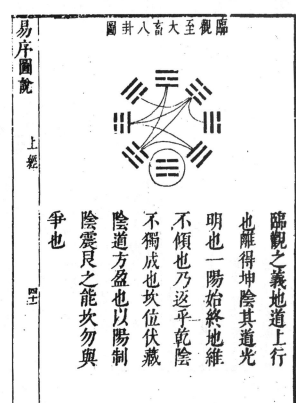

图10 临观至大畜八卦图
（秦镛《易序图说》）

图 11　颐卦至坎离四卦图
（秦镛《易序图说》）

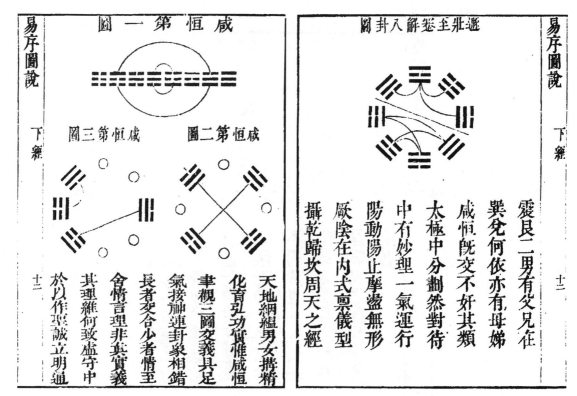

图 12　咸恒第一图
图 13　咸恒第二图
图 14　咸恒第三图
（秦镛《易序图说》）

图 15　遁壮至蹇解八卦图
（秦镛《易序图说》）

易序圖說 下經

泰否變損益圖

益上曰損損上曰
名實既非莫如其
觀於泰否乃始瞭然
吉凶之位各以情遷
理財用人無有二義
惠下則仁舉賢斯知
損益之交盛衰之始
請觀斯圖格物窮理

图 16　泰否变损益图

（秦镛《易序图说》）

易序圖說 下經

夬姤至革鼎八卦圖

上缺下斷是名損折
有能損者益從此入
損益交融吐納萬理
富有日新如母孕子
所孕維何乾坤坎離
天地日月精光四馳
父母生我我亦能生
生生不窮損益所成

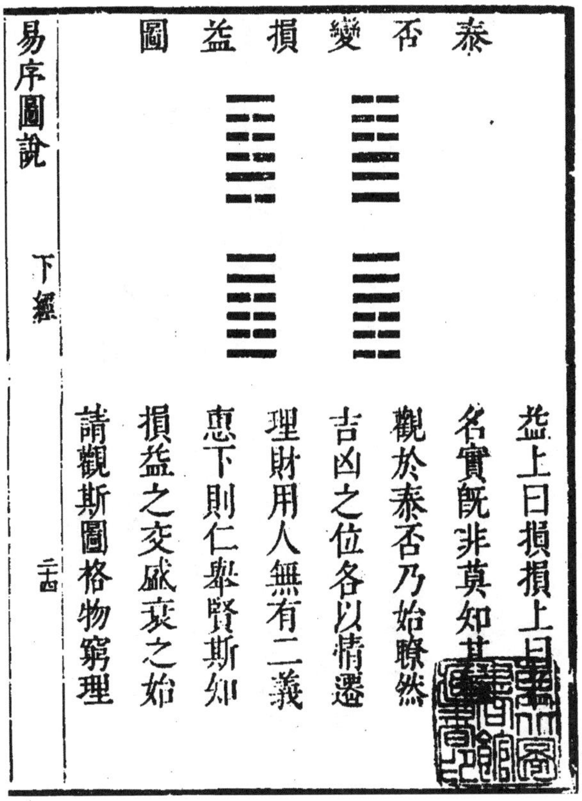

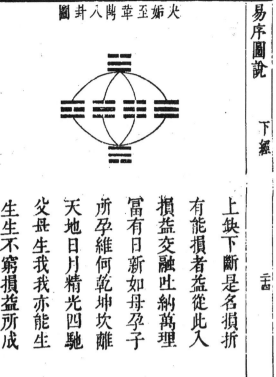

图 17　夬姤至革鼎八卦图

（秦镛《易序图说》）

易序圖說 下經

震艮至渙節十卦圖

震艮巽兌爲八純卦故用先天

先天四隅後天坎離錯而成圖
惟惟奇奇卦名八純宜返其位
中有旁交亦日相配漸歸咸恒
是一是二君子之道造端夫婦
四卦既合可緯可經坎離入焉
變化自生變化至此乾坤何有
是子代父是女代母中有玄機
卦卦相錯理至終篇其變自適

图 18　震艮至涣节十卦图

（秦镛《易序图说》）

易序圖說 下經

漸歸妹圖

图 19　渐归妹图

（秦镛《易序图说》）

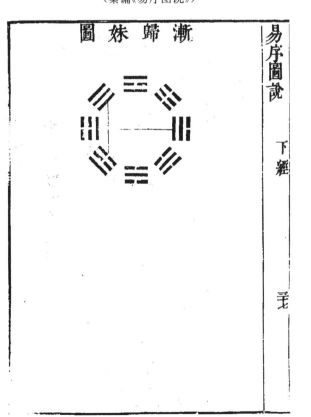

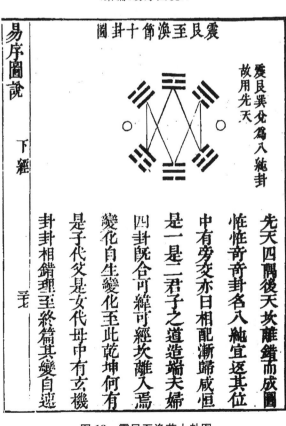

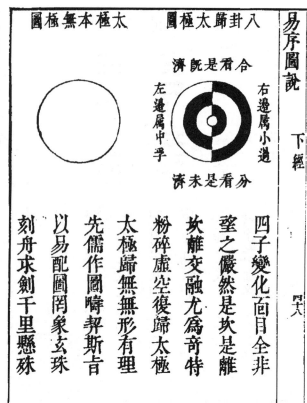
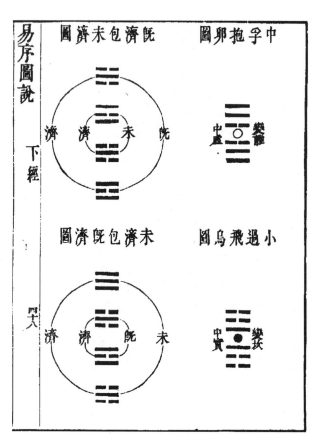

图20　中孚抱卵图
图21　小过飞鸟图
图22　既济包未济图
图23　未济包既济图
（秦镛《易序图说》）

图24　八卦归太极图
图25　太极本无极图
（秦镛《易序图说》）

# 汪三益

生卒年不详,字汉谋,明江西贵溪道士。少遇异人,授太乙六壬奇门禽遁诸家之学,衷合成编,名为《参筹秘书》十卷,为兵家占书。现存有《周易》图像四幅。

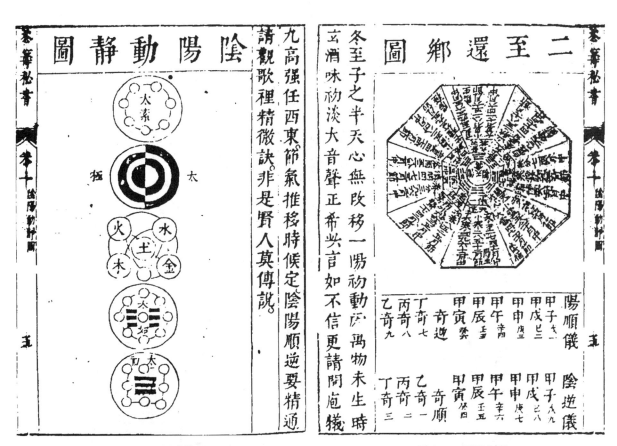

图1　阴阳动静图
（汪三益《参筹秘书》）

图2　二至还乡图
（汪三益《参筹秘书》）

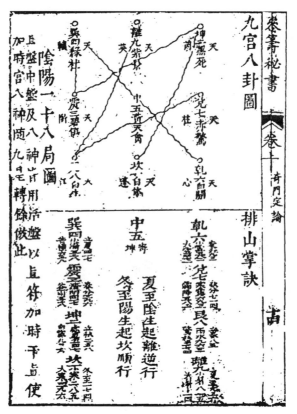

图3 九宫八卦图
（汪三益《参筹秘书》）

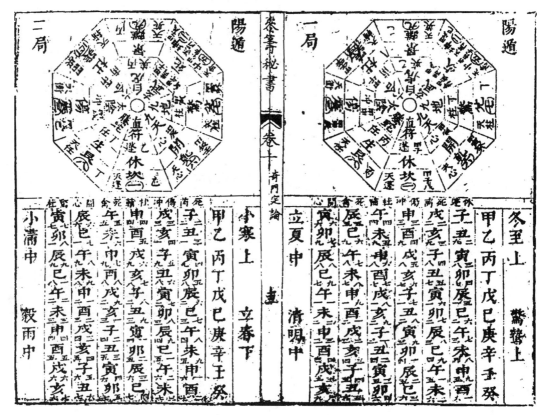

图4-1 阴阳一十八局图
（汪三益《参筹秘书》）

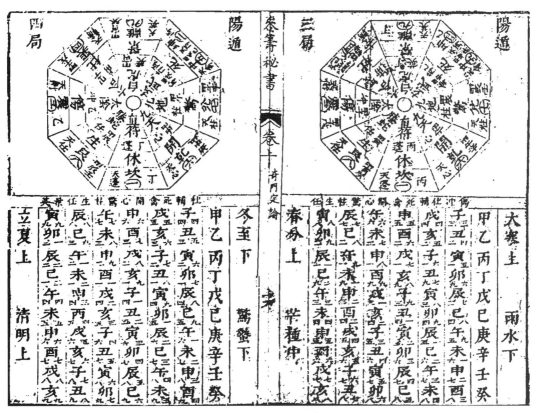

图 4-2 阴阳一十八局图
（汪三益《参筹秘书》）

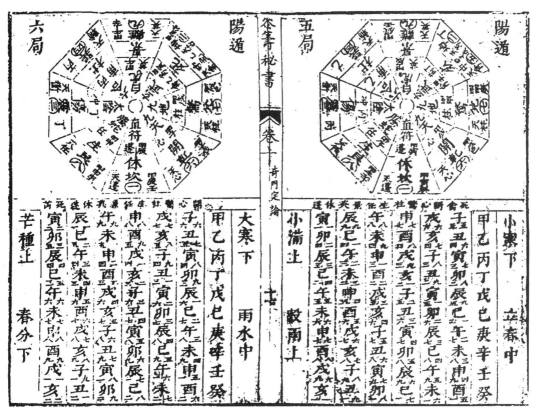

图 4-3 阴阳一十八局图
（汪三益《参筹秘书》）

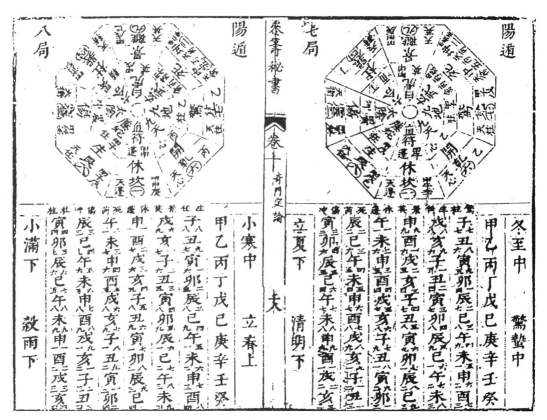

图 4-4　阴阳一十八局图
(汪三益《参筹秘书》)

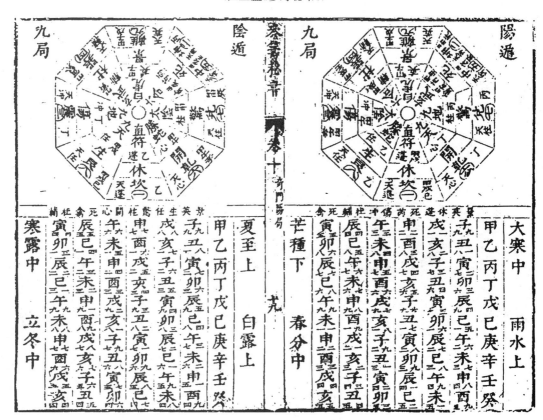

图 4-5　阴阳一十八局图
(汪三益《参筹秘书》)

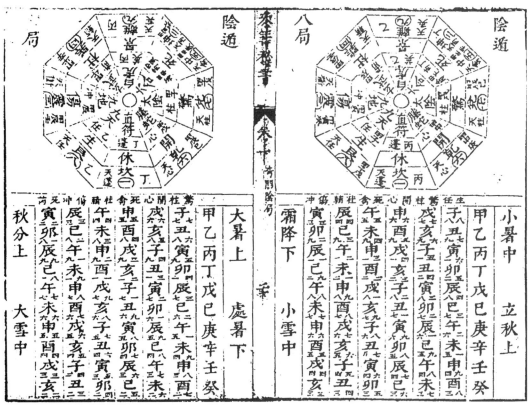

图 4-6　阴阳一十八局图
(汪三益《参筹秘书》)

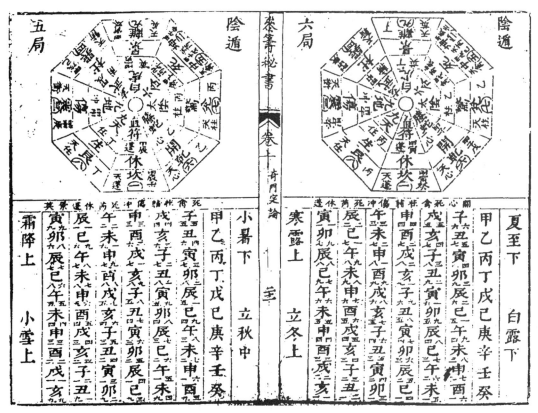

图 4-7　阴阳一十八局图
(汪三益《参筹秘书》)

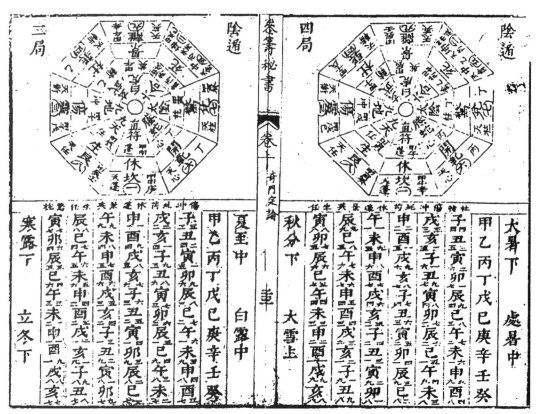

图 4-8 阴阳一十八局图
（汪三益《参筹秘书》）

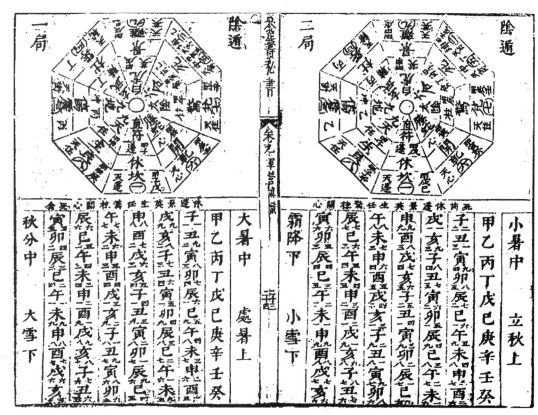

图 4-9 阴阳一十八局图
（汪三益《参筹秘书》）

# 程子颐

生卒年不详,字涵初,明南直隶休宁(今属安徽)人。监生,勇敢任侠。著有《武备要略》一书。现存有《周易》图像一百二十二幅。

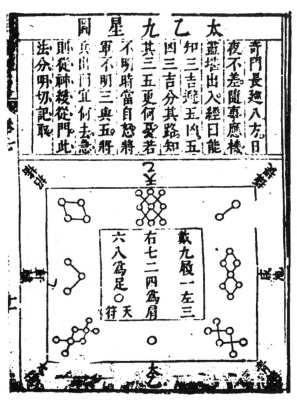

图1 太乙九星图
(程子颐《武备要略》)

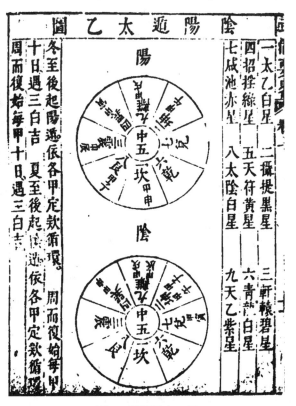

图2 阴阳遁太乙图
(程子颐《武备要略》)

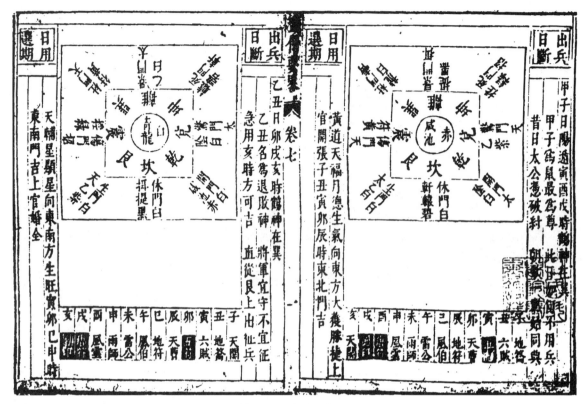

图 3-1 出兵日断图
（程子颐《武备要略》）

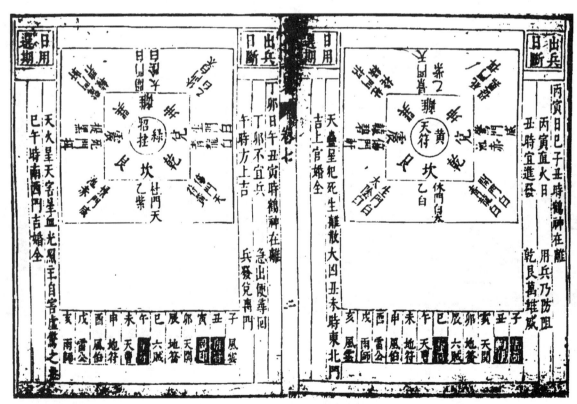

图 3-2 出兵日断图
（程子颐《武备要略》）

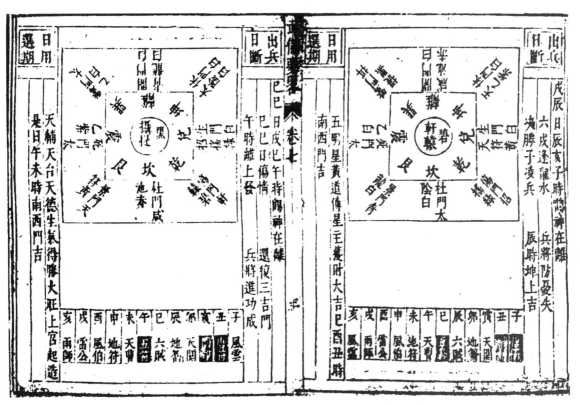

图 3-3 出兵日断图
（程子颐《武备要略》）

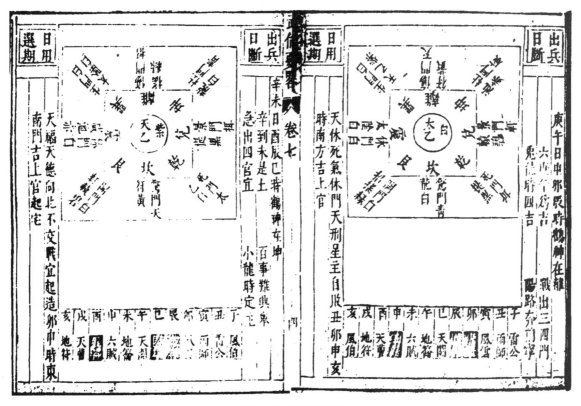

图 3-4 出兵日断图
（程子颐《武备要略》）

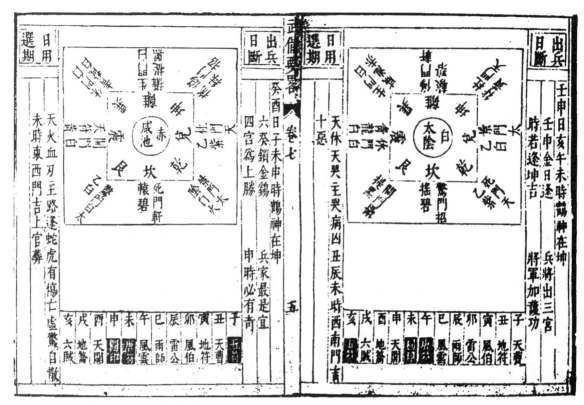

图 3-5　出兵日断图
（程子颐《武备要略》）

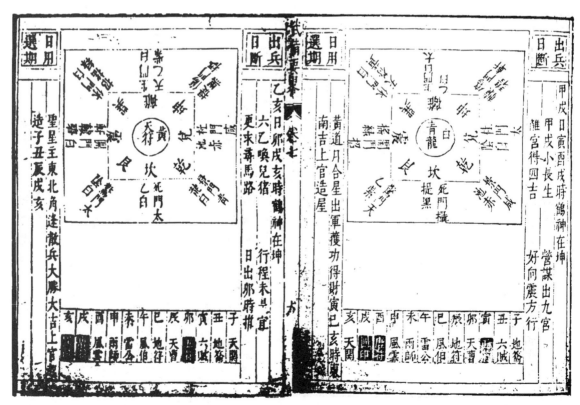

图 3-6　出兵日断图
（程子颐《武备要略》）

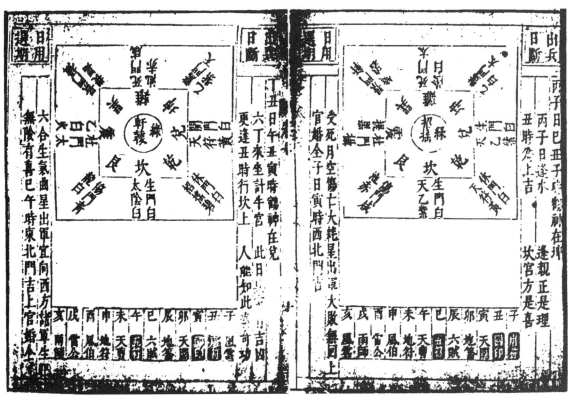

图 3-7　出兵日断图
（程子颐《武备要略》）

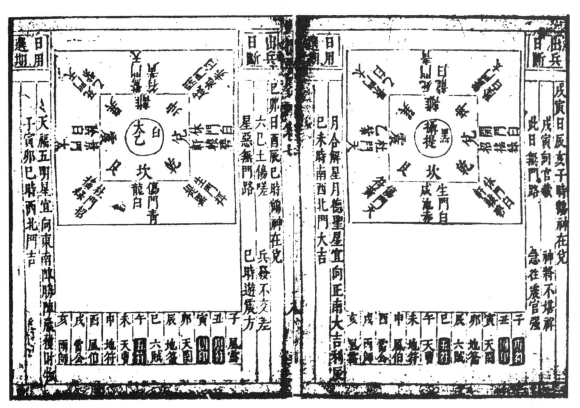

图 3-8　出兵日断图
（程子颐《武备要略》）

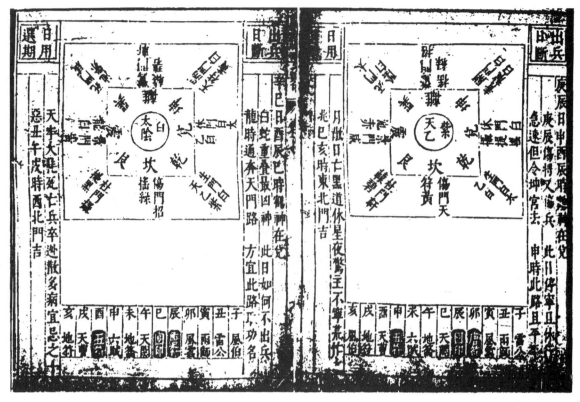

图 3-9 出兵日断图
（程子颐《武备要略》）

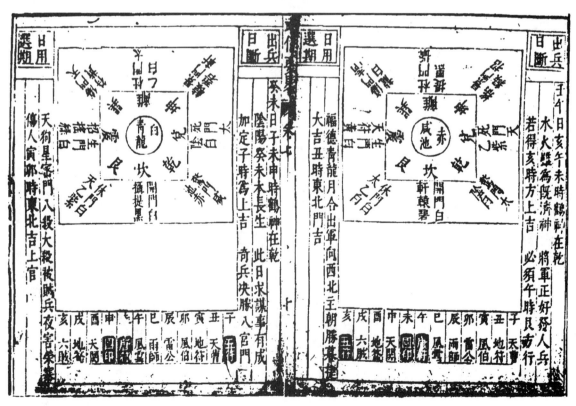

图 3-10 出兵日断图
（程子颐《武备要略》）

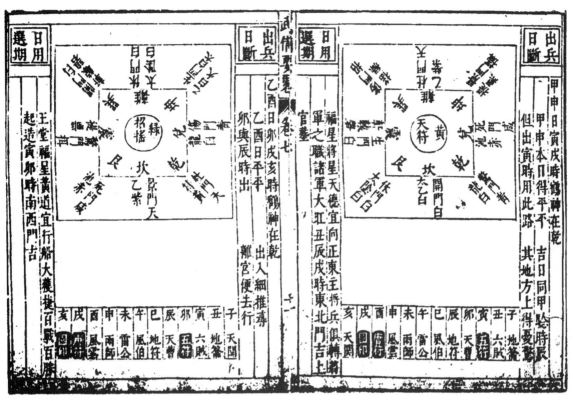

图 3-11　出兵日断图
（程子颐《武备要略》）

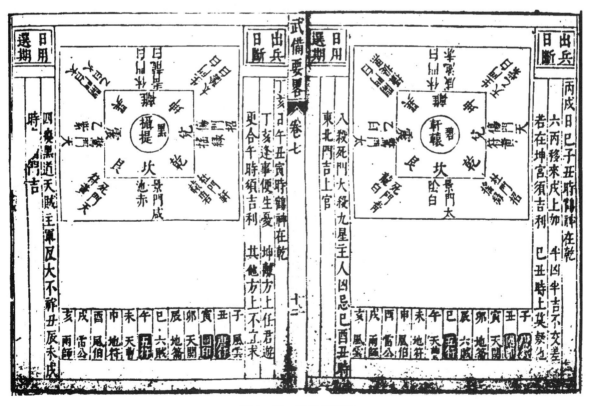

图 3-12　出兵日断图
（程子颐《武备要略》）

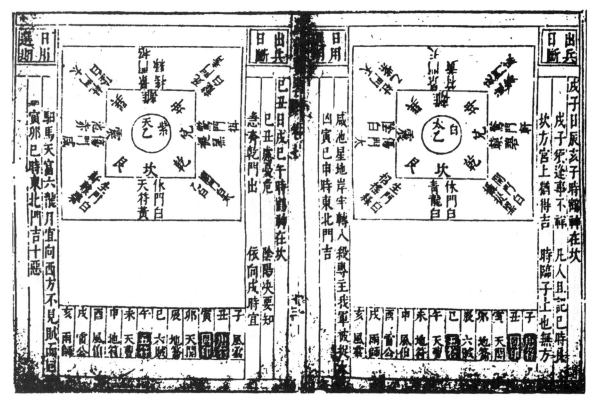

图 3-13 出兵日断图
（程子颐《武备要略》）

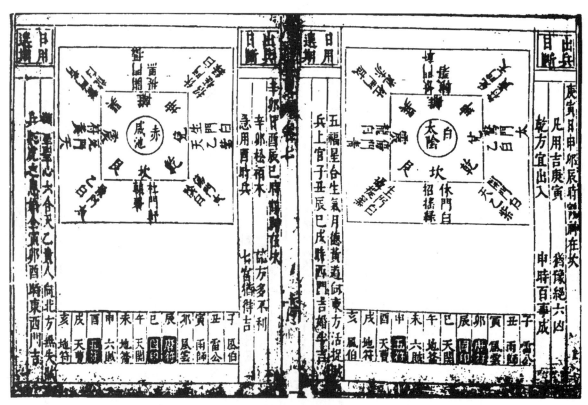

图 3-14 出兵日断图
（程子颐《武备要略》）

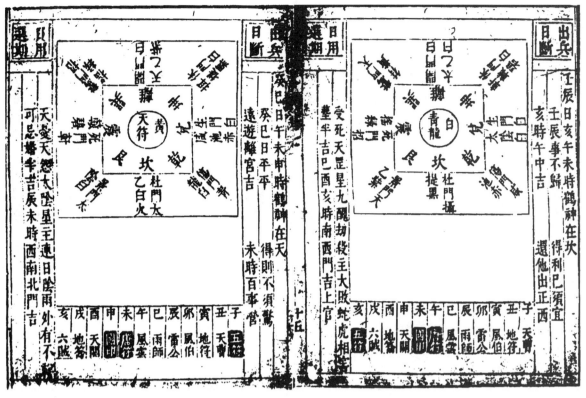

图 3-15 出兵日断图
（程子颐《武备要略》）

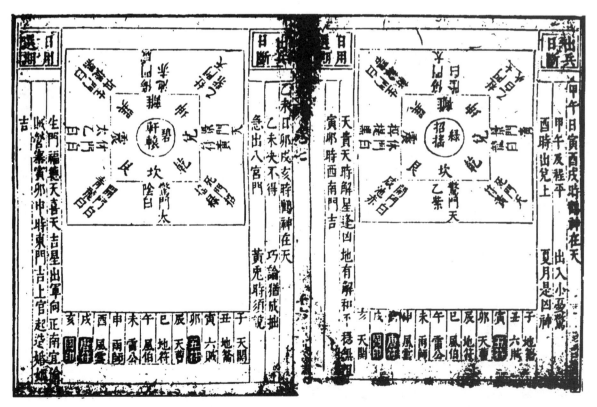

图 3-16 出兵日断图
（程子颐《武备要略》）

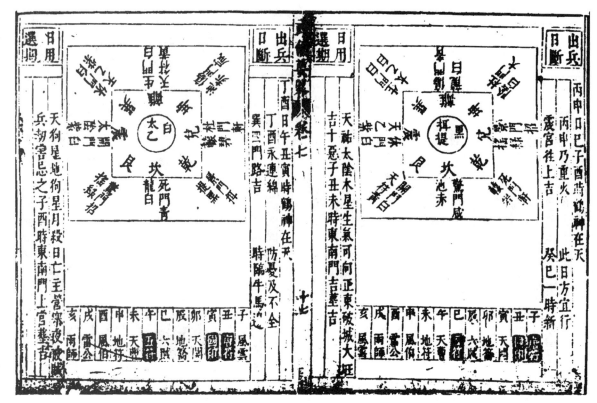

图 3-17 出兵日断图
（程子颐《武备要略》）

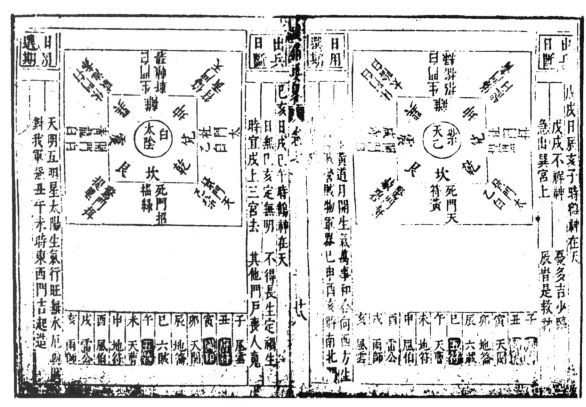

图 3-18 出兵日断图
（程子颐《武备要略》）

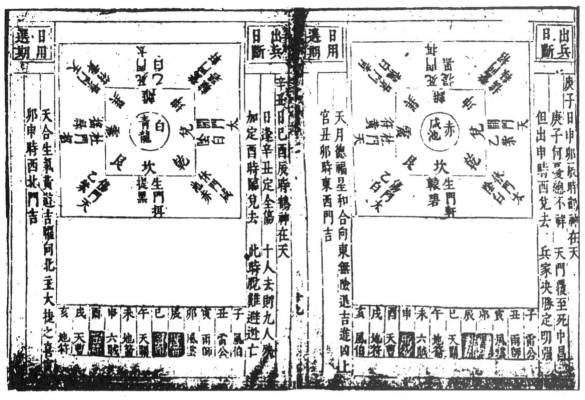

图 3-19　出兵日断图
（程子颐《武备要略》）

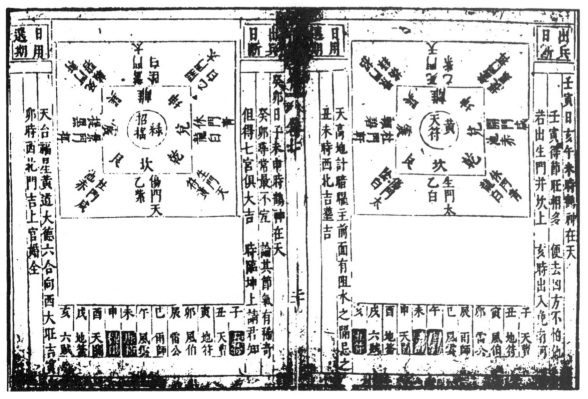

图 3-20　出兵日断图
（程子颐《武备要略》）

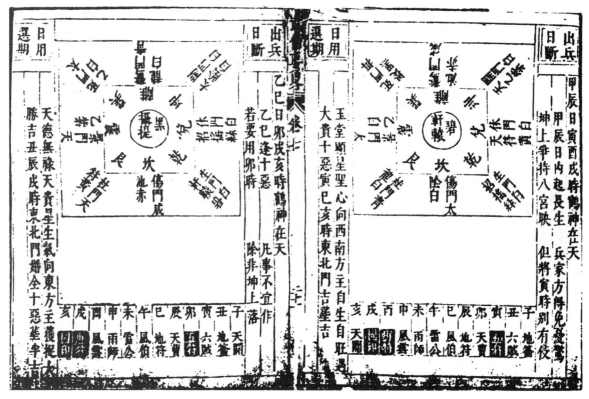

图 3-21 出兵日断图
（程子颐《武备要略》）

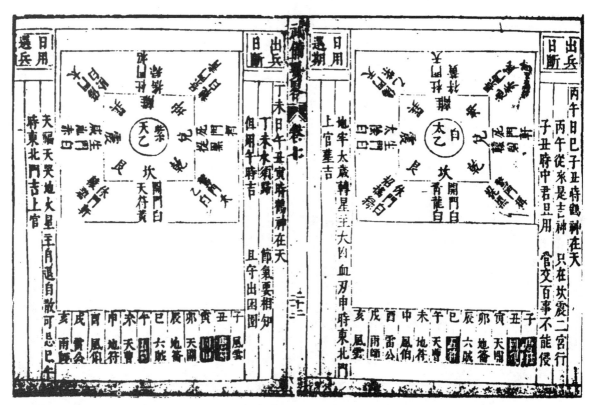

图 3-22 出兵日断图
（程子颐《武备要略》）

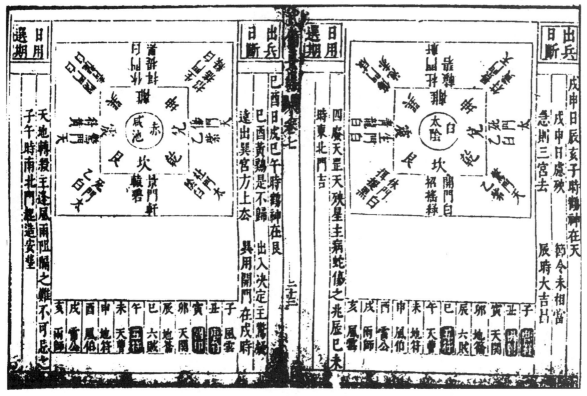

图 3-23 出兵日断图
（程子颐《武备要略》）

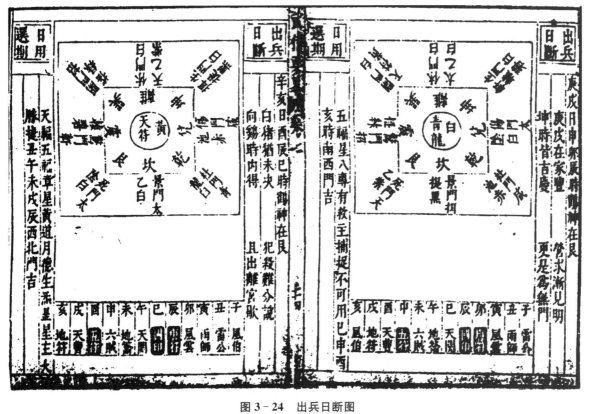

图 3-24 出兵日断图
（程子颐《武备要略》）

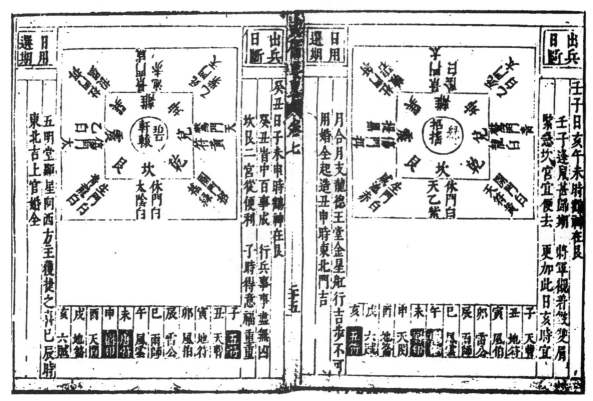

图 3-25 出兵日断图
（程子颐《武备要略》）

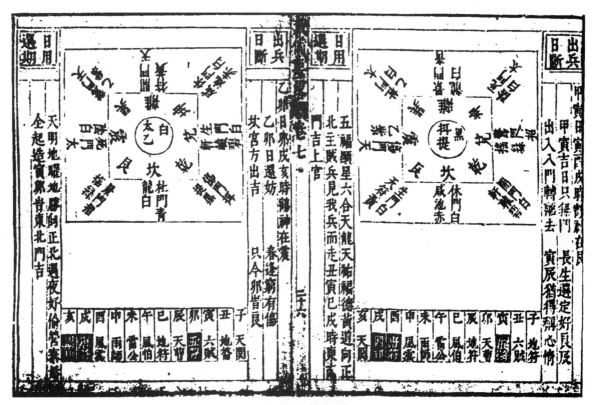

图 3-26 出兵日断图
（程子颐《武备要略》）

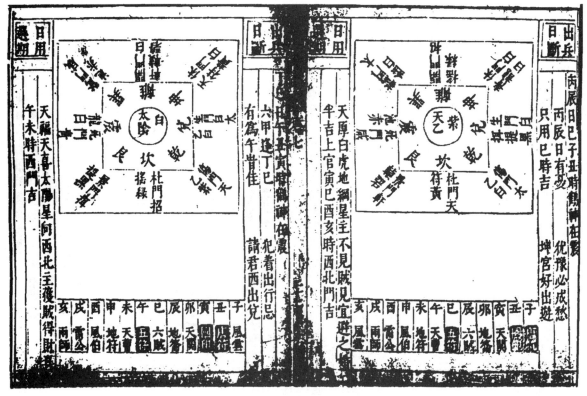

图 3-27 出兵日断图
（程子颐《武备要略》）

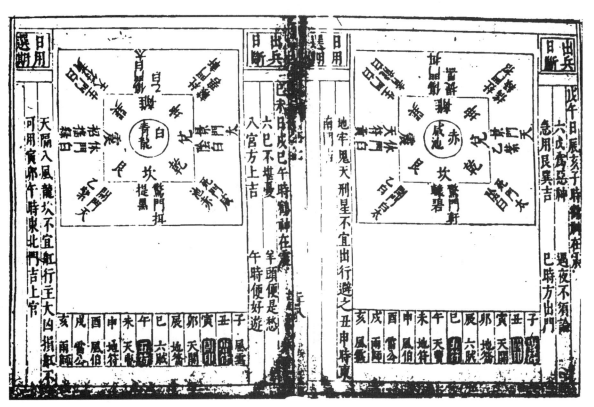

图 3-28 出兵日断图
（程子颐《武备要略》）

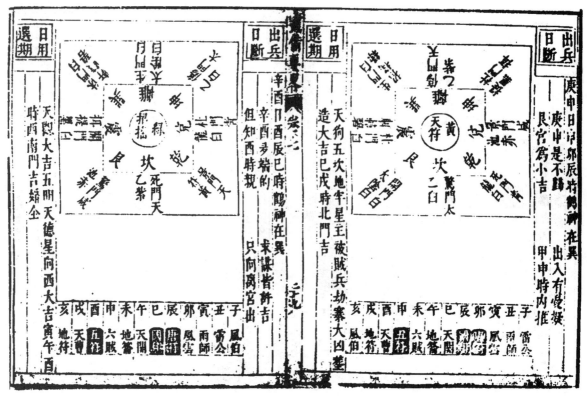

图 3-29 出兵日断图
（程子颐《武备要略》）

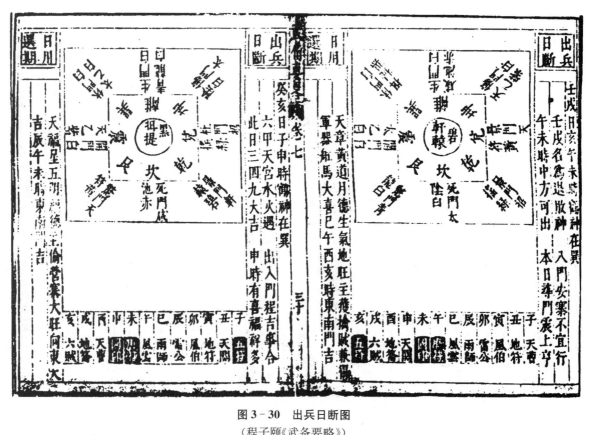

图 3-30 出兵日断图
（程子颐《武备要略》）

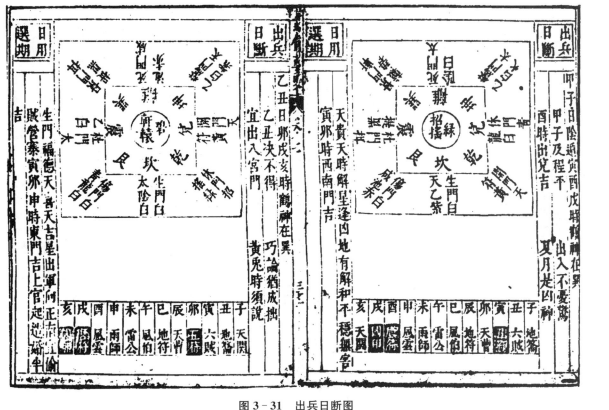

图 3-31　出兵日断图
（程子颐《武备要略》）

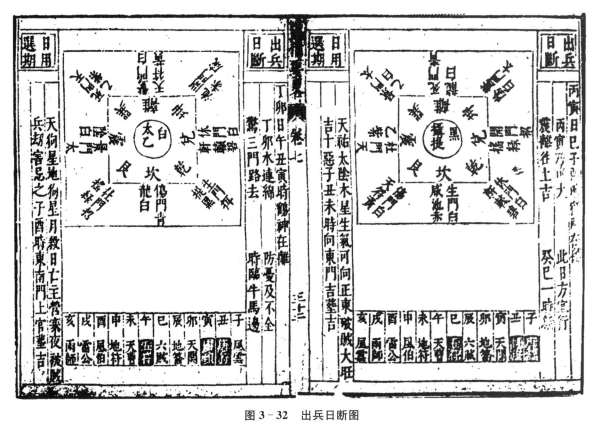

图 3-32　出兵日断图
（程子颐《武备要略》）

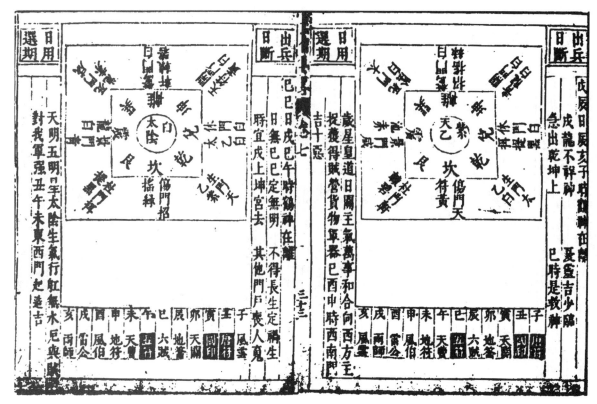

图 3-33 出兵日断图
（程子颐《武备要略》）

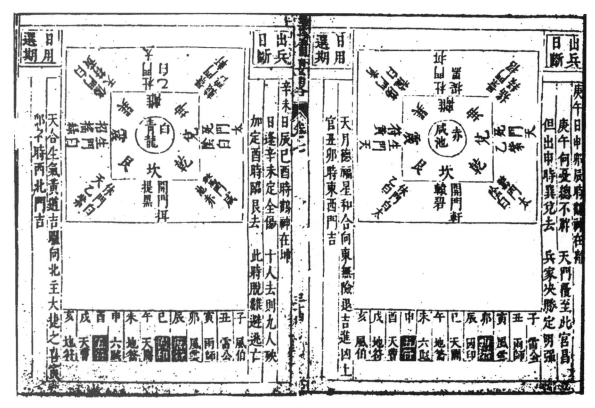

图 3-34 出兵日断图
（程子颐《武备要略》）

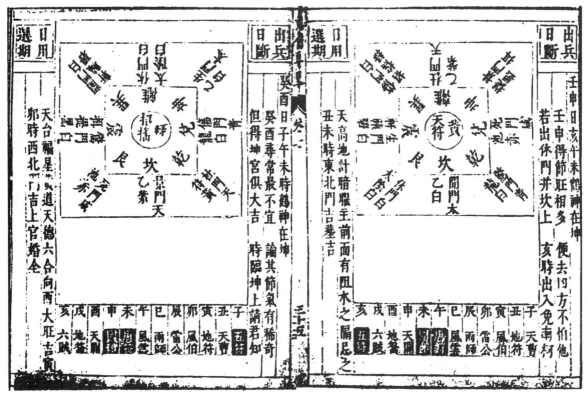

图 3-35 出兵日断图
（程子颐《武备要略》）

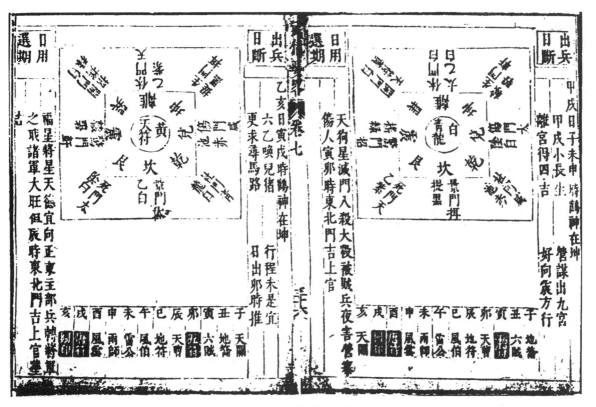

图 3-36 出兵日断图
（程子颐《武备要略》）

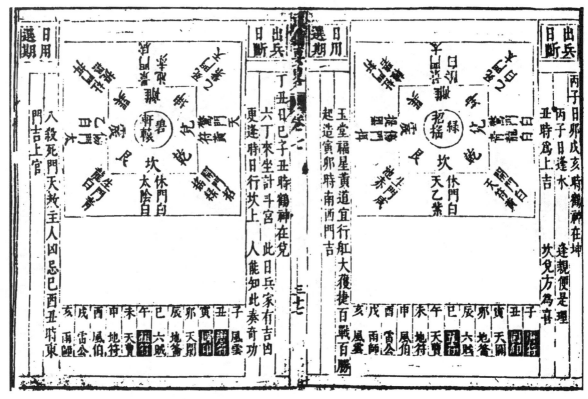

图 3-37　出兵日断图
（程子颐《武备要略》）

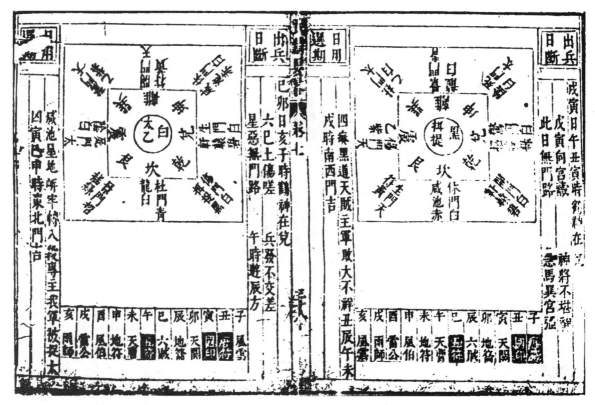

图 3-38　出兵日断图
（程子颐《武备要略》）

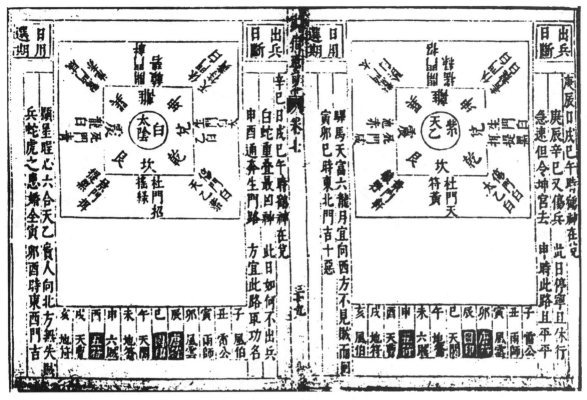

图 3-39 出兵日断图
（程子颐《武备要略》）

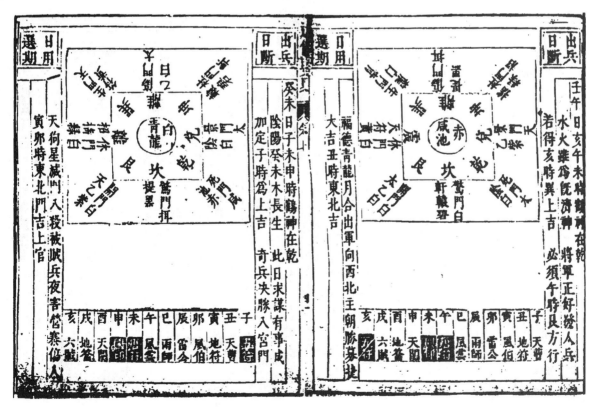

图 3-40 出兵日断图
（程子颐《武备要略》）

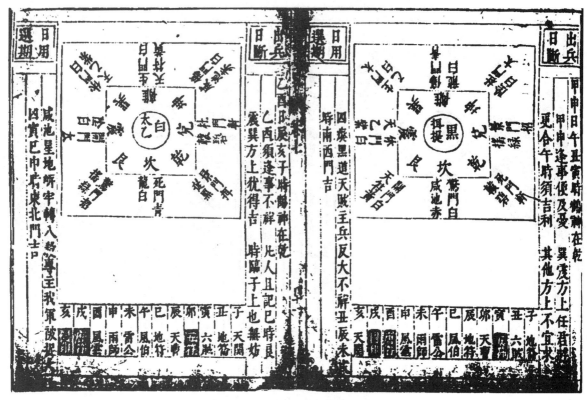

图 3-41　出兵日断图
（程子颐《武备要略》）

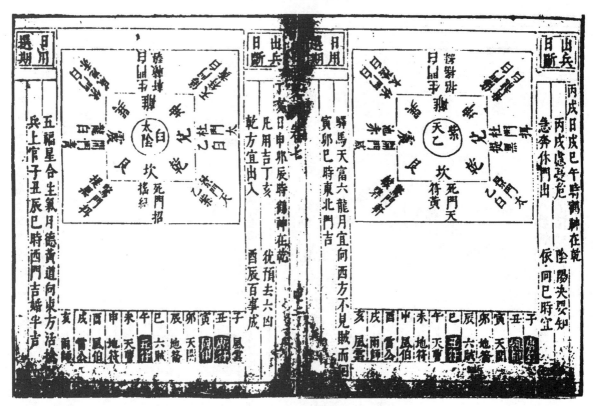

图 3-42　出兵日断图
（程子颐《武备要略》）

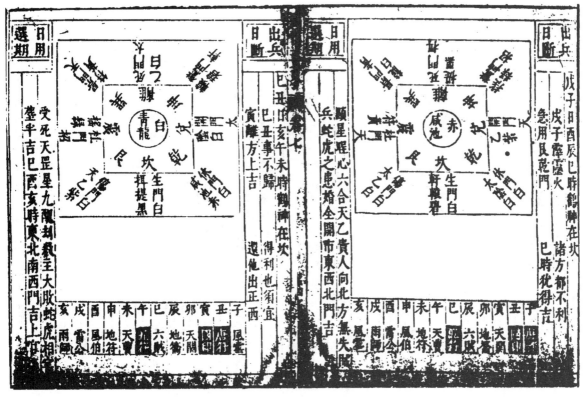

图 3-43 出兵日断图
（程子颐《武备要略》）

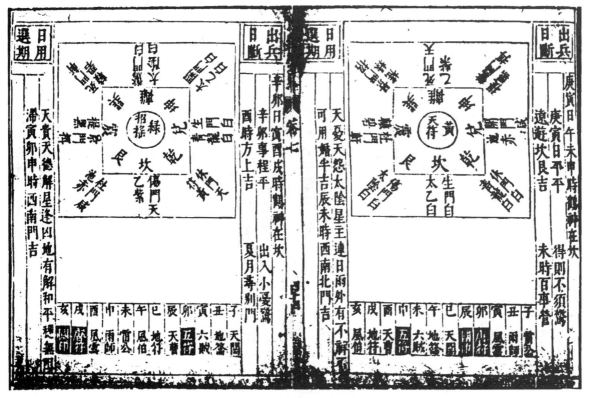

图 3-44 出兵日断图
（程子颐《武备要略》）

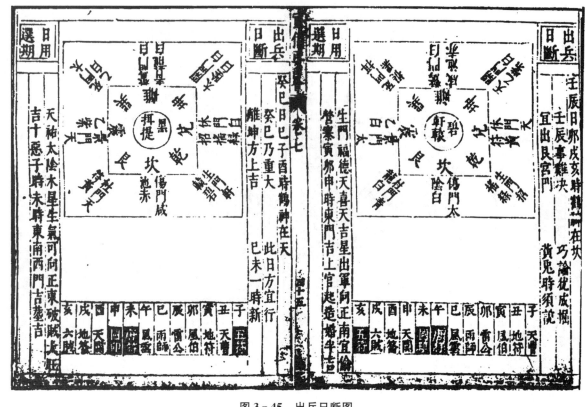

图 3-45 出兵日断图
（程子颐《武备要略》）

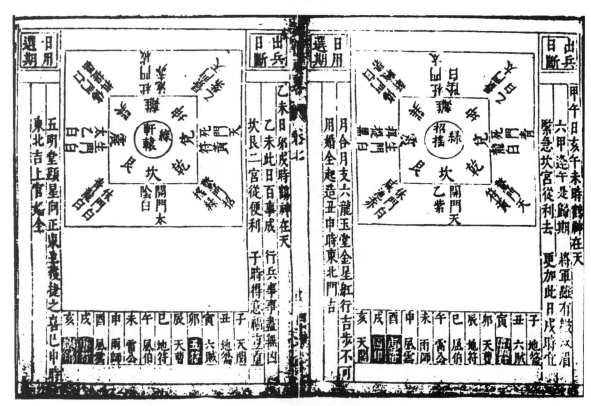

图 3-46 出兵日断图
（程子颐《武备要略》）

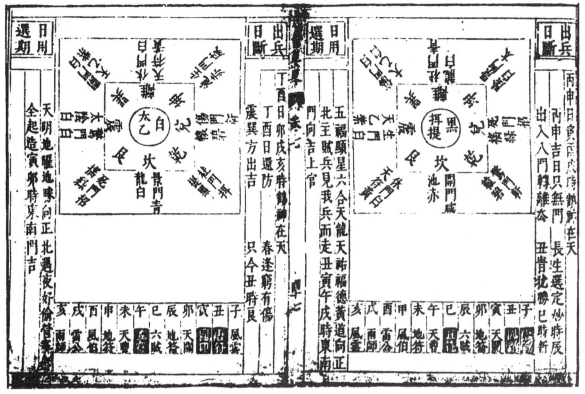

图 3-47 出兵日断图
（程子颐《武备要略》）

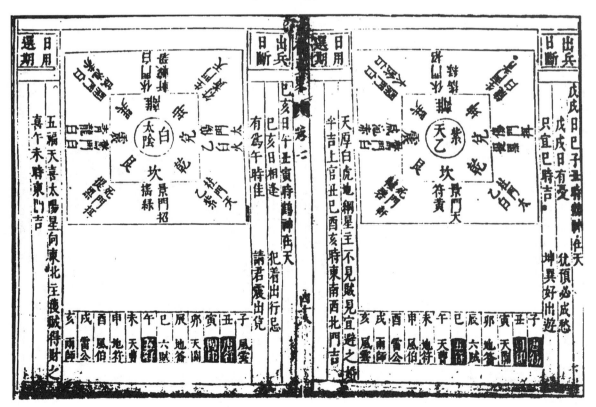

图 3-48 出兵日断图
（程子颐《武备要略》）

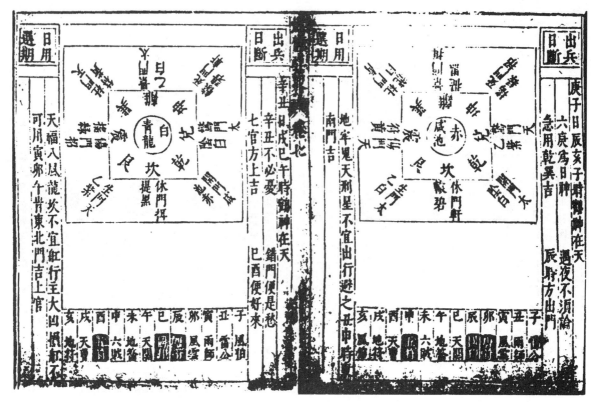

图 3-49 出兵日断图
（程子颐《武备要略》）

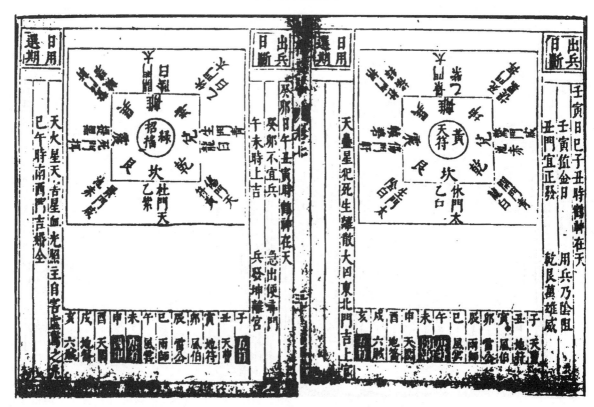

图 3-50 出兵日断图
（程子颐《武备要略》）

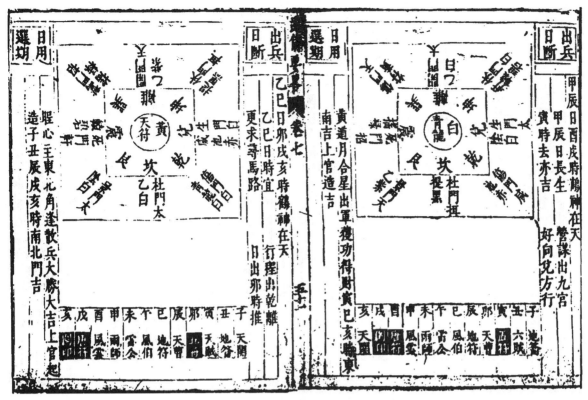

图 3-51 出兵日断图
（程子颐《武备要略》）

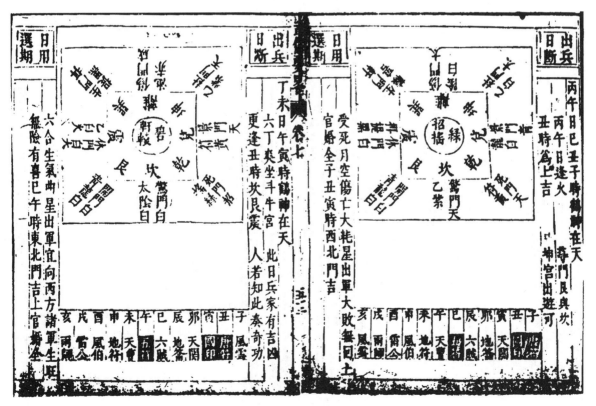

图 3-52 出兵日断图
（程子颐《武备要略》）

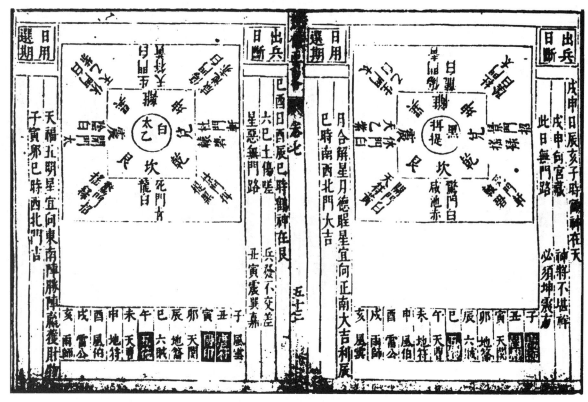

图 3-53 出兵日断图
（程子颐《武备要略》）

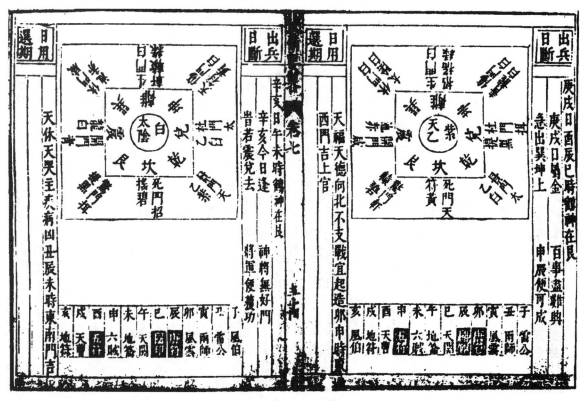

图 3-54 出兵日断图
（程子颐《武备要略》）

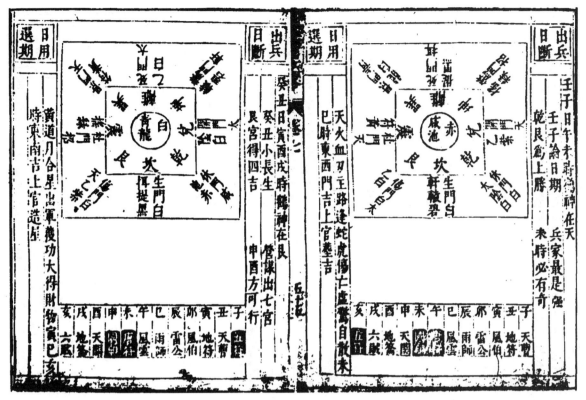

图 3-55 出兵日断图
（程子颐《武备要略》）

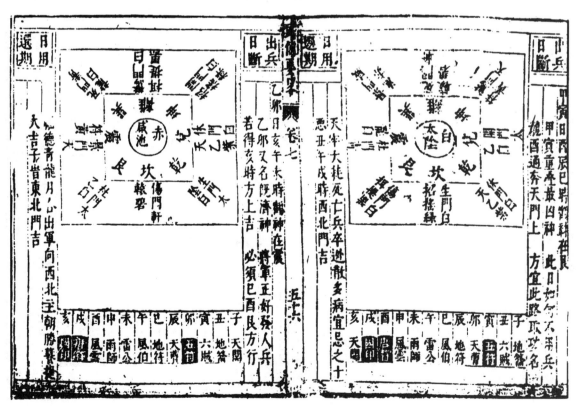

图 3-56 出兵日断图
（程子颐《武备要略》）

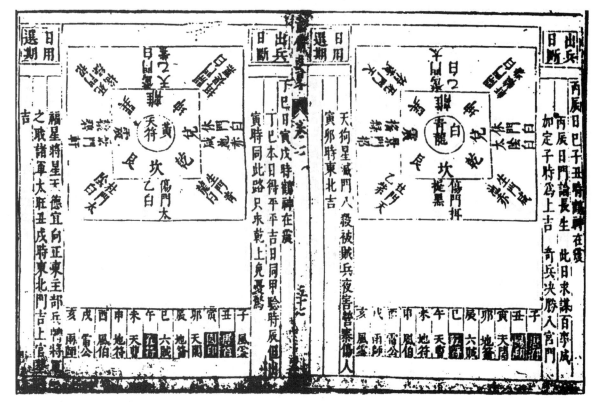

图 3-57 出兵日断图
（程子颐《武备要略》）

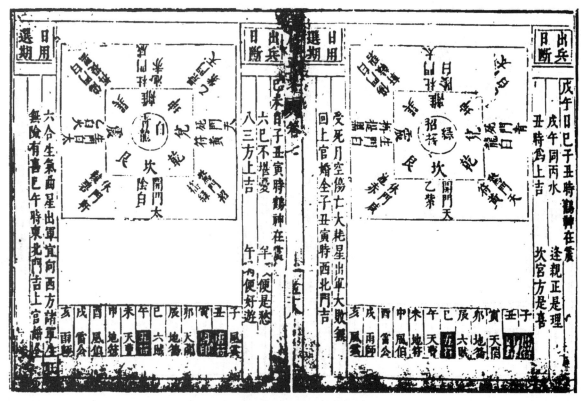

图 3-58 出兵日断图
（程子颐《武备要略》）

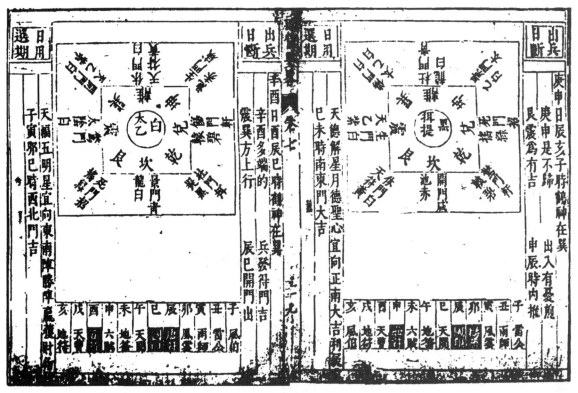

图 3-59 出兵日断图
（程子颐《武备要略》）

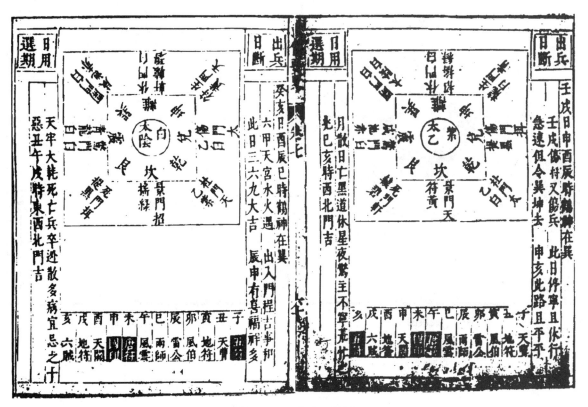

图 3-60 出兵日断图
（程子颐《武备要略》）

# 黄慎

生卒年不详,字仲修,号瘦瓢山人,明南直隶南京(今属江苏)人。著有《堪舆类纂人天共宝》十二卷、《瘦瓢山人蛟湖诗抄》,辑有《地理权书》三卷等。现存有《周易》图像九幅。

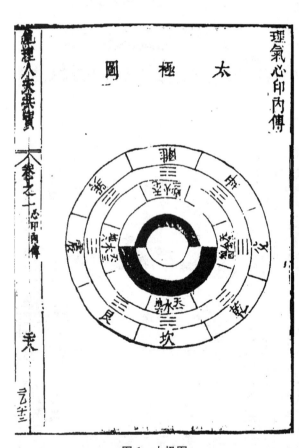

**图1 太极图**
(黄慎《新编秘传堪舆人天共宝》)

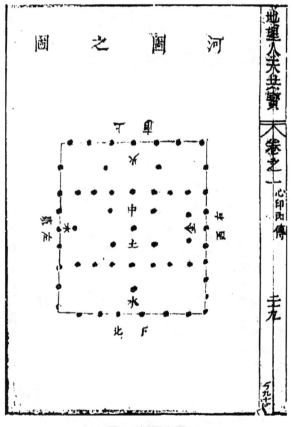

**图2 河图之图**
(黄慎《新编秘传堪舆人天共宝》)

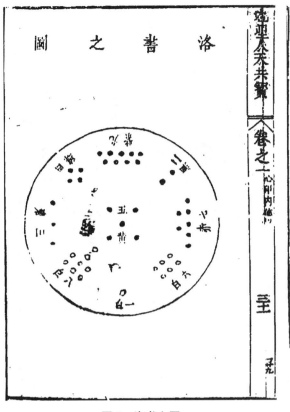

**图 3 洛书之图**
（黄慎《新编秘传堪舆人天共宝》）

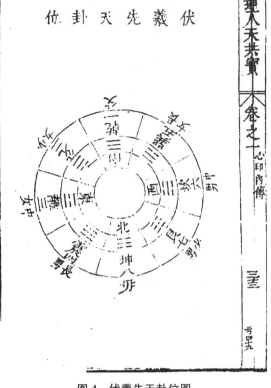

**图 4 伏羲先天卦位图**
（黄慎《新编秘传堪舆人天共宝》）

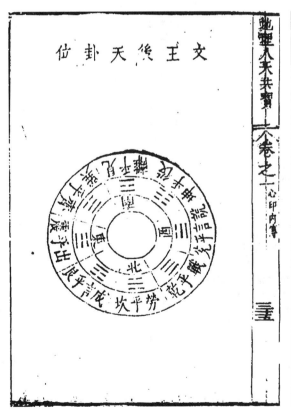

**图 5 文王后天卦位图**
（黄慎《新编秘传堪舆人天共宝》）

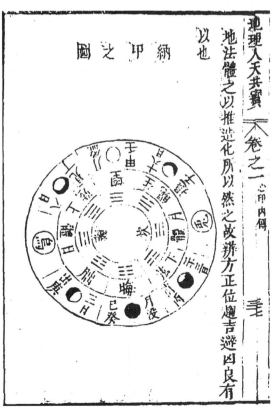

**图 6 纳甲之图**
（黄慎《新编秘传堪舆人天共宝》）

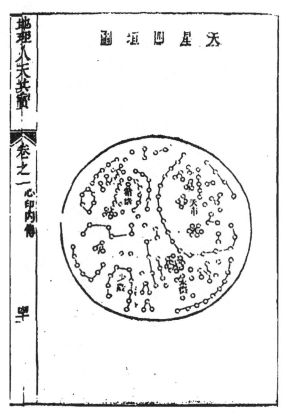

图7 天星四垣图
（黄慎《新编秘传堪舆人天共宝》）

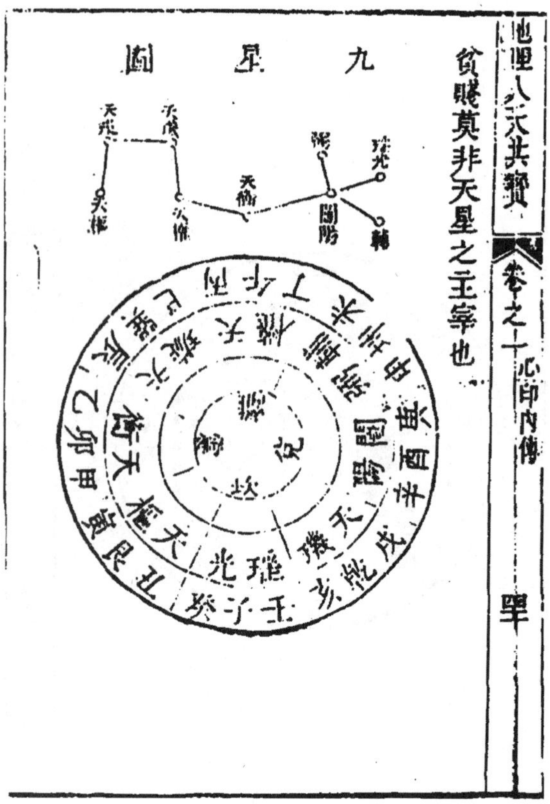

图8 九星图
（黄慎《新编秘传堪舆人天共宝》）

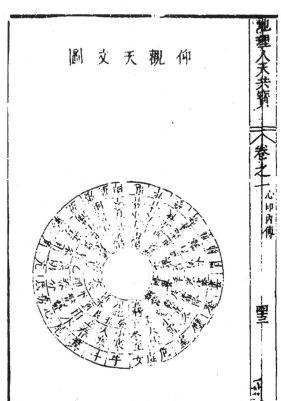

图9 仰观天文图
（黄慎《新编秘传堪舆人天共宝》）

# 郁文初

生卒年不详,号郁溪,明湖广蕲水(今属湖北)人。为高州太守,入清不仕,避地读书,尤邃于《易》。著有《郁溪易纪》十四卷、《大学郁溪记》一卷等。现存有《周易》图像十一幅。

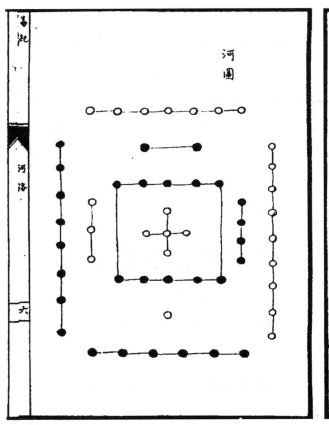

**图 1　河图**
(郁文初《郁溪易纪》)

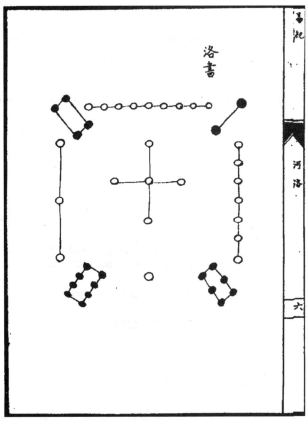

**图 2　洛书**
(郁文初《郁溪易纪》)

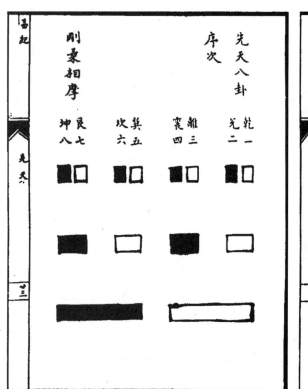

图 3　先天八卦序次图
（郁文初《郁溪易纪》）

图 4　伏羲八卦方位图
（郁文初《郁溪易纪》）

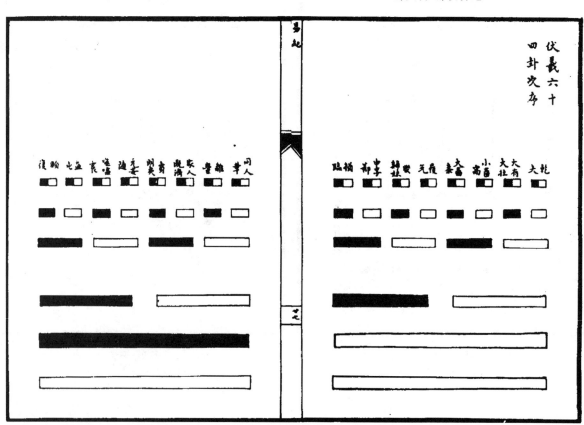

图 5-1　伏羲六十四卦次序图
（郁文初《郁溪易纪》）

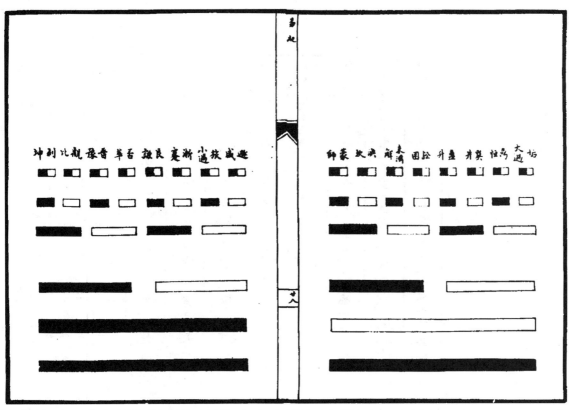

图 5-2 伏羲六十四卦次序图
（郁文初《郁溪易纪》）

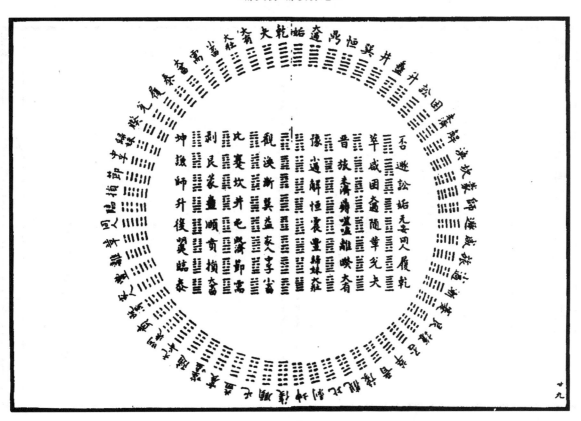

图 6 六十四卦方圆图
（郁文初《郁溪易纪》）

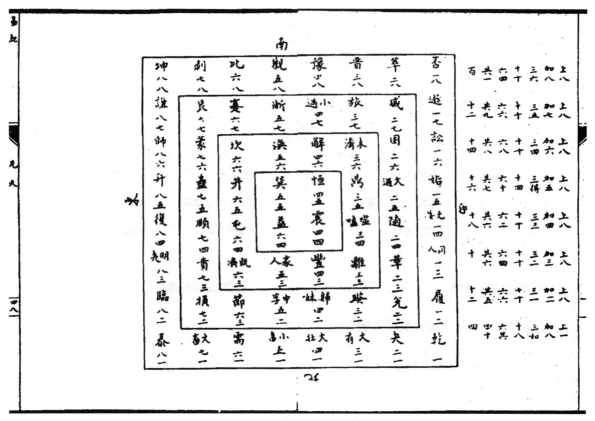

图 7　六十四卦方位数图
（郁文初《郁溪易纪》）

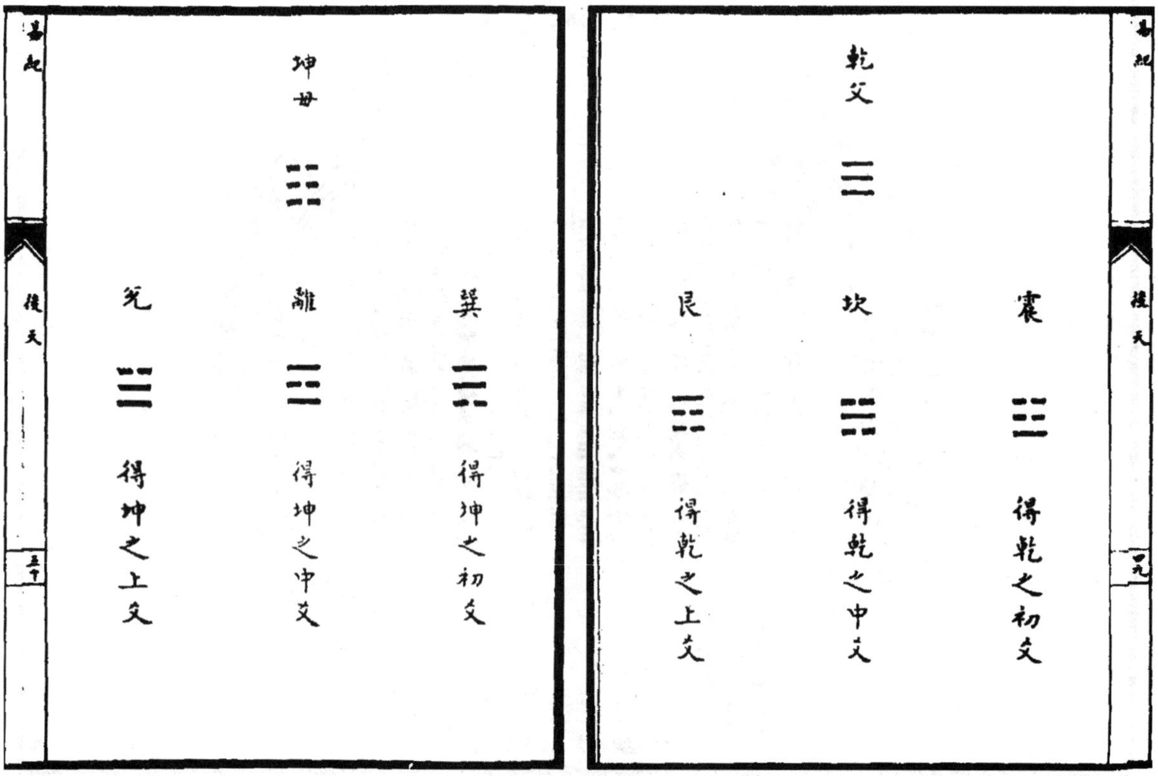

图 8　乾父坤母图
（郁文初《郁溪易纪》）

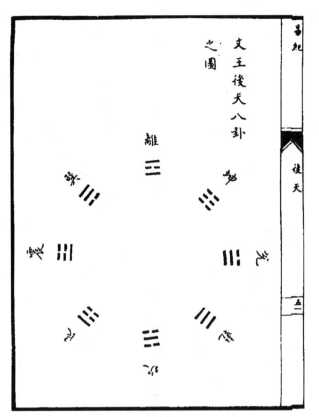

**图 9　文王后天八卦之图**
（郁文初《郁溪易纪》）

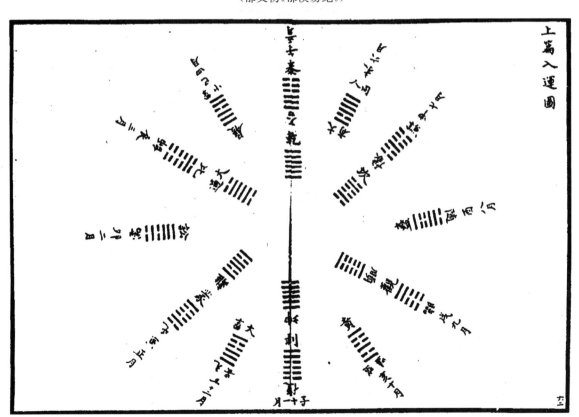

**图 10　上篇入运图**
（郁文初《郁溪易纪》）

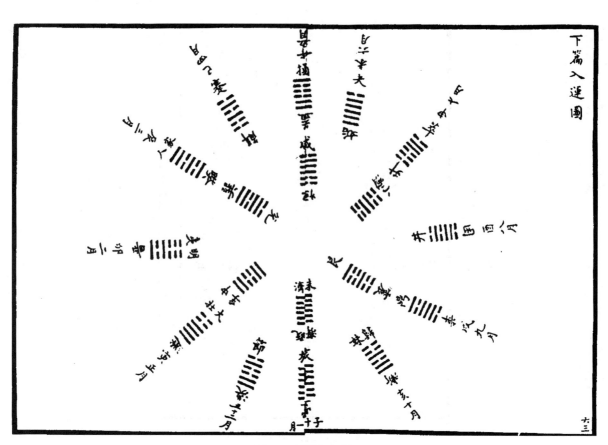

图11 下篇入运图
（郁文初《郁溪易纪》）

# 赵世对

生卒年不详,字襄臣,明浙江衢州人。著有《易学蓍贞》四卷。现存有《周易》图像三十一幅。

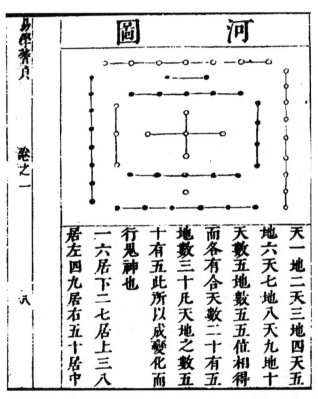

图1 河图
(赵世对《易学蓍贞》)

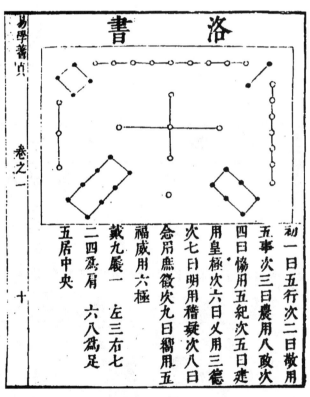

图2 洛书
(赵世对《易学蓍贞》)

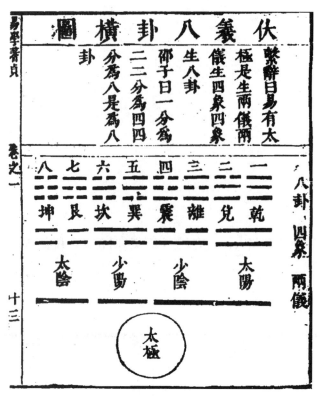

图3 伏羲八卦横图
（赵世对《易学菁贞》）

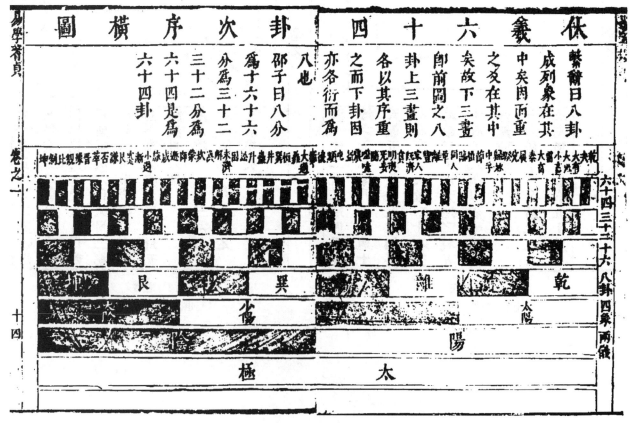

图4 伏羲六十四卦次序横图
（赵世对《易学菁贞》）

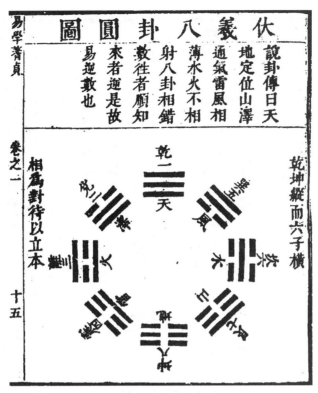

图 5　伏羲八卦圆图
（赵世对《易学菁贞》）

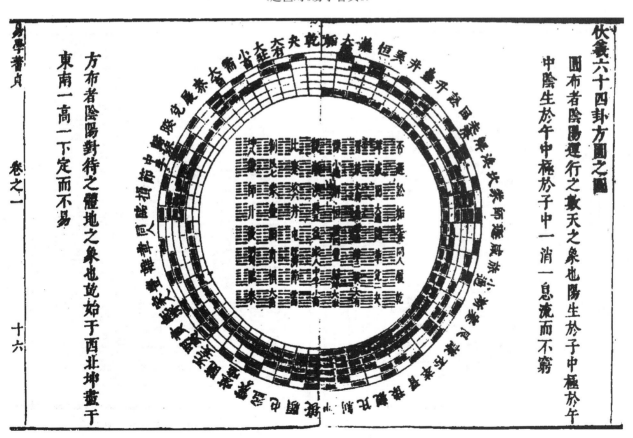

图 6　伏羲六十四卦方圆之图
（赵世对《易学菁贞》）

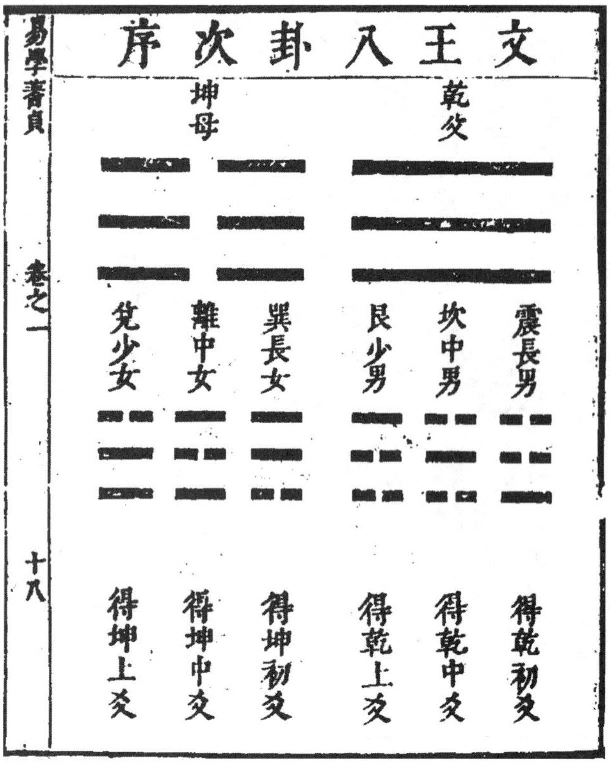

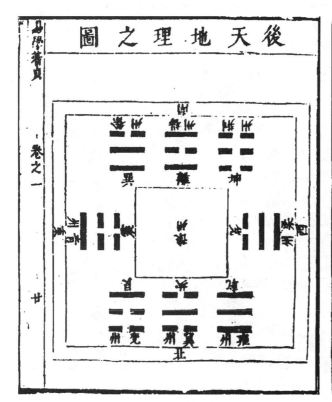

图 7　文王八卦次序图
（赵世对《易学菁贞》）

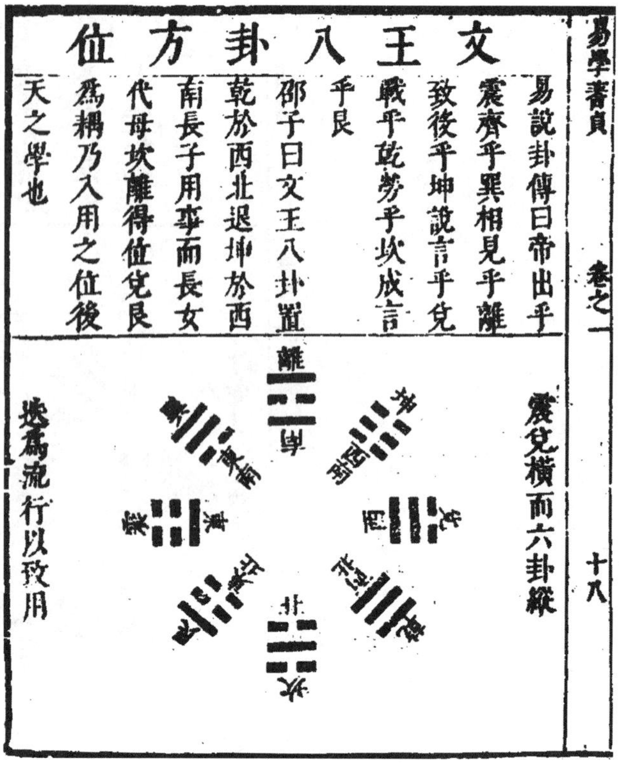

图 8　文王八卦方位图
（赵世对《易学菁贞》）

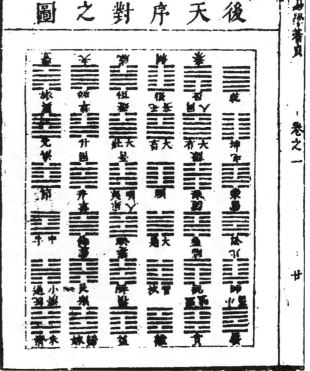

图 9　后天地理之图
（赵世对《易学菁贞》）

图 10　后天序对之图
（赵世对《易学菁贞》）

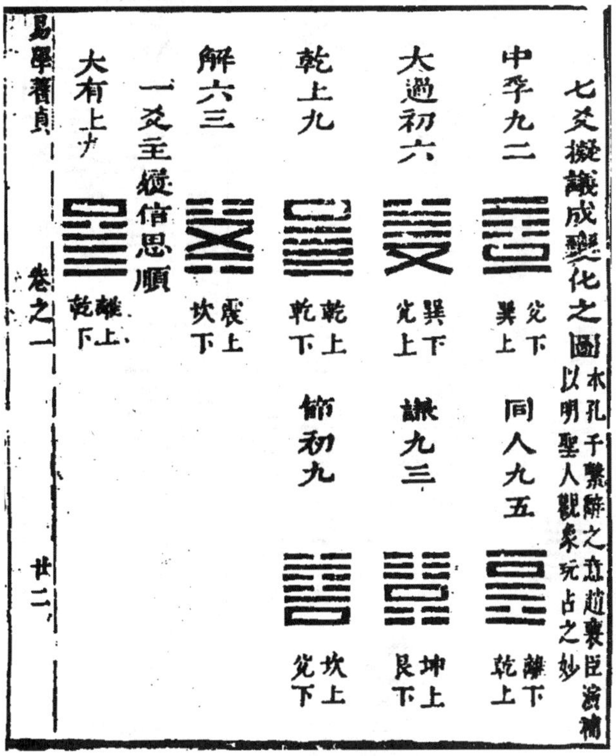

图 11　七爻拟议成变化之图
（赵世对《易学菁贞》）

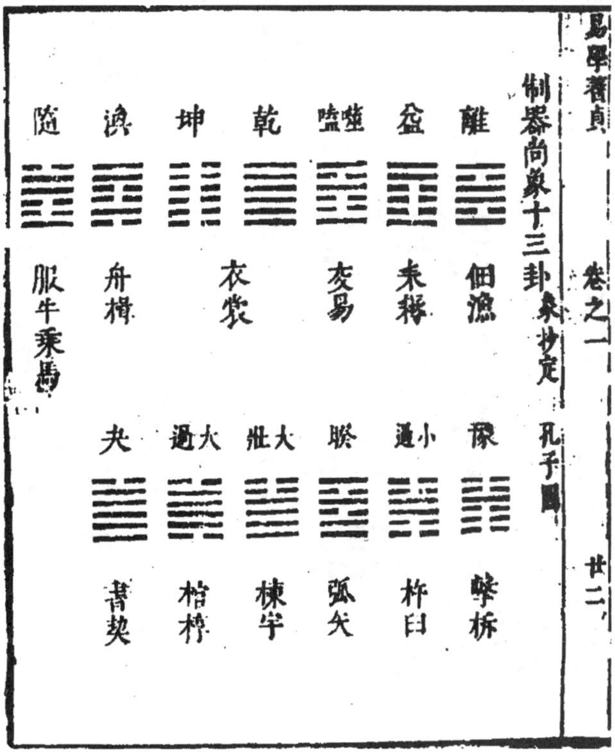

图 12　制器尚象十三卦图
（赵世对《易学菁贞》）

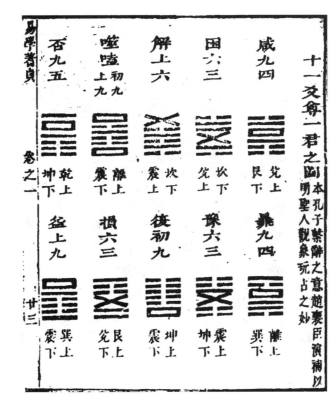

图 13　十一爻尊一君之图
（赵世对《易学菁贞》）

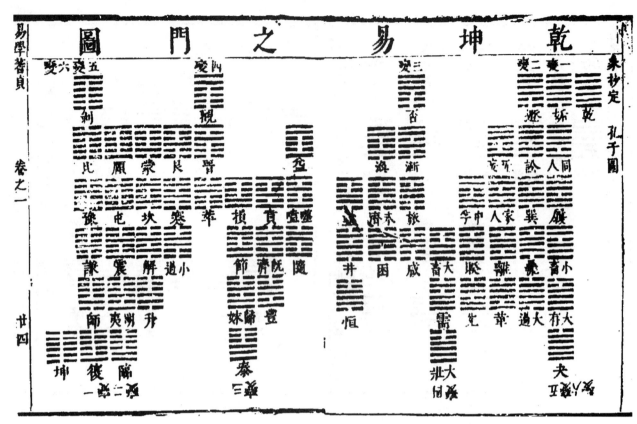

图 14　乾坤易之门图
（赵世对《易学蓍贞》）

图 15　九卦图
（赵世对《易学蓍贞》）

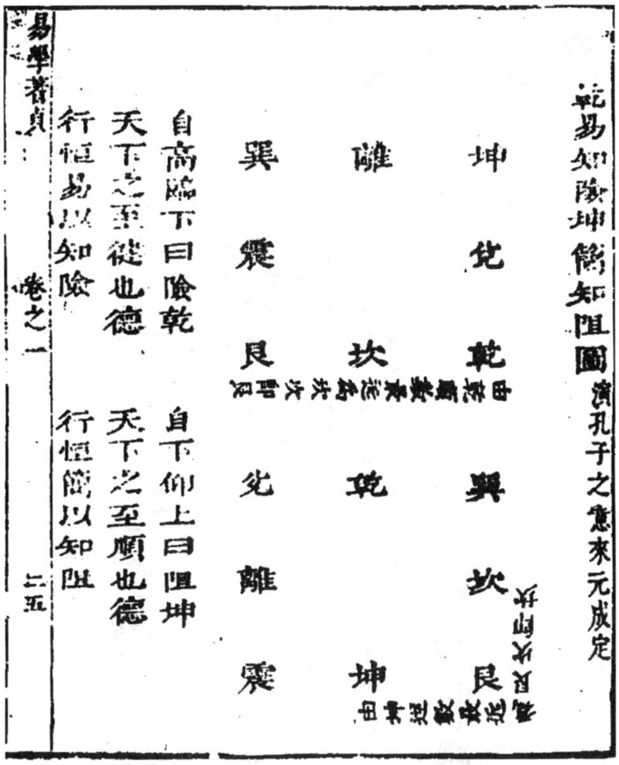

图 16　乾易知险坤简知阻图
（赵世对《易学箸贞》）

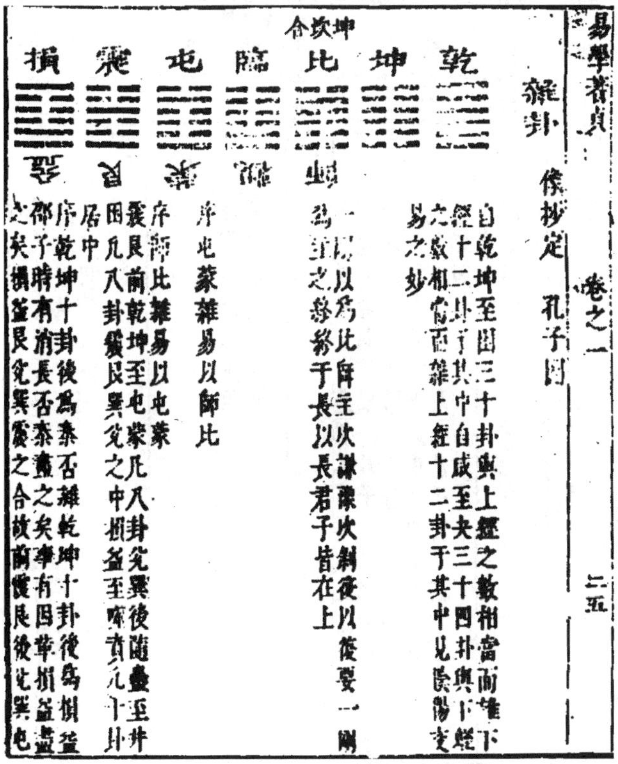

图 17-1　杂卦图
（赵世对《易学箸贞》）

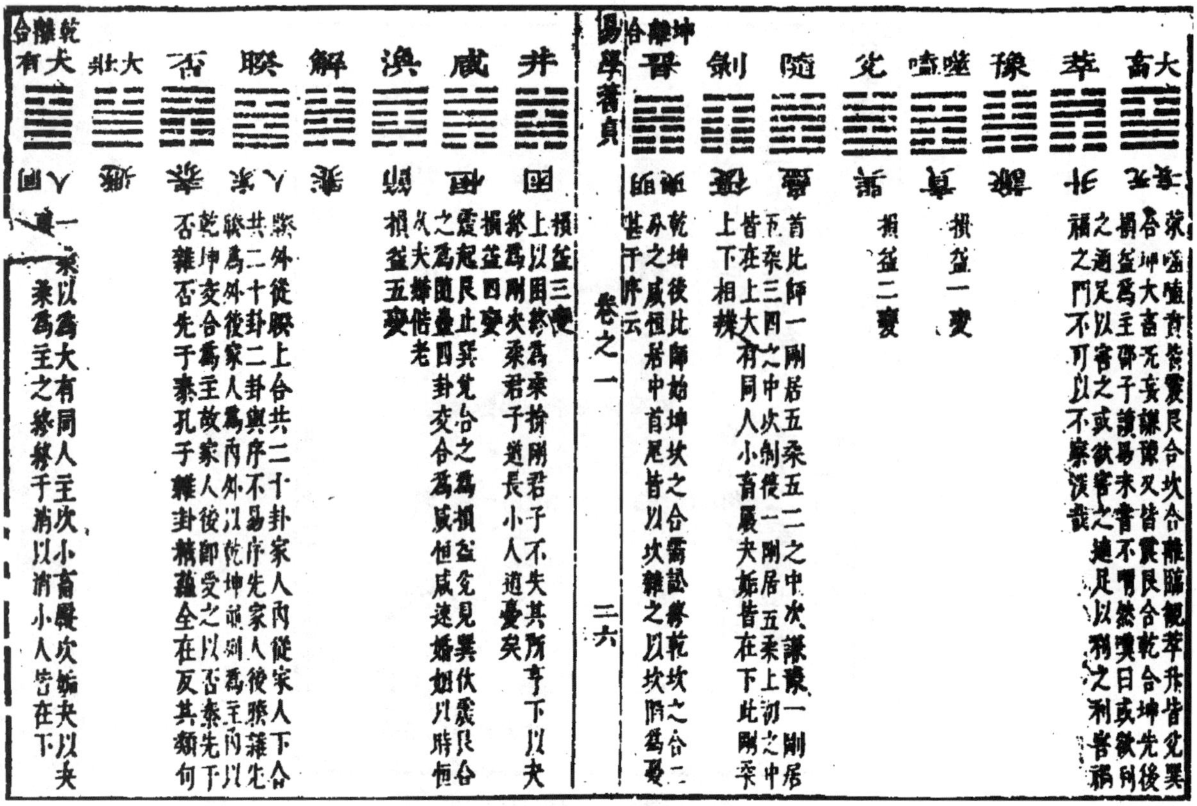


图 17－2　杂卦图

（赵世对《易学蓍贞》）

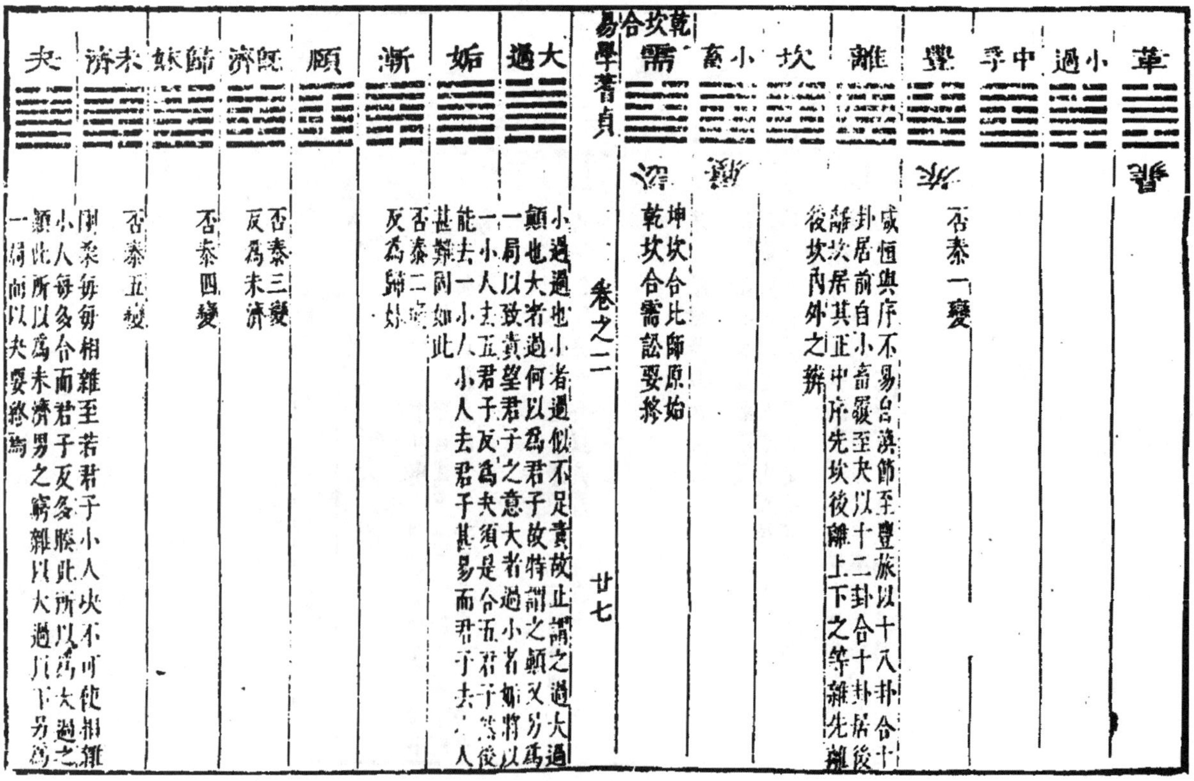


图 17－3　杂卦图

（赵世对《易学蓍贞》）

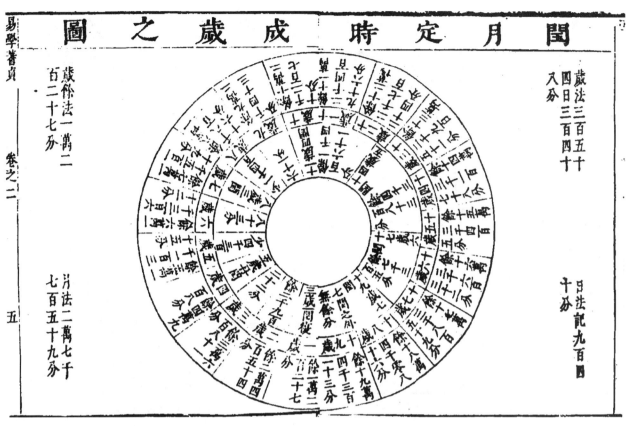

图 18　闰月定时成岁之图
（赵世对《易学蓍贞》）

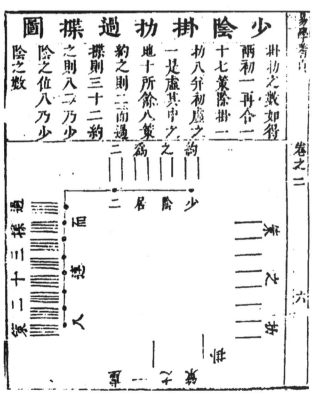

图 19　老阳挂扐过揲图
（赵世对《易学蓍贞》）

图 20　少阴挂扐过揲图
（赵世对《易学蓍贞》）

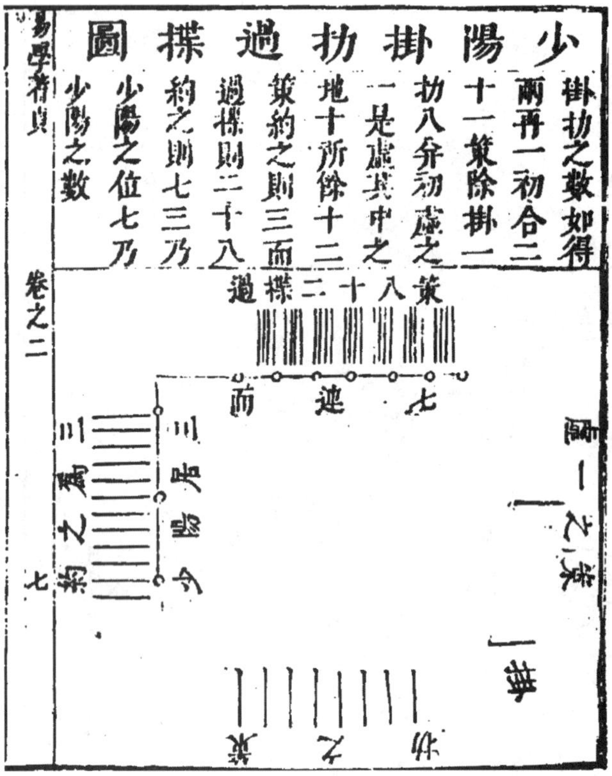

图 21　少阳挂扐过揲图
（赵世对《易学蓍贞》）

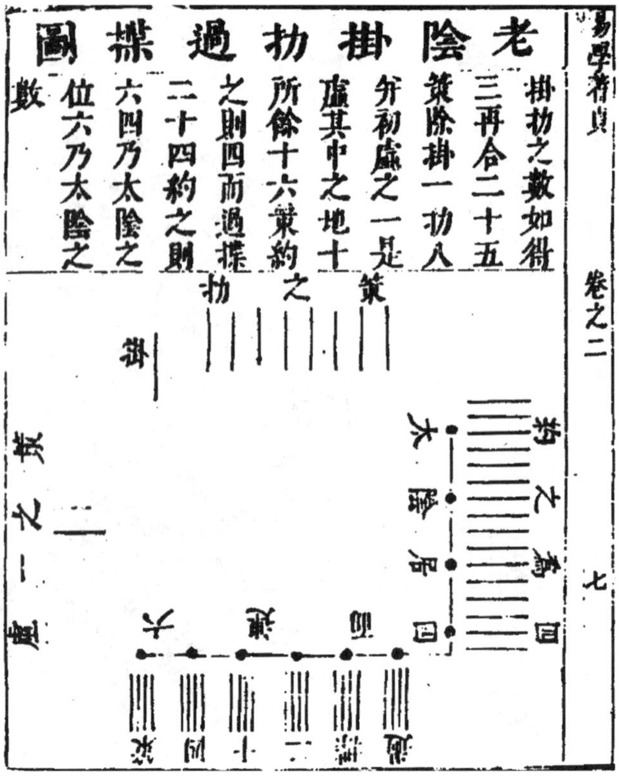

图 22　老阴挂扐过揲图
（赵世对《易学蓍贞》）

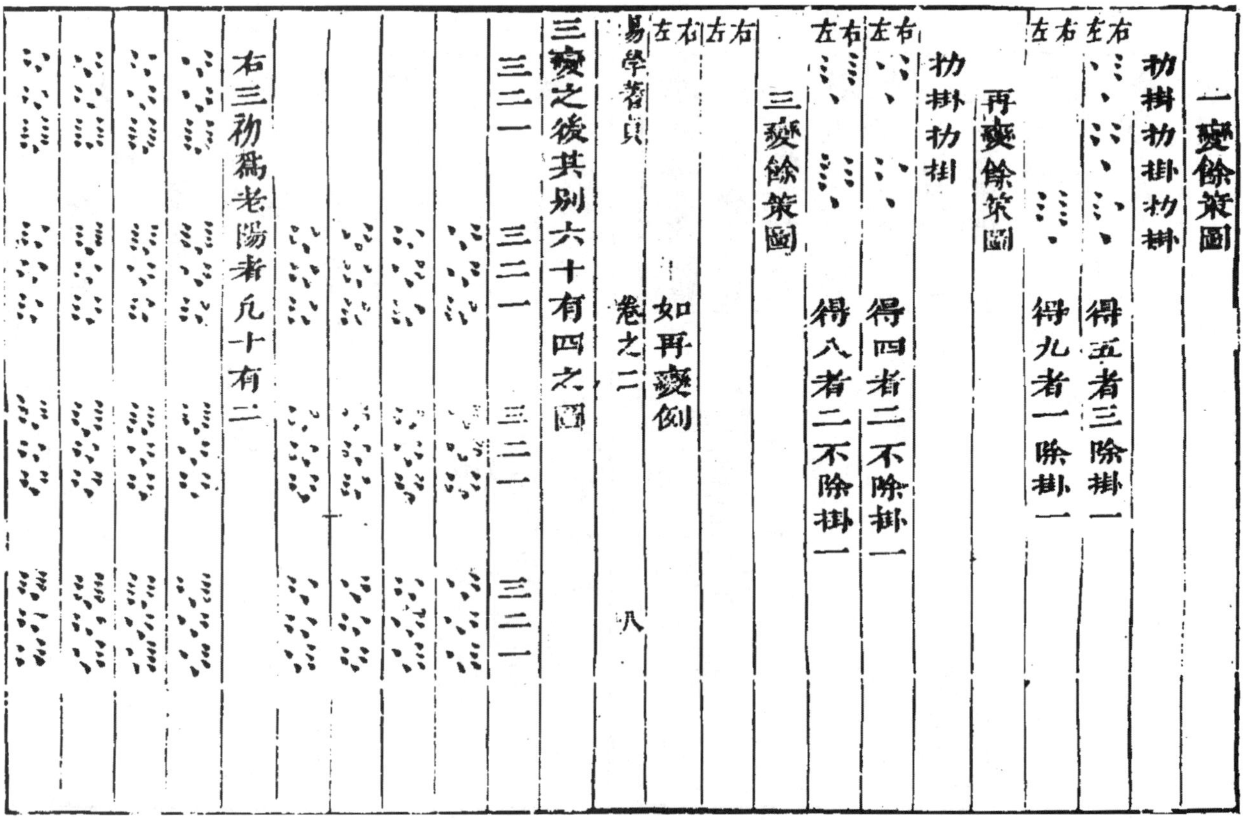

图 23-1　一变余策图
（赵世对《易学蓍贞》）

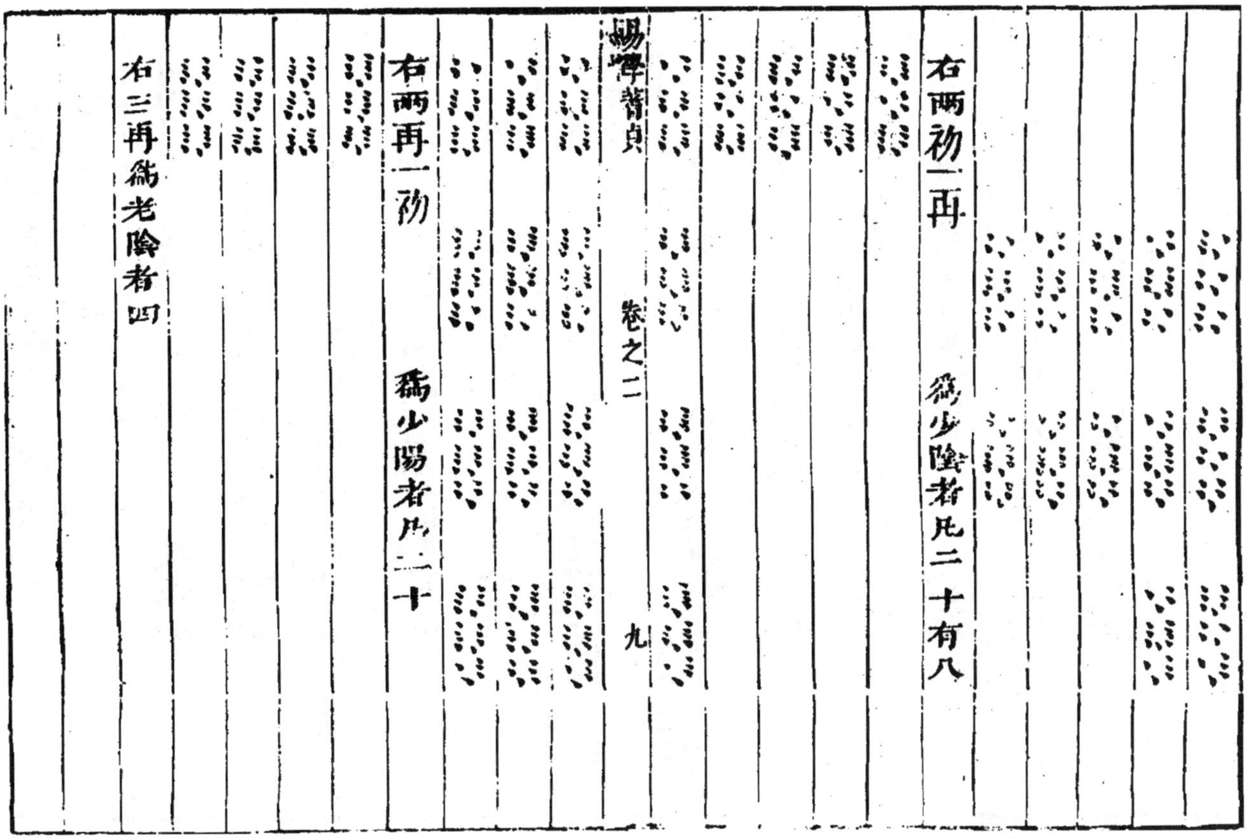

图23-2 一变余策图
(赵世对《易学蓍贞》)

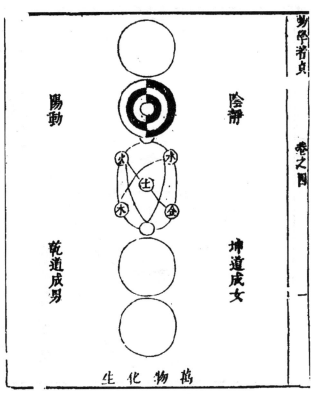

图24 太极图
(赵世对《易学蓍贞》)

| 经世一元消长之数图 | | 邵子定 | | | | | | | | | | |
|---|---|---|---|---|---|---|---|---|---|---|---|---|
| 元会运世 | | | | | | | | | | | | |
| 日甲月子一星三十辰三百六十一万八百 复 | 月丑二星六十辰二百二十年壬百 临 | 月寅三星九十辰一千八十年三百四十四 泰 开物星之巳 | 月卯四星一百二十辰一千四百四十年一万三千三百 大壮 | 月辰五星一百五十辰一千八百年一万五千四百 夬 | 月巳六星一百八十辰二千一百六十年一万八千八百 乾 唐尧始星之癸一百八十辰二十一反虞夏 | 月午七星二百一十辰二千五百二十年七万六千五百 姤 秦周汉商音十六国南北朝隋唐五代宋 | 月未八星二百四十辰二千八百八十年九万六千四百 遯 | 月申九星二百七十辰三千二百四十年九万七千二百 否 | 月酉十星三百辰三千六百年十一万八千 观 | 月戌十一星三百三十辰三千九百六十年十一万八千八百 剥 闭物星之戌五百二十 | 月亥十二星三百六十辰四千三百二十年九万六千六百 坤 |

图 25　经世一元消长之数图（邵子定）
（赵世对《易学菩贞》）

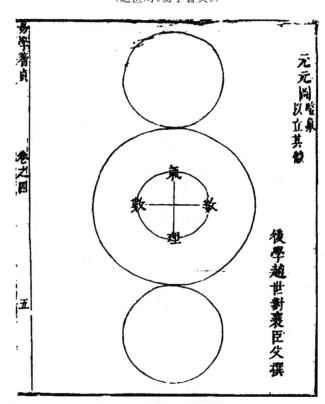

图 26　元元图（竖象以立其体）
（赵世对《易学菩贞》）

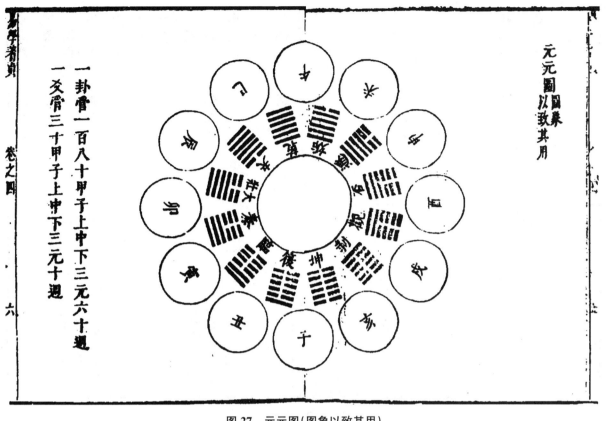

图 27　元元图（图象以致其用）
（赵世对《易学蓍贞》）

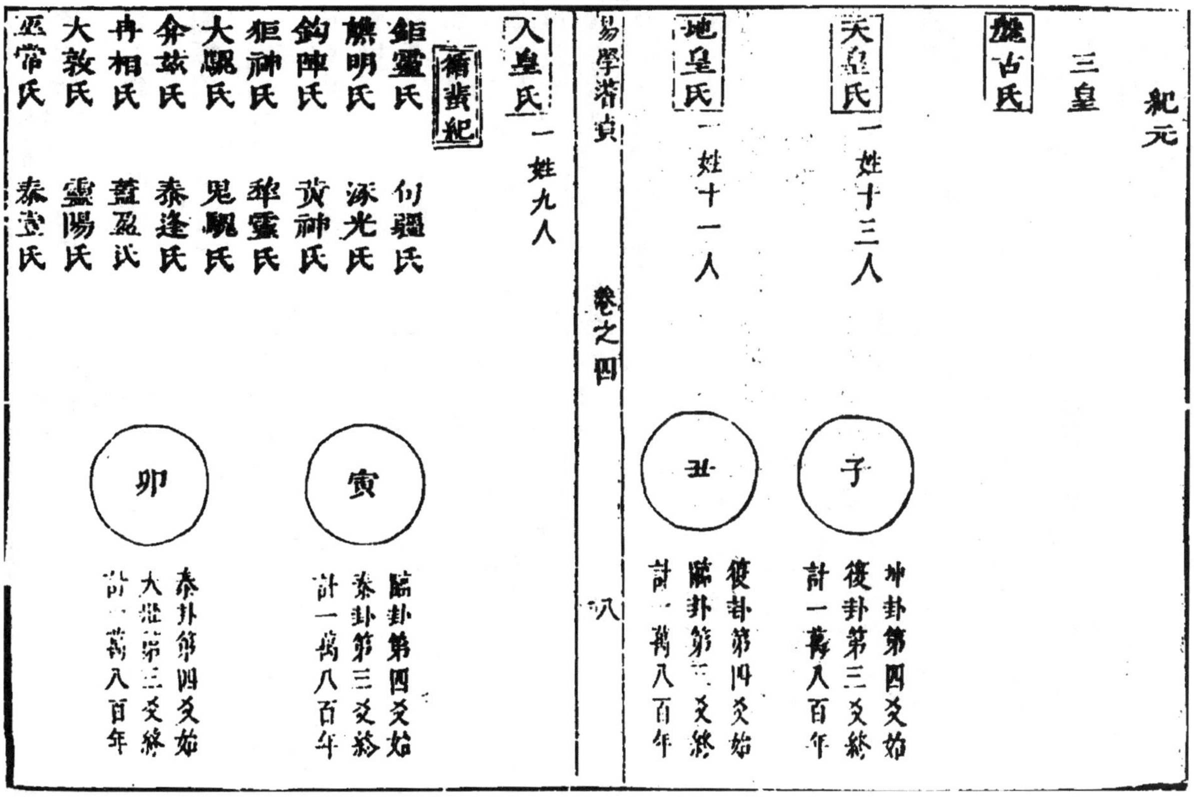

图 28-1　纪元图
（赵世对《易学蓍贞》）

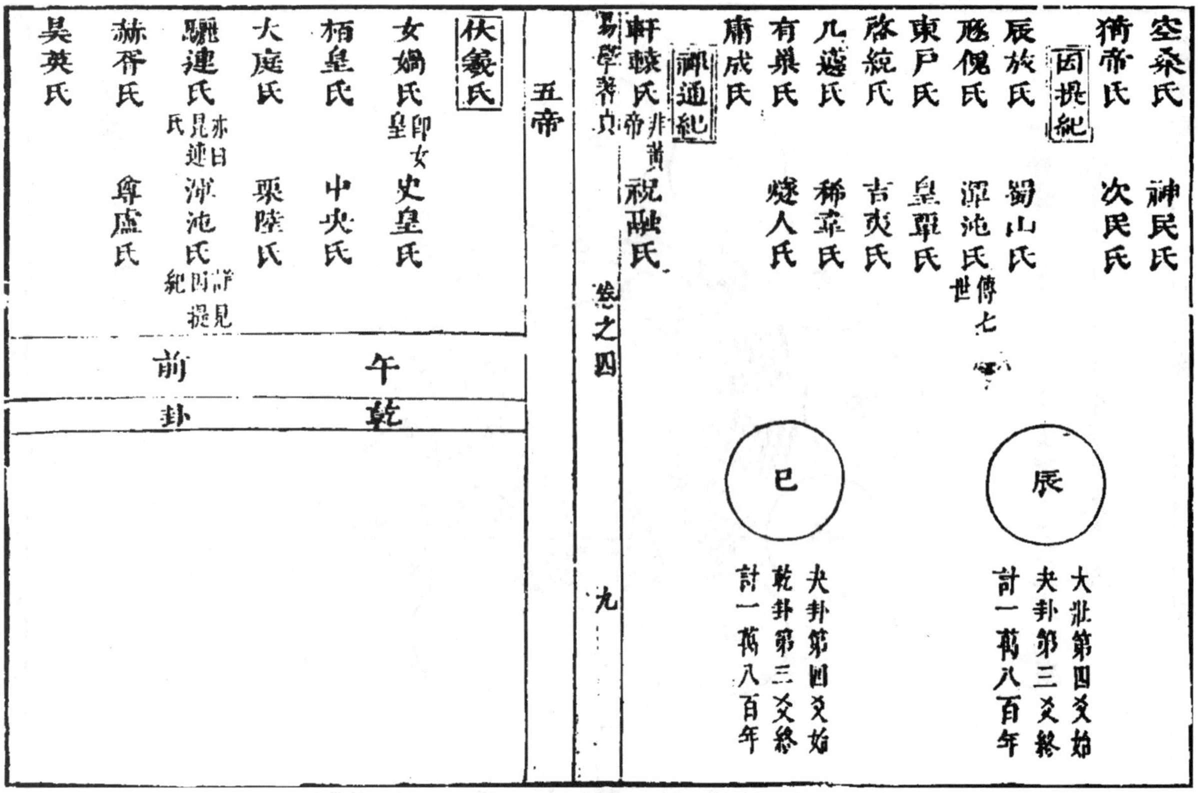


图 28－2　纪元图

（赵世对《易学蓍贞》）

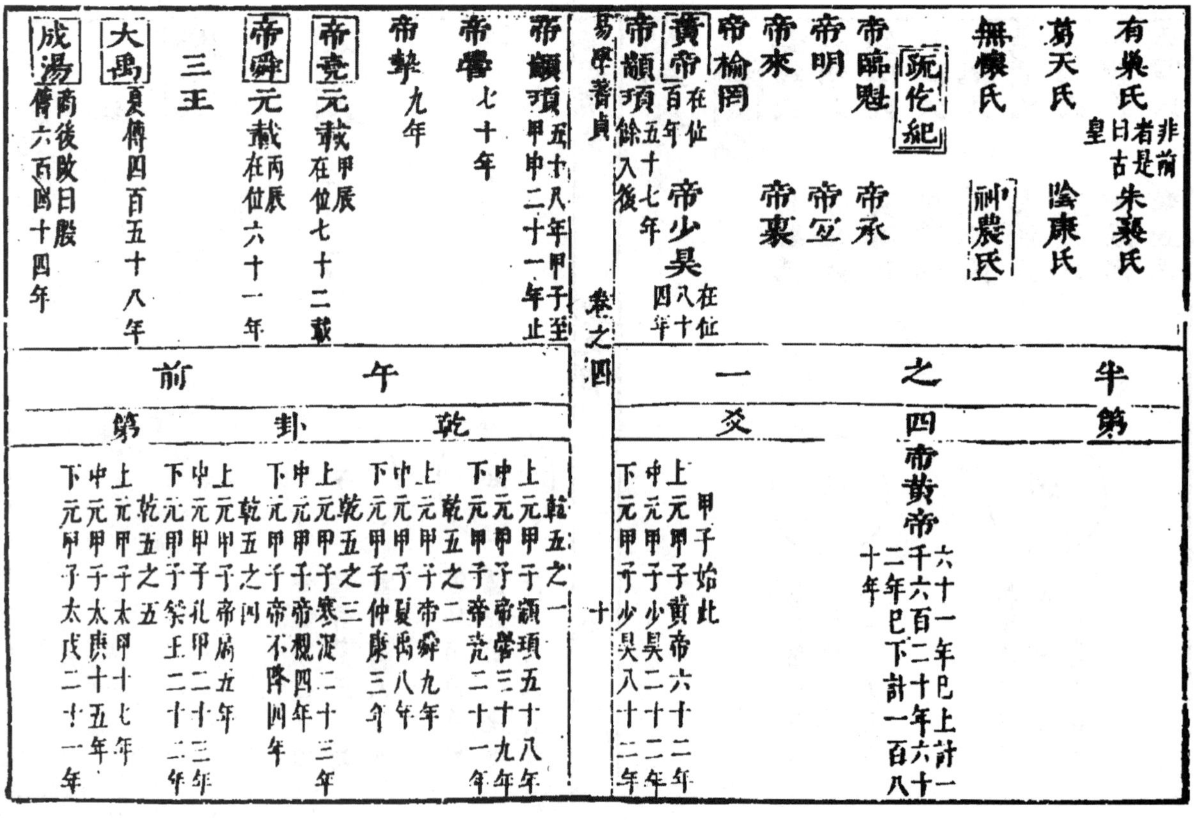


图 28－3　纪元图

（赵世对《易学蓍贞》）

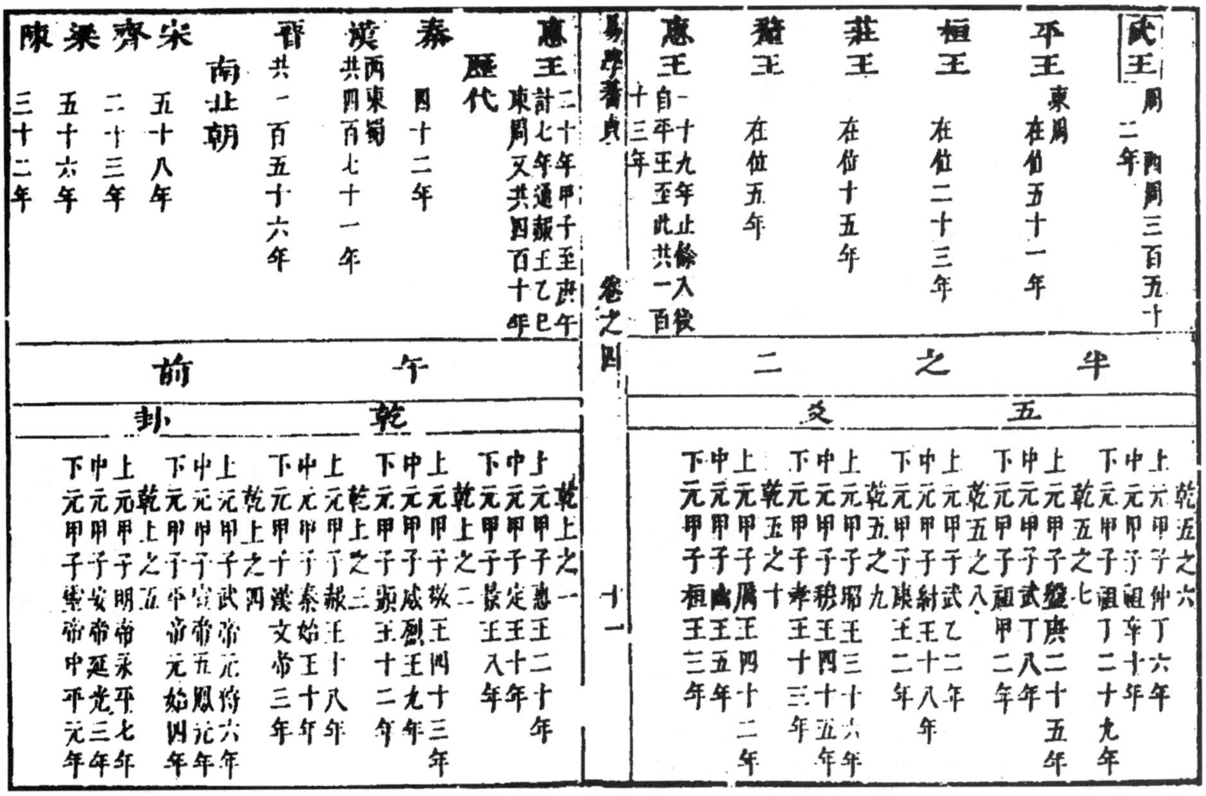

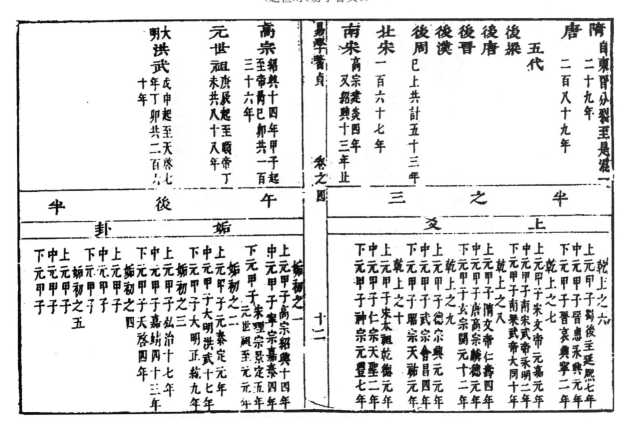

图 28-4 纪元图
（赵世对《易学菁贞》）

图 28-5 纪元图
（赵世对《易学菁贞》）

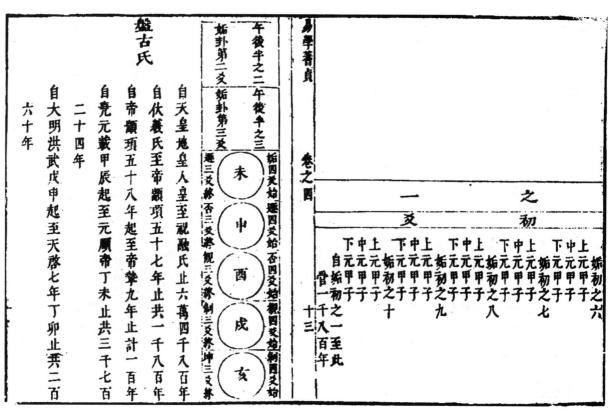

图 28-6 纪元图
（赵世对《易学蓍贞》）

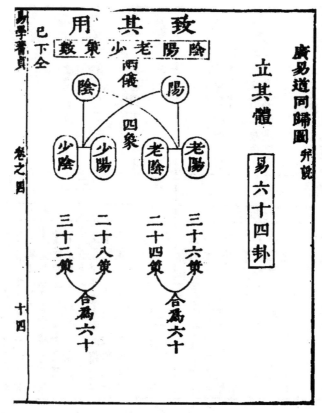

图 29 广易道同归图
（赵世对《易学蓍贞》）

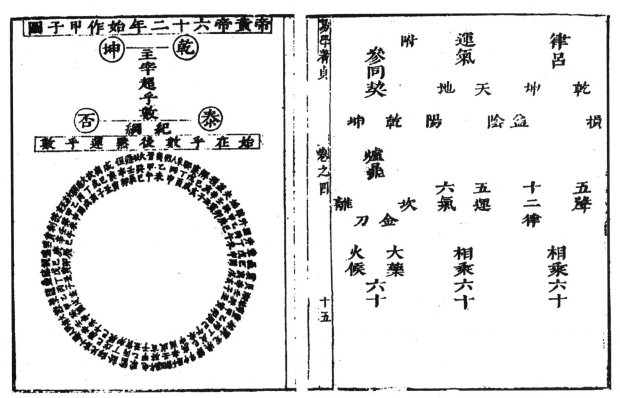

图30 帝黄帝六十二年始作甲子图
（赵世对《易学著贞》）

图31 律吕运气附参同契图
（赵世对《易学著贞》）

# 吴德信

生卒年不详,字成友,清江西九江人。著有《周易象义合参》十二卷。现存有《周易》图像八幅。

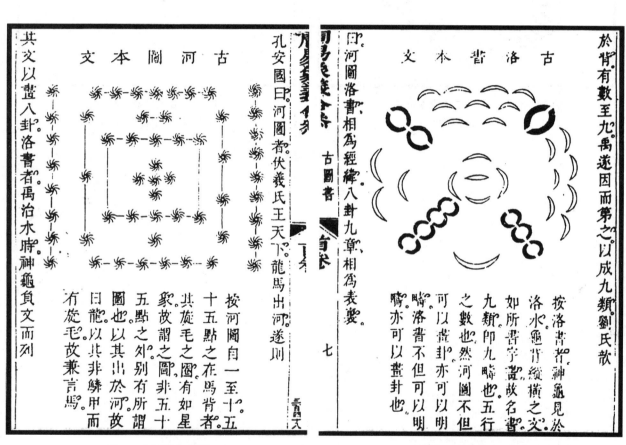

图1　古河图本文图
（吴德信《周易象义合参》）

图2　古洛书本文图
（吴德信《周易象义合参》）

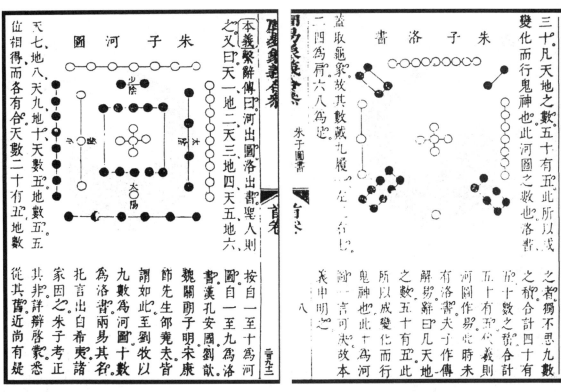

图3　朱子河图
（吴德信《周易象义合参》）

图4　朱子洛书图
（吴德信《周易象义合参》）

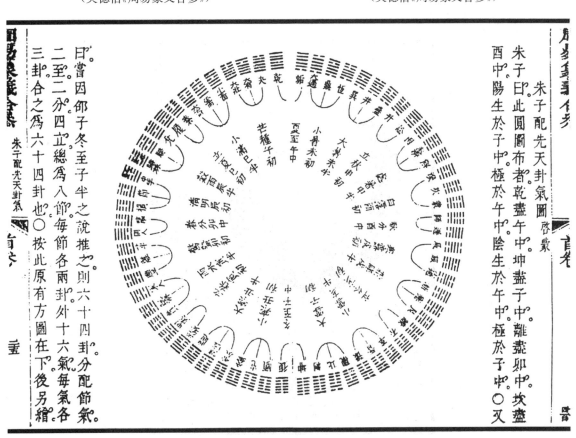

图5　朱子配先天卦气图
（吴德信《周易象义合参》）

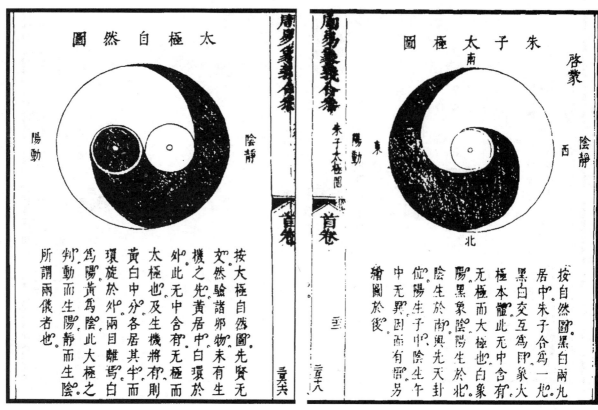

图6 太极自然图
（吴德信《周易象义合参》）

图7 朱子太极图
（吴德信《周易象义合参》）

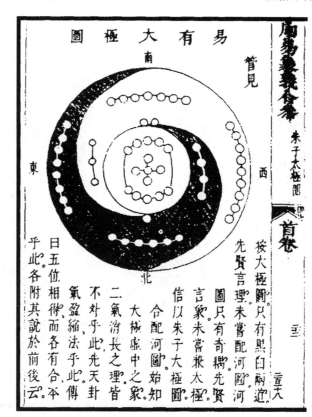

图8 易有太极图
（吴德信《周易象义合参》）

# 张问达

生卒年不详,字天民,清江苏江都(今江苏扬州)人。辑有《王阳明先生文钞》二十卷,著有《易经辨疑》七卷等。现存有《周易》图像二幅。

图1 伏羲八卦方位图
(张问达《易经辨疑》)

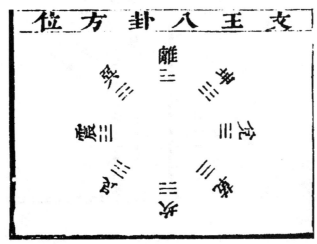

图2 文王八卦方位图
(张问达《易经辨疑》)

# 张沐（1630—1712）

字仲诚，号起庵，清河南上蔡人。顺治十五年（1658）进士，授直隶内黄知县，后遭免官归乡。长期居中州著书讲学，人称"上蔡夫子"。私淑孙奇逢，与颜元为至交，继承发展孙奇逢学说，与弟子形成起庵学派，为清代理学重要一支。著有《五经疏略》一百十五卷、《四书疏略》二十九卷、《孝经疏略》一卷、《道一录》、《溯流史学钞》二十卷、《图书秘典一隅解》一卷、《前川楼文集》二卷、《前川楼诗集》一卷等。现存有《周易》图像八幅。

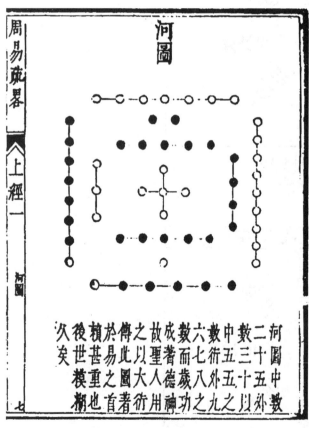

图 1 河图
（张沐《周易疏略》）

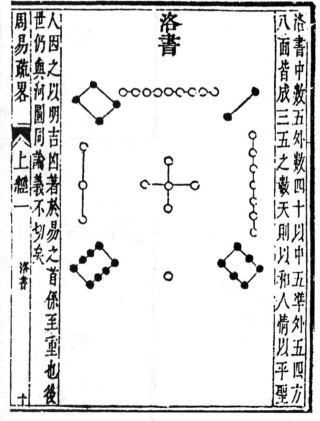

图 2 洛书
（张沐《周易疏略》）

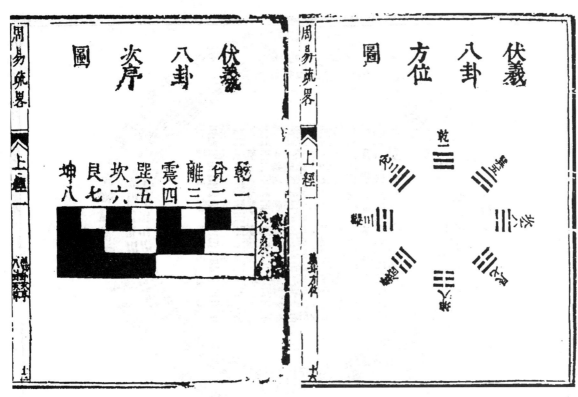

图 3　伏羲八卦次序图
（张沐《周易疏略》）

图 4　伏羲八卦方位图
（张沐《周易疏略》）

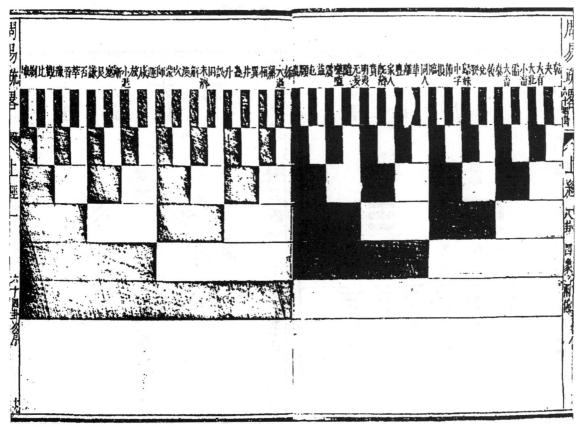

图 5　伏羲六十四卦次序图
（张沐《周易疏略》）

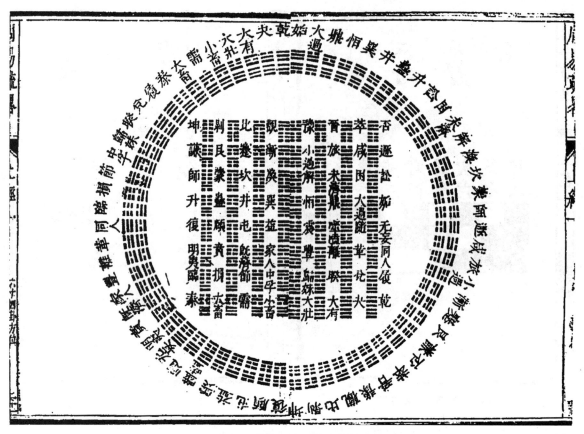

图 6　伏羲六十四卦方位图
（张沐《周易疏略》）

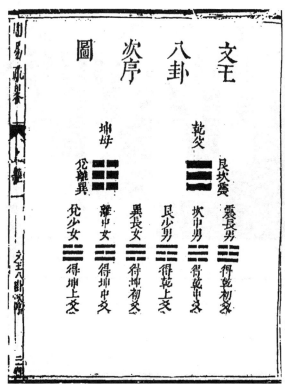

图 7　文王八卦次序图
（张沐《周易疏略》）

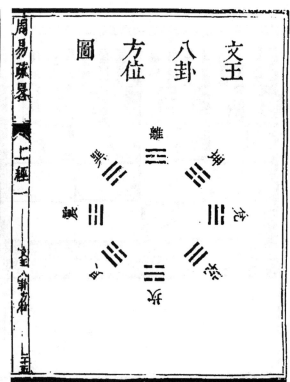

图 8　文王八卦方位图
（张沐《周易疏略》）

# 汪璲

生卒年不详,字文仪,号默庵,清安徽休宁人。十岁通文,十六岁潜心理书,于《学蔀通辨》用功尤深。主讲东林书院,精于《易》。著有《读易质疑》二十八卷、《周易补注》、《大学章句绎义》、《语余漫录文集》、《悠然草诗集》、《仪典堂文集》等。现存有《周易》图像十幅。

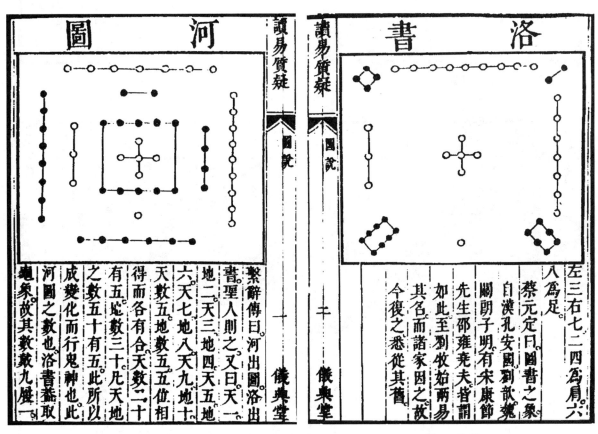

图1　河图
（汪璲《读易质疑》）

图2　洛书
（汪璲《读易质疑》）

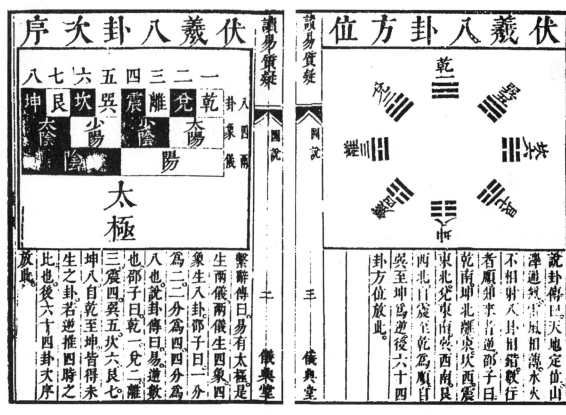

图3 伏羲八卦次序图
（汪璲《读易质疑》）

图4 伏羲八卦方位图
（汪璲《读易质疑》）

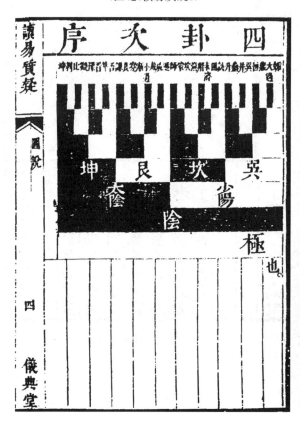

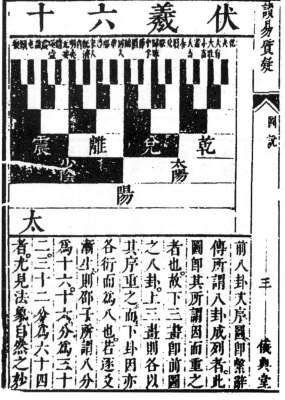

图5 伏羲六十四卦次序图
（汪璲《读易质疑》）

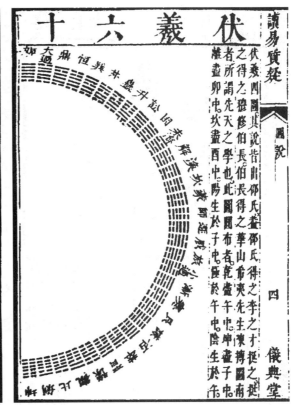
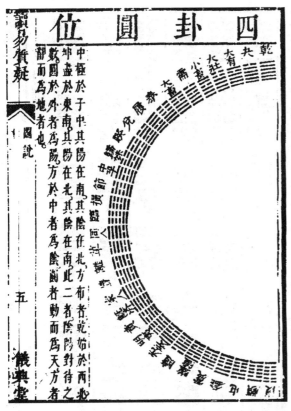

图6 伏羲六十四卦圆位图
（汪璲《读易质疑》）

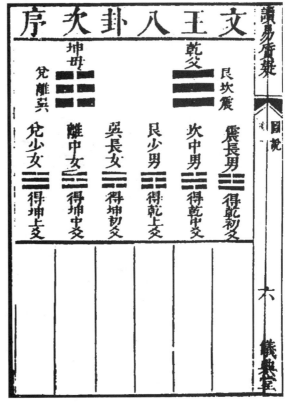

图7 伏羲六十四卦方位图
（汪璲《读易质疑》）

图8 文王八卦次序图
（汪璲《读易质疑》）

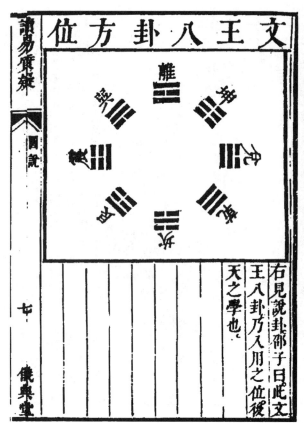

图 9　文王八卦方位图
（汪璲《读易质疑》）

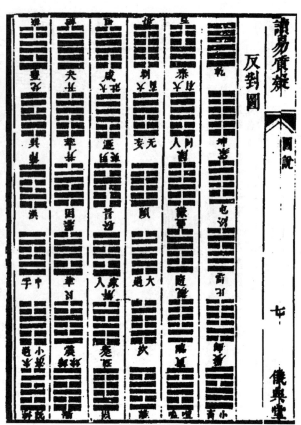

图 10　反对图
（汪璲《读易质疑》）

# 余为霖(1632—?)

字蕴隆,一字惕区,清江西金溪人。顺治八年(1651)举人。康熙中授齐东(今山东邹平)知县,后补四川阆中县。著有《石松堂集》八卷、《齐东县志》八卷等。现存有《周易》图像三十四幅。

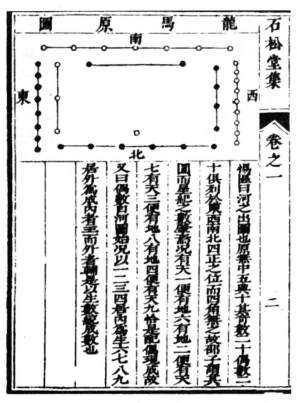

图1 龙马原图
(余为霖《石松堂集》)

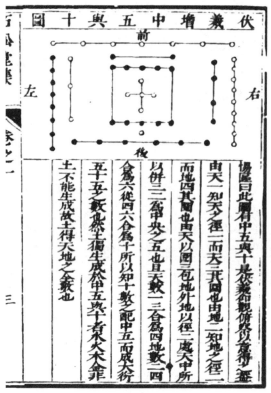

图 2　伏羲增中五与十图
（余为霖《石松堂集》）

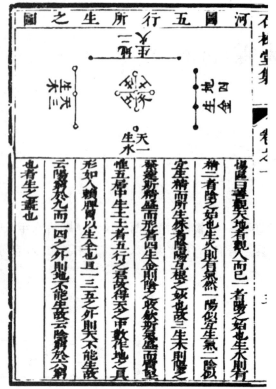

图 3　河图五行所生之图
（余为霖《石松堂集》）

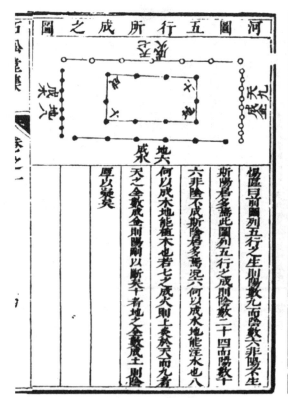

图 4　河图五行所成之图
（余为霖《石松堂集》）

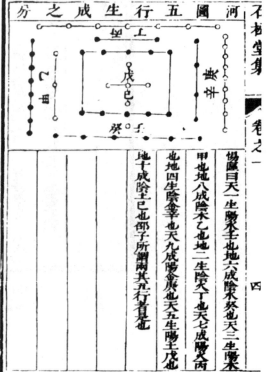

图 5　河图五行生成之分图
（余为霖《石松堂集》）

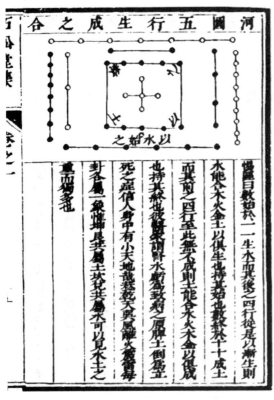

图 6　河图五行生成之合图
（余为霖《石松堂集》）

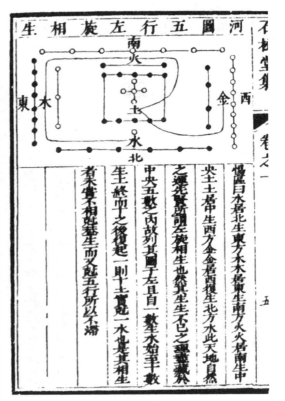

图 7　河图五行左旋相生图
（余为霖《石松堂集》）

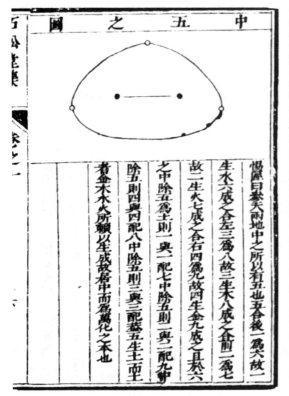

图 8　中五之图
（余为霖《石松堂集》）

图 9　先天左图
（余为霖《石松堂集》）

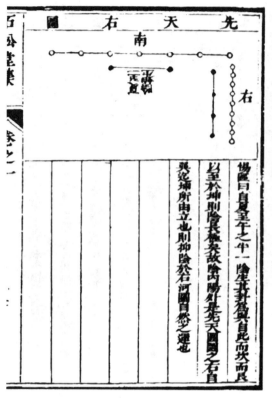

图 10　先天右图
（余为霖《石松堂集》）

图 11　天数廿五图
（余为霖《石松堂集》）

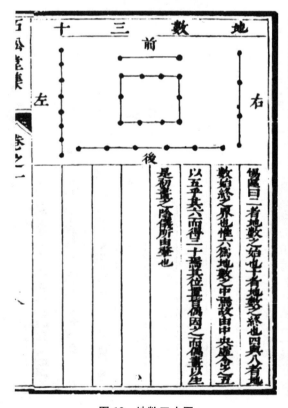

图 12　地数三十图
（余为霖《石松堂集》）

图 13　阳仪阴仪图
（余为霖《石松堂集》）

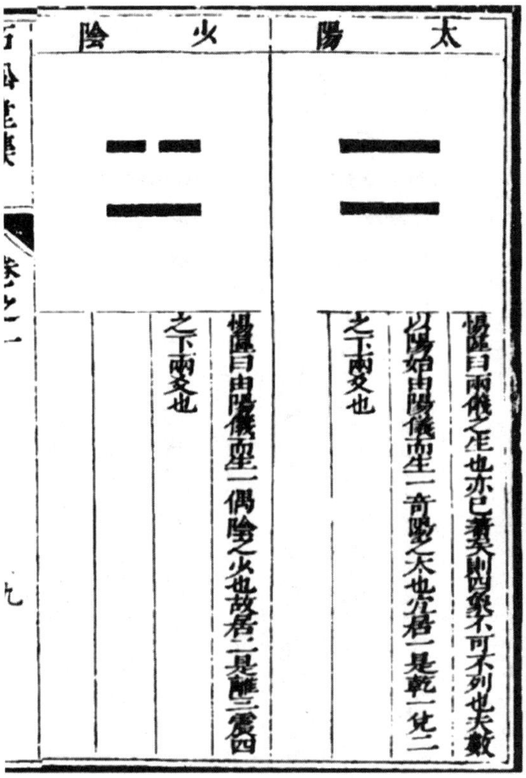

图14　太阳少阴图
（余为霖《石松堂集》）

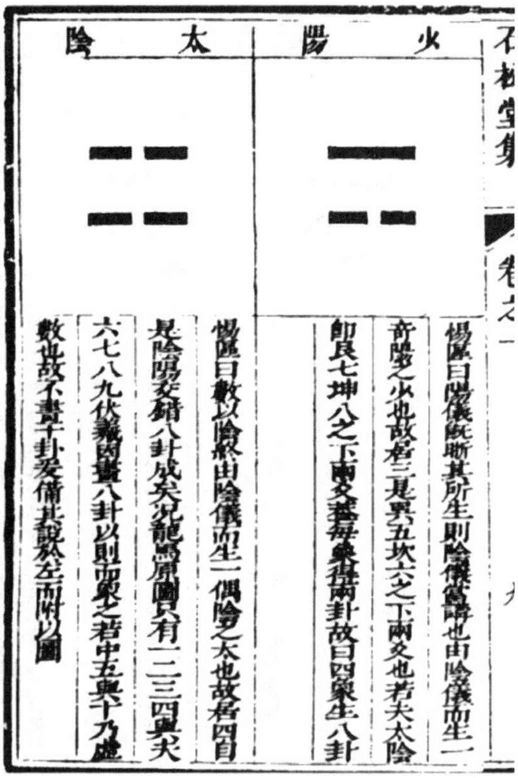

图15　少阳太阴图
（余为霖《石松堂集》）

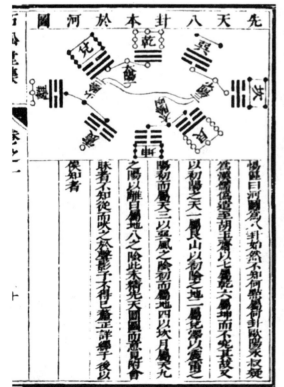

图16　先天八卦本于河图图
（余为霖《石松堂集》）

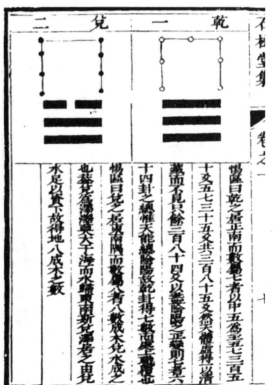

图17　乾一兑二图
（余为霖《石松堂集》）

图 18　离三震四图
（余为霖《石松堂集》）

图 19　巽五坎六图
（余为霖《石松堂集》）

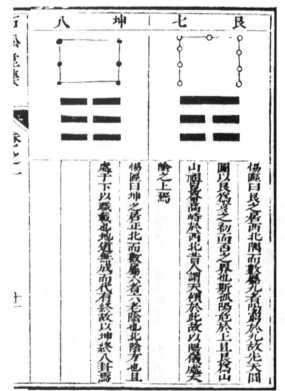

图 20　艮七坤八图
（余为霖《石松堂集》）

图 21　伏羲先天八卦方位图
（余为霖《石松堂集》）

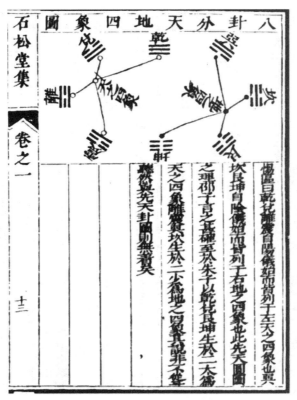

图 22　八卦分天地四象图
（余为霖《石松堂集》）

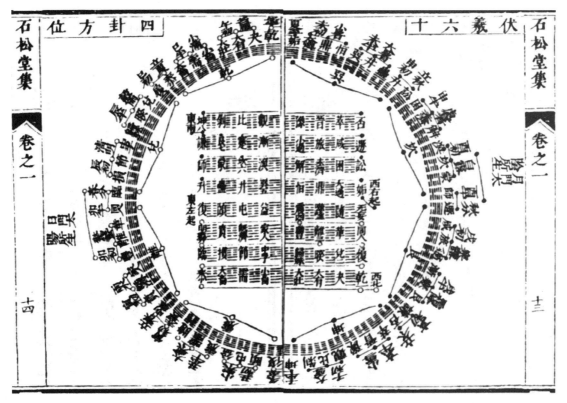

图 23　伏羲六十卦方位图
（余为霖《石松堂集》）

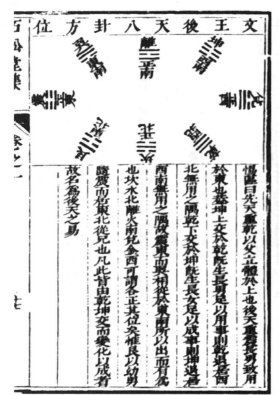

图 24 文王后天八卦方位图
（余为霖《石松堂集》）

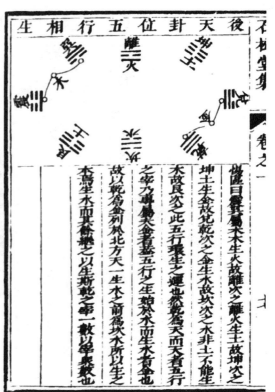

图 25 后天卦位五行相生图
（余为霖《石松堂集》）

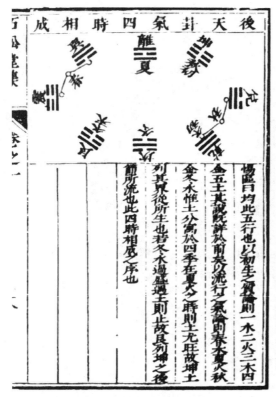

图 26 后天卦气四时相成图
（余为霖《石松堂集》）

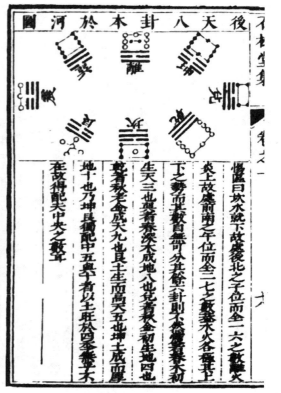

图 27 后天八卦本于河图图
（余为霖《石松堂集》）

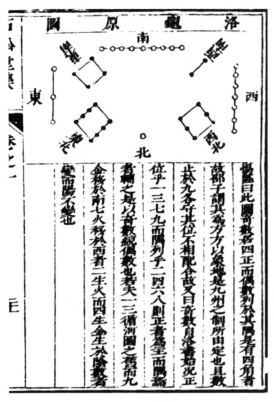

图 28　洛龟原图
（余为霖《石松堂集》）

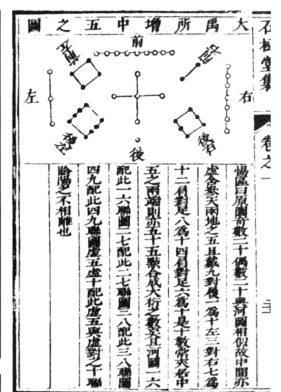

图 29　大禹所增中五之图
（余为霖《石松堂集》）

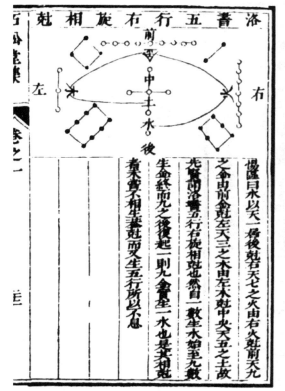

图 30　洛书五行右旋相克图
（余为霖《石松堂集》）

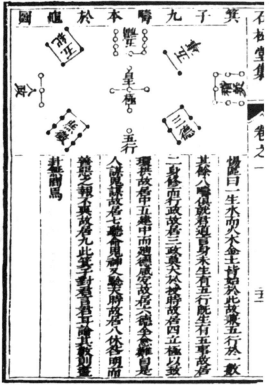

图 31　箕子九畴本于龟图
（余为霖《石松堂集》）

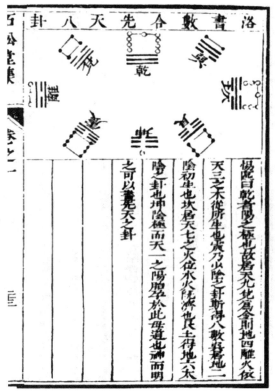

图 32　洛书数合先天八卦图
（余为霖《石松堂集》）

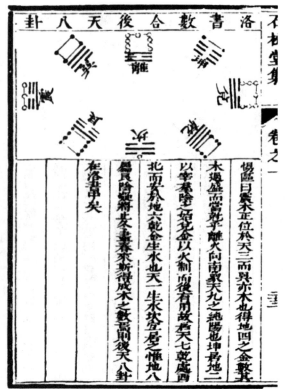

图 33　洛书数合后天八卦图
（余为霖《石松堂集》）

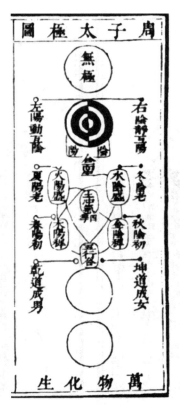

图 34　周子太极图
（余为霖《石松堂集》）

# 胡渭(1633—1714)

初名渭生,字朏明,一字东樵,清浙江德清人。十五岁为县学生,后弃科举,专究经义。曾与黄仪、顾祖禹、阎若璩等人入徐乾学幕府编修《大清一统志》。著有《易图明辨》十卷、《禹贡锥指》二十卷、《洪范正论》五卷、《大学翼真》七卷等。现存有《周易》图像四十二幅。

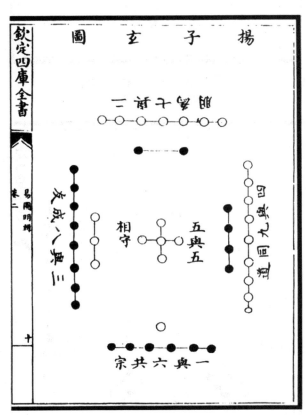

图1 扬子玄图
(胡渭《易图明辨》)

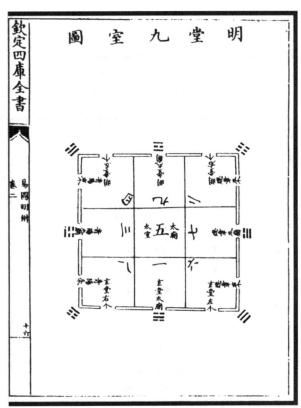

图2 明堂九室图
(胡渭《易图明辨》)

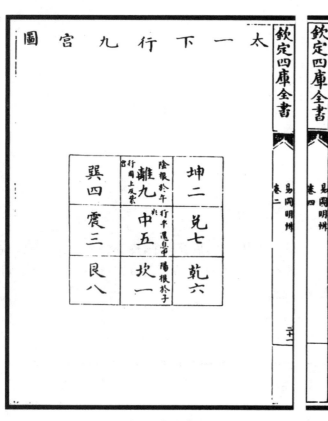

图3 太一下行九宫图
（胡渭《易图明辨》）

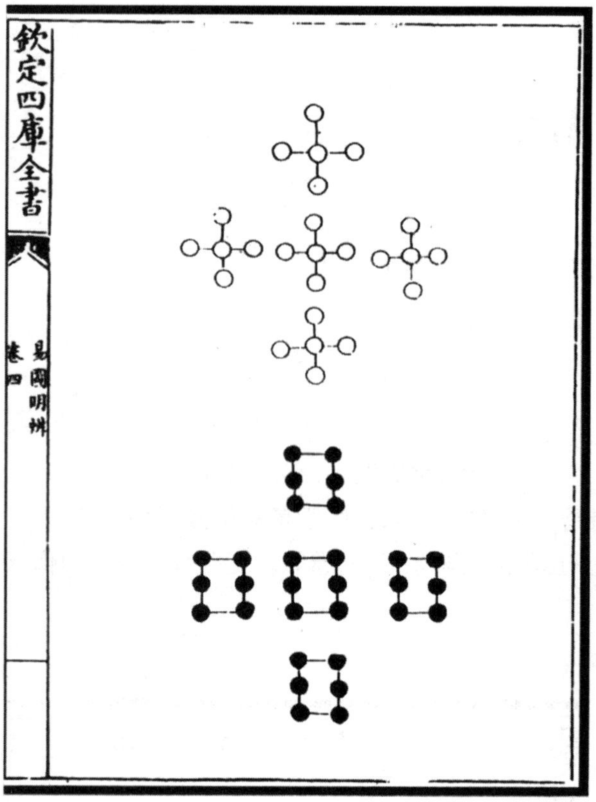

图4 龙图天地未合之数图
（胡渭《易图明辨》）

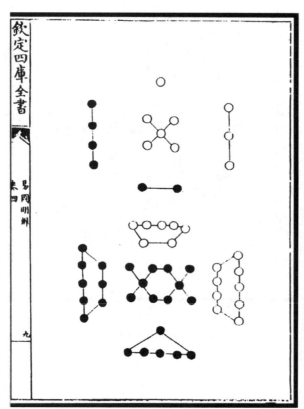

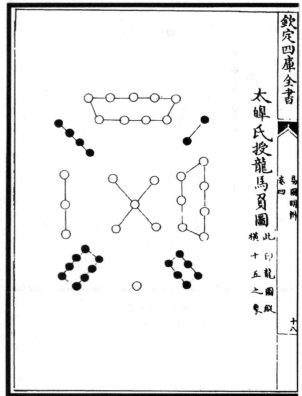

图5 龙图天地已合之位图
（胡渭《易图明辨》）

图6 太皞氏授龙马负图
（胡渭《易图明辨》）

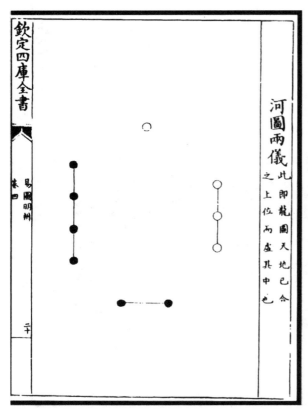

图7　河图两仪图
（胡渭《易图明辨》）

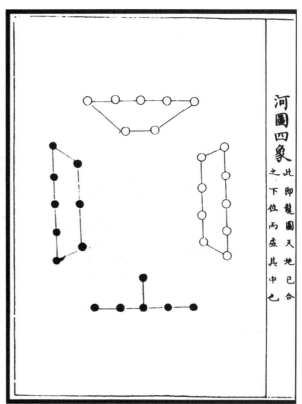

图8　河图四象图
（胡渭《易图明辨》）

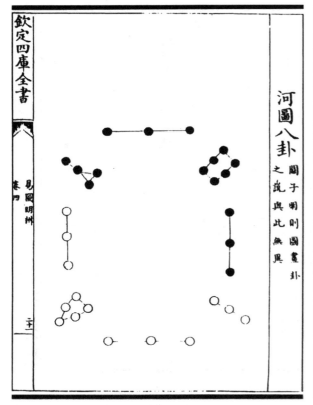

图9　河图八卦图
（胡渭《易图明辨》）

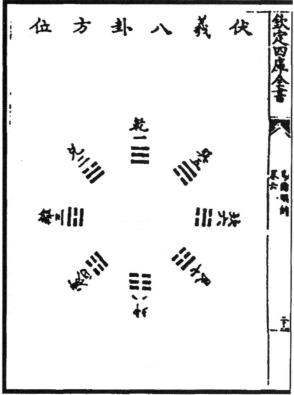

图10　伏羲八卦方位图
（胡渭《易图明辨》）

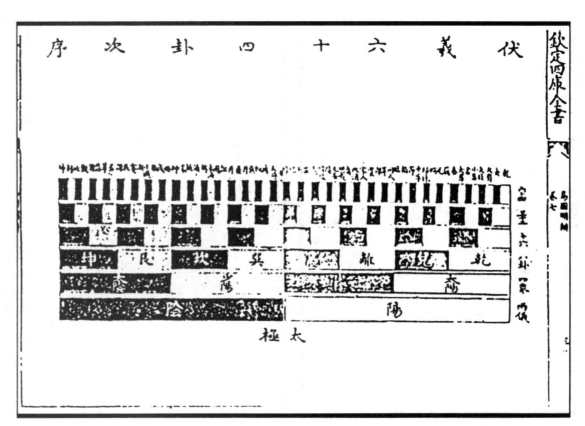

图 11 伏羲六十四卦次序图
（胡渭《易图明辨》）

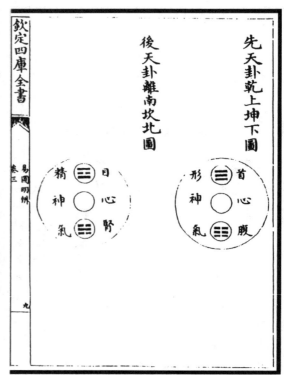

图 12 月受日光图
（胡渭《易图明辨》）

图 13 先天卦乾上坤下图
图 14 后天卦离南坎北图
（胡渭《易图明辨》）

图 15　地承天气图
（胡渭《易图明辨》）

图 16　乾坤交变十二卦循环升降图
（胡渭《易图明辨》）

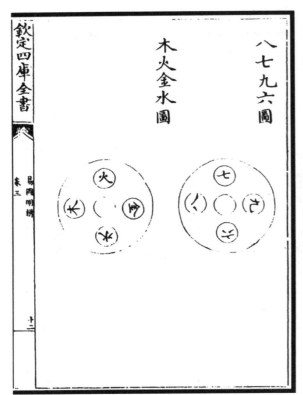

图 17　八七九六图
图 18　木火金水图
（胡渭《易图明辨》）

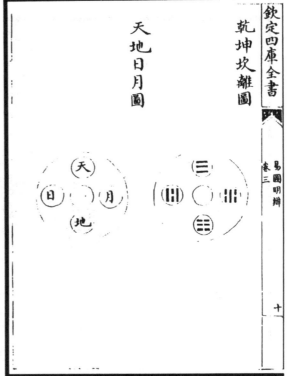

图 19　乾坤坎离图
图 20　天地日月图
（胡渭《易图明辨》）

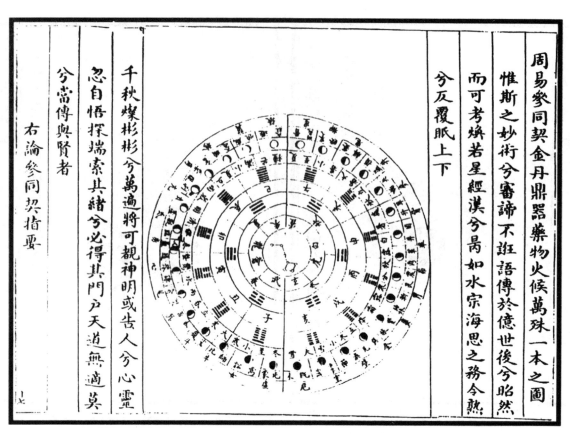

图 21　周易参同契金丹鼎器药物火候万殊一本之图
（胡渭《易图明辨》）

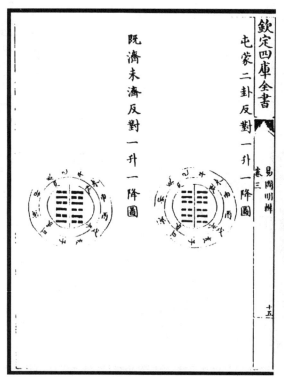
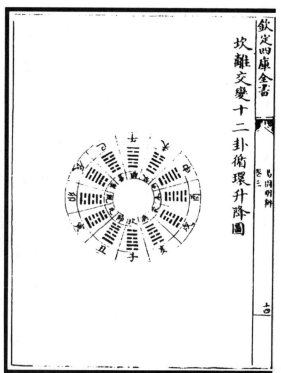

图 22　屯蒙二卦反对一升一降图
图 23　既济未济反对一升一降图
　　　　（胡渭《易图明辨》）

图 24　坎离交变十二卦循环升降图
（胡渭《易图明辨》）

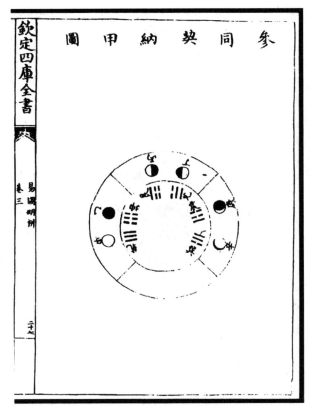

图 25　参同契纳甲图
（胡渭《易图明辨》）

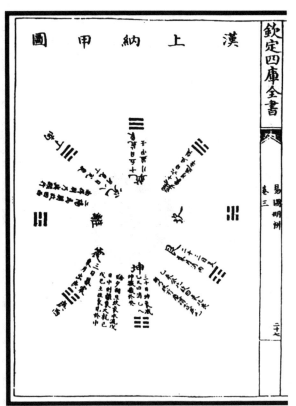

图 26　汉上纳甲图
（胡渭《易图明辨》）

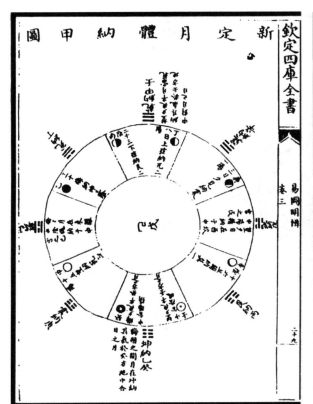

图 27　新定月体纳甲图
（胡渭《易图明辨》）

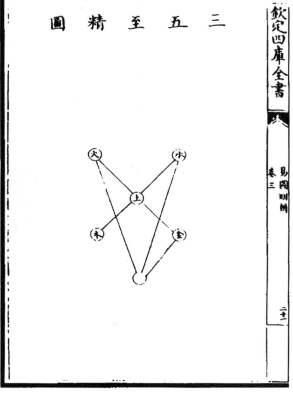

图 28　三五至精图
（胡渭《易图明辨》）

图 29 水火匡廓图
（胡渭《易图明辨》）

图 30 天地自然之图
（胡渭《易图明辨》）

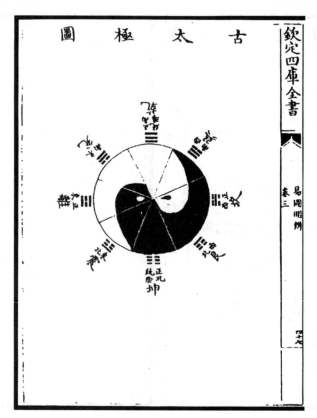

图 31 古太极图
（胡渭《易图明辨》）

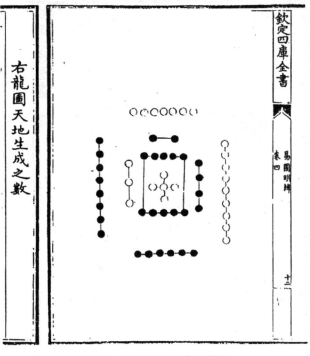

**图 32　龙图天地生成之数图**
（胡渭《易图明辨》）

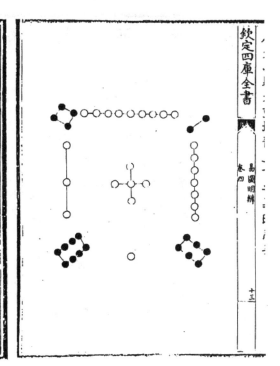

**图 33　河洛纵横十五之象图**
（胡渭《易图明辨》）

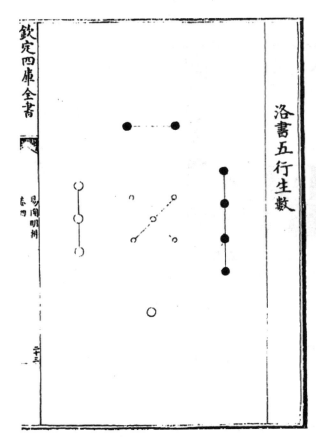

**图 34　洛书五行生数图**
（胡渭《易图明辨》）

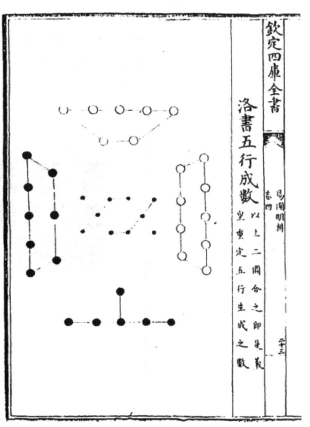

**图 35　洛书五行成数图**
（胡渭《易图明辨》）

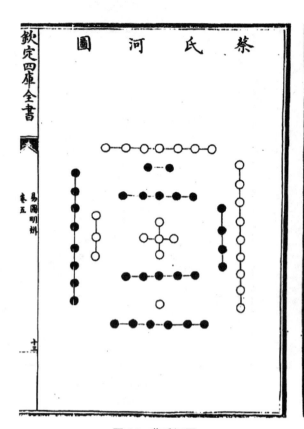

图 36 蔡氏河图
（胡渭《易图明辨》）

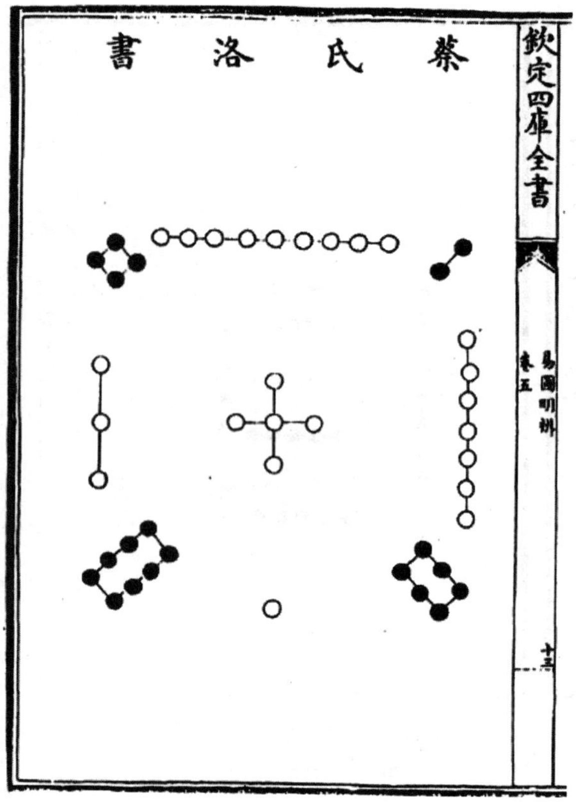

图 37 蔡氏洛书
（胡渭《易图明辨》）

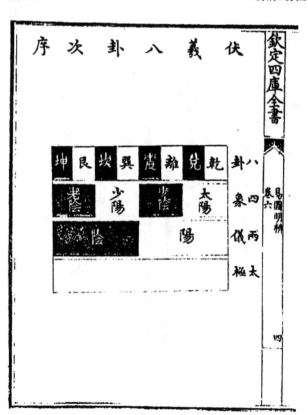

图 38 伏羲八卦次序图
（胡渭《易图明辨》）

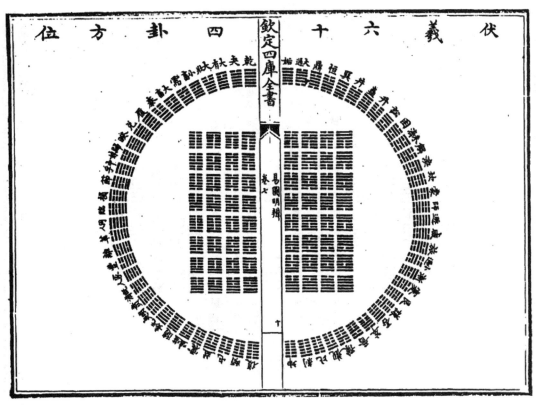

**图 39　伏羲六十四卦方位图**
（胡渭《易图明辨》）

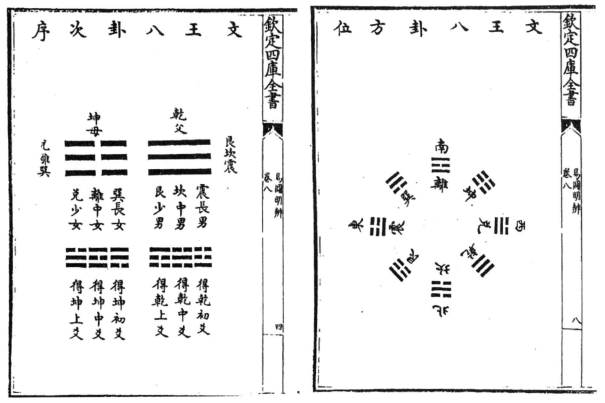

**图 40　文王八卦次序图**
（胡渭《易图明辨》）

**图 41　文王八卦方位图**
（胡渭《易图明辨》）

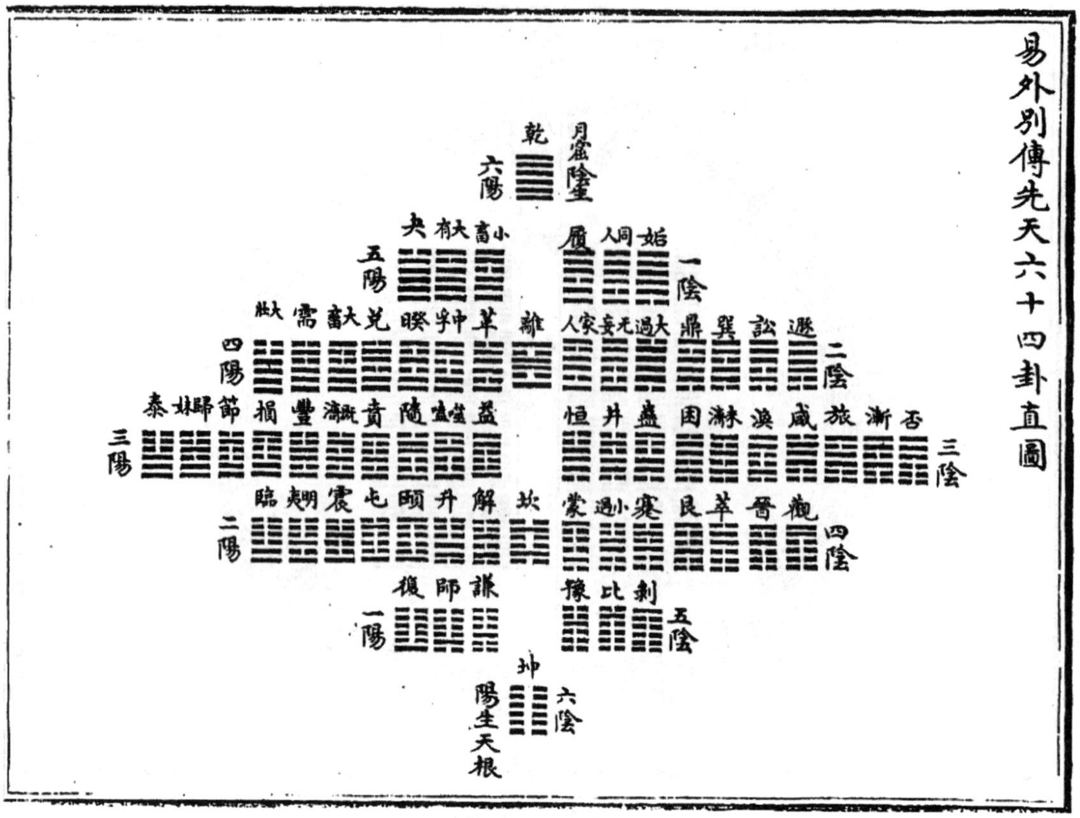

图 42　易别传先天六十四卦直图
（胡渭《易图明辨》）

# 仇兆鳌(1638—1717)

字沧柱,号知几子,清浙江鄞县(今浙江宁波)人。康熙四年(1665),与万斯同、万斯大等人师从黄宗羲。康熙二十四年进士,官至吏部右侍郎。著有《古本周易参同契集注》二卷、《杜诗详注》二十五卷。现存有《周易》图像八幅。

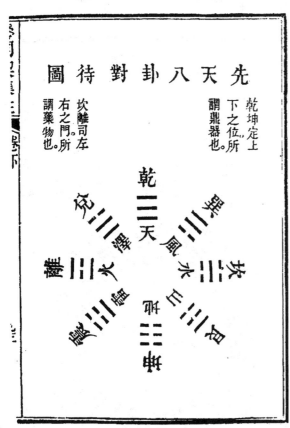

图1 先天八卦对待图
(仇兆鳌《古本参同契集注》)

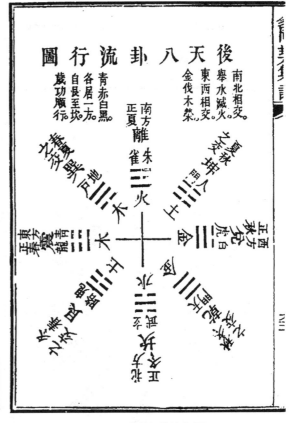

图2 后天八卦流行图
(仇兆鳌《古本参同契集注》)

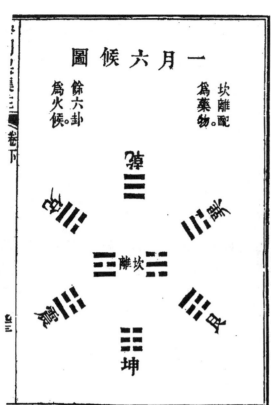

图3　一月六候图
（仇兆鳌《古本参同契集注》）

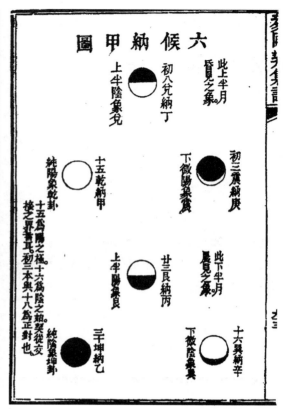

图4　六候纳甲图
（仇兆鳌《古本参同契集注》）

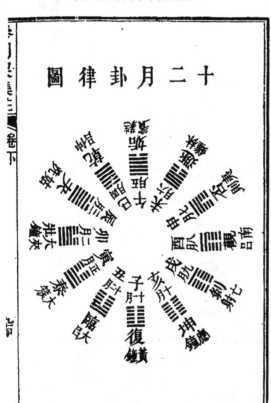

图5　十二月卦律图
（仇兆鳌《古本参同契集注》）

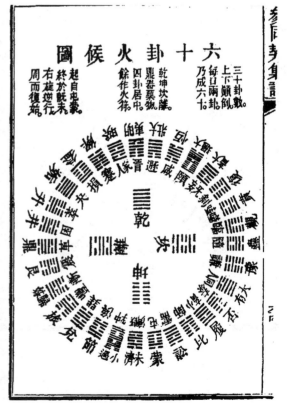

图6　六十卦火候图
（仇兆鳌《古本参同契集注》）

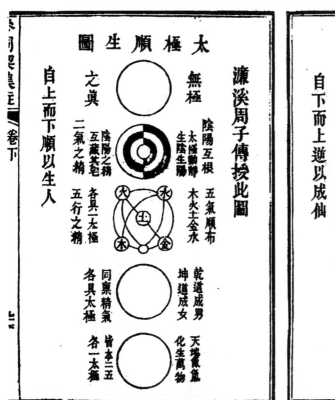

图7 太极顺生图
（仇兆鳌《古本参同契集注》）

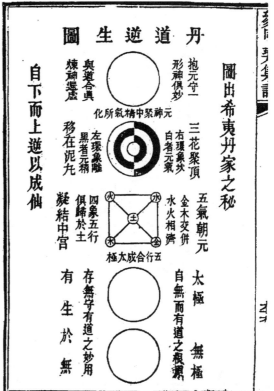

图8 丹道逆生图
（仇兆鳌《古本参同契集注》）

# 冉觐祖(1638—1718)

字永光,号蟫菴,清河南中牟人。康熙三十年(1691)进士,官至翰林院检讨,任嵩阳书院、请见书院山长,人称"中州八先生"。毕生潜心经史,著有《四书五经详说》四百余卷、《四书玩注详说》三十六卷、《性理纂要》八卷、《天理主静图》一卷、《正蒙补训》四卷、《阳明疑案》等。现存有《周易》图像十幅。

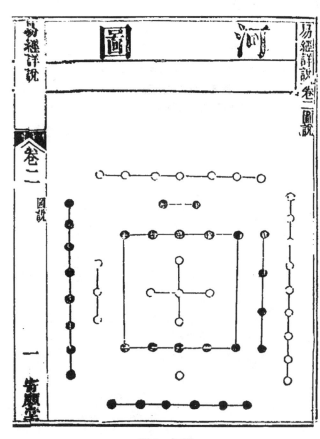

图 1 河图
(冉觐祖《易经详说》)

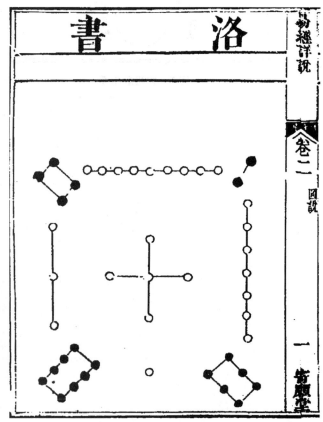

图 2 洛书
(冉觐祖《易经详说》)

图3 伏羲八卦次序之图
（冉觐祖《易经详说》）

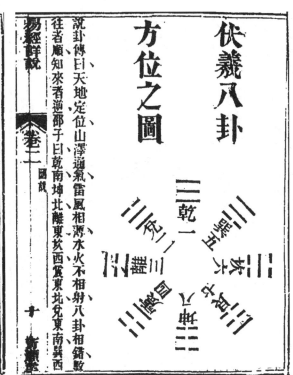

图4 伏羲八卦方位之图
（冉觐祖《易经详说》）

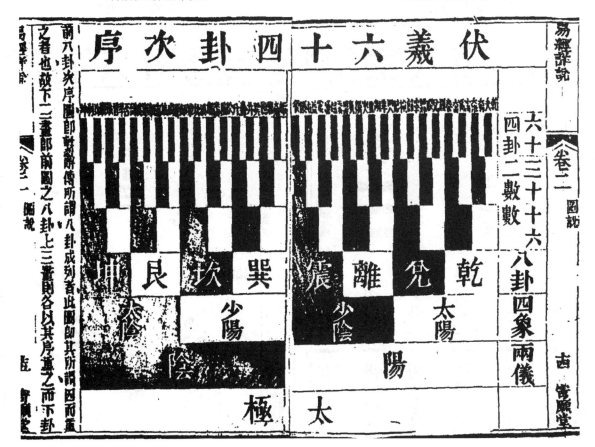

图5 伏羲六十四卦次序图
（冉觐祖《易经详说》）

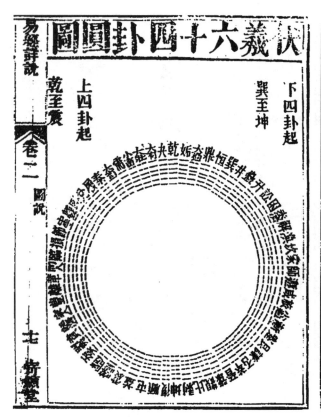

图6 伏羲六十四卦圆图
（冉觐祖《易经详说》）

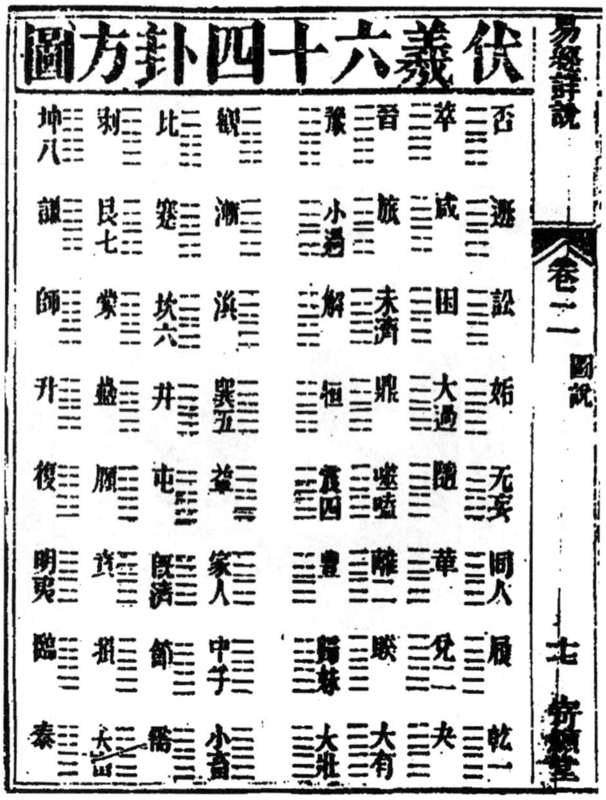

图7 伏羲六十四卦方图
（冉觐祖《易经详说》）

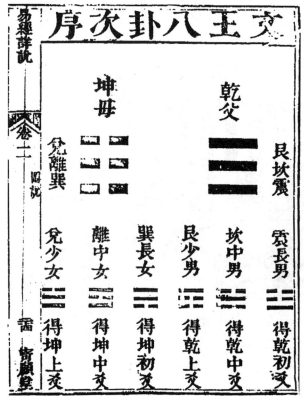

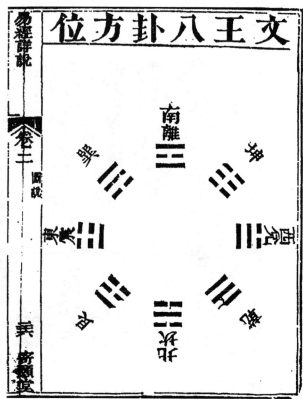

图8 文王八卦次序图
（冉觐祖《易经详说》）

图9 文王八卦方位图
（冉觐祖《易经详说》）

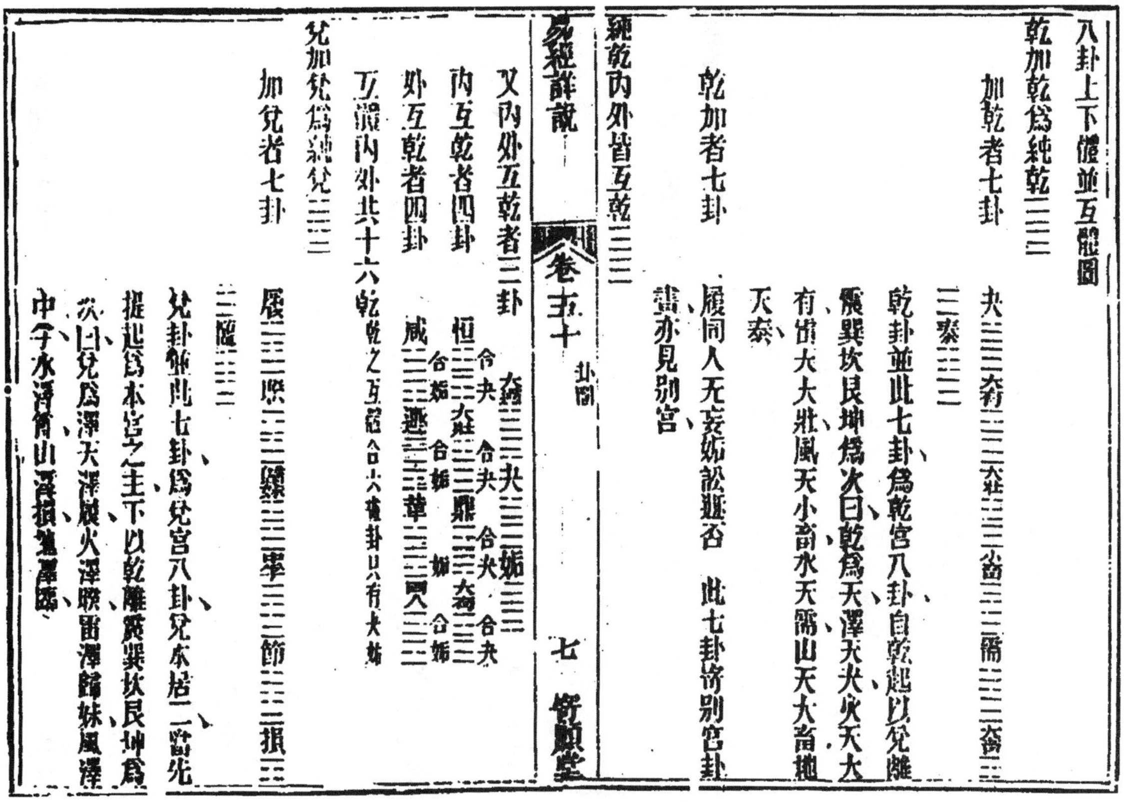

八卦上下體並互體圖

乾加乾者純乾☰☰

純乾內外皆互乾☰☰

乾加者七卦

乾卦並此七卦爲乾宮八卦自乾起以兌離震巽坎艮坤爲次曰乾爲天澤天夬火天大有雷天大壯風天小畜水天需山天大畜地天泰

履同人无妄姤訟遯否 此七卦皆別宮

夬☱☰、大有☲☰、大壯☳☰、小畜☴☰、需☵☰、大畜☶☰、泰☷☰

《易經詳說》 卷五十 卦圖 七 冉覲祖

內外互乾者三卦

又內外互乾者三卦 姤☰☴、同人☰☲、履☰☱

內互乾者四卦 恆☳☴、大過☱☴、鼎☲☴、大壯☳☰（此列按圖判讀）

外互乾者四卦 咸☱☶、遯☰☶、否☰☷、漸☴☶

互體內外共十六乾乾之互體只有夬姤

兌加者七卦

兌加兌爲純兌☱☱

互體內外共十六乾乾之互體只有夬姤

兌卦並此七卦爲兌宮八卦兌本居二當先提起以乾離震巽坎艮坤爲次曰兌爲澤天澤履火澤睽雷澤歸妹風澤中孚水澤節山澤損地澤臨

履☰☱、睽☲☱、歸妹☳☱、中孚☴☱、節☵☱、損☶☱、臨☷☱

图 10－1　八卦上下体并互体图
（冉觐祖《易经详说》）

純兌☱☱

兌加者七卦 夬並隨大過困咸萃 此七卦皆別宮

內互兌者八卦 夬☱☰、隨☱☳、大過☱☴、困☱☵、咸☱☶、萃☱☷、歸妹☳☱、升☷☴（按圖）

外互兌者八卦 睽☲☱、升☷☴、萃☱☷、旅☲☶、大過☱☴、大壯☳☰、井☵☴、恆☳☴

互體內外共十六兌兌之互體只有夬夬大過

離加離爲純離☲☲

加離者七卦

外互離者八卦

內互離者八卦

離卦並此爲離宮之主下以乾兌震巽坎艮坤爲次曰離爲火天火同人澤火革雷火豐風火家人水火旣濟山火賁地火明夷

同人☰☲、革☱☲、豐☳☲、家人☴☲、旣濟☵☲、賁☶☲、明夷☷☲

《易經詳說》 卷五十 卦圖 八 冉覲祖

純震☳☳

離加震爲純震☳☳

互體內外共十六離離之互體只有家人暌未濟

图 10－2　八卦上下体并互体图
（冉觐祖《易经详说》）

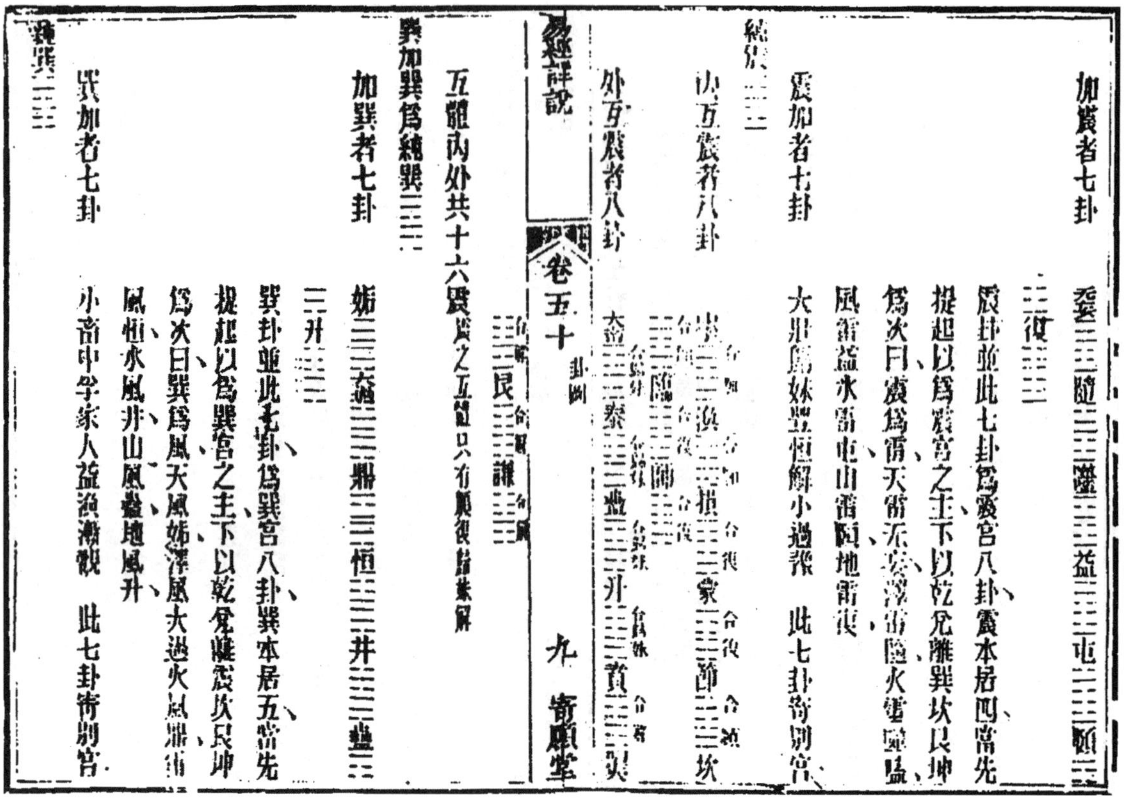

加震者七卦　豫隨噬嗑益屯頤

復

震卦並此七卦爲震宮八卦、震本居四、當先提起、以爲震宮之主、下以乾兌離巽坎艮坤爲次曰震爲雷、天雷无妄、澤雷隨、火雷噬嗑、風雷益、水雷屯、山雷頤、地雷復、

震加者七卦　大壯歸妹豐恒解小過豫　此七卦寄別宮、

純震

內互震者八卦　屯渙損家節坎

隨歸

外互震者八卦　大畜泰蠱升賁頤

艮謙

易經詳說　卷五十　卦圖　九　寄願堂

五體內外共十六震、震之互體只有頤復歸妹解

巽加巽爲純巽

加巽者七卦　姤大過鼎恒井蠱

升

巽卦並此七卦爲巽宮八卦、巽本居五、當先提起、以爲巽宮之主、下以乾兌離震坎艮坤爲次曰巽爲風、天風姤、澤風大過、火風鼎、雷風恒、水風井、山風蠱、地風升、

巽加者七卦　小畜中孚家人益渙漸觀　此七卦寄別宮

純巽

图 10－3　八卦上下体并互体图

（冉觐祖《易经详说》）

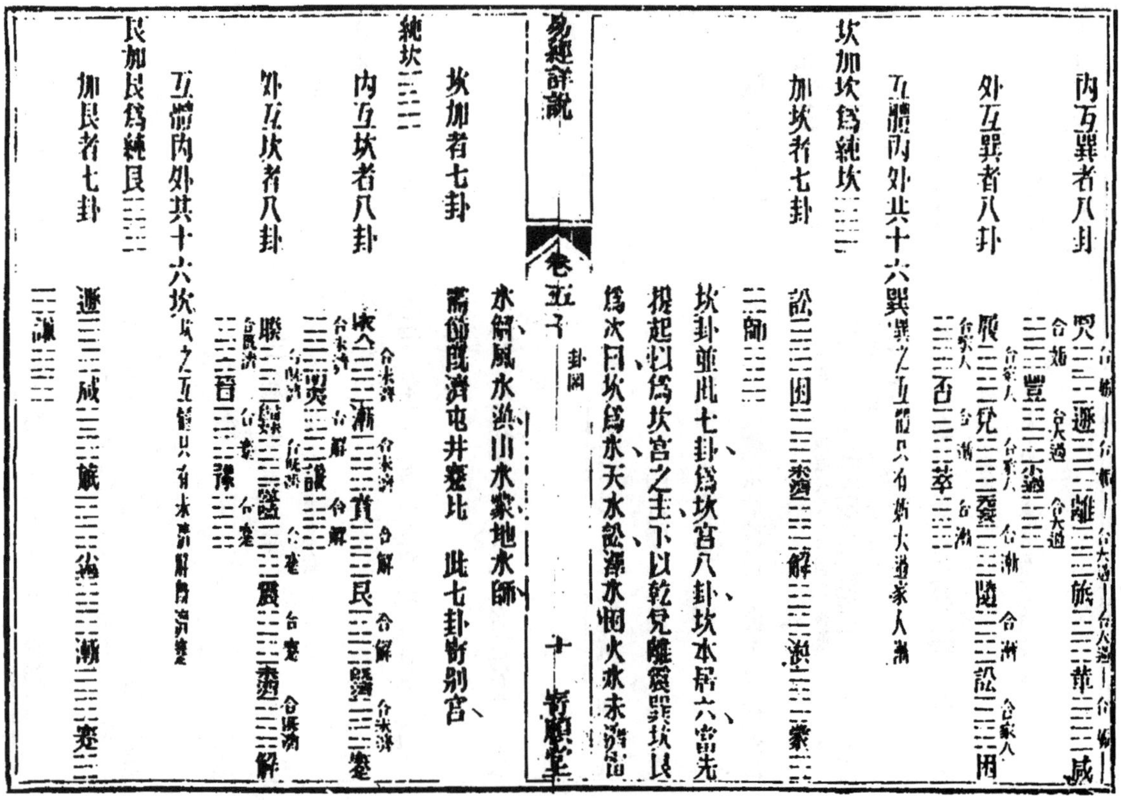

內互巽者八卦　睽遯離旅革咸

豐大過

外互巽者八卦　履兌蠱隨訟困

否萃

五體內外共十六巽、巽之互體只有姤大過家人漸

坎加坎爲純坎

加坎者七卦　訟困未濟解渙蒙

師

坎卦並此七卦爲坎宮八卦、坎本居六、當先提起、以爲坎宮之主、下以乾兌離震巽艮坤爲次曰坎爲水、天水訟、澤水困、火水未濟、雷水解、風水渙、山水蒙、地水師、

易經詳說　卷五十　卦圖　十　寄願堂

坎加者七卦　需節既濟屯井蹇比　此七卦寄別宮、

純坎

內互坎者八卦　咸漸賁艮既濟蹇

蒙謙

外互坎者八卦　睽歸妹震未濟解

晉豫

五體內外共十六坎、坎之互體只有未濟解既濟蹇

艮加艮爲純艮

加艮者七卦　遯咸旅小過漸蹇

謙

图 10－4　八卦上下体并互体图

（冉觐祖《易经详说》）

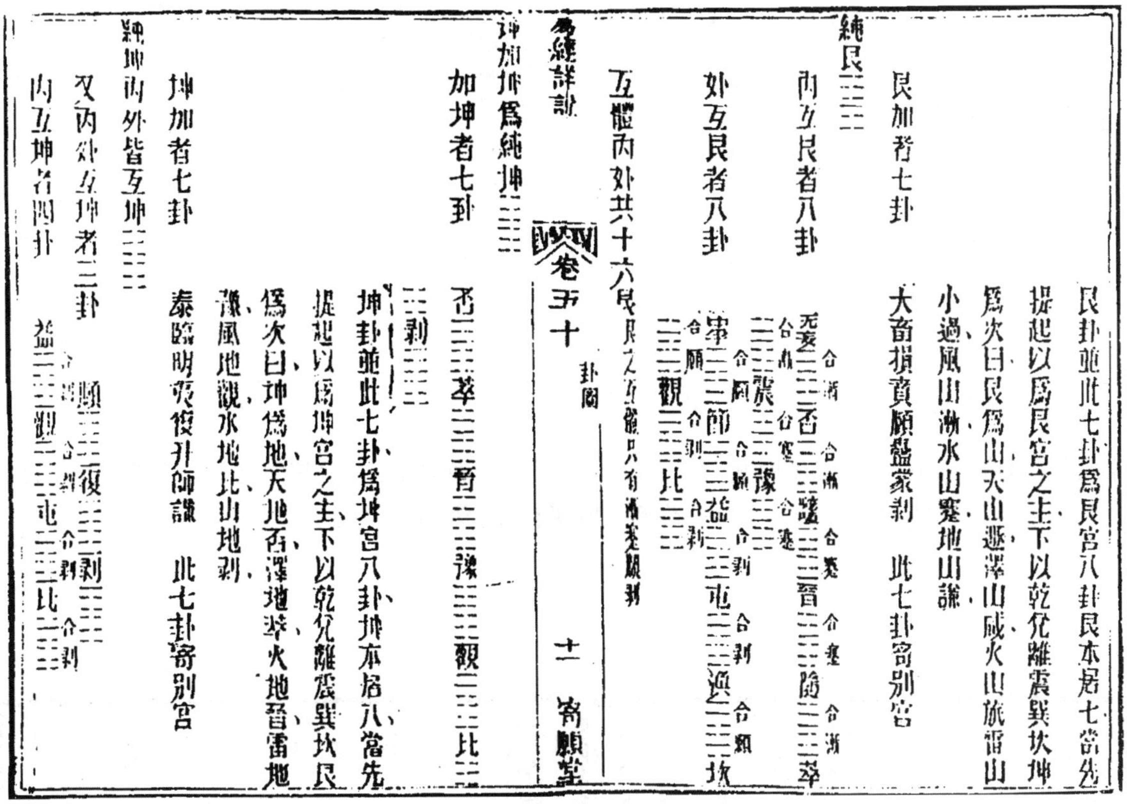

图10-5　八卦上下体并互体图
（冉觐祖《易经详说》）

图10-6　八卦上下体并互体图
（冉觐祖《易经详说》）

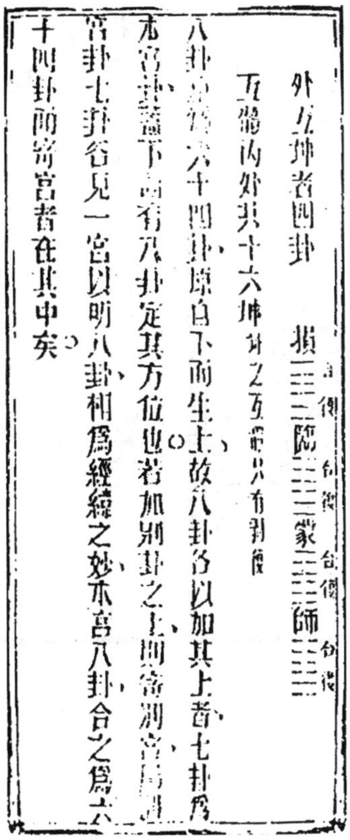

# 方中履 (1638—?)

字素伯，号合山、小愚，清安徽桐城人。方以智第三子。隐居不仕，承其父之学。著有《古今释疑》十八卷、《汗青阁诗文集》四卷、《切字释疑》一卷等。现存有《周易》图像四幅。

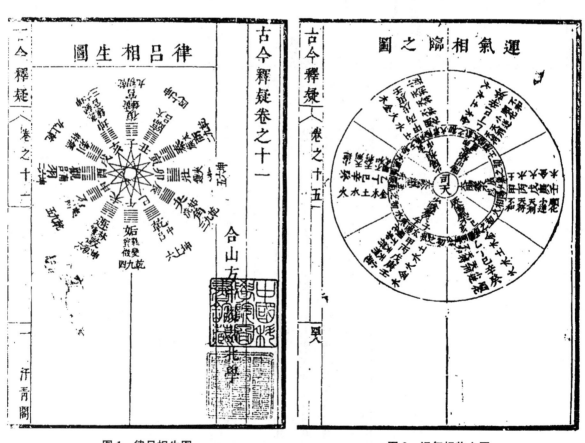

图1　律吕相生图
（方中履《古今释疑》）

图2　运气相临之图
（方中履《古今释疑》）

图3 勾股原图
（方中履《古今释疑》）

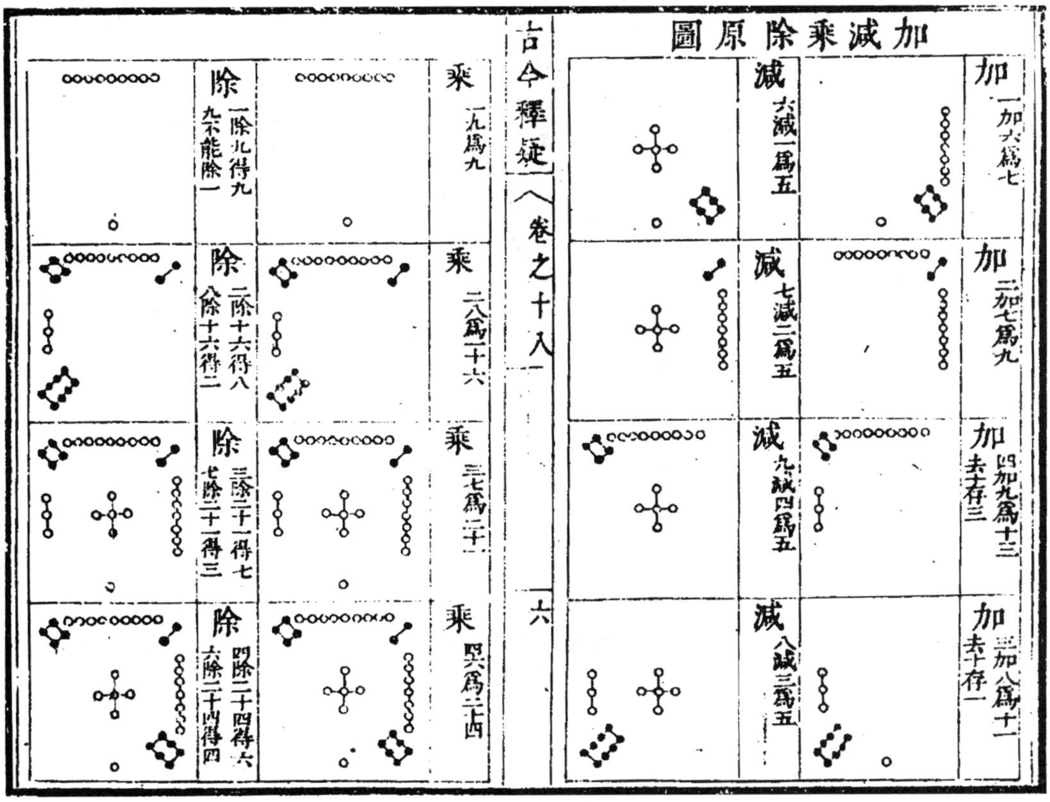

图4 加减乘除原图
（方中履《古今释疑》）

# 胡翔瀛(1639—?)

字峄阳,号云屿处士,学者称其"峄阳先生",清山东即墨人。少年时就读于洼里、慧炬院。顺治十年(1653)应童子试时,因反感当时的考试规定,拂袖而去,立誓终生不仕,以后设馆授徒为生。一生勤于著述。著有《易象授蒙》《易经征实》《解指蒙图说》《柳溪碎语》《寒夜集》等。现存有《周易》图像十幅。

图1 唐虞之世图
(胡翔瀛《胡峄阳先生遗书》)

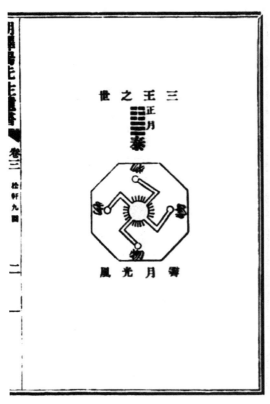

**图 2　三王之世图**
（胡翔瀛《胡峄阳先生遗书》）

**图 3　春秋齐桓晋文之世图**
（胡翔瀛《胡峄阳先生遗书》）

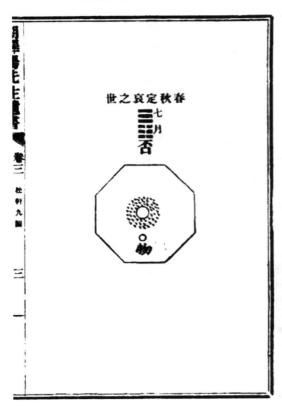

**图 4　春秋定哀之世图**
（胡翔瀛《胡峄阳先生遗书》）

**图 5　战国之世图**
（胡翔瀛《胡峄阳先生遗书》）

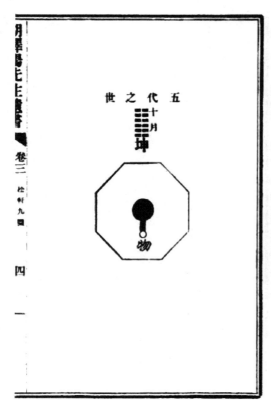

图6 五代之世图
（胡翔瀛《胡峄阳先生遗书》）

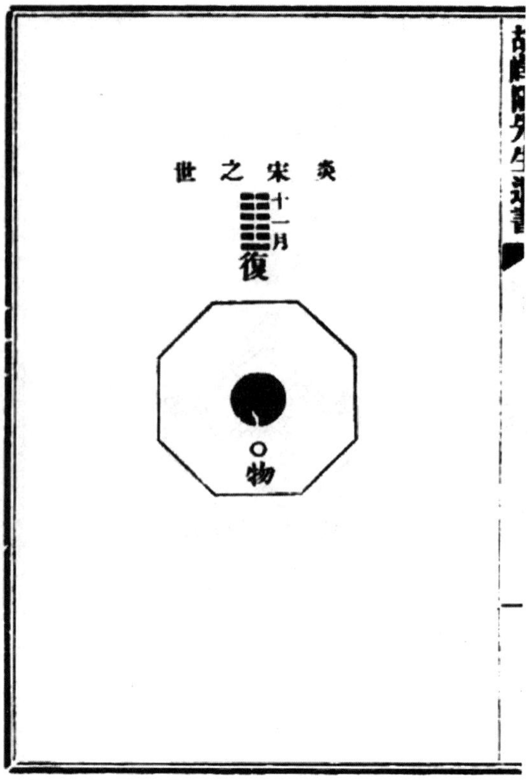

图7 炎宋之世图
（胡翔瀛《胡峄阳先生遗书》）

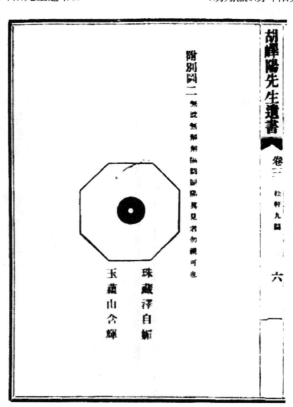

图8 别图一
（胡翔瀛《胡峄阳先生遗书》）

图 9 别图二
（胡翔瀛《胡峄阳先生遗书》）

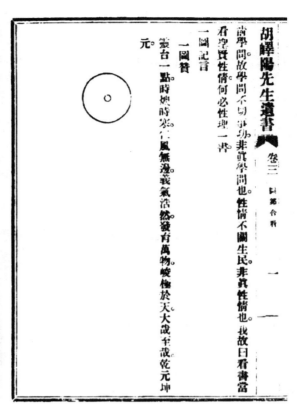

图 10 乾元坤元图
（胡翔瀛《胡峄阳先生遗书》）

# 庄臻凤（约 1642—1667）

号蝶庵，清江苏扬州人。古琴家。著有《琴学心声谐谱》二卷。现存有《周易》图像四幅。

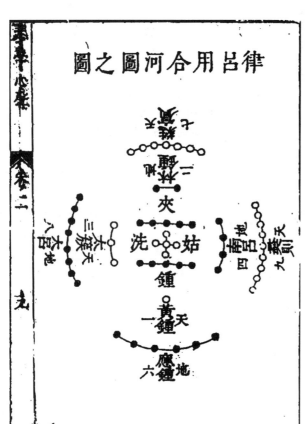

图1　律吕用合河图之图
（庄臻凤《琴学心声谐谱》）

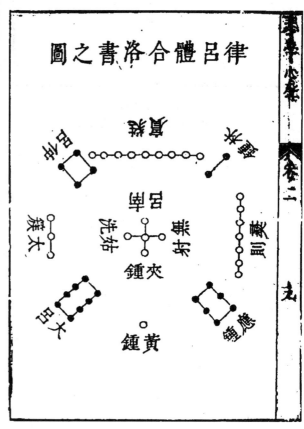

图2　律吕体合洛书之图
（庄臻凤《琴学心声谐谱》）

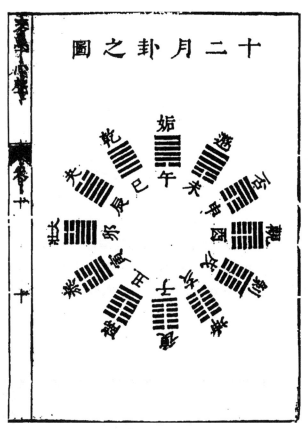

图3　十二月卦之图
（庄臻凤《琴学心声谐谱》）

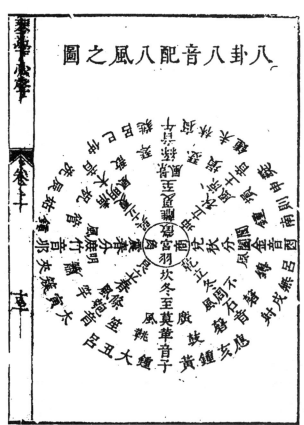

图4　八卦八音配八风之图
（庄臻凤《琴学心声谐谱》）

# 乔莱(1642—1694)

　　字子静，一字石林，清江苏宝应人。康熙六年(1667)进士，授内阁中书、翰林院编修，参与修撰《明史》。康熙赞赏其学问优长，文章古雅，充日讲起居注官，擢中允，迁侍讲侍读，因事罢归。少从王士祯游，古文师汪琬。晚年居纵棹园研究经学，尤重易学。著有《易俟》六卷、《应制集》一卷、《使粤集》一卷、《归田集》一卷等。现存有《周易》图像十幅。

图1　河图
（乔莱《易俟》）

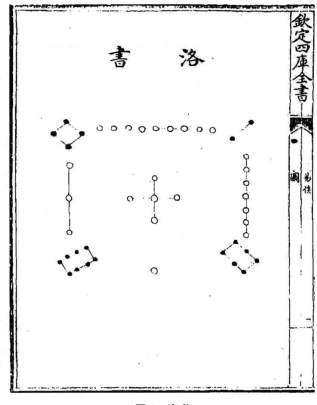

图2　洛书
（乔莱《易俟》）

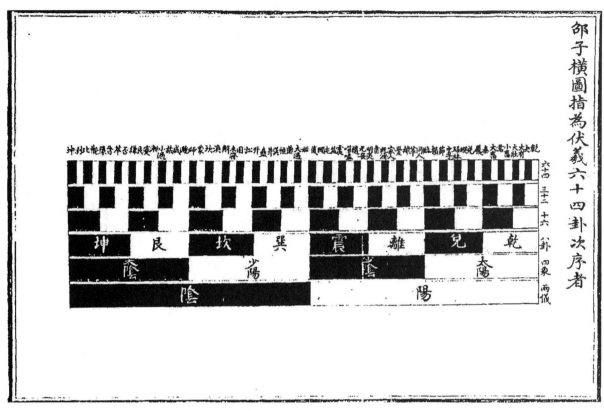

图3 邵子横图指为伏羲六十四卦次序者图
（乔莱《易俟》）

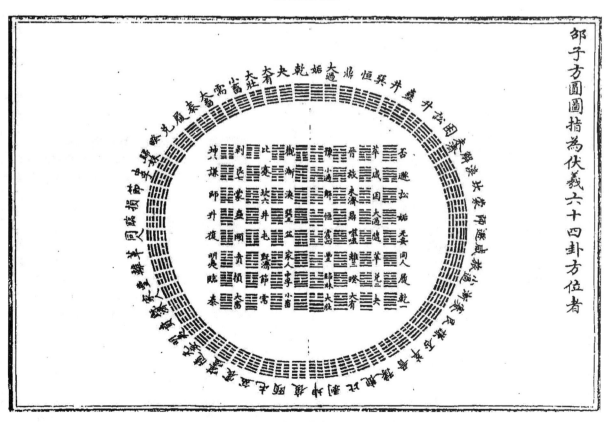

图4 邵子方圆图指为伏羲六十四卦方位者图
（乔莱《易俟》）

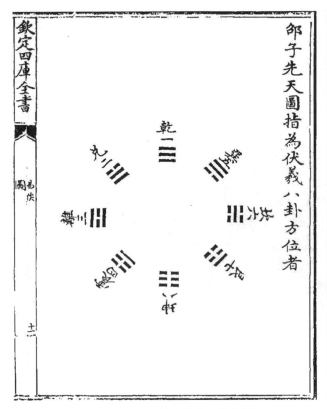

图 5 邵子先天图指为伏羲八卦方位图
（乔莱《易俟》）

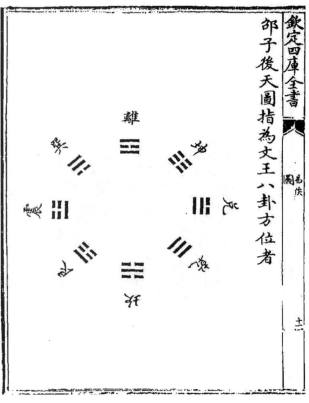

图 6 邵子后天图指为文王八卦方位图
（乔莱《易俟》）

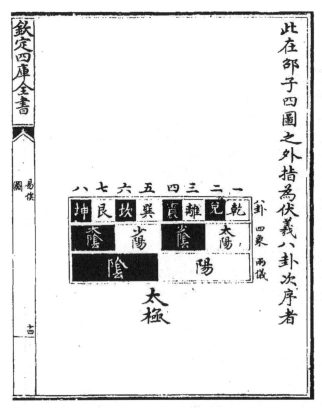

图 7 在邵子四图之外指为伏羲八卦次序者图
（乔莱《易俟》）

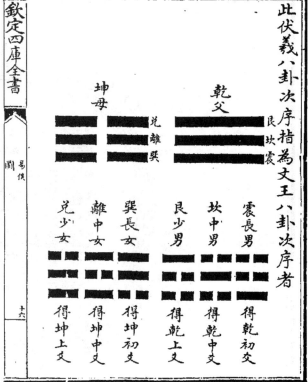

图 8 伏羲八卦次序指为文王八卦次序者图
（乔莱《易俟》）

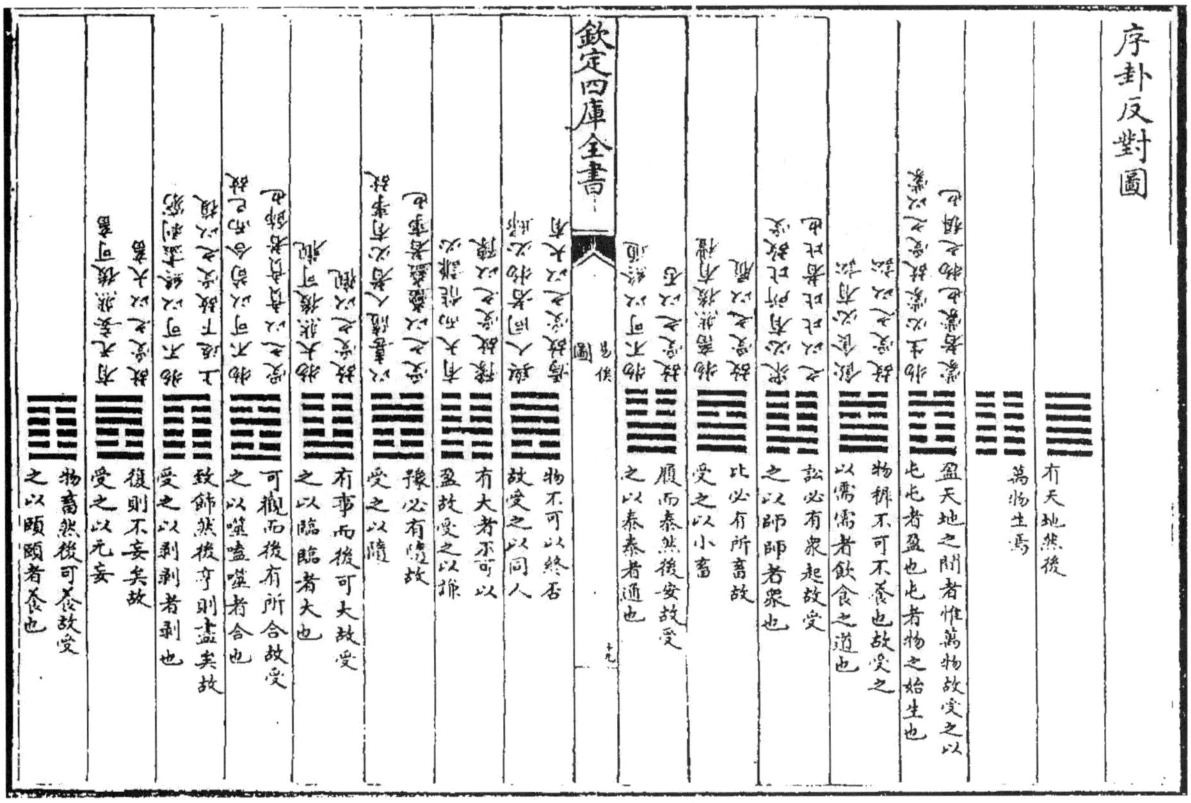


图 9－1　序卦反对图

（乔莱《易俟》）

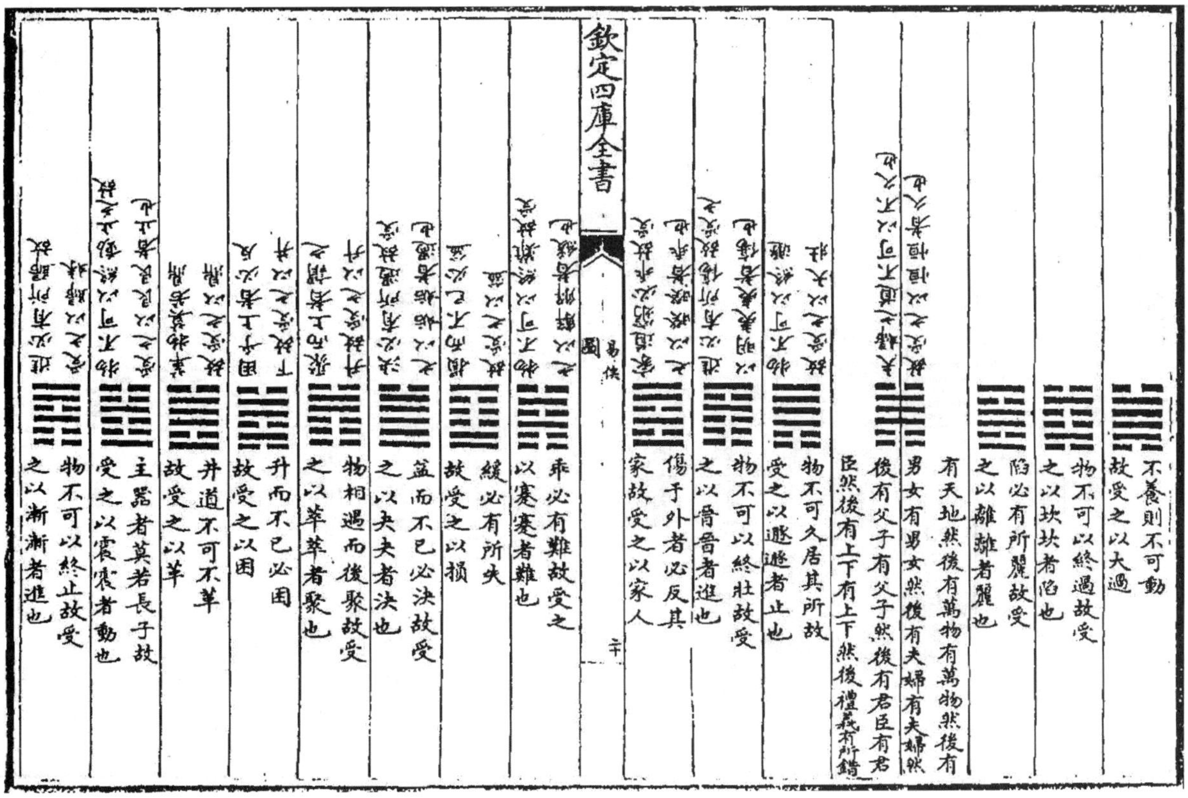


图 9－2　序卦反对图

（乔莱《易俟》）

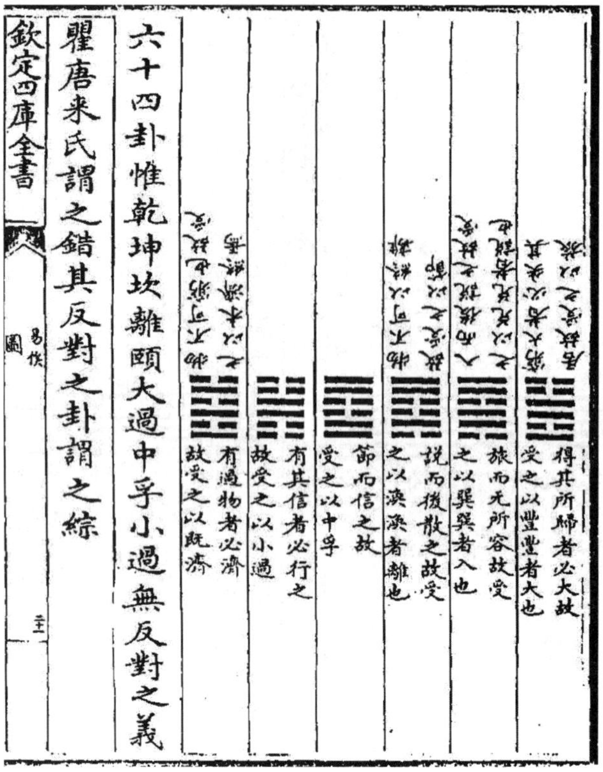


图 9-3　序卦反对图

（乔莱《易俟》）

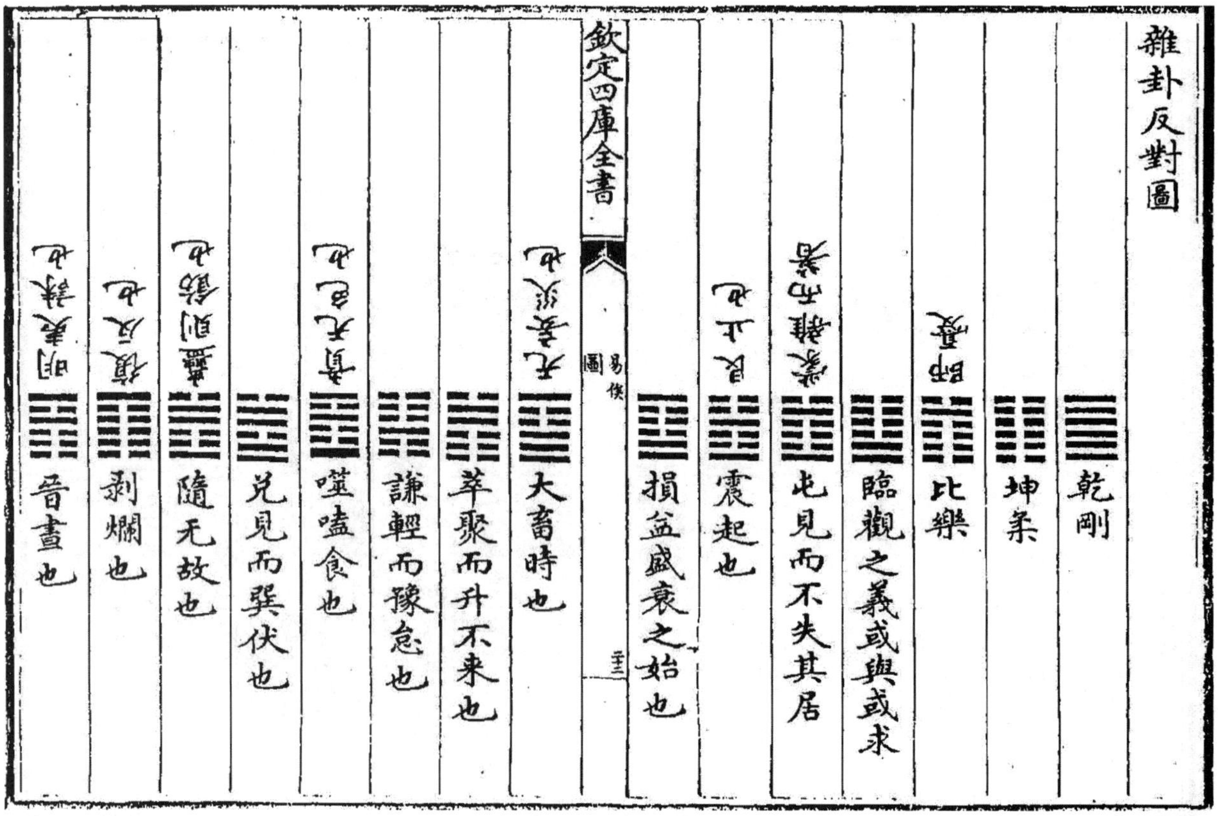


图 10-1　杂卦反对图

（乔莱《易俟》）

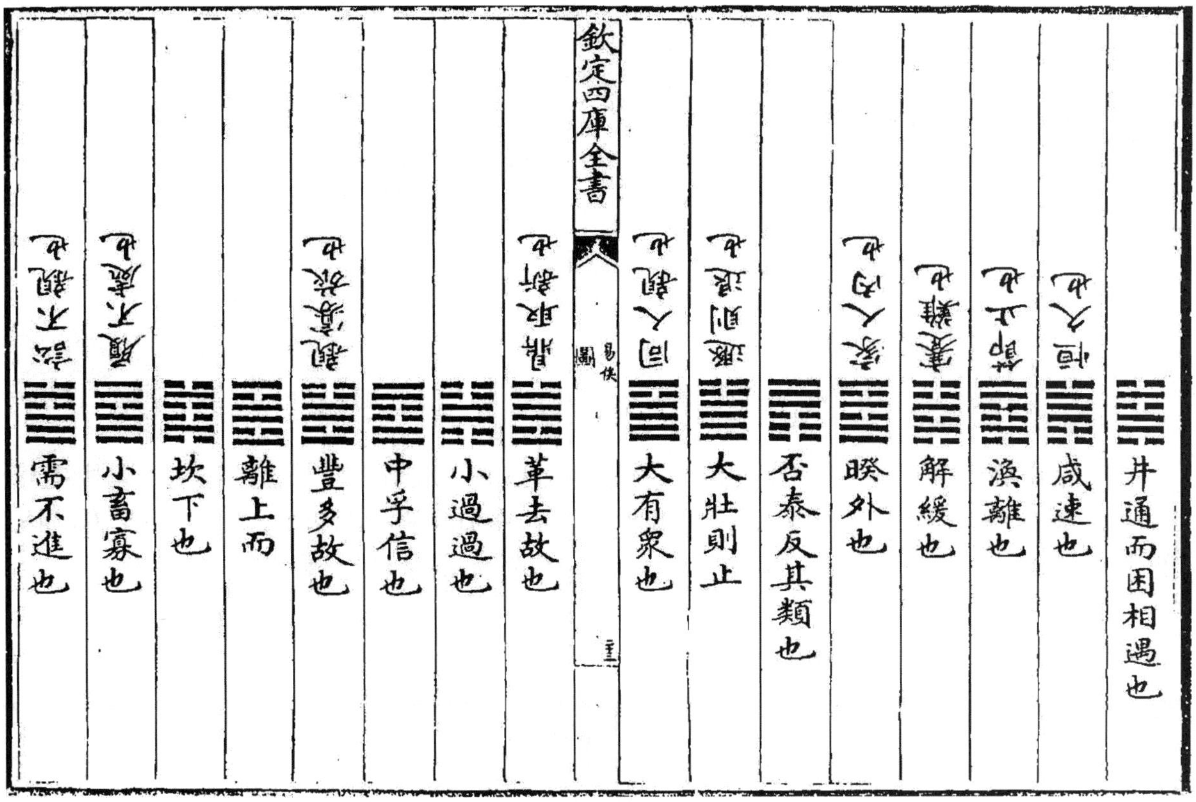
欽定四庫全書 易俟 圖

井通而困相遇也

恒久也 咸速也

節止也 渙離也

蹇難也 解緩也

家人內也 睽外也

否泰反其類也

遯則退也 大壯則止

同人親也 大有衆也

鼎取新也 革去故也

小過過也

中孚信也

親寡旅也 豐多故也

離上而 坎下也

履不處也 小畜寡也

訟不親也 需不進也

图 10－2　杂卦反对图

（乔莱《易俟》）

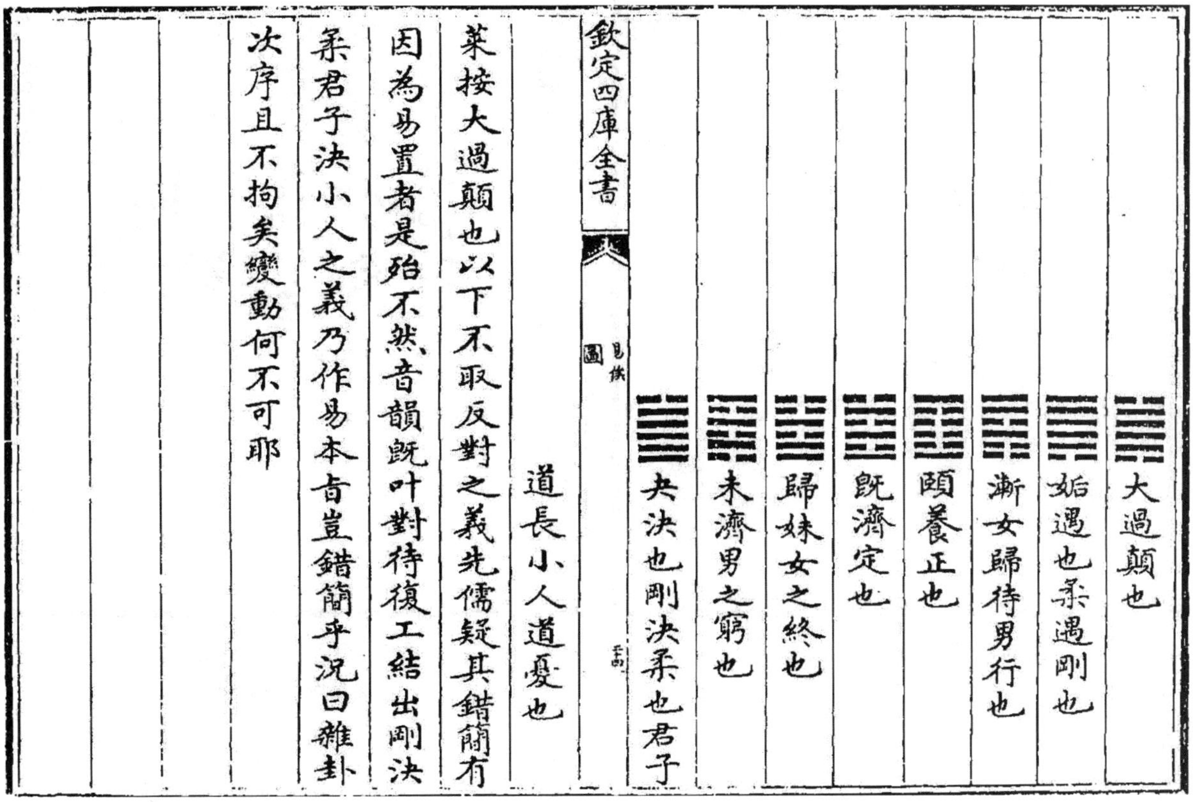
欽定四庫全書 易俟 圖

大過顛也

姤遇也柔遇剛也

漸女歸待男行也

頤養正也

既濟定也

歸妹女之終也

未濟男之窮也

夬決也剛決柔也君子道長小人道憂也

萊按大過顛也以下不取反對之義先儒疑其錯簡有因為易置者是殆不然音韻既叶對待復工結出剛決柔君子決小人之義乃作易本旨豈錯簡乎況曰雜卦次序且不拘矣變動何不可耶

图 10－3　杂卦反对图

（乔莱《易俟》）

# 李光地(1642—1718)

字晋卿,号榕树,又号厚庵,清福建安溪人。清康熙九年(1670)进士。初授庶吉士,后迁翰林院学士,官至直隶巡抚、吏部尚书,康熙四十四年,拜文渊阁大学士。奉诏编纂《周易折中》二十二卷,著有《周易通论》四卷、《周易观象》十二卷、《太极图解》一卷等。现存有《周易》图像六十一幅。

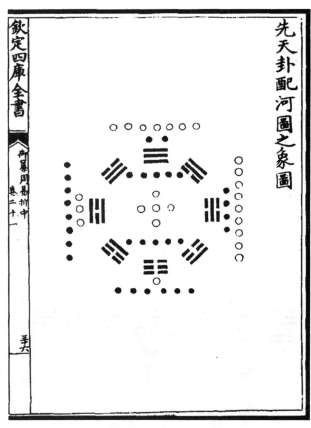

图1　先天卦配河图之象图
（李光地《周易折中》）

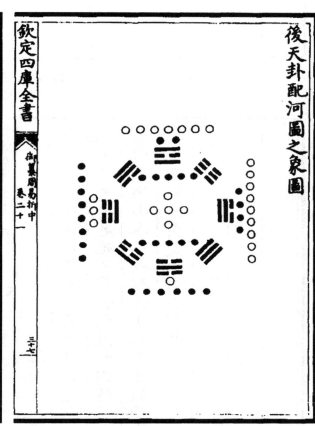

图2　后天卦配河图之象图
（李光地《周易折中》）

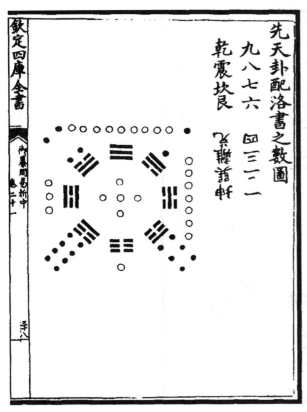

图3 先天卦配洛书之数图
（李光地《周易折中》）

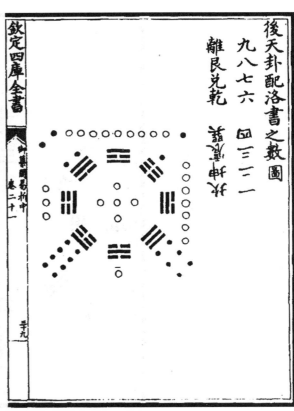

图4 后天卦配洛书之数图
（李光地《周易折中》）

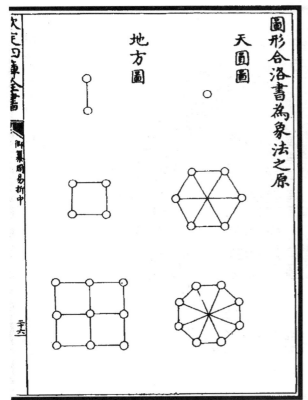

图5 图形合洛书为象法之原图
（李光地《周易折中》）

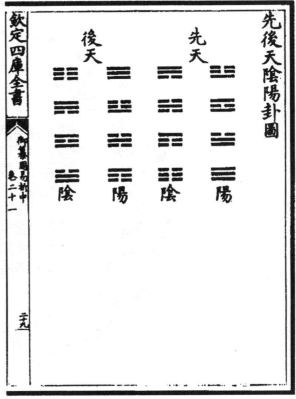

图6 先后天阴阳卦图
（李光地《周易折中》）

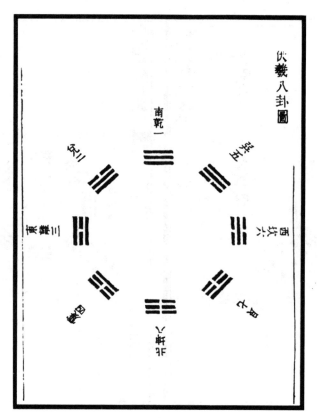

图 7 伏羲八卦图
（李光地《周易折中》）

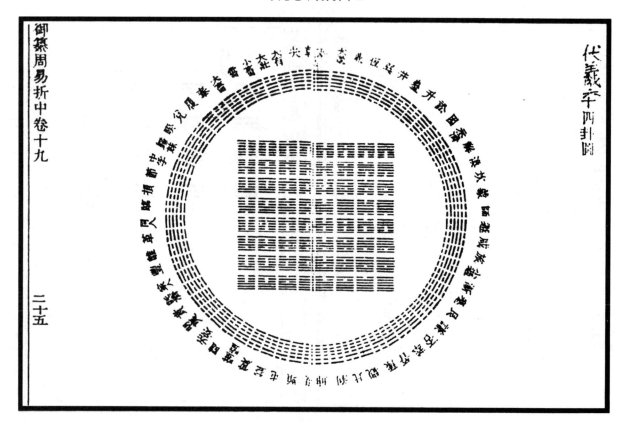

图 8 伏羲六十四卦图
（李光地《周易折中》）

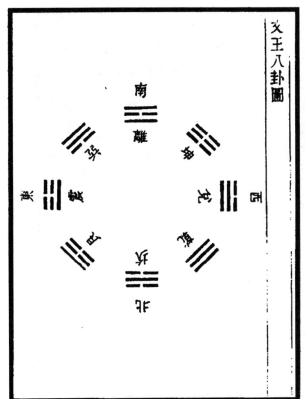

图9　文王八卦图
（李光地《周易折中》）

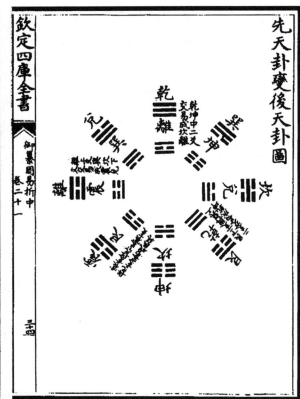

图10　先天卦变后天卦图
（李光地《周易折中》）

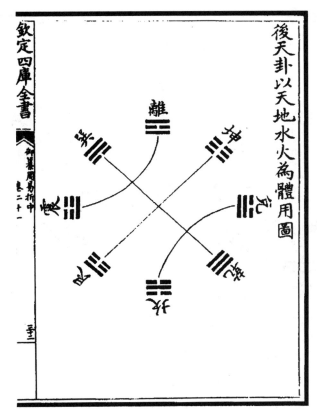

图11　后天卦以天地水火为体用图
（李光地《周易折中》）

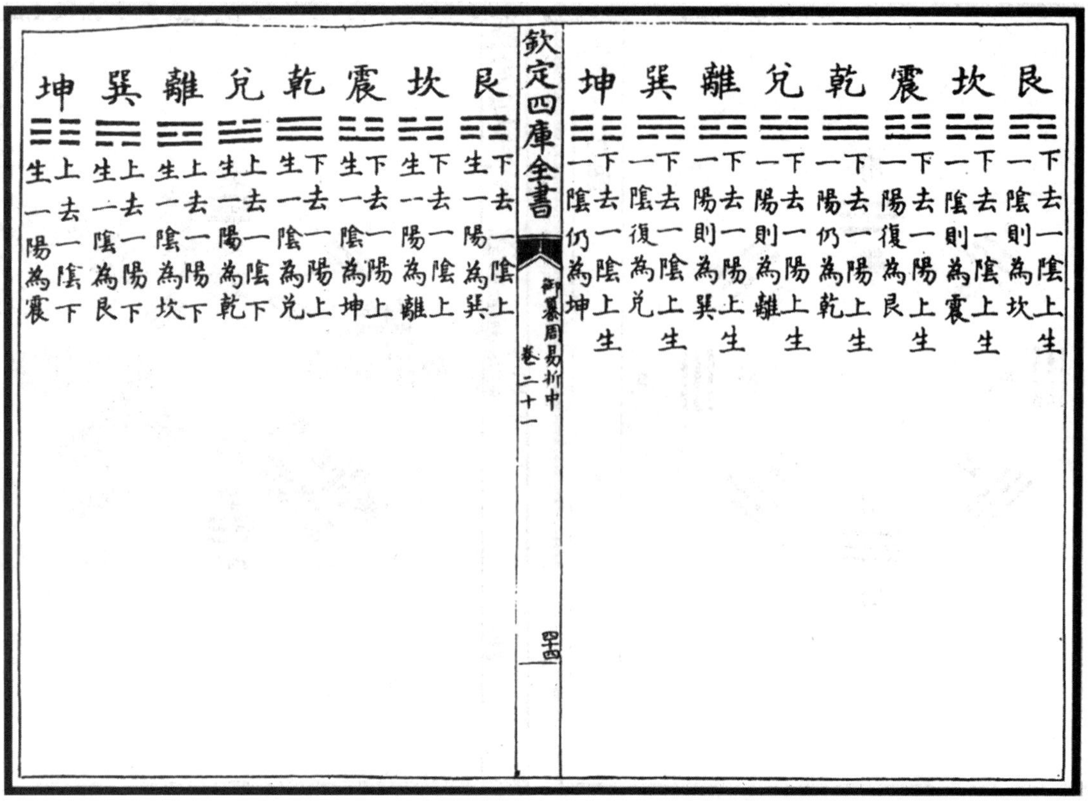

图 12-1 后天图杂卦之根四图
（李光地《周易折中》）

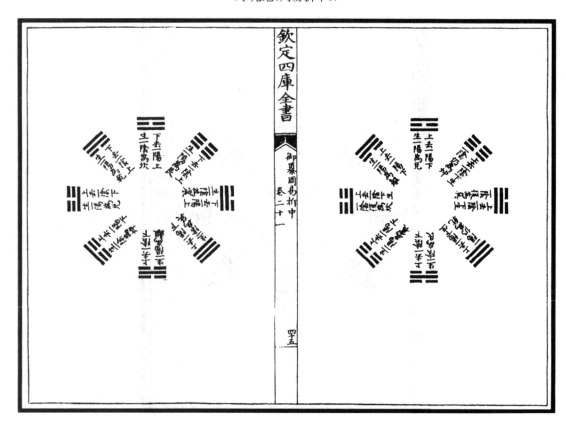

图 12-2 后天图杂卦之根四图
（李光地《周易折中》）

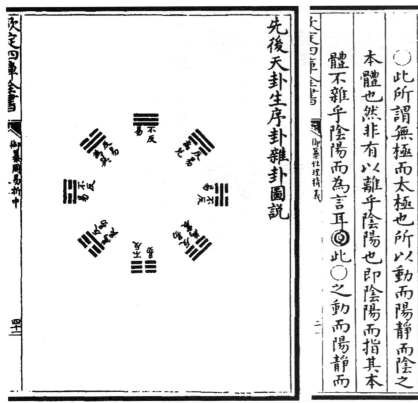

图 13　先后天卦生序卦杂卦图
（李光地《周易折中》）

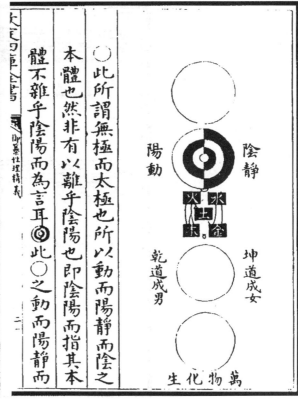

图 14　太极图
（《御纂性理精义》）

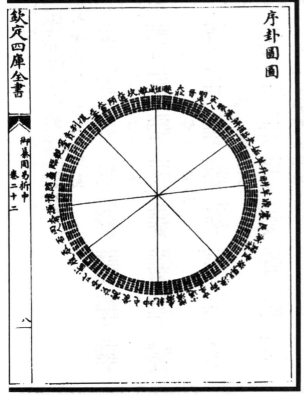

图 15　序卦圆图
（李光地《周易折中》）

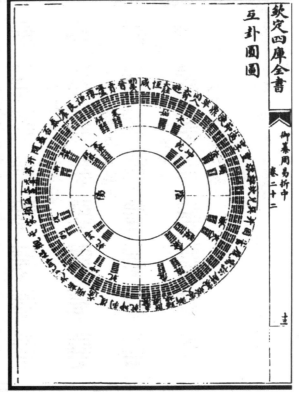

图 16　互卦圆图
（李光地《周易折中》）

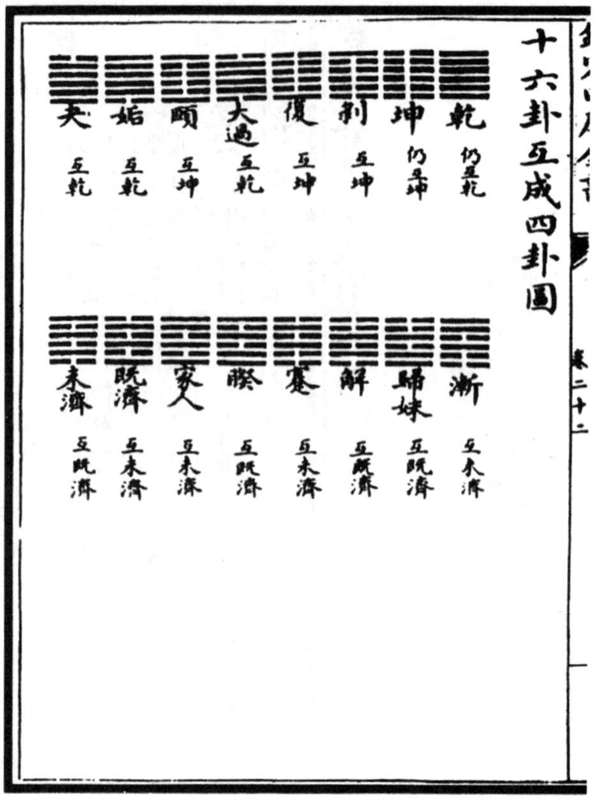

图 17　十六卦互成四卦图
（李光地《周易折中》）

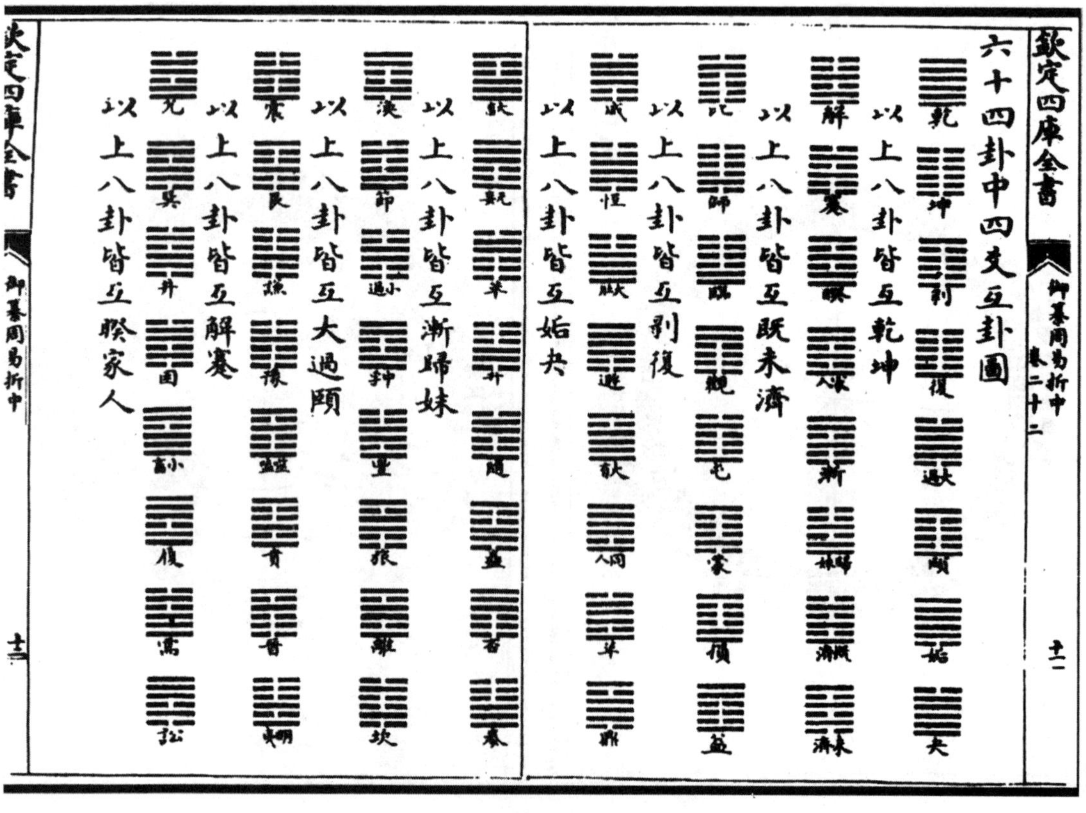

图 18　六十四卦中四爻互卦图
（李光地《周易折中》）

雜卦先儒有以雜卦為互卦者今用其說而詳推之

四象相交為十六事圖

互成乾 太陽交太陽

互成夬 太陽交少陰

互成睽 太陽交少陽

互成歸妹 太陽交太陰

互成家人 少陰交太陽

互成既濟 少陰交少陰

互成頤 少陰交少陽

互成復 少陰交太陰

欽定四庫全書 御纂周易折中 卷二十二 十

互成姤 少陽交太陽

互成大過 少陽交少陰

互成未濟 少陽交少陽

互成解 少陽交太陰

互成漸 太陰交太陽

互成蹇 太陰交少陰

互成剝 太陰交少陽

互成坤 太陰交太陰

此互卦之根也惟其方成四畫時所互有此十六卦故六十四卦成後以中爻互之只此十六卦即以六

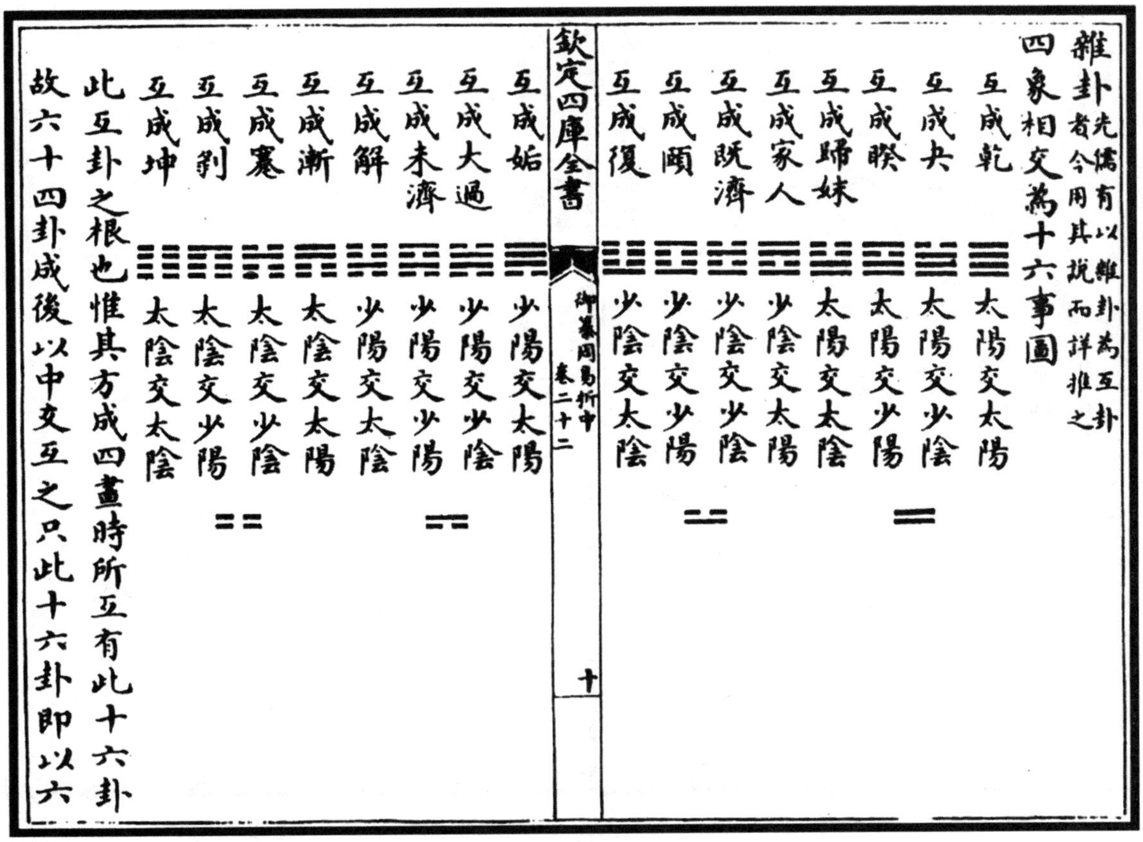

**图 19　四象相交为十六事图**

（李光地《周易折中》）

循環互卦圖



大過顛也姤遇也柔遇剛也漸女歸待男行也頤養正也既濟定也歸妹女之終也未濟男之窮也夬決也剛決柔也君子道長小人道憂也

以上五十六卦皆以兩相對如序卦之倒獨此八卦

欽定四庫全書 御纂周易折中

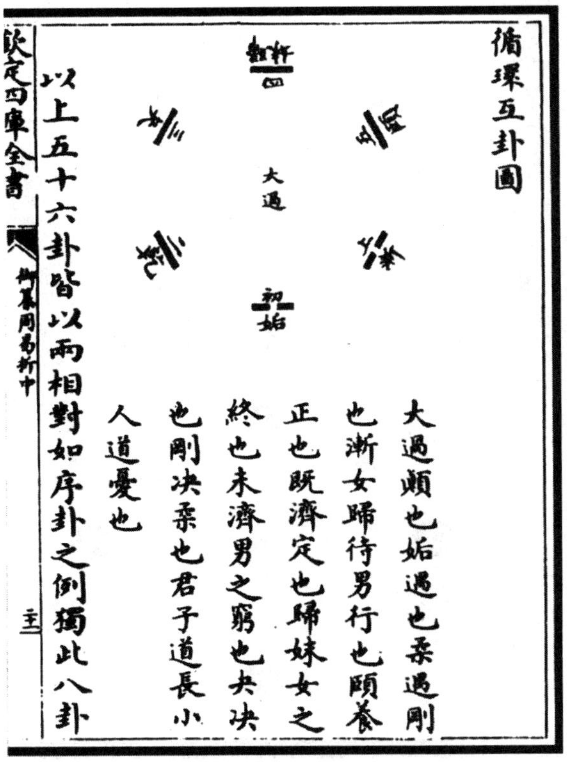

**图 20　循环互卦图**

（李光地《周易折中》）

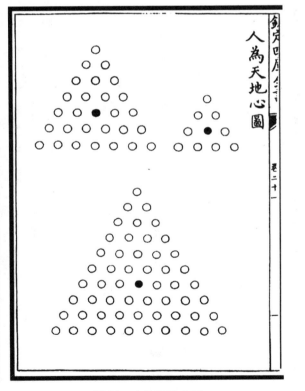

**图 21　人为天地心图**

（李光地《周易折中》）

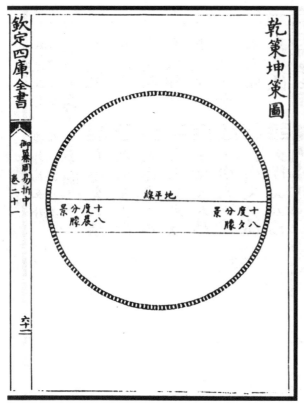

图 22　乾策坤策图
（李光地《周易折中》）

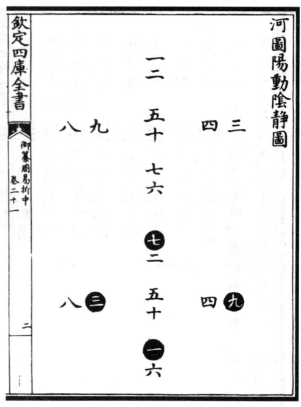

图 23　河图阳动阴静图
（李光地《周易折中》）

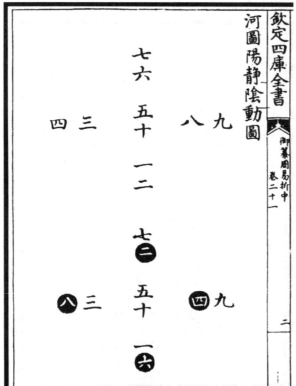

图 24　河图阳静阴动图
（李光地《周易折中》）

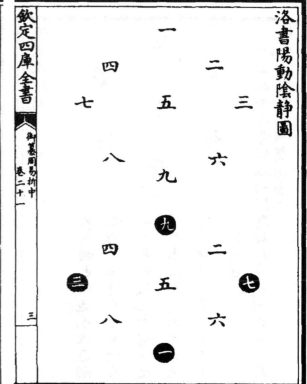

图 25　洛书阳动阴静图
（李光地《周易折中》）

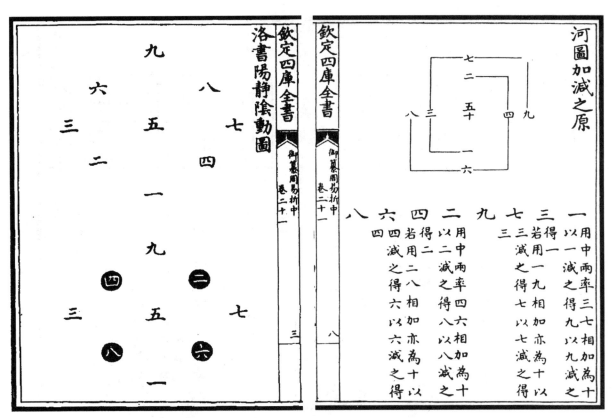

图 26　洛书阳静阴动图
（李光地《周易折中》）

图 27　河图加减之原图
（李光地《周易折中》）

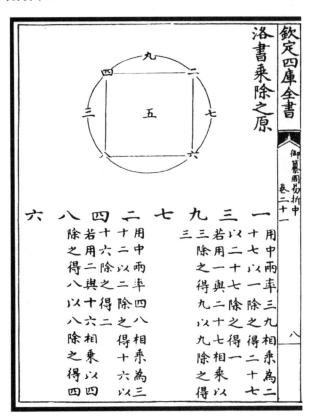

图 28　洛书乘除之原图
（李光地《周易折中》）

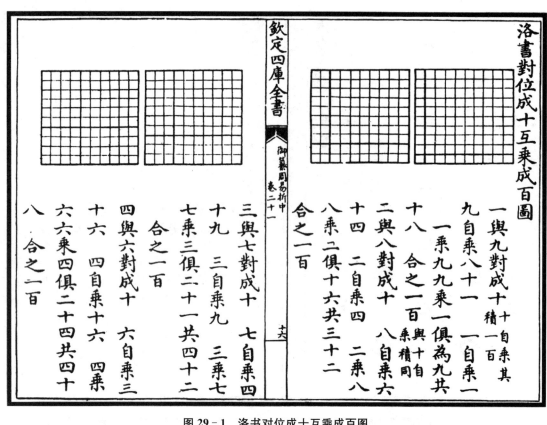

图29-1 洛书对位成十互乘成百图
（李光地《周易折中》）

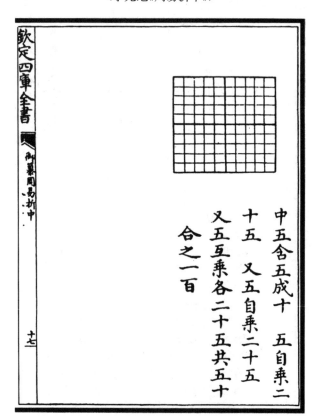

图29-2 洛书对位成十互乘成百图
（李光地《周易折中》）

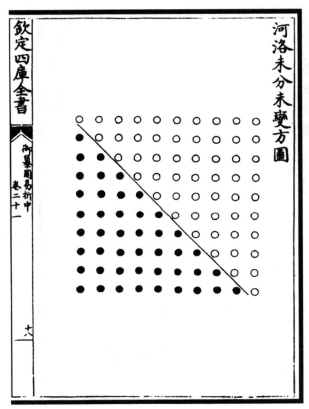

图 30　河洛未分未变方图
（李光地《周易折中》）

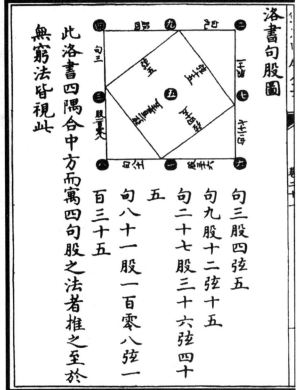

图 31　洛书勾股图
（李光地《周易折中》）

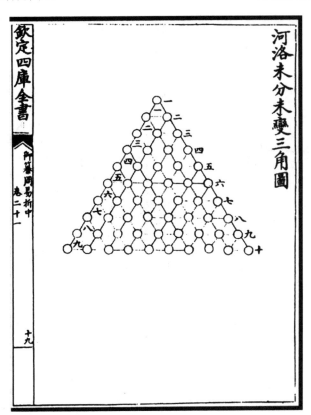

图 32　河洛未分未变三角图
（李光地《周易折中》）

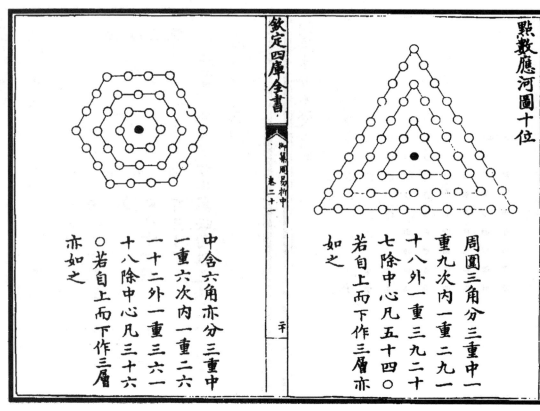

图 33　点数应河图十位图
（李光地《周易折中》）

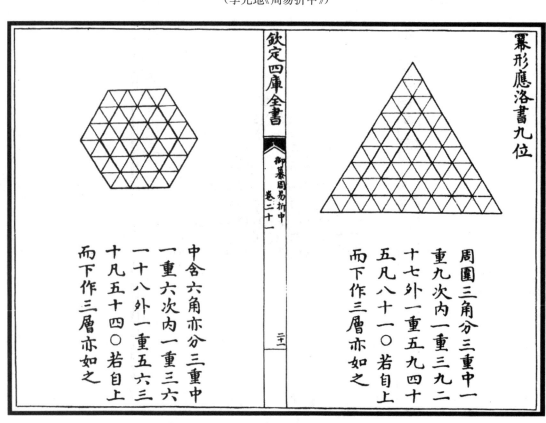

图 34　幂形应洛书九位图
（李光地《周易折中》）

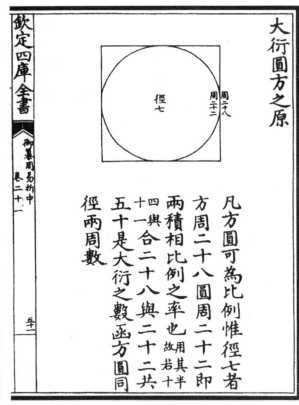

图 36 大衍圆方之原图
（李光地《周易折中》）

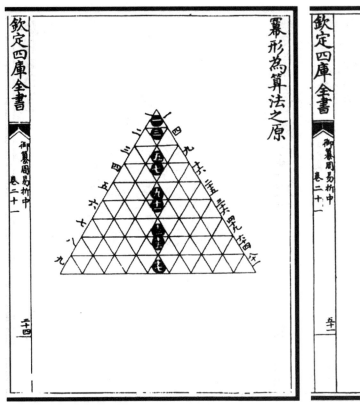

图 35 幂形为算法之原图
（李光地《周易折中》）

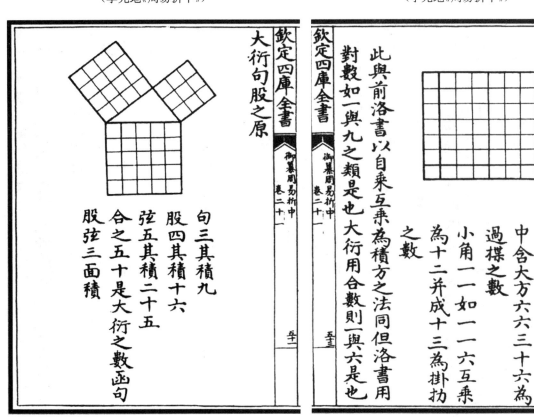

图 37 大衍勾股之原图
（李光地《周易折中》）

图 38 老阳数合方法图
（李光地《周易折中》）

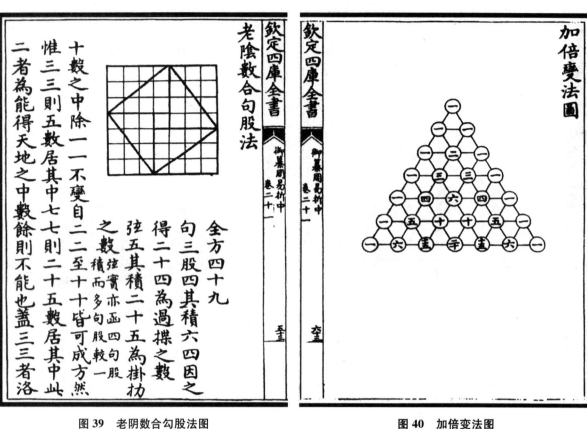

图 39　老阴数合勾股法图
（李光地《周易折中》）

图 40　加倍变法图
（李光地《周易折中》）

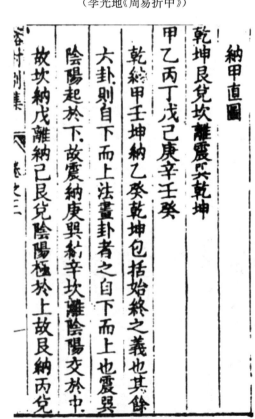

图 41　纳甲直图
（李光地《榕村别集》）

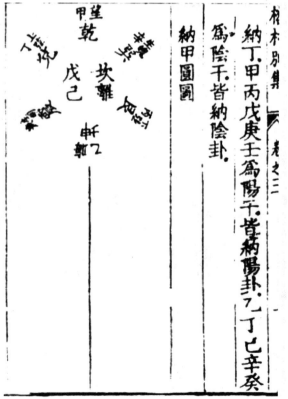

图 42　纳甲圆图
（李光地《榕村别集》）

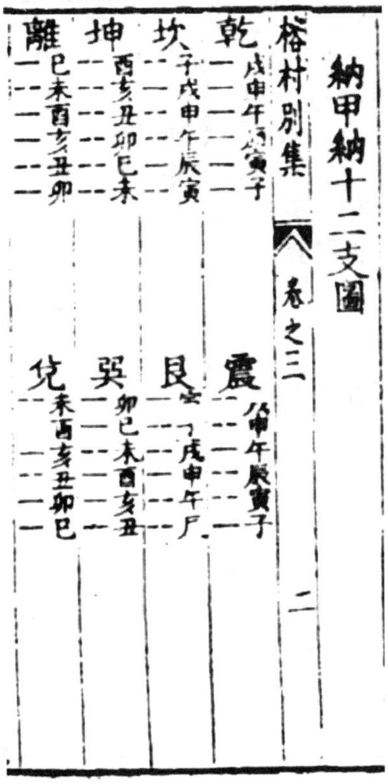


图 43　纳甲纳十二支图
（李光地《榕村别集》）

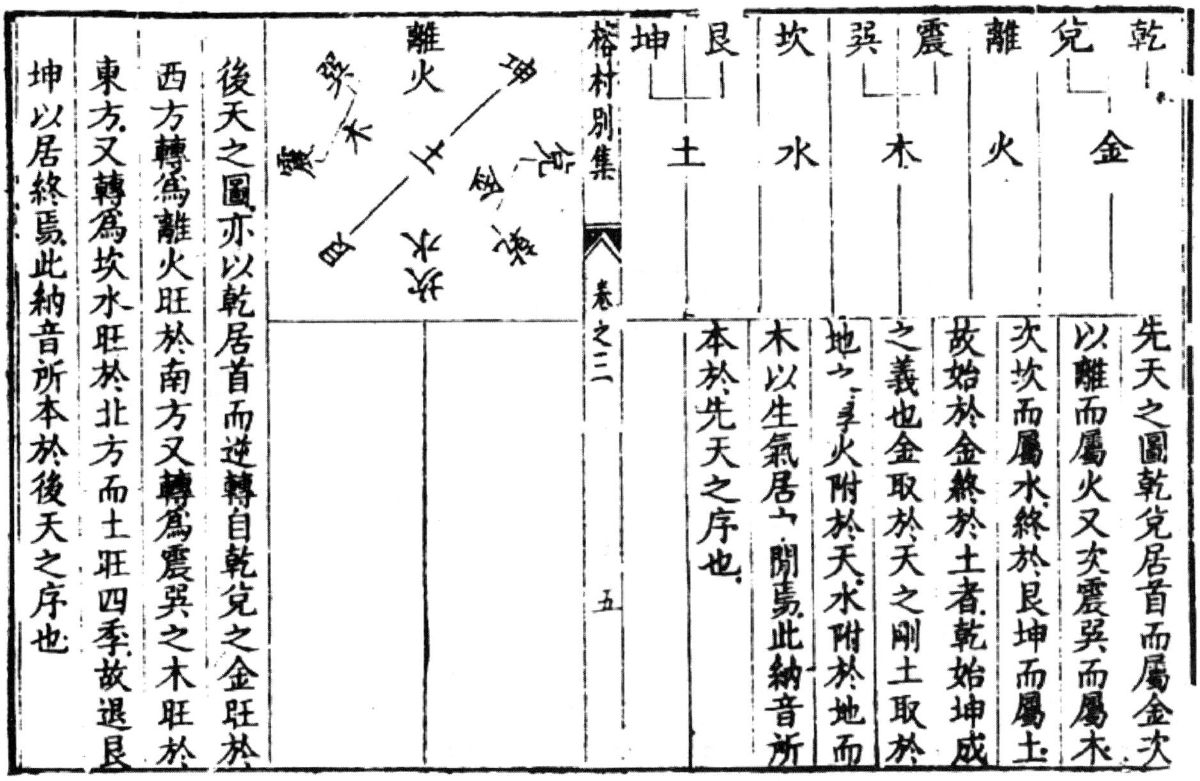


图 44　先后天图
（李光地《榕村别集》）

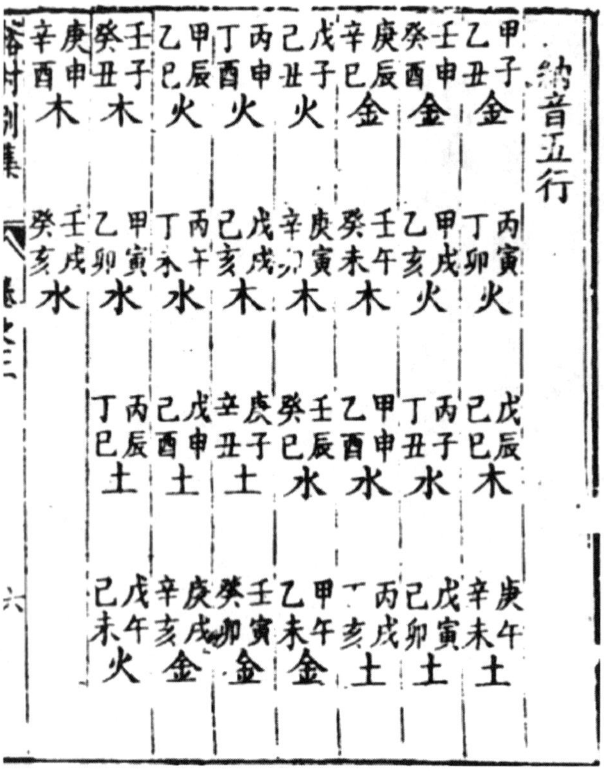

图 45　纳音五行图
（李光地《榕村别集》）

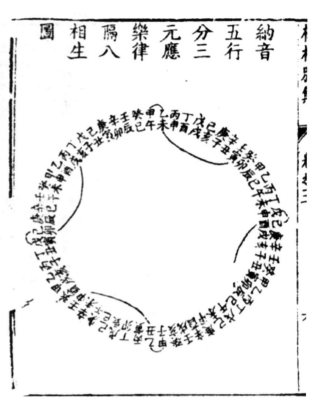

图 46　纳音五行分三元应乐律隔八相生图
（李光地《榕村别集》）

图 47　四柱合两仪四象图
图 48　八字合八卦图
（李光地《榕村别集》）

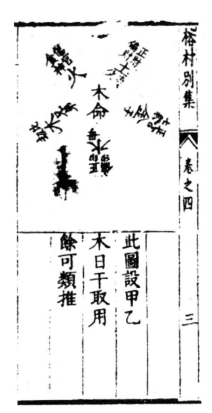

图 49　五行生克比合名义图
（李光地《榕村别集》）

图 50　论五行偏正图
（李光地《榕村别集》）

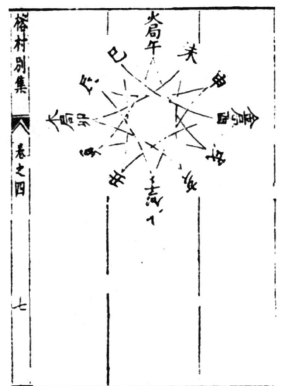

图 51　论五行三合图
（李光地《榕村别集》）

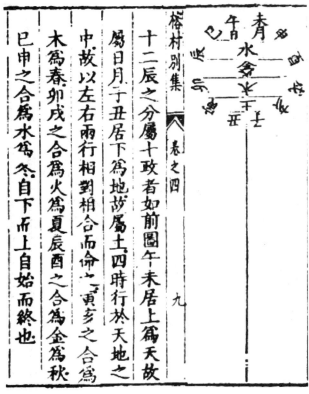

图 52　十二辰分属七政图
（李光地《榕村别集》）

榕村別集　卷之四　十

二十八宿之分屬七政者如前　四方七宿各分七政之位其最中則日之位也近日之左爲月位近日之右爲土位次左次旁則爲火位水位次右之旁則爲金位木位蓋除日月土三者居中宫外

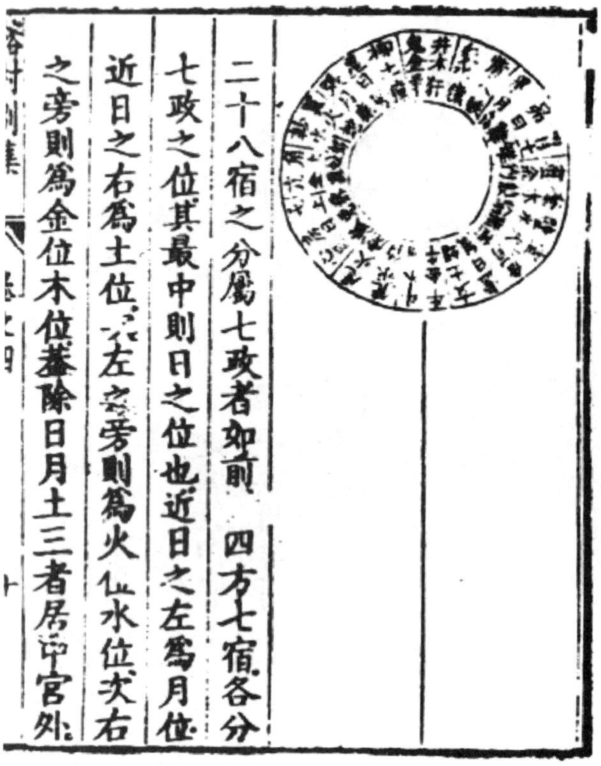

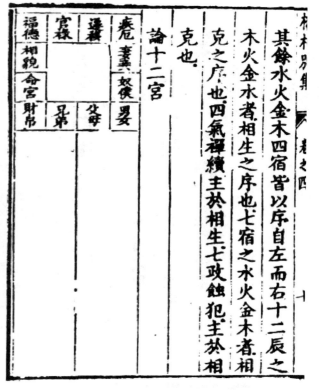

图 53　论二十八宿分属七政图

（李光地《榕村别集》）

榕村別集　卷之四　十一

其餘水火金木四宿皆以序自左而右十二辰之木火金水者相生之序也七宿之水火金木者相克之序也四氣禪續主於相生七政蝕犯主於相克也

論十二宫



图 54　十二宫图

（李光地《榕村别集》）

欽定四庫全書

御纂周易折中　卷十九　二

本圖書第一



图 55　河图

（李光地《周易折中》）

欽定四庫全書

御纂周易折中　卷十九　二



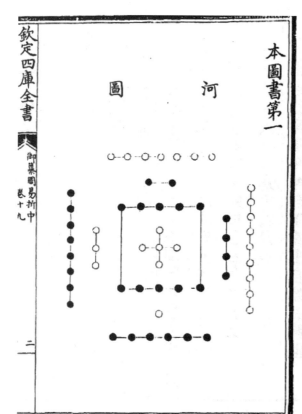

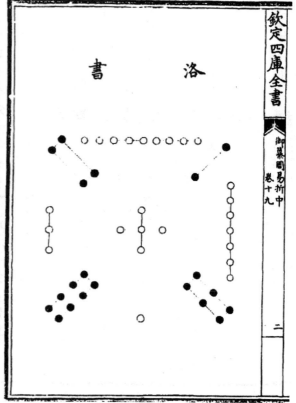

图 56　洛书

（李光地《周易折中》）

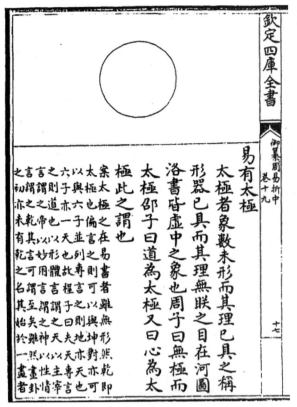

图 57　易有太极图
（李光地《周易折中》）

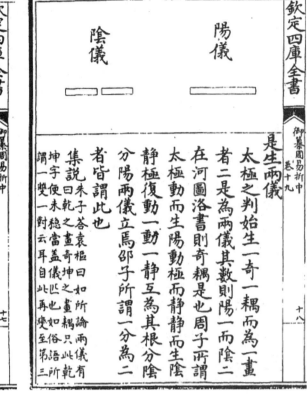

图 58　是生两仪
（李光地《周易折中》）

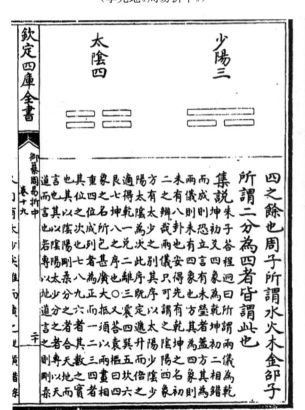

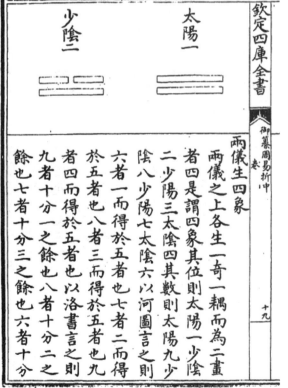

图 59　两仪生四象图
（李光地《周易折中》）

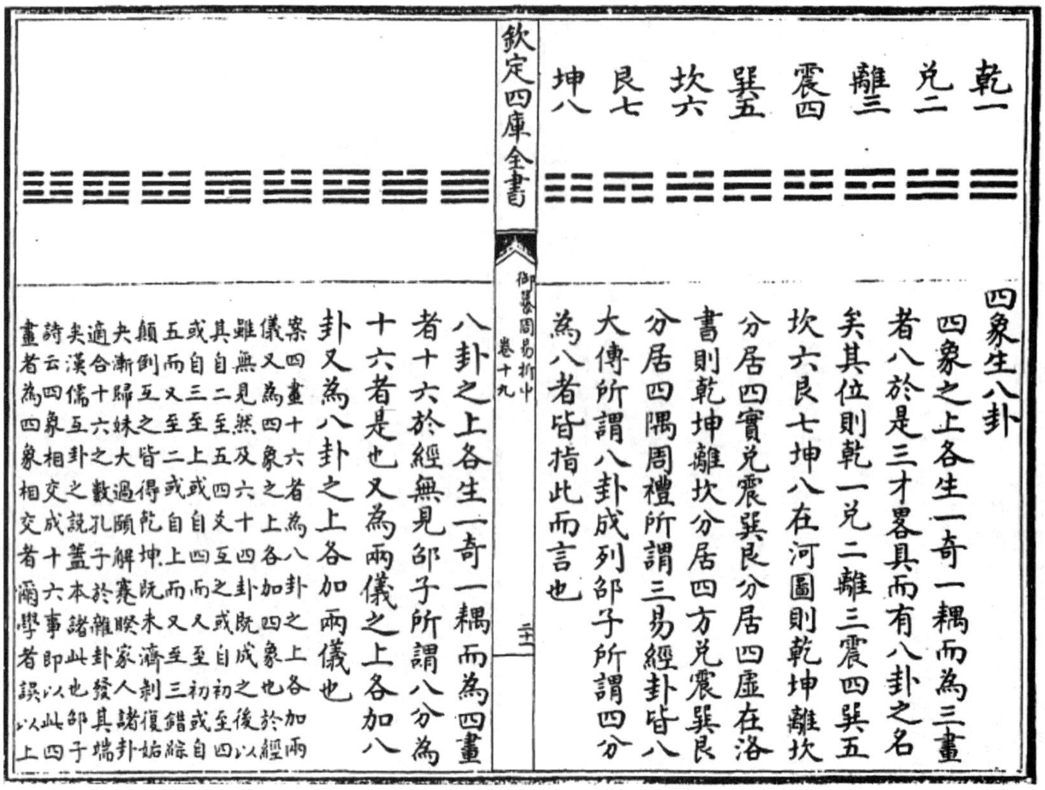

## 四象生八卦

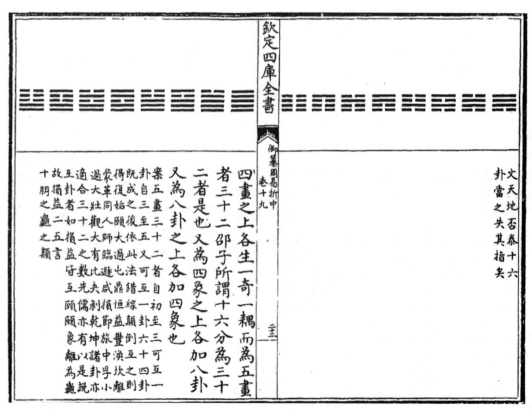

图60-1　四象生八卦图
（李光地《周易折中》）

图60-2　四象生八卦图
（李光地《周易折中》）

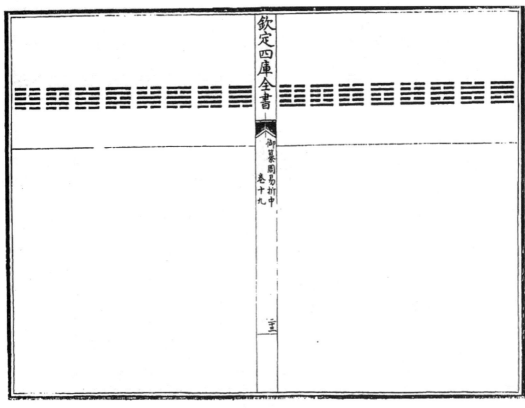

图60-3　四象生八卦图
（李光地《周易折中》）

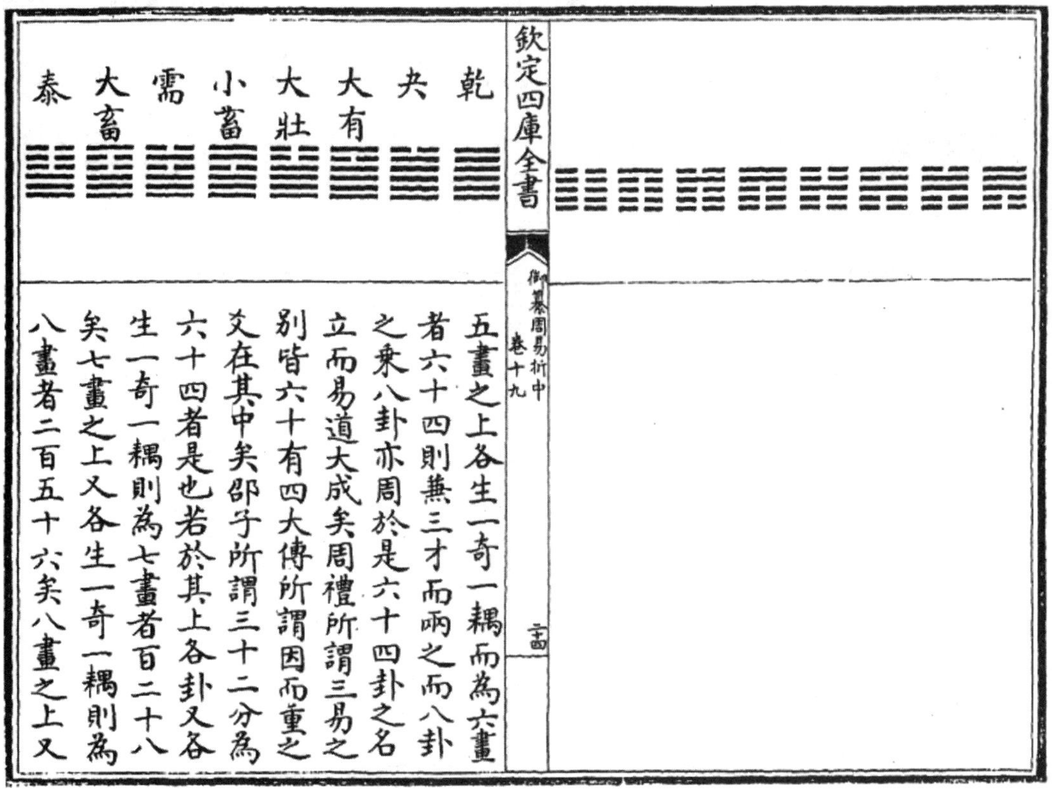

图60-4　四象生八卦图
（李光地《周易折中》）

五畫之上各生一奇一耦而為六畫者六十四則無三才而兩之而八卦之乘八卦亦周於是六十四卦之名立而易道大成矣周禮所謂三易之別皆六十有四大傳所謂因而重之爻在其中矣邵子所謂三十二分為六十四者是也若於其上各卦又各生一奇一耦則為七畫者百二十八矣七畫之上又各生一奇一耦則為八畫者二百五十六矣八畫之上又

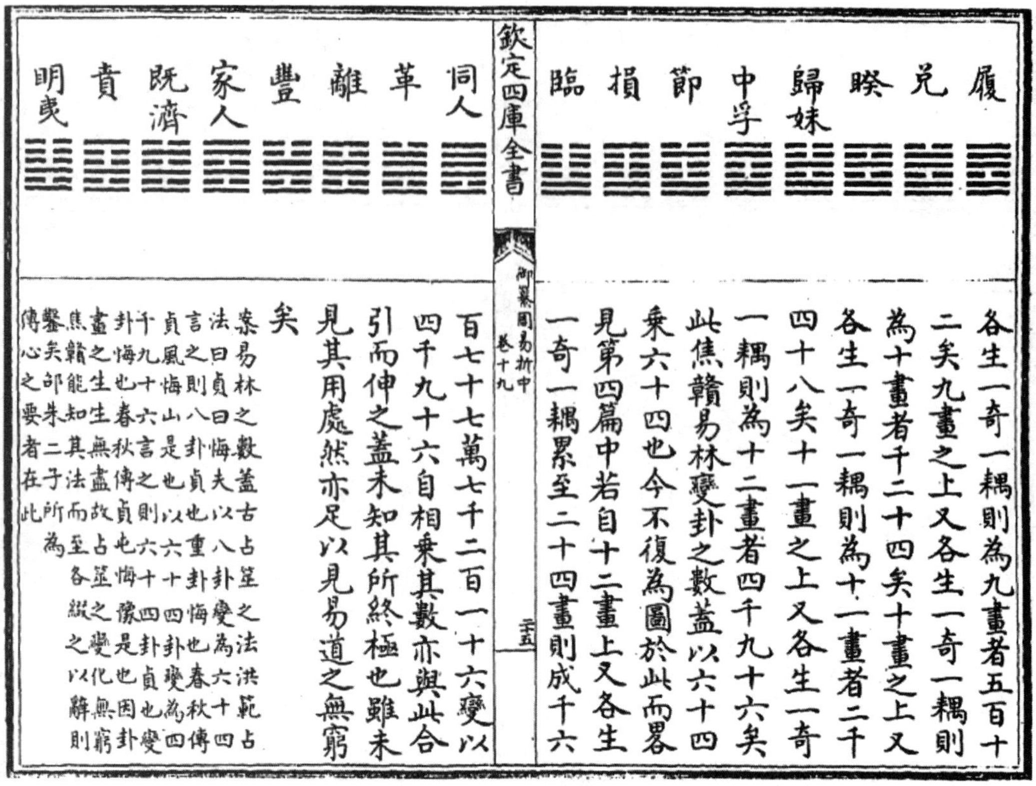

欽定四庫全書　御纂周易折中　卷十九　二十五

履　兑　睽　歸妹　中孚　節　損　臨

同人　革　離　豐　家人　既濟　賁　明夷

各生一奇一耦則為九畫者五百十二矣九畫之上又各生一奇一耦則為十畫者千二十四矣十畫之上又各生一奇一耦則為十一畫者二千四十八矣十一畫之上又各生一奇一耦則為十二畫者四千九十六矣此焦贛易林變卦之數蓋以六十四乘六十四也今不復為圖於此而畧見第四篇中若自十二畫上又各生一奇一耦累至二十四畫則成千六百七十七萬七千二百一十六變以四千九十六自相乘其數亦與此合引而伸之蓋未知其所終極也雖未見其用處然亦足以見易道之無窮矣

案易林之數蓋古占筮之法洪範占法曰貞曰悔夫以八卦變為六十四言之則八卦貞也重卦悔也春秋傳貞風悔山是也以六十四卦變為四千九十六言之則六十四卦貞也變卦悔也春秋傳貞屯悔豫是也困卦畫之生生無盡故占筮之變化無窮焦贛能知其法而至各縱之以辭則鑿矣邵朱二子所為傳心之要者在此

图 60 - 5　四象生八卦图

（李光地《周易折中》）

欽定四庫全書　御纂周易折中　卷十九　二十六

无妄　隨　噬嗑　震　益　屯　頤　復

姤　大過　鼎　恒　巽　井　蠱　升

图 60 - 6　四象生八卦图

（李光地《周易折中》）

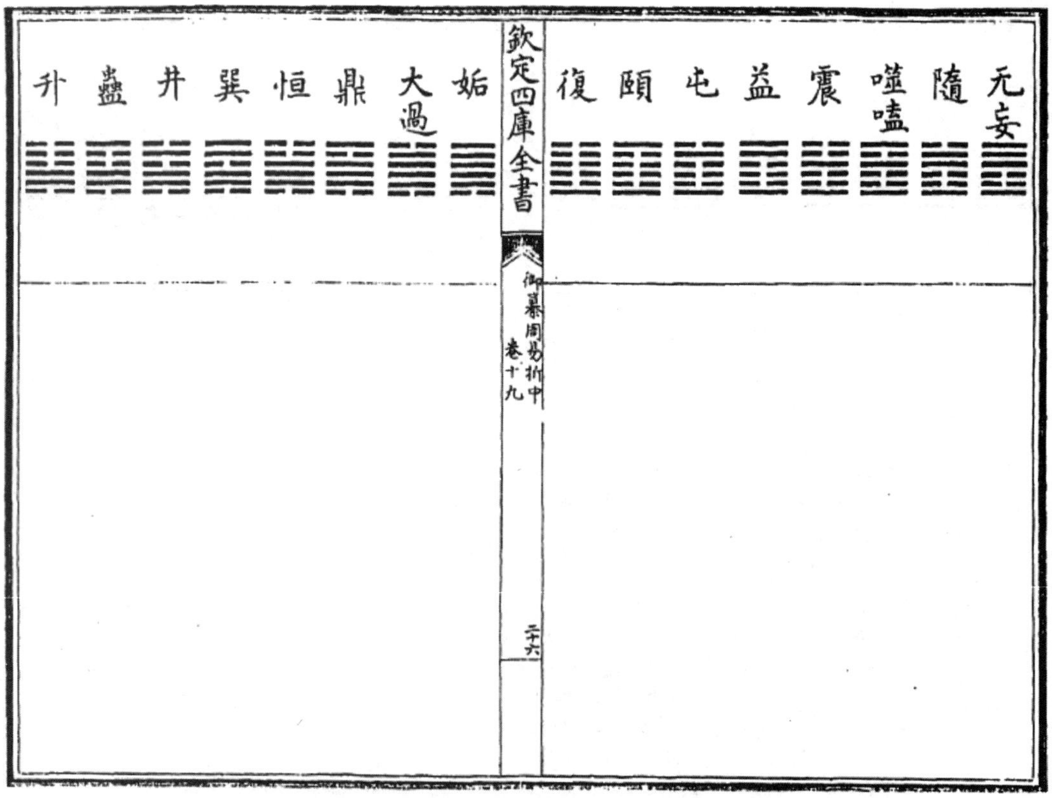

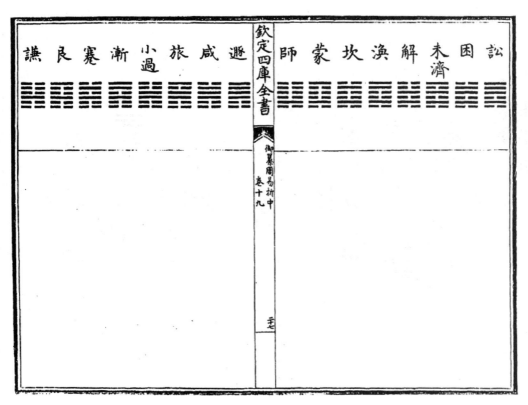

图 60-7 四象生八卦图
（李光地《周易折中》）

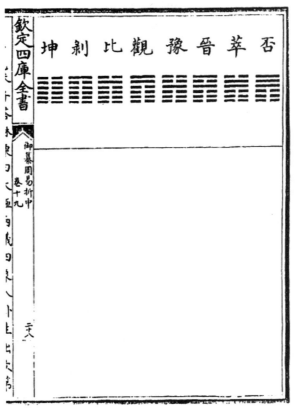

图 60-8 四象生八卦图
（李光地《周易折中》）

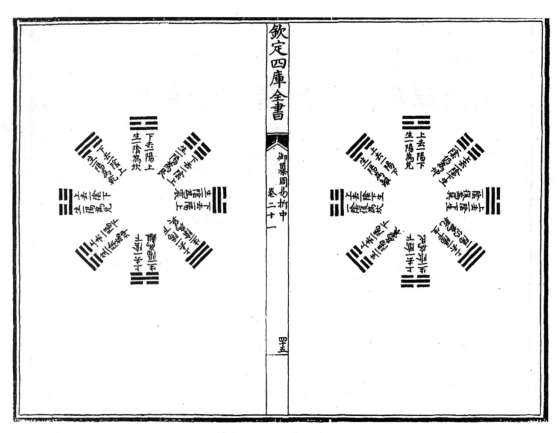

图 61　后天杂卦图
（李光地《周易折中》）

# 赵振芳

生卒年不详,字香山,清浙江山阴(今浙江绍兴)人。贡生,顺治六年(1649)任营山县知县,后历荆州府推官、福建延平府同知。著有《易原》二卷。现存有《周易》图像五十九幅。

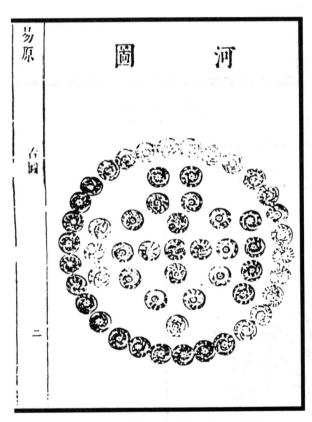

**图1 河图**
(赵振芳《易原》)

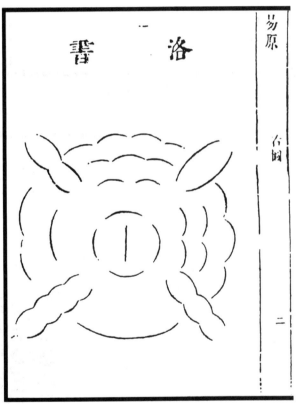

**图2 洛书**
(赵振芳《易原》)

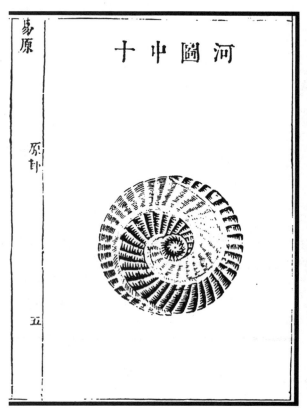

图 3　河图中十图
（赵振芳《易原》）

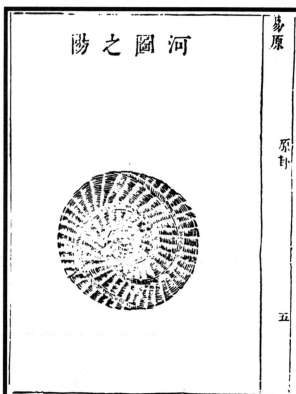

图 4　河图之阳图
（赵振芳《易原》）

图 5　河图之阴图
（赵振芳《易原》）

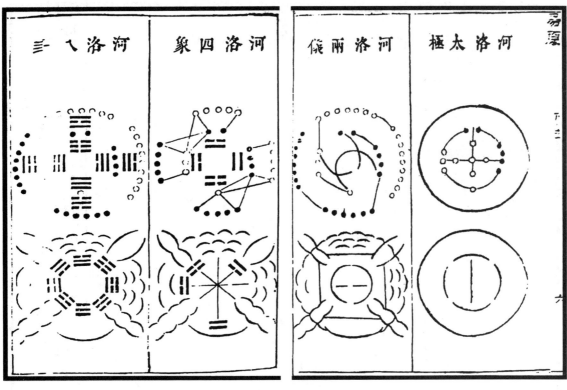

图 6 河洛太极两仪四象八卦图
（赵振芳《易原》）

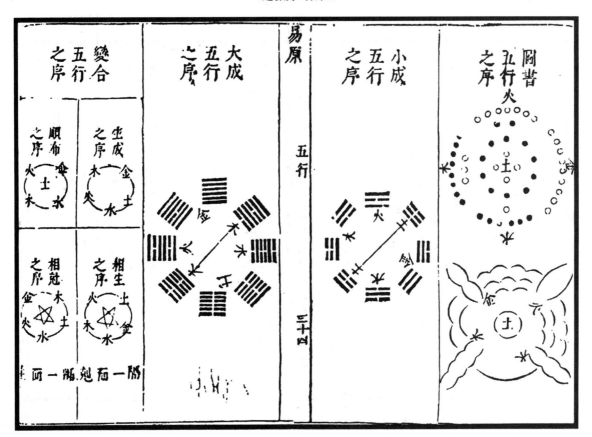

图 7 五行之序四图
（赵振芳《易原》）

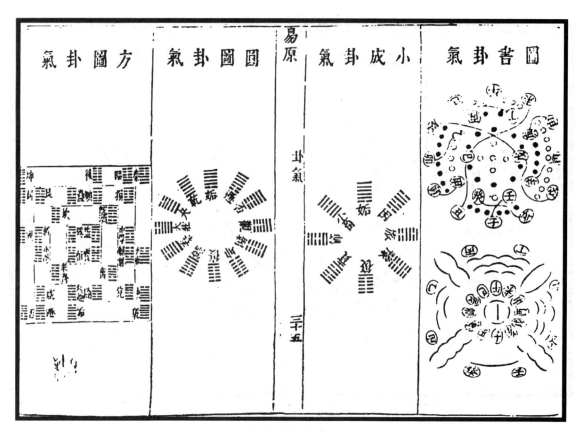

图 8　卦气四图
（赵振芳《易原》）

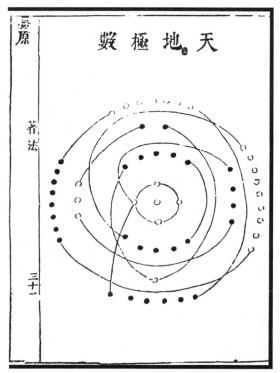

图 9　天地极数图
（赵振芳《易原》）

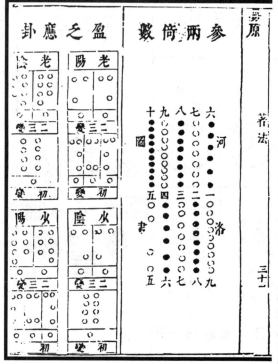

图 10　参两倚数图
图 11　盈乏应卦图
（赵振芳《易原》）

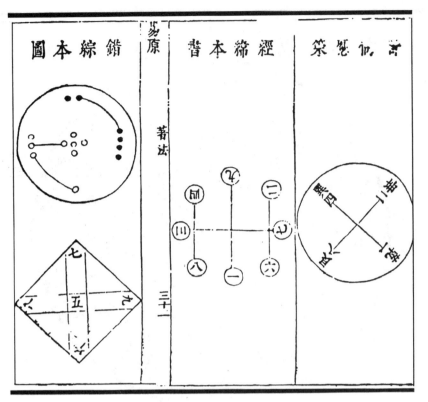

图 12　蓍法三图
（赵振芳《易原》）

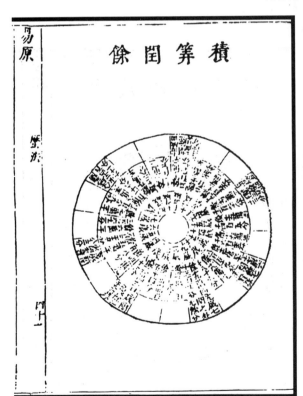

图 13　积算闰余图
（赵振芳《易原》）

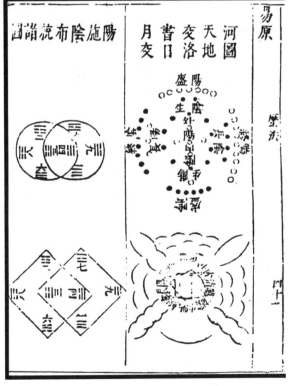

图 14　河图天地交洛书日月交图
图 15　阳施阴布统诸图
（赵振芳《易原》）

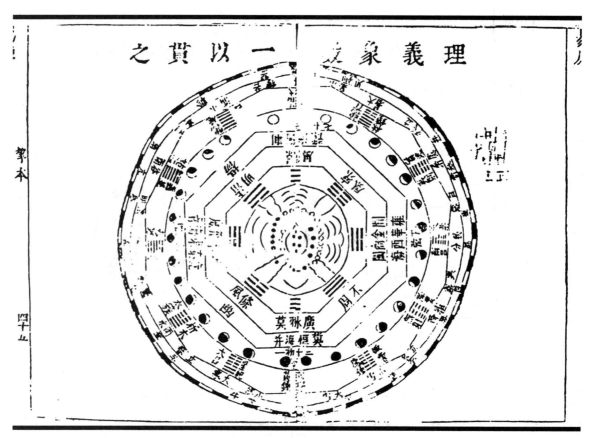

图 16　理义象数一以贯之图
（赵振芳《易原》）

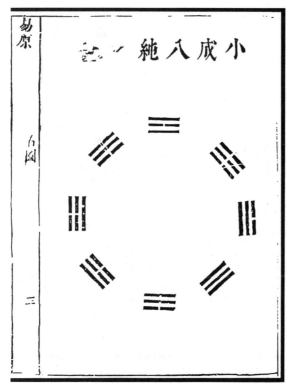

图 17　小成八纯之□图
（赵振芳《易原》）

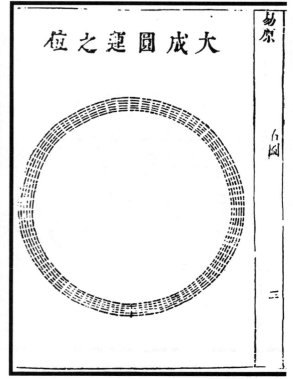

图 18　大成圆运之位图
（赵振芳《易原》）

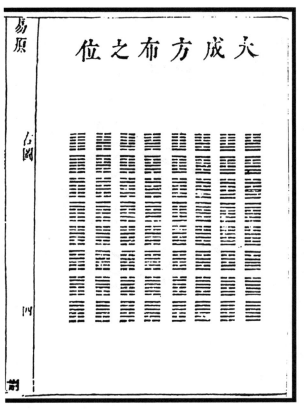

图19 大成方布之位图
（赵振芳《易原》）

图20 大成二篇之序图
（赵振芳《易原》）

图21 圆图之变图
（赵振芳《易原》）

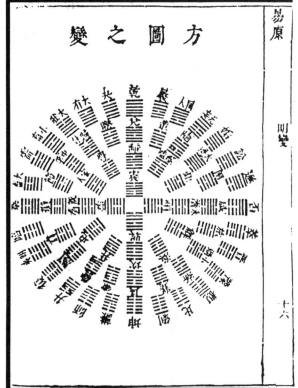

图22 方图之变图
（赵振芳《易原》）

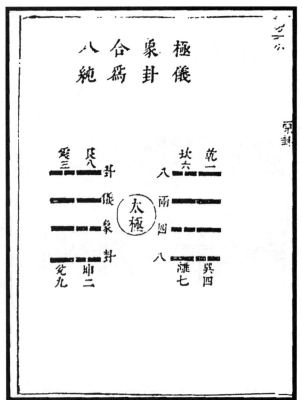

图 23　极仪象卦合为八纯图
（赵振芳《易原》）

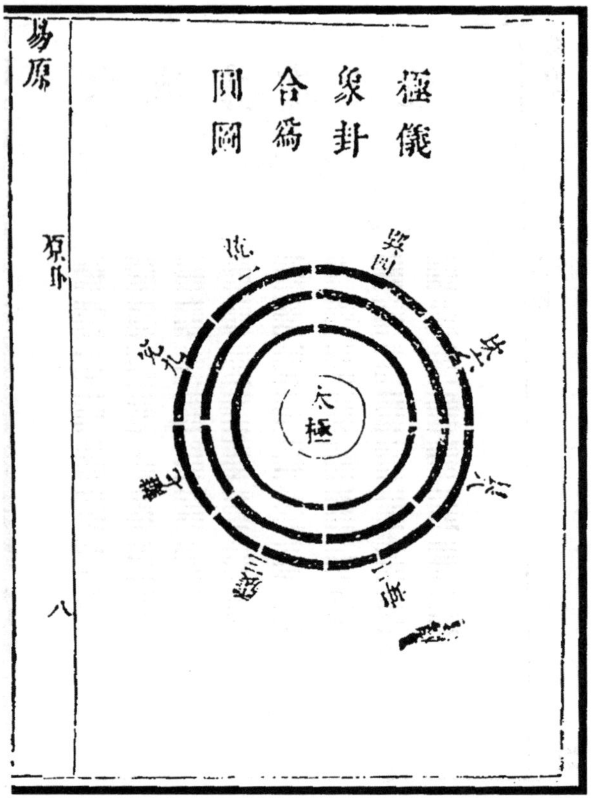

图 24　极仪象卦合为圆图
（赵振芳《易原》）

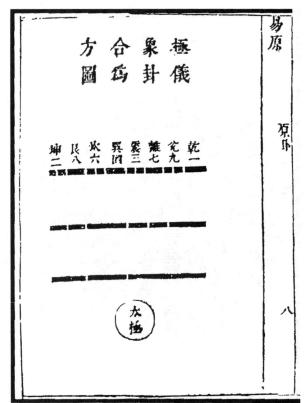

图 25　极仪象卦合为方图
（赵振芳《易原》）

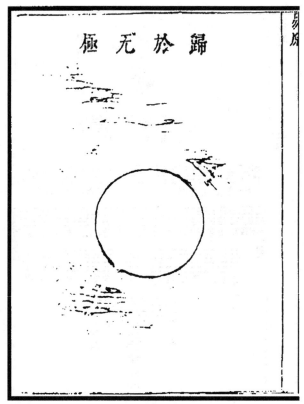

图 26　归于无极图
（赵振芳《易原》）

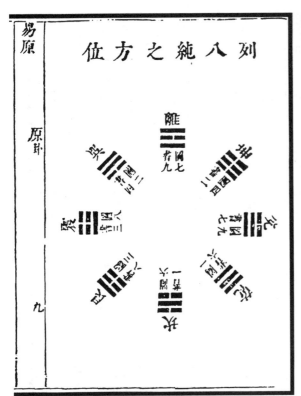

图27 列八纯之方位图
（赵振芳《易原》）

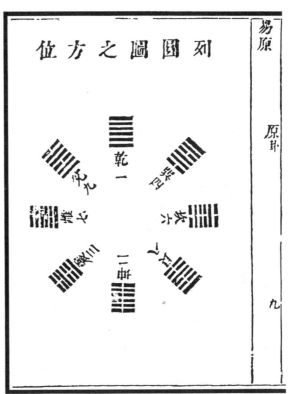

图28 列圆图之方位图
（赵振芳《易原》）

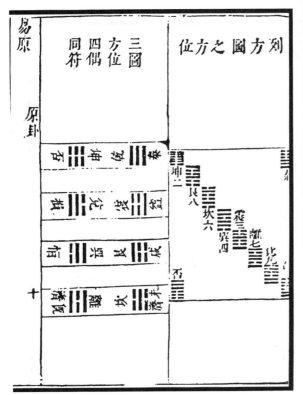

图29 列方图之方位图
图30 三图方位四隅同符图
（赵振芳《易原》）

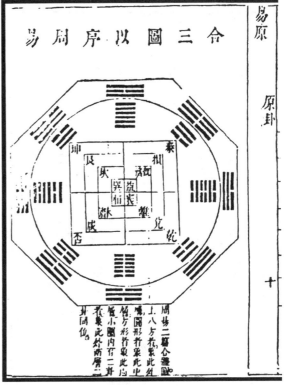

图31 合三图以序周易图
（赵振芳《易原》）

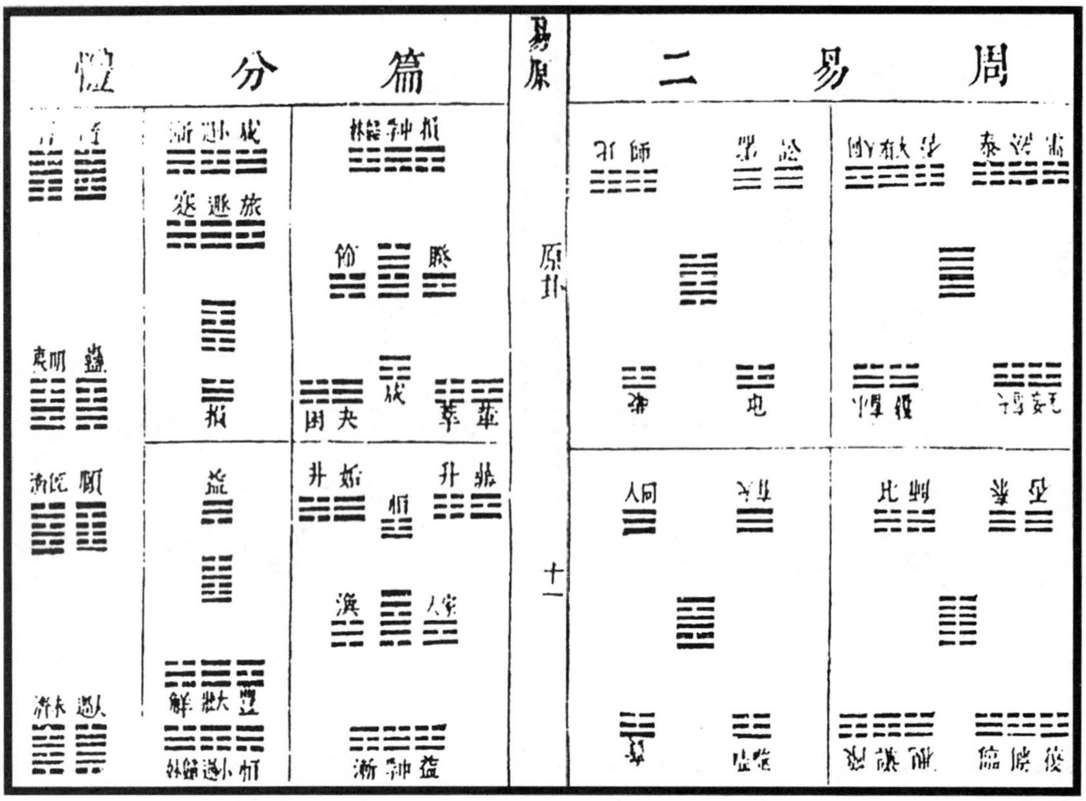

图32　周易二篇分体图
（赵振芳《易原》）

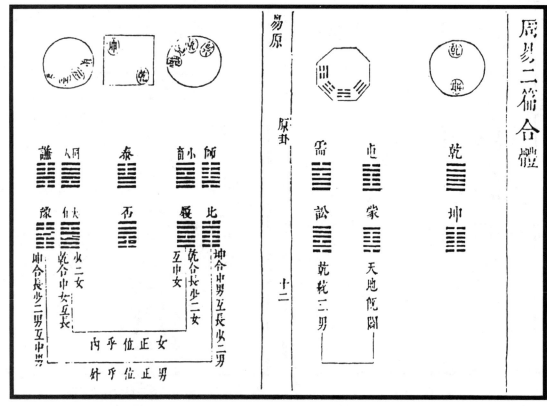

图33-1　周易二篇合体五图
（赵振芳《易原》）

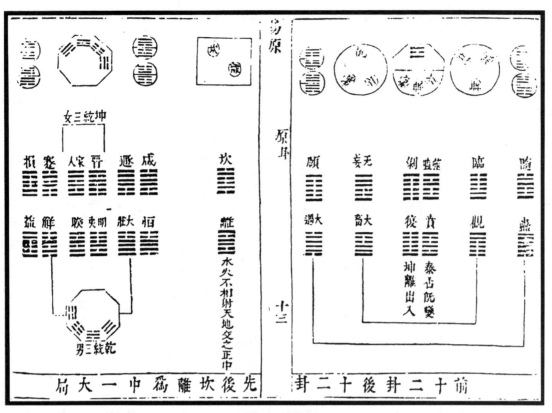

图33-2 周易二篇合体五图
（赵振芳《易原》）

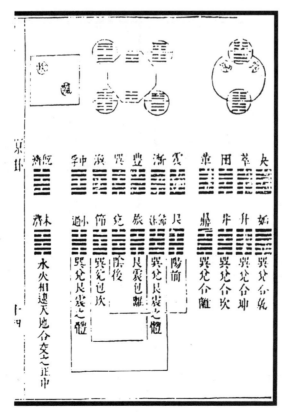

图33-3 周易二篇合体五图
（赵振芳《易原》）

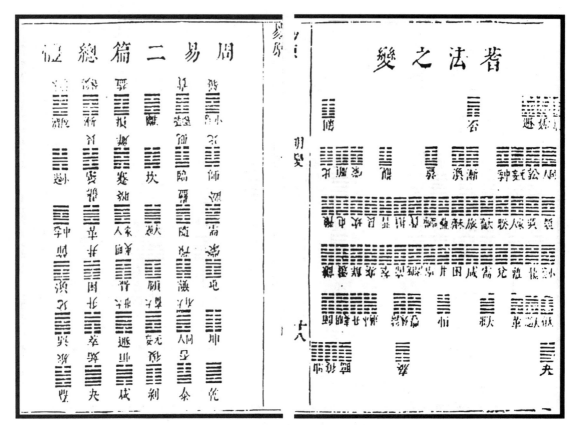

图 34　周易二篇总体图
（赵振芳《易原》）

图 35　蓍法之变图
（赵振芳《易原》）

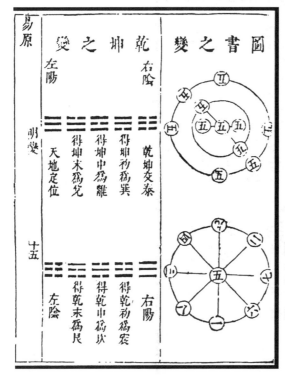

图 36　图书之变图
图 37　乾坤之变图
（赵振芳《易原》）

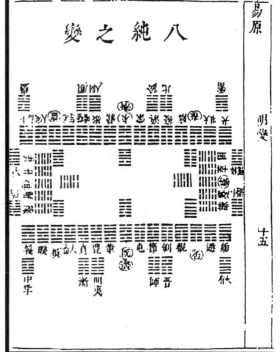

图 38　八纯之变图
（赵振芳《易原》）

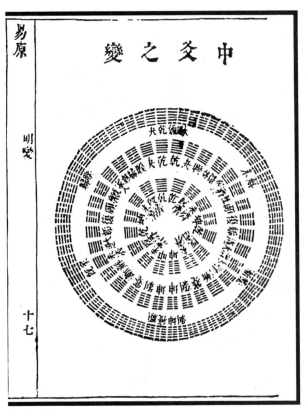

图 39　中爻之变图
（赵振芳《易原》）

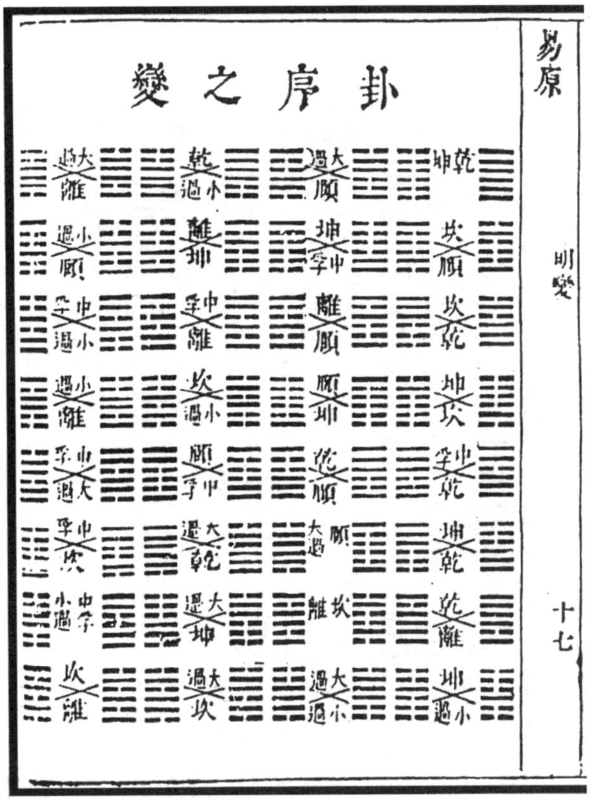

图 40　卦序之变图
（赵振芳《易原》）

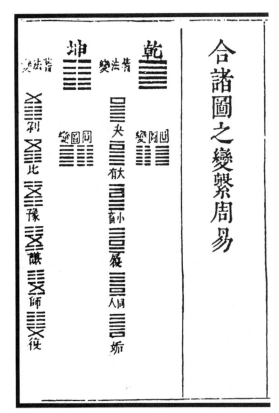

图 41－1　合诸图之变系周易图
（赵振芳《易原》）

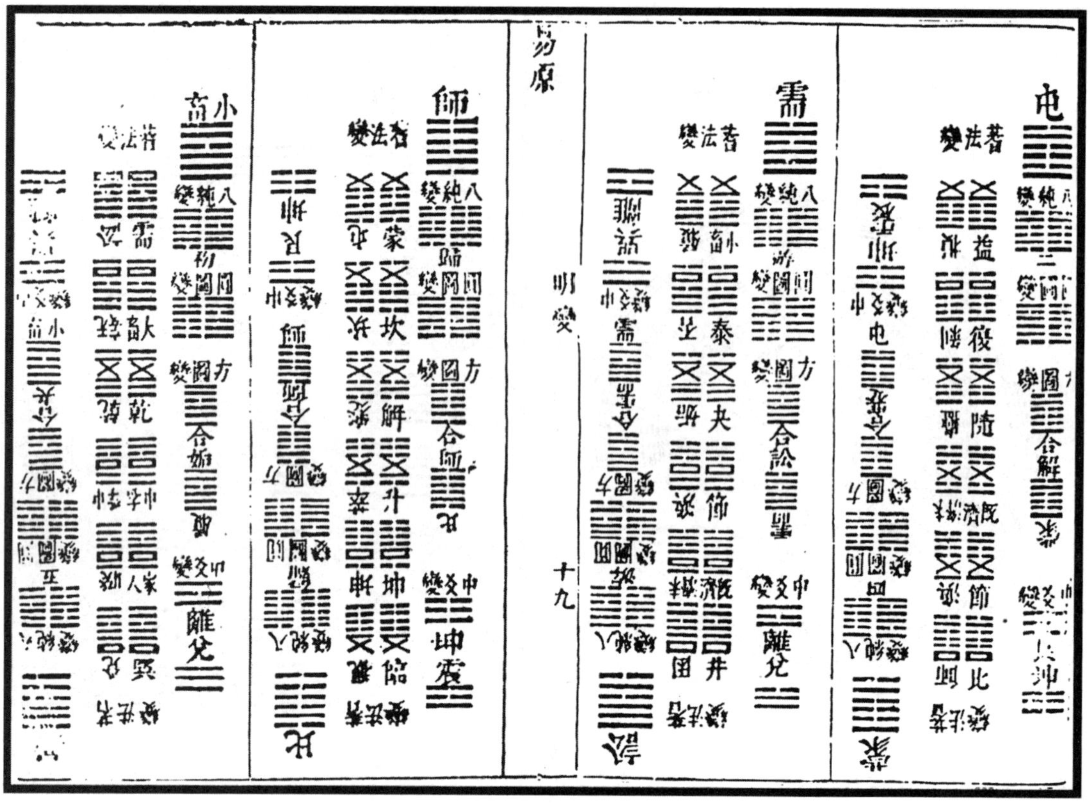

图 41-2 合诸图之变系周易图
（赵振芳《易原》）

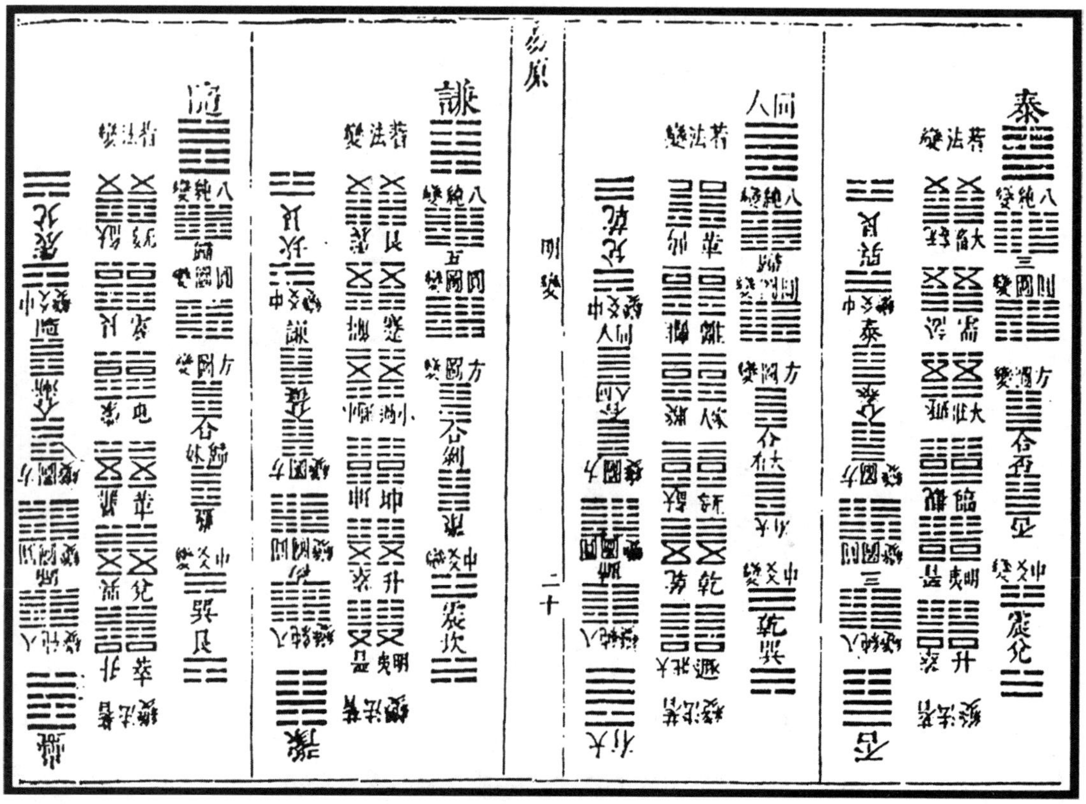

图 41-3 合诸图之变系周易图
（赵振芳《易原》）

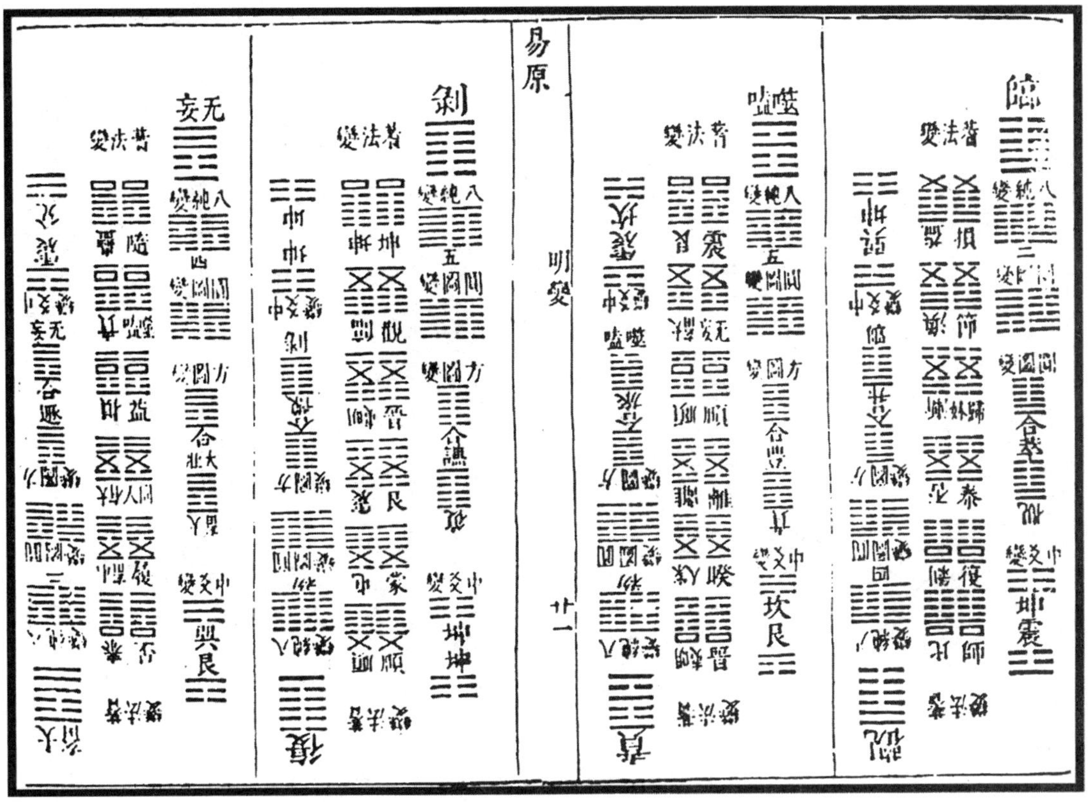

图 41-4 合诸图之变系周易图
（赵振芳《易原》）

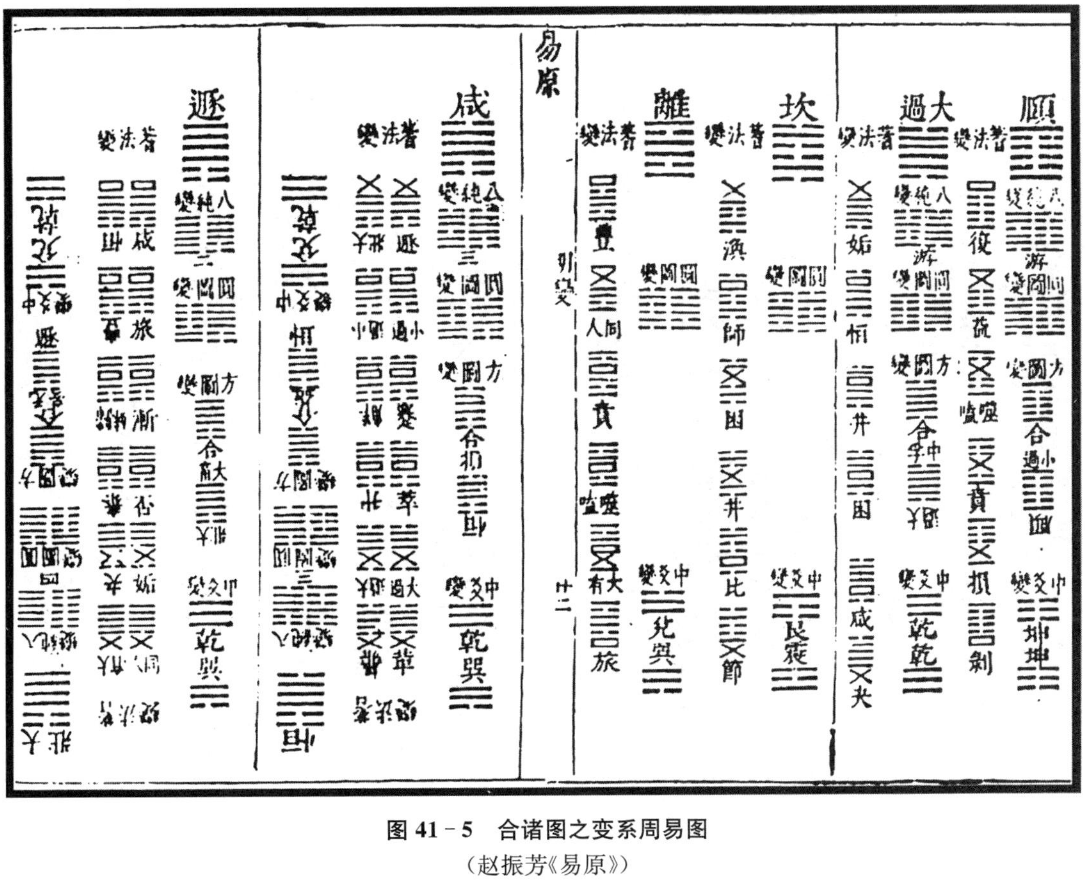

图 41-5 合诸图之变系周易图
（赵振芳《易原》）

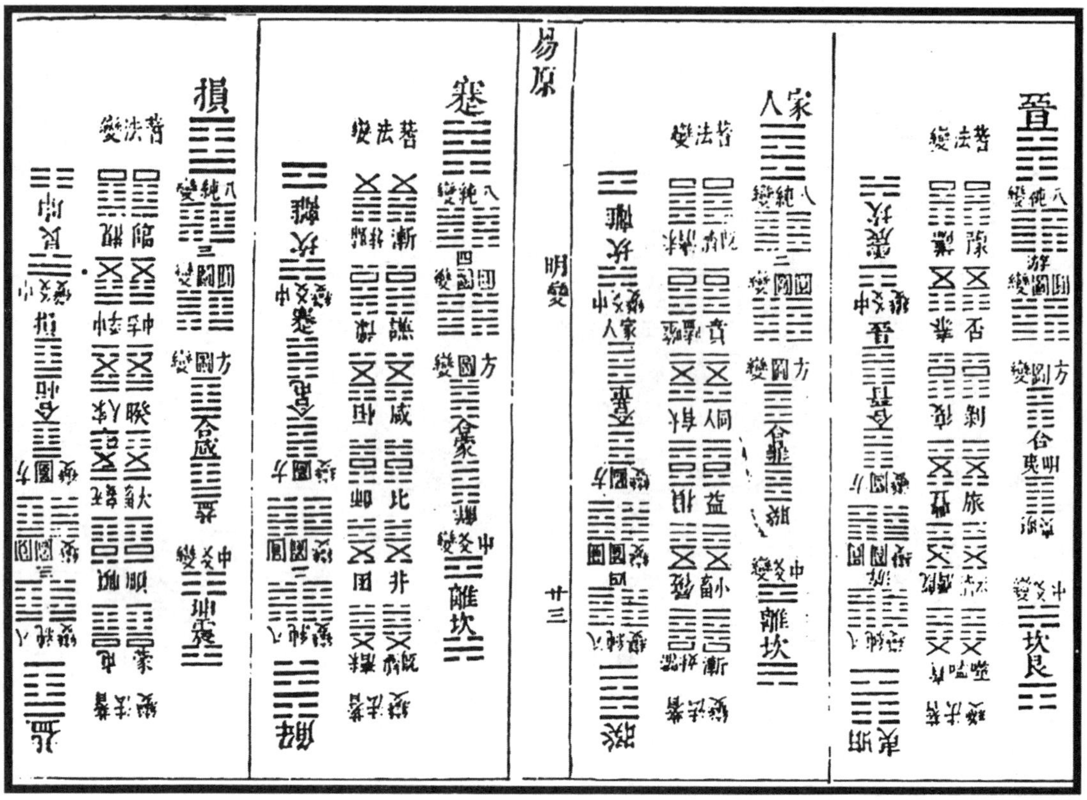

图 41-6 合诸图之变系周易图
（赵振芳《易原》）

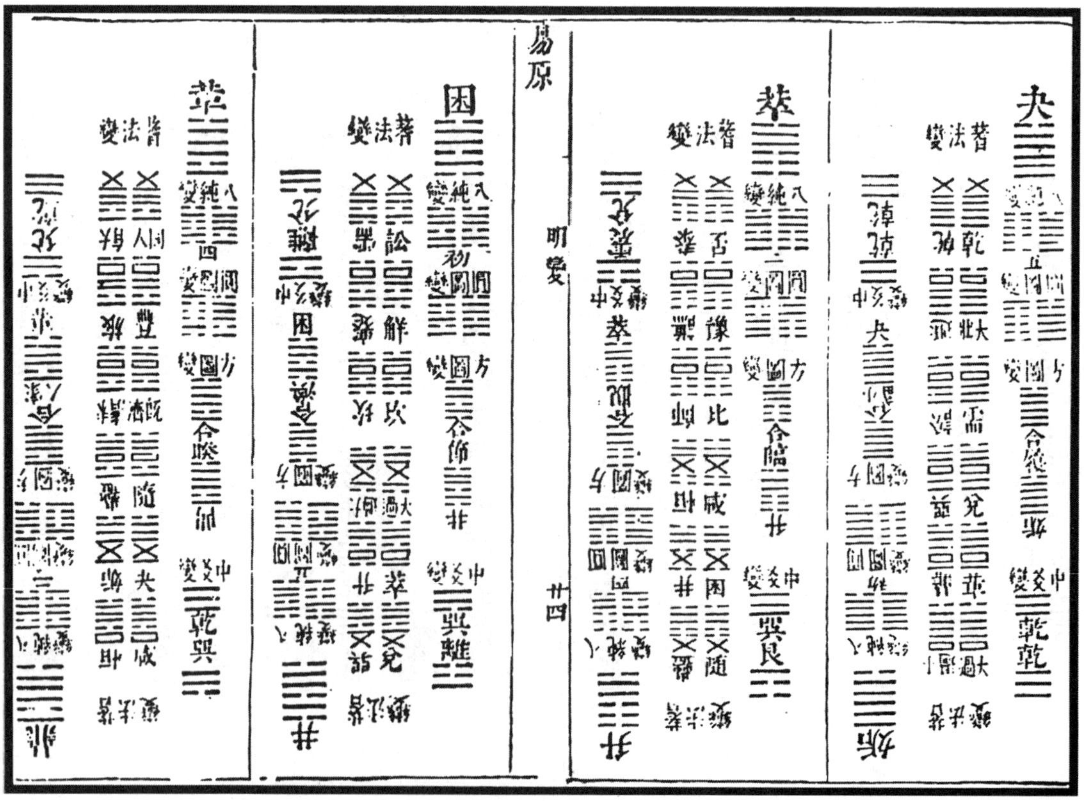

图 41-7 合诸图之变系周易图
（赵振芳《易原》）

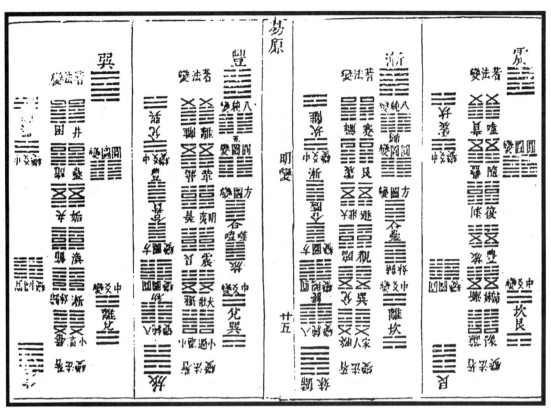

图 41-8 合诸图之变系周易图
（赵振芳《易原》）

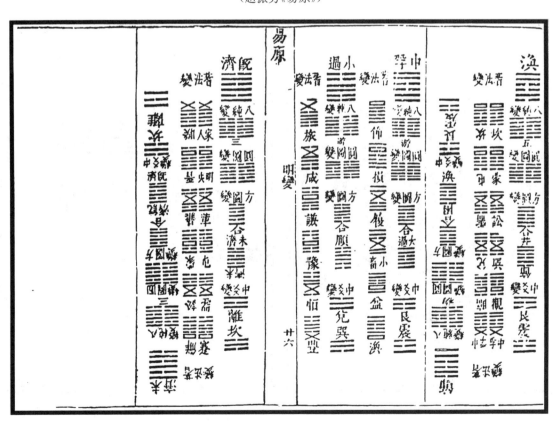

图 41-9 合诸图之变系周易图
（赵振芳《易原》）

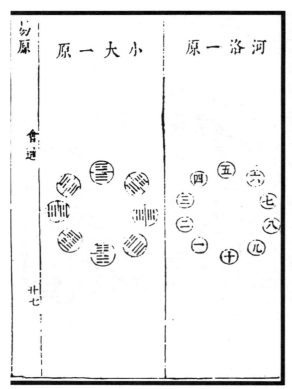

图 42　河洛一原图
图 43　小大一原图
（赵振芳《易原》）

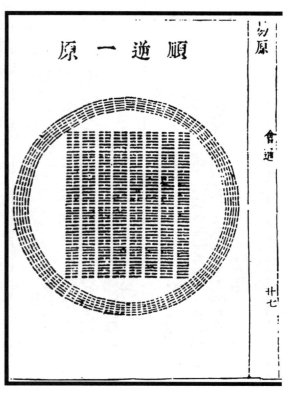

图 44　顺逆一原图
（赵振芳《易原》）

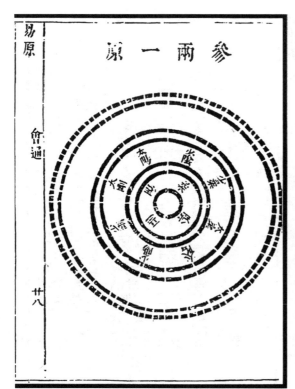

图 45　参两一原图
（赵振芳《易原》）

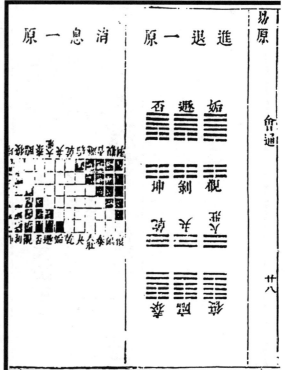

图 46　进退一原图
图 47　消息一原图
（赵振芳《易原》）

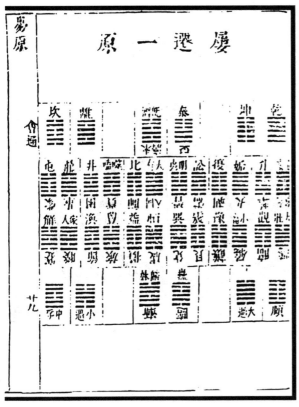

图 48　屡迁一原图
（赵振芳《易原》）

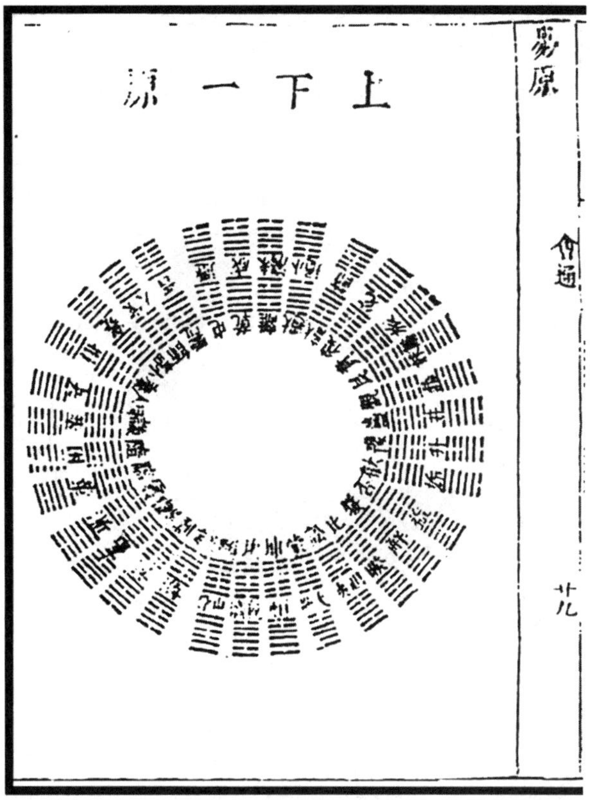

图 49　上下一原图
（赵振芳《易原》）

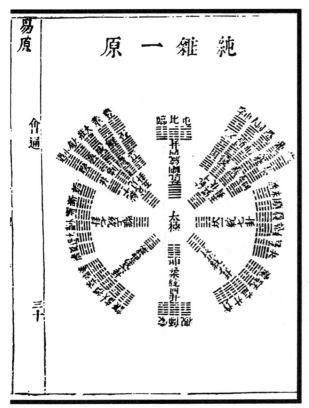

图 50　纯杂一原图
（赵振芳《易原》）

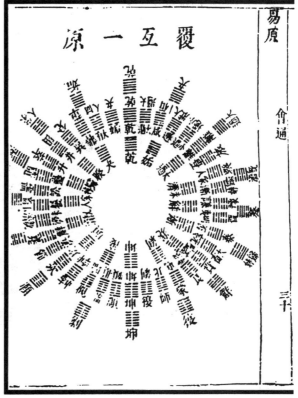

图 51　覆互一原图
（赵振芳《易原》）

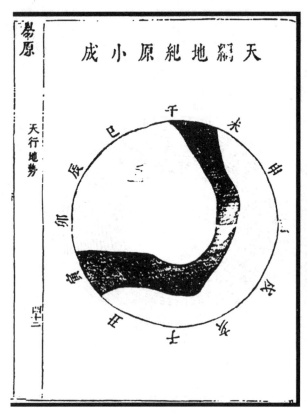

图 52　天纲地纪原小成图
（赵振芳《易原》）

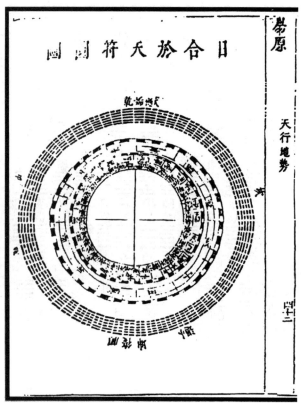

图 53　日合天符圆图
（赵振芳《易原》）

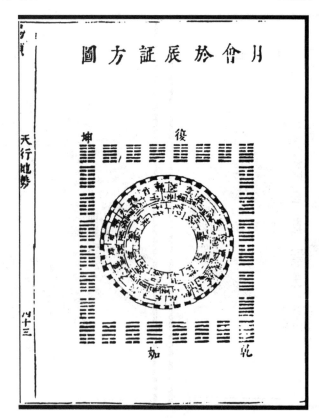

图 54　月会于辰证方图
（赵振芳《易原》）

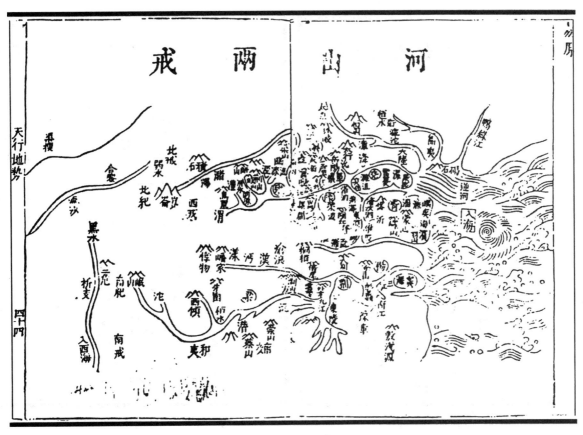

图 55　河山两戒图
（赵振芳《易原》）

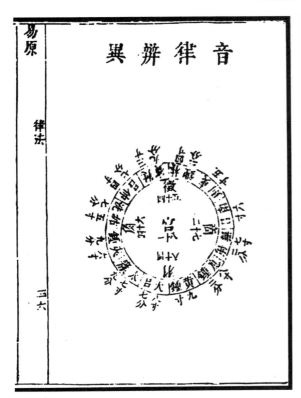

图 56　音律辨异图
（赵振芳《易原》）

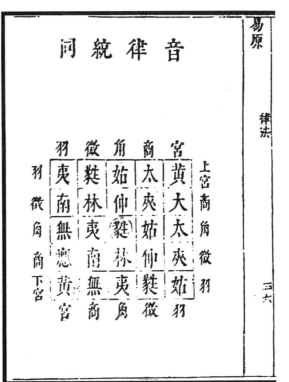

图 57　音律统同图
（赵振芳《易原》）

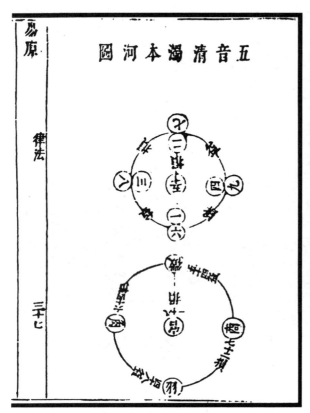

图 58　五音清浊本河图图
（赵振芳《易原》）

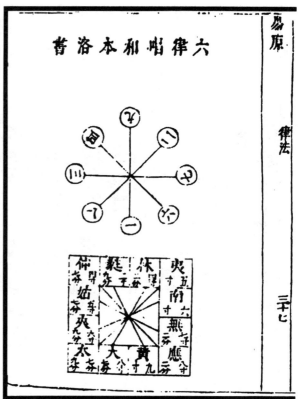

图 59　六律唱和本洛书图
（赵振芳《易原》）

# 徐在汉

生卒年不详,初名之裔,字天章,号寒泉,清安徽歙县人。著有《易或》十卷。现存有《周易》图像七幅。

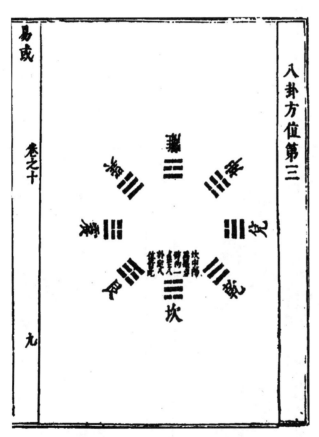

图1　八卦方位第三图
（徐在汉《易或》）

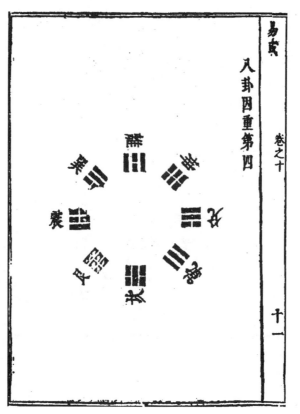

图 2-1　八卦因重第四图
（徐在汉《易或》）

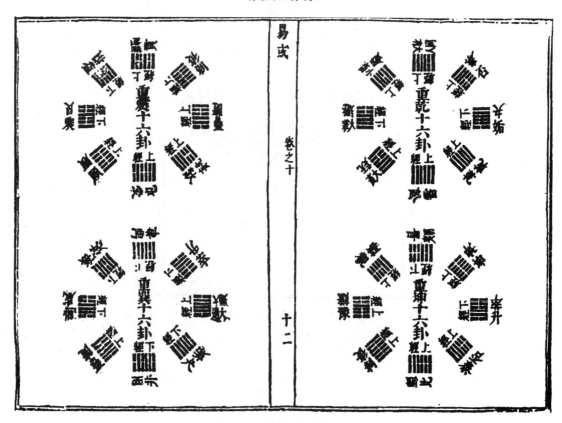

图 2-2　八卦因重第四图
（徐在汉《易或》）

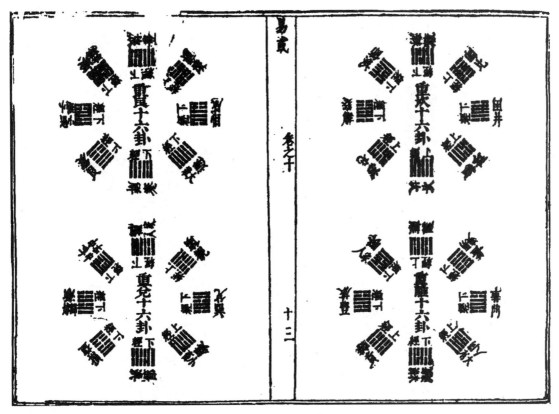

图 2-3 八卦因重第四图
（徐在汉《易或》）

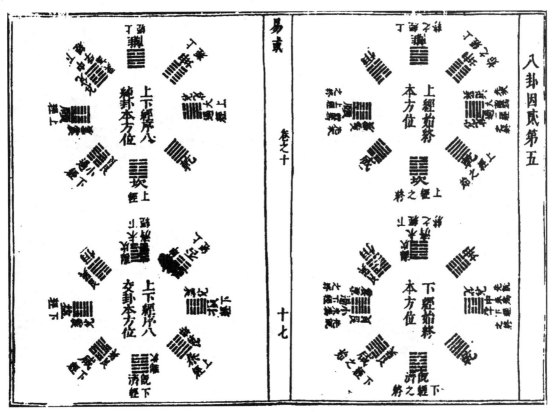

图 3-1 八卦因贰第五图
（徐在汉《易或》）

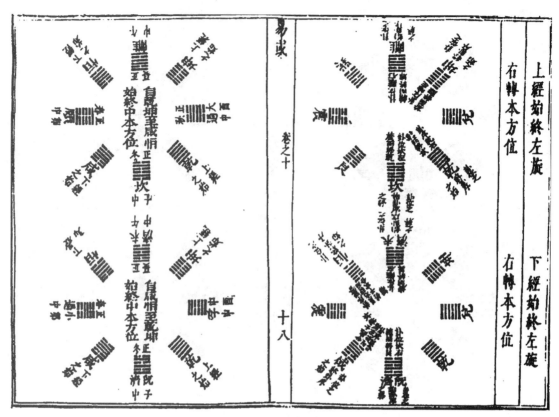

图 3-2 八卦因贰第五图
（徐在汉《易或》）

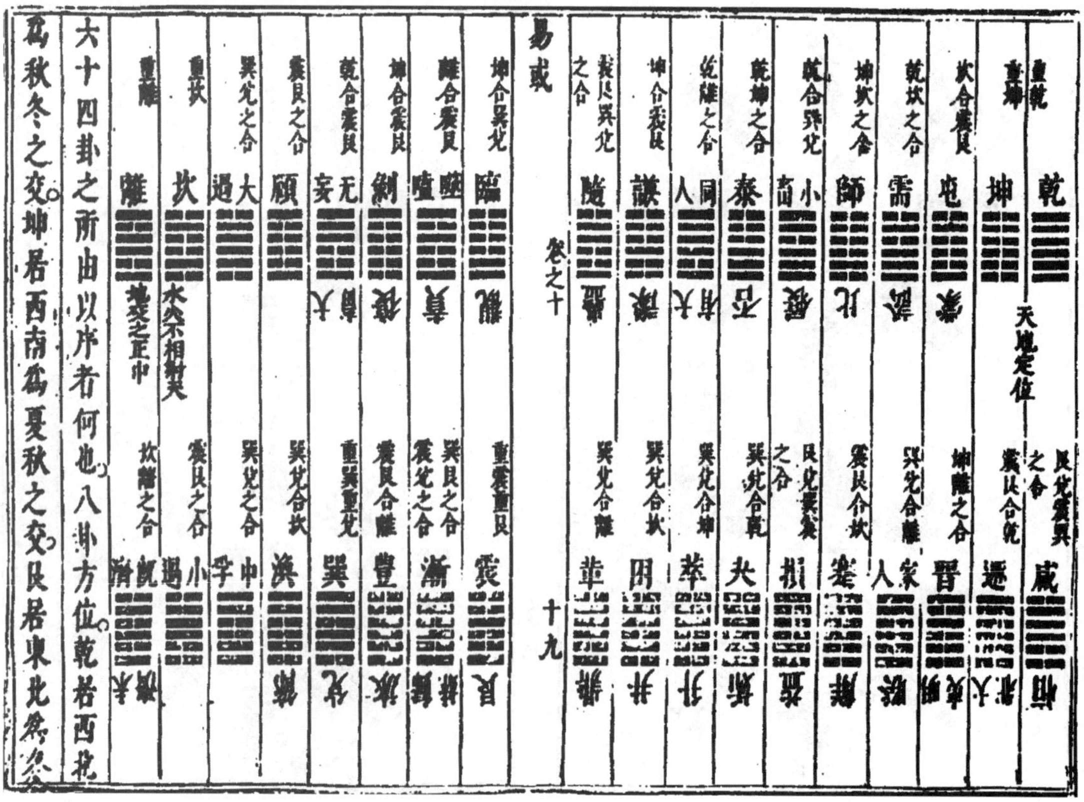

图 4 六十四卦次序图
（徐在汉《易或》）

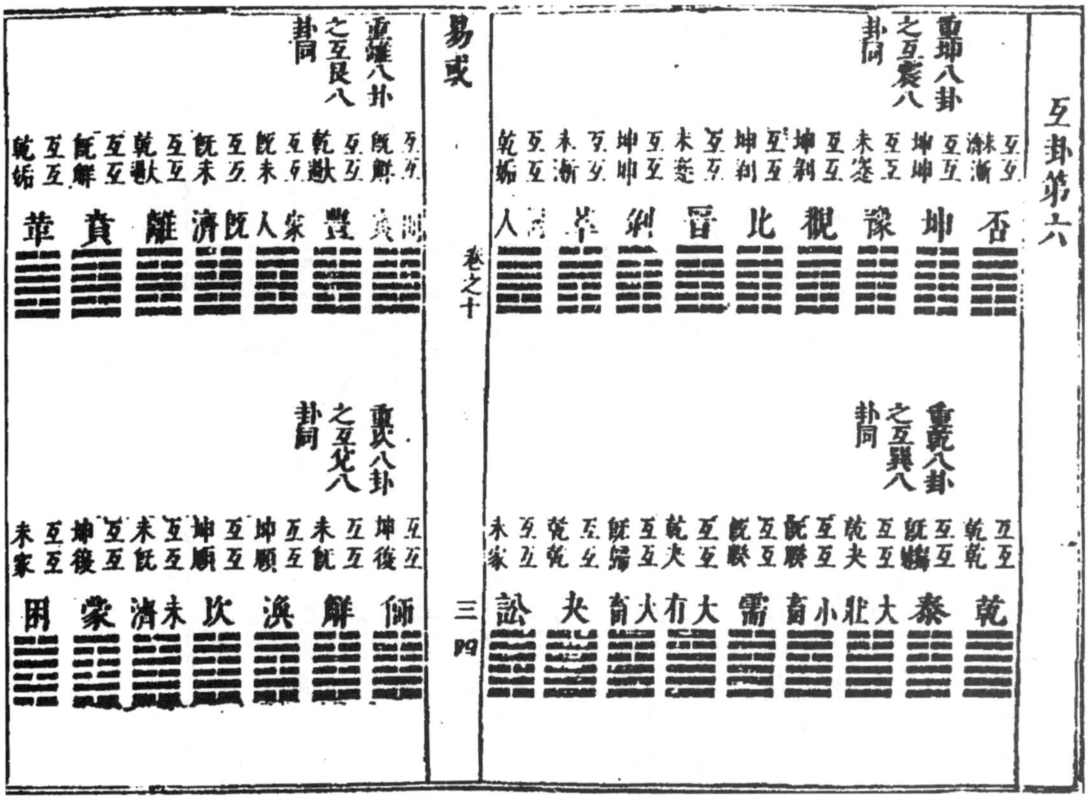

图 5　互卦第六图
（徐在汉《易或》）

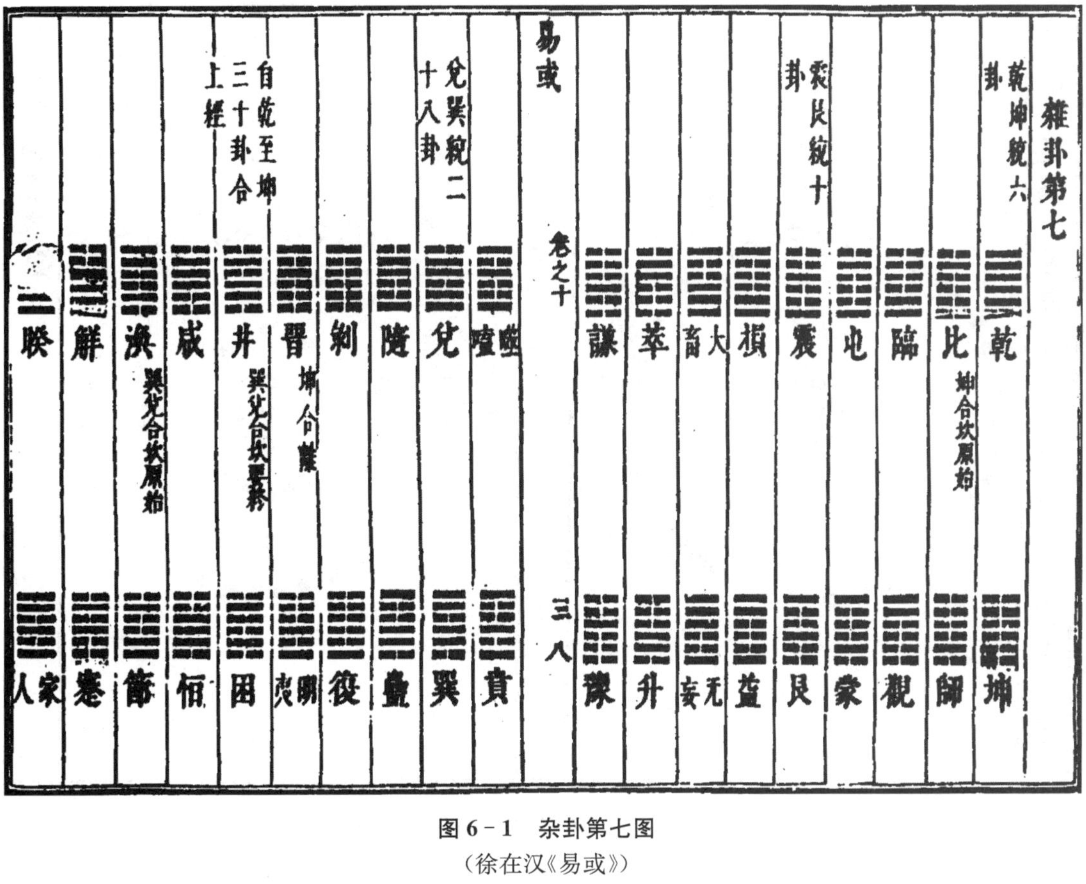

图 6-1　杂卦第七图
（徐在汉《易或》）

图 6-2 杂卦第七图
（徐在汉《易或》）

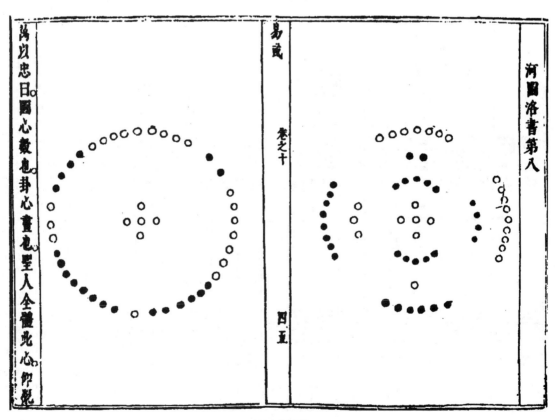

图 7 河图洛书第八图
（徐在汉《易或》）

# 佟国维(1644—1719)

佟佳氏,满洲镶黄旗人。都统佟图赖次子,清康熙帝的舅舅、岳父,孝懿仁皇后父。顺治年间(1644—1661),授一等侍卫。数次从康熙帝征噶尔丹,康熙四十三年(1704)以老解任。卒赠太傅,谥端纯。一生好学,尤精于《易》。辑有《周易汇统》四卷。现存有《周易》图像八幅。

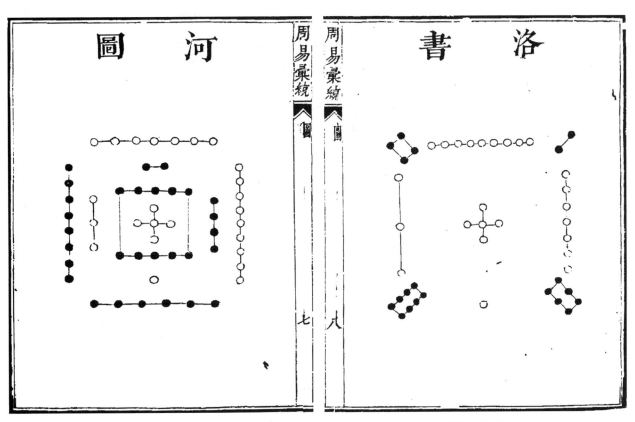

图1 河图
(佟国维《周易汇统》)

图2 洛书
(佟国维《周易汇统》)

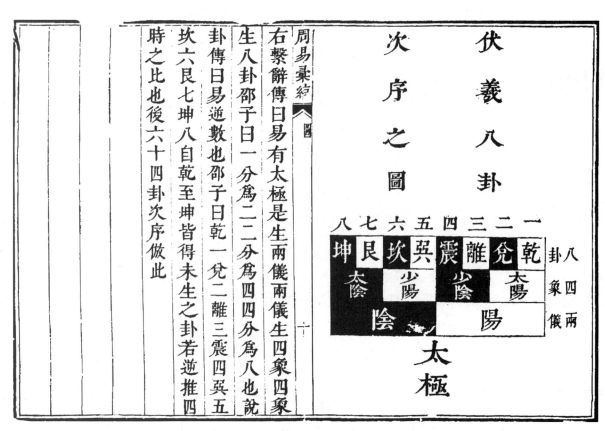

图3　伏羲八卦次序之图
（佟国维《周易汇统》）

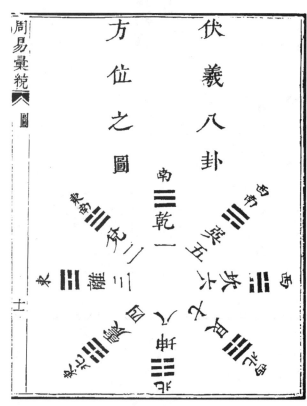

图4　伏羲八卦方位之图
（佟国维《周易汇统》）

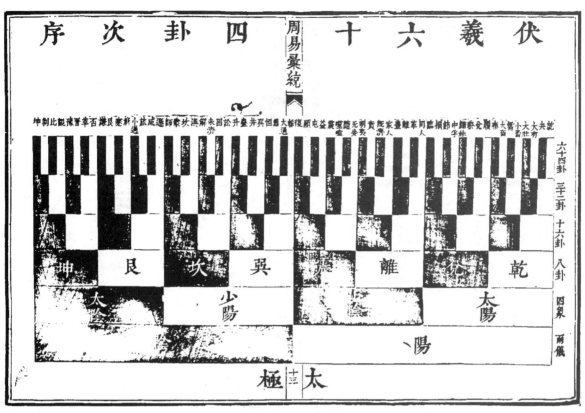

图 5　伏羲六十四卦次序图
（佟国维《周易汇统》）

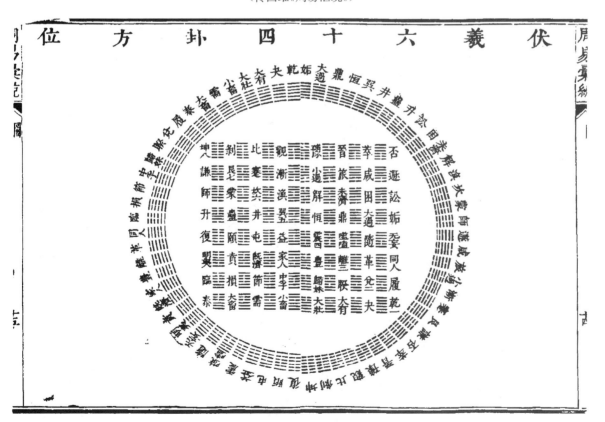

图 6　伏羲六十四卦方位图
（佟国维《周易汇统》）

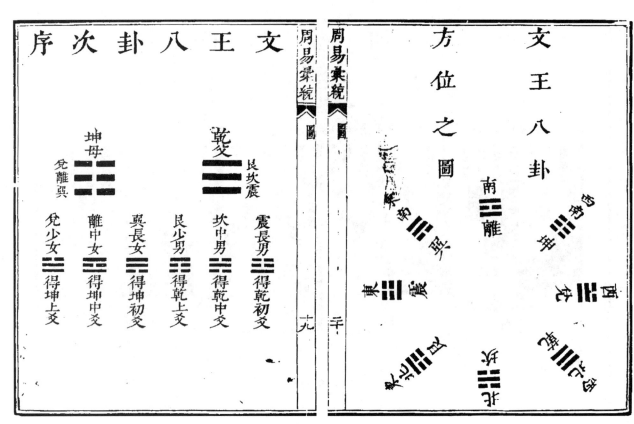

图7 文王八卦次序图
（佟国维《周易汇统》）

图8 文王八卦方位之图
（佟国维《周易汇统》）

# 高奣映（1647—1707）

字雪君，一字元廓，小字遐龄，别号问米居士，明云南姚安人。世袭姚安军民府土同知职。后无意仕途，在光禄结璘山著书立说。著有《太极明辨》《增订来氏易注》等。现存有《周易》图像六十四幅。

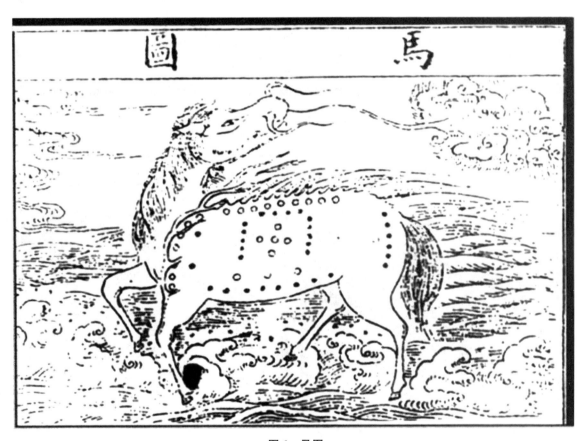

**图1 马图**
（高奣映《易经来注图解》）

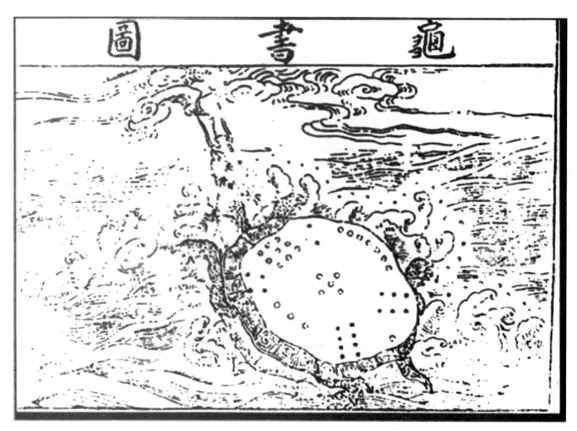

图 2 龟书图
(高奣映《易经来注图解》)

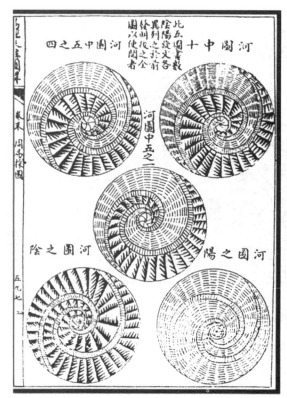

图 3 河图旋毛五形五图
(高奣映《易经来注图解》)

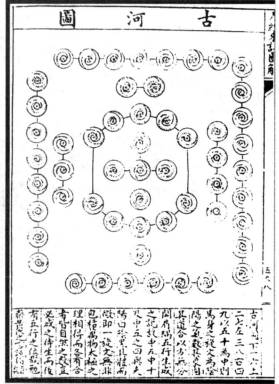

图 4 古河图
(高奣映《易经来注图解》)

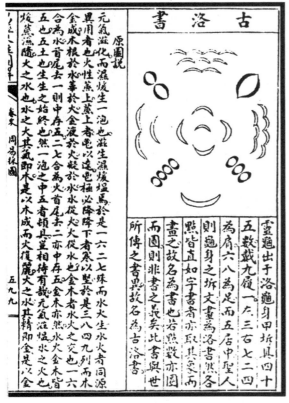

图 5　古洛书
（高畚映《易经来注图解》）

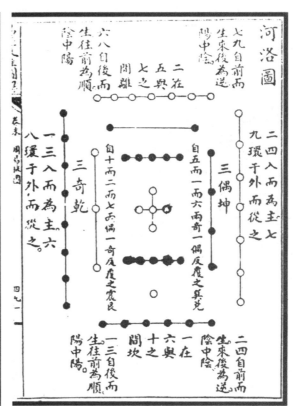

图 6　河洛图
（高畚映《易经来注图解》）

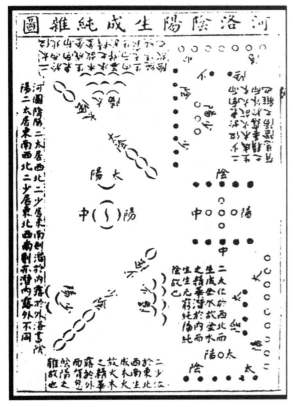

图 7　河洛阴阳生成纯杂图
（高畚映《易经来注图解》）

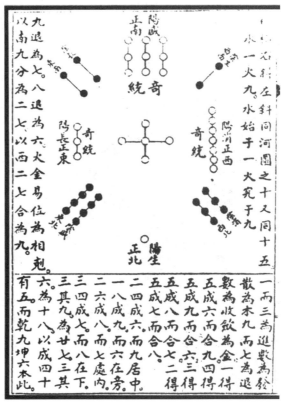

图 8　纵横右斜左斜图
（高畚映《易经来注图解》）

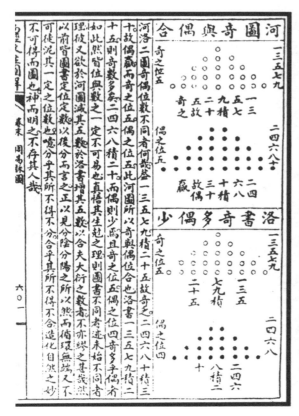

图 9　河图奇与偶合图
（高奣映《易经来注图解》）

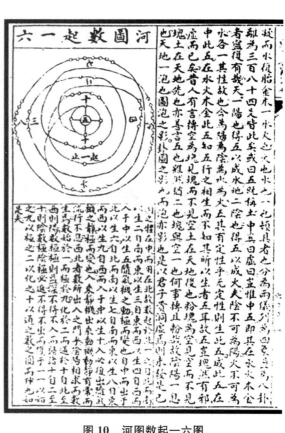

图 10　河图数起一六图
（高奣映《易经来注图解》）

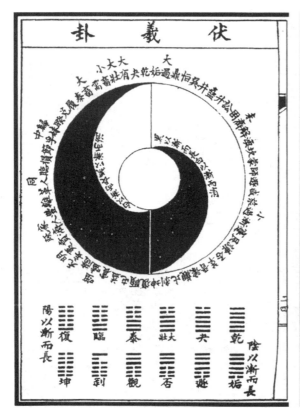

图 11　伏羲卦图
（高奣映《易经来注图解》）

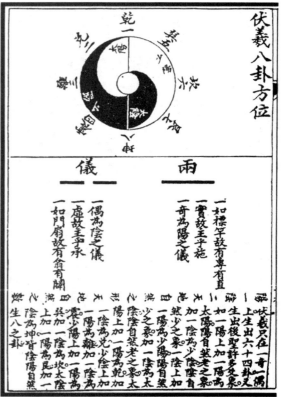

图 12　伏羲八卦方位图
（高奣映《易经来注图解》）

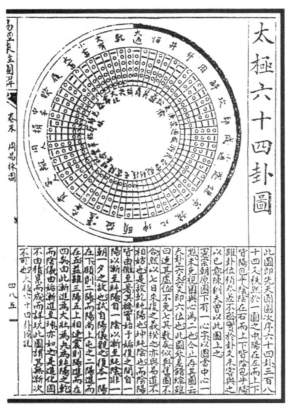

**图 13　太极六十四卦图**
（高奣映《易经来注图解》）

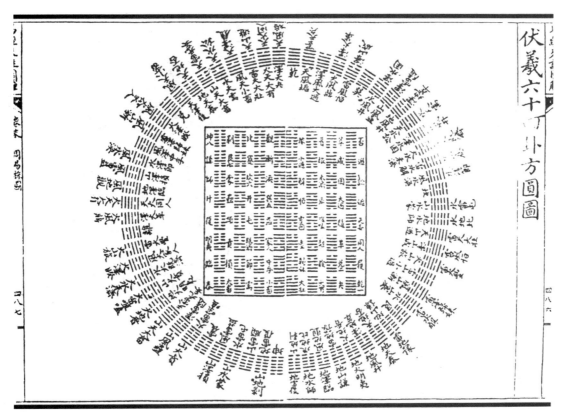

**图 14　伏羲六十四卦方圆图**
（高奣映《易经来注图解》）

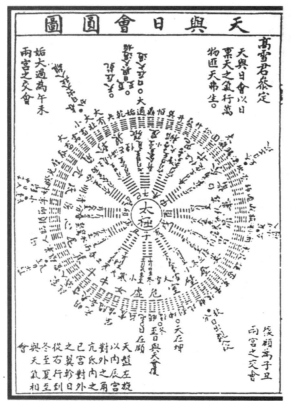

图 15　天与日会圆图
（高奣映《易经来注图解》）

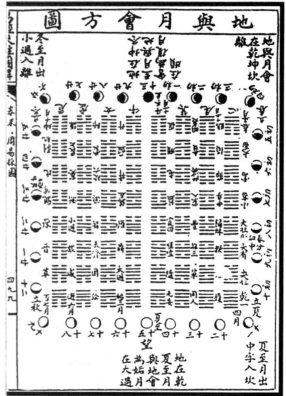

图 16　地与月会方图
（高奣映《易经来注图解》）

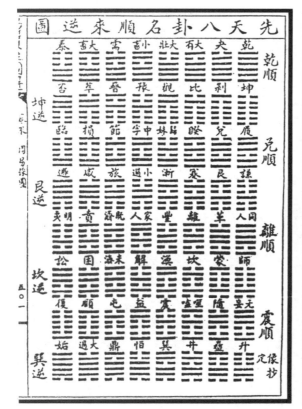

图 17　先天八卦名顺来逆图
（高奣映《易经来注图解》）

图 18　体用一源卦图
（高奣映《易经来注图解》）

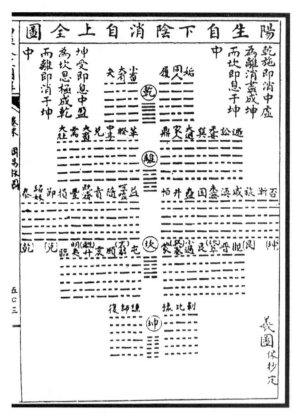

图 19　阳生自下阴消自上全图
（高奣映《易经来注图解》）

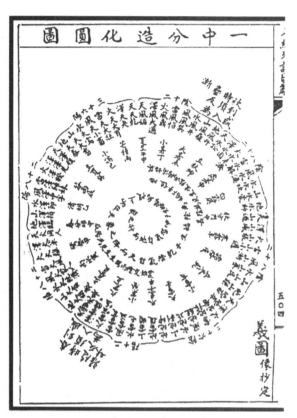

图 20　一中分造化圆图
（高奣映《易经来注图解》）

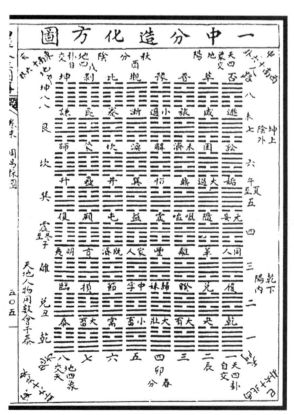

图 21　一中分造化方图
（高奣映《易经来注图解》）

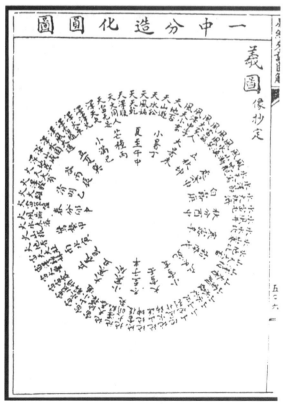

图 22　一中分造化圆图
（高奣映《易经来注图解》）

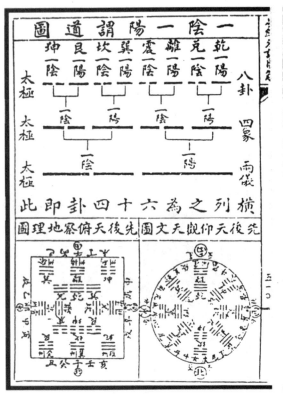

图 23　一阴一阳谓道图
图 24　先后天仰观俯察图
（高斸映《易经来注图解》）

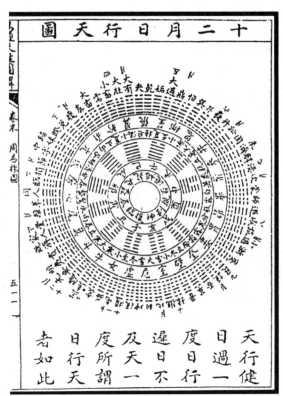

图 25　十二月日行天图
（高斸映《易经来注图解》）

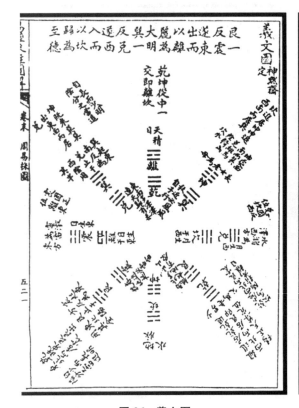

图 26　羲文图
（高斸映《易经来注图解》）

图 27　文序先后一原图
（高斸映《易经来注图解》）

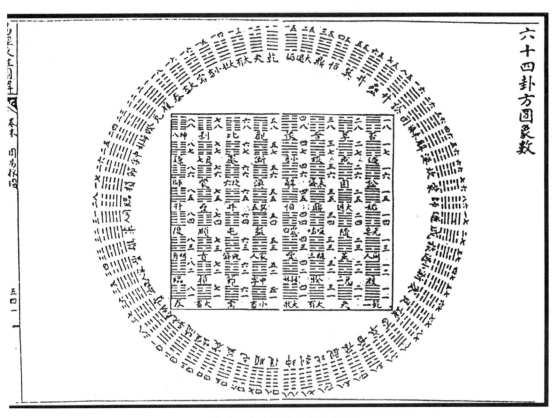

图 28 六十四卦方圆象数图
（高奣映《易经来注图解》）

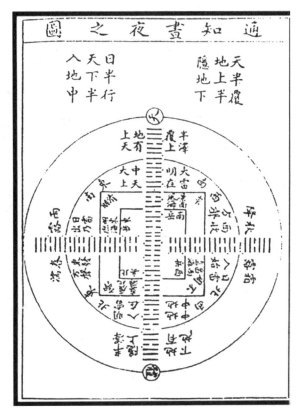

图 29 通知昼夜之图
（高奣映《易经来注图解》）

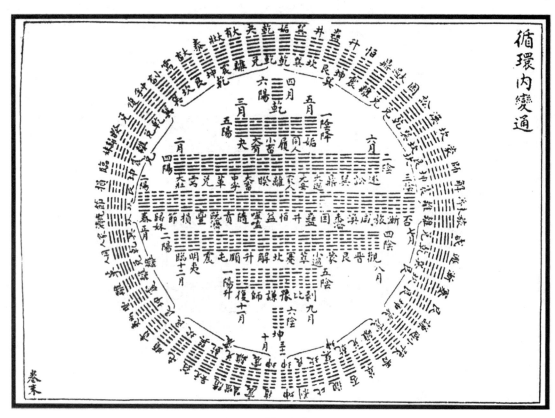

图 30 循环内变通图
（高奣映《易经来注图解》）

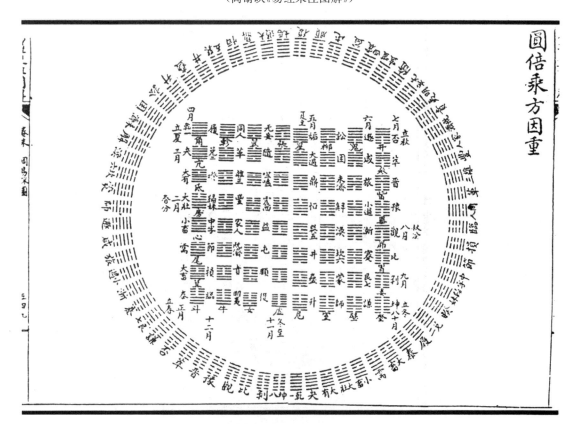

图 31 圆倍乘方因重图
（高奣映《易经来注图解》）

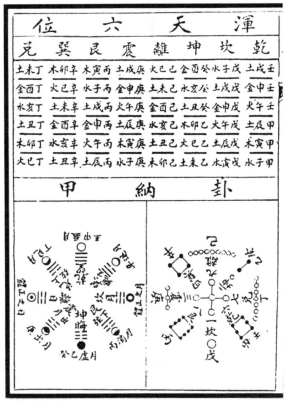

**图 32　浑天六位与卦纳甲图**
（高奣映《易经来注图解》）

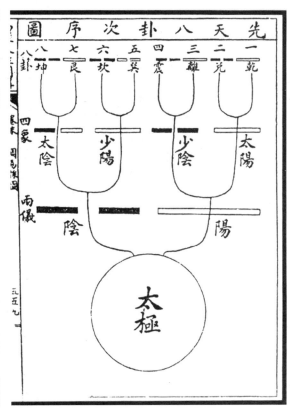

**图 33　先天八卦次序图**
（高奣映《易经来注图解》）

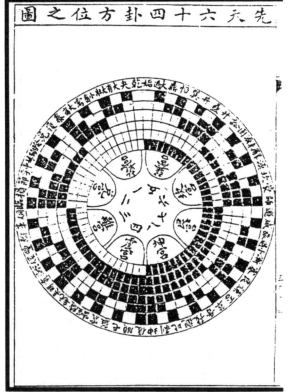

**图 34　先天六十四卦方位之图**
（高奣映《易经来注图解》）

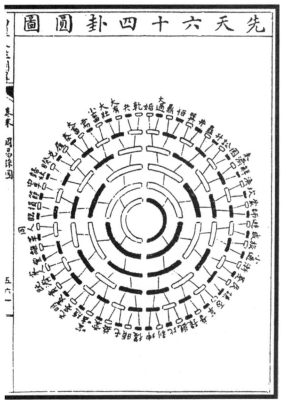

**图 35　先天六十四卦圆图**
（高奣映《易经来注图解》）

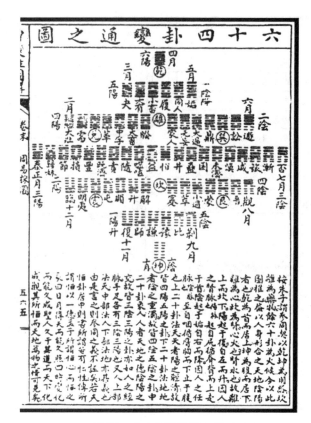

图 36 六十四卦变通之图
（高奣映《易经来注图解》）

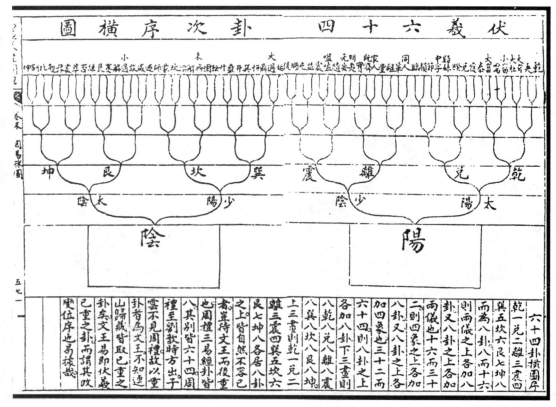

图 37 伏羲六十四卦次序横图
（高奣映《易经来注图解》）

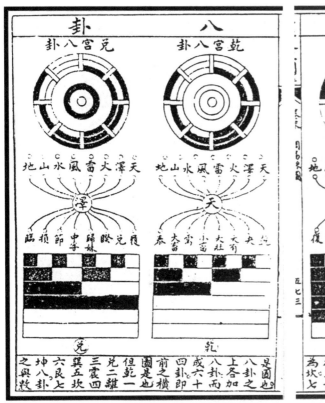
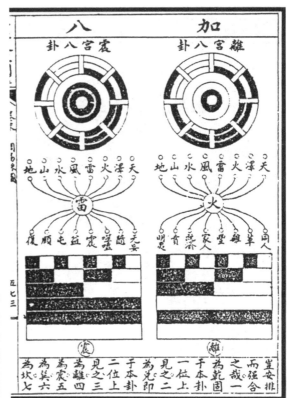

图 38-1 八卦加八卦方圆图
（高奣映《易经来注图解》）

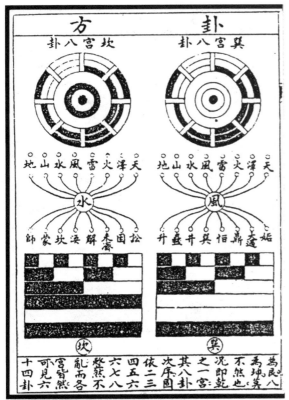
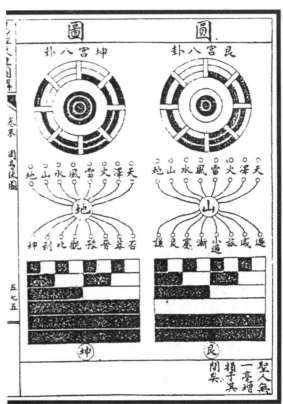

图 38-2 八卦加八卦方圆图
（高奣映《易经来注图解》）

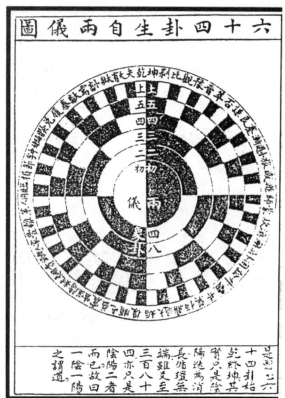

图 39　六十四卦生自两仪图
（高奣映《易经来注图解》）

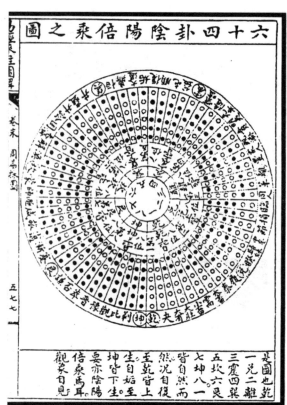

图 40　六十四卦阴阳倍乘之图
（高奣映《易经来注图解》）

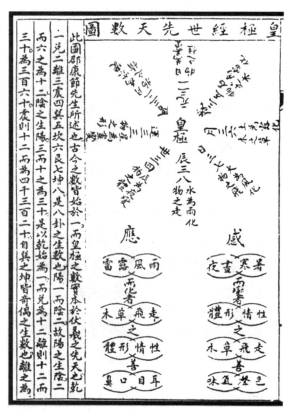

图 41　皇极经世先天数图
（高奣映《易经来注图解》）

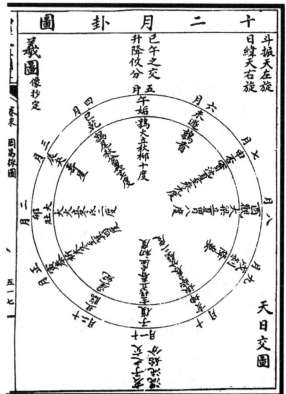

图 42　十二月卦图
（高奣映《易经来注图解》）

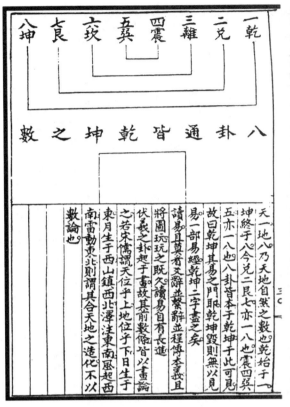

图 43　八卦通皆乾坤之数图
（高奣映《易经来注图解》）

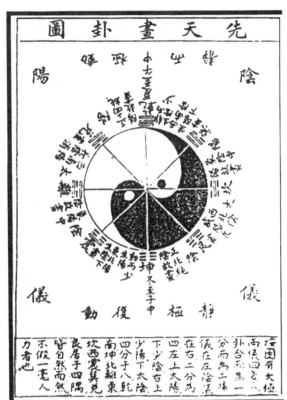

图 44　先天画卦图
（高奣映《易经来注图解》）

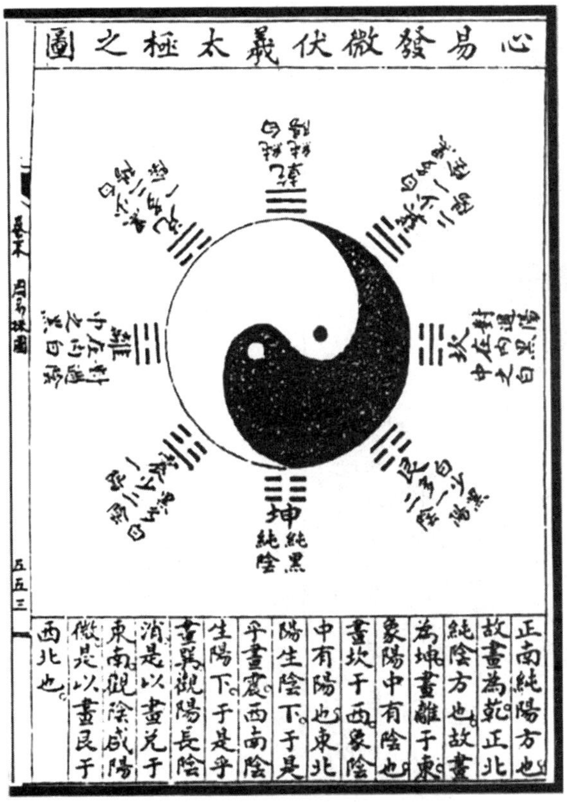

图 45　心易发微伏羲太极之图
（高奣映《易经来注图解》）

图 46　太极图
（高奣映《易经来注图解》）

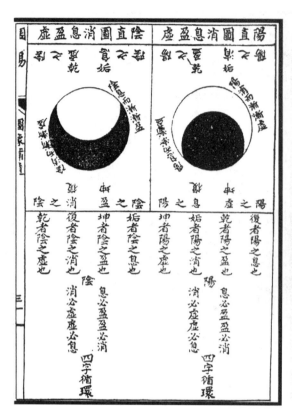

图 47　阳直阴直图
（高奣映《易经来注图解》）

图 48　天上月轮图
（高奣映《易经来注图解》）

图 49　文王八卦方位图
（高奣映《易经来注图解》）

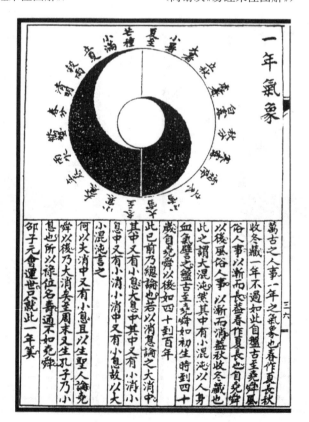

图 50　一年气象图
（高奣映《易经来注图解》）

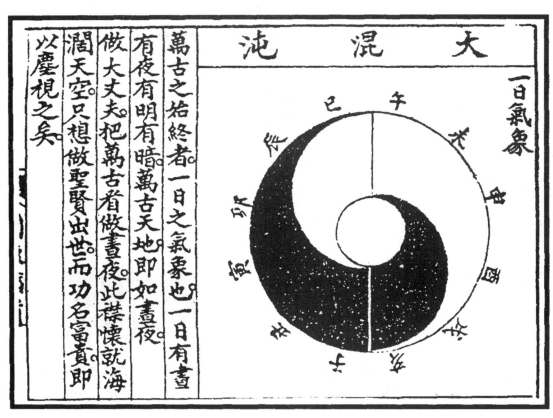

图 51 大混沌图
(高奣映《易经来注图解》)

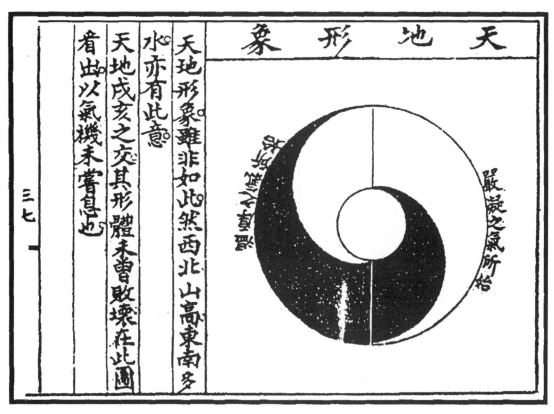

图 52 天地形象图
(高奣映《易经来注图解》)

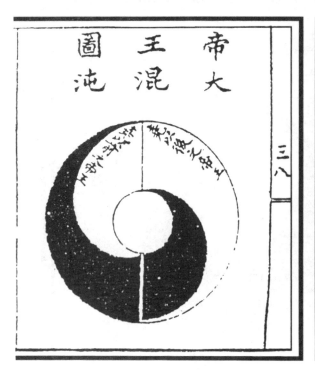

图 53　帝王大混沌图
（高畲映《易经来注图解》）

图 54　历代文章大混沌图
（高畲映《易经来注图解》）

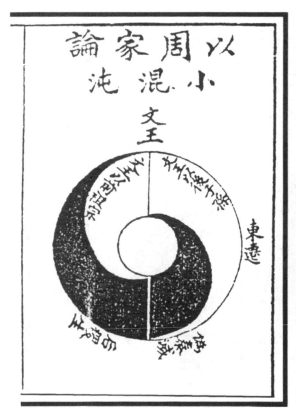

图 55　以周家论小混沌图
（高畲映《易经来注图解》）

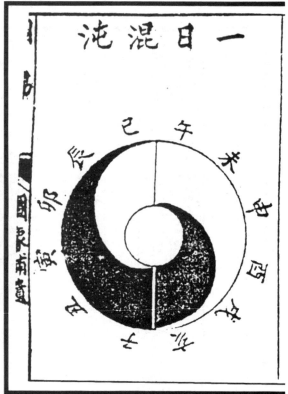

图 56　一日混沌图
（高畲映《易经来注图解》）

**图 57　历代人材大混沌图**
（高奣映《易经来注图解》）

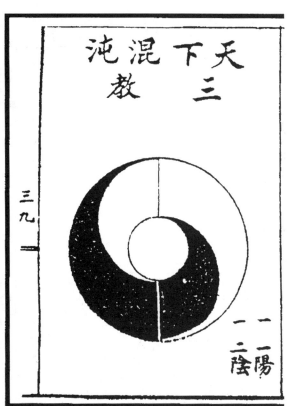

**图 58　天下混沌三教图**
（高奣映《易经来注图解》）

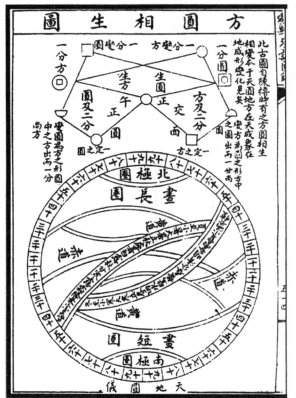

**图 59　方圆相生图**
（高奣映《易经来注图解》）

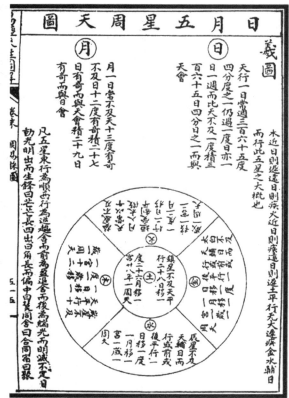

**图 60　日月五星周天图**
（高奣映《易经来注图解》）

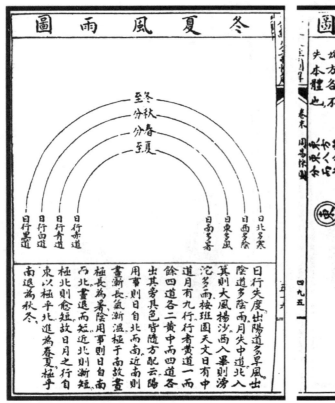

图 61　冬夏风雨图
（高斎映《易经来注图解》）

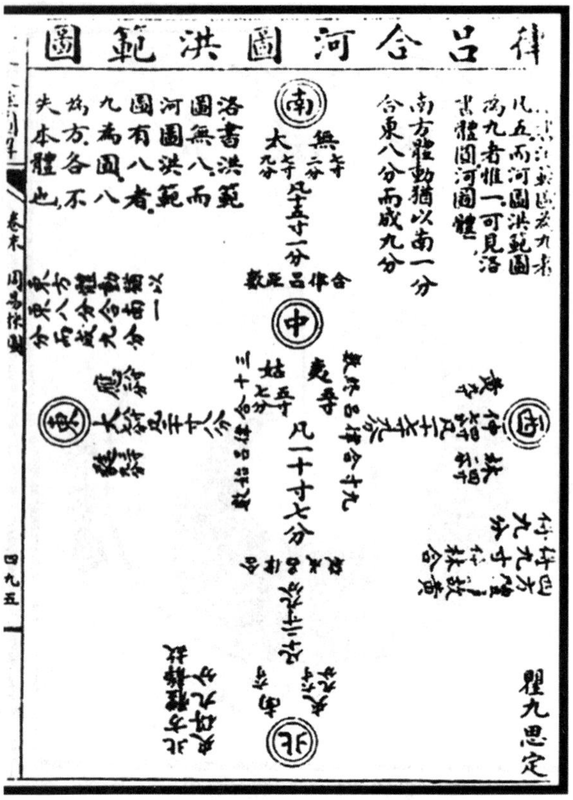

图 62　律吕合河图洪范图
（高斎映《易经来注图解》）

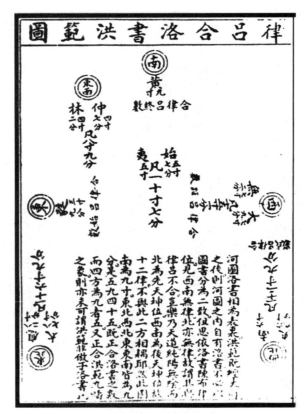

图 63　律吕合洛书洪范图
（高斎映《易经来注图解》）

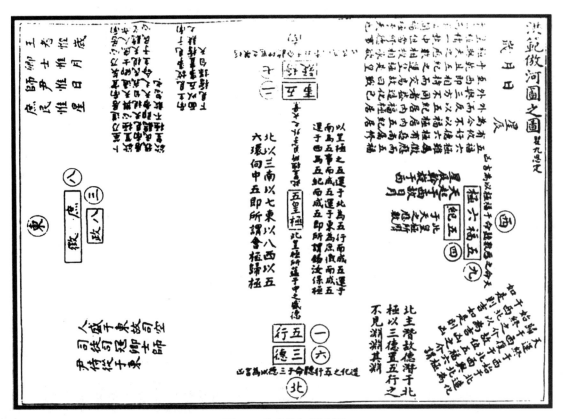

图 64　洪范仿河图之图
（高奣映《易经来注图解》）

# 吴启昆（1650—1723）

字宥函，清江苏江宁（今江苏南京）人。康熙三十一年（1691）年进士，官至编修。著有《索易臆说》二卷、《春秋周易臆说》等。现存有《周易》图像一幅。

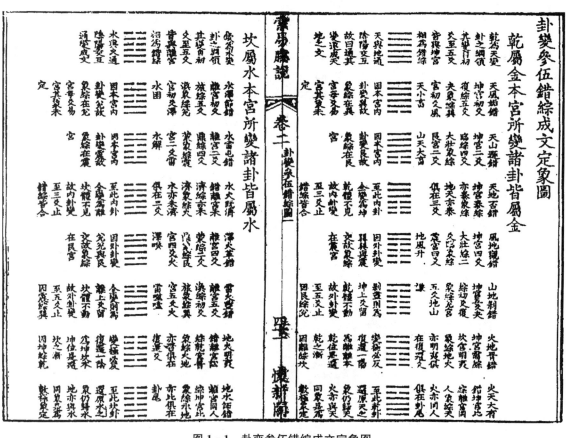

图1-1 卦变参伍错综成文定象图
（吴启昆《索易臆说》）

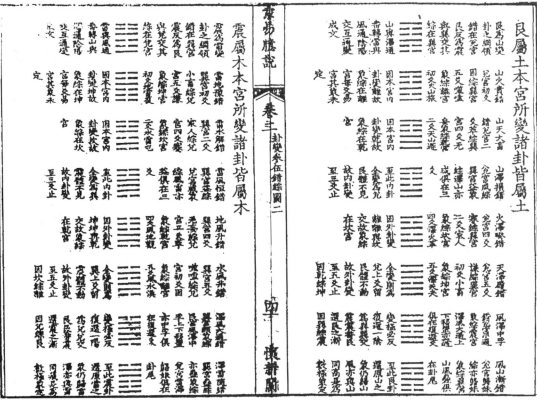

图 1-2　卦变参伍错综成文定象图
（吴启昆《索易臆说》）

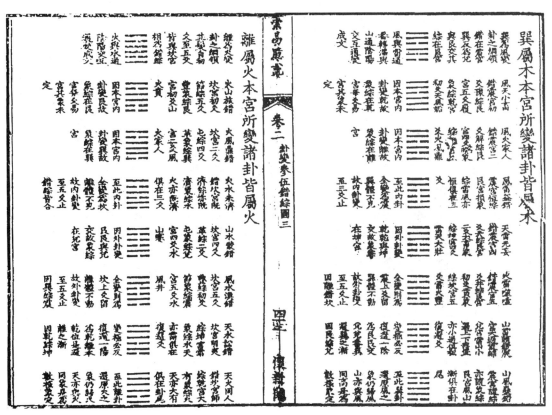

图 1-3　卦变参伍错综成文定象图
（吴启昆《索易臆说》）

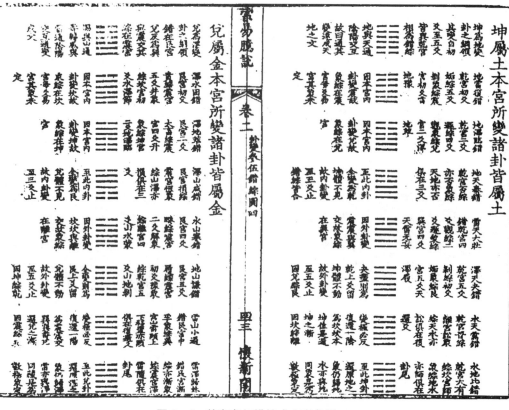

图 1-4　卦变参伍错综成文定象图
（吴启昆《索易臆说》）

中爻說

來氏易謂文王周公繫辭皆不遺中爻至孔子始發明之故作易學啟蒙臚列作經義例先之以錯綜即次之以中爻又次之以同體情性卦變而卦變之下仍繫以中爻重卦其說蓋本於大傳雜物撰德辨是與非非其中爻不備之旨而即與京房互卦之義相表裏夫京房所立互體變卦五行納甲飛伏之法朱子蓋常非之但術家不過用之以備筮占之一法因本卦六體相違乃推及互卦以庶幾於一合原非專據此以定吉凶也而來氏徑以當作經之一義可乎夫畫卦之初原止三畫三畫已

索易臆說　卷二　中爻說一　四十四　懷新閣

具三才第以天道有陰陽地道有柔剛人道有仁義聖人慮三畫不足以盡其義故兼三才而兩之分陰分陽迭用柔剛以成六位然後可以極事理之變而斷吉凶之情若只論中四爻就上則下闕就下則上闕既不成六位之章亦不備三才之道無以極數知來聖人何為而取之聖人之所不取則後世術數推演之說存而不論可也至孔子之所謂雜物撰德辨是與非者乃分論諸爻非統論互卦也故下文申之曰二與四同功而異位二多譽四多懼三與五同功而異位三多凶五多功豐也懼近凶也功也遠近貴賤之有等也物之所以雜也柔中也不中

图 1-5　卦变参伍错综成文定象图
（吴启昆《索易臆说》）

# 陈梦雷(1650—1741)

字则震,一字省斋,号天一道人,晚号松鹤老人,清福建侯官(今福建福州)人。康熙九年(1670)进士,选庶吉士,授翰林院编修。康熙四十年受命编纂《古今图书集成》三千余卷。著有《周易浅述》八卷、《松鹤山房集》十六卷、《天一道人集》一百卷等。现存有《周易》图像四十四幅。

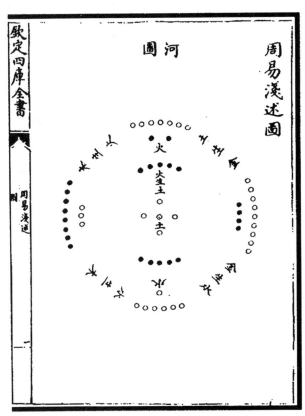

图1 河图
(陈梦雷《周易浅述》)

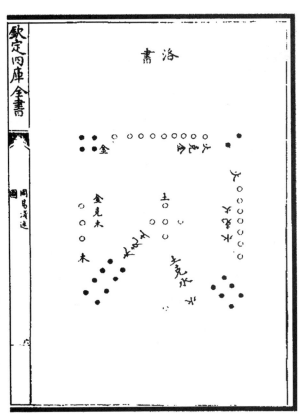

图2 洛书
(陈梦雷《周易浅述》)

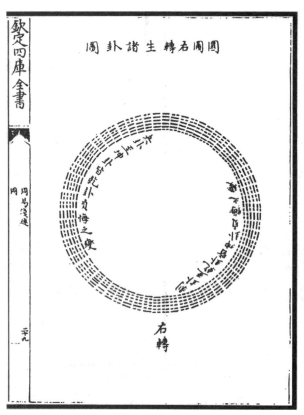

图3　圆图右转生诸卦图
（陈梦雷《周易浅述》）

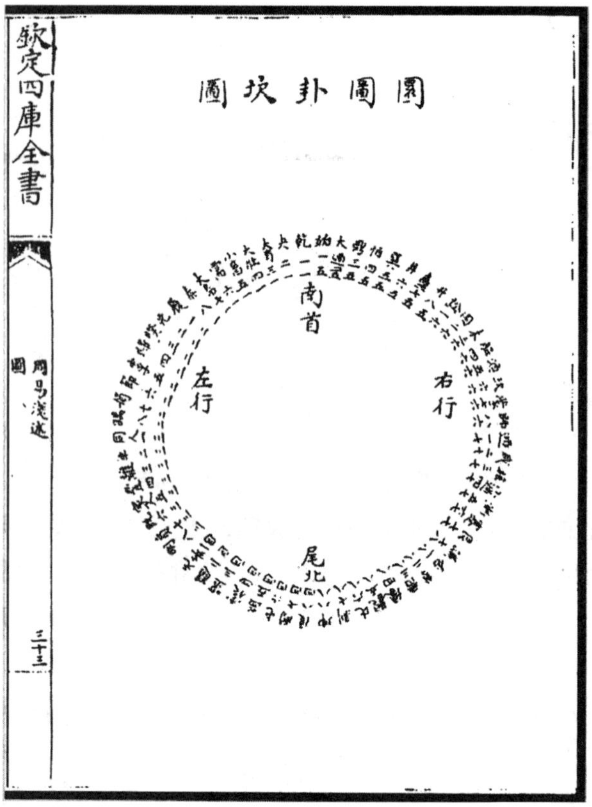

图4　圆图卦坎图
（陈梦雷《周易浅述》）

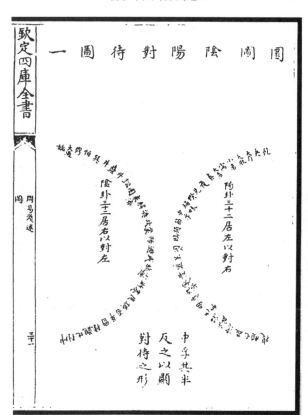

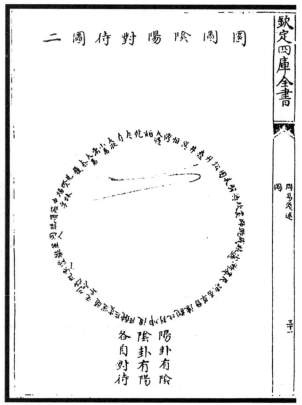

图5　圆图阴阳对待图一
（陈梦雷《周易浅述》）

图6　圆图阴阳对待图二
（陈梦雷《周易浅述》）

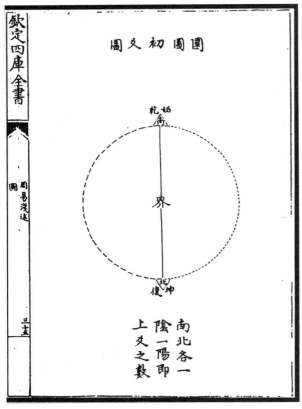

图 7　圆图初爻图
（陈梦雷《周易浅述》）

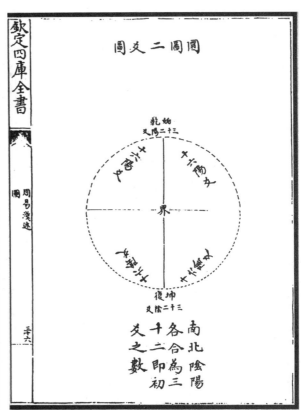

图 8　圆图二爻图
（陈梦雷《周易浅述》）

图 9　圆图三爻图
（陈梦雷《周易浅述》）

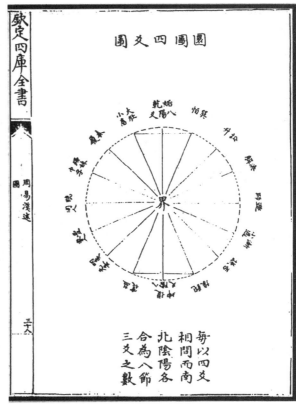

图 10　圆图四爻图
（陈梦雷《周易浅述》）

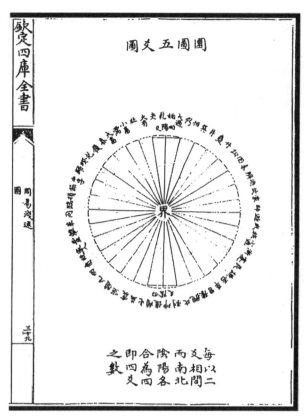

图 11　圆图五爻图
（陈梦雷《周易浅述》）

图 12　圆图上爻图
（陈梦雷《周易浅述》）

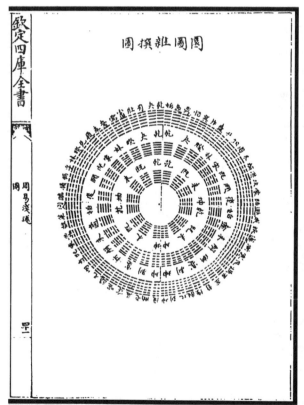

图 13　圆图杂撰图
（陈梦雷《周易浅述》）

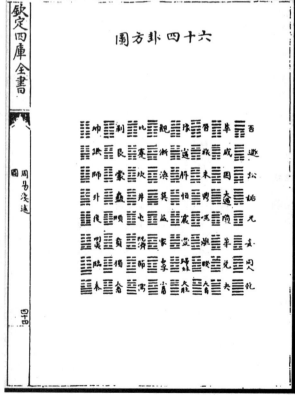

图 14　六十四卦方图
（陈梦雷《周易浅述》）

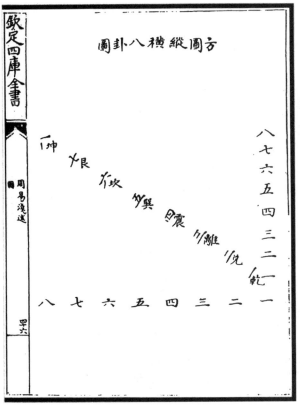

图 15　方图纵横八卦图
（陈梦雷《周易浅述》）

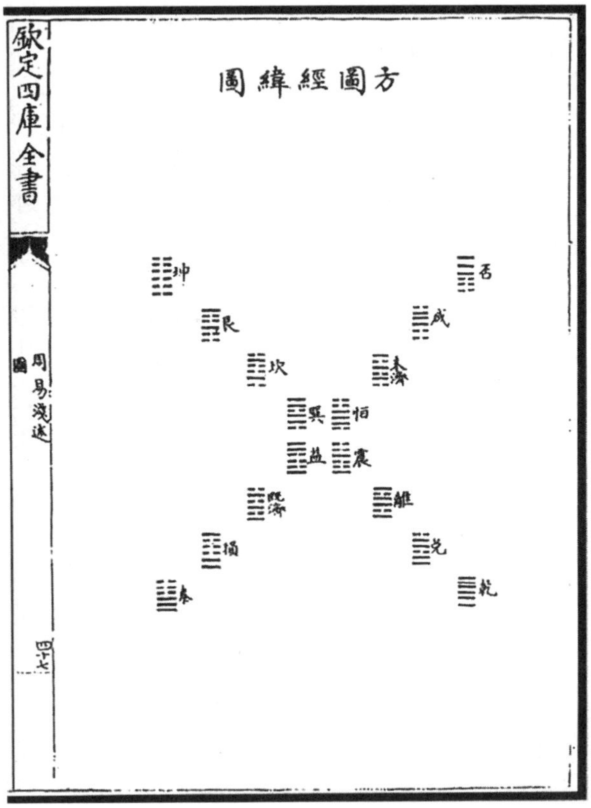

图 16　方图经纬图
（陈梦雷《周易浅述》）

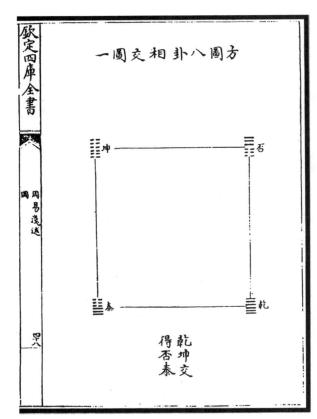

图 17　方图八卦相交图一
（陈梦雷《周易浅述》）

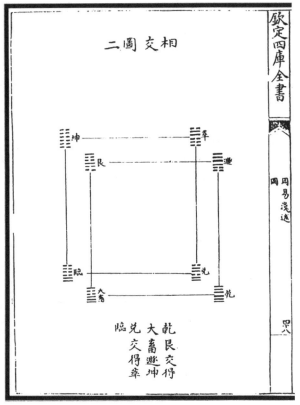

图 18　相交图二
（陈梦雷《周易浅述》）

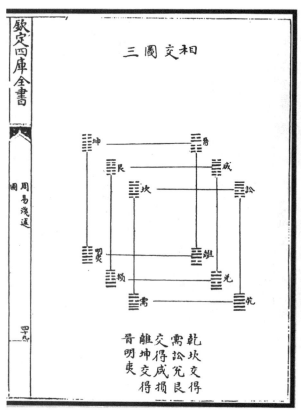

图 19　相交图三
（陈梦雷《周易浅述》）

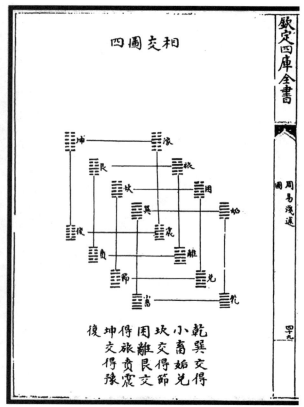

图 20　相交图四
（陈梦雷《周易浅述》）

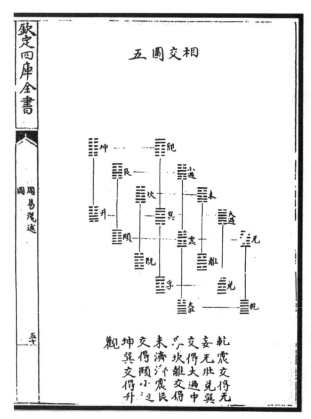

图 21　相交图五
（陈梦雷《周易浅述》）

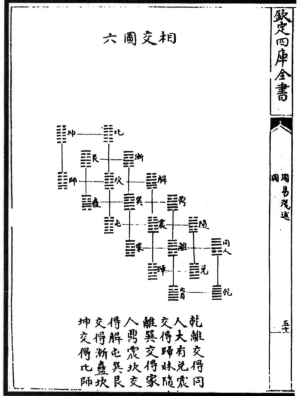

图 22　相交图六
（陈梦雷《周易浅述》）

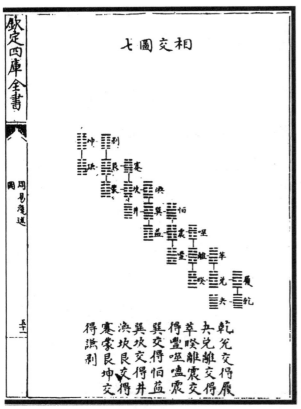

图 23　相交图七
（陈梦雷《周易浅述》）

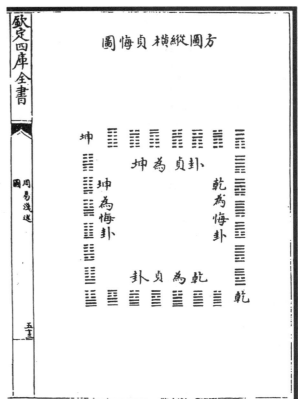

图 24　方图纵横贞悔图
（陈梦雷《周易浅述》）

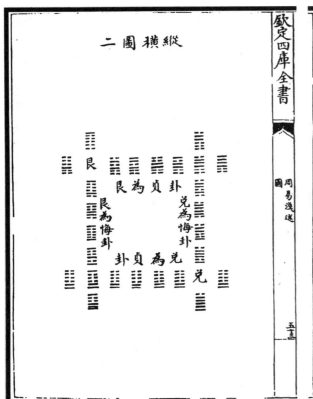

图 25　纵横图二
（陈梦雷《周易浅述》）

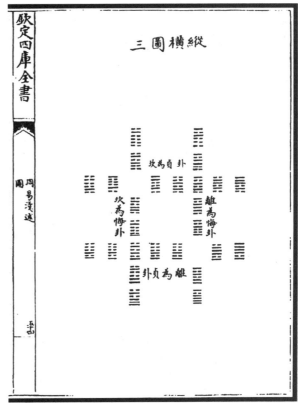

图 26　纵横图三
（陈梦雷《周易浅述》）

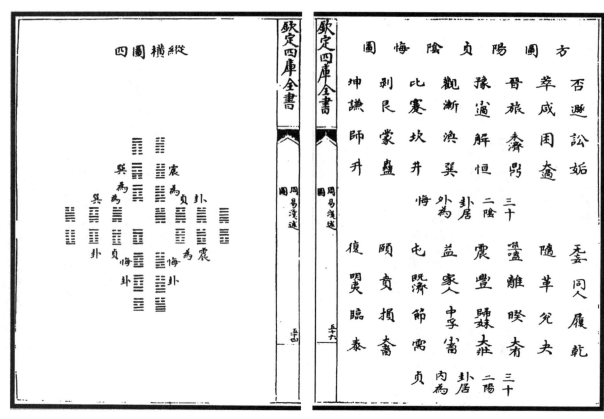

图 27 纵横图四
（陈梦雷《周易浅述》）

图 28 方图阳贞阴悔图
（陈梦雷《周易浅述》）

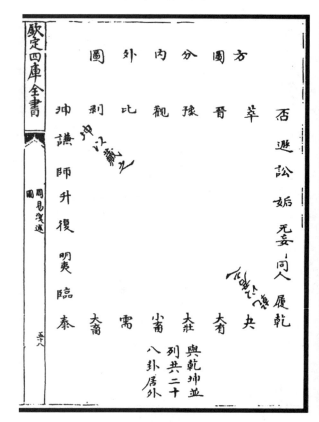

图 29 方图分内外图
（陈梦雷《周易浅述》）

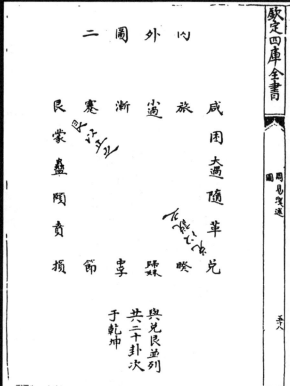

图 30 内外图二
（陈梦雷《周易浅述》）

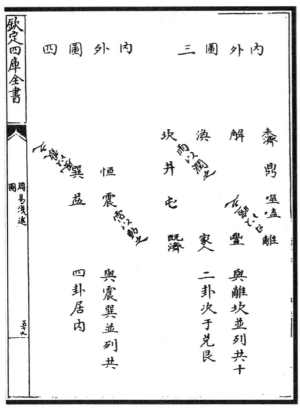

图 31 内外图三图四
（陈梦雷《周易浅述》）

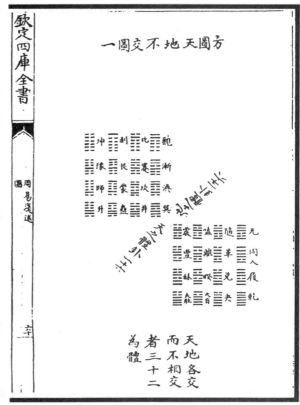

图 32 方图天地不交图一
（陈梦雷《周易浅述》）

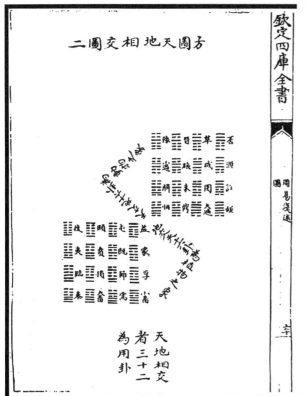

图 33 方图天地相交图二
（陈梦雷《周易浅述》）

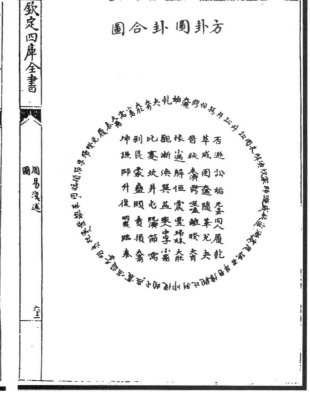

图 34 方卦图卦合图
（陈梦雷《周易浅述》）

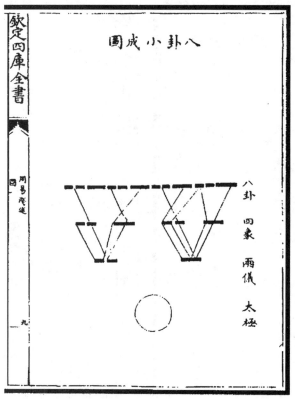

图 35　八卦小成图
（陈梦雷《周易浅述》）

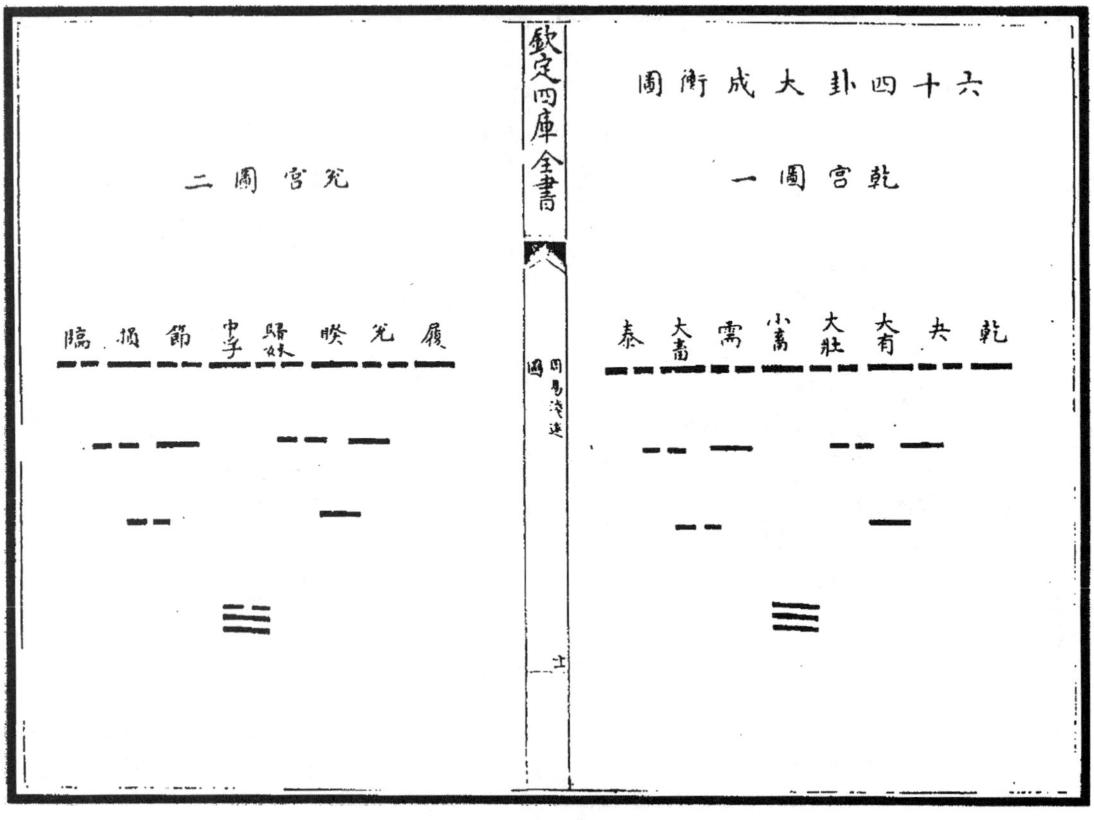

图 36-1　六十四卦大成衡图
（陈梦雷《周易浅述》）

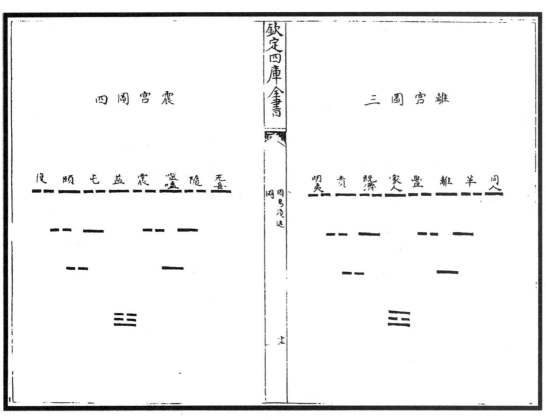

图 36-2 六十四卦大成衡图
（陈梦雷《周易浅述》）

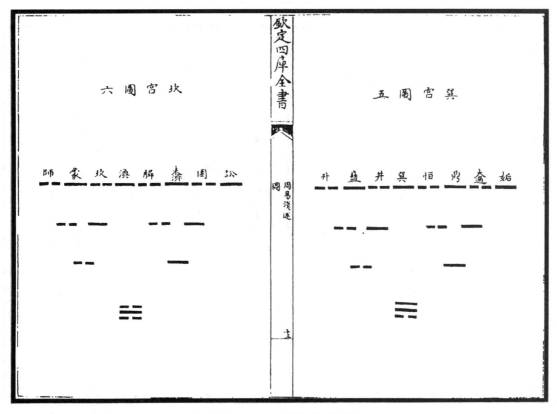

图 36-3 六十四卦大成衡图
（陈梦雷《周易浅述》）

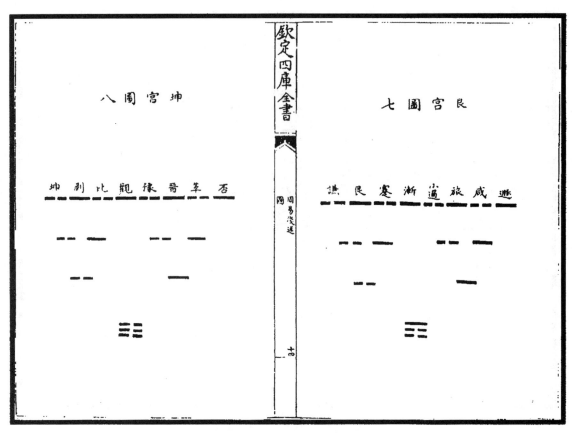

图 36-4 六十四卦大成衡图
（陈梦雷《周易浅述》）

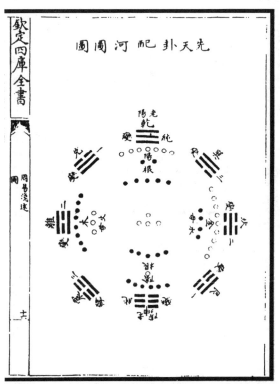

图 37 先天卦配河图图
（陈梦雷《周易浅述》）

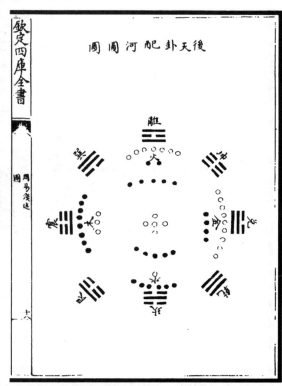

图 38 后天卦配河图图
（陈梦雷《周易浅述》）

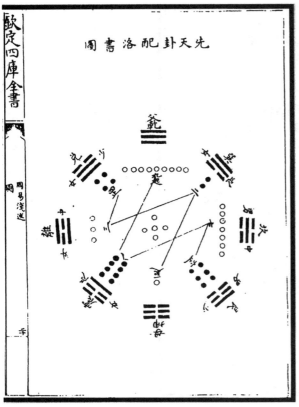

图39　先天卦配洛书图
（陈梦雷《周易浅述》）

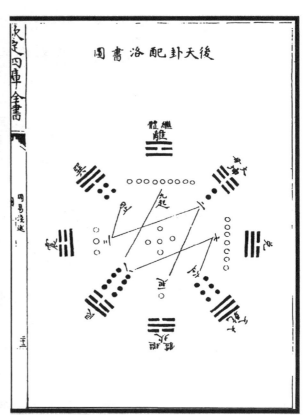

图40　后天卦配洛书图
（陈梦雷《周易浅述》）

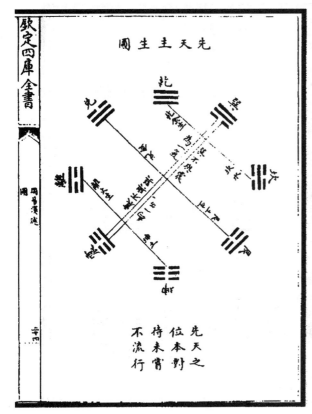

图41　先天主生图
（陈梦雷《周易浅述》）

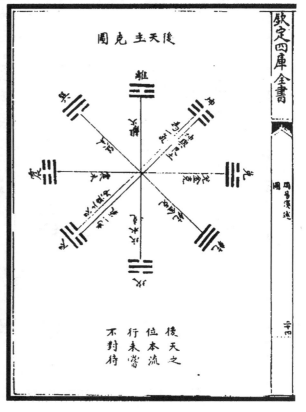

图42　后天主克图
（陈梦雷《周易浅述》）

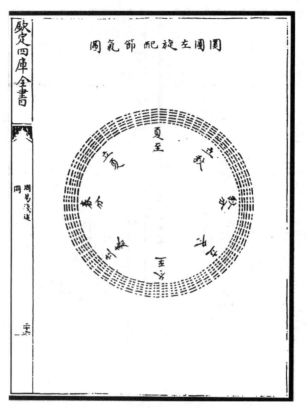

图 43　圆图左旋配节气图
（陈梦雷《周易浅述》）

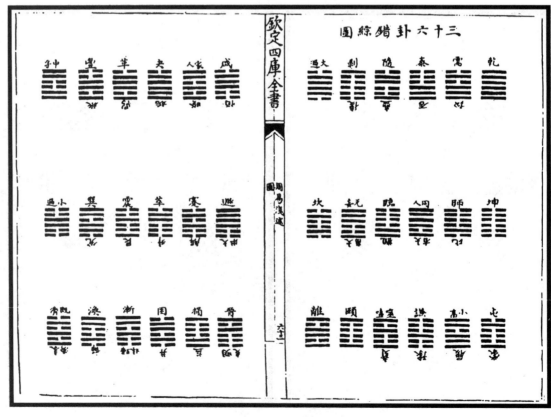

图 44　三十六卦错综图
（陈梦雷《周易浅述》）

# 胡方(1654—1727)

字大灵,自号信天翁,人称金竹先生,清广东新会人。康熙年间(1662—1722)贡生。讲求义理之学,敦崇实行。著有《周易本义注》六卷(初名《周易本义阐旨》)、《四子书注》十卷、《庄子注》四卷、《鸿桷堂诗文集》四卷等。现存有《周易》图像八幅。

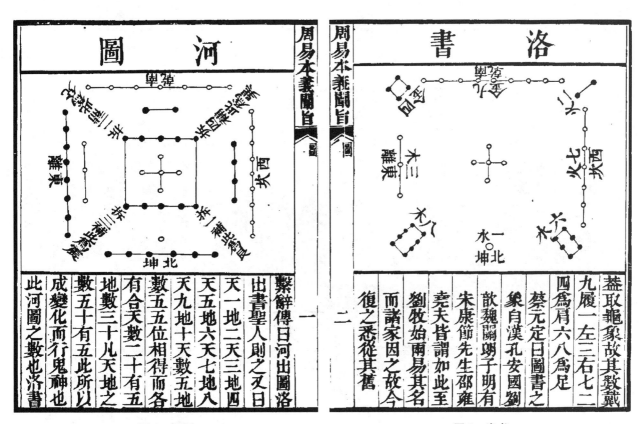

图1 河图
(胡方《周易本义阐旨》)

图2 洛书
(胡方《周易本义阐旨》)

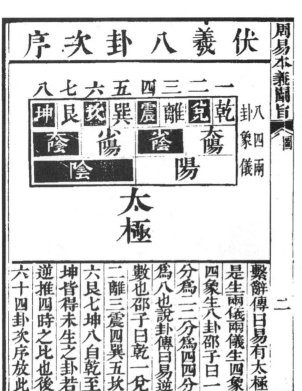

图3 伏羲八卦次序图
（胡方《周易本义阐旨》）

图4 伏羲八卦方位图
（胡方《周易本义阐旨》）

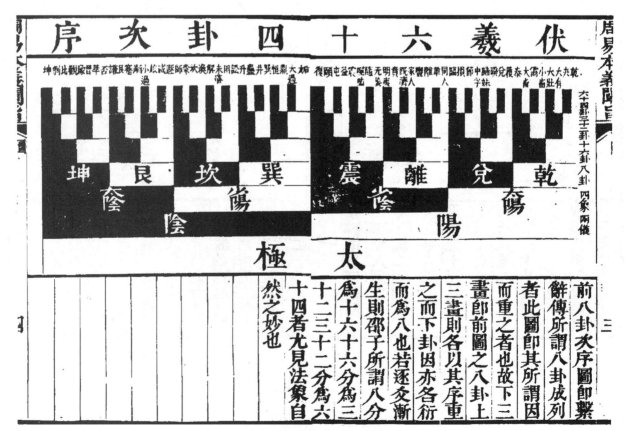

图5 伏羲六十四卦次序图
（胡方《周易本义阐旨》）

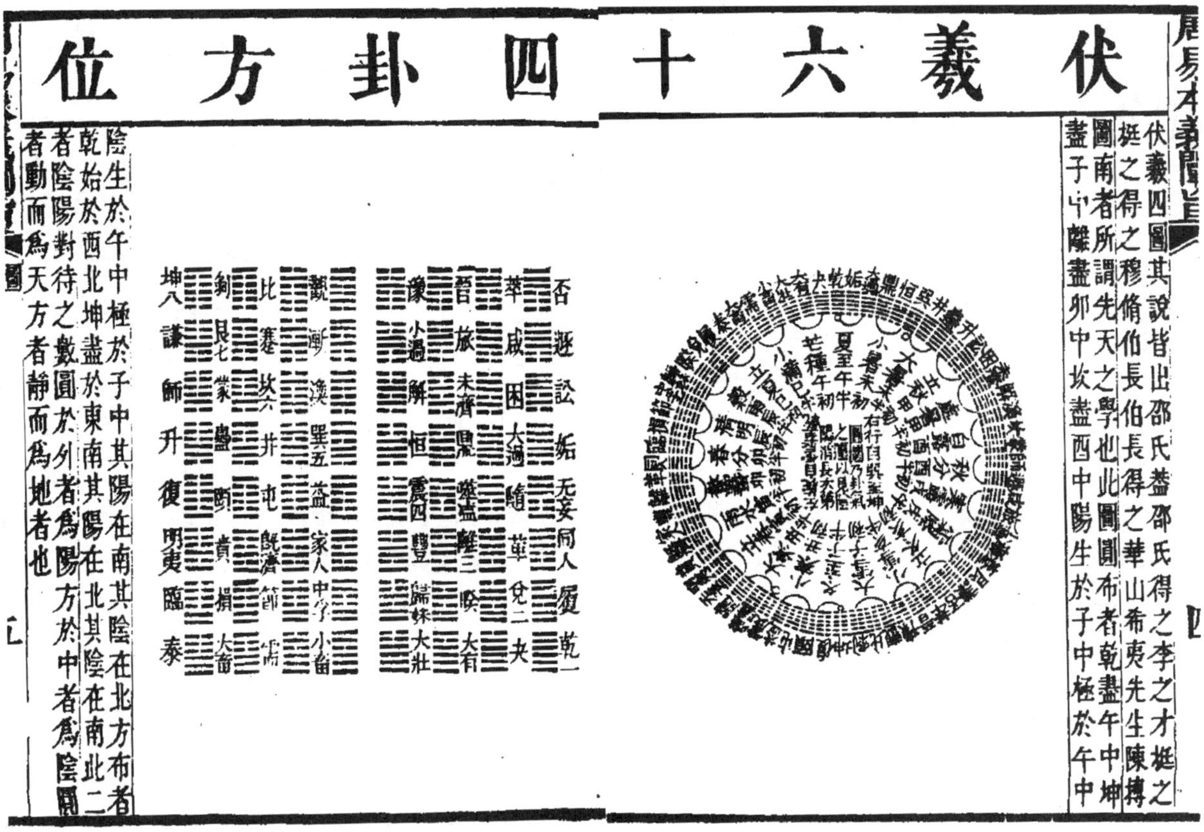

图6　伏羲六十四卦方位图
（胡方《周易本义阐旨》）

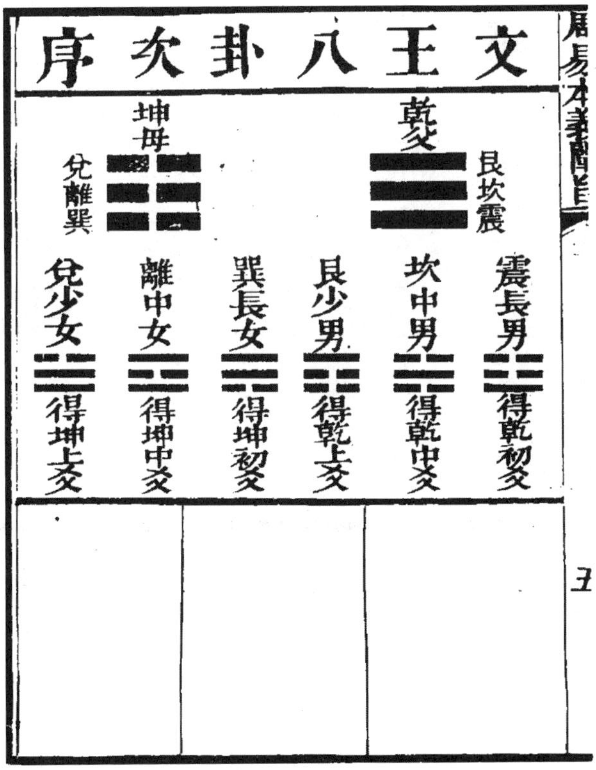

图7　文王八卦次序图
（胡方《周易本义阐旨》）

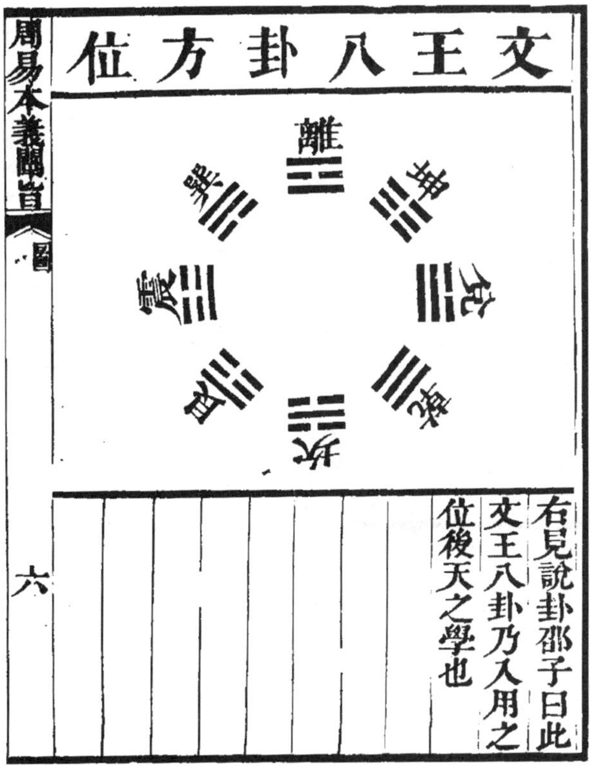

图8　文王八卦方位图
（胡方《周易本义阐旨》）

# 胡煦(1655—1736)

字沧晓,号紫弦,清河南光山人。清初易学大家。康熙二十三年(1684)举人,五十一年进士,改庶吉士,授南书房检讨官,后擢升为礼部侍郎。雍正元年(1723)授内阁学士,五年授兵部侍郎,调至户部充任殿试读卷官、教习庶吉士。乾隆元年(1736)病卒,谥"文良"。著有《周易函书约注》十八卷、《周易函书约存》十八卷、《释经文》四十九卷、《约图》三卷、《孔朱辨异》三卷、《易学须知》三卷、《卜法详考》四卷等多种。现存有《周易》图像八十九幅。

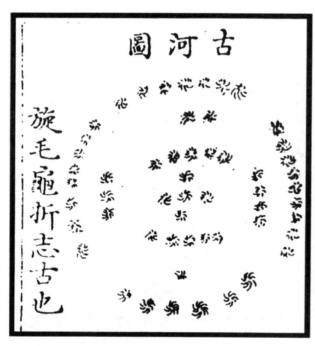

图 1 古河图
(胡煦《周易函书约存》)

图 2 古洛书
(胡煦《周易函书约存》)

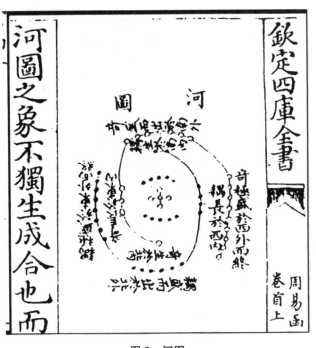

**图 3 河图**
（胡煦《周易函书约存》）

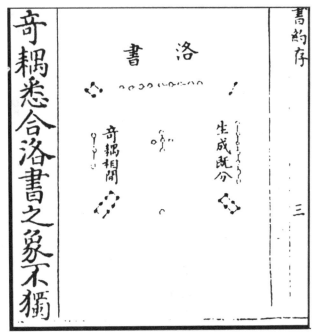

**图 4 洛书**
（胡煦《周易函书约存》）

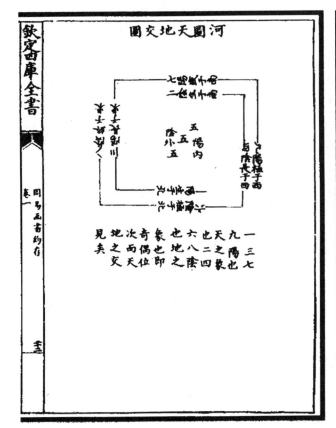

**图 5 河图天地交图**
（胡煦《周易函书约存》）

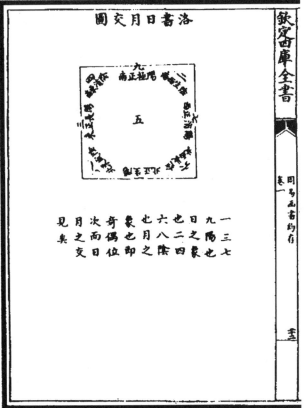

**图 6 洛书日月交图**
（胡煦《周易函书约存》）

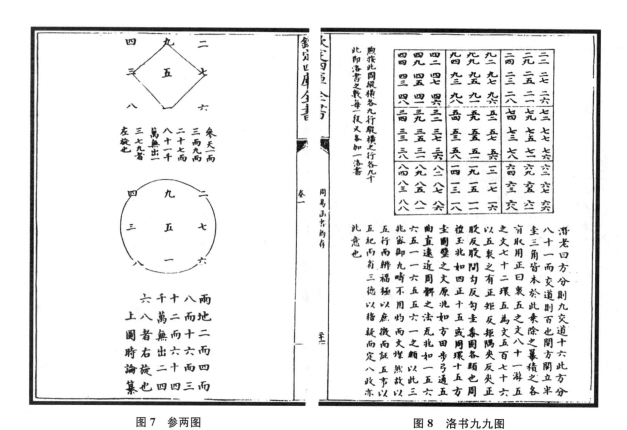

图7 参两图
（胡煦《周易函书约存》）

图8 洛书九九图
（胡煦《周易函书约存》）

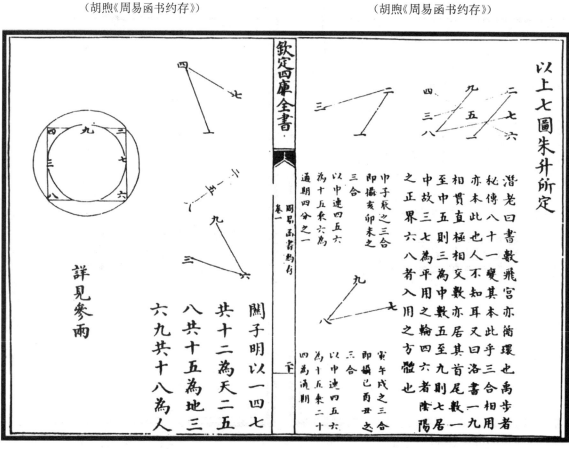

图9 飞宫禹步合洛书数图
（胡煦《周易函书约存》）

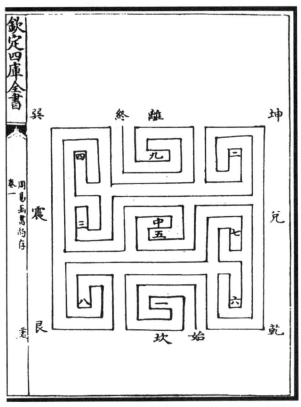

图 10　皇极老人图
（胡煦《周易函书约存》）

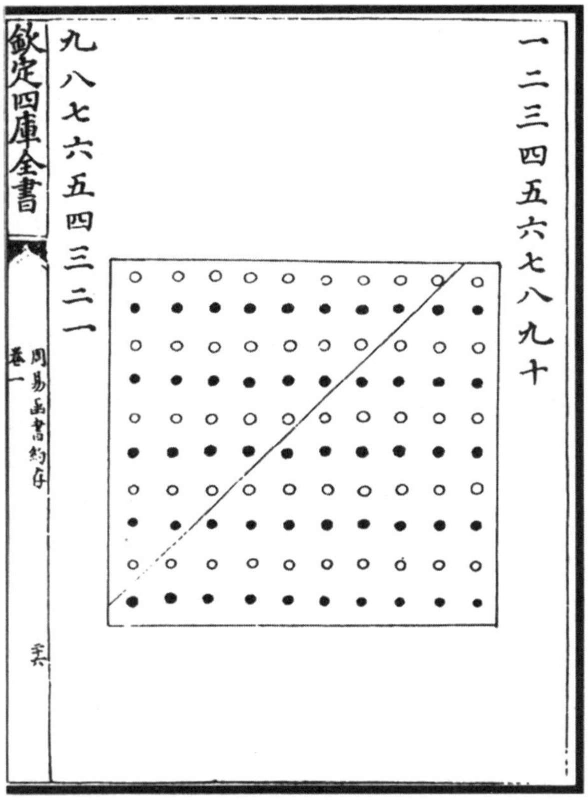

图 11　河图洛书合数图
（胡煦《周易函书约存》）

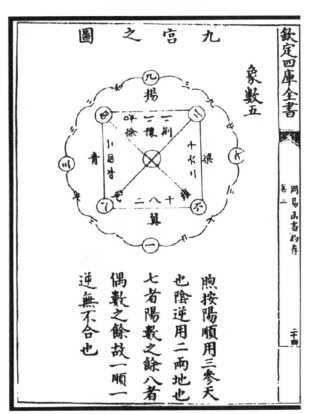

图 12　九宫之图
（胡煦《周易函书约存》）

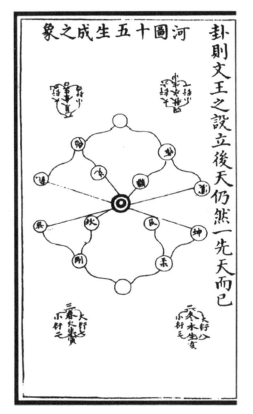

图 13　河图十五生成之象图
（胡煦《周易函书约存》）

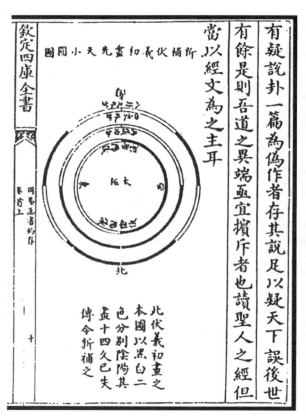

图 14　新补伏羲初画先天小圆图
（胡煦《周易函书约存》）

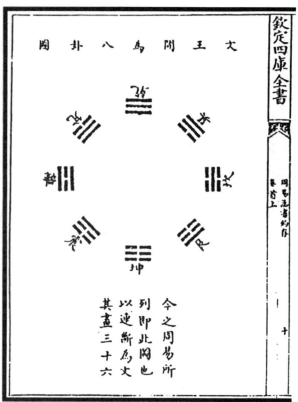

图 15　文王开为八卦图
（胡煦《周易函书约存》）

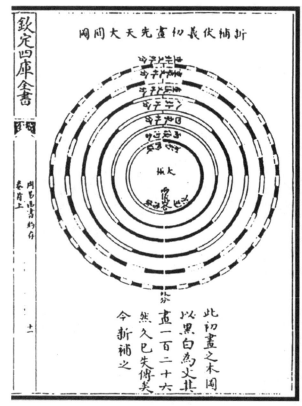

图 16　新补伏羲初画先天大圆图
（胡煦《周易函书约存》）

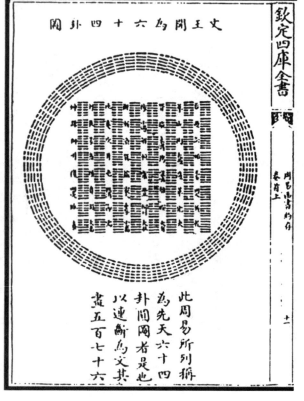

图 17　文王开为六十四卦图
（胡煦《周易函书约存》）

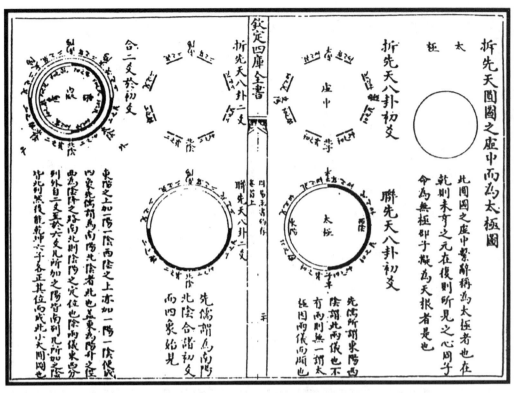

图 18 拆先天圆图之虚中而为太极图
（胡煦《周易函书约存》）

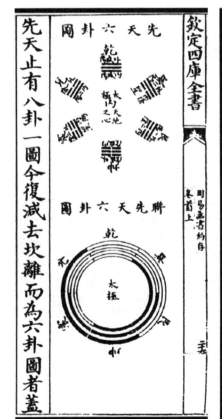

图 19 先天六卦图
（胡煦《周易函书约存》）

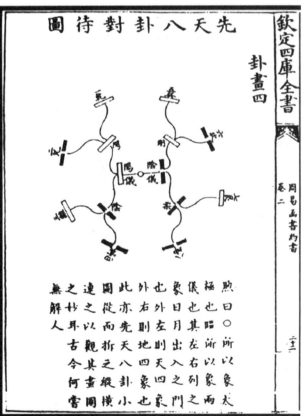

图 20 先天八卦对待图
（胡煦《周易函书约存》）

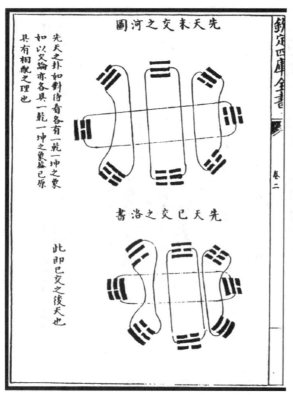

图 21　先天未交之河图图
图 22　先天已交之洛书图
（胡煦《周易函书约存》）

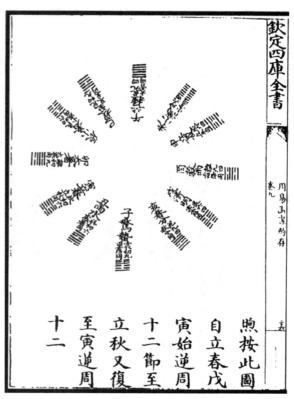

图 23　卦气图
（胡煦《周易函书约存》）

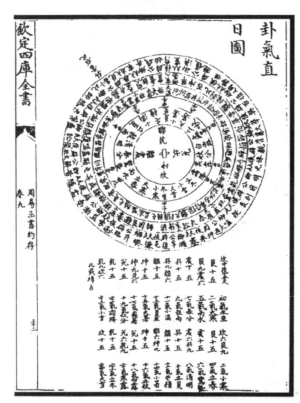

图 24　卦气直日图
（胡煦《周易函书约存》）

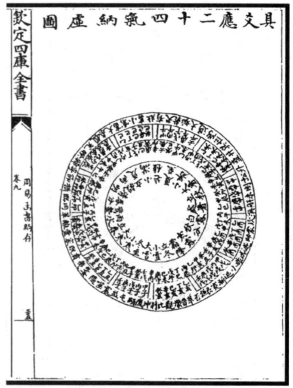

图 25　具爻应二十四气纳虚图
（胡煦《周易函书约存》）

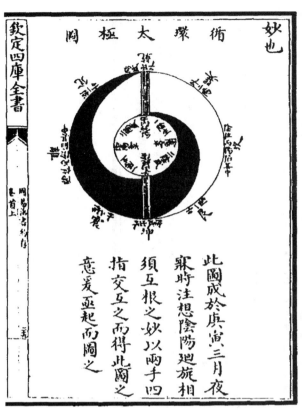

图 26　循环太极图
（胡煦《周易函书约存》）

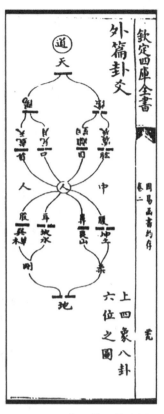

图 27　四象八卦六位之图
（胡煦《周易函书约存》）

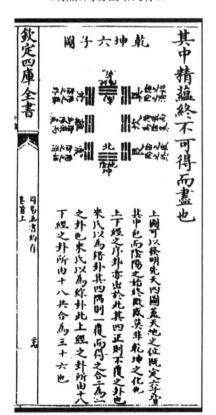

图 28　乾坤六子图
（胡煦《周易函书约存》）

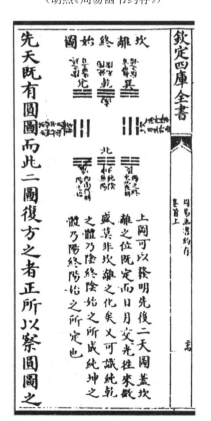

图 29　坎离终始图
（胡煦《周易函书约存》）

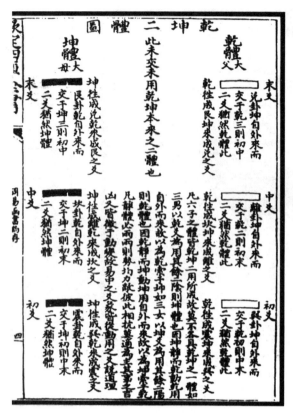

图 30　乾坤二体图
（胡煦《周易函书约存》）

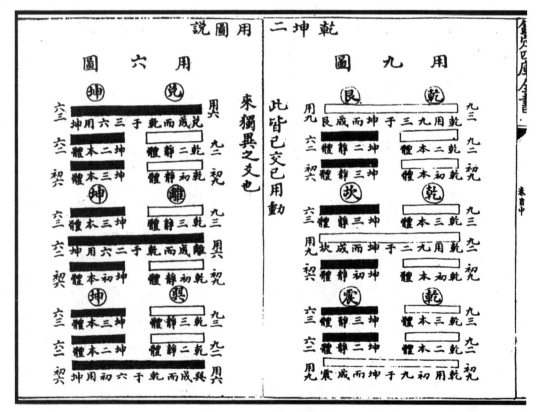

图 31　乾坤二用图说图
（胡煦《周易函书约存》）

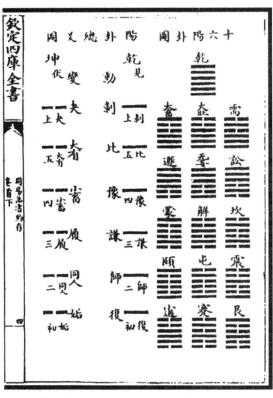

图 32　十六阳卦图
图 33　阳卦总爻图
（胡煦《周易函书约存》）

图 34　中交图
（胡煦《周易函书约存》）

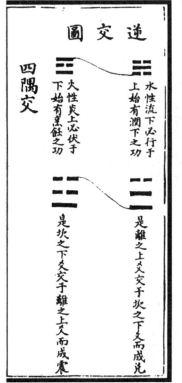
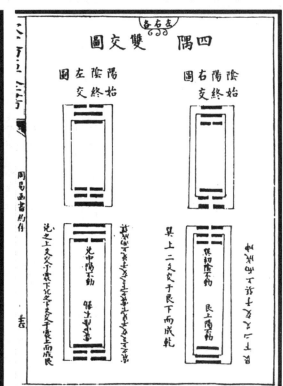

图 35　逆交图
（胡煦《周易函书约存》）

图 36　四隅双交图
（胡煦《周易函书约存》）

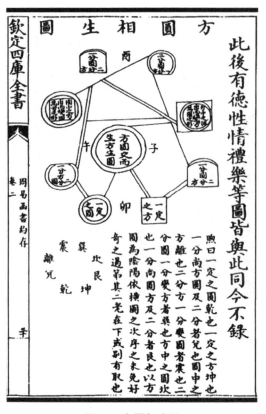

图 37　方圆相生图
（胡煦《周易函书约存》）

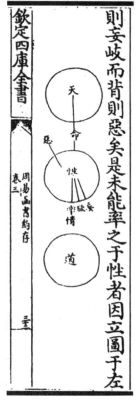

图 38　天道性命图
（胡煦《周易函书约存》）

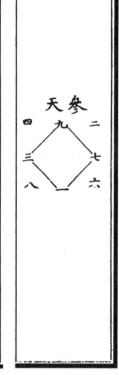

图 39　参天图
（胡煦《周易函书约存》）

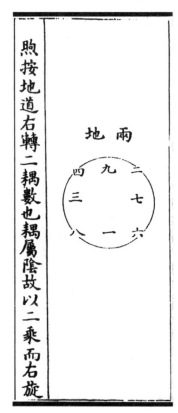

图 40　两地图
（胡煦《周易函书约存》）

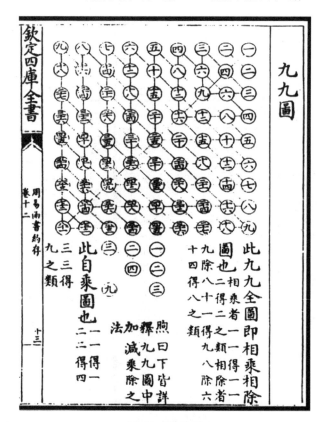

图 41　九九图
（胡煦《周易函书约存》）

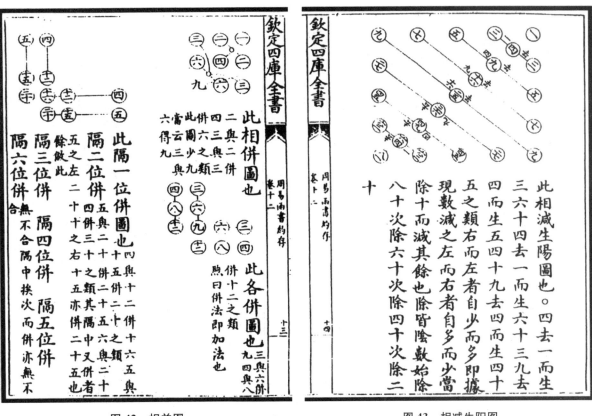

图 42 相并图
（胡煦《周易函书约存》）

图 43 相减生阳图
（胡煦《周易函书约存》）

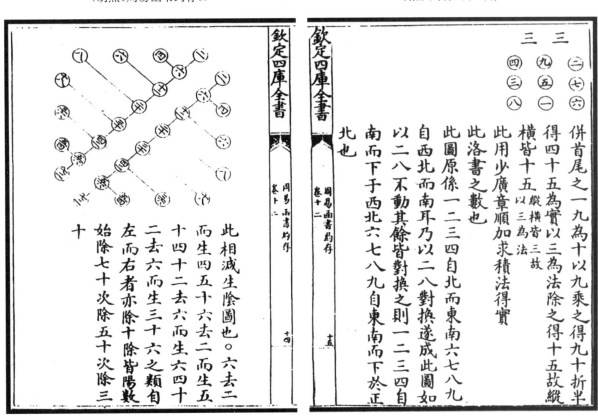

图 44 相减生阴图
（胡煦《周易函书约存》）

图 45 三三图
（胡煦《周易函书约存》）

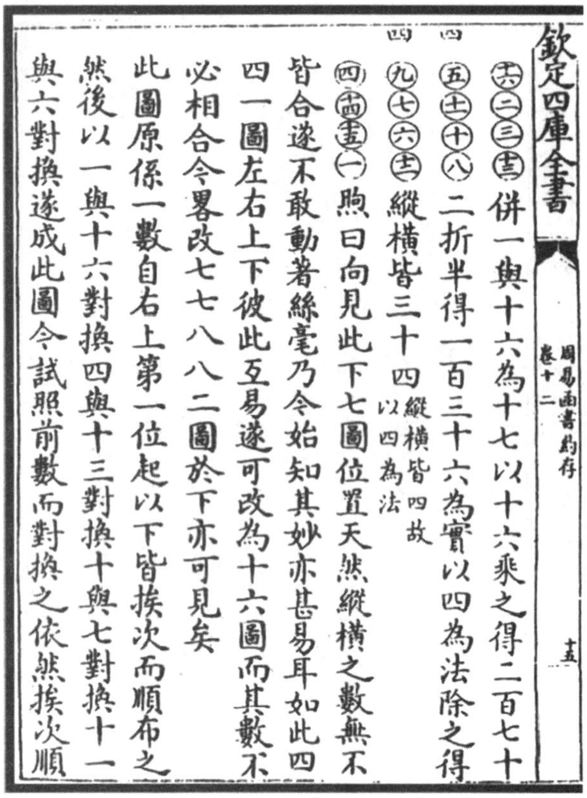

欽定四庫全書

周易函書約存 卷十二

四四

⑯②③⑬ 併一與十六為十七以十六乘之得二百七十

⑤⑪⑩⑧ 二折半得一百三十六為實以四為法除之得

⑨⑦⑥⑫ 縱橫皆三十四縱橫皆四故以四為法

④⑭⑮① 煦曰向見此下七圖位置天然縱橫之數無不

皆合遂不敢動著絲毫乃令始知其妙亦甚易耳如此四

四一圖左右上下彼此互易遂可改為十六圖而其數不

必相合令畧改七七八八二圖於下亦可見矣

此圖原係一數自右上第一位起以下皆挨次而順布之

然後以一與十六對換四與十三對換十與七對換十一

與六對換遂成此圖令試照前數而對換之依然挨次順

十五

图 46　四四图

（胡煦《周易函书约存》）

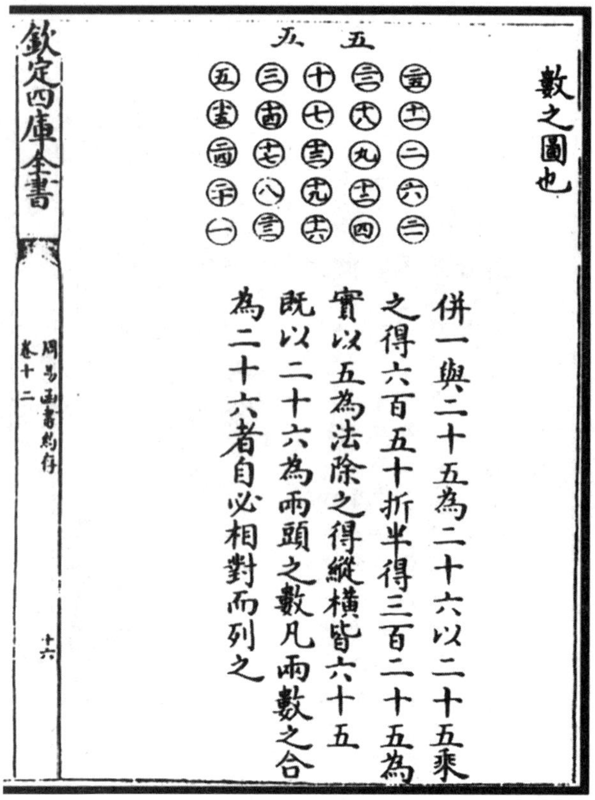

欽定四庫全書

周易函書約存 卷十二

數之圖也

五五

| | | | | |
|---|---|---|---|---|
| 5 | 3 | 10 | 22 | 25 |
| 15 | 14 | 7 | 18 | 11 |
| 24 | 17 | 13 | 9 | 2 |
| 20 | 8 | 19 | 12 | 6 |
| 1 | 23 | 16 | 4 | 21 |

併一與二十五為二十六以二十五乘之得六百五十折半得三百二十五為實以五為法除之得縱橫皆六十五既以二十六為兩頭之數凡兩數之合為二十六者自必相對而列之

十六

图 47　五五图

（胡煦《周易函书约存》）

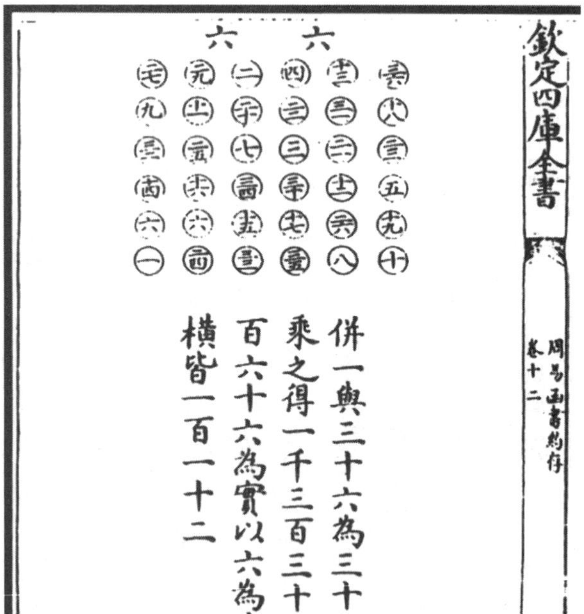

欽定四庫全書

周易函書約存 卷十二

六六

| | | | | | |
|---|---|---|---|---|---|
| 27 | 29 | 2 | 4 | 13 | 36 |
| 9 | 11 | 20 | 22 | 31 | 18 |
| 32 | 25 | 7 | 3 | 21 | 23 |
| 14 | 16 | 34 | 30 | 12 | 5 |
| 28 | 6 | 15 | 17 | 26 | 19 |
| 1 | 24 | 33 | 35 | 8 | 10 |

併一與三十六為三十七以三十六乘之得一千三百三十二折半得六百六十六為實以六為法除之得縱橫皆一百一十二

十六

图 48　六六图

（胡煦《周易函书约存》）

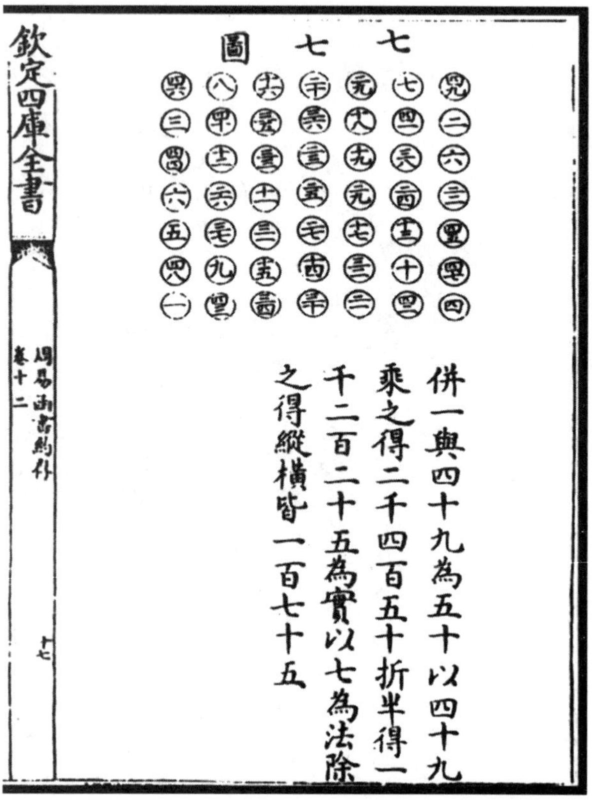

欽定四庫全書

周易函書約存 卷十二

七七圖

併一與四十九為五十以四十九乘之得二千四百五十折半得一千二百二十五為實以七為法除之得縱橫皆一百七十五

十七

图 49　七七图

（胡煦《周易函书约存》）

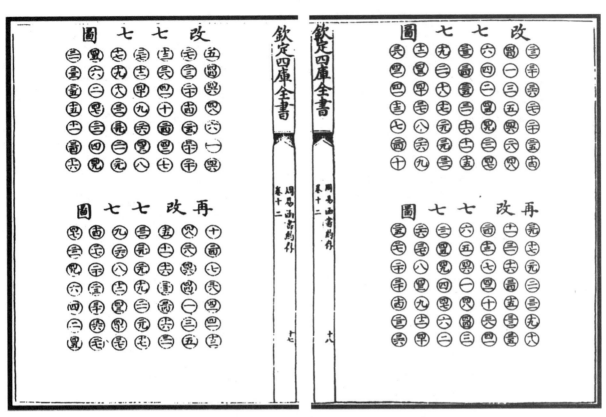

图 50　改七七图与再改七七图
（胡煦《周易函书约存》）

图 51　改七七图与再改七七图
（胡煦《周易函书约存》）

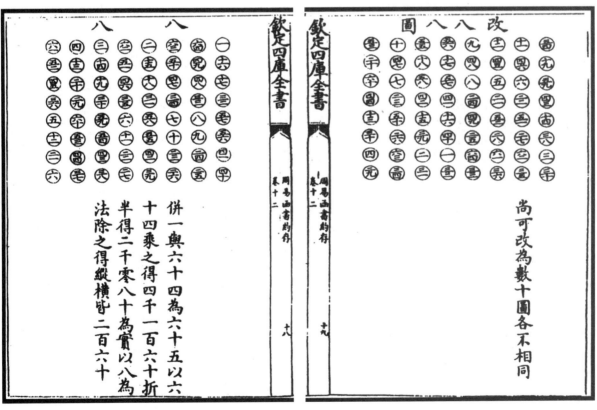

图 52　八八图
（胡煦《周易函书约存》）

图 53　改八八图
（胡煦《周易函书约存》）

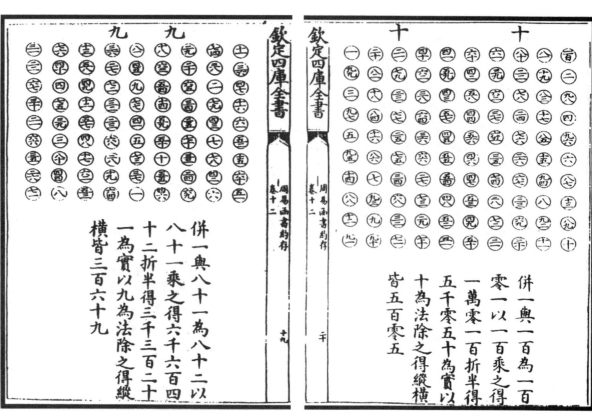

图 54　九九图
（胡煦《周易函书约存》）

图 55　十十图
（胡煦《周易函书约存》）

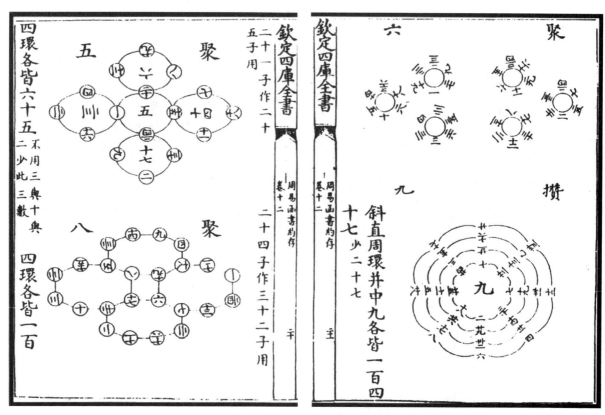

图 56　聚五聚八图
（胡煦《周易函书约存》）

图 57　聚六攒九图
（胡煦《周易函书约存》）

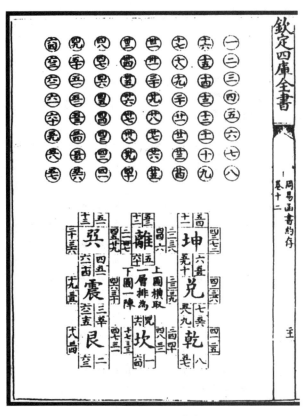

图 58　六十四子顺逆安置图
（胡煦《周易函书约存》）

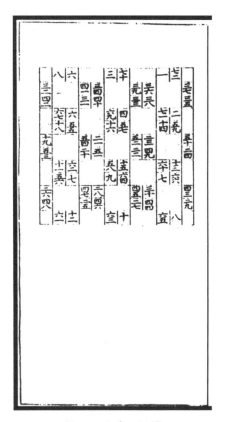

图 59　七十二子图
（胡煦《周易函书约存》）

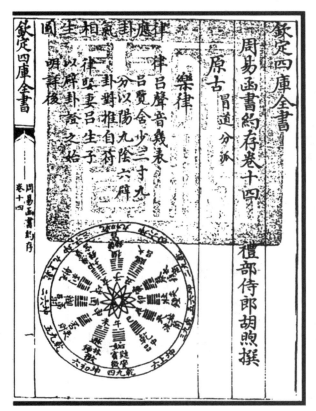

图 60　律应卦气相生图
（胡煦《周易函书约存》）

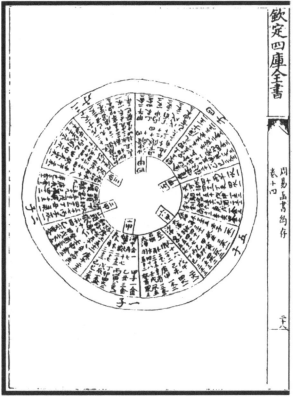

图 61　六甲五子纳音图
（胡煦《周易函书约存》）

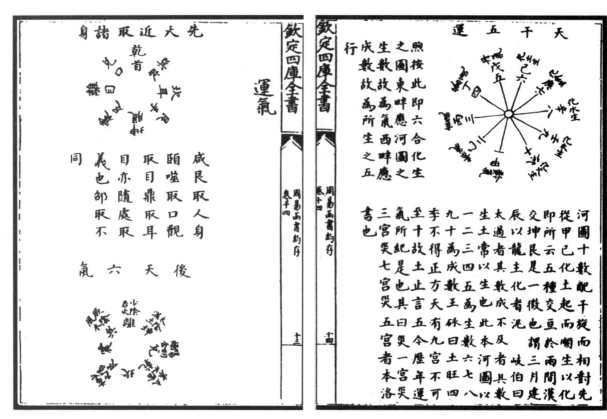

图 62　运气先后天图
（胡煦《周易函书约存》）

图 63　天干五运图
（胡煦《周易函书约存》）

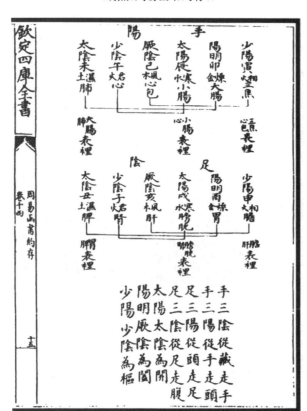

图 64　手足三阴三阳图
（胡煦《周易函书约存》）

图 65　五行五体图
（胡煦《周易函书约存》）

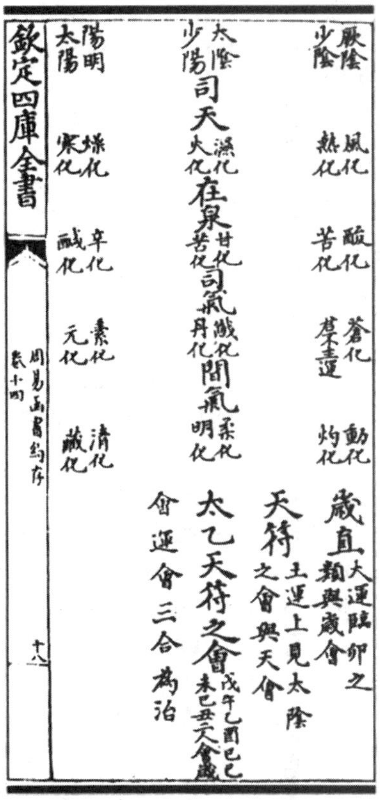

图 66　太乙天府之会图
（胡煦《周易函书约存》）

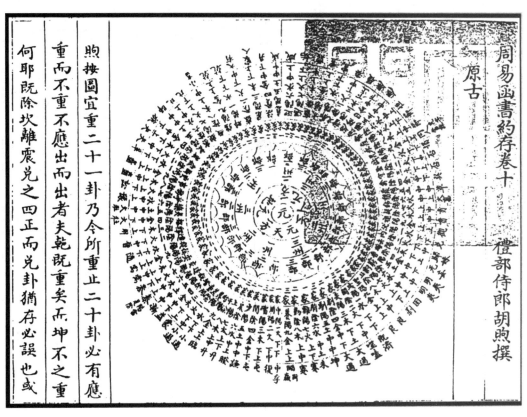

图 67　原古太玄准易图
（胡煦《周易函书约存》）

图 68　文王后天图
（胡煦《周易函书约存》）

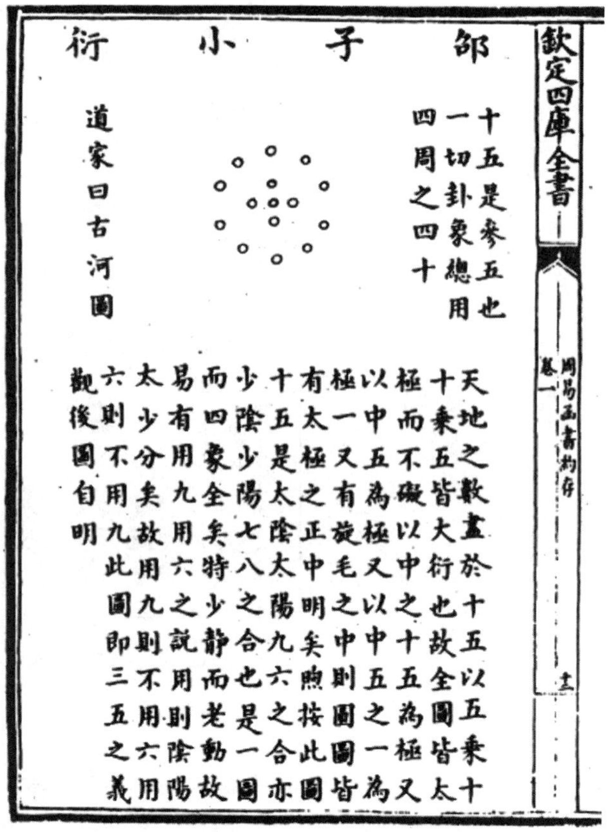

邵子小衍

道家曰古河图

天地之数尽於十五以五乘十十乘五皆大衍也故全图皆太极而不碍以中之十五为极又以中之十五为极之正中则圆矣照按此图一圆皆一为太极之合也是一动而少阴少阳太阴太阳七八六九之说全矣特少之义静而老阴阳故用六用九有四象之分矣而易有用九用六则不用六用九则不用九此图即三五之义后观图自明

十五是参五也一切卦象总用四周之四十

图 69　邵子小衍图
（胡煦《周易函书约存》）

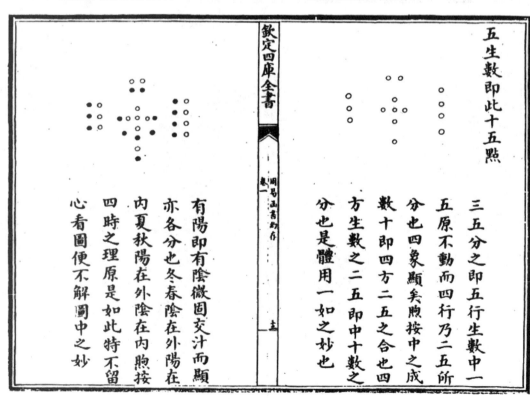

图 70　五生数即此十五点图
（胡煦《周易函书约存》）

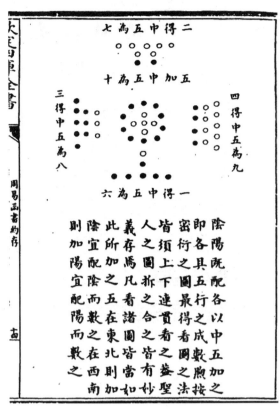

图71　阴阳既配各以中五加之图
（胡煦《周易函书约存》）

图72-1　河图之数配卦象图
（胡煦《周易函书约存》）

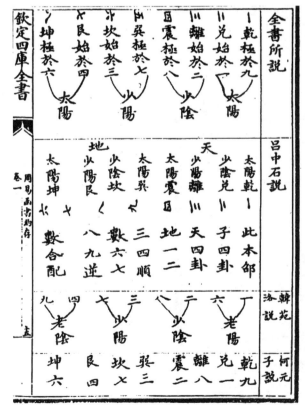

图72-2　河图之数配卦象图
（胡煦《周易函书约存》）

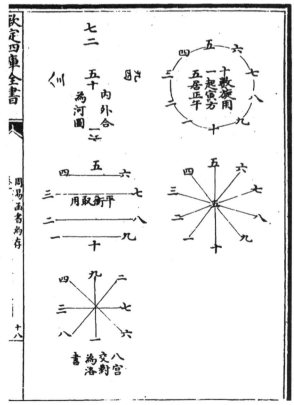

图73　数定其中而环左右图
（胡煦《周易函书约存》）

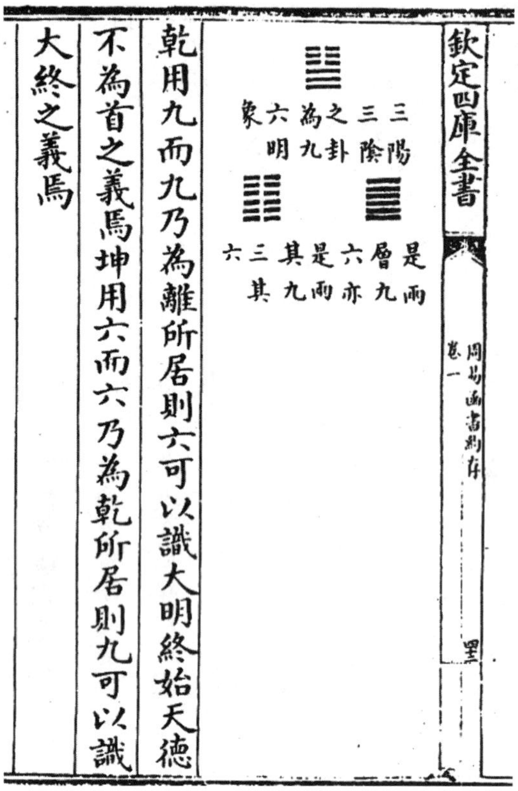
乾用九而九乃為離所居則六可以識大明終始天德不為首之義焉坤用六而六乃為乾所居則九可以識大終之義焉

三陽三陰之卦為九六明象

是兩九是六亦兩其九六三其六其

欽定四庫全書 卷一 周易函書約存

图 74　九六明象图
（胡煦《周易函书约存》）

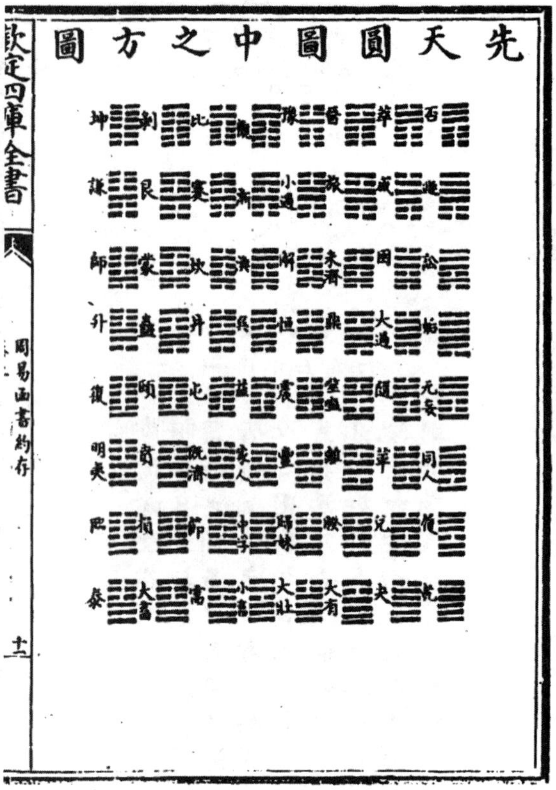


图 75　先天圆图中之方图
（胡煦《周易函书约存》）

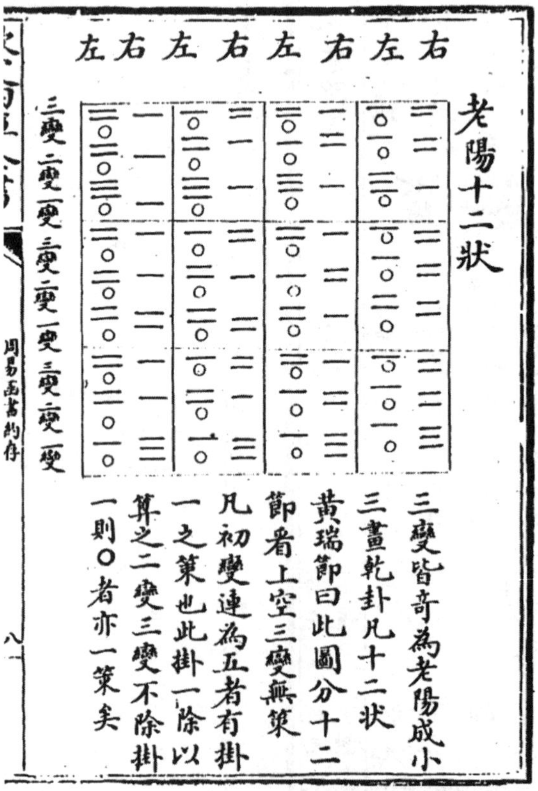
老陽十二狀

右左右左右左右左

三變皆奇為老陽成小三畫乾卦凡十二狀黄瑞節曰此圖分十二節看上空三變無策凡初變連為五者有掛一之策也此掛一除以算之二變三變不除掛一則○者亦一策矣

图 76　老阳十二状图
（胡煦《周易函书约存》）

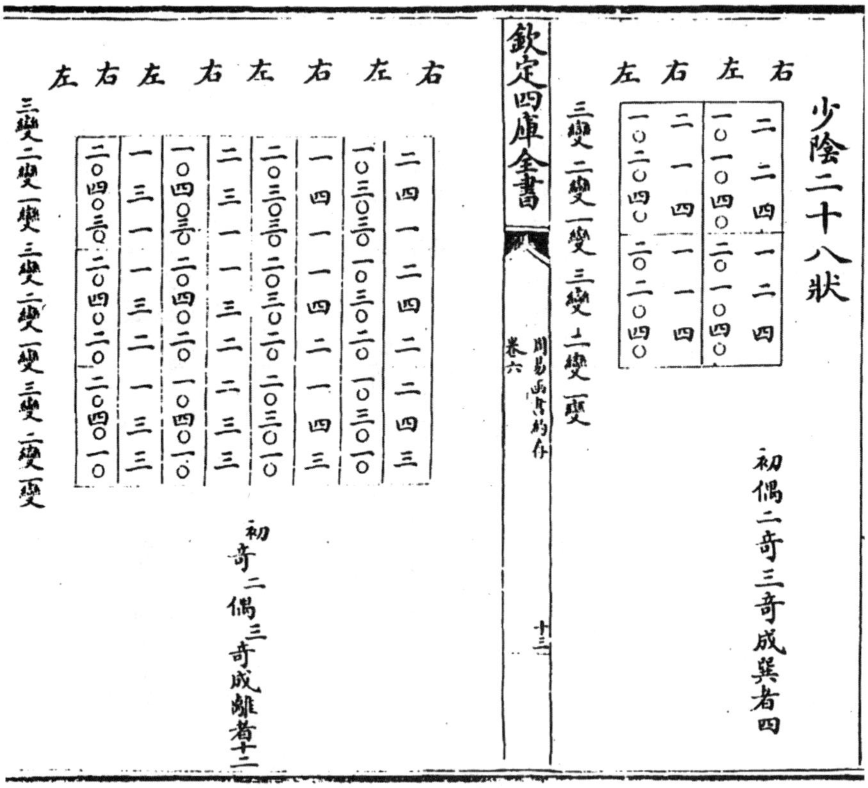

图 77-1　少阴二十八状图
（胡煦《周易函书约存》）

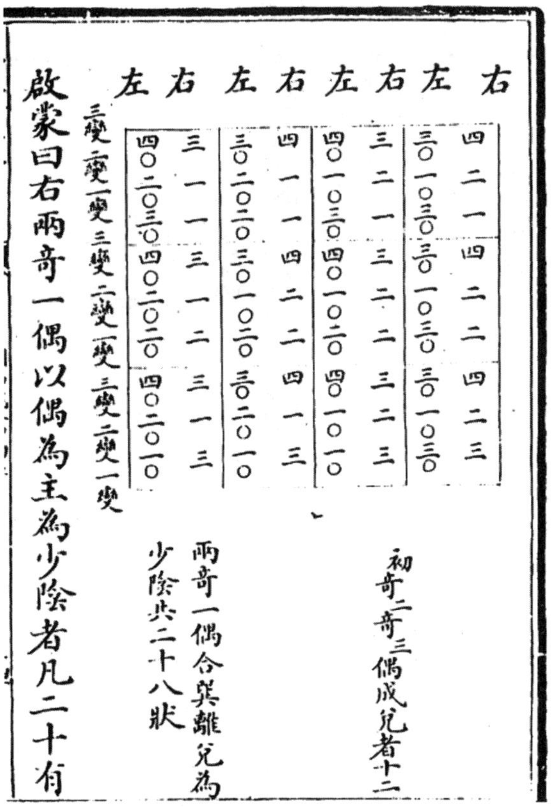

图 77-2　少阴二十八状图
（胡煦《周易函书约存》）

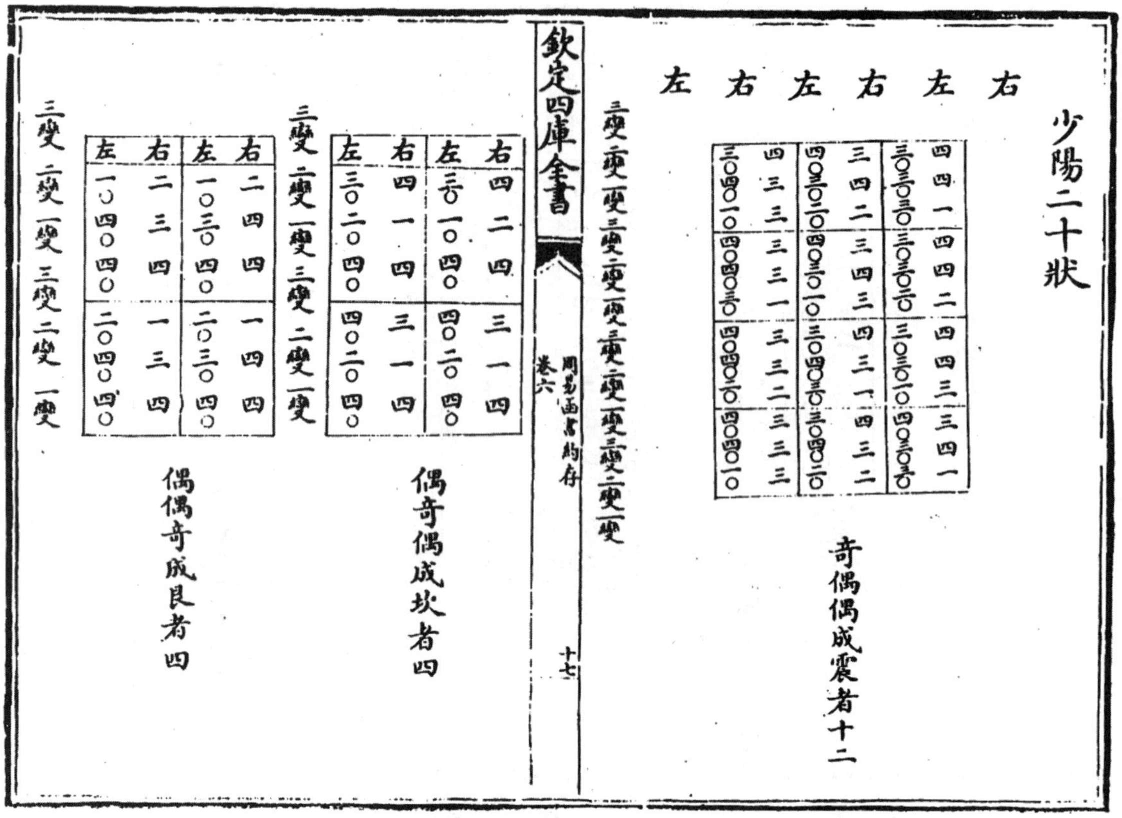

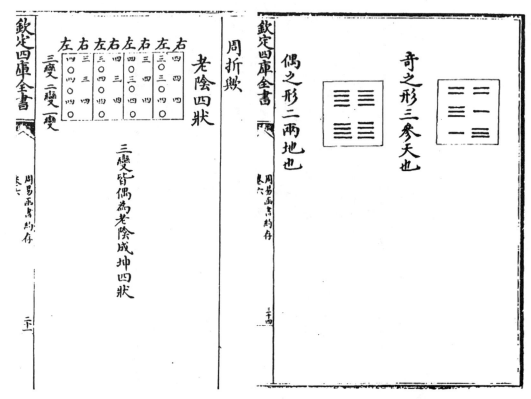

图 78　少阳二十状图
（胡煦《周易函书约存》）

图 79　老阴四状图
（胡煦《周易函书约存》）

图 80　奇偶参天两地图
（胡煦《周易函书约存》）

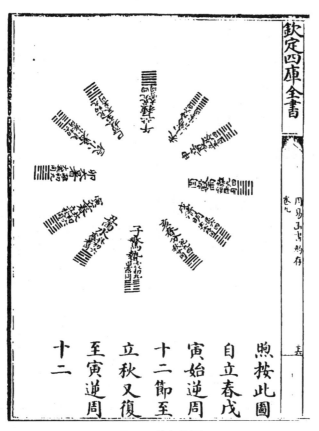

图 81　节气卦图
（胡煦《周易函书约存》）

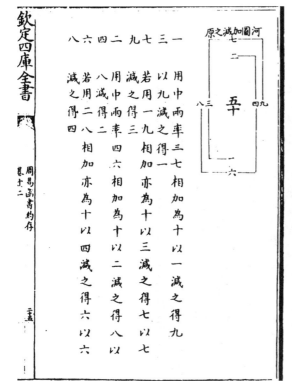

图 82　河图加减之原图
（胡煦《周易函书约存》）

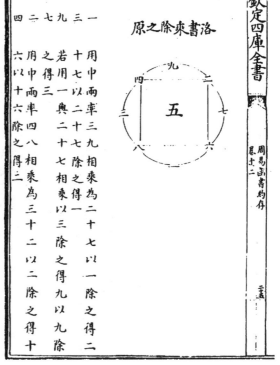

图 83　洛书乘除之原图
（胡煦《周易函书约存》）

洛書勾股圖

此洛書四隅合中央而寓四勾股之法者推之至於無窮法皆視此

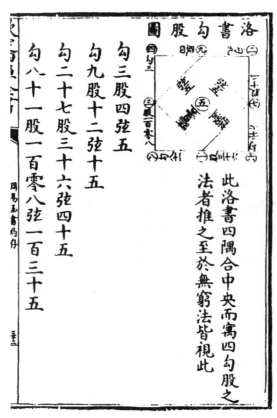

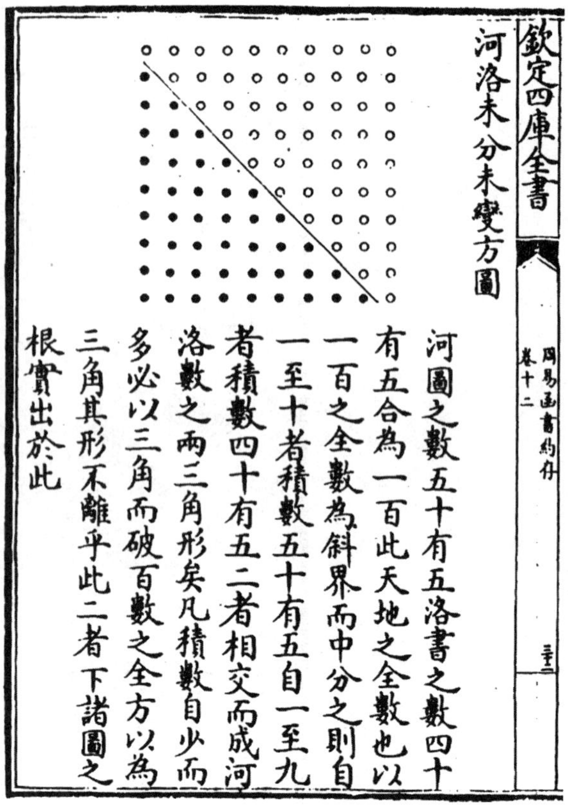

勾三股四弦五

勾九股十二弦十五

勾二十七股三十六弦四十五

勾八十一股一百零八弦一百三十五

图 84　洛书勾股图

（胡煦《周易函书约存》）

欽定四庫全書

河洛未分未變方圖

河圖之數五十有五洛書之數四十有五合為一百此天地之全數也以一百之全數為斜界而中分之則自一至十者積數五十有五自一至九者積數四十有五二者相交而成河洛數之兩三角形矣凡積數自少而多必以三角而破百數之全方以為三角其形不離乎此二者下諸圖之根實出於此

周易函書約存　卷十二

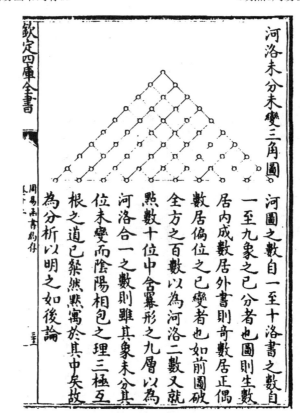

图 85　河洛未分未变方图

（胡煦《周易函书约存》）

欽定四庫全書

河洛未分未變三角圖

河圖之數自一至十洛書之數自一至九象之已分者也圖則生數居内成數居外書則奇數居正偶數居偏位之已變者也如前圖破全方之百數以為河洛二數又就點數十位中含纍形之九層以為河洛合一之數則雖其象未分其位未變而陰陽相包之理三極互根之道已粲然默寓於其中矣故為分析以明之如後論

周易函書約存

图 86　河洛未分未变三角图

（胡煦《周易函书约存》）

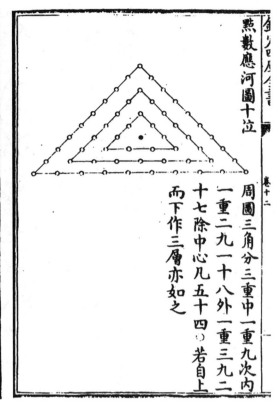
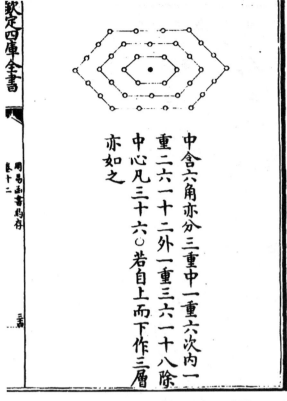

图87　点数应河图十位图
（胡煦《周易函书约存》）

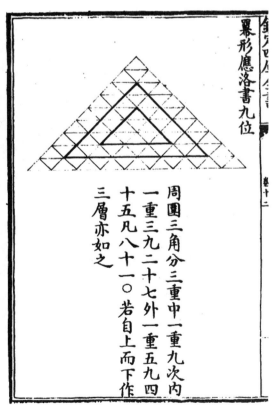
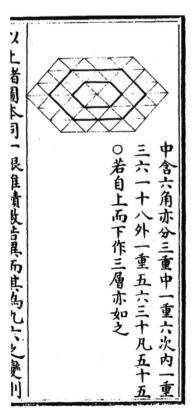

图88　幂形应洛书九位图
（胡煦《周易函书约存》）

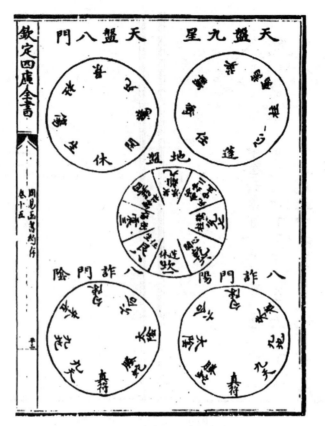

图89　天盘九星天盘八门图
（胡煦《周易函书约存》）

# 李塨(1659—1733)

字刚主,号恕容。清直隶蠡县(今属河北)人。康熙二十九年(1690)举人。早年师事颜元,与颜元同创"颜李学派"。晚年授通州学政,迁博野建习斋祠堂,授徒讲学。著有《周易传注》七卷、《周易筮考》一卷等。现存有《周易》图像五幅。

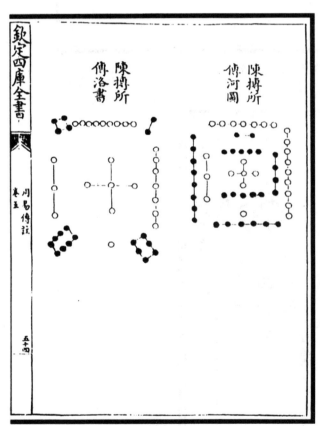

**图1 陈抟所传河图洛书图**
（李塨《周易传注》）

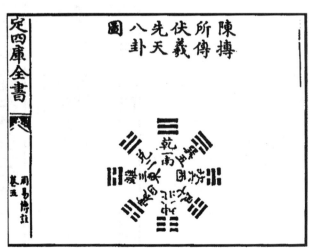

**图2 陈抟所传伏羲先天八卦图**
（李塨《周易传注》）

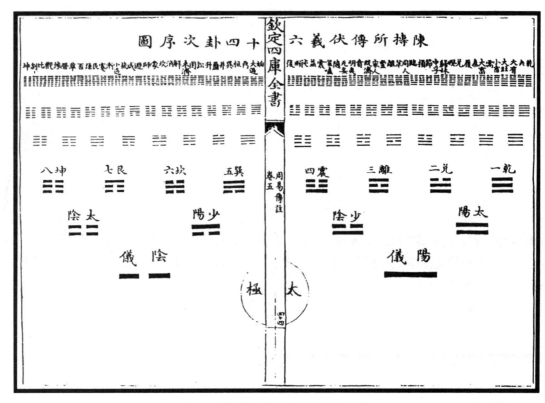

图 3　陈抟所传伏羲六十四卦次序图
（李塨《周易传注》）

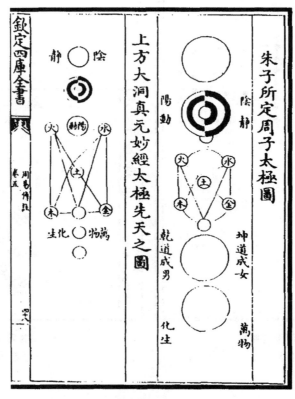

图 4　朱子所定周子太极图
图 5　上方大洞真元妙经太极先天之图
（李塨《周易传注》）

# 杨名时(1661—1737)

字宾实,一字赓实,号凝斋,清江苏江阴人。康熙三十年(1691)进士。历官庶吉士、顺天学政、直隶巡道、贵州布政使、云南巡抚、兵部尚书、云贵总督、吏部尚书。卒赠太子太傅、谥文定。著有《杨氏全书》凡八种,三十六卷。包括《易经劄记》三卷、《诗经劄记》一卷、《四书劄记》四卷、《经书言学指要》一卷、《大学讲义》二卷、《中庸讲义》一卷、《程功录》四卷、《文集》十二卷、《别集》六卷《附录》二卷等。现存有《周易》图像十幅。

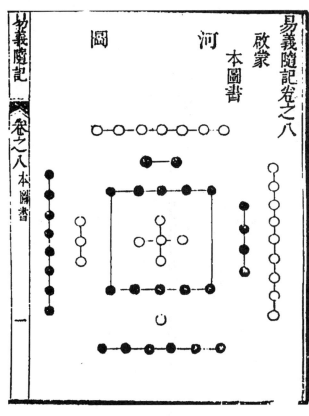

图1 河图
(杨名时《易义随记》)

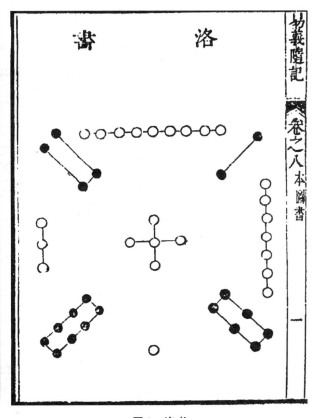

图2 洛书
(杨名时《易义随记》)

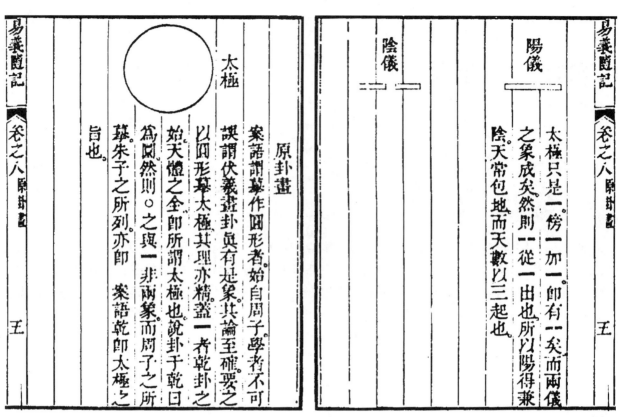

图3 太极图
（杨名时《易义随记》）

图4 阳仪阴仪图
（杨名时《易义随记》）

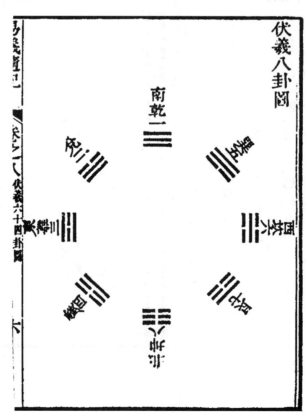

图5 伏羲八卦图
（杨名时《易义随记》）

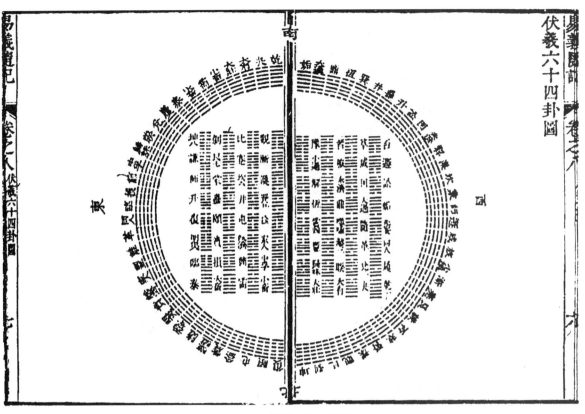

图 6 伏羲六十四卦图
（杨名时《易义随记》）

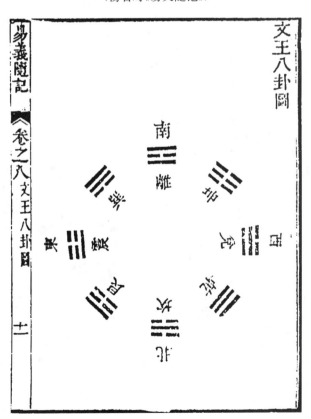

图 7 文王八卦图
（杨名时《易义随记》）

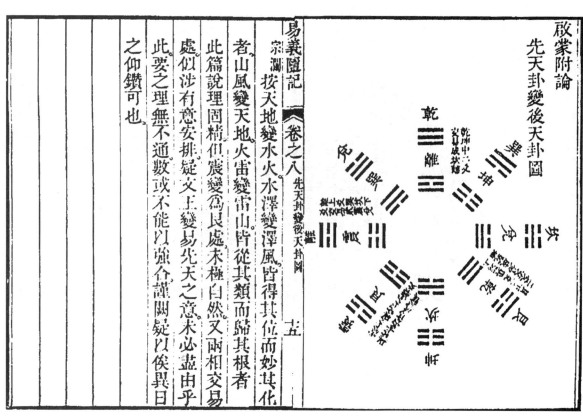

图 8　先天卦变后天卦图
（杨名时《易义随记》）

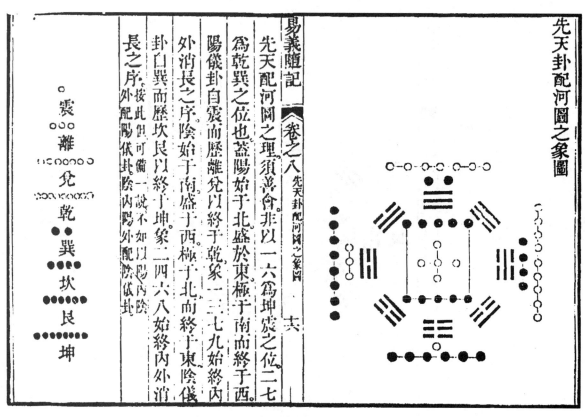

图 9　先天卦配河图之象图
（杨名时《易义随记》）

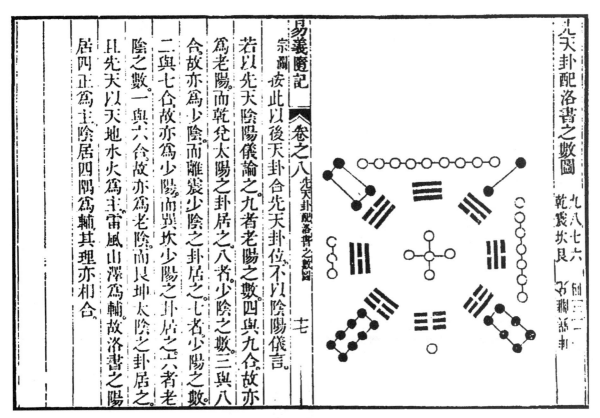

图 10　先天卦配洛书之数图
（杨名时《易义随记》）

# 刘元龙

生卒年不详,字凝焉,清直隶饶阳(今属河北)人。著有《先天易贯》五卷。现存有《周易》图像七幅。

图1　二五妙合图
(刘元龙《先天易贯》)

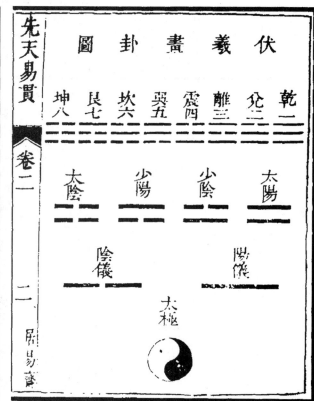

图2　伏羲画卦图
(刘元龙《先天易贯》)

图3　太极图
（刘元龙《先天易贯》）

图4　两仪图
（刘元龙《先天易贯》）

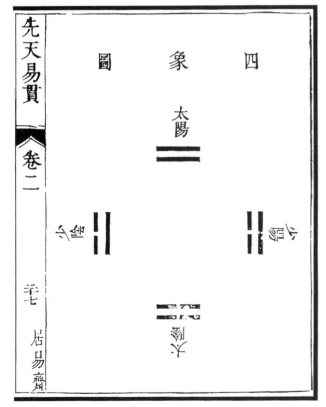

图5　四象图
（刘元龙《先天易贯》）

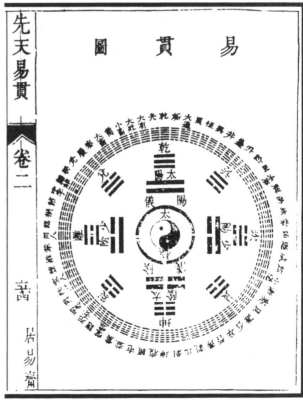

图6　易贯图
（刘元龙《先天易贯》）

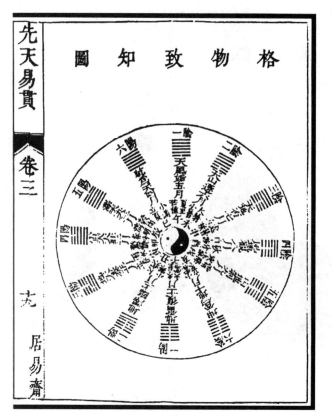

图 7　格物致知图
（刘元龙《先天易贯》）

# 朱江

生卒年不详,字东注,清江苏江都(今江苏扬州)人。著有《读易约编》四卷。现存有《周易》图像八幅。

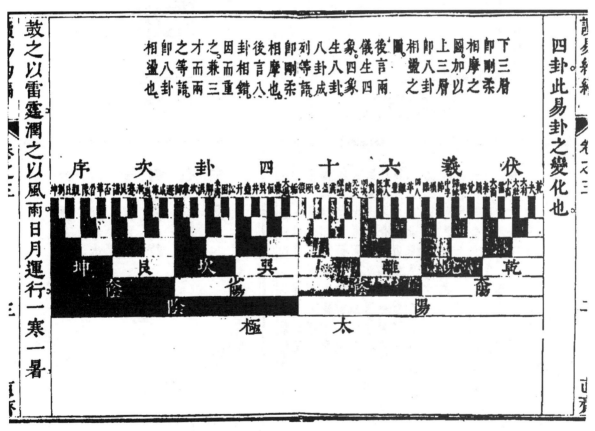

图1　伏羲六十四卦次序图
(朱江《读易约编》)

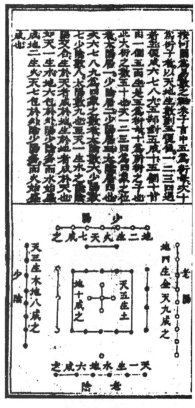

图 2　河图易数图
（朱江《读易约编》）

图 3　伏羲八卦次序图
（朱江《读易约编》）

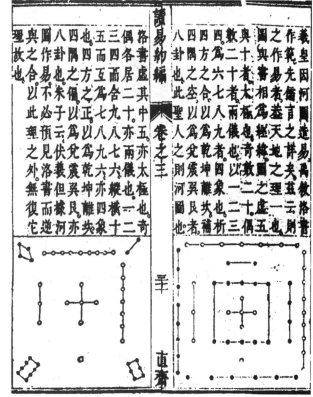

图 4　河图、洛书
（朱江《读易约编》）

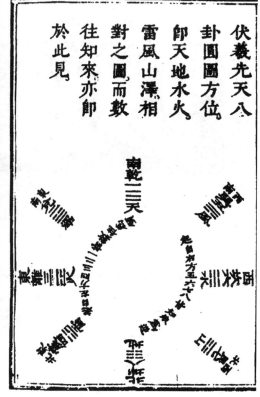

图 5　伏羲先天八卦圆图方位图
（朱江《读易约编》）

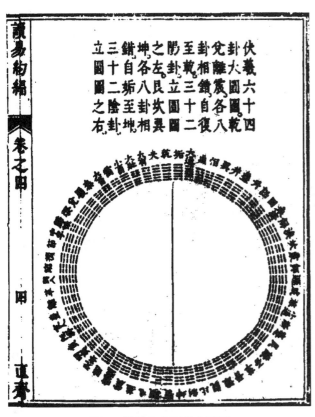

图6　伏羲六十四卦大圆图
（朱江《读易约编》）

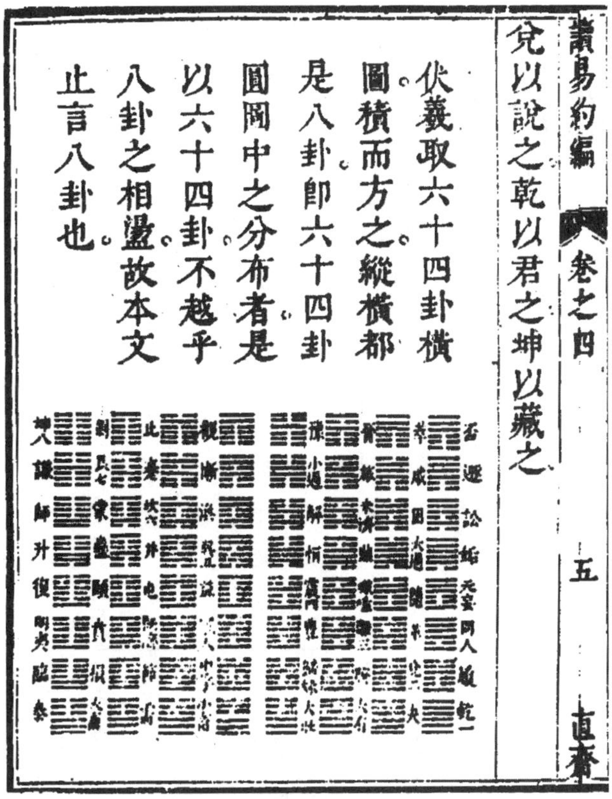

图7　伏羲六十四卦方图
（朱江《读易约编》）

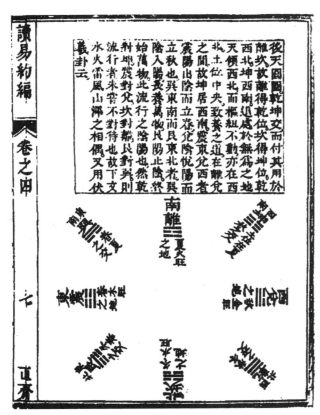

图8　后天圆图
（朱江《读易约编》）

# 张仁浃

生卒年不详，字观旃，清浙江秀水（今浙江嘉兴）人。康熙五十九年(1720)举人，著有《周易集解》五十四卷、《周易集解增释》八十卷等。现存有《周易》图像八幅。

易有太極
太極者象數未形而其理已具之稱形器已
周易集解增釋卷六 四
具而其理无朕之目在河圖洛書皆虛中之
象也周子曰无極而太極邵子曰道爲太極
又曰心爲太極此之謂也

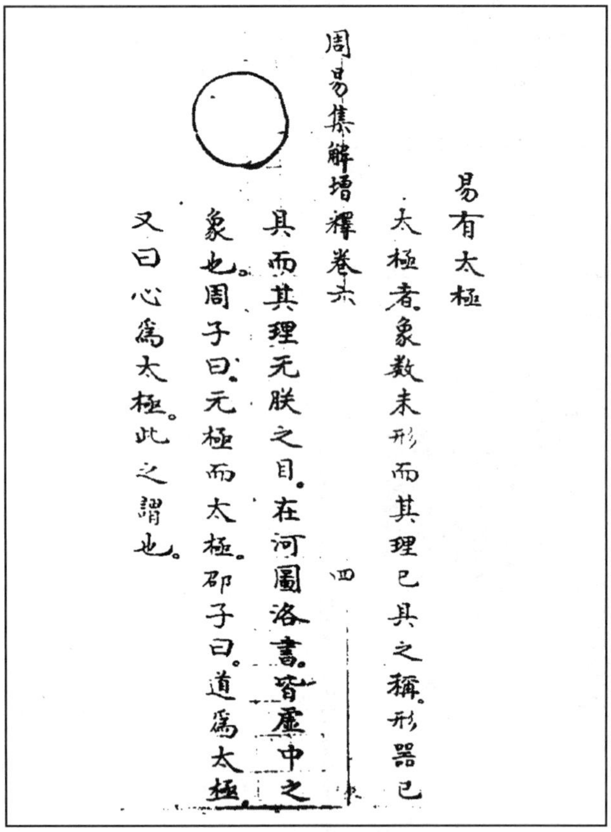

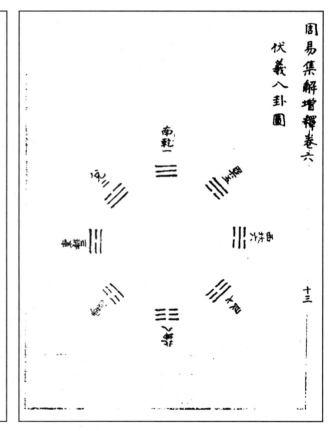

图 1　易有太极图
（张仁浃《周易集解增释》）

图 2　伏羲八卦图
（张仁浃《周易集解增释》）

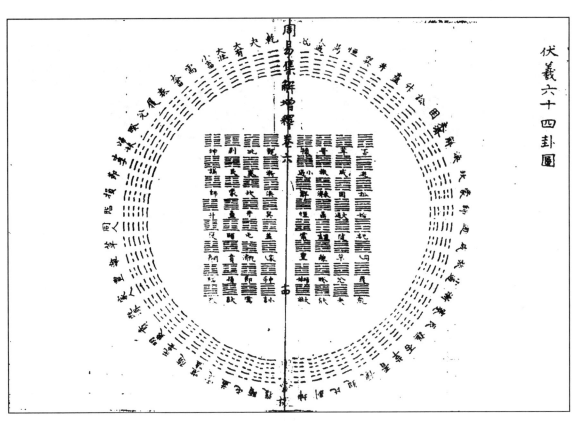

图3 伏羲六十四卦图
（张仁浹《周易集解增释》）

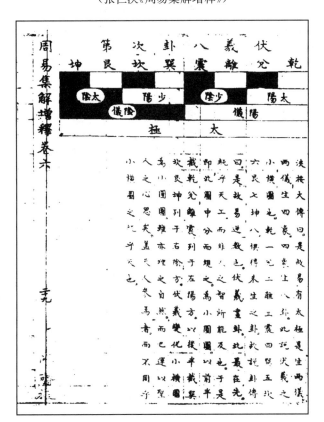

图4 伏羲八卦次第图
（张仁浹《周易集解增释》）

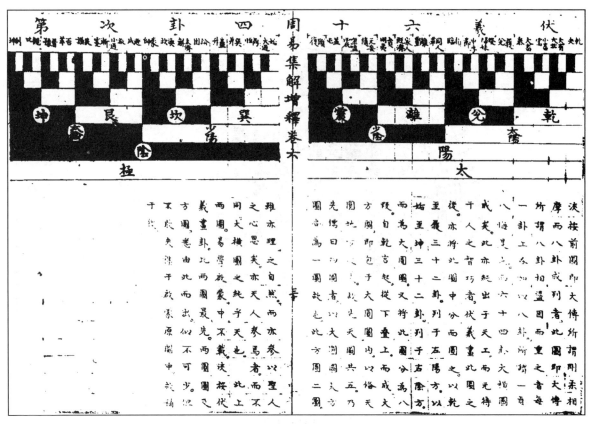

图 5　伏羲六十四卦次第图
（张仁浃《周易集解增释》）

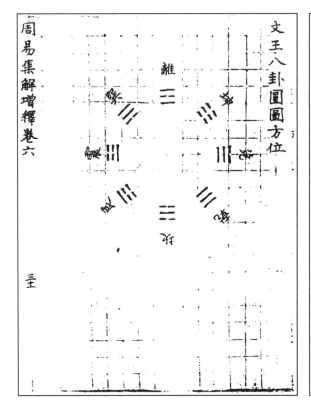

图 6　文王八卦圆图方位图
（张仁浃《周易集解增释》）

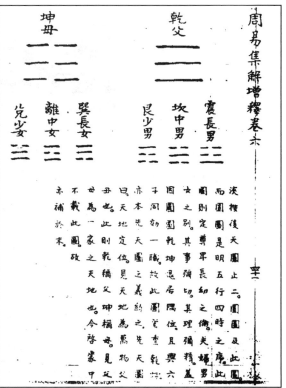

图 7　尊卑长幼之伦图
（张仁浃《周易集解增释》）

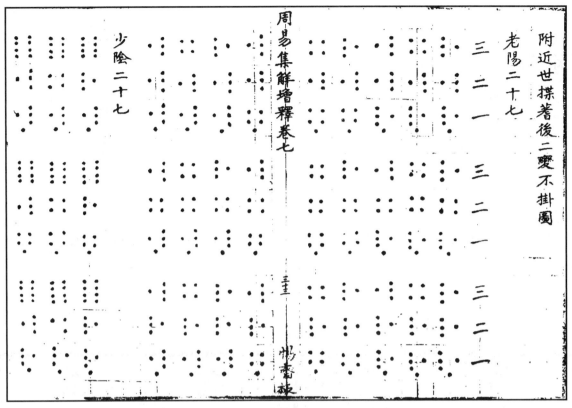

图 8-1 近世揲蓍后二变不挂图
（张仁浃《周易集解增释》）

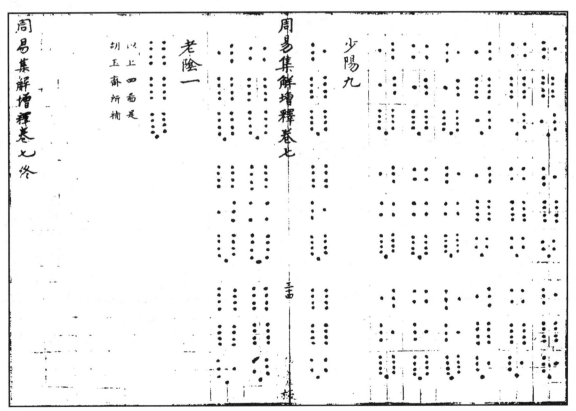

图 8-2 近世揲蓍后二变不挂图
（张仁浃《周易集解增释》）

# 刘祈穀

生卒年不详,字俶载,清山西太谷人。明人苏了心撰《周易本义补》二卷,刘增补为四卷。现存有《周易》图像十幅。

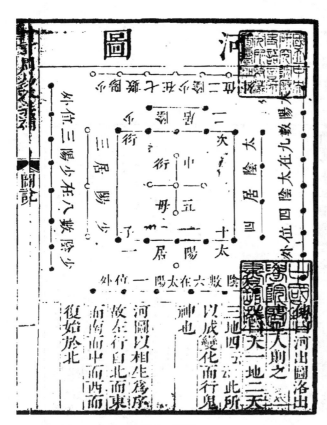

图1　河图
(刘祈穀《增订周易本义补》)

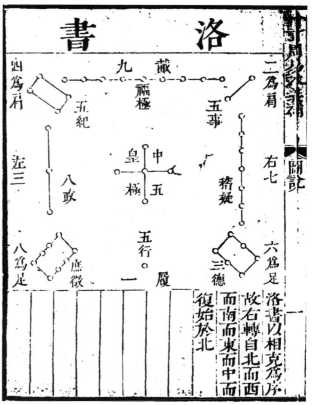

图2　洛书
(刘祈穀《增订周易本义补》)

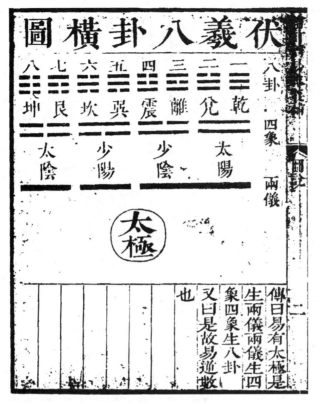

**图 3　伏羲八卦横图**
（刘祈穀《增订周易本义补》）

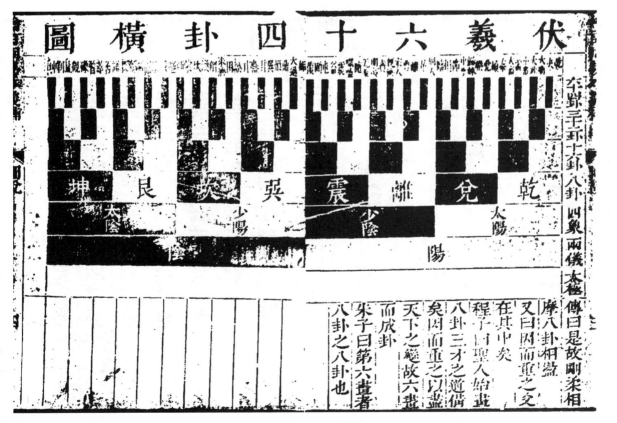

**图 4　伏羲六十四卦横图**
（刘祈穀《增订周易本义补》）

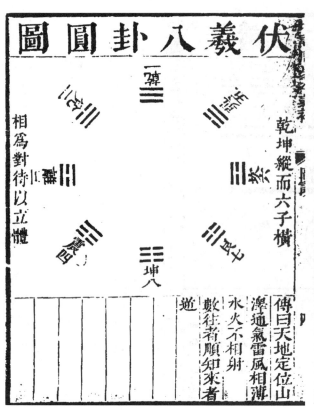

图 5　伏羲八卦圆图
（刘祈穀《增订周易本义补》）

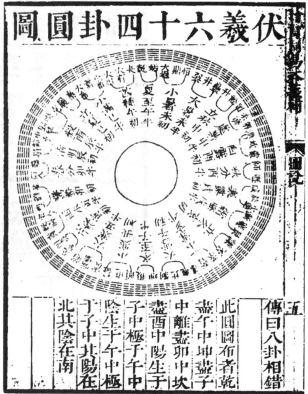

图 6　伏羲六十四卦圆图
（刘祈穀《增订周易本义补》）

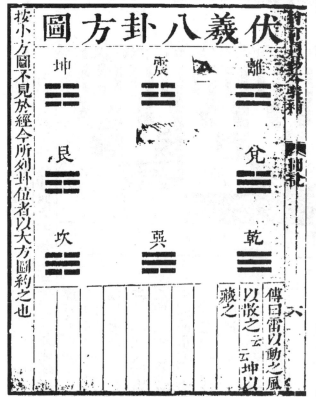

图 7　伏羲八卦方图
（刘祈穀《增订周易本义补》）

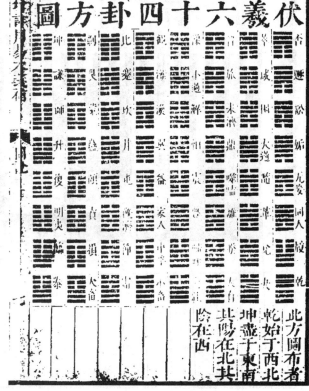

图 8　伏羲六十四卦方图
（刘祈穀《增订周易本义补》）

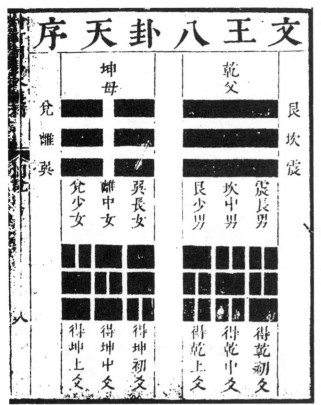

图9　文王八卦天序图
（刘祈穀《增订周易本义补》）

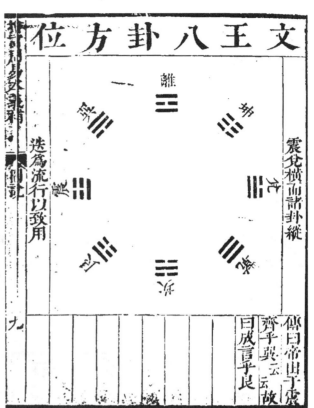

图10　文王八卦方位图
（刘祈穀《增订周易本义补》）

# 邵嗣尧

生卒年不详,字子昆,号九缄,清山西临猗人。康熙九年(1670)进士,历临淄、柏乡、清苑知县,升江南道监察御史、直隶守道、江南学政。著有《易图定本》一卷、《四书初学易知解》十卷等。现存有《周易》图像十一幅。

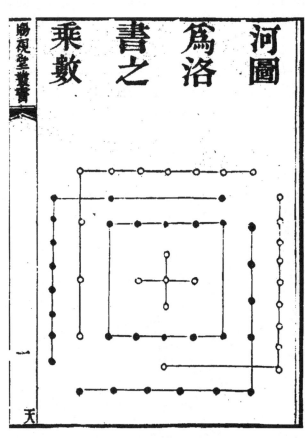

**图1 河图为洛书之乘数图**
(邵嗣尧《易图定本》)

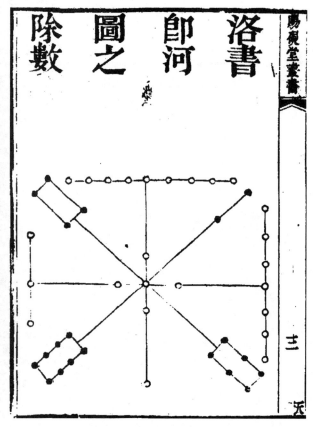

**图2 洛书即河图之除数图**
(邵嗣尧《易图定本》)

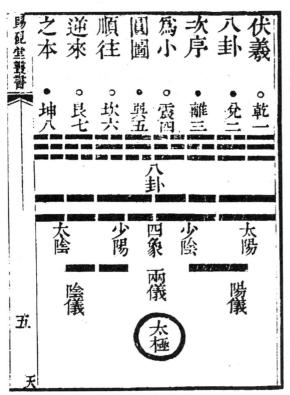

图 3　伏羲八卦次序为小圆图顺往逆来之本图
（邵嗣尧《易图定本》）

图 4　伏羲八卦方位坐洛书之数图
（邵嗣尧《易图定本》）

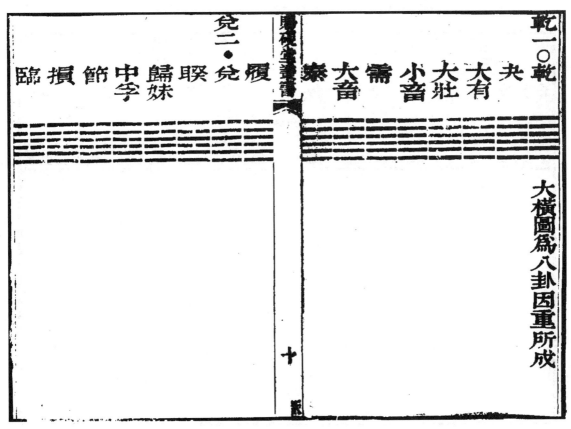

图 5-1　大横图为八卦因重所成图
（邵嗣尧《易图定本》）

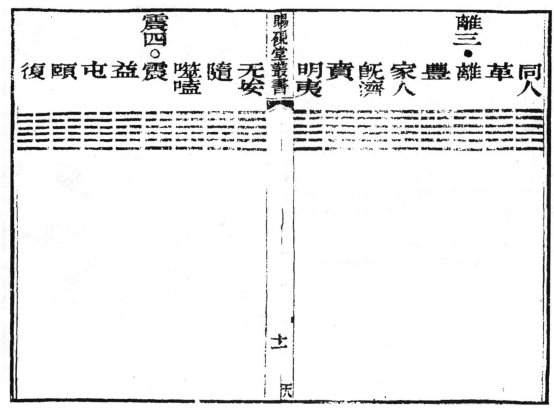

图 5-2 大横图为八卦因重所成图
（邵嗣尧《易图定本》）

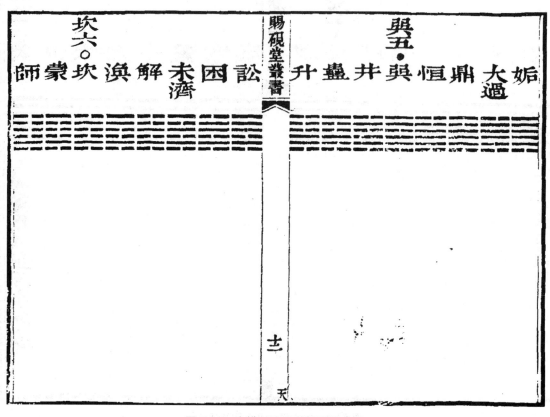

图 5-3 大横图为八卦因重所成图
（邵嗣尧《易图定本》）

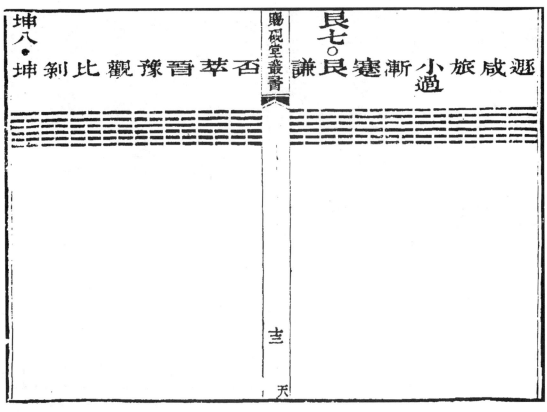

图5-4 大横图为八卦因重所成图
（邵嗣尧《易图定本》）

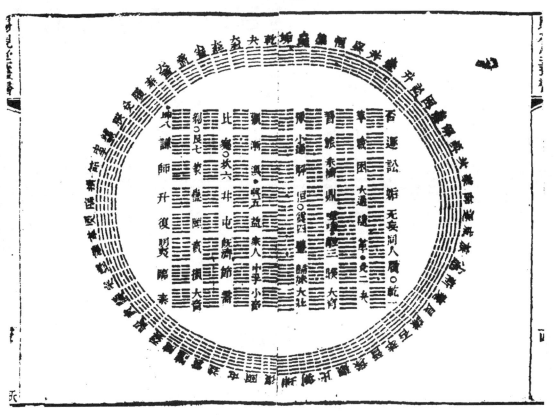

图6 六十四卦方圆图
（邵嗣尧《易图定本》）

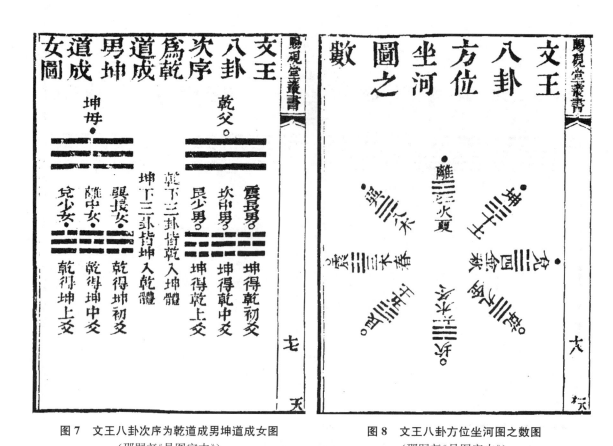

图7　文王八卦次序为乾道成男坤道成女图
（邵嗣尧《易图定本》）

图8　文王八卦方位坐河图之数图
（邵嗣尧《易图定本》）

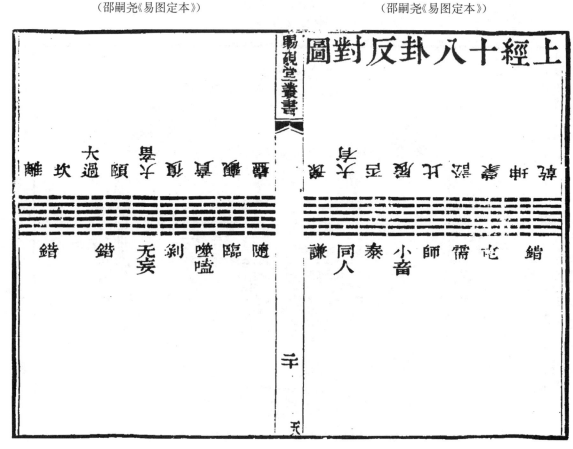

图9　上经十八卦反对图
（邵嗣尧《易图定本》）

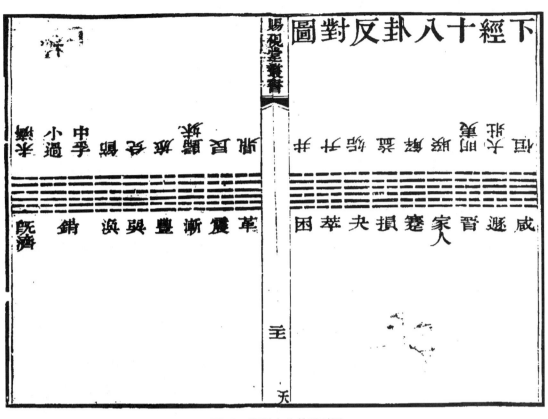

图 10　下经十八卦反对图
（邵嗣尧《易图定本》）

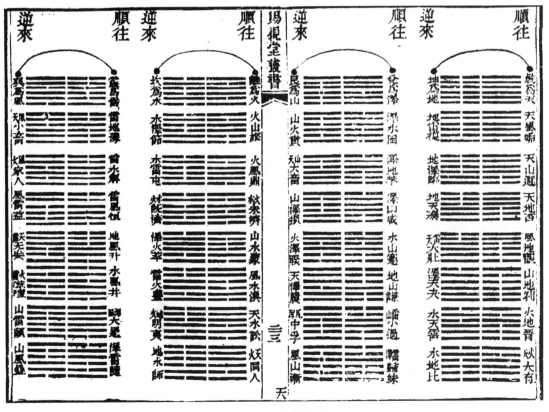

图 11　顺往逆来图
（邵嗣尧《易图定本》）

# 陈应选

生卒年不详,字子性,清贵州威宁州(今贵州威宁)人。康熙中诸生,知钦天监,精于"日者家"言。后人据其说编《陈子性藏书》十二卷首一卷。现存有《周易》图像五幅。

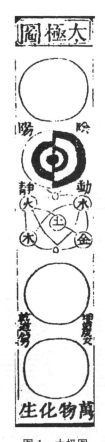

图 1 太极图
(陈应选《新镌陈氏河洛理气藏书》)

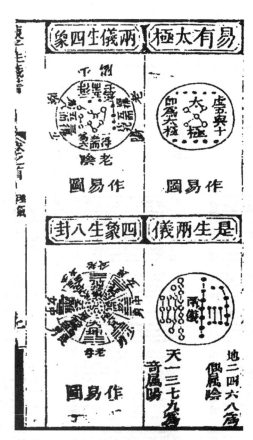

图 2 太极四生图
(陈应选《新镌陈氏河洛理气藏书》)

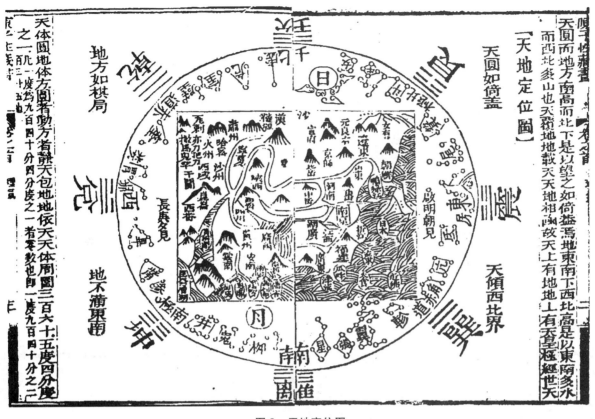

图3 天地定位图
（陈应选《新镌陈氏河洛理气藏书》）

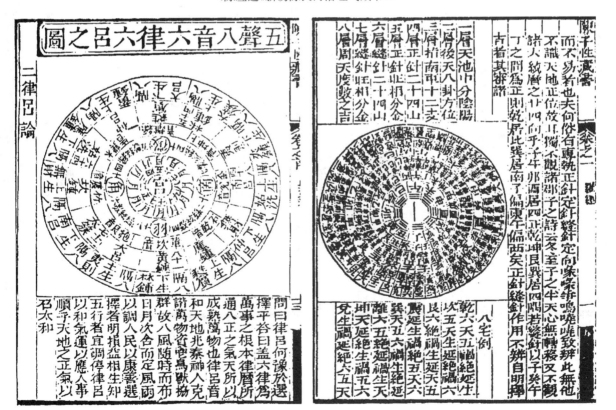

图4 五声八音六律吕之图
（陈应选《新镌陈氏河洛理气藏书》）

图5 罗经图
（陈应选《新镌陈氏河洛理气藏书》）

# 姚章

生卒年不详,字青崖,清山东潍县(今山东潍坊)人。康熙三十五年(1696)副贡。自幼学《易》,以朱子《周易本义》为宗。著有《周易本义引蒙》十二卷。现存有《周易》图像八幅。

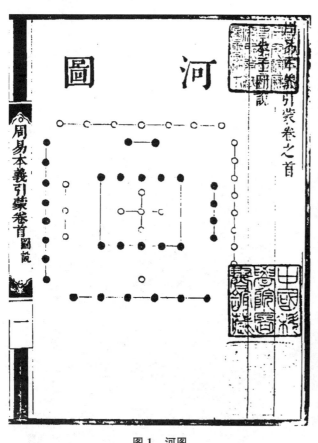

**图1 河图**
(姚章《周易本义引蒙》)

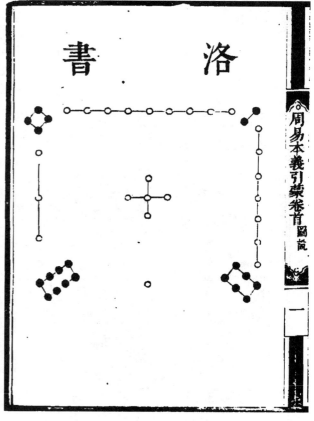

**图2 洛书**
(姚章《周易本义引蒙》)

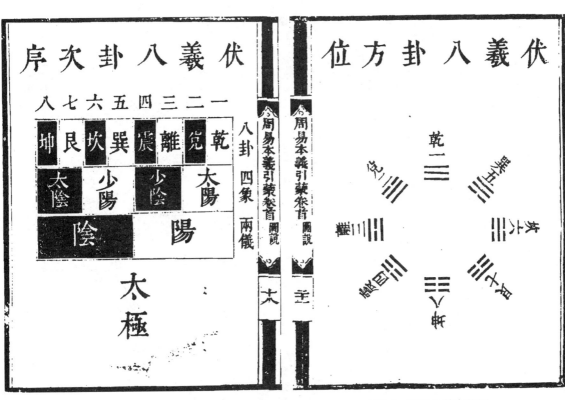

图 3 伏羲八卦次序图
（姚章《周易本义引蒙》）

图 4 伏羲八卦方位图
（姚章《周易本义引蒙》）

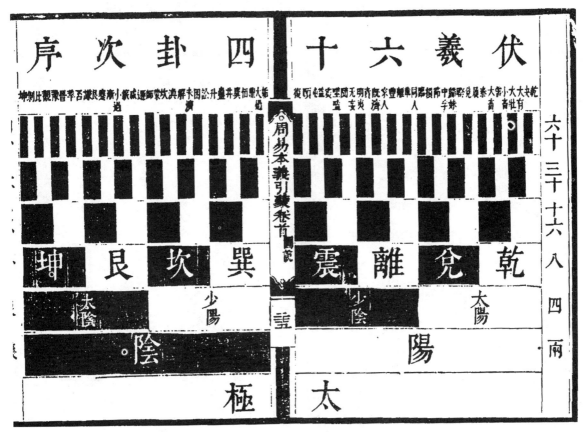

图 5 伏羲六十四卦次序图
（姚章《周易本义引蒙》）

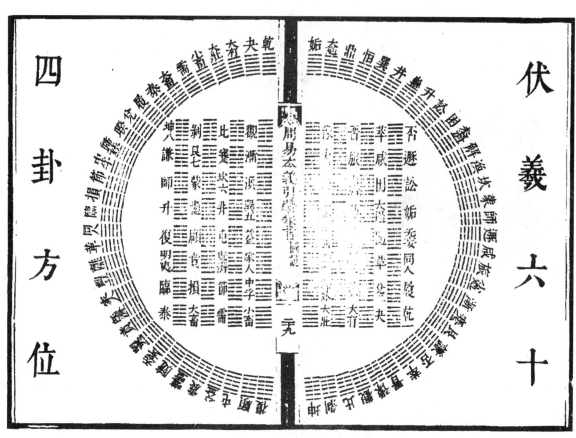

图 6　伏羲六十四卦方位图
（姚章《周易本义引蒙》）

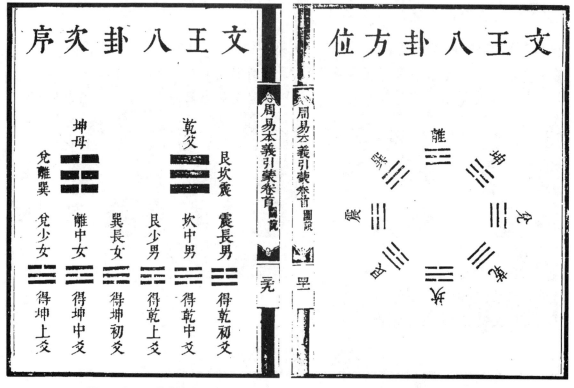

图 7　文王八卦次序图　　　　　　　　　图 8　文王八卦方位图
（姚章《周易本义引蒙》）　　　　　　　　（姚章《周易本义引蒙》）

# 沈廷劢

生卒年不详,字子相,号克斋,清浙江嘉兴人。康熙中贡生,历新宁、栾城知县,迁商州知州。著有《身易实义》五卷、《克斋遗稿》等。现存有《周易》图像二幅。

图1 伏羲先天八卦圆图
图2 先天八卦次序横图
（沈廷劢《身易实义》）

# 吴隆元

生卒年不详,字炳仪,号易斋,清浙江归安(今浙江湖州)人。康熙三十三年(1694)进士,官至太常寺少卿。著有《易宫》四十卷、《读易管窥》五卷、《孝经三本管窥》一卷等。现存有《周易》图像二十七幅。

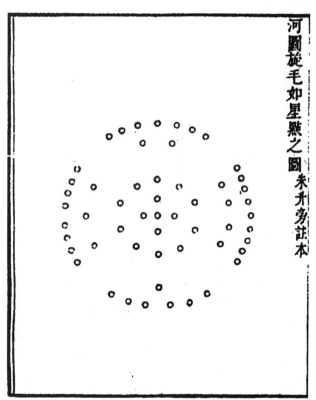

图 1 河图旋毛如星点之图
(吴隆元《读易管窥》)

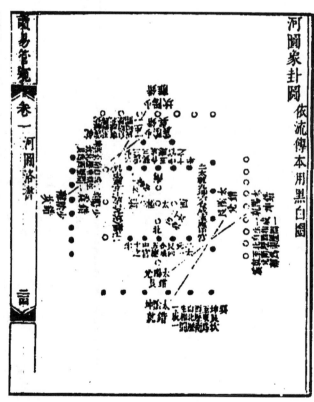

图 2 河图象卦图
(吴隆元《读易管窥》)

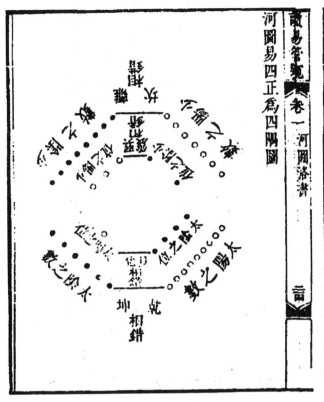

图 3　河图易四正为四隅图
（吴隆元《读易管窥》）

图 4　洛书坼甲如字画之图
（吴隆元《读易管窥》）

图 5　洛书大衍易四隅为四正图
（吴隆元《读易管窥》）

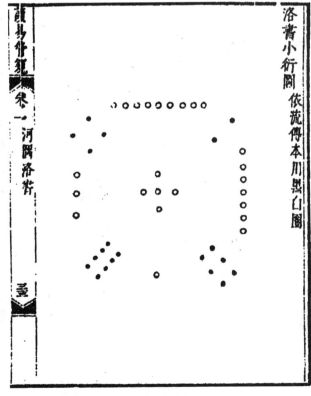

图 6　洛书小衍图
（吴隆元《读易管窥》）

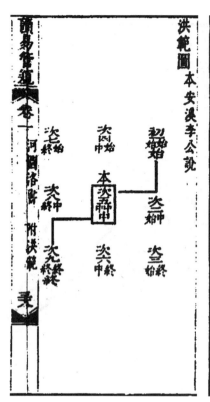

图7 洪范图
（吴隆元《读易管窥》）

图8 伏羲八卦圆图
（吴隆元《读易管窥》）

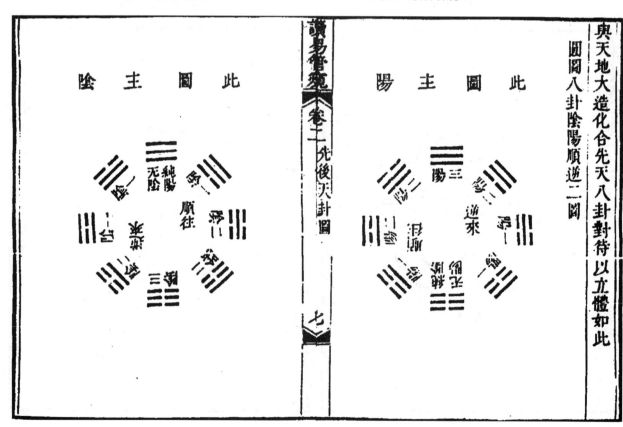

图9 圆图八卦阴阳顺逆二图
（吴隆元《读易管窥》）

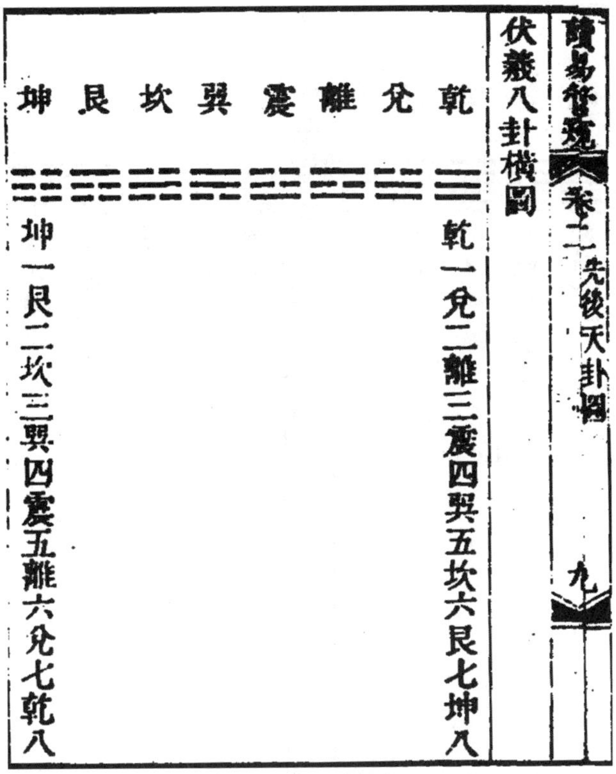

图 10　伏羲八卦横图
（吴隆元《读易管窥》）

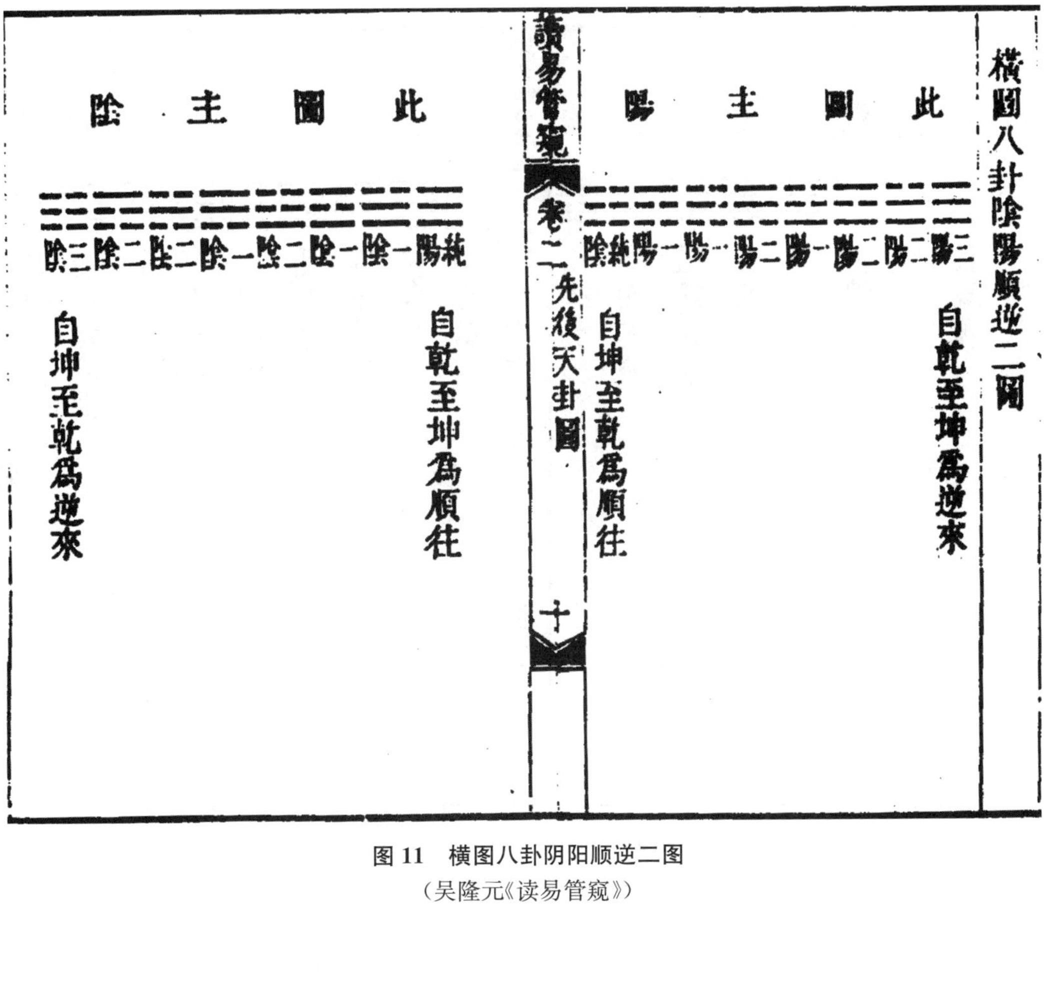

图 11　横图八卦阴阳顺逆二图
（吴隆元《读易管窥》）

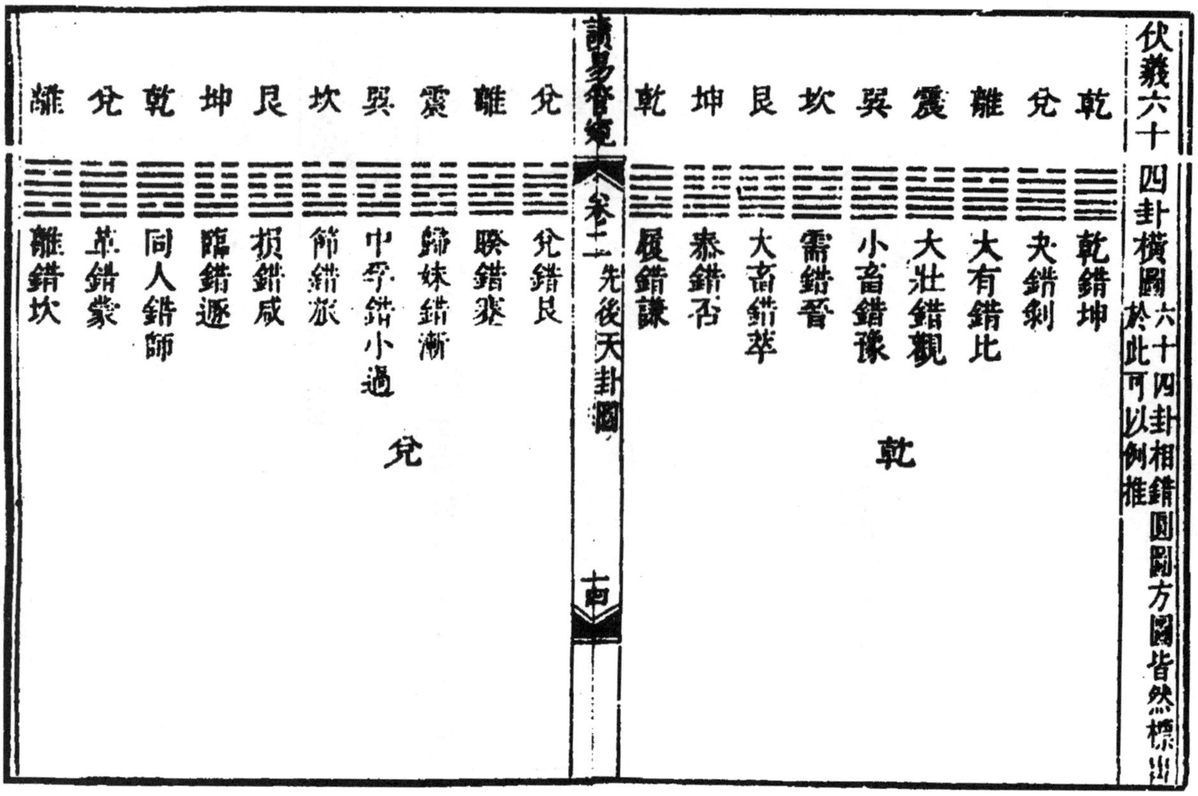
伏羲六十四卦橫圖六十四卦相錯圓圖方圖皆然標出於此可以例推
乾 乾錯坤
兌 夬錯剝
離 大有錯比
震 大壯錯觀
巽 小畜錯豫
坎 需錯晉
艮 大畜錯萃
坤 泰錯否
乾
乾 履錯謙
讀易管窺 卷十二 先後天卦圖 十四
兌 兌錯艮
離 睽錯蹇
震 歸妹錯漸
巽 中孚錯小過
坎 節錯旅
艮 損錯咸
坤 臨錯遯
乾 同人錯師
兌 革錯蒙
離 離錯坎
兌

图 12－1　伏羲六十四卦横图

（吴隆元《读易管窥》）

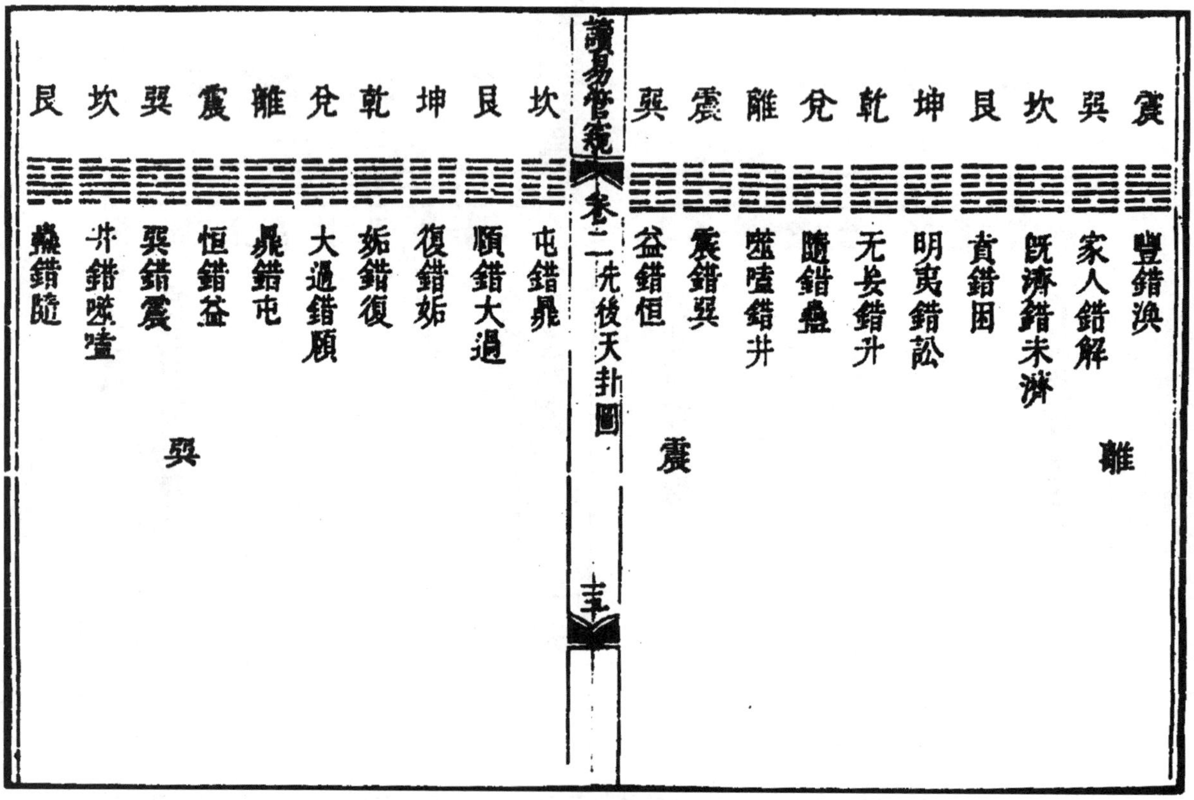
震 豐錯渙
巽 家人錯解
坎 既濟錯未濟
艮 賁錯困
坤 明夷錯訟
乾 无妄錯升
兌 隨錯蠱
離 噬嗑錯井
震 震錯巽
巽 益錯恒
離
震
讀易管窺 卷十二 先後天卦圖 十五
坎 屯錯鼎
艮 頤錯大過
坤 復錯姤
乾 姤錯復
兌 大過錯頤
離 鼎錯屯
震 恒錯益
巽 巽錯震
坎 井錯噬嗑
艮 蠱錯隨
巽

图 12－2　伏羲六十四卦横图

（吴隆元《读易管窥》）

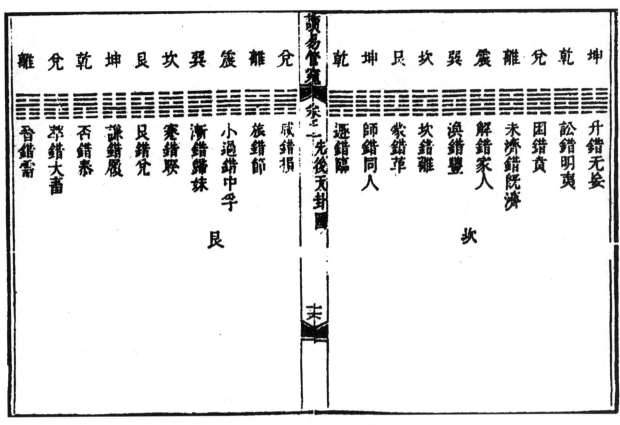

图 12-3　伏羲六十四卦横图
（吴隆元《读易管窥》）

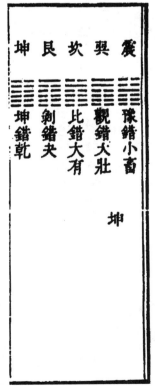

图 12-4　伏羲六十四卦横图
（吴隆元《读易管窥》）

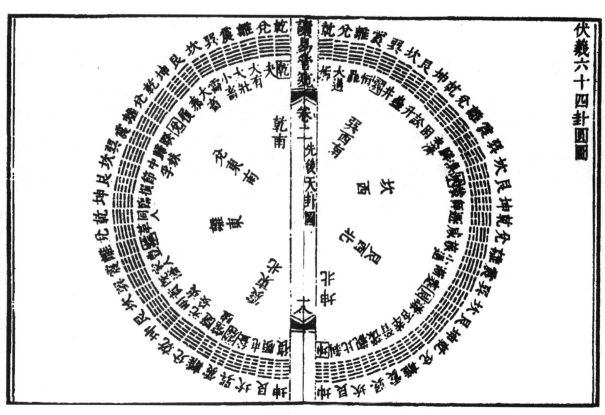

图 13　伏羲六十四卦圆图
（吴隆元《读易管窥》）

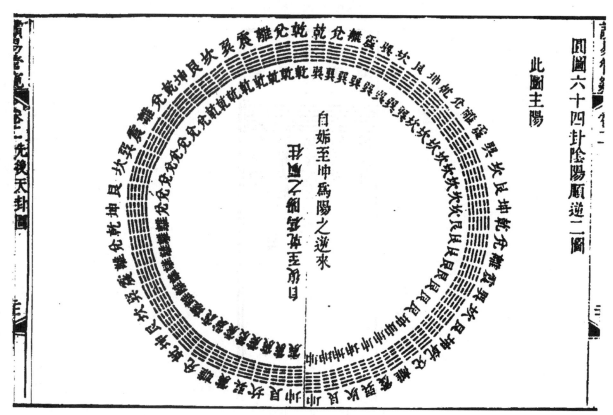

图 14-1　圆图六十四卦阴阳顺逆二图
（吴隆元《读易管窥》）

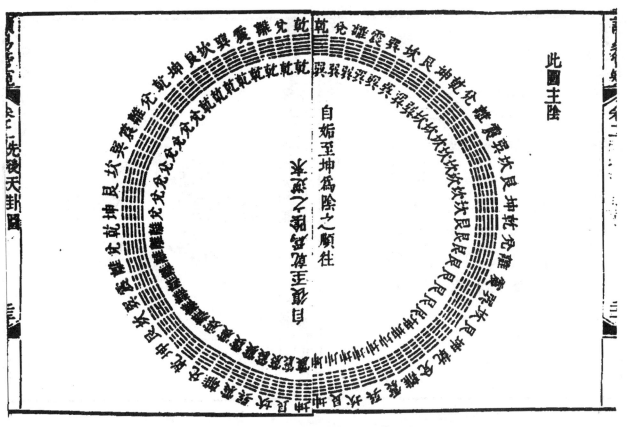

图14-2 圆图六十四卦阴阳顺逆二图
（吴隆元《读易管窥》）

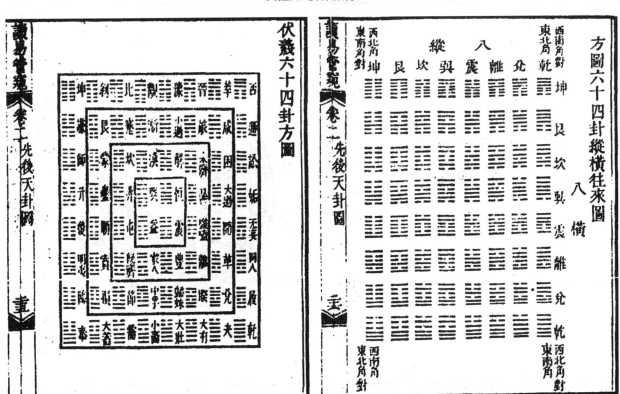

图15 伏羲六十四卦方图
（吴隆元《读易管窥》）

图16 方图六十四卦纵横往来图
（吴隆元《读易管窥》）

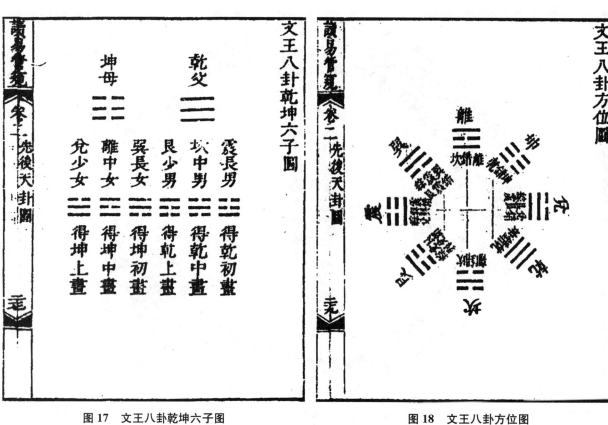

图 17　文王八卦乾坤六子图
（吴隆元《读易管窥》）

图 18　文王八卦方位图
（吴隆元《读易管窥》）

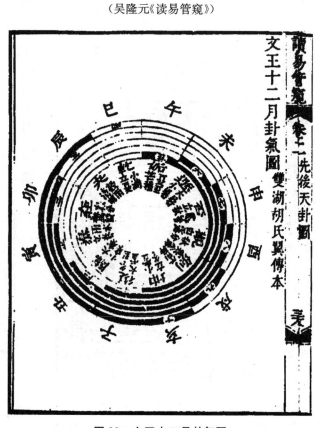

图 19　文王改易先天为后天图
（吴隆元《读易管窥》）

图 20　文王十二月卦气图
（吴隆元《读易管窥》）

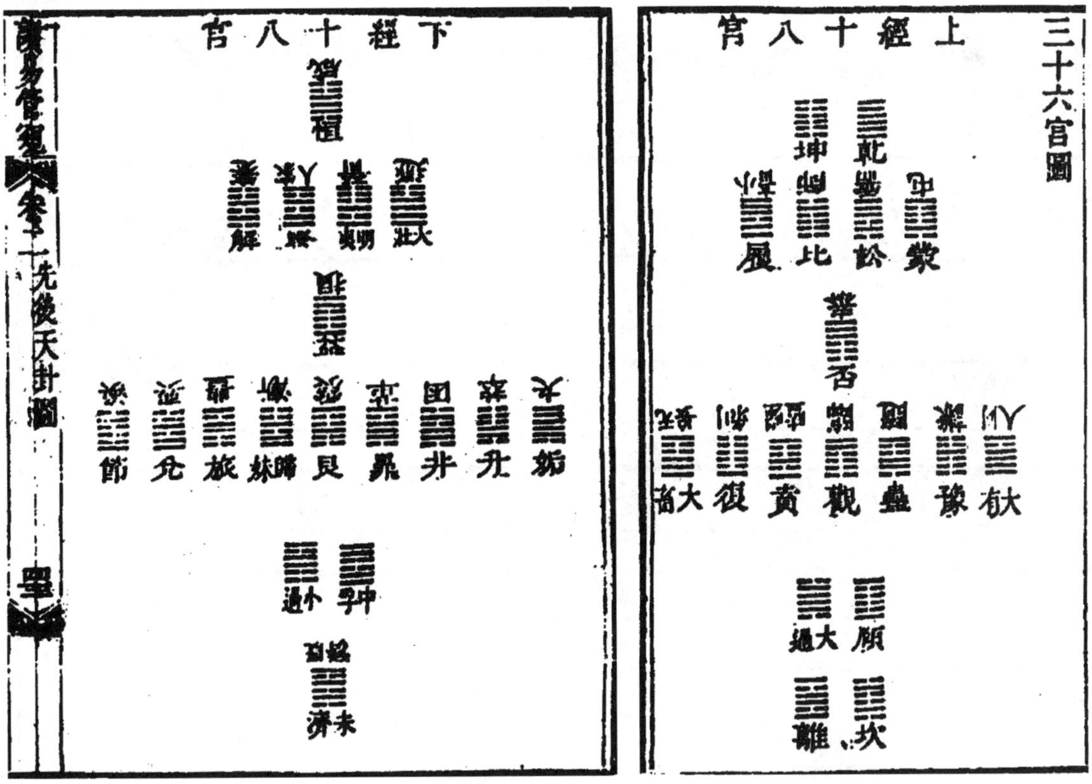

图 21　三十六宫图
（吴隆元《读易管窥》）

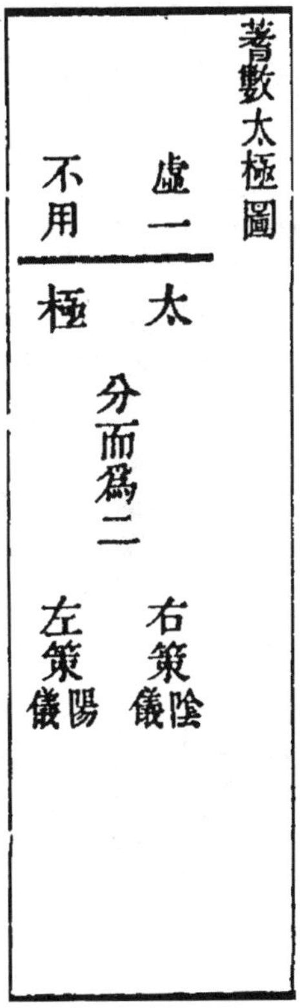

图 22　蓍数太极图
（吴隆元《读易管窥》）

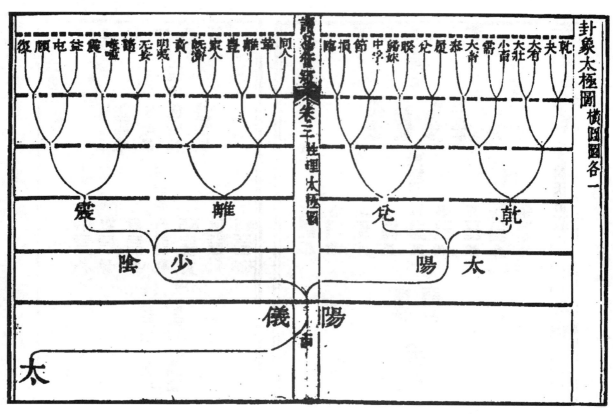

图 23-1　卦象太极图（横图）
（吴隆元《读易管窥》）

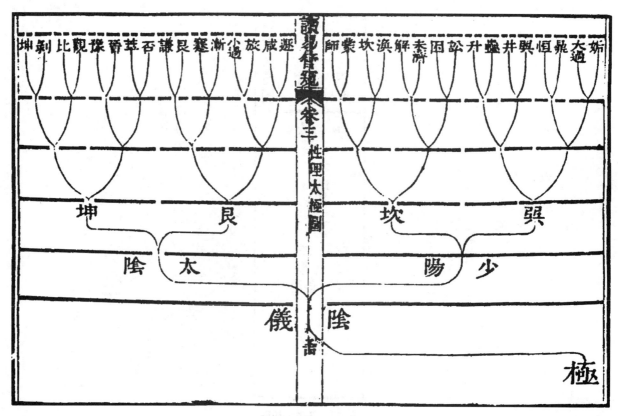

图 23-2　卦象太极图（横图）
（吴隆元《读易管窥》）

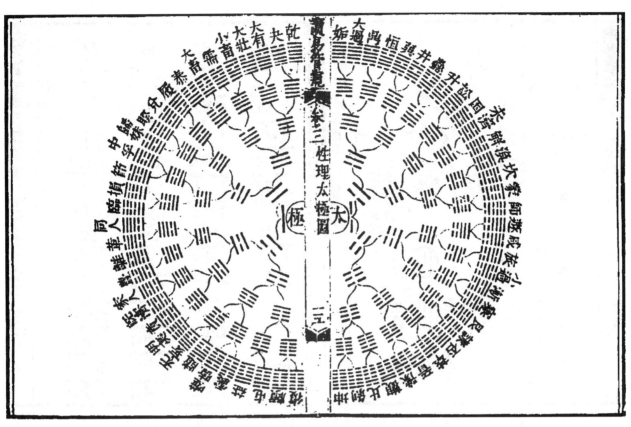

图 24　卦象太极图（圆图）
（吴隆元《读易管窥》）

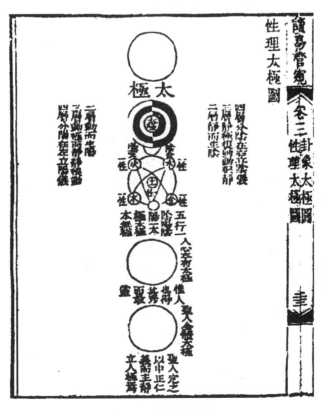

图 25　性理太极图
（吴隆元《读易管窥》）

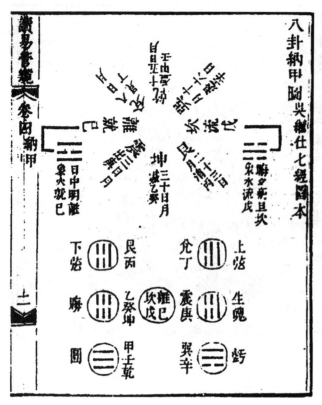

图 26　八卦纳甲图
（吴隆元《读易管窥》）

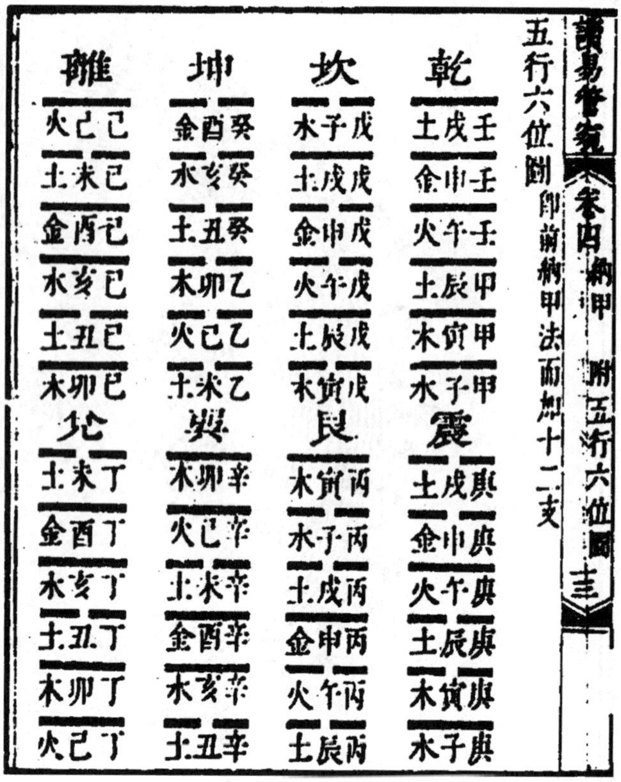

图 27　五行六位图
（吴隆元《读易管窥》）